## Zu diesem Buch

Am Sonntag in Farbe, wochentags schwarzweiß – so trat der Comic vor gut hundert Jahren, fast zeitgleich mit dem Film, im Kampf amerikanischer Massenblätter um die Gunst der Leser in die Welt. Bis heute hat er in vielfach gewandelter Form unser visuelles Jahrhundert mitbestimmt. Wie kaum einem anderen Medium verdanken wir dem Comic einen großen Reichtum an Bildern. Jedes dieser Bilder, phantasievoll erträumt, unter Zeitdruck aufs Papier geworfen, banale Situationen zum Mythos veredelnd, gewagt komponiert, spontan aus dem Handgelenk geschüttelt oder von nüchterner Funktionalität, ist ein persönlicher Ausdruck des Zeichners: Er interpretiert die Wirklichkeit durch zeichnerische Verfremdung oder definiert sie neu – und schafft so ein Stück Alltagskunst. Andreas C. Knigge, ein ausgewiesener Kenner des Mediums, beschreibt die magische Realität des Comics von seinen Anfängen als Zeitungsstrip über die Popkultur der Comic-Books bis hin zum Comic im Film und im Internet.

## Andreas C. Knigge

geboren 1957, ist Mitbegründer der Zeitschrift *Comixene*, deren Herausgeber er bis 1981 war, Comic-Autor, Übersetzer und Journalist. Er lebt in Hamburg und arbeitet als Cheflektor im Carlsen Verlag. Frühere Veröffentlichungen: «Sex im Comic» (1985), «Fortsetzung folgt – Comic-Kultur in Deutschland» (1986), «Comic-Lexikon» (1993) und zusammen mit Klaus Strzyz «Disney von innen» (1988). Von 1986 bis 1991 Herausgeber des «Comic-Jahrbuchs», Mitherausgeber der zweibändigen Bilddokumentation «100 Jahre Comic-Strips» (1995).

Andreas C. Knigge

# Comics

*Vom Massenblatt
ins multimediale
Abenteuer*

Rowohlt

Veröffentlicht im Rowohlt Taschenbuch Verlag GmbH,
Reinbek bei Hamburg, Dezember 1996
Copyright © 1996 by Rowohlt Taschenbuch Verlag GmbH,
Reinbek bei Hamburg
Lektorat Ludwig Moos
Layout und Herstellung Daniel Sauthoff/Stefan Kopanski
Umschlaggestaltung Walter Hellmann
(Illustration Hendrik Dorgathen)
Satz Minion und Quay ITC PostScript, QuarkXPress 3.32
Gesamtherstellung Clausen & Bosse, Leck
Printed in Germany
2990-ISBN 3 499 16519 8

# Inhalt

## 100 Jahre Comics  7

*Bildhunger*  12
### Am Sonntag in Farbe, wochentags schwarzweiß  15
Lausbuben, Träumer,
Pechvögel und Tramps  16
*Richard F. Outcault • Pulitzer und Hearst • The Katzenjammer Kids • Happy Hooligan • Little Jimmy • Little Nemo • Lyonel Feininger • Hairbreadth Harry*

Kein Tag ohne Comics  35
*Mutt and Jeff • Krazy Kat • Polly and Her Pals • Bringing Up Father • Rube Goldberg*

Standardisierung der Inhalte  46
*The Gumps • Gasoline Alley • Winnie Winkle • Barney Google • Popeye • Felix*

Der Weg ins Abenteuer  54
*Little Orphan Annie • Wash Tubbs • Connie • Blondie • Walt Disney*

*Helden auf dem Strich*  62
### Romantik und Gewalt  64
Neue Welten  64
*Buck Rogers • Tarzan • Scorchy Smith • Joe Palooka • Dick Tracy*

Die klassische Schule  71
*Alex Raymond • Terry and the Pirates • Hal Foster • Mandrake • Phantom • Western*

Krieg und Frieden  84
*Male Call • Fliegerstrips • Brenda Starr • Steve Canyon • Soap operas*

Ein Gag pro Tag  92
*Li'l Abner • Pogo • Peanuts • Mort Walker • Jules Feiffer • Doonsbury*

*«Ich will Seiten, keinen Rembrandt!»*  108
### Träume für 10 Cent  110
Und dann kam Superman  112
*Superman • Batman • Wonder Woman*

Goldene Zeiten  121
*Captain Marvel • Jack Kirby • Plastic Man • The Spirit • Basil Wolverton*

Mäuse, Mörder und Moral  131
*Carl Barks • Archie • Illustrierte Klassiker • Crime Comics • E.C. • Comic Code • Mad*

Neue Helden  144
*Fantastic Four • Spiderman • Silver Surfer • Neal Adams • X-Men • Comic-Shops • Frank Miller • Image vs. Marvel vs. DC*

Die alternative Szene  161
*Robert Crumb • Richard Corben • Cerebus • Will Eisner • Maus • New Comics*

*Bilderbogen*  174
### Auf Mickeys Spuren  176
Die Lehre von der klaren Linie  179
*Hergé • Opera Mundi • Futuropolis • Edmond Calvo • Spirou • Jijé*

Die Entwicklung des frankobelgischen Stils  188
*Tintin • Lucky Luke • André Franquin • Peyo • Jean-Michel Charlier • Bandes dessinées*

Die Tradition der Autoren  202
*René Goscinny • Asterix • Blueberry • Science Fiction • Greg*

Transeuropa Express  215
*Skandinavien • Vater und Sohn • Marten Toonder • Faschismus • Holland • Mecki • Rolf Kauka • Lehning-Piccolos • Dan Dare • Modesty Blaise • Italien • Spanien • Jugoslawien*

Weitwinkel 232
*Kanada • Australien • Lateinamerika • Alberto Breccia • Afrika und Nahost • Sowjetunion • China • Indien*

Aufgehende Sonne 240
*Osamu Tezuka • Kamui • Kazuo Koike • Akira • Dragon Ball*

*Die Neuentdeckung des Mediums 258*

## Moderne Zeiten 260

Revolution in der rue du Louvre 263
*Barbarella • Guido Crepax • Pilote • Philippe Druillet • Caza • Bilal und Christin • Gérard Lauzier*

«Jedem Zeichner ein eigenes Magazin!» 272
*Jean-Marc Reiser • Hara-Kiri • Georges Pichard • Gotlib • Métal Hurlant • Moebius • François Bourgeon*

Comic-Literatur 283
*Jacques Tardi • Silènce • Corto Maltese • Milo Manara • Schuiten und Peeters • Loustal*

Eine europäische Comic-Kultur 293
*Fantasy • Katholizismus • Angoulême • Yves Chaland • Cosey • Orient Express • España Libre • Matthias Schultheiss*

## Comics im intermedialen Kontext 312
*Globale Kommunikation • Computer-Comics • Internet • Charlie Chaplin • Zeichentrickfilm • Mickey Mouse • Abenteuer • Comic-Verfilmungen • Movie-Comics • Fernsehen • Star Wars • Special effects • Computerspiele • CD-Rom • Die Kunst der Illusionierung*

## Anhang 329

Glossar 330

Bibliographie 332

Zeittafel 339

Bibliothek der 100 Meisterwerke 342

Preise und Auszeichnungen 344

Titelregister 346

Personenregister 357

## 100 Jahre Comics

*Sieh dir ein Bild so an,
wie du eine klassische Sonate hörst.*
Alejo Carpentier
Le Sacre du Printemps, 1978

### I.

Am 1. November 1993 veröffentlichte das Nachrichtenmagazin *Time* in seiner internationalen Ausgabe eine siebenseitige Coverstory unter dem Titel «Beyond Mickey Mouse – Comics grow up and go global». Die Feststellung, daß sich Comics neuerdings auch an ein erwachsenes Publikum wenden, gehört, wie der britische Kritiker Roger Sabin in seinem im gleichen Jahr erschienenen Buch «Adult Comics. An Introduction» nachweist, zu den «zählebigsten Klischees der Kunstkritik». Zwar etablierte sich die Ausdrucksform Comic um die Jahrhundertwende in den vornehmlich für Kinder bestimmten Sonntagsbeilagen der amerikanischen Tageszeitungen, doch spätestens mit dem Aufkommen der Tagesstrips ab 1907 wandten sich die Comics mit ihren Themen und Sujets ebenso an eine erwachsene Leserschaft und bedienen seitdem alle Altersgruppen.

Daß dies bis heute weitgehend ignoriert worden ist und sich das Mißverständnis hartnäckig behauptet, der Comic sei eine Art «Vorschule des Lesens», hat eine tiefliegende Ursache vor allem darin, daß sich mit den Comic-Heften, die in den dreißiger Jahren in Amerika schnell populär wurden, zum ersten Mal eine eigenständige Jugendkultur manifestierte und die bürgerliche Gesellschaft erschreckte. Die Jugend als eigenständige Lebensphase zwischen Kindheit und Erwachsensein war erst gegen Ende des 19. Jahrhunderts entdeckt worden, und die Angst der Eltern und Erzieher vor dem Kontrollverlust über die Heranwachsenden fand ihren Ausdruck auch in einer Ablehnung – und zeitweisen Verteufelung – des neuen Mediums. Deren Auswirkungen zeigen sich noch heute dort, wo von «Comics für Erwachsene» gesprochen wird, während in anderen Bereichen andere Kategorisierungen (Jugendfilm, Kinderbuch) üblich sind.

Mit «Comics go global» benennt *Time* hingegen eine wichtige Entwicklung, auch wenn die seit Anfang der achtziger Jahre zu beobachtende Internationalisierung sich, mit Ausnahme Japans, ausschließlich auf die westlichen Industrienationen beschränkt. Während der ersten Hälfte ihrer bisherigen Geschichte wurde die Comic-Form, trotz verschiedener Einflüsse aus Europa, ausschließlich in den USA definiert. In den fünfziger Jahren fielen kreative und ökonomische Stagnation in Amerika zusammen mit den Ambitionen vornehmlich belgischer und französischer Künstler, so daß seitdem nahezu alle relevanten Innovationen des Mediums in Europa erfolgten. Gegenseitige Beeinflussungen blieben zunächst weitgehend auf einzelne Initialfunken beschränkt.

Dies begann sich in den sechziger Jahren langsam zu ändern: 1961 erschienen in den USA mit *The Comic Reader* und *Alter Ego* die ersten Periodika für Comic-Afficionados, und drei Jahre später wurde in New York die erste Fan-Convention abgehalten; in Paris erschien ab 1965 die Comic-Fachzeitschrift *Phénix*, und im gleichen Jahr fand in der italienischen Rivierastadt Bordighera der erste europäische Comic-Salon statt. Die Folge waren nicht nur der Beginn einer Aufarbeitung der Comic-Geschichte, sondern vor allem der Kontakt und Austausch zwischen Zeichnern, Autoren, Verlegern und Lesern auf internationaler Ebene. Der Beginn einer kritischen Comic-Rezeption veränderte auch das Selbstverständnis der Produzenten: Auf einmal saßen die Zeichner nicht mehr allein (und oft anonym) in ihren Studios und Ateliers, sondern standen im Rampenlicht einer Öffentlichkeit. Comic-Fans und -Kenner rückten in die Redaktionen der Verlage nach und bereiteten dort den Boden, auf dem sich diese Erfahrung ausbreiten konnte.

Parallel zu dieser Öffnung vollzogen sich eine Auflösung der klassischen Genres und eine Spezialisierung der Inhalte, die einher gingen mit der Entdeckung neuer grafischer Möglichkeiten und Produktformen. Geographische Herkunft, Themen, Serien, Charaktere sowie Verlagsprofile sind inzwischen als Instrumentarien zur Systematisierung der heutigen Comics unbrauchbar geworden. Diese – wirklich neuen – Tendenzen haben sich in der Sekundärliteratur bislang kaum ausreichend niedergeschlagen.

## II.

«Dix Millions d'Images» – zehn Millionen Bilder – hieß die erste europäische Comic-Ausstellung, die die Galerie de la Société Française de Photographie im September 1965 in Paris zeigte. Dieser Titel weist darauf hin, daß wir keinem anderen Medium einen ähnlich großen Reichtum an Bildern verdanken wie dem Comic. Jedes dieser Bilder, phantasievoll erträumt, eilig unter Zeitdruck aufs Papier geworfen, eine Alltagssituation zum Mythos veredelnd, gewagt komponiert, spontan aus dem Handgelenk geschüttelt oder von nüchterner Funktionalität, ist persönlicher Ausdruck eines Zeichners – er legt den Bildausschnitt fest, wählt die beste Perspektive, bestimmt die Stärke des Strichs und die Farben: interpretiert Wirklichkeit durch zeichnerische Verfremdung oder definiert sie neu – und ist somit ein Stück Alltagskunst. Belanglos dort, wo lediglich Bestehendes reproduziert wird, aufregend da, wo aus den Ingredienzen Neues entsteht, das unsere Sehgewohnheiten verändert und auf andere Bereiche unserer Kultur wirkt.

Das Bild als kreativer Ausdruck und Kommunikationsform ist rund fünfunddreißigtausend Jahre alt und fällt in der Menschheitsgeschichte zeitlich zusammen mit dem Entstehen von Handwerk, Handel und Mythologie: Grabbeilagen zeugen davon, daß sich mit dem Auftreten des Homo sapiens die Vorstellung von einem Leben nach dem Tod entwickelte. Die Darstellung der jenseitigen Welt war eine der Funktionen der frühen Höhlenmalereien. Archäologen und Ethnologen vermuten darüber hinaus, daß die Höhlenbilder einem Initiationsritus dienten, durch den Jugendliche zu Erwachsenen wurden. Das Bild hatte also sowohl den Zweck, die sichtbare Welt zu erklären wie auch eine nicht sichtbare Welt anzudeuten.

Die Stilmittel, die der Comic benutzt – die Bildfolge, verschiedene Verbindungen von Text und Zeichnung –, entwickelten sich im Verlauf mehrerer Jahrhunderte. Der Comic in seiner uns heute bekannten Form konnte jedoch – zeitgleich mit dem Film und der Fotografie, die gleichermaßen den Übergang vom «Lesejahrhundert» in das heutige «Bildzeitalter» markieren – erst mit der technischen Reproduzierbarkeit des Bildes entstehen und ist damit einer bestimmten Gesetzmäßigkeit unterworfen: «Die technische Reproduzierbarkeit des Kunstwerks emanzipiert dieses zum ersten Mal in der Weltgeschichte von seinem parasitären Dasein am Ritual», stellte Walter Benjamin 1936 fest und wies auf die weitreichenden Folgen dieses revolutionären Prozesses hin: «Das reproduzierte Kunstwerk wird in immer steigendem Maße die Reproduktion eines auf Reproduzierbarkeit angelegten Kunstwerks. (…) Die Ausrichtung der Realität auf die Massen und der Massen auf sie ist ein Vorgang von unbegrenzter Tragweite sowohl für das Denken wie für die Anschauung.»

Die allgemeine Geringschätzung der Bildsprache gegenüber der Schriftkultur resultiert daraus, daß das Bild stets für jedermann in seiner Aussage verständlich war, während die

Schrift, die sich erst vor rund fünftausend Jahren zu entwickeln begann, als eine Art Geheimsprache die Macht der (lesekundigen) Privilegierten sicherte. Der Comic entstand, als mit der Verdichtung von Arbeits- und Lebensgemeinschaften die Organisation von Gesellschaft eine Verbesserung der Kommunikation zwingend machte: in den amerikanischen Städten des ausklingenden 19. Jahrhunderts. Für ein sehr heterogenes Massenpublikum bestimmt, war er um Verständlichkeit bemüht und erfand eine leicht lesbare Bildsymbolik, um die Interessen und Vorlieben seiner Leser zu thematisieren.

In seinen Bildern und Geschichten spiegelt der Comic unsere Wirklichkeit und verändert sich gleichzeitig mit deren Wandlung. Als ein «Korallenriff der Modernität» haben Kirk Varnedoe und Adam Gopnik den Comic anläßlich der Ausstellung «High and Low. Modern Art and Popular Culture» 1990 im New Yorker Museum of Modern Art beschrieben: «Wenn die Comic-Seite ein Spiegel des modernen Lebens ist, so ist sie ein Spiegel mit einer wundersamen Speicherkapazität: Auf der Oberseite dieses Spiegels bleibt die Reflexion noch sichtbar, auch wenn das Original schon längst aus der Welt verschwunden ist.»

## III.

Erst 1942 erschien mit Martin Sheridans «Comics and Their Creators» ein erstes Buch zum Thema Comic, das, eher anekdotisch, die Schöpfer der damals populärsten Serien porträtierte. Schon zuvor waren einzelne Zeichner in Zeitungsartikeln vorgestellt und teilweise als Stars gefeiert worden. Anschließend waren es vor allem die Zeichner selbst, die damit begannen, die Geschichte des Mediums auszuleuchten. Bereits 1947 legte Coulton Waugh den kenntnisreich geschriebenen Band «The Comics» vor, gefolgt von Jules Feiffers «The Great Comic Book Heroes» (1965), Jim Sterankos «History of Comics» (1970/72), Jerry Robinsons «The Comics. An Illustrated History» (1974) und Mort Walkers «Backstage at the Strips» (1975). Die Wiederentdeckung der Comic-Historie, ein sich wandelndes Kulturverständnis sowie das Interesse der Kommunikationswissenschaften an den Strukturen und Wirkungen der Massenmedien führten während der ersten Hälfte der siebziger Jahre zu einer wahren Flut neuer Sekundärliteratur, die jedoch nicht immer zu zutreffenden Beschreibungen und Beurteilungen ihres Gegenstandes kam, da häufig der Zugriff auf verschollene Primärquellen fehlte.

Erst während der letzten Jahre hat sich der Kenntnisstand entscheidend verändert: Sammler erstellten Comic-Kataloge, deren bibliographische Daten erstmals die Publikationsgeschichte einzelner Verlage sowie verschiedener Länder erhellten; Fanzines und Fachzeitschriften veröffentlichten Künstlerporträts und Interviews mit Zeichnern, die tiefere Einblicke in die Produktionsmechanismen und -zwänge der Comic-Industrie ermöglichten; Verlage machten wichtige Klassiker in Form von Reprints wieder zugänglich und ermöglichten so den Zugriff auf in Vergessenheit geratene Serien. Dennoch ist die Geschichte des Comics während der vergangenen zwei Jahrzehnte nur bruchstückhaft und fragmentarisch fortgeschrieben worden.

Dieses Buch schlägt einen Bogen von der Geburtsstunde der Comics vor hundert Jahren bis zu den Erscheinungsformen, in denen sich uns das Medium heute, vielfältiger und facettenreicher denn je, präsentiert. Nicht zuletzt ist es auch eine Liebeserklärung an ein Medium, das Will Eisner einmal «the world's most popular art form» nannte, eine Liebeserklärung an seine Abenteuer, seinen Witz, die Atmosphäre und das Gefühl.

Eine Weltgeschichte der Comics, die sich versteht als Beschreibung eines Strangs der Kulturgeschichte des 20. Jahrhunderts, läßt sich nicht ohne Unterstützung schreiben. Für Rat, Hilfe und Freundschaft danke ich:

Cuno Affolter, Jens Peder Agger, Yuka Ando, Uwe Anton, Chantal d'Aulnis, Peter Bagge, Thorsten Burchard, Francine G. Burke, Bill Blackbeard, Nelson Chan, Martin Compart, Blas-Monfort Cañellas, Dale Crain, Christoph Dallach, Florence Delaporte, Rolf Dieckmann, Bernd Dohse, Laurent Duvault, Will Eisner, Volker Elstner, Dawn Evans, João Fernandez, Dirk Fischer, Matthias Forster, Lora Fountain, Annie Goetzinger, Thierry Groensteen, Dietrich Grünewald, Ronald Gutberlet, Bettina Habermann, Christine Henkel, Maurice Horn, Phyllis Hume, Junko Iwamoto, Joachim Kaps, Takashi Kasahara, Cam Kennedy, Denis Kitchen, Isabel Kreitz, Joe Kubert, Umesh Kumar, Carsten Laqua, René Lehner, Uli Löffler, Bernard Mahé, Rick Marschall, Rafael Martinez, Marek De Mattia, Jean-Claude Mézières, Pentti Molander, Isabelle Morin, John Cullen Murphy, Ebi Naumann, Joan Navarro, Fred Niemann, Ivan Noerdinger, François Printems, Ingeborg Rose, Viviane Rousie, Ulrich Schröder, Anne Schultz, Charles M. Schulz, Georg Seeßlen, Anthea Shackleton, David Scroggy, Jürgen Seebeck, Jeff Smith, Armin Spieckermann, Maria Sprenger, Klaus Strzyz, Yoriko Takenaka, Hajime Tamiya, Adolf Thielke, Rinaldo Traini, Jens Trasborg, Igor Tuveri, Stavros Violakis, M., Isa Yaman, Koichi Yuri, Helmut Ziegler und Christian von Zittwitz.

Besonderen Dank schulde ich Wolfgang J. Fuchs und Reinhold C. Reitberger, deren Buch «Comics. Anatomie eines Massenmediums», 1973 im gleichen Verlag erschienen, meine Neugier an der historischen Dimension der Comics geweckt hat, meinem Lektor Ludwig Moos, Hendrik Dorgathen für seine Umschlagzeichnung sowie Marcel Le Comte und Uta Schmid-Burgk für ihr großes Maß an Geduld mit mir.

*Special thanks to Hartmut Becker, Viktor Niemann, Pierre Christin and Yoshiyuki Kurihara.*

*Andreas C. Knigge*
*Hamburg, Oktober 1996*

# Am Sonntag in Farbe, wochentags schwarzweiß

## Bildhunger

Eines der berühmtesten frühen Beispiele einer in Kombination aus Bildern und Text erzählten Geschichte stellt der Wandteppich von Bayeux (ca. 1080) dar, der auf rund siebzig Metern Länge in achtundfünfzig Episoden die Invasion Englands durch Wilhelm den Eroberer schildert. Von unmittelbarem Einfluß auf das Entstehen der Comics waren jedoch erst die in ganz Europa verbreiteten Bilderbogen, die aus dem Einblattdruck des 14. und 15. Jahrhunderts hervorgingen. Die additive Erzählweise durch Einzelbilder konnte verfeinert werden, als die Lithographie die ursprüngliche Holzschnitttechnik verdrängte. Ständig verbesserte Druckverfahren bescherten der Grafik und Karikatur während der ersten Hälfte des 19. Jahrhunderts immer größere Verbreitung und ermöglichten bald die Herausgabe illustrierter humoristisch-satirischer Zeitschriften wie *La Caricature* (1830) und *Le Charivari* (1832) in Frankreich, *Punch* (1841) in England, *El Sol* und *Don Quichote* (beide 1841) in Spanien, *Die Fliegenden Blätter* (1844) und *Kladderadatsch* (1848) in Deutschland sowie *Pasquino* (1859) in Italien, die schnell auch zum Vorbild für ähnliche Magazine in anderen Ländern wurden: In Holland erschien der *Notenkraker*, in Böhmen *Humoristicke Listy*, in Ungarn *Ustökös*, in Polen *Mucha* und in Rußland *Svistok* und *Iskra*. Das Konzept des englischen *Punch* wurde sogar nach Kanada, Australien und Japan exportiert.

Wichtige Beiträge für die Entwicklung der Bilderzählung entstanden vor allem in England. William Hogarth (1697–1764) ist der bedeutendste Pionier der englischen Karikatur, deren Einfluß bald in ganz Europa sichtbar wurde. Hogarth vertrat die Auffassung, daß die Darstellung neuer Inhalte die Anwendung auch neuer Formen erfordere, und konzipierte *A Harlot's Progress*, mit dem er seine «modern moral subjects» begann, ein von ihm erfundenes Genre, das er der zeitgenössischen Historienmalerei für ebenbürtig hielt, als Bildzyklus. Die sechs Stiche, auf denen er den Lebenslauf einer Dirne schilderte und die Handlung dabei wie in einem Theaterstück anlegte, brachten ihm über tausendzweihundert Pfund ein (das Jahresgehalt eines Landjunkers betrug dreihundert Pfund); bereits bei Auslieferung am 10. April 1732 lagen über zwölfhundert Bestellungen vor. Mehrere Raubdrucke, mindestens acht an der Zahl, führten zur Einführung der Engraver's Copyright Act, die auch als «Hogarth Act» bekannt wurde. Obwohl ursprünglich für 1733 angekündigt, zögerte Hogarth das Erscheinen seiner zweiten, diesmal aus acht Stichen bestehenden Serie *A Rake's Progress* hinaus, bis diese erste Regelung der Urheberrechte eines Zeichners an seinen Arbeiten am 25. Juni 1735 Gesetz geworden war.

Thomas Rowlandson (1756–1827) zeichnete ab 1809 für das *Political Magazine* chronologisch aufeinanderfolgende Cartoons um einen pensionierten Lehrer. Sein Dr. Syntax, dessen von William Comb verfaßte Abenteuer in drei Büchern nachgedruckt wurden, wurde damit zum ersten Serienhelden. In einigen Szenen verwendete Rowlandson Spruchbänder, die als Vorläufer der Sprechblase gesehen werden müssen. James Gillray (1757–1815), der in seiner politischen Bildsatire wiederholt die Figur des John Bull benutzte, um die inneren Verhältnisse Englands pointiert zu kritisieren, arbeitete bei den meisten seiner Karikaturen bereits mit ausgeprägten Sprechblasen, ohne die die Aussage seiner Zeichnungen nicht identifizierbar gewesen wäre. George Cruikshank (1792–1878) schließlich nahm die Sprechblase vollständig an und unterteilte seine Zeichnungen häufig auch in mehrere Bilder, die allerdings noch keine kontinuierlichen Handlungsfolgen bilden, sondern verschiedene Situationen nebeneinanderstellen. Seine ab 1820 in Zusammenarbeit mit seinem Bruder Robert entstandenen Illustrationen zu Pierce Egans Fortsetzungsroman «Life in London; or, the Day and Night Scenes of Jerry Hawthorne, Esq. and his elegant Friend Corinthian Tom, accompanied by Bob Logic, the Oxonian, in their Rambles and Sprees through the Metropolis» machten die Figuren Tom und Jerry berühmt und ließen die ein Jahr später erschienene Buchausgabe zum Bestseller werden. Cruikshanks Zeichnungen waren so populär, daß sie 1838 dem damals noch unter dem Pseudonym Boz publizierenden Charles Dickens, dessen Erzählungen sie illustrierten, zum Durchbruch verhalfen und später den Verlauf der Handlung und zahlreiche Figuren seines «Oliver Twist» stark beeinflußten.

In Frankreich etablierte Grandville (Jean-Ignace-Isidore Gérard, 1803–1847) die Karikatur als Mittel des politischen Kampfes und ließ in seinen Zeichnungen menschliche Wesen mit Tierköpfen auftreten. Honoré Daumier (1808–1879) verspottete König Louis-Philippe in populären Karikaturen und bezahlte seinen Kampf gegen die Reaktion mit einer sechsmonatigen Haftstrafe. In *Le Charivari* geißelte er von 1836 bis 1838 mit der Bilderserie *Caricaturana* die politische Korruption, und in *Robert Macaire* schilderte er in mehr als hundert Folgen die Tricks eines Schwindlers.

Der Schweizer Schriftsteller, Künstler und Universitätsprofessor Rodolphe Töpffer (1799–1846) hatte, inspiriert durch Hogarth, «aus einer Laune heraus», wie er selbst schrieb, mit dem Zeichnen von «Bilderromanen» begonnen, die 1831 Goethe in die Hände fielen: «Das ist wirklich toll! Es funkelt alles von Talent und Geist», erwiderte dieser und ermunterte Töpffer, seine Alben zu veröffentlichen. So erschienen *Histoire de Monsieur Jabot* (1833), *Monsieur Crépin*, *Les Aventures de Monsieur Vieux Bois* (beide 1837), *Les*

Mit seiner 1833 auf Drängen Goethes veröffentlichten Erzählung Monsieur Jabot hat Rodolphe Töpffer die bis dahin ausgereifteste Form der Bildgeschichte entwickelt. Auf dieser Seite stellt er auch das nicht Sichtbare dar und visualisiert mit den Stilmitteln der Karikatur einen Traum Jabots.

*Voyages et Aventures du Docteur Festus, Monsieur Pencil* (beide 1840; *Docteur Festus* erschien gleichzeitig auch in Romanform), *Histoire d'Albert* (1844) und *Histoire de Monsieur Cryptogame* (1845) zunächst in französischer Sprache und später auch in deutscher, holländischer und englischer Übersetzung. In seinem «Essai de Physiognomonie», einer ersten Theorie des Erzählens in Bildern, erläuterte Töpffer 1845: «Man kann in Kapiteln, in Reihen, in Worten Geschichten schreiben. Das ist Literatur im eigentlichen Sinne. Man kann auch in einer Folge grafischer Darstellungen Geschichten erzählen: Das ist Literatur im Bilde. (...) Die Zeichnungen hätten ohne den Text nur eine unklare Bedeutung; die Texte ohne die Zeichnungen bedeuten nichts.»

Vor allem französische Historiker sehen in Töpffers *Monsieur Jabot* den Übergang von der Karikatur zum Comic vollzogen. Gegen die Auffassung, seine Bilderromane zum Beginn der Comic-Geschichte zu erklären, spricht allerdings, daß Töpffers Konzept nur wenig Nachahmer fand: Am produktivsten war in Frankreich Cham (Amadée de Noé, 1819–1879), der zwischen 1839 und 1856 zehn Alben veröffentlichte, darunter *Histoire de Monsieur Jobard, Deux vieilles Filles vaccinées à marier* und *Histoire du Prince Colibri et de la Fée Caperdulaboula* . Cham lehnte sich deutlich an Töpffers Erzählkonzept an, ohne jedoch dessen grafische Prägnanz erreichen zu können. 1845 hatte er auch, nachdem Töpffer aus gesundheitlichen Gründen das Zeichnen hatte aufgeben müssen, nach sechzehn Seiten die Gestaltung von dessen *Monsieur Cryptogame* übernommen.

Gustave Doré (1832–1883) polemisierte in fünfhundert Bildepisoden unter dem Titel *Histoire Pittoresque Dramatique et Caricatuale de la Sainte Russie* (1854) gegen die anachronistischen Zustände im damaligen Rußland. Dabei arbeitete er bereits gezielt mit dem Layout der Seiten und verwendete Bilder in verschiedener Größe und wechselnde Perspektiven. In Deutschland experimentierte 1844 Heinrich Hoffmann (1809–1894) in den Zeichnungen seines *Struwwelpeter* mit Bewegung und Zeitabläufen; das Buch war ursprünglich als Weihnachtsgeschenk für seinen Sohn entstanden und wurde erst drei Jahre später in einer Auflage von fünfzehnhundert Exemplaren, die nach einem Monat vergriffen waren, gedruckt. Adolf Schrödter (1805–1875) illustrierte 1848 mit den *Thaten und Meinungen des Herrn Piepmeyer* eine von Johann Detmold geschriebene Satire über einen spießigen Parlamentsabgeordneten und ließ später *Peter Schlemihl* nach Texten Adalberts von Chassimo folgen.

Mit Wilhelm Busch (1832–1908) schließlich trat ein erster Virtuose der jetzt hoch entwickelten Bilderzählung auf. Busch hatte ursprünglich Maler werden wollen und 1859 damit begonnen, regelmäßig für *Die Fliegenden Blätter* und die Münchner Bilderbogen zu arbeiten: «Ich hatte auf Holz zu erzählen. Der alte praktische Stich stand mir wie anderen zur Verfügung; die Lust am Wechselspiel der Wünsche, am Wachsen und Werden war auch in mir vorhanden. So nahmen denn bald die kontinuierlichen Bildergeschichten ihren Anfang, welche, mit der Zeit sich unwillkürlich erweiternd, mehr Beifall gefunden, als der Verfasser erwarten durfte.» Für den Verlag Braun & Schneider entstanden rund hundertdreißig verschiedene Arbeiten, bevor dort 1865 seine Bildergeschichte *Max und Moritz* erschien, gefolgt von *Hans Huckebein* (1867), *Der hl. Antonius von Padua* (1870), *Die fromme Helene* (1872), *Pater Filuzius* (1872), *Fipps der Affe* (1879), *Plisch und Plum* (1882) und *Balduin Bählamm, der verhinderte Dichter* (1883). Mit *Maler Klecksel* beendete Busch 1884 nach über zwei Jahrzehnten seine vornehmlich den Bildergeschichten gewidmete Schaffensperiode und verfaßte bis zu seinem Tod ausschließlich Prosa und Gedichte.

Die Ingredienzen waren beisammen, der Comic konnte entstehen.

## Am Sonntag in Farbe, wochentags schwarzweiß

*Es gibt in den Vereinigten Staaten beinahe keinen Marktflecken, der nicht eine eigene Zeitung hat.*
Alexis de Tocqueville
Demokratie in Amerika, 1835

Mit der Konstruktion der ersten von einer Dampfmaschine angetriebenen Presse hatte der deutsche Buchdrucker Friedrich Gottlob König 1810 die Voraussetzungen zur schnellen Vervielfältigung von Druckerzeugnissen in großer Stückzahl geschaffen. Bereits vier Jahre später konnten in England über Nacht die gesamten viertausend für London bestimmten Exemplare der *Times* auf einer einzigen Maschine gedruckt werden. Erst mit der Erfindung der Rotationspresse jedoch, die Richard Hoe 1845 in den USA patentieren ließ, wurde die Tageszeitung zu einem wirklichen Massenmedium, das sein Publikum vornehmlich in den im Zuge der Industrialisierung explosionsartig wachsenden Städten fand.

In den USA entwickelten sich vor allem New York und Chicago im Osten des Landes und San Francisco an der Westküste zu Pressezentren. Bereits 1833 erschienen in Amerika dreimal so viele Zeitungen wie in England oder Frankreich, und im gleichen Jahr wurde mit der *New York Sun* das erste Massenblatt gegründet.

Die 1869 fertiggestellte transkontinentale Eisenbahnverbindung und 1885 neu eingeführte Postbestimmungen, die die Beförderung von Druckerzeugnissen zu stark ermäßigten Gebühren ermöglichten, trugen dazu bei, daß die Zahl neuer Publikationen rasch anstieg. 1865 wurden etwa siebenhundert verschiedene Periodika gezählt, zur Jahrhundertwende waren es bereits über fünftausend.

Bedingt durch den noch weit verbreiteten Analphabetismus kam der Illustration besondere Bedeutung zu. Im Schmelztiegel Amerika, wo die Kommunikation zusätzlich durch ein buntes Sprachengewirr erschwert wurde – in New York wurden um die Jahrhundertwende rund siebzig Sprachen gesprochen –, entstand schon bald ein beträchtlicher Bildhunger: Vor allem wegen ihrer illustrierten Reportagen über den Bürgerkrieg waren *Leslie's Illustrated Newspaper* und *Harper's Weekly* in den sechziger Jahren zu den führenden amerikanischen Nachrichtenblättern avanciert. Ab 1871 boten mehrere Pressesyndikate kleineren Zeitungen, die über keine eigenen Illustratoren verfügten, bebilderte Artikel zum Abdruck an.

Dienten zu dieser Zeit die Zeichnungen eines Künstlers lediglich als Vorlage für den Holzschnitzer, der Linie für Linie mühsam auf den Druckstock übertrug, so ermöglichten es 1873 eingeführte fotomechanische Verfahren, direkt von der Zeichnung zu reproduzieren. Das reduzierte nicht nur die Kosten für den Abdruck von Illustrationen erheblich, sondern führte auch zu einer Aufwertung des Künstlers, der nun nicht mehr lediglich Teil eines technischen Prozesses war.

Wenig später entstand, inspiriert durch europäische Vorbilder wie *Punch*, *Le Charivari* oder die *Fliegenden Blätter*, eine große Zahl humoristisch-satirischer Zeitschriften (in denen auch bereits Zeichner wie Frank Bellew oder E. W. Kemble mit der Bildfolge experimentierten), von denen sich allerdings nur *Puck* (1877), *Judge* (1881) und *Life* (1883) erfolgreich etablieren konnten.

«Unsere Leute wollen ihren Witz nicht auf einem gesonderten Teller serviert bekommen», hatte Frederic Hudson 1873 in seiner «History of Journalism» notiert und vermutet: «Niemand kann eine Woche warten, um zu lachen; das muß täglich beim Kaffee geschehen.»

## Lausbuben, Träumer, Pechvögel und Tramps

Schon ab 1841 hatten Tageszeitungen vereinzelt damit begonnen, auch Sonntagsausgaben zu publizieren, doch erst ab Anfang der achtziger Jahre begann sich diese Idee durchzusetzen. Joseph Pulitzer hatte, als der Straßenverkauf der Zeitungen gegenüber dem Abonnementsvertrieb zunehmend an Bedeutung gewann, für seine New Yorker *Sunday World* 1889 sogar eine Unterhaltungsbeilage ins Leben gerufen, in der Zeichnungen und Cartoons abgedruckt wurden. Einer der Freelancer, die für diese Beilage arbeiteten, war Richard Felton Outcault (1863–1928), der sich vor allem als offizieller Zeichner der Thomas Edison Laboratories für die Pariser Weltausstellung des Jahres 1889 einen Namen gemacht hatte. Vier Jahre später begann er, regelmäßig Cartoons in *Truth*, dem nach *Puck*, *Judge* und *Life* viertgrößten Humormagazin, zu publizieren, und wechselte im nächsten Jahr zur *Sunday World*, in der am 28. Januar 1894 mit Mark Fendersons «On the Tramp: A Song Without Words» erstmals eine Bildfolge erschienen war. Als Outcault am 6. September des gleichen Jahres seinen ersten Beitrag lieferte, griff er dieses Prinzip auf. Anfangs zeichnete er nur schwarzweiß und verwendete Textzeilen unter den Einzelbildern. Am 18. November veröffentlichte er erstmals eine aus sechs Bildern bestehende Geschichte ohne Text und in Farbe und betitelte diese, unbeabsichtigt weitsichtig, mit «Origin of a New Species».

Es war damals durchaus üblich, daß Zeichner bestimmte Themen immer wieder aufgriffen. Outcaults Interesse galt dem Leben der Straßenkinder auf den Hinterhöfen der billigen New Yorker Mietskasernen, ein Thema, das bereits zuvor erfolgreiche Interpreten gefunden hatte: Michael Angelo Woolf, einer der gefragtesten Cartoonisten seiner Zeit, hatte schon ab Mitte der achtziger Jahre in *Life* Kinder in den Mittelpunkt seiner Zeichnungen gestellt, in denen er das urbane Leben Manhattans schilderte. 1890 hatte Jacob Riis seine aufsehenerregende Fotoreportage «How the Other Half Lives» über die New Yorker Slums vorgelegt, 1893 erschien der Roman «Maggie: A Girl of the Streets» von Stephen Crane, und im gleichen Jahr widmete sich auch Outcault in *Truth* erstmals den Straßenkindern – eins von ihnen, das ab und zu auftauchte, bekleidete er nur mit einem Nachthemd.

Outcaults Bilder erfreuten sich rasch immer größerer Popularität, so daß die *Sunday*

*Origin of a New Species war eine der ersten Bildfolgen, die Richard F. Outcault 1894 veröffentlichte.*

*World* auch seine bereits in *Truth* erschienenen Cartoons um die in Hogan's Alley lebenden Kids nachdruckte. Am 5. Mai schließlich erschien die erste für die *World* gezeichnete Folge dieser Serie, betitelt mit «At the Circus in Hogan's Alley». Sie präsentierte am Bildrand eine Figur, die, kahlköpfig und kurzbeinig, in ihrer karikierten Form gar nicht in das sonst eher naturalistisch gestaltete Umfeld paßte: einen barfüßigen Jungen mit Segelohren so groß wie Suppentassen, auf dessen Nachthemd deutlich die Abdrücke seiner schmutzigen Hände zu sehen sind.

Auch in den nächsten Folgen von *Hogan's Alley* tauchte diese Figur auf, mal prominent, mal eher am Rand – und begann im Sommer des nächsten Jahres plötzlich zu sprechen. Nicht in Sprechblasen zwar, aber das, was der zerlumpte Straßenjunge, der inzwischen auf den Namen Mickey Dugan hörte, mitzuteilen hatte, ließ sich von seinem Nachthemd ablesen, das anfangs abwechselnd blau, violett, grün, rot, orange oder weiß gedruckt war – Pulitzers Lithographen hatten das Konzept der Serienfigur offensichtlich noch nicht begriffen. Wenig später kam es zu einer drucktechnischen Sensation. Zwar hatte Pulitzer schon am 21. Mai 1893 damit begonnen, einzelne Seiten seiner Sonntagsbeilage farbig zu drucken, doch erst drei Jahre später konnten William J. Kelly und Charles Saalburg eine gelbe Talgmischung entwickeln, die den Anforderungen des Zeitungsdrucks entsprechend schnell genug trocknete und zu befriedigenden Ergebnissen führte. Daß diese Erfindung an Outcaults Helden ausprobiert wurde und dessen Nachthemd vom 5. Januar 1896 an in knalligem Gelb strahlte, machte ihn über Nacht berühmt und verlieh ihm den Namen Yellow Kid.

Die Comic-Forschung hat sich mehrheitlich darauf geeinigt, den 5. Mai 1895, an dem Outcault seinen Kid zum ersten Mal exklusiv für die *World* zeichnete, zum Geburtstag der Comics zu erklären – obwohl der 25. Oktober 1896 ein sinnvolleres Datum wäre. Zwar hatte Outcault seinen Zeichnungen mit dem Titel *Hogan's Alley* und der Figur des Kid eine serienmäßige Kontinuität verliehen (beides hatte allerdings bereits im Jahr zuvor Charles W. Saalburg mit seinen *Ting-Ling-Kids* im Chicagoer *Inter-Ocean* vorweggenommen), erst im Oktober 1896 jedoch ersetzte er erstmals das Einzelbild durch die Bildfolge und begann auch Sprechblasen zu verwenden.

Allerdings illustriert die von Beginn an auffällig massive Verwendung von Plakaten, Schildern und Graffiti anschaulich Outcaults Bestrebungen, eine Synergie von Text und Zeichnung zum zentralen Element seines Humors zu machen. Und schließlich löste *Hogan's Alley*, wie Stephen Becker 1959 in seinem Buch «Comic Art in America» bemerkte, «jene erste, sanfte Welle von Massenhysterie aus, die die Geburt populärer Kunstformen begleitet». Jeder Zeitungsleser in New York kannte bald den Yellow Kid. Pulitzer setzte den Lausbuben in seinem gelben Nachthemd in einer großangelegten Werbekampagne ein, und die Auflage seiner *Sunday World* schnellte binnen kurzem von dreihundert- auf fünfhunderttausend Exemplare. Pulitzers Konkurrent Hearst eignete sich schließlich im Sommer 1895 die Erfolgsfarbe der *World* an und ließ gelb gekleidete Fahrradfahrer, über deren Etappen sein *New York Journal* zwei Wochen lang täglich spektakulär berichtete, eine Nachricht von San Francisco nach New York befördern. In diesen Tagen wurde für die Sensationspresse die Bezeichnung «yellow press» geprägt.

Pädagogen und Bildungsbürger wandten sich empört gegen den oft rüden, «vulgären» Humor der Serie und lösten damit so etwas wie eine erste «Anti-Comic-Kampagne» aus (was, um den Gedanken Beckers fortzuführen, ebenfalls typisch ist, wenn sich eine neue Ausdrucksform durchzusetzen beginnt). Der Yellow Kid warb bald auch für Zigaretten und Kekse, war als Spiel und Figur erhältlich und inspirierte später sogar ein Broadway-Musical. Im März 1897 wurden et-

In seinen Bildgags um den Yellow Kid machte Richard F. Outcault die Verschmelzung von Bild und Text zum zentralen Element seines Humors. Die Hogan's-Alley-Folge vom 21.6.1896 ist eine der letzten, die in der World erschienen. Nach seinem Wechsel zum Journal legte Outcault die Episoden auch als Bildfolgen mit Sprechblasen an: Yellow-Kid-Seite vom 29.11.1896.

liche Yellow-Kid-Folgen unter dem Titel «The Yellow Kid in McFadden's Flats» als Buch nachgedruckt, und im gleichen Monat startete auch ein kurzlebiges *Yellow Kid Magazine*, das allerdings weder Nachdrucke der Zeitungsseiten noch neue Folgen enthielt und den Kid lediglich auf dem Cover zeigte.

Wesentlichstes Verdienst Outcaults war es, der Sonntagsbeilage mit *Hogan's Alley* zum Erfolg verholfen zu haben. Andere Zeitungen griffen Pulitzers Idee auf und öffneten weiteren Zeichnern die Türen. Damit waren die Voraussetzungen geschaffen, daß der Comic im heutigen Sinne entstehen konnte.

William Randolph Hearst (dessen Karriere 1940 Orson Welles als Vorlage für die Figur des James Foster Kane in «Citizen Kane» diente), der mit dem *San Francisco Examiner* die auflagenstärkste Zeitung an der Westküste besaß, war durch Pulitzers Erfolg in Zugzwang geraten. Hearst war 1895 nach New York übergesiedelt, wo er von Pulitzers Bruder Albert das mit siebenundsiebzigtausend Exemplaren dahinsiechende *Morning Journal* gekauft hatte, dem er ab dem 18. Oktober 1896 mit der Sonntagsbeilage *The American Humorist* («Acht Seiten in strahlenden Farben, gegen die der Regenbogen wie ein Abflußrohr aussieht!») größerer Attraktivität verlieh.

Bereits für die erste Ausgabe seines Supplements warb er Outcault ab, dessen letzte Folge von *Hogan's Alley* zwei Wochen zuvor in der *World* erschienen war, und wiederholte den Erfolg seines Konkurrenten. Schon von der zweiten Woche an war Outcault meist mit je zwei Beiträgen im *American Humorist* vertreten: In ganzseitigen Cartoons unter dem Titel *McFadden's Flats* setzte er *Hogan's Alley* ohne jeden Stilbruch fort und schilderte das Leben in den Slums voller Pathos und Ironie, nahm häufig aber auch Bezug auf gerade aktuelle politische und soziale Ereignisse. Gleichzeitig begann er in halbseitigen Folgen, die er mit *Yellow Kid* betitelte, Sprechblasen und die Bildfolge zu verwenden. In einer Serie, in der er 1896/97 fünf Monate lang die Etappen einer Europareise dokumentierte, verlieh er den Episoden um seinen Helden sogar einen gewissen Fortsetzungscharakter.

Pulitzer kaufte Outcault zurück, wurde aber abermals von Hearst überboten. Die Erkenntnis, daß, wer über die populären Zeichner verfügte, auch die Leser auf seiner Seite hatte, führte zu einer aberwitzigen Schlacht zwischen den beiden Zeitungszaren. Einmal gelang es Hearst, der sich im gleichen Gebäude eingemietet hatte, in dem sich auch die Redaktion der *World* befand, sogar, Pulitzer dessen gesamten Zeichnerstab abzuwerben. Richard Marschall berichtete in seinem Buch «America's Great Comic-Strip Artists» die Anekdote, daß der gefragte Zeichner T. E. Powers einen Nachmittag in einem Saloon verbracht haben soll und sich regelmäßig darüber informieren ließ, welcher Verleger gerade das höhere Angebot abgegeben habe.

Pulitzer reagierte schnell. Zum einen beauftragte er den Zeichner George B. Luks damit, *Hogan's Alley* für die *World* fortzusetzen – dessen erste Folge erschien bereits am 11. Oktober –, zum anderen verklagte er Outcault auf Unterlassung. Der hatte sich allerdings einen Monat zuvor die Rechte an seiner Figur gesichert. In einem Schreiben an die Library of Congress vom 7. September, dem eine Zeichnung beigefügt war, führte er aus: «Sein Hemd ist gelb, seine Ohren sind groß, er hat nur zwei Zähne und einen kahlen Kopf und ist deutlich anders als andere.» Die Richter entschieden schließlich, daß Outcault die Figur des Yellow Kid zeichnen könne, für wen er wolle, sprachen Pulitzer aber das Recht zu, die Serie *Hogan's Alley* durch andere Zeichner fortsetzen zu lassen. Als Konsequenz erschien nun Luks' *Hogan's Alley* in der *World* parallel zu Outcaults *McFadden's Flats* und dem *Yellow Kid* im *Journal*. Luks' Version war allerdings weniger erfolgreich, und Ende 1897 ersetzte er *Hogan's Alley* durch *The Kalsomine Family*, eine thematisch ähnliche Serie mit schwarzen Protagonisten.

Ob er von den zunehmenden Protesten gegen *The Yellow Kid* genug hatte oder seines Helden einfach überdrüssig wurde, läßt sich heute nicht mehr sagen, jedenfalls gab auch Outcault seine Erfolgsserie am 23. Januar 1898 auf und kehrte zu Pulitzer zurück, für den er die kurzlebige Reihe *Kelly's Kindergarten* zeichnete. Der Historiker Bill Blackbeard hat die These aufgestellt, derzufolge zur Zeit des Spanisch-Amerikanischen Krieges das Gelb in der spanischen Nationalfahne der Grund für die Einstellung des *Yellow Kid* gewesen sein soll. In der Tat spielte der Konflikt auf Kuba im Jahre 1898 eine wichtige Rolle im Zeitungskrieg zwischen Hearst und Pulitzer. Hearst hatte den Zeichner Frederic Remington auf seine Privatyacht vor Ort geschickt und telegrafierte ihm, als dieser die Lage ruhig vorfand: «Sie liefern die Bilder, ich liefere den Krieg.» Auf dem Höhepunkt der «war hearsteria» erschien das *Journal* mit bis zu vierzig aktualisierten Ausgaben am Tag, und eine zeitgenössische Karikatur von Leon Barritt zeigt Hearst und Pulitzer in Yellow-Kid-Nachthemden das Wort «War» aus Bauklötzen aufstapeln. J. Stuart Blackton stachelte mit «Das Niederreißen der Spanischen Flagge», einem der ersten Filme überhaupt, die Stimmung zusätzlich an. Allerdings: Die Versenkung der «Maine» während ihres «Freundschaftsbesuchs» im Hafen von Havanna, bei der zweihundertsechzig Matrosen ums Leben kamen und die den Konflikt eskalieren ließ, erfolgte erst drei Wochen nach dem Erscheinen der letzten *Yellow Kid*-Folge; die gegenseitigen Kriegserklärungen wurden Ende April 1898 ausgesprochen.

Outcault wechselte schließlich zum *Herald*, der dritten großen New Yorker Zeitung, deren gediegener Journalismus sich wohltuend von dem der Skandalblätter *World* und *Journal* abhob. Konsequenterweise ersetzte er den archaischen, direkten Humor seiner früheren Arbeiten durch hintergründige Eleganz. Weder mit der 1901 geschaffenen Serie *Pore Li'l Mose* um einen schwarzen Jungen, der zusammen mit verschiedenen Tieren Abenteuer erlebt, noch mit seinen späteren Schöpfungen *Nixie* und *Buddy Tucker* konnte er jedoch an die Popularität des *Yellow Kid* anknüpfen.

Erst 1902 gelang ihm mit *Buster Brown* ein zweiter großer Wurf. Der Held dieser am 4. Mai begonnenen Serie lebt in wohlbehüteten Verhältnissen – Dienstboten, Köchinnen und Automobile wurden ebenso zum Thema wie die neueste Mode und Reisen nach Europa – und erinnert mehr an Hodgson Burnetts «Der kleine Lord» als an Jugendbuchklassiker wie Thomas Bailey Aldrichs «Story of a Bad Boy» oder George Pecks «Peck's Bad Boy and His Pa», die *Hogan's Alley* und *Yellow Kid* beeinflußt hatten. Im Kern jedoch waren sich Buster Brown und der Yellow Kid, der in einigen Folgen sogar Gastspiele gab, durchaus ähnlich: Trotz eleganter Kniebundhosen und gepflegtem Pagenschnitt hat auch Buster eine ausgeprägte Vorliebe für makabre Scherze und Lausbubenstreiche. Allerdings hatte Outcault seine Lektion aus den Angriffen gegen seinen Kid gelernt und lieferte nun jeweils im ersten oder letzten Bild einer jeden Sonntagsseite eine mit «Buster Brown» unterschriebene «Resolution» mit. Eine Art «Moral von der Geschicht» verkündete oft auch Busters Hund Tige, der lange vor Felix und der Mickey Mouse zur ersten berühmten Tierfigur der Comics wurde, die sprechen konnte.

Der Erfolg von Buster Brown überflügelte sogar noch den des Yellow Kid, und 1904 mietete Outcault einen Stand auf der St. Louis World Fair und verkaufte Nutzungslizenzen an seiner Figur. Es entstand eine regelrechte Industrie, die mit dem feinen Schlingel um Absatz ihrer Produkte warb; Buster-Brown-Schuhe und -Kinderbekleidung sind noch heute auf dem Markt. Auch ein Broadway-Musical und später einige Trickfilme entstanden, und über ein Dutzend Bücher mit Nachdrucken der Zeitungsseiten sowie zwei Buster-Brown-Romane wurden veröffentlicht. So wundert es kaum, daß Hearst Outcault

Noch zehn Jahre nach der Einstellung seines eigenen Strips gab der Yellow Kid gelegentliche Gastauftritte in der Serie Buster Brown. Im vorletzten Bild dieser Seite vom 7.7.1907 hat Richard F. Outcault auch ein Erzählelement aus Little Nemo aufgegriffen.

abermals ein Angebot machte, das dieser nicht ablehnen konnte. Seine letzte *Buster Brown*-Folge im *Herald* erschien am 31. Dezember 1905, die erste in Hearsts *Journal* am 14. Januar 1906. Wieder wurden die Gerichte bemüht, die wie bereits im Fall *Yellow Kid* entschieden: Outcault durfte die Abenteuer seines Helden weiterzeichnen, ohne allerdings dessen Namen im Titel verwenden zu können, während der *Herald* von anderen Zeichnern, darunter kurzzeitig auch Winsor McCay, *Buster Brown* fortsetzen ließ. Die *Herald*-Fassung war wenig erfolgreich und wurde 1910 eingestellt, während Outcaults Version bis zum 15. August 1920 weiterlief. Nachdem sich Outcault vom Zeichenbrett zurückgezogen hatte, um sich ganz auf die Geschäfte seiner inzwischen gegründeten Firmen Outcault Lecture Bureau, Buster Brown Amusement Company und Outcault Advertising Agency zu konzentrieren, wurden noch mehrere Jahre lang jede Woche alte Folgen von *Buster Brown* nachgedruckt.

Durch ihren Erfolg waren die Sonntagsbeilagen der Tageszeitungen bald zum Experimentierfeld für andere Zeichner geworden, die schnell die wichtigsten Elemente für die Form der grafischen Erzählung, die wir heute Comic nennen, entwickelten. Auch wenn das Verdienst, die regelmäßige Verwendung von Sprechblasen eingeführt zu haben, erst wenig später Frederick Burr Opper zufallen sollte, so muß doch Rudolph Dirks als wichtigster Pionier dieser Zeit gelten. Er war der erste, der schon nach kurzer Zeit dazu überging, mit seinen Zeichnungen nicht nur Gagsituationen darzustellen, sondern konsequent Geschichten zu erzählen. Der bei Outcault typische Naturalismus der Zeichnung wich bei Dirks einer vereinfachenden Überzeichnung, die bald für die frühen Comics typisch werden sollte: Wenn eine seiner Figuren rannte, machte Dirks dies durch Speedlines deutlich, wenn jemand geschlagen wurde, stellte er den Schmerz in Form von kleinen Sternchen dar, und wenn jemand einen Tritt in den Hintern erhielt, konnte dessen Allerwertester selbstverständlich einen markanten Fußabdruck aufweisen. Die Serie, in der er diese neue Zeichensprache etablierte, hieß *The Katzenjammer Kids*.

Rudolph Dirks (1877–1968), dessen Familie 1884 aus Schleswig-Holstein nach Chicago übergesiedelt war, hatte im Alter von siebzehn Jahren Cartoons zu zeichnen begonnen, unter anderem für Hearsts *Journal*. Beeindruckt vom Erfolg des *Yellow Kid,* war Hearst auf der Suche nach ähnlich zugkräftigen Serien. Sein Humor-Redakteur Rudolph Block erinnerte sich an Wilhelm Buschs *Max und Moritz*, 1870 ins Amerikanische übersetzt, und beauftragte Dirks, «something like Max and Moritz» zu kreieren. Am 12. Dezember 1897 debütierten drei Katzenjammer Kids auf der letzten Seite der Sonntagsbeilage des *Journal*, doch bereits eine Woche später war einer der drei Brüder verschwunden und tauchte nie wieder auf.

Dirks hatte die Vorgabe seines Verlegers ernst genommen und die grafische Gestaltung der *Katzenjammer Kids* stark an den Zeichenstil Buschs angelehnt. Seine Protagonisten erhielten später die Namen Hans und Fritz, und obwohl es anfangs noch keine Dialogtexte oder Sprechblasen gab, fanden sich im Titel einer jeden Folge deutsche Wortbrocken und sprachliche Versatzstücke. Auch die Umgebung, in der die Katzenjammer Kids ihre kruden Streiche spielen und sich gegen jedwede Form von Autorität auflehnen, erinnert an Landschaften, wie sie Busch gezeigt hat. Zum festen Figurenrepertoire gehörten anfangs Mama Katzenjammer, die in den ersten Folgen noch recht mager und nervös dargestellt ist, aber schon bald zu resoluter Rundlichkeit aufquillt, Papa Katzenjammer und ein Großvater. Später kamen noch Der Captain, ein stämmiger, rauhbeiniger Seemann, und Der Inspector hinzu, der zu Beginn der Serie noch die Kids vom Schuleschwänzen abzuhalten suchte, dies aber bald aufgab und lieber mit dem Captain Karten

Diese frühe Katzenjammer-Kids-Seite von 1902 zeigt Rudolph Dirks' Erprobung einer comicspezifischen Zeichensprache: Schreck wird durch kleine Schweißtropfen symbolisiert, Schmerz durch Sternchen, und Bewegung ist durch entsprechende Linien angedeutet. In den Sprechblasen finden sich deutsche Versatzstücke, und im zweiten Bild liest Großvater die «Berliner Zeitung». © King Features Syndicate

spielte. Seine Reaktion auf die Streiche der Kids, die in ihrer Grobheit die Helden Buschs noch übertrafen, lautete in der Regel: «Mit dose kids, society is nix!»

1912 überwarf sich Dirks mit Hearst und wechselte zu Pulitzer. Wieder einmal wurden die Gerichte bemüht, die nach einem über ein Jahr dauernden Prozeß Hearst das Recht am Titel der Serie und Dirks an seinen Figuren zusprachen. 1914 erschienen die *Katzenjammer Kids* zunächst ohne Titel, ein Jahr später dann als *Hans and Fritz* (während des Ersten Weltkriegs umbenannt in *The Captain and the Kids*, nachdem die Jungs erklärt hatten, daß sie keine Deutschen, sondern Holländer seien) auf der Titelseite der Sonntagsbeilage der *World*, stets mit dem Vermerk «by the famous originator of the Katzenjammer Kids, R. Dirks» versehen. Im *Journal* ließ Hearst gleichzeitig *The Katzenjammer Kids* von Harold Knerr (zeitweise unter dem Titel *The Original Katzenjammer Kids*) fortsetzen, einem begabten Zeichner, der mit *The Fineheimer Twins* bereits seit über zehn Jahren eines der vielen zeitgenössischen *Katzenjammer Kids*-Plagiate gezeichnet hatte. Knerr (1883–1949) schaffte den Übergang nahtlos und ohne signifikante Stilbrüche.

Auch die Zukunft beider parallel erscheinender Serien wies erstaunliche Übereinstimmungen auf: Sowohl Dirks als auch Knerr schickten ihre Helden um die halbe Welt, ließen sie Abenteuer in exotischen Ländern erleben und sich schließlich in einem tropischen Inselreich – Squee-Jee-Island bei den *Katzenjammer Kids*, Cannibal Island bei *The Captain and the Kids* – niederlassen. Nur wenige Male schien Knerr den *Katzenjammer Kids* eine persönliche Note geben zu wollen, indem er neue Nebenfiguren einzuführen versuchte, von denen aber keine dauerhaft die Gunst des Publikums zu gewinnen vermochte. Und beide Strips erfreuten sich gleichermaßen großer Popularität: Ein *Katzenjammer Kids*-Tagesstrip, hauptsächlich gezeichnet von Dirks' früherem Assistenten Oscar Hitt, startete 1917, ein *The Captain and the Kids*-Daily, gezeichnet von Bernard Dibble, 1932. Nach Knerrs Tod wanderten die *Katzenjammer Kids* durch die Hände von Doc Winner, Joe Musial, Mike Senich und Angelo de Cesare und werden heute von Hy Eisman gezeichnet. Damit ist die Serie der langlebigste noch heute erscheinende Comic-Strip. *The Captain and the Kids* wurde 1958 bis zu seiner Einstellung 1979 von Dirks' Sohn John, der seinem Vater bereits seit Mitte der vierziger Jahre assistiert hatte, fortgesetzt.

Es verwundert im Rückblick, daß die Zeitungsverleger trotz wachsender Bedeutung der farbigen Sonntagsbeilagen kaum Versuche unternahmen, populäre zeitgenössische Illustratoren für das neue Medium zu gewinnen. Sie füllten ihre Seiten mit den Arbeiten ihrer Hauszeichner, Cartoonisten aus den Humormagazinen (die versuchten, ihre Zeichner exklusiv zu binden, da sie in den Zeitungssupplements eine wachsende Konkurrenz sahen) sowie unbekannten Freelancern. Frederick Burr Opper (1857–1937) immerhin konnte schon auf eine respektable Karriere als Chefzeichner des Magazins *Puck* zurückblicken, als er 1897 zum *New York Herald* stieß. Auch hatte er bereits mehrere Romane Mark Twains sowie 1894 Bill Neyes berühmte «Comic History of the United States» illustriert. Seine Arbeiten zeichneten sich durch eine naturalistische Wiedergabe scharf beobachteter und nicht selten sozialkritisch kommentierter Begebenheiten aus, und seine politischen Cartoons, die er für den *Herald* zeichnete, gehörten zu den einflußreichsten ihrer Zeit.

Doch dann debütierte Opper am 26. März 1900 in der Sonntagsbeilage mit der Comic-Serie *Happy Hooligan*, deren Held ein argloser Tölpel ist, der stets nichtsahnend in die Fallgruben und Fettnäpfchen des Lebens

Wie in diesem Ausschnitt der Seite vom 2.5.1909 rankte Frederick Burr Opper seine Gags immer wieder um die vergeblichen Versuche seines Helden Happy Hooligan, das Herz der charmanten Suzanne zu erobern.
© King Features Syndicate

patscht, ein Pechvogel, der die Schicksalsschläge förmlich anzuziehen scheint. Es entspricht durchaus seiner masochistischen Charakterisierung, daß er, der in zerfranstem Jackett, ausgebeulten Hosen und mit einer leeren (anfangs blauen, später roten) Konservenbüchse auf dem fast kahlen Kopf herumläuft, sich später in die attraktive Suzanne verliebt und über Jahre, natürlich vergeblich, alles nur Erdenkliche unternimmt, um ihre Aufmerksamkeit zu erregen. Diese Affäre, um die Opper immer neue Gags rankte, führte zeitweise sogar zu einer Umbenennung der Serie in *Happy Hooligan's Honeymoon*. Die wiederholten Enttäuschungen konnten Happy nie entmutigen, und in diesem Punkt erinnert er an Charlie Chaplin, der, als seine Liebe zu einer Farmerstochter in dem 1915 gedrehten Film «The Tramp» nicht erwidert wird, seinem Körper einen Ruck gibt, mit einem Fußtritt die Zigarette von hinten in die Luft kickt und, fröhlich sein Stöckchen schwingend, neuen Abenteuern entgegenzieht.

Mit *Happy Hooligan* hat Opper in mehrerlei Hinsicht wichtige Akzente für das Comic-Medium gesetzt. Inhaltlich begründete er das neben den Lausbubenserien zweite wichtige Genre der «Funnies» der Jahrhundertwende: das der Tramps und Pechvögel. Zahlreiche andere Zeichner warteten in der Folge mit Variationen dieses Themas oder direkten Imitationen auf. Stilistisch wandte er sich von der Eleganz der europäischen Zeichenschulen, an denen sich Outcault und Dirks orientiert hatten, ab und frönte einer grobkörnigeren, deftig-volkstümlichen Tradition, die sich stark von den Europaschwärmereien à la *Buster Brown* der feinen amerikanischen Gesellschaft unterschied. Formal schließlich war er der erste, der den Dialog konsequent und durchgängig als festen Bestandteil der Zeichnung in das Bild integrierte und die Sprechblase zur Grammatik seiner Serie machte. Ab 1910 verlieh er seinen Seiten zusätzliche Kontinuität dadurch, daß er sich jeweils über mehrere Monate erstreckende Handlungen (Reisen in fremde Länder, Happys Werben um Suzanne) erfand und durch Cliff-hanger auf die nächste Folge hinwies.

Opper versuchte sich auch an mehreren anderen Serien, von denen vor allem zwei Beachtung verdienen: *Alphonse and Gaston* (1902) ist eine Gagserie um zwei Franzosen, die sich durch ihre übertriebene Höflichkeit ständig selbst im Weg stehen (legendär wurde der klassische, sich stets wiederholende Dialog «You first, my dear Alphonse!» – «No, no, you first, my dear Gaston!»), und in *And Her Name was Maud* (1904) machte er ein störrisches Maultier zur Hauptfigur, das seinem Eigentümer, dem Farmer Si, meist heftig austretend zusetzt. Häufig tauchten die Helden eines Strips auch in einer anderen Serie Oppers auf, um dort kurze, turbulente Gastspiele zu geben. Sämtliche Innovationen, die Opper zu einem der wichtigsten Pioniere der frühen Comic-Geschichte machen, vollzogen sich allerdings innerhalb seiner Serie *Happy Hooligan*, die er bis 1932 zeichnete.

Wie stark die Comic-Charaktere mit den Zeitungen, in denen sie erschienen, verbunden waren, zeigt eine Karikatur von 1904: Als Hearst zum Präsidentschaftskandidaten der Demokraten nominiert wurde, stellte J. S. Pughe ihn in *Puck* inmitten seiner Figuren Alphonse und Gaston, Happy Hooligan und den Katzenjammer Kids dar.

Kurz nach der Jahrhundertwende waren zwar die wichtigsten Elemente der Comic-Grammatik – feststehende Figuren, fortschreitende Handlung in Folgen von Einzelbildern, Dialoge in Form von Sprechblasen – bereits gut entwickelt, hatten sich aber noch nicht als verbindlich für das neue Medium durchgesetzt. Die Sonntagsbeilagen hatten nach wie vor den Charakter eines Experimentierfeldes und präsentierten in jeder Ausgabe ein buntes Neben- und Durcheinander verschiedener Erzählformen und Formate. Selbst ein Name fehlte dem neuen Medium noch. Als *The Bookman* 1902 zum ersten Mal über das Phänomen berichtete, war schlicht

Gustave Verbeck legte seine Upside Downs so an, daß die Geschichten nach dem sechsten Bild um 180 Grad gedreht weitergelesen werden konnten. Sonntagsseite von 1904.

von «the new humor» die Rede, dann setzte sich die Bezeichnung «funnies» durch, die schließlich durch «comics» abgelöst wurde. Alle drei Begriffe verweisen deutlich darauf, daß der Comic zunächst als reine Humorform betrachtet wurde, und tatsächlich dauerte es noch über ein Vierteljahrhundert, bis sich Abenteuerhandlungen und naturalistische Darstellung durchzusetzen begannen.

Eine der skurrilsten Ideen präsentierte Gustave Verbeck (1867–1937), der zuvor die Kidserie *Easy Papa* gezeichnet hatte, ab Oktober 1903 im *Herald* mit *The Upside Downs of Little Lady Lovekins and Old Man Muffaroo*. Die Handlung dieser Serie war zwar einfach gestrickt, aber liebenswert erzählt: Lady Lovekins und ihr Begleiter Muffaroo reisen durch ein bizarres Phantasieland, das von wilden Tieren und allerlei merkwürdigen Kreaturen bevölkert ist, wobei die Lady immer wieder in Gefahr gerät und gerettet werden muß. Die Handlung endet allerdings nicht beim letzten der jeweils sechs Bilder einer Seite – um hundertachtzig Grad gedreht, läßt sich die Story «rückwärts» weiterlesen, wobei jedes Bild und jedes Detail auf dem Kopf stehend einen neuen Sinn ergibt. Verbeck zeichnete seine *Upside Downs* nur etwas länger als ein Jahr – kein anderer Comic-Zeichner hat je versucht, sein verrücktes Experiment zu wiederholen – und widmete sich nach zwei weiteren kurzlebigen Serien, *Terrors of the Tiny Tads* (1905) und *The Loony Lyrics of Lulu* (1910), ganz der Malerei.

Obwohl ein Großteil der frühen Comic-Helden Kinder waren, fällt auf, daß es sich bei den meisten Kids eher um verjüngte Erwachsene handelt, die durch Rachefeldzüge und Zerstörungsorgien die Normen des «zivilisierten» Alltags zu sprengen versuchen. Eine der wenigen erfolgreichen Serien, die sich um wirkliche Kinder dreht, zeichnete James Swinnerton (1875–1974) mit *Little Jimmy*. Sie erschien mit einigen Unterbrechungen von

1904 bis 1958 und handelt von einem kleinen Jungen, der meist hilfsbereit alle möglichen Aufgaben übernimmt, sich von deren Ausführung aber stets durch die Abenteuer des Alltags ablenken läßt. Die einzelnen Episoden sind liebevoll erzählt und kommen ohne den rauhbeinigen Humor anderer zeitgenössischer Kidstrips aus. Komik erzeugte Swinnerton vor allem durch die Darstellung Jimmys und seiner Freunde, die auf kurzen Beinen durch das Leben watscheln und als Winzlinge die übergroße Welt mit kreisrunden Kinderaugen betrachten – ein Prinzip, das auch Billy Marriner von 1910 bis 1914 in seiner damals nicht minder populären Serie *Wags, the Dog That Adopted a Man* anwandte.

Anfang der zwanziger Jahre zog Swinnerton aus gesundheitlichen Gründen nach Arizona und machte die Canyonlands zur Kulisse seiner Serie. Die Abenteuer, die Jimmy mit dem Navajojungen Somoli erlebt, gaben ihm die Möglichkeit, die faszinierende Wüstenlandschaft in großartigen Bildern darzustellen. Ab Ende der dreißiger Jahre machte er durch die Figur des indianischen Touristenführers Lem Quigley immer wieder die kommerzielle Erschließung dieser Region zum Thema. Die geliebten Landschaften des amerikanischen Südwestens, die er auch in einer großen Zahl von Ölbildern porträtierte, wurden auch zum Hintergrund seines Strips *Canyon Kiddies*, der von 1922 bis 1941 in der Zeitschrift *Good Housekeeping* erschien.

Ende 1905 erlebte das Comic-Medium eine Innovation von geradezu revolutionärer Kraft: Am 15. Oktober begann Winsor McCay im *New York Herald* mit *Little Nemo* und entführte seine Leser in den folgenden knapp sechs Jahren Woche für Woche in ein bizarr ausgestaltetes Märchenreich. Die Grundidee dieser neuen Serie war recht einfach: König Morpheus möchte den kleinen Nemo als Spielgefährten für seine Tochter nach Slumberland holen. Dies gestaltet sich jedoch als äußerst schwieriges Unterfangen, denn nicht nur, daß sich Nemo in einem undurchdringlich erscheinenden Wald riesiger Pilze verläuft, daß er auf der Flucht vor Indianern in eine tiefe Schlucht stürzt und ihm Pferde, Rentiere, Löwen, Zebras und andere Tiere, auf deren Rücken er seine Expedition zu beschleunigen versucht, durchgehen, schließlich taucht auch noch der zwergwüchsige Flip auf, der alles nur Erdenkliche anstellt, um Nemo aus dem Schlaf zu schrecken. Denn natürlich erlebt Nemo die Reise nur in seinen Träumen, aus denen er am Ende einer jeden Seite erwacht – Fortsetzung nächste Woche. Erst in der zwanzigsten Folge erreichte er Slumberland, aber es dauerte noch neunzehn weitere Wochen, bis er endlich, am 8. Juli 1906, der Prinzessin vorgestellt wurde.

Sensationell waren McCays an den Jugendstil angelehnten Zeichnungen. Seine feine, ornamentierende Linienführung orientiert sich eher an den Prinzipien aristokratisch-idyllischer Kunst als am groben, holzschnittartigen Stil der frühen Pioniere der Comics. «Statt der slapstickartigen Bewegung und der kräftigen Slangwirkung, die meist mit frühen Comics in Verbindung gebracht werden, vermittelt McCays spektakulärer Stil eine kaum verhohlene Atmosphäre sexueller Unruhe», haben Kirk Varnedoe und Adam Gopnik angemerkt. In seinen Bildern deformierte McCay Mensch und Natur wie in einem Zerrspiegel. Alle möglichen Gegenstände, ganze Wohnblocks eingeschlossen, erwachen plötzlich wie in Lewis Carrolls «Alice im Wunderland» zum Leben, Bäume verwandeln sich in Rhinozerosse, Nemo wird zum Riesen aufgeblasen und auf Zwergengröße geschrumpft, sein Bett beginnt auf einmal zu wachsen und galoppiert mit ihm auf riesigen Gummibeinen über Hochhäuser hinweg. Er begegnet den märchenhaftesten Phantasiegestalten und fliegt 1910 sogar zum Mond und Mars. Und immer wieder erwacht Nemo gerade in dem Augenblick, in dem seine Träume besonders bedrohlich werden. Anfangs begründete McCay dies damit, daß Nemo vor dem Einschlafen zuviel Blau-

Little Nemos Bett versinkt im Fußboden und trägt ihn in einen undurchdringlichen Pilzwald. Schon auf dieser zweiten Sonntagsseite vom 22.10.1905 begeisterte Winsor McCay durch eine bislang nicht gekannte grafische Virtuosität. Er war der erste Zeichner, der Wirklichkeit nicht abbildete, sondern mit jedem Blatt neu erfand.

beerkuchen, Eis oder Truthahnfüllung gegessen habe, später dann schuf er Verbindungen zwischen Traum und Wirklichkeit: Da träumt Nemo, daß er erfriert oder von einer Menschenmenge erdrückt wird, wacht auf und stellt fest, daß er die Bettdecke weggestrampelt beziehungsweise seinen Kopf unter das Kissen geschoben hat. Er träumt von einem riesigen Orchester mit Pauken und Trompeten und erwacht vom Schnarchen seines Vaters. «So wie sein Namensvetter in Jules Vernes ‹20 000 Meilen unter dem Meer› die Geheimnisse der Tiefsee erkundete», bemerkte der Comic-Kritiker Horst Schröder, «so begibt Nemo sich auf Entdeckungsfahrt in die Traumwelt des Unbekannten.» McCay war der erste Zeichner, der sich von den ästhetischen Konventionen der Karikatur löste und Wirklichkeit nicht nur überzeichnet abbildete, sondern diese mit jeder Seite neu erfand.

Angesichts des Feuerwerks grafischer Einfälle und skurriler Charaktere, das McCay jede Woche aufs neue in *Little Nemo* entzündete, fällt auf, daß sein kleiner Held selbst recht blaß bleibt. Er reagiert eher, als daß er das Geschehen bestimmt, und auch sonst fehlt ihm jede Form von Persönlichkeit. Lediglich sein Alter ist bekannt. Zu Beginn der Serie ist Nemo fünf Jahre alt, so alt wie das Jahrhundert (womit seine Geburt zusammenfällt mit dem Erscheinen von Sigmund Freuds «Traumdeutung»), aber obwohl McCay jeden Jahreswechsel in seiner Erzählung thematisch aufgriff, alterte Nemo nicht sichtbar. Auch der Name Nemo (lateinisch: niemand) deutet darauf hin, daß McCay bewußt darauf verzichtet hat, seinem Meisterträumer, für den übrigens sein Sohn Robert Vorbild stand, mit markanten Charaktereigenschaften auszustatten. Vielleicht tat er dies, um seinen Lesern eine möglichst neutrale Identifikationsfigur anzubieten und ihnen somit den Zugang in seine Phantasiewelt zu erleichtern. Eine andere Annahme ist, daß sich McCay selbst in Nemo sah. Er war in der Provinz aufgewachsen und hat sich später in der quirligen Metropole New York stets als Außenseiter gefühlt.

Nach eigenen Angaben wurde McCay am 26. September 1871 in Spring Lake, Michigan geboren; auf seinem Grabstein ist allerdings 1869 als Geburtsjahr angegeben. Er genoß eine eher provinziell-konservative künstlerische Ausbildung bei einem bereits pensionierten Zeichenlehrer und besserte sein Taschengeld durch Zeichnungen von den Attraktionen des Wonderland in Detroit auf, die er für fünfundzwanzig Cent das Stück verkaufte. Später arbeitete er für die Werbung sowie als Plakat- und Porträtmaler, dann als Pressezeichner für verschiedene Zeitungen in Cincinnati, für die er Illustrationen für Artikel über Gerichtsverfahren, Sportwettkämpfe und andere Ereignisse anfertigte. 1903 veröffentlichte er hier auch dreiundvierzig Bildfolgen unter dem Titel *A Tale from the Jungle Imps* nach Szenen aus dem im Jahr zuvor erschienenen Buch «Das kommt davon» von Rudyard Kipling.

Noch im gleichen Jahr zog er nach New York und begann eine ganze Reihe von Comic-Serien, die er mit dem Pseudonym Silas signierte und von denen sich bereits mehrere mit Träumen beschäftigten. Berühmt wurden seine *Dreams of the Rarebit Fiend*, die er 1904 ohne eine feststehende Hauptfigur zeichnete und deren Kontinuität sich ausschließlich aus ihrem Thema ergab. In jeder Folge schilderte er einen durch den Verzehr warmer Käsetoasts verursachten Alptraum; am eindrucksvollsten geriet ihm dabei eine klaustrophobische Folge, in der der Held seine eigene Beerdigung träumt. Ebenfalls herausragend sind *Little Sammy Sneeze* (1904) um einen kleinen Jungen, der stets durch orkanartiges Niesen alles mögliche zum Einstürzen bringt, *A Pilgrim's Progress* (1905), deren Held sich wie die Figur aus John Bunyans religiösem Erbauungsbuch «Des Pilgers Wanderschaft» mit den Fährnissen des Lebens zu plagen hat, sowie *Hungry Henrietta* (1905) um ein freßsüchtiges Mädchen.

Angesichts dieser frühen Reihen, in denen McCay eine souveräne Handhabung von Comic-Elementen wie Bildfolge und Sprechblase bewies, verwundert es, daß er beim Start von *Little Nemo* offensichtlich Unsicherheiten verspürte. Bis ins Jahr 1906 hinein jedenfalls verwendete er sowohl Sprechblasen wie fortlaufenden Erzähltext unter den Bildern. Das Numerieren der Einzelbilder, mit dem er die Leserichtung markierte, behielt er während der gesamten Laufzeit der Serie bei. Letzteres mag sich dadurch erklären, daß McCay weniger an einem kontinuierlichen, klar strukturierten Handlungsablauf gelegen war, sondern daß er vielmehr jede einzelne Seite bildübergreifend in ihrer Gesamtheit begriff und durch Split-panels, runde Bilder und wirkungsvolle, aber manchmal etwas verwirrende Layouts komponierte. Dabei bezog er nicht selten die Stilelemente der Comics selbst mit ein, beispielsweise wenn Nemo einmal, als er Hunger hat, die Zeichnung, in der er sich befindet, aufzuessen beginnt. (In *A Dream of the Rarebit Fiend* wird der Held durch Tintenspritzer des Zeichners von Bild zu Bild immer mehr zugekleckst; in *Little Sammy Sneeze* zerbricht durch Sammys Niesen einmal auch die Bildumrandung.)

Winsor McCay legte seine Seiten nicht nur in atemberaubenden Layouts an, sondern experimentierte oft auch mit der Erzählform Comic selbst: Dream of the Rarebit Fiend vom 7.4.1907.

Anfang 1911, drei Jahre nachdem Nemos Träumereien auch als Broadway-Musical aufgeführt worden waren, ließ die Qualität von Little Nemo merklich nach. Den Seiten fehlte plötzlich ihre kompositorische Waghalsigkeit, die Hintergründe wurden spärlicher, Details verschwanden, und schließlich wurden die letzten Seiten nur noch zweifarbig gedruckt. Über die Gründe, die zu diesen Veränderungen führten, ist viel spekuliert worden, sicher ist allerdings nur eins: McCay hatte sich von Hearst abwerben lassen, für dessen Zeitungen er seine Serie nun vom 3. September 1911 bis zum 26. Juli 1914 unter dem Titel In the Land of Wonderful Dreams fortsetzte. (Die letzte Little Nemo-Seite im Herald erschien am 23. Juli 1911, und diesmal wagte es niemand, die Serie fortzusetzen. McCay selbst zeichnete von 1924 bis 1927 noch einmal neue Folgen für den Herald, doch war diesem Revival kein großer Erfolg beschieden.)

Auch in In the Land of Wonderful Dreams fand McCay nicht zu seiner alten Eleganz zurück. Zwar sind seine Seiten noch immer besser als die der meisten anderen zeitgenössischen Künstler, aber sie wirken routiniert und lassen den gewohnten innovativen Schwung vermissen. Das mag einerseits damit zusammenhängen, daß er für Hearst jetzt regelmäßig auch die Leitartikel des Kolumnisten Arthur Brisbane illustrierte und parallel dazu über ein Dutzend weiterer Strips schuf, von denen sich die meisten wie *Midsummer Daydreams* oder *It Was Only a Dream* ebenfalls um Träume drehen.

Ein anderer Grund ist zweifellos, daß er eine neue Leidenschaft entdeckt hatte. McCay war nämlich nicht nur der erste Virtuose der Comic-Kunst, sondern auch ein Pionier des Zeichentrickfilms. 1911 zeigte er während Vaudeville-Vorführungen mit «Little Nemo», bestehend aus viertausend handkolorierten Einzelbildern, den ersten Trickfilm der Filmgeschichte. Ein Jahr später folgte «Story of a Mosquito». Seinen größten Erfolg hatte er schließlich 1914 mit «Gertie, the Trained Dinosaur», dem sieben weitere Filme folgten, darunter 1917 der aus fünfundzwanzigtausend Zeichnungen bestehende «The Sinking of the Lusitania».

Winsor McCay starb am 26. Juli 1934. Acht Jahre vor seinem Tod schrieb er an Clare Briggs: «Der wichtigste Grund für meinen Erfolg war mein Wunsch, dauernd zeichnen zu können. Ich habe nie beschlossen, ein Künstler zu sein. Ich konnte nur einfach nie aufhören zu zeichnen.»

Die Sonntagsbeilagen brachten den Zeitungen zwar wachsende Auflagen, doch die Kritik an der angeblichen Vulgarität der Comics wollte nicht verstummen – einige Zeitungen, so zum Beispiel 1908 der *Herald* in Boston, stellten ihre Comic-Supplements sogar wieder ein. Als sich sogar die öffentlichen Bibliotheken weigerten, die Hearst-Zeitungen zu führen, kam James Keely von der *Chicago Tribune* auf die Idee, Zeichner aus Deutschland zu akquirieren, um vor allem die deutschstämmige Bevölkerung, die zu jener Zeit in Chicago und Umgebung einflußreich war, zu gewinnen. «Jetzt werden diejenigen, die es sich zur Gewohnheit gemacht haben, die Comic-Beilagen zu verdammen, eine Ausnahme machen und zugeben müssen, daß eine Comic-Beilage humorvoll sein kann, ohne anstößig zu sein, satirisch, ohne vulgär zu sein, spielerisch, ohne gemein, grausam oder herzlos zu sein», hieß es am 24. April 1906 in dem Blatt. Neben Hans Horina, Lothar Meggendorfer und Karl Pommerhanz hatte man auch den späteren Bauhausmeister und kubistischen Maler Lyonel Feininger (1871–1956) verpflichtet, dessen «Witzblattzeichnungen» (so Feininger über seine zwischen 1894 und 1906 entstandenen Arbeiten) bisher vor allem in *Ulk*, den *Lustigen Blättern* und *Das Narrenschiff* erschienen waren.

Bereits drei Wochen zuvor hatte die *Tribune* auf der Titelseite ihrer Sonntagsbeilage das baldige Erscheinen der *Kin-der-Kids* mit einer ganzseitigen Zeichnung angekündigt, auf der sich «Onkel Feininger» als Marionettenspieler dargestellt hatte, der seine neuen Figuren an Fäden in der Hand hält. Am 29. April 1906 büxten die drei Kids Daniel Webster, Piemouth und Teddy von ihrer Tante, bei der sie zur Pflege waren, aus und stießen an Bord einer alten Badewanne in See. In ihrer geometrischen Komposition und mit ihren gedeckten Farben wirken die insgesamt einunddreißig Blätter dieser Serie eigentümlich distanziert, und selbst aktionsbetonte Szenen bleiben statisch. Während die amerikanischen Zeichner stets bemüht waren, Bewegung zu suggerieren, fror Feininger jeden Moment zu einem kleinen Kunstwerk ein. Dies gilt noch stärker für seine sehr poetische zweite Serie *Wee Willie Winkie's World*, deren kleiner Held Häuser, Wolken und Lokomotiven zum Leben erwecken kann.

Beide Reihen erschienen nur kurz. Die Weltreise der Kin-der-Kids wurde am 18. November 1906 mitten in Rußland abrupt abgebrochen, *Wee Willie Winkie's World* endete nach dreiundzwanzig Folgen am 13. Januar 1907. Als Grund nennt der Historiker Dennis Wepman gescheiterte Honorarverhandlungen zwischen dem Künstler und der *Chicago Tribune*, wahrscheinlicher ist jedoch, daß Feininger einfach das Interesse an

Nachdem Lyonel Feininger bereits für verschiedene deutsche Humorzeitschriften gearbeitet hatte, zeichnete er auch zwei Comic-Serien für die in Chicago erscheinende Tribune. Kin-der-Kids-Seite aus dem Jahr 1906.

*In Hugo Hercules nahm J. Koerner 1902 bereits die Thematik der Superhelden, durch die Ende der dreißiger Jahre die Comic-Hefte zum Erfolg gelangten, vorweg.*

sche Vielfalt entwickelt. In *Hugo Hercules* beispielsweise deutete J. Koerner schon 1902 die Superheldenthematik an, indem er seinen Helden ein Haus in die Luft stemmen ließ. Einer der kreativsten Innovatoren des Mediums zu dieser Zeit war Charles William Kahles (1878–1931). Mit *Clarence the Cop* schuf er 1900 die erste Reihe, deren Held ein Polizist ist, mit *The Perils of Submarine Boating* 1901 den ersten Comic, in dem es um Abenteuer unter Wasser ging, und mit *Sandy Highflyer, the Airship Man* 1902 die erste Fliegerserie.

Mit *Hairbreadth Harry*, dessen erste Sonntagsseite am 21. Oktober 1906 erschien, befruchtete er das Medium gleich in zweierlei Hinsicht nachhaltig. Zum einen führte er, inspiriert von den damals populären Dimenovels, das melodramatische Abenteuer ein, zum anderen war er der erste, der mit einer ausgeprägten Cliff-hanger-Dramaturgie das Fortsetzungsprinzip etablierte. Beides wurde schnell kopiert, beispielsweise 1910 von Harry Hershfield mit *Desperate Desmond*.

Nach einem Jahr erfand Kahles Harrys Freundin Belinda Blinks und den schurkischen Rudolph Rassendale. Erstere wurde von nun an regelmäßig von letzterem entführt und schließlich vom Helden gerettet. Als das McClure Syndicate, das den Strip vertrieb, 1915 die Pforten schloß, heirateten Belinda und Harry auf einem Weltkriegsschlachtfeld.

Ein halbes Jahr später unterzeichnete Kahles einen Vertrag mit dem Ledger Syndicate, und am 16. Februar 1916 wurde auf einer einsamen Insel, auf die sich Rassendale zurückgezogen hatte, eine Zeitung mit der Schlagzeile «Hairbreadth Harry und Belinda Blinks nicht verheiratet. Gerücht wurde von arbeitsscheuem Zeichner in Umlauf gebracht» angespült. Und so begann alles von vorn, ab 1923 zusätzlich zu den Sonntagsseiten auch in Form von täglichen Strips. Nach Kahles' Tod wurde *Hairbreadth Harry* noch bis Anfang 1940 von anderen Zeichnern fortgesetzt.

den Comics verloren hatte. Am 18. August 1909 schrieb er an seine zweite Frau Julia: «Es hat immer nur den großen Überstand bei mir, daß ich im Grunde meiner Seele kein Witz-Blattzeichner bin.» Von der Kunstkritik wurde Feiningers Frühwerk lange ignoriert. Er selbst teilte Otto Eysler 1924 in einem Brief mit: «Ich bin weit entfernt davon, die sehr wichtigen Entwicklungsjahre, die ich als ‹Witzblatt-Zeichner› durchmachte, gering zu halten – im Gegenteil! Sie waren meine einzige Disciplinierung.»

Gegen Ende des ersten Jahrzehnts hatten die Comics bereits eine erstaunliche themati-

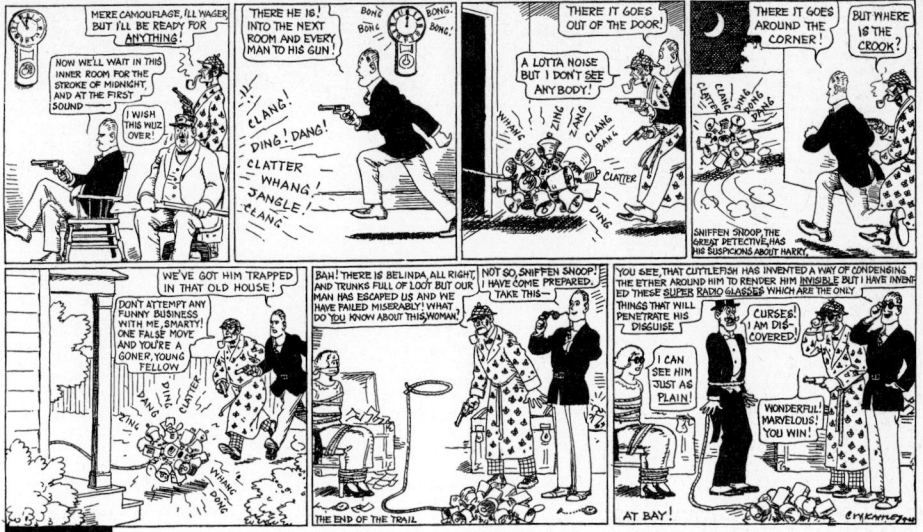

Inspiriert durch die Dime-novels, griff Charles William Kahles in seiner Serie Hairbreadth Harry schon früh Abenteuerthemen auf. Ausschnitt aus der Sonntagsseite vom 28.9.1924. © Jessie Kahles Straut

## Kein Tag ohne Comics

Schon zu Beginn des Jahres 1903 war der Herausgeber des *Chicago American*, Moses Koenigsberg (der später dem King Features Syndicate seinen Namen gab, indem er «Koenig» ins Englische übersetzte), auf die Idee gekommen, Comics auch in den Werktagsausgaben seiner Zeitung zu drucken. Er beauftragte den Zeichner Clare Briggs (1875–1930), für die Sportseite eine Serie zu gestalten, bei der es um Pferdewetten gehen sollte. *A. Piker Clerk*, der erste täglich erscheinende Schwarzweißstrip, lief mit Unterbrechungen über knapp eineinhalb Jahre bis Mitte 1904. Zwar stieß die Serie durchaus auf ein positives Echo, doch sie mißfiel Hearst, der sie schließlich absetzte. Andere Versuche wie *Mr. E. Z. Mark* von F. M. Howarth, *Abe Martin* von Kin Hubbard, A.D. Condos *The Outburst of Everett True* oder *Bugville* von Gus Dirks erschienen ebenfalls nur kurz. Es sollte noch bis Ende 1907 dauern, bis der Daily-strip durchgesetzt werden konnte. Der Mann, dem dies gelang, war Harry Conway (Bud) Fisher (1885–1954), der 1905 als Sportcartoonist beim *San Francisco Chronicle* zu arbeiten begonnen hatte. Am 15. November 1907 debütierte er mit der Serie *A. Mutt*, die ein direktes Plagiat von *A. Piker Clerk* war. Allerdings war Fishers an sechs Tagen in der Woche erscheinender Strip lustiger, und außerdem kamen darin Pferde vor, die am nächsten Tag tatsächlich an den Start gingen. Diese Aktualität war Fisher möglich, da er seine Strips erst am Tag vor ihrem Erscheinen zeichnete.

Mutt, ein hagerer Kerl mit Armen wie Windmühlenflügel, war stets hinter dem großen Geld her, übertölpelte sich schließlich aber meist selbst oder fiel auf windige Ratschläge herein. Somit war der geborene Verlierer das genaue Gegenteil seines Schöpfers. Fisher hatte bereits im Alter von zweiundzwanzig Jahren, als ihm der *Chronicle* fünf-

zehn Dollar pro Sonntagsseite zahlte, mehrere Zeichner engagiert (darunter auch George Herriman), die er für die Hälfte für sich arbeiten ließ. Sein nächster raffinierter Zug war es, sich die Urheberrechte an *A. Mutt* zu sichern. Schon nach kurzer Zeit nämlich war der Strip so erfolgreich, daß Fisher für fünfundvierzig Dollar die Woche von Hearsts *San Francisco Examiner* abgeworben wurde. Der *Chronicle* ließ *A. Mutt* von Russ Westover fortsetzen. Fisher klagte und gewann. 1915 verließ er auch Hearst und unterzeichnete einen Vertrag mit dem Wheeler Syndicate, das ihm eintausend Dollar in der Woche garantierte – Hearst hatte ihm zuletzt dreihundert Dollar gezahlt. Inzwischen erschien sein Strip in über hundert Zeitungen in ganz Amerika. Ein Jahr später gründete er eine eigene Firma, in der über sechzig Zeichner Trickfilme mit seinen Figuren herstellten, und am 11. August 1918 startete auch eine Sonntagsseite parallel zu den täglichen Comic-Strips. Die ungeheure Popularität, die Fishers Strip genoß, läßt sich auch aus dem 1922 erschienenen Roman «Babbitt» herauslesen, in dem Sinclair Lewis minutiös den Alltag eines amerikanischen Kleinbürgers schildert und George F. Babbitt die «illustrierten Witze, in denen Herr Mutt Herrn Jeff mit faulen Eiern bewarf», lesen ließ. James Joyce nannte als Reminiszenz an Fishers Tramps in «Finnegans Wake» zwei seiner Figuren Mute und Jute.

Jeff, einen ehemaligen Boxer, hatte Mutt bereits am 27. März 1908 in einer Irrenanstalt kennengelernt, und seitdem waren die beiden ein unzertrennliches Paar. Im November des gleichen Jahres wurde Mutt zur ersten Comic-Figur, die für das Amt des amerikanischen Präsidenten kandidierte. Nach Fishers Weggang von Hearst wurde der Strip in *Mutt and Jeff* umbenannt und handelte nicht mehr nur von Pferdewetten. Vielmehr griff Fisher nun vermehrt auf aktuelle Ereignisse und persönliche Erlebnisse zurück. Nachdem er 1915 Pancho Villa besucht hatte, verdingten sich seine Helden als Söldner in Mexiko. Als die USA zwei Jahre später in den Krieg eintraten, ließ sich Fisher bei der Armee einschreiben und zeichnete *Mutt and Jeff* an den Wochenenden in einem Hotelzimmer. Während einer Europareise Anfang der zwanziger Jahre ließ er Mutt und Jeff in Pariser und Berliner Cafés herumsitzen und schickte seine Strips per Post nach Amerika. Während der Prohibition schmuggelten die beiden selbstverständlich Alkohol, von dem allerdings mehr in den Rinnstein floß als in die Kehlen durstiger Kunden, und im Wahljahr 1928 kandidierte Mutt erneut – natürlich vergebens – für die Präsidentschaft. Eine der liebenswer-

*Mit Mutt and Jeff etablierte Bud Fisher den an sechs Tagen in der Woche erscheinenden Tagesstreifen mit Fortsetzungshandlung. Strip von 1909. © H. C. Fischer*

testen Episoden ist zweifelsohne eine Folge von dreißig Streifen aus dem Jahre 1952, in der sich Mutt und Jeff an die Geburtsstunde ihres eigenen Strips vor fünfundvierzig Jahren erinnern. Zu dieser Zeit zeichnete Fisher, längst zum Millionär geworden, allerdings kaum noch selbst. Schon seit 1932 hatte er *Mutt and Jeff* fast ganz seinem Assistenten Al Smith überlassen, der den Strip jedoch erst nach Fishers Tod mit seinem Namen signieren konnte. Smith führte die Serie bis 1980 fort. Nach zwei weiteren Jahren unter der Feder von George Breisacher wurde sie schließlich eingestellt.

Zwar war auch bereits vor dem Erscheinen von *A. Piker Clerk* und *Mutt and Jeff* gelegentlich ein Strip in die Werktagsausgaben der Zeitungen gelangt – erstmals am 14. November 1896 mit einer schwarzweiß abgedruckten *Yellow Kid*-Folge – , jedoch hatte es mehr als zehn Jahre gedauert, bis der Comic seiner Wiege endgültig entwachsen war und sich außerhalb der Sonntagsseiten etablieren konnte. Und es ist durchaus kein Zufall, daß dieser Prozeß ausgerechnet auf den Sportseiten der Zeitungen stattfand. Um die Jahrhundertwende, als die Fotografie noch in den Kinderschuhen steckte, war es vor allem die Aufgabe von Cartoonisten, die Höhepunkte von Sportereignissen darzustellen. Nahezu jede Zeitung beschäftigte zu diesem Zweck eigene Zeichner, von denen viele mit den erzählerischen Möglichkeiten, die der Comic bot, liebäugelten.

Der bekannteste und zu seiner Zeit am höchsten bezahlte dieser Zeichner war TAD (Thomas Aloysius Dorgan, 1877–1929). Er hatte sich durch seine Arbeiten für das *San Francisco Bulletin* und den *San Francisco Chronicle* einen Namen als bester Sportillustrator des Landes gemacht und wurde 1902 von Hearst abgeworben, für dessen *Journal* er eine regelmäßige Cartoonserie schuf, die unter wechselnden Titeln wie *Indoor Sports* oder *Outdoor Sports* erschien. Zusätzlich zeichnete er mehrere Comic-Serien, am populärsten wurde eine um einen vermenschlichten Hund, der den Beruf des Richters ausübt und sich zu Hause einer resoluten Ehefrau zu erwehren hat. Daß der Strip unregelmäßig, in verschiedenen Formaten und mit wechselnden Titeln wie *Silk Hat Harry* oder *Judge Rummy's Court* erschien, dürfte die Ursache dafür sein, daß TAD heute selbst bei Comic-Historikern weitgehend in Vergessenheit geraten ist, obwohl er während der drei ersten Jahrzehnte dieses Jahrhunderts zu den beliebtesten Zeichnern überhaupt gehörte. Legendär war TADs Wortwitz, und Sätze wie «Yes, we have no bananas» oder «You'll find sym-

Am 31.1.1912, einem Mittwoch, veröffentlichte das New York Evening Journal erstmals eine ganze Seite mit Tagesstrips. Unter George Herrimans Dingbat Family läuft bereits ein Zusatzstreifen mit Krazy Kat und Ignatz. © King Features Syndicate

Am Sonntag in Farbe, wochentags schwarzweiß

pathy in the dictionary» gingen in das amerikanische Sprachgut ein. Nachdem TAD nach New York gezogen war, engagierte der *San Francisco Chronicle* mit Rube Goldberg einen talentierten Nachfolger, der sich nach einiger Zeit ebenfalls den Comics zuwenden und eine Reihe köstlicher Strips schaffen sollte.

Nachdem sich *Mutt and Jeff* erfolgreich behauptet hatte, nahmen immer mehr Zeitungen Comics auch in ihre Werktagsausgaben auf. Am 31. Januar 1912 brachte Hearst erstmals in seinem *New York Evening Journal* eine ganze Seite mit Strips und übertrug dieses Konzept wenige Wochen später auf alle seine Blätter. Anfangs wurden auf einer Seite vier, wenig später fünf, dann sechs und schließlich neun verschiedene Strips abgedruckt. Andere Zeitungen folgten diesem Beispiel. Serien, die sich werktags bewährten, erhielten das Privileg einer zusätzlichen Sonntagsseite in Farbe. Damit war die Verbindung zwischen Daily-strips und Sunday-pages geschaffen. Es bildeten sich vier verschiedene Typen heraus:
- Serien, die auch weiterhin nur sonntags erschienen wie *Little Nemo*.
- Comics, die wie *Mutt and Jeff* (bis 1918) nur schwarzweiß an den sechs Werktagen erschienen.
- Serien, in denen eine Geschichte über die Tagesstreifen und eine zweite auf den Sonntagsseiten erzählt wurde. Dieses Prinzip kam den Lesern entgegen, die nur die Werktags- oder nur die Sonntagsausgaben einer Zeitung lasen. Die Helden mußten so allerdings oft eine Art Doppelleben führen.
- Serien, deren Story über alle sieben Tage der Woche lief. In der Regel brachten die Autoren dabei das Kunststück fertig, daß man die Handlung auch verfolgen konnte, wenn man nur die Werktags- oder nur die Sonntagsausgaben las.

Recht unscheinbar als Tagesstrip debütierte am 20. Juni 1910 im *New York Journal* George Herrimans *The Dingbat Family*. Die Familiensaga hatte sich bereits kurz nach der Jahrhundertwende als drittes wichtiges Genre neben den Kid- und Tramp-Comics etabliert, und Herrimans Strip unterschied sich wenig von anderen Serien mit gleicher Thematik. Das änderte sich jedoch fünf Wochen später, als über die Dingbats eine andere Familie einzog. Die Dingbats bekamen die neuen Mieter nie zu Gesicht, fühlten sich aber mehr und mehr durch Geräusche und ominöse Besucher belästigt. «Man sollte sie lynchen» wurde bald zum Standardfluch des biederen Büroangestellten E. Pluribus Dingbat, und der Strip wurde umbenannt in *The Family Upstairs*. Niemand weiß, was aus jener Familie wurde; Herriman verwischte alle ihre Spuren, als er das komplette Wohnhaus der Dingbats am 15. November 1911 in Schutt und Asche legte und den Strip wieder mit *The Dingbat Family* betitelte. Zu diesem Zeitpunkt waren allerdings bereits zwei weitere Charaktere aufgetaucht, die wenig später Geschichte machen sollten.

In all seinen Strips ließ Herriman regelmäßig meist am Bildrand Nebenfiguren auftreten, die die Leser durch kleine Runninggags amüsierten. So auch in *The Family Upstairs*, wo am 24. Juni 1910 eine Katze auftauchte, einen Monat später, am 26. Juli, gefolgt von einer Maus. Die beiden entwickelten schnell ein reges Eigenleben, das sich ab dem 17. August in einem eigenständigen Ministrip unter dem (leicht verkleinerten) Hauptstrip abspielte. Am 25. September endlich schimpfte die Maus die androgyne Katze zum ersten Mal «krazy kat» und warf ihr einen Stein an den Kopf. Damit waren die Voraussetzungen geschaffen für die verrückteste Liebesgeschichte, die jemals erzählt worden ist. Am 18. Oktober 1913 erschien *Krazy Kat* erstmals als eigenständiger Tagesstrip, zu dessen drittem Helden Herriman Offissa Pupp, eine Bulldogge in Polizeiuniform, machte.

Über dreißig Jahre lang variierte Herriman das seltsame Dreiecksverhältnis zwi-

schen seinen ein eigenartiges Pidgin sprechenden Figuren. Krazy ist verliebt in Ignatz Maus, doch der bösartige Nager erwidert das Werben der Katze stets dadurch, daß er ihr einen Ziegelstein an den Kopf pfeffert. Krazy interpretiert diese Boshaftigkeit allerdings als Liebesbeweis: Von Ignatz' Wurfgeschoß getroffen, taucht über ihrem Kopf statt der in anderen Comics üblichen Sternchen ein Herz auf. In ihrem Masochismus geht Krazy sogar so weit, daß sie mit Ignatz gegen Offissa Pupp konspiriert. Der nämlich, seinerseits in Krazy verliebt, ist ständig bemüht, die gemeine Maus auf frischer Tat zu ertappen und ins Gefängnis zu sperren.

Angesiedelt ist diese Handlung in dem bizarren Coconino County, zu dessen launenhafter Natur Herriman durch das Monument Valley inspiriert worden war. 1910 hatte er diese großartige Wüstenlandschaft mit ihren unwirklich erscheinenden Tafelbergen, Kakteen und endlosen Horizonten während eines Besuchs bei James Swinnerton in Arizona kennengelernt. Diese Kulisse schien ihm wie geschaffen für *Krazy Kat*, und ihr kam bei der grafischen Gestaltung der Serie eine wichtige Bedeutung zu. Während sich nämlich über drei Jahrzehnte nichts an der Beziehung zwischen Krazy, Ignatz und Pupp änderte, verwandelte sich die Landschaft oft von einem Bild zum anderen innerhalb ein und desselben Strips. Und als ob diese Szenerie Herriman noch nicht skurril genug gewesen wäre, plazierte er seltsame Topfpflanzen in die Landschaft und ließ teilweise angeknabberte Monde an Bindfäden vom Himmel hängen. Das war ausgeprägter Surrealismus, noch bevor André Breton 1924 dessen Manifest formulierte.

*Krazy Kat* wurde viel Bewunderung zuteil. 1921 nannte der Medienforscher Gilbert Seldes den Strip in einem Artikel in *Vanity Fair* «das amüsanteste und phantastischste und zufriedenstellendste Kunstwerk des heutigen Amerika» und drei Jahre später in seinem Buch «The Seven Lively Arts» den neben den Filmen Charlie Chaplins einzigen Beitrag der USA zur Weltkultur. Präsident Woodrow Wilson las *Krazy Kat* regelmäßig vor Kabinettssitzungen, und Pablo Picasso ließ sich, als es ihm einmal nicht gelang, amerikanische Zeitungen zu kaufen, die jeweils neuen Folgen von Gertrude Stein am Telefon beschreiben. Joan Miró wurde durch *Krazy Kat* 1926 zu seinem Gemälde «Hund, den Mond anbellend» inspiriert, und e.e.cummings verfaßte 1946 eine flammende Hommage an den hemmungslosen Individualismus der Charaktere.

Dennoch war *Krazy Kat* alles andere als eine erfolgreiche Serie. Während andere Strips in Hunderten von Zeitungen erschienen, brachten es Krazy, Ignatz und Pupp in ihren besten Zeiten gerade mal auf achtundvierzig Blätter. Daß sich der Strip dennoch bis 1944 halten konnte, verdankt er der Tatsache, daß auch William Randolph Hearst zu seinen großen Bewunderern zählte. Er sorgte dafür, daß ab dem 23. April 1916 auch eine Sonntagsseite erscheinen konnten, nicht in der farbigen Comic-Beilage, sondern schwarzweiß in dem Supplement «City Life», dem Kulturteil seiner Zeitungen. Erst knapp zwanzig Jahre später, 1935, erhielt Herriman die Möglichkeit, seine Sunday-pages farbig zu gestalten. Auch dies half wenig. Während der letzten Jahre erschien *Krazy Kat* nur noch in einer einzigen Zeitung, der *Seattle Sun Times*, und als auch diese den Strip schließlich aufgab, verordnete Hearst persönlich seinem *New York American*, George Herrimans verrücktes Meisterwerk zu übernehmen.

*In Krazy Kat variierte George Herriman über dreißig Jahre lang das Thema der verrückten Liebesbeziehung zwischen einer Katze, einer Maus und einem Hund, benutzte das Format der Zeitungsseite aber immer wieder für außergewöhnliche Gestaltungen. Sonntagsseite vom 12.9.1937.*
© King Features Syndicate

*George Herriman: Krazy Kat.*
© King Features Syndicate

George Herriman, am 22. August 1880 in New Orleans geboren, hatte seine ersten Zeichnungen 1901 in *Judge* veröffentlicht und ein Jahr später begonnen, die Comics *Musical Mose*, *Professor Otto and His Auto* und *Acrobatic Archie* zu zeichnen. Obwohl sich seine Arbeiten kaum von den Serien anderer Zeichner unterschieden, präsentierte die *New York World* Herrimans *Two Jolly Jackies*, eine Variation des Trampthemas um zwei glücklose Seeleute, bereits 1903 auf der Titelseite der Sonntagsbeilagen. Bis zum Beginn der *Dingbat Family* versuchte Herriman, elf weitere Serien (darunter eine, *Alexander the Cat*, um eine Katze, die allerdings noch nicht sprechen konnte) zu etablieren, von denen jedoch keine länger als ein Jahr erschien. Auch nach dem Start von *Krazy Kat* war er mit anderen Charakteren kaum erfolgreicher. *Baron Bean* konnte immerhin von 1916 bis 1919 erscheinen, *Embarrassing Moments*, sein letzter Versuch, von 1928 bis 1932. Herriman starb am 25. April 1944; zwei Monate später wurde *Krazy Kat* nach Abdruck der letzten vorproduzierten Folge eingestellt.

Während Herriman seine ganze Kraft erst außerhalb der gängigen Themen entfalten konnte, gelang es Cliff Sterrett (1883–1964), der zuvor die Strips *For This We Have Daughters*, *When a Man's Married* und *Before and After* gezeichnet hatte, mit *Polly and Her Pals* ein Meisterwerk innerhalb der Konventionen des Familiengenres zu entwickeln – allerdings erst nach etwa eineinhalb Jahrzehnten. Unter dem anfänglichen Titel *Positive Polly* debütierte der Strip am 4. Dezember 1912. Ein Jahr später, am 28. Dezember 1913, folgte die Sonntagsseite. Besonders gut gelang Sterrett die humorvolle und gagreiche Thematisierung des Generationenkonflikts: Polly hat laufend Probleme mit «Paw» wegen ihrer modischen Kleidung, ihrer von Woche zu Woche wechselnden Liebhaber, ihrer Begeisterung für Partys und so fort.

Anfangs eher konventionell gezeichnet, entwickelte Sterrett ab Mitte der zwanziger Jahre einen vom Expressionismus inspirierten Stil, dessen Abstraktionen und Perspektiven wie aus Robert Wienes «Cabinet des Dr. Caligari» entliehen scheinen. Aber auch Anklänge an den Surrealismus und Kubismus finden sich auf den Seiten der folgenden Jahre; Sterretts Bildsprache ist dabei häufig so ausgeprägt, daß er bei zahlreichen Blättern ganz auf die Verwendung von Text verzichtet und seine Gags allein durch die Zeichnungen entwickelt hat.

Mitte der zwanziger Jahre machten einige Syndikate ihren Zeichnern die Vorgabe, auf den Sonntagsseiten eine zweite Serie unterzubringen, damit die Zeitungen damit werben konnten, etwa zweiunddreißig statt vorher nur sechzehn verschiedene Strips zu bringen. Diese Topstrips nahmen jeweils das obere Drittel, Viertel oder Fünftel der Seite ein, während die Hauptserie den Rest des Blattes ausfüllte. Etliche Zeichner nutzten diese Möglichkeit, um mit Gags und Ideen zu experimentieren, die sie sonst in ihrer Serie nicht hätten unterbringen können. Harold Knerr beispielsweise schuf 1926 als Topstrip zu *The Katzenjammer Kids* die Tierserie *Jungle*

Cliff Sterrett war ein Meister kunstvoller Bildgestaltung. Wie auf dieser Seite vom 26.9.1926 griff er den optischen Gesamteindruck seiner Polly-and-Her-Pals-Blätter oft auch in dem jeweiligen Topstrip auf.
© King Features Syndicate

*Bedtime Stories*, die er wenig später durch *Dinglehoofer and His Dog Adolph* ersetzte. Frederick Opper griff 1927 auf seiner *Happy Hooligan*-Sonntagsseite seine bereits 1904 geschaffene Serie *And Her Name was Maud* wieder auf. Cliff Sterrett schuf gleich eine ganze Reihe von Serien, die nacheinander über *Polly and Her Pals* erschienen: *Demon and Pythias* und *Dog and Dash* waren in einem an Herriman erinnernden Stil gezeichnete Pantomimenserien um Tiere, die die verrücktesten Situationen erlebten, und in *Sweethearts and Wives* schilderte er nach dem Vorher-nachher-Prinzip, wie die Ehe die zwischenmenschlichen Beziehungen zu verändern vermag.

Aus gesundheitlichen Gründen mußte Sterrett seine wundervollen Sonntagsseiten nach einigen Jahren von Vernon Greene ghosten lassen (den Tagesstrip übernahm bis zu dessen Einstellung 1942 Paul Fung). Sterretts bizarre Topfpflanzen, seine schwindelerregenden Treppen und die nächtlichen Dächer mit der darüber schwebenden Mondsichel, die zuvor die ästhetische Spannung der Serie mitbestimmt hatten, verkamen nun zur Formelhaftigkeit. 1958 mußte *Polly* mangels Leserinteresse eingestellt werden.

Der große und unübertroffene Routinier der Familienserien ist George McManus, der 1913 mit *Bringing Up Father* eins der großen Meisterwerke des Genres schuf. McManus wurde am 23. Januar 1884 als Sohn irischer Einwanderer in St. Louis geboren. Für den dortigen *Republic* entstand kurz nach der Jahrhundertwende sein erster Comic, *Alma and Oliver*. 1904 ging er nach New York und begann eine ganze Reihe von Serien wie *Panhandle Pete, Let George Do It, Snoozer* und *Cheerful Charlie*. Besonders interessant aus dieser Zeit ist *Nibsy the Newsboy in Funny Fairyland*: McManus kopierte hier mit seinem Zeitungsjungen, der zu Beginn eines jeden Blattes von einer Fee ins Märchenland gezaubert wird, nur um dann im letzten Bild in die Wirklichkeit zurückzukehren, deutlich das Erzählprinzip von *Little Nemo*. Er konnte zwar nicht mit den atemberaubenden Layouts McCays konkurrieren, dennoch überzeugen seine phantastischen Einfälle, skurrilen Figuren und vor allem die aquarellierten Farben. Trotzdem erschien auch *Nibsy* Mitte 1906 nur kurz mit insgesamt acht Sonntagsseiten.

Einzig erfolgreich wurde McManus mit *The Newlyweds*, der Geschichte eines jungvermählten Paares und ihres stets leicht dümmlich dreinblickenden Wasserkopfbabys. Das Kind wurde schließlich auf den Namen Snookums getauft und entwickelte eine beeindruckende Kreativität, wenn es darum ging, seinen Eltern gehörig auf die Nerven zu gehen. McManus' Idee lieferte 1909 die Vorlage für ein Broadway-Musical und fiel schließlich Joseph Pulitzer auf. 1912 ließ sich McManus abwerben und setzte seine *Newlyweds* unter dem Titel *Their Only Child* im *New York American* fort.

Sein größter Erfolg gelang ihm dann mit der Serie *Bringing Up Father* um eine neureiche irische Einwandererfamilie, zu der McManus durch das populäre Bühnenstück «The Rising Generation» (1895) inspiriert worden war. Die Hauptfiguren sind der zum Unternehmer aufgestiegene ehemalige Bauarbeiter Jiggs, seine hysterische Ehefrau Maggie und deren bildhübsche Tochter Nora. Während die Frauen ihren neuen sozialen Status und die Partys in ihrer pompösen Rokokovilla genießen, fühlt sich Jiggs in seiner Haut gar nicht wohl. Viel lieber möchte er den Smoking an den Nagel hängen und mit seinen ehemaligen Saufkumpanen einen Kneipenzug unternehmen oder Karten spielen. Doch natürlich weiß Maggie diese unstandesgemäßen Anwandlungen stets resolut zu unterbinden. Die um dieses Thema kreisenden Gags stehen in ihrer Roheit den um die Jahrhundertwende erschienenen Serien in nichts nach, präsentieren sich bei McManus aber gesellschaftsfähig in einem ästhetisierten Artdéco-Gewand.

In Bringing Up Father beeindruckte George McManus vor allem durch seine Liebe zum Detail. Jiggs zieht die kleinen Freuden des Alltags der gesitteten Langeweile vor, allerdings gelingt es ihm nicht immer wie in dieser Folge vom 15.11.1936, der Überwachung seiner rigiden Ehefrau Maggie zu entfliehen.
© King Features Syndicate

Als McManus Mitte 1916 die Möglichkeit erhielt, auch eine farbige Sonntagsseite zu gestalten, griff er merkwürdigerweise nicht die Abenteuer von Jiggs und Maggie auf, sondern schuf die neue Serie *The Whole Blooming Family*, die er nach kurzer Zeit durch *Rosie's Beau* um die Erlebnisse einer atemberaubenden Comic-Schönheit und ihres etwas stupiden Freundes Archibald ersetzte. *Rosie's Beau* mußte am 14. April 1918 *Bringing Up Father* weichen, lebte aber zehn Jahre später als deren Topstrip wieder auf und wurde bis Ende 1944 fortgeführt.

McManus' überlegen sicheres Spiel mit eleganten Linien und Flächen, begeisternde grafische Einfälle und gute Gags machen *Bringing Up Father* zu einer der besten Zeitungsserien der ersten Hälfte des Jahrhunderts. Und zu einer der erfolgreichsten. Sie erschien allein in den USA in über fünfhundert Zeitungen, wurde in sechzehn Sprachen übersetzt und brachte ihrem Schöpfer ein geschätztes Einkommen von insgesamt zwölf Millionen Dollar ein. Als McManus am 23. Oktober 1954 starb, wurde der Tagesstrip von Vernon Greene und die Sonntagsseite von Frank Fletcher fortgesetzt. Als eine der langlebigsten Serien in der Geschichte der Comics erscheint *Bringing Up Father* noch heute, jetzt gezeichnet von Frank Johnson und Warren Sattler.

Zu den talentiertesten und zugleich komischsten Zeichnern seiner Zeit zählt Rube Goldberg (1883–1970), der erste Comic-Künstler, der 1948 mit dem Pulitzer-Preis ausgezeichnet wurde (allerdings nicht für einen seiner zahlreichen Strips, sondern für einen am 22. Juli 1947 erschienenen Cartoon zum Thema Atomrüstung). 1946 war er auch Mitbegründer der National Cartoonists Society, deren erster Präsident er wurde und für die er 1967 den Reuben Award in Form einer Skulptur schuf.

Seine erste Sonntagsseite, *The Look-A-Like-Boys*, veröffentlichte Goldberg bereits 1907, seine bekannteste, *Boob McNutt*, folgte jedoch erst 1915 als eine der gelungensten Serien der klassischen Fall-guy-Thematik: Mit seiner Tolpatschigkeit löst Boob eine Katastrophe nach der anderen aus, bis 1922 ein hübsches Mädchen namens Pearl auftaucht, dem Boob fortan seine ganze Aufmerksamkeit schenkt. Die beiden verlieren sich aus den Augen, finden sich wieder, heiraten, trennen sich, finden sich wieder und so fort. Und das alles spielt sich an den bizarrsten Orten und gegen die verrücktesten Widersacher ab. Goldbergs Spezialität war auch die Erfindung der aberwitzigsten Maschinen und Geräte sowie der absonderlichsten Tiere, deren Anzahl ausreichen würde, um einen ganzen Zoo zu bevölkern. Eins von ihnen, der sibirische Käsehund Bertha, wurde schließlich Boobs ständiger Begleiter. 1935 gab Goldberg seinen verrückt verspielten Strip zugunsten anderer Arbeiten auf.

## Standardisierung der Inhalte

Waren es anfangs die Zeichner, die Inhalt und Form der Comics entwickelt hatten, so wurde dies bald mehr und mehr von den Comic-Redakteuren der Zeitungen übernommen, die ihre Serien über Syndikate an möglichst viele andere Zeitungen, vor allem kleinere Blätter, die sich keine eigenen Produktionen leisten konnten, verkaufen wollten. Der von Syndikaten wahrgenommene Handel mit Nachrichten läßt sich bis in die vierziger Jahre des 19. Jahrhunderts zurückverfolgen (das erste Pressesyndikat im heutigen Sinne gründete Ansel Nash Kellog 1865 in Chicago), und mit dem Aufkommen der Comics waren auch diese binnen kurzem in das Angebot aufgenommen worden.

1915 konzentrierte Hearst die Aktivitäten der Syndikate seiner Zeitungen, indem er sie zum King Features Syndicate mit Sitz in New York zusammenfaßte. Es war also eine gewisse Standardisierung von Form und Inhalt notwendig, damit die Strips von einem mög-

Rube Goldberg: Boob McNutt.
© King Features Syndicate

*Mit geschickt angelegten Fortsetzungsabenteuern und einem breiten Figurenrepertoire machte Sidney Smith The Gumps zum erfolgreichsten Comic-Strip der zwanziger Jahre. Tagesstreifen von 1925.*
© Tribune Media Services

lichst breiten Publikum akzeptiert werden konnten, an der Ost- wie an der Westküste, in der Stadt wie auf dem Land.

Joseph Medill Patterson (1879–1946), Herausgeber der *Chicago Tribune* und der *New York Daily News*, trieb diese Entwicklung maßgeblich voran. Er betonte gerne seine Zugehörigkeit zur Mittelschicht, und seiner Meinung nach sollte ein abends müde von der Fabrik- oder Büroarbeit heimkehrender Familienvater sich über Comic-Helden amüsieren, in denen er sich und seinen Alltag wiedererkennen konnte. Patterson hatte ein erstaunliches Gespür für gute Stoffe und leistete bei mehreren erfolgreichen Serien (später unter anderem auch bei Harold Grays *Little Orphan Annie*, Chester Goulds *Dick Tracy* und Milton Caniffs *Terry and the Pirates*) Geburtshilfe.

1917 beauftragte er Sidney Smith (1877–1953), eine Serie über die Sorgen und Freuden einer Mittelstandsfamilie in Chicago zu zeichnen. Patterson selbst lieferte den Namen für den Strip, der am 12. Februar 1917 debütierte und am 29. Juni 1919 eine zusätzliche Sonntagsseite erhielt: *The Gumps*. Der von Patterson angestrebte Alltagsrealismus spiegelte sich deutlich in dem Verhältnis zwischen Minerva und Andy Gump wider. Andy zeigt häufig Züge eines wahren Ekels, was ihm Minerva dann zuweilen durch einen Stapel gewichtiger Literatur quittiert, den sie ihm an den Kopf befördert. Haushaltsgeld, Politik, Steuern und andere alltägliche Sorgen einer amerikanischen Durchschnittsfamilie sind die ständig wiederkehrenden Themen.

Smith hatte 1908 in dem Strip *Buck Nix* als einer der ersten eine Tierfigur in den Mittelpunkt des Geschehens gestellt, und seine Ziege war schnell so berühmt geworden, daß die *Chicago Tribune* ihn vier Jahre später von Hearst abwarb und die Serie unter dem Titel *Old Doc Yak* weiterzeichnen ließ. Er war zwar bestenfalls ein mittelmäßiger Zeichner, aber mit einer großen Zahl regelmäßig auftauchender Nebenfiguren und geschickt aufgebauten Fortsetzungsstorys machte er *The Gumps* zur ersten wirklichen Seifenoper der Comics und zur erfolgreichsten Serie der zwanziger Jahre. Die Liebesaffären von Andys Onkel Bim bewegten die gesamte Nation. Als es beispielsweise 1923 darum ging, ob er die geizige Witwe Zander heiraten würde, druckten etliche Zeitungen die entscheidende Folge auf ihren Titelseiten ab. Und als 1929 Tom Carrs Verlobte Mary Gold starb – das erste Mal übrigens, daß eine Hauptfigur eines Comics aus dem Leben schied –, mußte die *Chicago Tribune* zusätzliche Mitarbeiter einstellen, um Tausende von Leserbriefen und An-

1930 ließ Frank King in Gasoline Alley Walt und Skeezix visuell beeindruckend inszenierte Reisen in die Welt der Künste – hier durch vom deutschen Expressionismus inspirierte Landschaften – unternehmen.
© Tribune Media Services

rufen zu beantworten. Smith wurde zum bis dato höchstbezahlten Comic-Zeichner. 1922 verdiente er hunderttausend Dollar im Jahr. Am 19. Oktober 1935 kam er bei einem Autounfall ums Leben, nachdem er gerade mit Freunden einen neuen Vertrag über hundertfünfzigtausend Dollar begossen hatte. *The Gumps* wurde noch bis 1959 von Gus Edson weitergezeichnet.

Frank King (1883 – 1969) hatte Anfang des Jahrhunderts angefangen, als Illustrator zu arbeiten, und 1915 mit *Bobby Make Believe* seine erste Comic-Serie begonnen, deren Phantasiewelt deutlich Bezug nahm auf Winsor McCays *Little Nemo*, bevor er mit *Gasoline Alley* einen der bedeutendsten amerikanischen Zeitungsstrips schuf. *Gasoline Alley* hatte sich aus einer Reihe von Cartoons entwickelt, in denen es vorwiegend um Autos ging. Anfangs war die am Sonntag, den 24. November 1918 gestartete Serie ein Strip, der von ein paar autobesessenen Junggesellen handelte und während der ersten Jahre wechselnd sowohl in Form von Bildfolgen wie Einzelbildern erschien. Ebenfalls unter Pattersons Einfluß wurde die Handlung aber bald in Richtung auf einen braven, warmherzigen Familienstrip hin verändert. Diese Entwicklung begann damit, daß Walt Wallets, einer der Automobilfans, am St.-Valentins-Tag des Jahres 1921 einen kleinen Knaben in einem Körbchen vor seiner Haustür fand. Das Baby, auf den Namen Skeezix getauft, wächst heran, und mit ihm werden auch die anderen Figuren des Strips älter – was für die damaligen Comics, in denen die Zeit bislang stillgestanden hatte, ein Novum war. 1926 heiratete Walt Phyllis Blossom, und damit war der Wandel zum neuen Themenrepertoire vollzogen. Das Jahr 1928 bescherte den Wallets den Jungen Corky als Nachwuchs, und 1935 fanden Phyllis und Walt mit der kleinen Judy ein weiteres Waisenkind auf der Schwelle ihrer Haustür.

Skeezix wächst mit den üblichen Knabenstreichen auf, durchleidet Teenagerbeschwerden, Liebeskummer und das College, heiratet 1942 seine Jugendliebe Nina und zieht im selben Jahr in den Krieg. Als er nach seiner Rückkehr eine Garage eröffnete, war der Bezug zu dem noch aus der Anfangszeit des Strips stammenden Titel *Gasoline Alley* wiederhergestellt. 1949 brachten auch Nina und Skeezix einen Sohn zur Welt (eine Tochter folgte vier Jahre später), und inzwischen war es so selbstverständlich geworden, daß aktuelle Themen und familiäre Probleme in der Serie behandelt wurden, daß die beiden jungen Eltern in diesem Zusammenhang auch die Vorteile des Stillens im Gegensatz zur Flasche diskutieren konnten.

Mit *Gasoline Alley* hat King einen großen amerikanischen Gesellschaftsroman geschaffen, zeichnerisch begeisterte er vor allem Anfang der dreißiger Jahre, als er Walt und Skeezix Ausflüge in die Welt der Märchen und der Künste unternehmen ließ und so phantasievolle und bezaubernde Sonntagsseiten schuf, wie sie in den Comic-Beilagen höchstens noch Sterrett zeigte. King zog sich Anfang der sechziger Jahre von seiner Serie zurück und überließ *Gasoline Alley* seinen früheren Assistenten Bill Perry und Dick Moores, seit 1986 wird sie von Jim Scancarelli gezeichnet.

Im Genre der Kidstrips legten Merrill Blosser und Gene Byrne mit *Freckles and His Friends* (1915) und *Reg'lar Fellers* (1917) zwei Serien vor, die schnell populär wurden. 1919 begann in *Life* Percy Crosby *Skippy*, eine elegant gezeichnete und im Ton eher düster-pessimistische Serie um den Anführer einer Jugendbande, die ab 1928 von King Features auch landesweit vertrieben wurde und bis 1942 erschien. Kinder waren auch die Hauptfiguren in Ed Carters Strip *Just Kids* (1922), der sich Mitte der dreißiger Jahre zur Abenteuerserie wandelte, bevor er 1957 nach Carters Tod eingestellt wurde.

Frauen sind in den frühen Comics meist recht stereotyp dargestellt worden. Typische Rollen waren die der molligen Mutter (*The Katzenjammer Kids*), die nicht selten den

Ehemann zu disziplinieren versucht, die der grazilen, unnahbaren Schönheit (*Happy Hooligan*) oder die des Sidekicks des Helden (*Hairbreadth Harry*). Die ersten Serien, die nach ihren Heldinnen, beides liebevoll sorgende Mütter, benannt wurden, zeichnete Gene Carr mit *Phyllis* (1902) und *Lady Bountiful* (1904). Als Frauen im Zuge der zunehmenden Industrialisierung verstärkt Zugang zur Berufswelt erhielten und die Frauenbewegung 1920 ihr wichtigstes Ziel, die Zuerkennung des Wahlrechts, erreicht hatte, schlugen sich diese gesellschaftlichen Veränderungen auch in den Comics nieder. In *Somebody's Stenog* von A. E. Hayward stand 1918 erstmals eine Sekretärin im Mittelpunkt des Geschehens, 1920 gefolgt von Charles A. Voights *Betty*.

Als Sekretärin arbeitete auch Winnie Winkle, deren Erlebnisse Patterson ab 1920 von Martin Branner (1888–1970) zeichnen ließ. In dem am 20. September begonnenen Strip geht es allerdings nicht um Winnies Büroalltag, sondern um ihre zahlreichen Romanzen und Liebesaffären. Anders ging es auf der Sonntagsseite zu, die am 2. April 1922 startete und auf der Branner die etwas handfesteren Abenteuer von Winnies Bruder Perry und dessen Jugendbande schilderte. 1937 heiratete Winnie, doch schien das Branners erzählerische Möglichkeiten zu sehr einzuschränken, weshalb er nach vier Jahren Winnies Ehemann unter mysteriösen Umständen wieder verschwinden ließ; was ihr aus dieser Ehe blieb, war die gemeinsame Tochter Wendy. Nach Branners Tod flirtete Winnie unter den Stiften anderer Zeichner weiter wie eh und je, bis sie sich in den achtziger Jahren, als der Serie eine realistischere Note verliehen werden sollte, auch mit Problemen wie beispielsweise Drogenkonsum auseinandersetzen mußte.

Schon früh wurde *Winnie Winkle* auch nach Europa exportiert. In Holland erschienen die Sonntagsseiten unter dem Titel *Sjors* ab 1935 in einem eigenen Heft. Als während des Krieges kein Material aus Amerika mehr eintraf, wurde die Serie von holländischen Zeichnern fortgeführt und hatte schon bald mit Branners Original nicht mehr viel gemein. *Winnie Winkle* diente auch mehreren anderen Strips der zwanziger Jahre als Vorbild. Zu den erfolgreichsten zählen *Tillie the Toiler* (1921) von Russ Westover, *Ella Cinders* (1925) von Bill Conselman und Charles Plump, *Connie* (1927) von Frank Goodwin, *Jane Arden* (1928) von Monte Barrett und Frank Ellis sowie *Dixie Dugan* (1929) von John Striebel und J. P. McEvoy.

Anfang der zwanziger Jahre war Patterson auf der Suche nach einem Pendant zu *Barney Google* von Billy DeBeck (1890–1942), den er zuvor vom *Chicago Examiner* abzuwerben versucht hatte. Barney war am 17. Juni 1919 erstmals auf der Sportseite aufgetaucht, als ein vom Pferderennsport begeisterter Pechvogel, dessen Schicksal allerdings schlagartig eine Wende nahm, als er den Gaul Spark Plug geschenkt bekam, der eines Tages tatsächlich

Martin Branner: Winnie Winkle.
© Tribune Media Services

Billy DeBeck: Barney Google.
© King Features Syndicate

Hoffnungen, Träume und Probleme der Unterschicht und die Unbekümmertheit der Jazzjahre lebendig widerspiegeln. Nach Willards Tod wurde der Strip von dessen langjährigem Assistenten Ferd Johnson fortgeführt.

Einen der bis heute populärsten Comic-Helden schuf Elzie Chrisler Segar 1929 mit Popeye. Dieser Volltreffer gelang ihm allerdings rein zufällig und erst nach einer zehnjährigen Vorgeschichte. Segar wurde am 8. Dezember 1894 in Chester, Illinois, geboren, wo er im Alter von zwölf Jahren seinen ersten Job als «Mädchen für alles» am örtlichen Theater annahm. Als dieses schließlich in ein Kino umgewandelt wurde, warb er für die gerade laufenden Filme, indem er Schlüsselszenen mit Kreide in Form kurzer Comics auf den Gehweg malte. Er absolvierte einen Fernkurs im Zeichnen und zog nach dessen Abschluß nach Chicago, wo er für den *Herald* im März 1916 den Strip *Charlie Chaplin's Comic Capers* übernahm. Obwohl Segar, wie Richard Marschall zutreffend angemerkt hat, «wahrscheinlich der schlechteste amerikanische Comic-Zeichner» seiner Zeit war, debütierte er bereits ein Jahr später mit seiner eigenen Serie *Barry the Boob* und begann nach einem weiteren Jahr *Looping the Loop*, einen Strip mit vertikal angeordneten Bildern, in dem er sich mit gerade aktuellen Filmen, Bühnenstücken, Ausstellungen und anderen gesellschaftlichen Ereignissen beschäftigte.

Zu diesem Zeitpunkt war Hearst auf der Suche nach einem Ersatz für Ed Wheelans *Midget Movies*, einem erfolgreichen Strip, der seit einem Jahr im *New York Journal* die Themen und Stars des Stummfilms parodierte, und engagierte Segar. Am 19. Dezember 1919 startete *Thimble Theatre* (eine Sonntagsseite folgte am 18. April 1925), in dem sich Ham Gravy und dessen Freundin Olive Oyl (Segars Großvater war Vertreter für Olivenöl gewesen) als Schauspieler zu betätigen versuchen. Bereits nach einigen Wochen wechselte Segar

ein Rennen gewann. Barney war um fünfzigtausend Dollar reicher, und sein Pferd Sparky erlangte schnell eine Popularität, die sich, auf heutige Verhältnisse übertragen, mit der von Snoopy vergleichen läßt. 1926 bekam Sparky ein Fohlen, das in einem Wettbewerb, an dem sich Tausende von Lesern beteiligten, den Namen Oaky verliehen bekam. Folgenschwerer war jedoch, daß Barney, der sich, als das Leben in den Städten nach dem Börsencrash im Oktober 1929 nicht mehr das war, was es einmal zu sein pflegte, in die Berge zurückgezogen hatte, 1934 den Hillbilliekauz Snuffy Smith kennenlernte. Der wurde bald so populär, daß Fred Lasswell den Strip, den er nach DeBecks Tod im Jahre 1942 fortführte, nach ihm umbenannte.

Da sich DeBeck von Pattersons Angeboten nicht beeindrucken ließ, beauftragte dieser dessen ehemaligen Assistenten Frank Willard (1893–1958) 1923 mit dem Strip *Moon Mullins*, anfangs eine augenscheinliche Kopie von *Barney Google* mit dem einzigen Unterschied, daß Moon sein Glück bei Boxkämpfen zu machen versucht. Bald jedoch verlegte Willard die Handlung ins Zirkusmilieu und sorgte mit *Moon Mullins* für eine erfrischende Belebung des Fall-guy-Genres, in dem sich die

Standardisierung der Inhalte **51**

Erst nach knapp zehn Jahren ließ E. C. Segar Popeye in seinem Thimble Theatre auftreten, doch der Spinatmatrose boxte sich schnell in die Rolle der Hauptfigur. Ausschnitt aus den Tagesstrips vom 17.1.1929 und 4.9.1936.
© King Features Syndicate

allerdings das Thema und ließ Olives Bruder Castor auftreten, dessen Versuche, so schnell wie möglich so reich wie möglich zu werden, die Handlung der nächsten zehn Jahre bestimmten. Die Zeichnungen wurden mit der Zeit besser, blieben aber dennoch relativ unspektakulär. Jedes Bild wirkt bei Segar wie ein Bühnenausschnitt und zeigt die Figuren meist aus einer immer gleichen Perspektive.

Segar, der seine Strips außer mit seinem Namen gerne auch mit einer Zigarre (englisch cigar) signierte, führte während dieser Zeit eine große Zahl von regelmäßig auftauchenden Nebenfiguren ein und begann lange und verwickelte Geschichten zu erzählen, die in Fortsetzungen über Zeiträume von bis zu zwei Jahren liefen. Während einer dieser Storys machen sich Ham, Olive und Castor mit der Glückshenne Bernice unter dem Arm nach Dice Island auf, um das dortige Spielkasino zu sprengen. Als ihr Schiff klar ist zum Auslaufen, stellen sie fest, daß niemand von ihnen es steuern kann. Castor spricht kurzerhand einen Matrosen an: «He, du! Bist du Seemann?» – «Seh ich aus wie ein Cowboy?» – «O. k., du bist engagiert.» So trat am 17. Januar 1929 Popeye auf den Plan, dessen bodenständiger und untrüglicher Gerechtigkeitssinn in so mancher Keilerei endet. Meist braucht es nur einen Faustschlag, um einen Schwergewichtsboxer oder einen störrischen Gaul flachzulegen. Auf die gleiche Weise wurde auch Ham Gravy für immer aus dem Strip katapultiert, nachdem Olive dem spröden Matrosen am 27. August des gleichen Jahres ihren ersten Kuß auf die Kartoffelnase gedrückt hatte.

Das gefiel den Lesern, und Popeye wurde quasi über Nacht zu einem der populärsten Comic-Helden seiner Zeit, dessen Abenteuer in über sechshundert Zeitungen erschienen. Im März 1931 wurde der Titel *Thimble Theatre* mit dem Zusatz «starring Popeye» versehen, und zwei Jahre später begannen die Fleischer Studios mit der Produktion einer Serie von Zeichentrickfilmen. Auf der Leinwand wurden Popeyes ungeheure Kräfte mit dem regelmäßigen Verzehr von Spinat erklärt (im Comic hatte Segar Popeye zuvor lediglich einmal, am 28. Februar 1932, sagen lassen: «Please tell yer youngstirs I said they should eat spinach an' veegables on account of I wants 'em to be strong and healthy»), woraufhin die amerikanische Spinatindustrie einen Umsatzzuwachs von über dreißig Prozent verbuchte und dem Matrosen in Crystal City in Texas ein Denkmal setzte. Hearsts King Features Syndicate setzte Millionen durch den Verkauf von Lizenzen für Popeye-Spiele, -Puppen, -Sparbüchsen und -Puzzles um.

Bereits zwei Jahre nach Popeyes erstem Auftritt war Segar ein weiterer großer Wurf geglückt: Am 31. März 1931 trat zum ersten Mal J. Wellington Wimpy auf, der mit seinem egoistischen Wesen das genaue Gegenteil von Popeye ist. Die Sprüche aus seinem Mund wie «Ich lad dich zum Essen ein. Vergiß die Ente nicht» gingen in das amerikanische Sprachgut ein. Wimpys nie zu stillender Heißhunger auf Hamburger wurde zum Running-gag innerhalb der Serie und verlieh später einer Bratklopskette ihren Namen. Auf dem Höhepunkt seines Erfolges mit dem *Thimble Theatre* erkrankte Segar an Leukämie und starb am 13. Oktober 1938. «Während acht kurzer Jahre hatte das Repertoire des *Thimble Theatre* das Niveau der besten Komödien der Weltliteratur», urteilte Horst Schröder. Diese Qualitäten verschwanden unter den Stiften der Zeichner, die Segars Serie fortsetzten. Am nachhaltigsten wurde *Popeye* in der Folge von Bud Sagendorf geprägt, der von 1958 bis 1986 zwar solides Handwerk lieferte, an den anarchischen Charme Segars aber nicht anknüpfen konnte. Anschließend übernahm der ehemalige Undergroundzeichner Bobby London den Strip, wurde 1992 von King Features aber fristlos gekündigt, nachdem er das Thema Abtreibung behandelt hatte. Zu diesem Zeitpunkt erschien *Popeye* nur noch in vierundzwanzig Zeitungen, die nun ältere Folgen nachdruckten.

Etwas im Schatten des *Thimble Theatre* stand stets Segars Strip *The Fife-Fifteen*, der am 24. Dezember 1920 im *New York Journal* begonnen hatte. Hauptfiguren waren der kleinwüchsige Pantoffelheld Sappo, der allmorgendlich um 5 Uhr 15 den Zug nach Funkville-City in sein Büro nimmt, und die im Vergleich zu ihm robust gebaute Ehefrau Myrtle, die ihre üppige Grazie noch durch das Tragen hochhackiger Schuhe mit Pfennigabsätzen zu unterstreichen weiß. 1923 wurde der Strip in *Sappo* umbenannt, zwei Jahre später wurde der Daily eingestellt und bald darauf durch eine Sonntagsseite ersetzt, die, zeitweise auch zusammen mit dem *Thimble Theatre* auf einem Blatt, bis zu Segars Tod erschien.

Tierfiguren haben während des ersten Vierteljahrhunderts der Comic-Geschichte kaum eine Rolle gespielt. Erst zehn Jahre nachdem Krazy Kat das Haus der Dingbat Family verlassen und einen eigenen Strip bekommen hatte, begann eine weitere Katze ihre steile Karriere. Felix, 1917 von Pat Sullivan lanciert, war die erste Zeichentrickfilmfigur, die auch zum Star eines Comic-Strips wurde. Die erste Sonntagsseite erschien am 14. Au-

Als erster Trickfilmheld erlebte Felix ab 1923 auch von Otto Messmer meisterhaft gestaltete Comic-Abenteuer. Da die Strips stets mit dem Namen Pat Sullivan signiert waren, wurde Messmer erst spät als Erfinder des schwarzen Katers bekannt.
© King Features Syndicate

gust 1923, der Tagesstrip, der anfangs unter direkter Verwendung der Zeichnungen für die Trickfilme deren Handlung nacherzählte, ab dem 9. Mai 1927. Beide wurden von Otto Messmer (1892–1983) gezeichnet, einem engen Mitarbeiter Sullivans, der den schwarzen Kater für den Film «Feline Follies» erfunden hatte, jedoch erst spät als dessen Urheber bekannt wurde. Er schickte Felix in die exotischsten Märchenwelten und ließ den schwarzen Vagabunden dort alle Naturgesetze auf den Kopf stellen. Und die der Comics: Felix benutzte seine eigenen Sprechblasen als Fallschirm, um vom Mars abzuspringen und auf der Erde zu landen, er griff sich ein Fragezeichen aus der Luft, um darauf Schlittschuh zu laufen, oder teilte sich nach einem Sturz einmal in mehrere Felixe auf. Trotz aller phantastischen Einfälle war Felix immer einsam, was dem Strip manchmal eine leicht melancholische Note verlieh. Felix, Ende der zwanziger Jahre als Stummfilmstar nicht weniger berühmt als Charlie Chaplin oder Buster Keaton, war 1931 von der Leinwand verschwunden, da Sullivan die Entwicklung des Tonfilms falsch eingeschätzt hatte. Messmers Strips jedoch erschienen weiter und wurden, besonders, als sie sich nicht mehr auf die Filmvorlagen beziehen mußten, zu einem der schönsten Meisterwerke der frühen Comic-Kunst. 1955 wurden die Rechte von Joe Oriolo gekauft, der *Felix* unter seinem Namen bis zu dessen Einstellung 1966 von einer Reihe drittklassiger Zeichner fortsetzen ließ. Sowenig, wie Sagendorfs Popeye die Genialität Segars widerspiegelt, sowenig erinnert der spätere Felix der Comic-Hefte und der Trickfilme an die liebenswert verspielte Zeichenartistik und den Ideenreichtum Messmers.

## Der Weg ins Abenteuer

Anfang der zwanziger Jahre hatte sich das Konzept der Seifenoper als durchschlagender Erfolg erwiesen. Was den Helden in Strips wie *The Gumps* oder *Gasoline Alley* widerfuhr, wurde zum Gesprächsthema der Frühstückspausen, und die Zeichner dieser Strips erlangten nationale Berühmtheit. Als die *Chicago Tribune* 1922 auf ihrer Titelseite berichtete, sie habe gerade einen neuen Vertrag mit Sidney Smith über hunderttausend Dollar abgeschlossen, schlug Smith' Assistent Harold Gray (1894–1968) Joseph Patterson einen eigenen Strip über die Erlebnisse eines Waisenjungen vor. Nach dem Erfolg von *Winnie Winkle* wollte Patterson lieber ein Mädchen als Hauptfigur, und so erschien am 5. August 1924 die erste Folge von *Little Orphan Annie*: Die etwa achtjährige Waise Annie wird von den neureichen Warbucks adoptiert, gerät wegen ihrer Aufrichtigkeit aber bald in Konflikt mit der herzlosen Stiefmutter und entflieht schließlich nach einem Jahr dem neuen Zuhause, um sich, nur begleitet von der Puppe Emily Marie und ihrem

Hund Sandy, allein durch das rauhe Leben zu schlagen.

Das erinnert an Charles Dickens und die «From-rags-to-riches»-Motive der Romane Horatio Algers, vor allem aber an die Filme mit Mary Pickford, die von dem Kind aus dem Elend handeln, das trotz der Sehnsucht nach der Kindheit, um die es betrogen wurde, sein Glück macht und anderen in individuellen und sozialen Konflikten mit Liebe und Verständnis hilft. Gray traf mit seiner melodramatischen Erzählung den Nerv der Zeit und schuf weit mehr als nur eine Seifenoper. «Mit Annies Einsamkeit und weiblichen ‹Hilflosigkeit› hat Harold Gray für Millionen von Lesern das zentrale amerikanische Erfolgsdrama zu Papier gebracht, das der der Zurückweisung durch die Eltern ausgesetzten Jungen, das beide entlastet: die Eltern und sie selbst», kommentierte Marshall McLuhan.

*Little Orphan Annie* wurde zu einer moralischen Institution und postulierte eine Weltsicht, die ebenso einfach war wie Grays Zeichenstil. Die Armen sind gut, die Bösen reich, und bereits an Namen wie Preston Slime, Phineas Pinchpenny oder Fred Free läßt sich erkennen, wer in welches Lager gehört. Während der Depression predigte Annie in wortgewaltigen Monologen, daß die Welt durch Fleiß und Ehrlichkeit schon wieder in Ordnung kommen werde, was Sandy stets mit einem kräftigen «Arf!» bestätigte. Grays offene Attacken gegen Roosevelts New Deal führten bald auch zu Kritik an seinem Strip – 1934 beispielsweise veröffentlichte der *New Republic* einen Artikel des späteren Senators Richard L. Neuberger unter der Überschrift «Fascism in the Funnies» –, doch tat dies der Popularität Annies keinen Abbruch. «Ich glaube, es ist leichter für arme Leute, glücklich zu sein. Sie müssen sich um viel weniger Sorgen machen», war ihre Devise, und mit leeren Augen – Gray zeichnete nie Pupillen – sah sie sich um, wo es wieder Ungerechtigkei-

In Little Orphan Annie ließ Harold Gray seine Heldin wortgewaltig ihre Ansichten über das Leben verkünden. Zwei Tagesstrips von 1931. © Tribune Media Services

Der Weg ins Abenteuer

ten aus der Welt zu schaffen gäbe. Während der ersten Hälfte der dreißiger Jahre wurde die Handlung immer abenteuerlicher – Annie legte sich mit Gangstern an und klärte Entführungen auf –, und wenn ein Problem zu groß war, als daß Annie es hätte lösen können, tauchte ab 1935 der indische Riese Punjab auf, um korrupten Politikern oder mächtigen Gangsterbossen mit magischen Kräften das Handwerk zu legen.

Gray war Zeichner aus Passion, und mit seinem Tod sollte auch *Little Orphan Annie* enden. Er hatte eine Geschichte vorbereitet, in der Annies Stiefvater «Daddy» Warbuck, der während der vierundvierzig Jahre, in denen er seinen Strip gezeichnet hatte, immer wieder aufgetaucht war, umkommt. Das Syndikat, das die Serie vertrieb, ließ *Little Orphan Annie* jedoch von mehreren wenig begabten Zeichnern fortsetzen. Als immer mehr Zeitungen den Strip abbestellten, wurden ab April 1974 Grays Storys aus den dreißiger Jahren nachgedruckt. Nach dem spektakulären Erfolg des Broadway-Musicals «Annie» jedoch wurde Leonard Starr engagiert, der die Serie seit Ende 1979 in einer durchaus soliden Qualität weiterführt. 1996 inspirierte Goulds Biographie Tom De Haven zu dessen Roman «Derby Dugan's Depression Funnies».

Der Erfolg von *Little Orphan Annie* hatte vor allem George Storm beeindruckt, der in *Phil Hardy* (1925) und *Bobby Thatcher* (1927) Waisenjungen in den Mittelpunkt seiner Strips stellte. *Bobby Thatcher* war die erfolgreichere Serie, deren junger Held es nur zwei Wochen bei seinen Stiefeltern aushielt – dann büxte er aus und begann, handfeste Abenteuer zu erleben. Al Zere widmete sich 1927 mit *Two Orphans* der gleichen Thematik, und Anfang 1929 folgte *Little Annie Rooney* nach der Vorlage des vier Jahre zuvor entstandenen gleichnamigen Mary-Pickford-Films, geschrieben von Brandon Walsh und anfangs von Ed Verdier gezeichnet, der nach eineinhalb Jahren durch den wesentlich talentierteren Darrell McClure ersetzt wurde.

Eine Vorahnung dessen, was fünf Jahre nach dem Debüt von *Little Orphan Annie* das Erscheinungsbild der Comics verändern sollte, vermittelte auch der Strip *Wash Tubbs*, der am 21. April 1924 als gewöhnliche Funnyserie um einen Ladenangestellten in einem Provinznest startete. Diese Welt wurde nicht nur dem bebrillten Wash schnell zu eng, sondern auch seinem Zeichner Roy Crane (1901–1979), der bereits in seinen Jugendjahren als Tramp und Schiffsjunge um die halbe Welt gereist war. Jetzt saß er im Zeichenstudio der Newspaper Enterprise Association, die hauptsächlich kleinere Zeitungen mit Comics versorgte, im provinziellen Cleveland und kompensierte seine Langeweile dadurch, daß er seinen Helden in die ferne Welt hinausträumte. Die erste Reise führte Wash in die Südsee auf Schatzsuche. Er prügelte sich mit Schurken und flirtete mit hübschen Insulanerinnen (Crane zeigte schon bald die aufregendsten Frauen, die bis dahin im Comic zu sehen gewesen waren); das war zwar alles noch recht slapstickhaft gezeichnet, doch die Ingredienzen für einen handfesten Abenteuer-Comic waren beisammen. Wash jagte in den nächsten Jahren noch so manchem Schatz nach und stolperte von einer Romanze in die nächste Prügelei. Nach und nach wurden auch Cranes Zeichnungen naturalistischer, so daß Wash in ihnen fast wie eine Karikatur zu wirken begann. Im Dezember 1928 war Wash in das kleine europäische Königreich Kandelabra aufgebrochen und dort in einem Schloß festgesetzt worden. Am 6. Mai 1929 wurde er von einem unerschrockenen Hünen aus seiner Notlage befreit: Captain Easy war hart und zynisch, und er ging keiner Schlägerei aus dem Weg.

Nach Abschluß des Abenteuers verschwand Captain Easy wieder, doch Crane hatte die enormen Möglichkeiten erkannt, die in dieser Figur lagen. Nachdem er Wash zunächst mit Rip O'Day einen anderen hartgesottenen Abenteurer an die Seite gestellt hatte, ließ er Captain Easy 1932 zurückkeh-

Roy Crane: Wash Tubbs.
© United Media Services

ren, und als er ein Jahr später auch eine Sonntagsseite zur Verfügung hatte, lief diese von Beginn an unter dem Titel *Captain Easy*. Die Storys wurden jetzt dramatischer, das Tempo schneller und die Dialoge spritziger. Dies spiegelte sich auch in den Zeichnungen wider. Crane machte die Soundwords – 1927 war mit «The Jazz Singer» der erste Tonfilm in die Kinos gekommen – zum stilistischen Mittel seines Strips und gestaltete die Sonntagsseiten in dynamischen Layouts und explosiven Farben. Damit war *Captain Easy* – nachdem Wash geheiratet und sich zurückgezogen hatte, war auch der Tagesstrip nach seinem neuen Helden umbenannt worden – auch noch eine der aufregendsten Abenteuerserien, lange nachdem sich andere Zeichner ebenfalls diesem Thema gewidmet hatten.

Die Sonntagsseite war schließlich auch der Grund dafür, daß Crane *Captain Easy* 1943 seinem bisherigen Assistenten Les Turner überließ (sie erschien weiter bis 1988). Wegen der kriegsbedingten Papierknappheit hatten einige Syndikate den Zeichnern Vorgaben für das Layout ihrer Seiten gemacht. Die Bilder mußten jetzt nach einem festen Schema so angeordnet werden, daß sie auch auf das Format einer halben Seite ummontiert werden konnten. Damit war die Größe der einzelnen Panels im voraus festgelegt und ergab sich nicht mehr aus den Notwendigkeiten der Handlung. Crane wollte dies nicht akzeptieren und wechselte zu Hearst. Noch im gleichen Jahr begann er dort den Strip *Buzz Sawyer* um einen Navy-Piloten. Zeichnerisch brillierte die neue Serie zwar durch aufregende Perspektiven und eine Realitätsnähe, die Crane vor allem durch den Einsatz der Doubletone-Technik erzielte – die er schon seit 1936 benutzt hatte und bei der er mittels eines präparierten Papiers verschiedene Grautöne erzeugte, die die vorher üblichen Schraffuren ersetzten –, aber es fehlten ihr die unmittelbare Direktheit, die spielerische, manchmal naive Leichtigkeit und der Humor, die *Captain Easy* stets ausgezeichnet hatten.

Eine ähnliche Entwicklung wie Roy Cranes *Wash Tubbs/Captain Easy* erlebten auch die Serien *Connie* und *Tim Tyler's Luck*. *Connie* hatte als humoristischer Girlstrip am Sonntag, dem 13. November 1927, begonnen. Mit elegantem, temperamentvollem Strich schilderte Frank Godwin (1889–1959) Connies Romanzen mit Liebhabern, die so umständliche Namen wie Percival Llewellyn-Smith oder Clarence Dillingworth hatten und die sie auf Partys und während Picknicks kennenlernte. Dieses Themenrepertoire gab Godwin zugunsten packend erzählter Abenteuerhandlungen auf, nachdem seine Serie am 13. Mai 1929 auch als täglicher Daily-strip erschien. Gleichzeitig änderte er seine Zeichentechnik und setzte Connies Erlebnisse in einem naturalistischen, an die Illustrationen der Pulps erinnernden Stil in Szene. Als Reporterin reiste sie nach Südamerika und Afrika, legte Gangstern das Handwerk und vereitelte sogar eine Konterrevolution in der Sowjetunion. Mitte der dreißiger Jahre ließ Godwin verstärkt auch phantastische Elemente in seine Erzählung einfließen. Connie war vergessenen Zivilisationen auf der Spur

*Floyd Gottfredson stürzte die Mickey Mouse schon kurze Zeit nachdem er deren Strip übernommen hatte, auch in handfeste Abenteuer. Tagesstrip vom 17.8.1933.
© The Walt Disney Company*

und brach sogar zu einer zwei Jahre andauernden Weltraumexpedition auf. Von dem kleinen Ledger Syndicate vertrieben, erschien *Connie* in nur wenigen Zeitungen und wurde 1944 eingestellt. Godwin wechselte zu King Features und zeichnete dort von 1948 bis zu seinem Tod den Strip *Rusty Riley* um einen Waisenjungen, der im Milieu des Pferderennsports aufwächst und davon träumt, Jockey zu werden.

Auch der Held in *Tim Tyler's Luck* ist ein Waisenjunge, dessen anfangs humoristisch erzählte Erlebnisse Lyman Young (1893–1984) vom 13. August 1928 an aufzeichnete (eine zusätzliche Sonntagsseite erschien von 1931 bis 1972). Nachdem der blonde Tim in einem Heim den dunkelhaarigen Spud kennengelernt hatte, begannen die beiden, um die Welt zu reisen, und landeten 1932 schließlich in Schwarzafrika. Young, dessen Fähigkeiten, naturalistisch zu zeichnen, begrenzt waren, ließ den Strip unter seiner Regie und seinem Namen von mehreren handwerklich begabteren Zeichnern, darunter Alex Raymond, Charles Flanders und Burne Hogarth, ghosten. Heute signiert sein Sohn Bob die Serie.

Lyman Youngs Bruder Murrat (1901–

*Nach langem Liebeswerben und Hungerstreik ließ Chic Young Dagwood und Blondie am 17.2.1933 heiraten. Ein Jahr später brachten die beiden das erste Comic-Baby zur Welt. © King Features Syndicate*

1973) hatte bereits Anfang der zwanziger Jahre begonnen, Comics zu zeichnen. Nach *The Affairs of Jane* (1921), *Beautiful Bab* (1922) und *Dumb Dora* (1924) schuf er schließlich unter dem Pseudonym Chic Young mit *Blondie* einen der erfolgreichsten Strips der Comic-Geschichte. In der ersten Folge, die am 8. September 1930 erschien, stellt Dagwood Bumstead seinem Vater, in dessen Büro er einer nicht näher definierten Beschäftigung nachzugehen scheint, seine neue Freundin Blondie vor. Ganz Amerika war gerührt, als die beiden am 17. Februar 1933 heirateten (Dagwood bekam die Zustimmung seiner Eltern erst nach einem achtundzwanzig Tage andauernden Hungerstreik), und als sie 1941 ihr zweites Kind bekamen (Sohn Alexander war als erstes Comic-Baby überhaupt schon am 15. April 1934 zur Welt gekommen), machten 431 275 Zeitungsleser Namensvorschläge: Das Mädchen wurde schließlich Cookie getauft. Zwischen 1938 und 1951 wurden Blondies und Dagwoods Erlebnisse achtundzwanzigmal mit Penny Singleton und Arthur Lake in den Hauptrollen verfilmt, Hörspiele und eine Fernsehserie folgten. Als Youngs Augenlicht nachließ, übernahm Jim Raymond, ein Bruder Alex Raymonds, 1950 den Strip; seit 1981 wird er von Stan Drake gezeichnet. Heute erscheint *Blondie* weltweit in über tausendneunhundert Zeitungen.

1928 hatte Walt Disney mit «Plane Crazy» seinen ersten Mickey-Mouse-Zeichentrickfilm produziert. Als es ihm nicht gelang, einen Abnehmer für seine Idee zu finden, wagte er die Flucht nach vorn: Am 18. November 1928 führte er im Colony Theatre in New York den zweiten Mickey-Mouse-Streifen als ersten Trickfilm mit Ton auf. «Steamboat Willie» wurde ein Erfolg. «Die Lacher kamen so rasch, daß sie sich selbst im Wege standen», kommentierte *Variety* die Reaktion des Publikums. Weitere Filme mit dem lustigen Nager folgten, und schließlich suchte das King Features Syndicate, das auch bereits Pat Sullivans *Felix* vertrieb, bei Disney um die Lizenz für *Mickey Mouse*-Comic-Strips nach. Der erste Tagesstrip erschien am 13. Januar 1930, anfangs geschrieben von Disney und gezeichnet von Ub Iwerks. Nach vier Wochen übernahm Win Smith *Mickey Mouse*, gab die Arbeit jedoch nach einem Vierteljahr nach einem Disput mit Disney auf. Disney bat Floyd Gottfredson, der als Zwischenphasenzeichner in seinem Studio arbeitete, den Strip zu übernehmen, übergangsweise, wie er versprach. Gottfredsons erster Strip erschien am 5. Mai 1930: «Einen Monat später begann ich mich zu fragen, ob Disney tatsächlich einen anderen Zeichner suchte, und nach zwei Monaten hatte ich Angst, daß er es tatsächlich tat.»

Schon nach kurzer Zeit gab Gottfredson die täglichen, durch eine Fortsetzungshandlung verbundenen Gags zugunsten spannend konstruierter Abenteuergeschichten auf, deren atmosphärische Dichte der Dramatik der reinen Abenteuerstrips, die gerade aufkamen, kaum nachstand. Mickey reiste in ferne Länder, jagte legendären Schätzen nach, legte Piraten, Gangstern, verrückten Wissenschaftlern und Viehdieben das Handwerk, verdingte sich als Fremdenlegionär und reiste sogar in die Zukunft. Floyd Gottfredson (1907–1986) prägte *Mickey Mouse* wie kein anderer. Erst als er ab Oktober 1955 das Fortsetzungsprinzip auf Anweisung von King Features zugunsten täglich abgeschlossener Gags aufgeben mußte, ließ sein Elan spürbar nach, und seine Zeichnungen wurden schlichter. Nach Gottfredsons Pensionierung, sein letzter Strip erschien am 1. Oktober 1975, wurde *Mickey Mouse* von Romàn Aràmbula fortgesetzt.

1932 war zusätzlich eine *Mickey Mouse*-Sonntagsseite gestartet worden (die anfangs ebenfalls Gottfredson zeichnete; 1938 wurde sie bis Ende der siebziger Jahre von Manuel Gonzales übernommen und anschließend von Bill Wright, Tony Strobl und Daan Jippes fortgesetzt), zu der die *Silly Symphonies* als Topstrip erschienen, eine Serie, in der verschiedene Figuren aus gerade aktuellen Disney-Trickfilmen vorgestellt wurden. Am 16. September 1934 hatte hier Donald Duck in der Comic-Adaption des Films «The Wise Little Hen» seinen ersten Auftritt. Am 7. Februar 1938 bekam er einen eigenen Tagesstrip und am 10. Dezember 1939 eine zusätzliche Sonntagsseite. Beide wurden charmant von Al Taliaferro (1905–1969) gezeichnet, der mit Donalds Neffen Huey, Dewey und Louie (Tick, Trick und Track, 17. Oktober 1937) und Grandma Duck (27. September 1943) auch das Figureninventar der Serie entscheidend prägte. Nach seinem Tod wurde *Donald Duck* unter anderem von Frank Smith, Daan Jippes und Tony Strobl fortgesetzt.

Im Verbund mit den Trickfilmen und einer rasch expandierenden Merchandising-Industrie konnten sich die Disney-Strips erfolgreich behaupten, obwohl während der ersten Hälfte der dreißiger Jahre eine ganz andere Form von Comics die Aufmerksamkeit der Zeichner, Syndikate und Leser auf sich zog: Mit dem Ausklang der zwanziger Jahre begann die große Zeit der humoristischen Serien zu Ende zu gehen, und die Zeitungen lancierten kaum noch neue Strips in dem Stil, der die Leser dreißig Jahre lang amüsiert hatte. Zu den wenigen rühmlichen Ausnahmen zählen *Nize Baby* (1927), *Count Screwloose of Tooloose* (1929) und *Dave's Delicatessen* (1931) von Milt Gross und Clarence D. Russells *Pete the Tramp* (1932; Russels Serie fand vor allem in Norwegen ein so begeistertes Publikum, daß die Druckvorlagen während des Zweiten Weltkrieges regelmäßig mit dem Fallschirm über Oslo abgeworfen wurden). Die ersten Abenteuerserien hatten begonnen und sollten das Erscheinungsbild der Sonntagsbeilagen und Stripseiten verändern.

## Romantik und Gewalt

## Helden auf dem Strich

Mitte der zwanziger Jahre kamen in den USA die «Eight Pagers» auf, kleine Hefte mit jeweils acht Seiten Umfang, in denen bekannte Comic-Figuren all das tun durften, was ihnen in den Zeitungsstrips stets versagt war. Brave Figuren wie Jiggs aus *Bringing Up Father*, Polly, Popeye, Winnie Winkle, Little Orphan Annie oder Blondie trieben es hier in hemmungsloser Promiskuität in allen nur denkbaren Stellungen und Varianten.

Diese frühen Porno-Comics wurden ausschließlich unter dem Ladentisch gehandelt. Meist mußten die Kunden den Verkäufern persönlich bekannt sein, um in den Genuß einer neuen Ausgabe zu gelangen. Dennoch fanden die Eight Pagers schnell massenhafte Verbreitung und gelangten durch Handlungsreisende auch in die entlegensten Gegenden. In manchen Regionen nahe der mexikanischen Grenze sollen die Hefte sogar anstelle der Bibel in den Nachttischschubladen der Motelzimmer gelegen haben, was ihnen auch die Bezeichnung «Tijuana Bibles» einbrachte.

Das Format der Eight Pagers betrug etwa 12 mal 8 Zentimeter, sie waren auf billigem Papier dürftig gedruckt und mit einem Verkaufspreis zwischen fünfzig Cent und einem Dollar (ein Pulpheft kostete zehn Cent) für damalige Verhältnisse relativ teuer. Die Handlung besteht jeweils aus acht ganzseitigen Bildern und folgt in der Regel einem klaren Schema: Die drei ersten Bilder dienen der Einleitung, auf den folgenden vier Seiten werden allerlei akrobatische Verrenkungen vorgeführt, und die letzte Seite schließt mit einem Gag ab.

Nach dem Aufkommen der Abenteuer-Comics führten auch gestandene Helden wie Buck Rogers, Flash Gordon oder Dick Tracy in den Eight Pagers hemmungslose Stellungskriege, später entblößten sich zusätzlich bekannte Filmschauspieler und Politiker. Mitte der dreißiger Jahre war die Eight-Pagers-Produktion bereits zu einer kleinen Industrie angewachsen, und in den vierziger Jahren kam es auch zu Experimenten mit sechzehn- und zweiunddreißigseitigen Heften.

Meist ist der sexuelle Akt grotesk übersteigert, die Geschlechtsteile wachsen zu überdimensionaler Größe an. Es gibt kaum eine erotische Spielart, die die Eight Pagers nicht zeigten, aber was auch immer dargestellt wurde – das Spektrum reicht von Homosexualität bis zum Masochismus –, es wurde lustvoll und unverkrampft gezeigt. Für die jüngeren Leser im puritanischen Amerika waren die Eight Pagers Anregung und Aufklärung zugleich. Wichtig ist auch die Pointe am Schluß einer jeden Geschichte, die nicht selten die unterschwellig angelegten psycho-

Szene aus dem von einem anonymen Zeichner gestalteten Hairbreadth-Harry-Eight-Pager «The Rescue».

sexuellen Defekte der einzelnen Figuren persifliert. Da muß Hairbreadth Harry beispielsweise mit ansehen, wie es seine Freundin Belinda Blinks mit seinem Erzfeind Rudolph Rassendale treibt, und Flash Gordon erfährt, warum eine Königin ihn gefangenhält: «Ich bin eine sehr leidenschaftliche Frau, und es fällt mir schwer, einen Mann zu finden, dessen Schwanz mich befriedigt.»

Die Herkunft der Eight Pagers ist bis heute ungeklärt. In der Sekundärliteratur gibt es verschiedene Versionen, die aber alle mehr oder weniger auf Hörensagen basieren. So berichten beispielsweise Wolfgang J. Fuchs und Reinhold C. Reitberger in «Comics. Anatomie eines Massenmediums», die Eight Pagers «wurden von etwa zwanzig verschiedenen Zeichnern produziert, die bis heute anonym blieben. Zwei von ihnen profilierten sich durch die Quantität und die Qualität ihrer Produkte. Angeblich verbarg sich hinter dem einen Künstler ein Team von drei Mädchen aus Chicago.» Georg Seeßlen und Bernt Kling behaupten in «Unterhaltung. Lexikon zur populären Kultur», es sei Historikern gelungen, «durch Stilvergleiche und Recherchen die Schöpfer dieser Streifen auszumachen: Die zur Blütezeit der Eight Pagers produktivsten Gestalter waren zwei ältere Schwestern, pensionierte Lehrerinnen, die in ihrer Umgebung als besonders sittenstreng galten.» Und Bernd Brummbär spekuliert in «Comic-Striptease», die Zeichnungen seien «meist erstaunlich gut, die Figuren so gut getroffen, daß man sich fragen muß, ob mancher seriöse Comic-Zeichner seinen Urlaub in Kuba nicht damit verbrachte, die obszönen Pornoausgaben seiner eigenen Strips zu zeichnen». Während letzteres mit Sicherheit auszuschließen ist, entspringen die Gerüchte über die weiblichen Zeichner wahrscheinlich den Wunschvorstellungen männlicher Rezipienten der Eight Pagers.

Als «Dirty Comics» oder «Adult Comics» erfreuen sich die Eight Pagers auch heute noch in zahlreichen Reprints einiger Beliebtheit. Ihre damalige Bedeutung haben sie aber mit der zunehmenden Verbreitung erotischer Fotomagazine verloren.

Nur an eine eingeweihte Klientel wurde später auch die «Bondage Art» vertrieben, deren Zeichner sich dem Fetischismus und Sadomasochismus widmeten. Die Akteure dieser Comics sind fast ausschließlich Frauen, die sich mit raffinierten Knotentricks fesseln, sich kunstvoll in Bleche einrollen oder in Korsetts und Käfige pressen. Orale, anale und genitale Sexualität bleiben dabei ausgeschlossen. Altmeister der sexualfetischistisch orientierten Comics und Schlüsselfigur zu ihrem Verständnis ist John Willie (John Scott Coutts, 1902–1962), der seine erotischen Phantasien in dem von ihm selbst publizierten Magazin *Bizarre* veröffentlichte, das von 1946 bis 1959 mit sechsundzwanzig Ausgaben erschien.

Entgegen anderen Darstellungen war *Bizarre* kein Comic-Magazin, sondern enthielt vor allem Fotos, Essays und Kurzgeschichten Willies. Lediglich in den Ausgaben 3 bis 8 zeichnete er in kurzen Episoden die Fortsetzungsserie *Sir d'Arcy & «The Wasp Woman»*. Seine bekannteste Arbeit, *Sweet Gwendoline*, entstand 1949 für das ebenfalls sexualfetischistisch orientierte Magazin *Wink* und wurde neun Jahre später gesammelt nachgedruckt. Trotz seines nur schmalen Werks hat Willie die erotische Kunst insgesamt nachhaltig beeinflußt. In seinen mit wissenschaftlicher Präzision ausgeführten Fesselungsritualen, bei denen Improvisationen und Zufälle keinen Raum haben, läßt Willie fetischistische und sadomasochistische Phantasien unzensiert fließen und verweigert durch seine funktionale Darstellungsform die ästhetisierende Distanz, mit der die schönen Künste dem Pornographischen begegnen. Vornehmlich unter Pseudonymen, die nur in einigen Fällen entschlüsselt wurden, haben später Zeichner wie Jim, Eneg (Gene Bilbrew) und Eric Stanton Willies Tradition aufgegriffen und fortgeführt.

## Romantik und Gewalt

*Das Leben verarmt, es verliert an Interesse, wenn der höchste Einsatz in den Lebensspielen, eben das Leben selbst, nicht gewagt werden darf.*
Sigmund Freud
Über Krieg und Tod, 1915

Nach dem Ersten Weltkrieg waren die USA von schweren Unruhen erschüttert, deren Ursachen im Übergang von der Kriegs- zur Friedensproduktion begründet lagen. In den ersten drei Monaten nach Kriegsende stürzte die Wirtschaft in eine tiefe Depression. Zwölf Millionen Menschen wurden arbeitslos. Beeinflußt durch die revolutionären Umwälzungen 1917 in Rußland und getrieben durch den unerbittlichen Anstieg der Lebenshaltungskosten, kam es überall zu Streiks: Allein im Jahre 1919 waren es 3630 mit über vier Millionen Beteiligten. Doch der «Red Summer» war nur der Vorgeschmack auf eine weltweite Wirtschaftskrise. Mit dem Börsenkrach am 29. Oktober 1929 kam das gesamte ökonomische System der Nation zum Stillstand. 5761 Banken wurden zahlungsunfähig. Massenentlassungen und Lohnkürzungen waren an der Tagesordnung. Mit Parolen wie «Prosperity is just around the corner» rief Präsident Hoover zum Durchhalten auf.

Eskapistische Fluchtwelten boten vor allem die Pulps, billige Romanhefte, die in den zwanziger Jahren immer größere Verbreitung fanden und die ihre Bezeichnung der Pulpe verdanken, aus der ihr dickes, holzhaltiges Papier hergestellt wurde. Für eines dieser Magazine, *The All-Story*, hatte Edgar Rice Burroughs bereits 1912 mit Tarzan einen der erfolgreichsten Abenteuerhelden geschaffen. Burroughs' Thema war der Kampf mit dem Schicksal statt seines stummen Erduldens, und Tarzans Abenteuer in einer feindlichen Dschungelwelt wurden ab 1914 in Buchform nachgedruckt und 1918 erstmals verfilmt.

In *The Black Mask*, einem anderen Pulpheft, griff Dashiell Hammett das Verbrechen auf, das in Amerika seit der Einführung der Prohibition bisher ungekannte Ausmaße angenommen hatte, und erfand 1923 die Figur des namenlosen Continental Op. Der Gangster, der sich als Rache für die Enttäuschungen durch den American Way of Life gegen die Gesellschaft stellt und sich bedingungslos durchzusetzen versucht, wurde zum Helden von Theaterstücken wie «Broadway» (1926), «The Racket» (1927) und «The Front Page» (1928). 1927 griff Josef von Sternberg mit «Underworld» das Thema im Film auf, und als sich der Tonfilm durchsetzte, stürzte sich Hollywood auf alle nur möglichen Abenteuerstoffe.

Während die Menschen noch Charles Lindberghs Nonstopflug über den Atlantik in Atem hielt, war das Aufregendste, was die Comics zu bieten hatten, daß sich Wash Tubbs in Kandelabra aus seiner Gefängniszelle zu befreien versuchte.

## Neue Welten

Der erste Strip, der von Beginn an versuchte, eine naturalistisch gezeichnete Abenteuerhandlung zu erzählen, debütierte am 19. Juli 1928 mit *Tailspin Tommy*, geschrieben von Glenn Chaffin und gezeichnet von Hal Forrest. Die zeichnerische und erzählerische Qualität dieser Fliegerserie war jedoch so dürftig, daß sich ihr Erfolg nur auf die Tatsache zurückführen läßt, daß es bislang auf den Comic-Seiten der Zeitungen nichts Vergleichbares gab. Bemerkenswert ist *Tailspin Tommy* aber insofern, als sich Forrest im Gegensatz zu Harold Gray oder Roy Crane nicht am Stil anderer Comics orientierte, sondern

*Hal Forrest: Tailspin Tommy.*
© Bell Syndicate

die optische Anmutung der Pulpillustrationen aufgriff.

Anfang 1929 hinkten die Comics der gesellschaftlichen Realität und den Bedürfnissen der Leser hoffnungslos hinterher. Das sollte sich jedoch ändern, als gleichzeitig am 7. Januar zwei neue Serien erschienen. Interessant ist nicht nur die zufällige Synchronizität, sondern auch, daß es sich bei beiden Strips um Adaptionen bereits zuvor erschienener Romane handelt. *Tarzan* erzählte über sechzig Tagesstreifen in Fortsetzung Burroughs' «Tarzan of the Apes» originalgetreu nach, während *Buck Rogers* auf Philip Nolans Science-Fiction-Erzählung «Armageddon

*Dick Calkins setzte den von Philip Nolan in atemberaubendem Tempo erzählten Strip Buck Rogers in einem durch die Illustrationen der Pulpmagazine inspirierten Stil um. Die ersten Tagesstrips vom 7. bis 9.1.1929.*
© National Newspaper Syndicate

Neue Welten **65**

2419 A.D.» basierte, die fünf Monate zuvor in dem Pulpheft *Amazing Stories* erschienen war.

Buck Rogers war, «gerade, als man die Ozeane mit Flugzeugen zu überqueren begonnen hatte», in der Nähe von Pittsburgh in einer Mine verschüttet und durch ein toxisches Gas in eine Art Tiefschlaf versetzt worden. Als er nach fünfhundert Jahren wieder erwachte, fand er Amerika von bolschewistischen Mongolen besetzt, gegen die sich eine kleine Gruppe von Widerstandskämpfern zur Wehr setzte. Noch innerhalb des ersten Tagesstrips rettet Buck die Guerillakämpferin Wilma Deering vor deren Verfolgern und muß seine Abenteuer fortan nicht mehr allein erleben. Nach Nowlans Szenarios von Dick Calkins (1875–1962) zu Papier gebracht, war *Buck Rogers* zeichnerisch von unglaublich dürftiger Qualität. Aber die Serie bot Tempo und erstmals im Comic sämtliche Versatzstücke der Science Fiction: Luftschiffe mit Raketenantrieb, Strahlenpistolen, schwindelerregende Zukunftsstädte, Roboter, Marsmenschen, die mit fliegenden Untertassen auf der Erde landeten, und ab 1939 auch die Atombombe. Vor allem aber verbreitete *Buck Rogers* hemmungslosen Optimismus und ließ die Leser für kurze Zeit den grauen Alltag der Depressionsjahre vergessen.

Nach einem Jahr erhielt die Serie zusätzlich eine Sonntagsseite, die von Russell Keaton geghostet wurde und optisch wesentlich besser war als Calkins' Tagesstrips. Hier stand Wilmas jüngerer Bruder Buddy im Mittelpunkt, der sich eine Prinzessin vom Mars anlachte, an deren Seite er Abenteuer auf dem roten Planeten erlebte. (Der Mars, der nicht nur in den Comics zum Lieblingsplaneten von Science-Fiction-Autoren wurde, verdankt seine Popularität einem Mißverständnis: Als der Mailänder Astronom Giovanni Schiaparelli 1878 auf dem Planeten Gräben entdeckt und diese «canali» genannt hatte, wurde dies im Ausland mit «Kanäle» übertragen und führte zu der Annahme, der Mars sei be-

*Hal Foster: Tarzan, 1929.*
© *Edgar Rice Burroughs*

wohnt.) Calkins überließ seinen Strip 1947 anderen Zeichnern, die *Buck Rogers* bis Mitte der sechziger Jahre fortführten. Als Buck Rogers 1979 Held eines Kinofilms und anschließend einer Fernsehserie wurde, ließ man auch den Comic unter dem Titel *Buck Rogers in the 25th Century* wieder aufleben, stellte ihn nach vier Jahren aber erneut ein.

Gegen *Buck Rogers* wirkte *Tarzan* geradezu betulich. Ursprünglich hatte J. Allen St. John, der damals populärste Illustrator der Tarzan-Romane, den Strip zeichnen sollen. Als er sich nicht interessiert zeigte, kam man auf den Werbegrafiker Hal Foster. Foster war zwar ein brillanter Künstler, doch seine Vorbilder waren die klassischen amerikanischen Illustratoren wie J. C. Leyendecker, N. C. Wyeth, Abbey, Arthur Rackham, James Montgomery Flagg und vor allem Howard Pyle. Somit blieben seine Zeichnungen ohne Bewegung, und dieser statische Eindruck wurde durch den erzählenden Text unter den Bildern noch verstärkt. Auch die starke Orientierung an den frühen Hollywood-Verfilmungen mit Elmo Lincoln in der Hauptrolle scheint für die Entwicklung eines dynamischen Comic-Stils eher hinderlich gewesen zu sein. Foster inszenierte eine schwarzweiße Dschungellandschaft, die in ihren expressionistischen Licht- und Schattenkompositionen stark an den deutschen Stummfilm erinnert.

Tarzan als Comic-Strip zu lancieren war eine Marketingidee des Detroiter Werbeagenten Joseph H. Neebe gewesen. Als er Foster nach der erfolgreichen Umsetzung des ersten Burroughs-Romans die Serie fortsetzen lassen wollte, erhielt er eine Absage. Rex Maxon (1892–1973), der ebenfalls noch nicht über Erfahrungen mit dem Medium Comic verfügte, übernahm nach dreimonatiger Pause und sollte Tarzan achtzehn Jahre lang zeichnen. Er gestaltete auch die Sonntagsseite, die am 18. März 1931 gestartet wurde, doch schon bald konnte er den Arbeitsaufwand, sechs Tagesstreifen und eine Sonntagsseite pro Woche zu zeichnen, nicht mehr bewältigen. Da durch die schlechte wirtschaftliche Situation in den USA Anfang der dreißiger Jahre auch die Werbeaufträge knapper geworden waren, gelang es, Foster zurückzugewinnen. Im Oktober 1931 übernahm er die Sonntagsseite, doch machte er keinen Gebrauch von den grafischen Möglichkeiten, die ein ganzes Blatt bot. Selten wich er von seinem stereotypen Standardlayout – vier Bildreihen mit jeweils drei Panels – ab, und in manchen Szenen behindern sich der Erzähltext (der inzwischen in die Bilder integriert worden war) und die Zeichnungen eher gegenseitig, als sich zu ergänzen. Obwohl Foster das Medium Comic noch nicht in den Griff zu bekommen schien, erregte die zunehmende Brillanz seiner wohlkomponierten Zeichnungen doch die Aufmerksamkeit von Hearsts King Features Syndicate, das ihn 1937 abwarb.

Burne Hogarth (1911–1996), der die Tarzan-Sonntagsseite am 9. Mai 1937 mitten im Abenteuer «Tarzan and the City of Gold» übernahm, war der erste Zeichner des Urwaldhelden, der bereits über Comic-Praxis verfügte: Seit 1935 hatte er den Piratenstrip Pieces of Eight gezeichnet. Anfangs versuchte Hogarth, seinen Zeichenstil ganz dem seines Vorgängers anzupassen, doch schon bald ließ er ein sehr individuell geprägtes Dschungeluniversum entstehen, dessen visuelle Darstellung seine klassische künstlerische Ausbildung am Crane College, der Chicagoer Northwestern University und der Columbia University verrät. Neben Einflüssen des Barock, Manierismus und der Kunst der Renaissance finden sich in Hogarths Zeichnungen vor allem starke Rückgriffe auf den Expressionismus: Verschlungene Lianen, knorrige Wurzeln, Palmenblätterbüschel in grellem Rot und leuchtendem Gelb und bizarre Felspla-

Burne Hogarth verdichtete einzelne Szenen seiner Tarzan-Sonntagsseiten zu Kompositionen von nahezu mythischer Kraft. 1949 © Edgar Rice Burroughs

Neue Welten **67**

teaus bilden nicht den Urwald ab, sondern dienen als ausdruckssteigernde Formelemente. Alles wird zum Dekor in dieser geometrisch konstruierten Welt, deren Gesetzmäßigkeit nur einem Ziel dient: dem Kult der nackten Körper, deren Bewegungen Hogarth in Posen von akademischer Präzision einfror. Gerade diese Starrheit der Momente, die doch den Eindruck erweckt, als würde die Bewegung jeden Augenblick explosionsartig freigesetzt werden, verleiht Hogarths Zeichnungen jene innere Dynamik, die vergleichbar ist mit der Angespanntheit eines Hundertmeterläufers wenige Sekundenbruchteile vor dem Startschuß.

Unzufrieden mit den Arbeitsbedingungen beim United Feature Syndicate, das den *Tarzan*-Strip vertrieb, wandte sich Hogarth Ende 1945 von dem Affenmenschen ab und zeichnete für die *New York Post* seine eigene Serie *Drago*. Zwar spielt die Geschichte um den gleichnamigen maskierten Helden, für den Zorro und Tarzan gleichermaßen Pate gestanden hatten, in Argentinien, jedoch ist diese Verlagerung des Schauplatzes der einzig eminente Unterschied zu *Tarzan*. Dessen Sonntagsseite, die in der Zwischenzeit von Rubimor (Ruben Moreira) gestaltet worden war, übernahm Hogarth am 10. August 1947 wieder, nachdem ihm United Feature das Recht zugestanden hatte, die Szenarios seiner Geschichten selbst schreiben zu können. (Parallel dazu zeichnete er 1947/48 die kurzlebige Serie *Miracle Jones*, die anschaulich belegt, daß der humoristische Strip nicht Hogarths Metier ist.) Resultat war ein verändertes optisches Erscheinungsbild der Seiten: Hatte Hogarth zuvor bis zu zwölf Panels pro Blatt verwendet, so reduzierte er die Zahl der Einzelbilder im Laufe der Jahre immer mehr zugunsten eines flexiblen Layouts. Monumentale Urwaldtempel vergessener Zivilisationen, feuerspeiende Vulkane und lebensfeindliche Wüstenlandschaften wurden jetzt zu furios inszenierten Schauplätzen noch pathetischerer Kompositionen.

1950 beendete Hogarth seine Tätigkeit als Comic-Zeichner (seine letzte Sonntagsseite erschien am 20. August) und widmete sich ganz der Lehrtätigkeit an der School of Visual Arts, die er drei Jahre zuvor mit Silas Rhodes gegründet hatte. Mit «Dynamic Anatomy» (1958) und fünf weiteren Bänden veröffentlichte er eine Reihe von Lehrbüchern mit je rund dreihundert eigenen anatomischen Studien. 1972 und 1976 widmete er sich nochmals Tarzan mit seinen beiden Büchern *Tarzan of the Apes* und *Jungle Tales of Tarzan*, in denen er das Schema der einzelnen Comic-Bilder noch stärker auflöste.

Waren die *Tarzan*-Tagesstrips (nach Maxon von Dan Barry, Paul Reinman und Nick Cardy fortgesetzt) und die Sonntagsseiten bislang von verschiedenen Zeichnern gestaltet worden, so gab United Feature nach Hogarths Abschied beide in eine Hand. Bis 1954 übernahm Bob Lubbers diese Aufgabe, gefolgt von John Celardo und Russ Manning. 1979 wurde der Daily eingestellt, Gil Kane, Mike Grell und Gray Morrow führten die Sonntagsseiten fort.

Ein Jahr nach dem Start von *Buck Rogers* und *Tarzan* schwenkten auch andere Syndikate auf den Abenteuertrend ein und versuchten, die verschiedensten Genres, die sich bereits in den Pulps als erfolgreich erwiesen hatten, zu okkupieren. Im März 1930 startete Associated Press mit *Scorchy Smith* von John Terry einen weiteren Fliegerstrip (ein Jahr zuvor hatte sich bereits Dick Calkins mit *Skyroads* in diesem Genre versucht) und knüpfte an die zu dieser Zeit herrschende Begeisterung über Lindberghs Atlantiküberquerung an. Obwohl nur mäßig gezeichnet, war *Scorchy Smith* bereits Ende 1930 der meistverkaufte Strip von Associated Press. Als Terry drei Jahre später an Tuberkulose erkrankte und das Zeichnen aufgeben mußte, übernahm Noel Sickles (1910–1982) die Serie. Sein erster Strip erschien am 4. Dezember 1933. Obwohl erst dreiundzwanzig Jahre alt, war Sickles ein so viel besserer Zeichner als

Trotz seiner karikierenden Zeichnungen erzeugte Chester Gould in Dick Tracy ein Höchstmaß an Spannung. Der Strip überzeugt vor allem durch eine interessante Schnittechnik und einen gekonnt eingesetzten Schwarzweißstil. Tagesstrip vom 6.4.1940. © King Features Syndicate

Terry, daß er von Associated Press explizit angewiesen werden mußte, das optische Erscheinungsbild des Strips nicht zu stark zu verändern. Auch durfte er erst nach Terrys Tod 1934 mit seinem Namen signieren. Sickles griff nun gezielt Schnittechniken des Films auf und begann langsam, einen atemberaubenden, impressionistischen Schwarzweißstil zu entwickeln, der eine ganze Generation anderer Zeichner, allen voran Milton Caniff, Frank Robbins, Alfred Andriola und Alex Toth, maßgeblich beeinflußte. Da ihm Associated Press jedoch nur hundertfünfundzwanzig Dollar die Woche zahlte, obwohl *Scorchy Smith* in fast zweihundertfünfzig Zeitungen erschien, gab er die Serie 1936 auf. *Scorchy Smith* wurde bis zu seiner Einstellung 1960 von mehreren anderen Zeichnern fortgesetzt, von denen allerdings nur Frank Robbins, der den Strip von 1939 bis 1944 zeichnete, besondere Erwähnung verdient. Sickles ghostete derweil zeitweise Caniffs *Terry and the Pirates*, zeichnete für Zeitschriften und die Werbung und widmete sich schließlich der Malerei.

Im April 1930 begann Ham Fisher (1901–1955) den Boxerstrip *Joe Palooka*, dessen Held 1931 Weltmeister im Schwergewicht wurde (in der Realität hielt Max Schmeling diesen Titel). Auch Fisher war kein sonderlich talentierter Zeichner (er ließ seinen Strip von mehreren anderen Zeichnern, darunter Al Capp, ghosten), aber die im Stil einer Soap opera gestrickte Handlung ließ *Joe Palooka* zum erfolgreichsten Sportstrip in der Geschichte der Comics werden, der mit jeder Folge bewies, daß Entschlossenheit zum Ziel führt und das Gute ohnehin stets siegt. Er erschien zu seiner besten Zeit in mehr als tausend Zeitungen und wurde nach Fishers Tod bis zu seiner Einstellung 1984 von anderen Zeichnern fortgesetzt.

Als Gangsterbosse wie John Dillinger und Al Capone Anfang der dreißiger Jahre fast täglich Schlagzeilen machten, bot Chester Gould (1900–1985) Joseph Patterson eine neue Idee an: einen rauhbeinigen Detektiv mit Hut und Trenchcoat namens Plainclothes Tracy. Filme wie «Little Cesar» (1930), «Scarface» (1930) und «The Public Enemy» (1931) hatten gerade Edward G. Robinson, Paul Muni und James Cagney zu Stars gemacht, und Patterson fiel auf, daß die Comics nichts Vergleichbares zu bieten hatten. Er änderte den Namen des Helden in Dick Tracy und schlug Gould auch gleich vor, wie die Story beginnen könne: «Geben Sie ihm eine Freundin, deren Vater ein Lebensmittelgeschäft hat. Mit dem wohnt sie über dem Laden. Der alte Mann bewahrt seine Einnahmen in einer

Zigarrenkiste unter seinem Bett auf, und eines Tages wird er von Räubern überfallen, die ihn umbringen und mit dem Geld verschwinden.»

Und so begann die Geschichte dann auch: Gerade als Tracy um die Hand seiner Freundin Tess Trueheart anhält, stürmen Gangster ins Zimmer, schießen den Vater nieder und entführen die Geliebte. Das alles geschah ab dem 12. Oktober 1931 in täglichen Strips im *Detroit Mirror*. (Auf der ersten Sonntagsseite, die bereits eine Woche zuvor erschienen war, war Tracy schon einem verkleideten Hoteldieb auf die Schliche gekommen.) Nur zwei Tage später, Vater Trueheart war noch am Leben, abonnierte sich auch die *New York News* auf *Dick Tracy*, und damit waren die Weichen zum Erfolg gestellt. Tracy trat offiziell der Polizei bei und hält seitdem seine Leser mit der Bekämpfung des Gangstertums in Atem. Dabei ist er nie zimperlich gewesen und trug seinen Kampf gegen die Unterwelt von Mann zu Mann und mit heißem Blei aus.

War Dick Tracy von seiner Kleidung her auch der Zeit angepaßt, so erinnern seine Gesichtszüge und vor allem seine markante Nase deutlich an Sherlock Holmes (der in den zwanziger Jahren in Amerika durch Radioserials zu großer Popularität gelangt war), wie er in zeitgenössischen Illustrationen der Bücher Conan Doyles abgebildet wurde. Gould entwickelte schnell eine expressive Schwarzweißtechnik, die seine relativ einfachen, fast karikaturhaft gezeichneten Szenen zu einer bedrohlichen Darstellung des Asphaltdschungels werden ließen. Ebenso schwarzweiß waren auch seine von einem konservativen Gesellschaftsbild geprägten Storys. Eine bei Tracys Revierleiter beliebte Aktion war es beispielsweise, die Stadt mit «Law-and-Order-first»-Schildern zu plakatieren. Nach anfangs eher konventionellen Schurken traten ab Anfang der vierziger Jahre mit Trigger Doom, Pruneface, Flattop, The Brow und anderen mehr bizarre Charaktere auf den Plan, denen das Böse förmlich ins Gesicht geschrieben stand. «Da das Verbrechen eine häßliche Sache ist, muß man auch die Verbrecher häßlich darstellen», kommentierte Gould. Und sie endeten zumeist auch häßlich. Wenn sie nicht von Tracy erschossen wurden, dann verbrannten sie, wurden zerquetscht oder stürzten von Hochhäusern. Gould, der ein Auto fuhr, das im McHenry County als Streifenwagen 41 registriert war, legte für die zur Strecke gebrachten Schurken in seinem Garten sogar einen Friedhof an, dessen über dreißig Gräber er erst einebnete, als Touristen ihm das Haus einzurennen begannen.

Die Methoden, mit denen Tracy seinen Gegnern beikam, spiegelten stets den aktuellen Stand der Verbrechensbekämpfung wider. Gould sah sich in den Kriminallabors so genau um und studierte Polizeiberichte so gründlich, daß eines Tages der Sheriff von

*Chester Gould: Dick Tracy.*
© King Features Syndicate

Florida, Dave Starr, den FBI-Direktor J. Edgar Hoover aufforderte, Gould davon abzuhalten, in seinen Geschichten die Geheimnisse der Kriminalistik öffentlich preiszugeben. Viele dieser «Geheimnisse» waren von Gould allerdings nur erahnt, denn er neigte dazu, die Polizei als allmächtig darzustellen. So ließ er den blinden Wissenschaftler Brilliant 1946 das «Two-way wrist radio» erfinden, ein armbanduhrgroßes Videosprechfunkgerät, mit dem sich Tracy auch in den knifflichsten Situationen mit seinem Freund und Kollegen Sam Ketchum verständigen konnte. Flüchtige Gangster konnte die Polizei bequem in geräuschlosen Flugeimern aus der Luft verfolgen. Einen Höhepunkt erreichten diese phantastischen Einlagen, als sich Tracy 1962 sogar zum Mond aufmachte und dort Abenteuer mit Außerirdischen erlebte. Hier wurde offensichtlich, daß Gould die Tatsache, daß aus den Tough-guys der Prohibitionszeit inzwischen White-collar-criminals geworden waren, nicht in den Griff bekam. Als er *Dick Tracy* im Alter von siebenundsiebzig Jahren an den Krimiautor Max Allen Collins und seinen langjährigen Assistenten Rick Fletcher abgab (nach dessen Tod Dick Locher weiterzeichnete), wurden die Storys wieder glaubhafter.

William Ritt (1902–1972) und Clarence Gray (1902–1957) lancierten im August 1933 *Brick Bradford*, eine Science-Fiction-Serie, die auch stark aus dem Themenfundus der Märchen- und Sagenwelt schöpfte. *Brick Bradford* beeindruckte vor allem durch Tempo und erzählerische Dichte. Im November 1934 begann eine zusätzliche Sonntagsseite, und ab 1937 konnte Bradford mit Hilfe einer Zeitmaschine an jeden Ort und in jede gewünschte Zeit reisen. Ab 1952 zeichnete Paul Norris den Strip bis zu dessen Einstellung 1987. Zack Mosley (1906–1993) ließ sich durch den Erfolg von *Scorchy Smith* inspirieren und startete im Oktober 1933 die Fliegerserie *On the Wing*, die nach drei Monaten in *Smilin' Jack* umbenannt wurde und bis 1973 erschien. *Smilin' Jack* war der erste Abenteuerstrip, in dem die Zeit nicht stillstand, sondern dessen Helden über die Jahre alterten.

## Die klassische Schule

Fünf Jahre nach dem Start von *Buck Rogers* und *Tarzan* hatte sich das Konzept des Abenteuer-Strips als erfolgreich erwiesen. Joe Connolly, Chef des King Features Syndicate, suchte den Anschluß an diese Entwicklung, indem er den jungen Zeichner Alex Raymond mit der Gestaltung einer Sonntagsseite beauftragte, die sowohl eine Science-Fiction- wie eine Dschungelserie präsentieren sollte. Als Reaktion auf den Erfolg von *Dick Tracy* engagierte er Dashiell Hammett, der gerade mit «Der Malteser Falke» (1930) und «Der dünne Mann» (1933) zum gefragtesten amerikanischen Krimiautor avanciert war. Alex Raymond (1909–1956), der auch Hammetts Strip zeichnen sollte, verfügte bereits über eine mehrjährige Erfahrung mit dem Medium Comic. Er wollte eigentlich Zeitschriftenillustrator werden und hatte Russ Westovers *Tillie the Toiler* geghostet sowie als Assistent von Chic und Lyman Young an deren Strips *Blondie* und *Tim Tyler's Luck* gearbeitet. Seine Antwort auf *Buck Rogers* und *Brick Bradford* war *Flash Gordon*, die auf *Tarzan Jungle Jim*. Beide debütierten am Sonntag, dem 7. Januar 1934. Hammetts *Secret Agent X-9* startete nur wenig später, am 22. Januar, als Tagesstrip.

«Das Ende der Welt! Eigenartiger, neuer Planet rast auf die Erde zu – Nur ein Wunder kann uns retten, sagen die Wissenschaftler.» Mit dieser Zeitungsschlagzeile beginnt *Flash Gordon*, und an dem Wunder wird selbstverständlich gerade gearbeitet: Dr. Hans Zarkov hat ein Raumschiff konstruiert, mit dem er den Planeten rammen und von seinem Kurs abbringen will. Gleichzeitig wird nicht weit entfernt ein Flugzeug von einem Meteor getroffen. Die beiden Passagiere Flash Gordon

In Flash Gordon inszenierte Alex Raymond eine turbulente Mischung aus Science Fiction und Ritterroman. Sonntagsseite vom 14.4.1940. © King Features Syndicate

und Dale Arden können sich mit einem Fallschirm retten und landen in Zarkovs Garten. Am Ende der ersten Sonntagsseite rast das Trio bereits gemeinsam in dessen Rakete auf den mysteriösen Planeten zu. Die Vorlage zu diesem gleichermaßen furiosen wie hölzernen Auftakt hatten Philip Wylie und Edwin Bulmer mit ihrem 1933 erschienenen Roman «Wenn Welten zusammenstoßen» geliefert, doch bereits eine Woche später hatte Raymond das Schicksal der Erde vergessen: Flash, Dale und Zarkov landen auf dem Planeten, der sich als bewohnt und von dem Diktator Ming unterjocht erweist.

«We Sing of Arms and Heroes» lautete Raymonds Motto, und während der nächsten Wochen entwarf er eine anachronistische Märchenwelt, deren Versatzstücke eher antiken Sagen und dem Ritterroman als utopischen Visionen entstammen. Zwischen undurchdringlichen Wäldern und bizarren Felslandschaften liegen Städte, die eher an Camelot denken lassen als an Zukunftsmetropolen. Mit Schwert und Strahlenpistole kämpft Flash Gordon gegen Krieger in römischen Rüstungen, findet Verbündete in Robin-Hood-Gewändern und durchquert endlose Eiswüsten, eingehüllt in ein durchsichtiges, kälteabweisendes Ganzkörperkondom. Das alles ähnelt eher einem Kostümfest als einer Science-Fiction-Erzählung, doch Raymond goss die holprige Handlung in atemberaubende Bilder, deren Dynamik und atmosphärische Dichte alles in den Schatten stellten, was Comic-Zeichner bislang an Abenteuern zu Papier gebracht hatten. Schnell hatte Flash seine eleganten Reiterhosen verschlissen und nahm den Kampf gegen Saurier und Affenmenschen nur mit einem knappen Slip bekleidet auf. Die Frauen der Serie waren wunderschön und kaum üppiger angezogen. Diese Mischung aus Aktion und lasziver Erotik rief bereits nach kurzer Zeit kirchliche Verbände und Jugendschützer auf den Plan, und Raymond wurde mit Don Moore ein Autor an die Seite gestellt, der die Phantasie des Zeichners zügeln sollte.

Doch dieser Umstand bewirkte weder, daß die Geschichten besser wurden – Moore plünderte erbarmungslos das gesamte Repertoire der damaligen Pulpklischees –, noch war Raymond zu bremsen. Ganz im Gegenteil: Schon bald sprengte er das bislang starre Layout seiner Seiten und verwandte pro Blatt immer weniger, dafür aber um so größere Bilder, die die Wirkung seiner Szenen noch verstärkten. Gleichzeitig entwickelte er eine kraftvolle Schraffurtechnik, mit der er die explosiven Einzelpanels zu homogen wirkenden Seiten verschmolz. Daß die Handlung bei *Flash Gordon* eine untergeordnete, wenn nicht sogar nur nebensächliche Rolle spielt, wird auch durch Raymonds Umgang mit dem Text deutlich. Die anfangs verwendeten Sprechblasen ersetzte er bald durch Dialogtexte, die nur durch einen Pfeil dem Sprecher zugeordnet sind, um schließlich ganz zu reinem Erzähltext überzugehen. Nichts sollte die Wirkung der Bilder stören, bei deren Komposition Raymond auf die gleichen Mythen zurückgriff wie der nationalsozialistische Realismus: So, wie Flash Gordons Heldenposen an die Skulpturen Arno Brekers oder Josef Thoraks erinnern, so entspricht die Darstellung seiner Feinde, allen voran des mongoliden Imperators Ming, dem faschistischen Bild des «Untermenschen».

Siebeneinhalb Jahre sollten vergehen, bis Flash Gordon auf die Erde zurückkehrte. Erst am 15. Juni 1941 war es ihm gelungen, Ming – Mann gegen Mann in einem Zweikampf – zu besiegen und Mongo zu befreien. Zu diesem Zeitpunkt hatte sich *Flash Gordon* längst als Erfolg erwiesen. Bereits 1936 hatten die Universal Studios ein dreizehnteiliges Flash-Gordon-Serial mit Buster Crabbe in der Hauptrolle gedreht (zwei weitere folgten 1938 und 1940), und von 1940 bis 1944 erschien auch ein *Flash Gordon*-Tagesstrip, der von Raymonds Assistenten Austin Briggs gezeichnet wurde. Nachdem die USA Ende der vierziger Jahre von einer UFO-Hysterie erfaßt wurden – am 6. Juli 1947 war bei Roswell in New Mexico ein Spionageballon der US-Luftwaffe abgestürzt, und die Abschirmung des Gebiets ließ das Gerücht entstehen, die Militärs wollten die Landung Außerirdischer vertuschen –, wurde *Flash Gordon* 1951 von Dan Barry wieder aufgegriffen und bis 1990 fortgesetzt. Barry arbeitete mit mehreren Ghost-artists darunter auch Harvey Kurtzman, Jack Davis, Frank Frazetta und Al Williamson.

Im Gegensatz zu *Flash Gordon* befand sich Raymond mit der gleichzeitig begonnenen Serie *Jungle Jim* um die Abenteuer des Großwildjägers Jim Bradley durch seine Mitarbeit an Youngs *Tim Tyler's Luck* auf vertrautem Terrain. *Jungle Jim* nahm das obere Drittel der Sonntagsseite ein, doch Raymonds Schwierigkeit, auf diesem knappen Raum eine dichte Fortsetzungsgeschichte zu entwickeln, werden in der kaum vorhandenen Text-Bild-Synechie deutlich: Die Zeichnungen bleiben reine Illustrationen des Erzähltextes. Dennoch begeisterte auch *Jungle Jim* durch exotische Schauplätze und aufregende Femmes fatales, denen Raymond manchmal das Äußere damals populärer Hollywoodstars verlieh. Für Bradleys spätere Freundin Lil' de Vrille beispielsweise diente Marlene Dietrich in ihrer Rolle als Shanghai-Lily aus Josef Sternbergs Film «Shanghai Express» als Vorbild.

Für ein stattliches Honorar von fünfhun-

*Secret Agent X-9 von Dashiell Hammett und Alex Raymond.*
© King Features Syndicate

dert Dollar die Woche (Raymond bekam zwanzig) war es Connolly gelungen, mit Dashiell Hammett erstmals einen populären Schriftsteller als Comic-Autor zu gewinnen. *Secret Agent X-9* begann zwei Wochen nach *Flash Gordon* und *Jungle Jim* und wurde von King Features mit dem Slogan «Now you can *see* the thrill-a-minute excitement of America's greatest detective story writer» angekündigt. In der Tat lieferte Hammett ein rasantes Szenario, das Raymond im Stil der Illustratoren der Pulphefte umsetzte. Außer an Kugeln hatte der Secret Agent – man erfuhr während der ersten Jahre weder seinen Namen noch für wen oder was er eigentlich arbeitete – einen beeindruckenden Verschleiß an Frauen. Einzig Grace Powers war mehr als eine kurze Affäre. Sie wurde als zynische Ehefrau eines Millionärs eingeführt, aber schnell zur Witwe (was bei der Turbulenz der Handlung kaum verwundert) und umwarb X-9 mit aufreizenden und eindeutigen Gesten. Ihre Liebe mußte sie allerdings bald mit dem Leben bezahlen, als sie für den Helden bestimmte Kugeln mit ihrem Körper auffing. Dieser rauhe Ton machte schnell Schule. Nur einen Monat nach dem Start von *Secret Agent X-9* nahm das gleiche Syndikat mit Will Goulds *Red Barry* einen zweiten harten Kriminalstrip ins Angebot auf, nachdem sich Gould zuvor vergeblich dafür beworben hatte, Hammetts Strip zu zeichnen.

Hammett schrieb *Secret Agent X-9* bis April 1935. Er wurde angeblich gekündigt, «als er mit Einfällen, denen die Kraft seiner geschriebenen Werke fehlte, dem Zeitplan hinterherhinkte». Hammetts Biograph William F. Nolan berichtet auch von Gerüchten, denen zufolge Hammett den Strip gar nicht selbst geschrieben, sondern nur seinen Namen hergegeben haben soll, während James Moynahan, ein Kollege aus der Zeit der Lohnschreiberei für die Pulps, die Szenarios verfaßt habe. Diese Vermutung konnte allerdings nie bestätigt werden. Denkbar ist auch, daß die Fortsetzung von *Secret Agent X-9* für ihn nicht mehr lukrativ war, nachdem MGM gerade um die Filmrechte an «Der dünne Mann» nachgesucht hatte.

Nachdem Hammett *Secret Agent X-9* verlassen hatte, wurde der Strip von Leslie Charteris, der 1928 seine Romanserie «The Saint» begonnen hatte, fortgesetzt. Als auch der ging, ließ sich King Features das Pseudonym Robert Storm einfallen und verteilte die Scriptaufträge an verschiedene Autoren, von denen Max Trell der fleißigste war. Auch Raymond wandte sich Ende 1935 von *Secret Agent X-9* ab, da er mit drei gleichzeitig erscheinenden Serien arbeitsmäßig überlastet war. Der Strip wurde von Charles Flanders, Nicholas Afonsky, Austin Briggs, Mel Graff und Bob Lewis (Bob Lubbers) fortgesetzt. 1967 übernahm der Raymond-Schüler Al Williamson die Serie und machte sie fünfzehn Jahre lang, besonders in Zusammenarbeit mit dem Autor Archie Goodwin, zu einem überzeugenden Detektivstrip. Anfang der achtziger Jahre wurde *Secret Agent X-9* von George Evans übernommen.

1944 hatte sich Raymond freiwillig zur Armee gemeldet und *Flash Gordon* und *Jungle Jim* seinem Assistenten Austin Briggs überlassen. Aus dem Krieg zurück, wollte er seine Serien fortsetzen, doch Briggs hatte inzwischen mit King Features einen bis 1948 laufenden Vertrag geschlossen (wäre Raymond eingezogen worden, hätte er das Recht gehabt, die Serien nach seiner Rückkehr fortzusetzen). King Features machte ihm jedoch das Angebot, einen neuen Strip zu entwickeln. *Rip Kirby* begann am 4. März 1946 und präsentierte einen für die Comics völlig neuen Typus des Gangsterjägers. Kirby ist nicht wie Dick Tracy oder X-9 Polizist oder Agent, sondern Privatdetektiv. Und zwar einer der gehobenen Kategorie: Er ist intellektuell, Brillenträger und Pfeifenraucher, er liebt klassische Musik und die Gegenwart schöner Frauen, spielt gerne Golf und Schach und hat einen Butler namens Desmond, der als ehemaliger Ganove von Zeit zu Zeit zur Lösung eines Falles beitragen kann. Er ist aber auch ein vortrefflicher Schütze und kann notfalls kräftig zuschlagen. Damit ähnelt er eher einer Mischung aus Philo Vance und Philip Marlowe als einem Sam Spade. Dem trug Raymond auch durch einen eleganten Zeichenstil Rechnung, der sich stark von dem bei *Secret Agent X-9* angewandten rauhen Pinselstrich unterscheidet und die Atmosphäre stärker betont als die Aktion.

King Features hatte Raymond angeboten, daß er *Flash Gordon* und *Jungle Jim* nach Ablauf des Vertrages mit Briggs wieder übernehmen könne, falls seine neue Serie kein Erfolg werden würde. Aber *Rip Kirby* war erfolgreich, und Raymond blieb seinem Detektiv treu. Die *Flash Gordon*-Sonntagsseite wurde ab 1948 von Mac Raboy fortgeführt, bis Dan Barry sie 1967 übernahm. Paul Norris setzte *Jungle Jim* von 1948 bis zur Einstellung des Strips zehn Jahre später fort. Als Raymond am 6. September 1956 bei einem Autounfall tödlich verunglückte, hatte er *Rip Kirby* nur für zehn Tage vorproduziert (üblich war damals eine Vorausproduktion für sechs Wochen). Es war schon ein rechter Glücksfall, daß King Features mit John Prentice einen jungen Zeichner fand, der stark von Raymond beeinflußt war und den Strip ohne größere Stilbrüche weiterführen konnte.

Gut ein halbes Jahr nach Raymonds Debüt begann Milton Caniff (1907–1988) mit *Terry and the Pirates* einen der besten und wichtigsten Abenteuerstrips in der Geschichte der Comics. Caniff hatte zwar bereits früh mit dem Zeichnen begonnen (schon für seine High-School-Zeitung war der Strip *Chic and Noodles* entstanden), wollte aber eigentlich Schauspieler werden. Der Cartoonist Billy Ireland jedoch soll ihm den Rat gegeben haben: «Bleib bei deinen Tuschefässern, Junge, Schauspieler essen nicht regelmäßig.» Dennoch war der Weg zum professionellen Zeichner alles andere als einfach. Caniff arbeitete für verschiedene Zeitungen und gründete zusammen mit Noel Sickles ein kleines Studio, das vorwiegend Werbeaufträge ausführte (unter dem gemeinsamen Pseudonym Paul Arthur entstanden hier später auch Werbestrips), bevor Associated Press auf ihn aufmerksam wurde. Für dieses Syndikat zeichnete er ab 1932 die aus jeweils einem Bild bestehenden Serien *Mister Gilfeather* und *Puffy the Pig* sowie das tägliche Panel *The Gay Thirties*. Zusätzlich assistierte er Bill Dwyer bei dem Strip *Dumb Dora*, den dieser von Chic Young übernommen hatte.

Dann endlich startete am 31. April 1934 mit *Dickie Dare* sein erster eigener Comic-Strip. Dickie ist ein zwölfjähriger Junge mit einer besonders ausgeprägten Phantasie, der sich in die Abenteuer klassischer Helden wie Robin Hood oder Robinson Crusoe hineinträumt. Die Serie wurde allerdings nicht sehr erfolgreich. Heinie Reiker, Herausgeber des *Columbus Dispatch*, empfahl Caniff: «Zeichne deine Sachen immer für die Leute, die die

Oft fand die Handlung der Abenteuerserien in der gleichen Jahreszeit statt, die auch die Zeitungsleser gerade erlebten.

Zeitung bezahlen. Kinder werden sie nie sehen, wenn der Vater die Zeitung nicht kauft und mit nach Hause bringt.« Caniff beherzigte diesen Rat, stellte Dickie den erwachsenen Abenteurer Dan Flynn zur Seite und verzichtete fortan auf Romanvorlagen. Zu diesem Zeitpunkt hatte aber bereits Joseph Patterson Caniffs Arbeiten entdeckt und bot ihm an, einen Strip für die New York Daily News zu zeichnen. Caniffs letzter Dickie Dare-Streifen erschien am 1. Dezember 1934; anschließend übernahm Coulton Waugh die Serie.

Terry and the Pirates debütierte am 22. Oktober 1934 und erschien an allen sieben Tagen der Woche. Während der ersten knapp zwei Jahre brachten die Daily-strips und die Sunday-pages unterschiedliche Geschichten, dann wurde die Handlung zu einer durchgängigen Erzählung verschmolzen. Terry war anfangs ein milchgesichtiger Junge, der in China nach einer verschollenen Mine suchte (die er allerdings nie fand) und dabei von dem Abenteurer Pat Ryan und dem segelohrigen chinesischen Sidekick Connie begleitet wurde. Ähnliche Storys waren auch in Wash Tubbs oder Tim Tyler's Luck zu lesen, aber dennoch bot Terry and the Pirates etwas grundsätzlich Neues. Während die Helden

Rip Kirby war bereits Alex Raymonds vierte erfolgreiche Serie. Hier abgebildet sind alle Strips der Woche vom 13. bis 18. 1. 1947. © King Features Syndicate

vieler anderer Strips meist schlicht gestrickt waren und oft wie Platzhalter wirkten, legte Caniff größten Wert auf eine möglichst vielschichtige Charakterisierung seiner Figuren. Das trifft gleichermaßen zu für die Beziehungen der Personen untereinander, die sich in komplexen Handlungsbögen entwickelten.

Besonders Pat Ryans Romanzen mit verschiedenen atemberaubenden Femmes fatales sorgten für eine unterschwellig knisternde Erotik und hielten die Leser in Atem. Schon wenige Wochen nachdem er die Serie begonnen hatte, ließ Caniff Pat und Terry in die Hände der berüchtigten Dragon Lady fallen, die eine Bande draufgängerischer Piraten anführt. Caniff verstand es glänzend, diese Figur in eine geheimnisvolle Aura zu hüllen, deutete nebulös eine tragische Vergangenheit an, die sie zu einer illusionslosen Verbrecherin hatte werden lassen, und schürte die Spannung dadurch, daß zwischen Pat und der Dragon Lady eine heimliche Liebe entstand, die unerfüllt bleiben mußte, da sich beide einer unterschiedlichen Moral verpflichtet fühlten. Seine laszive Dramatik brachte Caniff zu einem unvergessenen Höhepunkt, als er 1941 die blonde Raven Sherman über zehn Tagesstreifen hinweg

Die klassische Schule

sterben ließ. Nachdem sie am 17. Oktober beerdigt worden war – der Strip bestand nur aus einem einzigen langgezogenen Bild ohne Text, das die trauernden Helden vor ihrem Grab zeigt – , erreichten ihn Tausende von Beileidsschreiben und zahlreiche Blumengebinde von trauernden Lesern.

Parallel zu dem inhaltlichen Reifungsprozeß des Strips – auch Terry wurde langsam erwachsen, verliebte sich und zog schließlich in den Krieg gegen Japan – veränderte sich auch dessen Optik. Inspiriert vor allem durch die impressionistische Grafik Noel Sickles', ersetzte Caniff die Feder durch den Pinsel und zuvor durch Schraffuren und Raster erzeugte Schatten durch satte, schwarze Flächen. Brillant ist sein Spiel mit Licht und Gegenlicht, bestechend sind die Panels, auf denen die Figuren als schwarze Silhouetten vor hellen Hintergründen dargestellt sind. Diese Technik sparte ihm einerseits Zeit und führte gleichzeitig dazu, daß seine Zeichnungen lebendiger und dynamischer zu wirken begannen. Gleichzeitig griff er immer stärker filmische Erzählmittel auf und arbeitete, besonders bei seinen Sonntagsseiten, verstärkt mit wechselnden Perspektiven und harten Schnitten.

Dieser dichte Stil auf der einen, eine komplexe Dramaturgie, glaubhafte Charaktere und realitätsnahe Dialoge auf der anderen Seite machen *Terry and the Pirates* zum ersten ernsthaften Abenteuer-Comic. Voraussetzung für diese Qualität war zweifellos eine bei Caniff vorherrschende Mischung aus Pragmatismus und Begeisterung für seinen Stoff. In Interviews beschrieb er sich selbst wiederholt als «Zeitungsjungen», der mit seiner Arbeit helfe, Zeitungen zu verkaufen, wie auch als «Lehnstuhl-Marco-Polo». Dennoch entschloß er sich, seine Serie aufzugeben, als ihm die *Chicago Sun-Times* 1945 anbot, völlig frei und zu besseren Konditionen, vor allem bezüglich der Urheberrechte, eine neue Serie zu gestalten. Caniff sagte zu, mußte aber warten, bis sein Vertrag ausgelaufen war (sein letzter *Terry*-Strip erschien am 28. Dezember 1946, die Serie wurde dann bis zu ihrer Einstellung 1973 von George Wunder fortgesetzt). Obwohl er nichts über das Thema seiner neuen Serie verlautbaren ließ, nahmen über zweihundert Zeitungen den Strip unter Vertrag, ohne zu wissen, was sie da eigentlich einkauften. Erst Anfang 1947 lüftete Caniff sein Geheimnis: *Steve Canyon* debütierte am 13. Januar. *Time* kommentierte, Caniffs Entschluß, eine neue Serie zu zeichnen, sei damit vergleichbar, «als würde Henry Ford seine Fabriken verlassen, um auf der anderen Straßenseite eine Konkurrenzfirma zu eröffnen».

Anfang 1937 hatte Hal Foster (1892–1982) die *Tarzan*-Sonntagsseite, die er seit über fünf Jahren betreut hatte, zugunsten einer neuen Serie für das King Features Syndicate aufgegeben. *Prince Valiant* (Prinz Eisenherz) debütierte am 13. Februar des gleichen Jahres und unterschied sich zu Beginn grafisch kaum von *Tarzan*: Foster griff das gewohnte Raster auf und zerlegte seine Seiten in zwölf Panels gleicher Größe. Aber bereits nach elf Wochen begann er damit, einzelne Szenen durch größere Bildformate hervorzuheben, und auf den Blättern 15 und 16 experimentierte er erstmals mit dem Gesamtlayout seiner Seiten, um drei Folgen später zu jener Form der Gestaltung zu finden, die er über die gesamten vierunddreißig Jahre, während deren er *Prince Valiant* zeichnete, beibehalten sollte. Innerhalb von neunzehn Wochen hatte er die Fesseln, die ihn bei seiner Arbeit an *Tarzan* behindert hatten, abgestreift.

Thematisch hatte Foster von Beginn an eine neue Richtung eingeschlagen, indem er mit seiner Serie an die Arthur-Sage anknüpfte und damit einen ureuropäischen Mythos aufgriff (zuvor hatte sich lediglich Ralph Briggs Fuller 1935 in *Oaky Doaks* der Ritterthematik gewidmet). Ihren Anfang nimmt die Handlung im Jahre 425. Von Thronräubern vertrieben, kommt König Aguar von Thule nach Britannien, wo sein Sohn Valiant in einer von Nebeln verhangenen Inselwelt

Diese Terry-and-the-Pirates-Seite, die Milton Caniffs meisterhaften Einsatz von Schatteneffekten zeigt, erschien am 19.10.1941, zwei Tage nach der Beerdigung Raven Shermans. © Tribune Media Services

Die klassische Schule

aufwächst. Der Prinz erlernt die Jagd, übt sich in der Kunst des Kampfes und besteht erste Abenteuer mit den Bewohnern seiner geheimnisvollen Umgebung, die anfangs als Phantasiewelt, in der auch Drachen und Fabelwesen leben, angelegt ist. Hier in den Sümpfen begegnet Valiant eines Tages auch der Hexe Horrit, die dem Knaben ein Leben voller Abenteuer, aber nicht ohne Unglück und Gefahr weissagt.

Bald schon lockt den Prinzen jedoch die Fremde. Die Sümpfe sind erkundet und haben ihren Reiz für den jungen Heißsporn verloren. Also macht er sich auf zum Festland, neuen Abenteuern entgegen. Hier begegnet er dem legendären Ritter Lancelot und faßt einen kühnen Entschluß: Auch er will Ritter werden, koste es, was es wolle. Als Knappe des Ritters Gaiwan gelangt er schließlich nach Camelot, der Burg König Arthurs, wo er in Kampfeskunst und höfischem Verhalten unterwiesen wird. Valiant begegnet Ilene, seiner ersten Liebe, und bei dem vergeblichen Versuch, sie aus den Händen plündernder Wikinger zu befreien, gewinnt er die Freundschaft des Prinzen Arn, von dem er das «Singende Schwert» empfängt. Diese sagenumwobene Waffe, die vom gleichen Magier geschmiedet wurde wie König Arthurs «Excalibur», sollte fortan keiner seiner Feinde mehr vergessen.

Doch Valiant ist nicht nur gewandt im Umgang mit dem Schwert, er erhält schnell auch Gelegenheit, sich als ausgezeichneter Stratege zu beweisen. Dank seines klugen Plans kann Arthurs Heer die angreifenden Sachsen besiegen, und zur Belohnung für diese Heldentat schlägt der König den Prinzen zum Ritter der Tafelrunde. Nun bricht er zu neuen Abenteuern auf, die ihn bis nach Afrika und in die Neue Welt führen sollen. Während einer dieser Reisen wurde er verletzt in einem Boot an die Küste der Nebelinseln getrieben und begegnete dort am 2. Februar 1941 zum erstenmal deren Königin Aleta. Es dauerte bis zum 2. Oktober 1946, bis die beiden endlich nach zahlreichen Widernissen und gemeinsam bestandenen Gefahren heirateten. Ein knappes Jahr später, am 31. August 1947, brachte Aleta Arn zur Welt, dem 1951 Zwillinge folgten. Foster war einer der wenigen Zeichner, die ihre Helden altern ließen. Parallel zu der historischen Abenteuerhandlung entwickelte sich so ein breit angelegtes Familienepos, in dem Valiant in späteren Jahren sogar zugunsten der Erlebnisse seines Sohnes in den Hintergrund tritt.

In *Prince Valiant* vereinigen sich zwei Interessen Fosters auf nahezu geniale Art und Weise. In Kanada aufgewachsen, hatte er sich als Junge seinen Lebensunterhalt als Jagdführer, Fallensteller und Goldschürfer verdient und dabei die Liebe zum Abenteuer entdeckt. Schon früh wollte er aber auch Illustrator

Bei Prince Valiant blieb Hal Foster dem klassischen Illustrationsstil verpflichtet und verzichtete auch auf die Verwendung von Sprechblasen. Am 29.1.1939 wurde Prinz Eisenherz zum Ritter an König Arthurs Tafelrunde geschlagen.
© King Features Syndicate

werden – im Alter von neunundzwanzig Jahren fuhr er tausend Meilen mit dem Fahrrad von Winnipeg nach Chicago, um dort nach einer entsprechenden Anstellung zu suchen. Seine Zeichnungen orientierten sich an den Arbeiten der klassischen amerikanischen Illustratoren der Jahrhundertwende und sind kaum beeinflußt vom Stil anderer Comic-Zeichner. So verzichtete er auch zeitlebens auf die Verwendung von Sprechblasen und brachte Erzähl- und Dialogtexte unter den Bildern an. Sein Realismus ist allerdings nicht gleichbedeutend mit historischer Authentizität. Vielmehr schuf sich Foster eine geschichtliche Phantasieepoche, deren Elemente einer Zeitspanne von rund vierhundert Jahren entstammen.

«Die einzelnen Bilder erwecken den Eindruck, als habe Foster länger an ihnen gearbeitet als andere Zeichner an einer ganzen Seite», stellte Stephen Becker in «Comic Art in America» fest. Tatsächlich zeichnete Foster in der Regel mehr als fünfzig Stunden an einer Sonntagsseite. So fand er auch kaum Zeit, sich neben *Prince Valiant* anderen Arbeiten zu widmen. Lediglich während des Krieges, als viele Zeitungen wegen der Papierknappheit das Format der Comic-Beilagen einschränkten, füllte er das untere Drittel der Seiten mit dem Zusatzstrip *The Medieval Castle* (die Serie erschien vom 5. März 1944 bis zum 14. Januar 1945) um die Abenteuer zweier Ritterknaben, so daß *Prince Valiant* auch in den Zeitungen vollständig erscheinen konnte, die zu einer Kürzung gezwungen waren. Eine weitere Ausnahme stellt die aus dreißig Tagesstrips bestehende Comic-Adaption des Romans «Das Lied von Bernadette» von Franz Werfel dar, die 1943 entstand.

Als Foster das Zeichnen schließlich im Alter von fast achtzig Jahren aufgeben mußte, machte er sich die Wahl eines Nachfolgers nicht leicht: Gray Morrow und Wallace Wood kamen in die engere Auswahl und zeichneten je eine Probeseite, die am 11. Oktober und 15. November 1970 erschienen. Schließlich entschied er sich jedoch für John Cullen Murphy, der *Prince Valiant* am 23. November 1971 übernahm und bis heute mit großem Elan zeichnet. Foster schrieb noch fast zehn Jahre lang die Abenteuer seines Helden und fertigte Scribbles für die Seitenlayouts an. Schon 1954 hatte sich auch Hollywood des edlen Ritters angenommen: Henry Hathaways Verfilmung mit Robert Wagner in der Hauptrolle gilt als einer der besten Historienfilme schlechthin. Der Verlag Marvel produzierte 1995 eine von Charles Vess und Elaine Lee interessant geschriebene, allerdings von John Ridgway nur dürftig gezeichnete Comic-Heftversion, die nach König Arthurs Tod angesiedelt ist.

Die Lücke, die Hal Foster bei *Tarzan* hinterlassen hatte, füllte Burne Hogarth auf. Mit ihren bis 1950 entstandenen Sonntagsseiten zählt diese Serie neben *Flash Gordon, Terry and the Pirates* und *Prince Valiant* zu den vier großen Meisterwerken der klassischen Schule der amerikanischen Abenteuerstrips.

Anfang der dreißiger Jahre hatte sich in den Pulps ein neues Genre etabliert, das der geheimnisvollen, maskierten Kämpfer gegen das Verbrechen, quasi Vorläufer der modernen Superhelden. Als Werbung für sein Magazin *Detective Stories* hatte der Verlag Street & Smith 1930 eine jeweils einstündige Radioserie produziert, deren Moderator und Sprecher James La Curto die geheimnisvolle Identität des «Shadow» verliehen wurde. «Crime does not pay. The Shadow knows», der sonore Satz, der stets, wenn ein Gangster sein verdientes Ende gefunden hatte, aus dem Äther tönte, wurde schnell zum geflügelten Wort, was den Verlag veranlaßte, ein Heft mit dieser Figur ins Leben zu rufen. Als Autor wurde der ehemalige Zauberkünstler und Journalist Walter Gibson verpflichtet. Das erste *Shadow*-Heft erschien 1931 und zog schon zwei Jahre später eine Reihe ähnlicher Helden wie The Phantom Detective, Doc Savage und The Spider nach sich.

Beeinflußt von diesen Figuren, schuf Lee

Falk (*1905) 1934 für das King Features Syndicate zusammen mit dem Zeichner Phil Davis (1906–1964) die Serie *Mandrake the Magician*. Der erste Tagesstrip erschien am 11. Juni, am 3. Februar des nächsten Jahres gefolgt von einer Sonntagsseite. In Falks Storys geht es zwar zumeist um die Aufklärung von Verbrechen, doch wo Secret Agent X-9 oder Red Barry ihre .45er benutzen, wendet Mandrake Zaubertricks, Magie, Hypnose und Psychologie an. Ihm zur Seite stehen der afrikanische Stammesfürst Lothar, die erste schwarze Hauptfigur in einem Abenteuer-Comic, und seine Freundin Narda. Regelmäßig auftauchender Gegenspieler ist The Cobra, ein tibetanischer Magier, dessen Schüler Mandrake einst war. Die Qualität der Storys liegt vor allem darin begründet, daß Falk über Spannung, Mystik und Romanze den Humor nicht zu kurz kommen ließ. Davis lieferte dazu ein solides, klares Artwork, das die Serie zu einem unterhaltsamen «B-Comic» machte. Nach seinem Tod wurde *Mandrake* von Fred Fredericks fortgesetzt.

Durch diesen Erfolg ermutigt, schlug Falk King Features einen zweiten Strip vor. *The Phantom*, gezeichnet von Ray Moore (1905–1983), der zuvor Davis assistiert hatte, debütierte als Tagesstrip am 17. Februar 1936; die Sonntagsseite folgte am 28. Mai 1939: Hinter der Maske des Helfers in der Not im bengalischen Dschungel verbergen sich mehrere Generationen von Vätern und Söhnen, die seit über vierhundert Jahren den Schwur, der Gerechtigkeit zu dienen, einander übertragen haben. Der zwanzigste Nachfahre des Ur-Phantoms, von dem der Strip handelt, ist ein Einzelgänger, der meist nur von seinem Wolfshund Devil begleitet wird. Begibt er sich aus dem Dschungel in die «Zivilisation», verbirgt er sich unter einem Trenchcoat mit hochaufgeschlagenem Kragen und nennt sich Mr. Walker – eine Anspielung darauf, daß The Phantom von den Eingeborenen auch «the ghost who walks» genannt wird.

Um seine Nachfolge sicherzustellen, heiratete The Phantom 1980 schließlich die Sportlerin Diana Palmer, mit der er über Jahr-

*Mit Mandrake und Phantom schuf Lee Falk zwei äußerst erfolgreiche B-Comics. Ausschnitt aus der Mandrake-Sonntagsseite vom 27.6.1954 von Lee Davis und dem Phantom-Tagesstrip von Ray Moore vom 10.12.1942. © King Features Syndicate*

zehnte verlobt war. Sie verkündete noch im gleichen Jahr, schwanger zu sein, und brachte nach fünf (Comic-)Monaten gleich Zwillinge zur Welt. Als Moore die Serie wegen der Folgen einer Kriegsverletzung nicht mehr zeichnen konnte, wurde sie von Wilson McCoy und Bill Lignante fortgesetzt; seit 1963 wird *The Phantom* von Seymour Barry gestaltet, der weit mehr um eine solide Qualität bemüht ist als viele der Zeichner, die die vor allem in Europa zeitweise sehr populären Comic-Heftabenteuer der Serie produzierten. *The Phantom* erscheint noch heute in nahezu sechshundert Zeitungen und zählt damit nach wie vor zu den erfolgreichsten Abenteuerstrips. Der Versuch des Verlages Marvel, aus *The Phantom* 1995 eine Heftreihe im Stil harter Superhelden-Comics zu machen, scheiterte allerdings.

Noch vor Superman trat in Mel Graffs *The Adventures of Patsy* erstmals ein Superheld auf. Szene aus dem Tagesstrip vom 17.8.1934.
© National Newspaper Syndicate

Moores Markenzeichen, die Sehschlitze der Maske seines Helden weiß zu lassen, wurde später von den Superheldenzeichnern übernommen. Deren Thematik hatte Mel Graff bereits vorweggenommen, als er in seinem Strip *The Adventures of Patsy* 1935 den Phantom Magician einführte, der – drei Jahre vor dem ersten Auftritt Supermans – sogar fliegen konnte. Die Associated Press, die *Patsy* vertrieb, empfand diese Idee jedoch als zu phantastisch und wies Graff an, seinen Helden dessen Cape wieder ablegen zu lassen.

Als direkte Übernahme einer literarischen Vorlage begann am 24. Oktober 1938 *Charlie Chan* von Alfred Andriola (1912–1983), eine vom Stil her an den Zeichnungen Sickles' und Caniffs orientierte Serie um einen chinesischen Detektiv aus der Feder von Earl Derr Biggers. Der erste seiner insgesamt sechs Charlie-Chan-Romane war 1925 in Fortsetzungen in der *Saturday Evening Post* und noch im gleichen Jahr als Buch erschienen. Andriola gab seinem Helden, den er bis 1942 zeichnete, das Äußere von Warner Oland, der Chan ab 1937 in mehreren Verfilmungen auf der Leinwand verkörperte. Zane Grey, dessen erste Wildwestromane in verschiedenen Pulpheften erschienen waren und der bald zum populärsten Autor des Genres avancierte, gab 1935 seinen Namen für die von Allen Dean gezeichnete Serie *King of the Royal Mounted* her; tatsächlich wurden die Storys von seinem Sohn Romer geschrieben. Obwohl der Strip, der bis 1955 erschien, von den Abenteuern eines kanadischen Mounties handelt, entstammen viele Handlungselemente dem traditionellen Western. Zwar hatte schon 1921 J. R. Williams eine Gruppe von Cowboys in den Mittelpunkt seiner stark mit Comicsprachlichen Mitteln arbeitenden Cartoon-Serie *Out Our Way* gestellt, und Ferd Johnson hatte 1925 die humoristische Serie *Texas Slim* begonnen, doch im Abenteuer-Comic hatten sich die Themen und Schauplätze dieser ureigensten amerikanischen Folklore bislang kaum niedergeschlagen.

Einer der Gründe dafür ist eine gewisse Zurückhaltung seitens der Syndikate, da der Filmwestern nach einem anfänglichen Boom Ende der zwanziger Jahre stark an Popularität verloren hatte, nachdem die Stadt verstärkt zum Abenteuerschauplatz geworden war. Eine andere Ursache ist, daß sich die Weite der

Die klassische Schule **83**

Landschaft, die beim Western eine wichtige Rolle spielt, auf den relativ kleinen Bildern eines Strips nur schwer befriedigend darstellen läßt. Zu den wenigen Künstlern, die sich des Genres trotzdem annahmen, zählt Fred Harman (1902–1982), der bereits 1933 die Serie *Bronc Peeler* um einen rothaarigen Cowboy, der später von dem Navajo-Jungen Little Beaver begleitet wird, geschaffen hatte. Harman vertrieb seinen Strip selbst, was zur Folge hatte, daß nicht sehr viele Zeitungen die Serie druckten. Unter dem neuen Titel *Red Ryder* übernahm die Newspaper Enterprise Association Ende 1938 den Vertrieb, und bereits zehn Tage später erschienen die Abenteuer Red Ryders und Little Beavers in siebenhundertfünfzig Zeitungen. 1940 wurde die Serie mit Don Barry in der Hauptrolle verfilmt. *Red Ryder* erschien bis 1964.

Zum erfolgreichsten Westernstrip wurde *The Lone Ranger*. Fran Striker hatte diese Figur für den Detroiter Radiosender WXYZ geschaffen, der das Serial mit der Wilhelm-Tell-Ouvertüre als Erkennungsmelodie am 30. Januar 1933 erstmals ausgestrahlt hatte. Die erste von zahlreichen Verfilmungen war 1938 in die Kinos gekommen, und am 11. September des gleichen Jahres knüpfte eine Comic-Adaption an den inzwischen populären Stoff an. Der Grund für den Erfolg der Serie dürfte vornehmlich in der geheimnisvollen Aura liegen, die der Held durch seine Maske ausstrahlt: Er gehörte ursprünglich einer Gruppe von sechs Texas-Rangers an, die von Gangstern überfallen und niedergemetzelt wurde. Nur der junge John Reid wird von dem Indianer Tonto gerettet und überlebt. Um seine Identität zu verbergen, legt der Lone Ranger auch für sich ein Grab an, verbirgt sein Gesicht hinter einer Maske und widmet sich fortan der Bekämpfung des Unrechts. Seine Trademarks sind sein schneeweißer Hengst, den er mit dem Schlachtruf «Hi-Yo, Silver!» antreibt, und seine eigens in einer versteckten Mine gefertigten Silberkugeln, mit denen er schurkische Banditen in einem nahezu mythischen Akt zur Strecke bringt. Der erste *Lone Ranger*-Zeichner, Ed Kressy, wurde schon 1939 durch Charles Flanders abgelöst, der die Serie bis zu ihrer Einstellung im Jahre 1971 betreute.

## Krieg und Frieden

Hatte sich der Erste Weltkrieg kaum in den Inhalten der Comics niedergeschlagen, so boten die Abenteuerstrips genügend Möglichkeiten, die politischen Entwicklungen in Europa und Asien ab Mitte der dreißiger Jahre aufzugreifen. Milton Caniffs Terry war in China bereits 1937 gegen die Japaner, die kurz zuvor Peking besetzt hatten, ins Feld gezogen. Die Gefahr des drohenden Krieges schürte die Ängste der Menschen – im Oktober 1938 verursachte Orson Welles mit seiner Hörspielfassung von H. G. Wells' «Krieg der Welten» in New York eine Panik – , und welche Rolle Amerika in diesem Falle einnehmen sollte, beschäftigte alle Medien; Filme wie Michael Curtiz' «Casablanca» versuchten, die öffentliche Meinung zugunsten eines Kriegseintrittes der USA zu beeinflussen. Während der *New York Mirror* im Mai 1940 in einem Leitartikel vor «emotional bedingten Kurzschlußhandlungen» warnte, appellierte im Innenteil der gleichen Ausgabe Joe Palooka wortgewaltig an die Leser, sich für eine amerikanische Intervention auszusprechen. Noch bevor dies im Dezember 1941 nach dem japanischen Angriff auf Pearl Harbor geschah, ließ Ham Fisher seinen Boxweltmeister sich rekrutieren. Auch die anderen Helden gingen nach und nach in Stellung.

Buck Rogers kämpfte gegen eine Invasion von Marsmenschen, die wie Japaner aussahen. Tarzan verhinderte, daß ein Nazikommando in Afrika eine geheime Basis errichten konnte. Jungle Jim stieß in Burma auf japanische Truppen. Flash Gordon verließ den Planeten Mongo und kehrte auf die von einem

Milton Caniffs Male Call, 1943. © Camp Newspaper Syndicate

Diktator bedrohte Erde zurück. Scorchy Smith unterstützte die Sowjetarmee an der Ostfront. In *Tim Tyler's Luck* kehrten Tim und Spud Afrika den Rücken und schlossen sich in ihrer Heimat der Küstenwache an. Dick Tracy, Secret Agent X-9 und Little Orphan Annie enttarnten kurzgeschorene Spione und legten Saboteuren das Handwerk, und selbst Prince Valiant trat gegen die Hunnen an (Foster bestritt in späteren Interviews allerdings jede bewußt aktuelle Bezugnahme dieser Episode aus dem Jahre 1940). Skeezix aus *Gasoline Alley* zog in den Kampf, und auch Mickey Mouse griff ab 1943 in Geschichten wie «The Nazi Submarine» oder «Pluto Catches a Nazi Spy» unmittelbar in das Geschehen ein. 1942 machte George Baker einen Soldaten zur Hauptfigur seines humoristischen Pantomimenstrips *Sad Sack*, und Harry Tuthill nahm 1943 seine 1918 begonnene Serie *The Bungle Family*, die er im Jahr zuvor aufgegeben hatte, wieder auf, damit deren Helden ihre patriotischen Pflichten erfüllen konnten; unmittelbar nach Kriegsende wurde der Strip dann endgültig eingestellt.

Niemand behandelte die politischen Ereignisse jedoch so vehement wie Milton Caniff in *Terry and the Pirates*. Nach dem Kriegseintritt der USA versetzte er Terry zur US Air Force und tauschte dessen Begleiter Pat Ryan gegen den Colonel Flip Corkin aus, der in langen Monologen das Geschehen kommentierte und militärische Operationen erläuterte. Dann koppelte er die attraktive Burma aus seinem Strip aus und ließ sie Soloabenteuer erleben, die er Soldatenzeitungen exklusiv zur Verfügung stellte. Dagegen allerdings protestierte das New York News Syndicate, das den Strip vertrieb, und Burma mußte ihre lasziven Seitensprünge einstellen. Für das Camp Newspaper Syndicate schuf Caniff daraufhin einen ebenbürtigen Ersatz: Am 11. Oktober 1942 hatte Miss Lace in dem Strip *Male Call*, auf den sich neben *Stars and Stripes* und *Yank* sofort rund dreitausend andere Armeezeitungen abonnierten, ihr Debüt. Die Rita Hayworth nachempfundene Dame, die Caniff bis zum 3. März 1946 ohne Honorar zeichnete, ist der Schwarm aller sich für die Freiheit aufopfernden Männer eines Armeecamps, sorgt für entsprechende Verwicklungen und Komplikationen und bot den GIs willkommene Pin-up-Erotik.

Mobil gemacht wurde auch in *Don Winslow*, einem Strip, mit dem Frank Martinek, Leon Beroth und Carl Hammond schon seit 1934 ihre jugendlichen Leser bewegen wollten, sich bei der Navy einschreiben zu lassen. Die Serie hielt sich bis 1955. *Sergeant Stony Craig*, von Frank Rentfrow und Don Dickson 1937 ebenfalls zu reinen Propagandazwecken geschaffen, wurde bereits ein Jahr nach Kriegsende in den Ruhestand entlassen. Bill Mauldins *Willie and Joe* (1941) und Dick Wingerts *Hubert* (1942) waren reine Armeestrips und erschienen ausschließlich in verschiedenen Soldatenzeitungen. Elmer Wexler machte in *Vic Jordan* (1941) den Kampf der französischen Résistance zum Abenteuerstoff und ließ die Gestapo seinen Helden durch das besetzte Paris jagen. Caulton Waugh stellte im April 1945 einen ehemaligen Soldaten, der im Krieg ein Bein verloren hatte, in den Mittelpunkt seines Strips *Hank*. Dieser Realismus kam bei den Lesern allerdings nicht gut an: Trotz hohen erzählerischen und zeichnerischen Niveaus wurde *Hank* bereits zum Jahresende wieder eingestellt.

Auf kein anderes Genre hatte der Zweite Weltkrieg größere Auswirkungen als auf die Fliegerstrips. Waren die Piloten während der dreißiger Jahre Abenteurer, die in ihre Maschinen hüpften und in fremden Ländern Verbrechern hinterherjagten, so war es mit dieser naiven Unbefangenheit nun vorbei. Frank Miller (1898–1949) hatte 1935 die neben *Scorchy Smith* und *Smilin' Jack* populärste der zahlreichen im Zuge der allgemeinen Lindbergh-Begeisterung entstandenen Pilotenserien geschaffen. Sein *Barney Baxter* überzeugt vor allem durch solide zeichnerische Qualität, Liebe zum Detail und gutes Storytelling. Der anfangs jugendliche Held reifte heran, trat bei Kriegsbeginn erst in die Royal und dann in die US Air Force ein und bombardierte am 18. April 1942 Tokio – exakt am gleichen Tag, an dem amerikanische B-25-Bomber die japanische Hauptstadt angriffen. Sogar Jenny Dare, Heldin des 1939 von Russell Keaton begonnenen Strips *Flyin' Jenny*, trat kurz nach dem japanischen Überraschungsangriff auf Pearl Harbor in die Dienste der amerikanischen Streitkräfte und ließ 1943 Bomben auf strategische Ziele in Europa fallen.

1943 hatte Roy Crane *Wash Tubbs* aufgegeben und *Buz Sawyer* begonnen: «Das war während des Zweiten Weltkriegs, also beschloß ich, Buz zu einem Navy-Piloten zu machen. Das versprach eine Menge Aktion, und außerdem war ich der Meinung, so einen Beitrag zu den Zielen dieses Krieges zu leisten.» Frank Robbins (*1917) begann seinen neuen Strip *Johnny Hazard* am 5. Juni 1944, einen Tag vor der Landung der Alliierten in Nordfrankreich, damit, daß sein Held aus einem deutschen Konzentrationslager flieht, nicht ohne dem Gegner ernsthafte Verluste zuzufügen. Später findet sich Hazard im Fernen Osten wieder, wo er die Fliegerasse der kaiserlichen Luftwaffe gleich scharenweise vom Himmel holt.

Die Zeichner der Fliegerserien versuchten, die Kriegsabenteuer ihrer Helden so «realistisch» wie möglich zu gestalten, verwendeten häufig Originalschauplätze und ließen authentische Ereignisse in die Handlung einfließen. Dazu bedurfte es oft der Spekulation, denn in der Regel wurden die Strips einige Wochen vor ihrem Erscheinen gezeichnet. So verpaßte denn auch Buz Sawyer das Ende des Krieges. Roy Crane ließ seine Leser in dem

*Dieser Ausschnitt aus dem Buz-Sawyer-Tagesstrip vom 8.1.1944 zeigt Roy Cranes eindrucksvolle Doubletone-Technik.*
© *King Features Syndicate*

Strip vom 16. August 1945, eine Woche nach dem Abwurf der zweiten Atombombe auf Nagasaki, wissen: «Unsere Geschichte begann vor der Kapitulation der Japaner. In der Wirklichkeit dauerte dies alles wenige Stunden. Im Comic zieht sich das Geschehen jedoch über mehrere Tage. Ich hoffe, Sie lesen trotzdem weiter.»

Durch den Zweiten Weltkrieg war auch der Frau eine neue gesellschaftliche Rolle zugefallen. Die Nation hatte die Männer einberufen und nach Europa und Asien verschifft. Die Frauen blieben, auf sich gestellt, zurück. Zusätzlich war die weibliche Arbeitskraft durch die wachsende Rüstungsindustrie plötzlich sehr gefragt. Allein 1945, auf dem Höhepunkt der Kriegsproduktion, waren über zwanzig Millionen Frauen mit der Herstellung militärischer Güter beschäftigt. Bildeten Girlstrips wie *Winnie Winkle* und *Connie* – in den dreißiger Jahren waren Martha Orrs *Mary Worth* und Charles Colls *Myra North* hinzugekommen – bisher eher eine Randerscheinung des Comic-Angebotes, so entstanden ab 1940 mehrere Serien, in denen Frauen die Rollen übernahmen, die bislang von männlichen Helden ausgefüllt worden waren.

Dale Messicks (*1906) Brenda Starr sollte ursprünglich eine Verbrecherin sein, Joseph Patterson lehnte diese Idee aber ab. Als Reporterin, die Abenteuer in aller Welt erlebt, debütierte sie schließlich am 30. Juni 1940 (fünf Jahre später folgte ein zusätzlicher Tagesstrip). Nicht weniger aufregend als ihre beruflichen Aufgaben ist ihr Liebesleben: In dem Strip tauchen zahlreiche Männer auf, die Brenda gerne über die Schwelle eines gemeinsamen Heims getragen hätten. Die durch den Männermangel verursachte größere sexuelle Freizügigkeit – die Zahl der Scheidungen, die 1939 bei 251 000 gelegen hatte, stieg 1946 auf 613 000 an, um bis 1957 wieder auf 381 000 abzusinken – wurde in *Brenda Starr* deutlich kommentiert: In keuscher Anständigkeit bleibt die Heldin ihrer einzigen Liebe treu, dem sonderbaren Basil St. John, obwohl dieser an einer rätselhaften Krankheit leidet, plötzlich verschwindet, von irgendwoher schwarze Orchideen schickt, wieder auftaucht und mit Brenda unter Tränen das Wiedersehen feiert, nur um dann wieder unterzutauchen. Nach dieser Formel verlief die Handlung bis 1976; erst nach über fünfunddreißig Jahren zeigte die Zeichnerin Herz und ließ das Unglaubliche geschehen: Brenda und Basil heirateten – auch dies in den liberalen siebziger Jahren eine deutliche Botschaft. Dale Messick zeichnete *Brenda Starr* bis ins hohe Alter von vierundsiebzig Jahren; 1980 übergab sie ihren Strip an Ramona Fradon. Auf *Brenda Starr* folgten nach ähnlichem Muster Jack Sparlings *Claire Voyant* (1943), Bert Whitmans *Debbie Dean* (1944) und *Miss Cairo Jones* (1945) von Bob Oksner. Keine dieser Serien überlebte jedoch die vierziger Jahre.

Das Ende des Krieges hatte auch für die einst heldenhaften Piloten den Absturz zur Folge. *Flyin' Jenny* endete 1946, kurz nachdem die tollkühne Fliegerin das Versteck eines geheimen Nazi-Schatzes aufgespürt hatte. *Barney Baxter* verlor einen Großteil seiner Leserschaft, so daß die Serie Anfang 1950 nach Frank Millers Tod eingestellt wurde. Buz Sawyer verließ die Navy, kehrte nach Texas zurück, hatte mit Arbeitslosigkeit zu kämpfen und trieb sich anschließend als Abenteurer um den Erdball. Nach Roy Cranes Tod wurde die Serie bis zu ihrer Einstellung 1990 von Ed Granberry, Hank Schlenkser und John Celardo fortgeführt. *Scorchy Smith* litt nach Frank Robbins' Weggang unter den Stiften weniger talentierter Zeichner und trat 1960 in den Ruhestand. Robbins selbst ersetzte in seiner neuen Serie *Johnny Hazard* die Schlachtfelder durch exotische Schauplätze, an denen sein Held auch schon mal bislang unentdeckt gebliebene Saurier aufspürte, bis die Leser 1977 schließlich das Interesse an solchen Kapriolen verloren hatten. *Smilin' Jack* hatte dieses Schicksal bereits vier Jahre zuvor ereilt. Im

gleichen Jahr, 1973, endete auch *Terry and the Pirates*, nachdem Milton Caniff den Strip 1947 George Wunder überlassen hatte, um sich *Steve Canyon* zu widmen. (1995 versuchte das Media Tribune Syndicate ein Relaunch als High-Tech-Abenteuerserie, geschrieben von Michael Uslan und gezeichnet von Greg und Tim Hildebrandt.)

Das Erscheinen von *Steve Canyon* wurde mit großem Werbeaufwand vorbereitet. In zahlreichen Interviews in Zeitschriften und Radiosendungen stellte Caniff seinen neuen Helden vor, und bereits Wochen vor dem Start des Strips verkündete die *Chicago Sun-Times* regelmäßig auf der Titelseite, in wie vielen Tagen der Vorhang sich endlich heben würde. Am 13. Januar 1947 schließlich erschien der erste Tagesstrip, nicht auf der Comic-, sondern auf der Titelseite, über dem Logo der Zeitung. Die Sonntagsseite folgte noch in der gleichen Woche, am 19. Januar.

Caniff griff mit *Steve Canyon* auf bewährte Themen zurück: Sein Held ist ein ehemaliger Air-Force-Offizier, der nach Kriegsende nach Amerika zurückkehrt, dort die private Fluggesellschaft «Horizons Unlimited» gründet und Expeditionen nach Lateinamerika unternimmt, sich zu Beginn des Koreakrieges allerdings erneut rekrutieren läßt. Der Kalte Krieg lieferte weitere Themen, und Canyon wurde in der Türkei, in Griechenland und im Mittleren Osten eingesetzt. Stärker noch als *Terry and the Pirates* läßt sich auch *Steve Canyon* retrospektiv wie eine Chronik der politischen Ereignisse und Konflikte lesen. Caniff recherchierte seine Stoffe dabei stets so penibel, daß er in *Steve Canyon* mehr als einmal die politischen Ereignisse vorausahnte und von einigen Zeitungen deshalb sogar der Spionage verdächtigt wurde. In der Tat hatte Caniff Zugriff auf nicht öffentlich zugängliches Material der amerikanischen Streitkräfte, was dazu führte, daß sich die Besucher seines Studios in einer Liste ein- und austragen mußten.

Den Rechten gefiel der konservative, proamerikanische Ton seiner Erzählungen. Auf zahlreichen Fotos ist Caniff zusammen mit hohen Militärs und Politikern (unter anderem mit den Präsidenten Truman, Johnson, Eisenhower und Reagan) zu sehen. Die sowjetische *Prawda* hingegen kommentierte am 16. Juli 1966: «Streifen um Streifen erzählt ein gewisser Milton Caniff in den angesehensten amerikanischen Zeitungen die Geschichte seines ‹Helden›, des Luftpiraten Steve Canyon. Dieser ‹Superman›, der mordet, vergewaltigt und zerstört – und in seiner Freizeit mit seinen Abenteuern in Korea und Vietnam prahlt –, soll der amerikanischen Jugend von 1966 als Vorbild dienen. Das Pentagon fördert die Produktion Caniffs, um den Truppen in Vietnam Mut zu machen – und den Jugendlichen, die die Einberufung fürchten.» Caniffs konservative Wertvorstellungen und die martialischen Handlungen seines Helden stießen schließlich auch in den USA auf Kritik. Während der zunehmenden Proteste gegen den Vietnamkrieg verlor *Steve Canyon* Ende der sechziger Jahre zusehends Leser, und obwohl Caniff seine Storys in der Folge zu einer oft seichten Soap opera abwandelte, konnte sich der Strip von diesem Einbruch nie wieder erholen und wurde am 5. Juni 1988, kurz nach Caniffs Tod, eingestellt.

Mitte der vierziger Jahre waren so gut wie alle Genres durch populäre Helden besetzt, und während der zweiten Hälfte des Jahrzehnts konnte kaum ein neuer Strip erfolgreich lanciert werden. Neben *Steve Canyon* behauptete sich einzig der Boxerstrip *Big Ben*

> Wie schon zuvor in Terry and the Pirates ging es auch in Milton Caniffs Steve Canyon anfangs vor allem um gefährliche Abenteuer, exotische Länder und schöne Frauen. Sonntagsseite vom 16.5.1948.
> © King Features Syndicate

*Bolt* aus der Feder des ehemaligen Sportcartoonisten John Cullen Murphy (*1919) erfolgreich. Er begann am 20. Januar 1950 als Tagesstrip (eine Sonntagsseite wurde am 25. Mai 1952 hinzugefügt) und erschien bis 1978. Bereits 1955 mußte sich Bolt allerdings nach einer Augenverletzung aus dem Ring zurückziehen und betätigte sich fortan überwiegend als Sportjournalist und Detektiv, was das Spektrum der erzählerischen Möglichkeiten stark erweiterte.

Die Konkurrenz des Fernsehens sorgte in den folgenden Jahren mit Comedy- und ersten Abenteuerserien zusätzlich dafür, daß der Bedarf an neuen Kreationen weiter zurückging. Zudem begann das Fernsehen, die Zeitungen von ihrer Position als Leitmedium zu verdrängen: 1963 lieferte es binnen kürzester Zeit Bilder vom Attentat auf John F. Kennedy (Harvey Oswald wurde nur mit Rücksicht auf das Fernsehen bei Tag in ein anderes Gefängnis verlegt und nicht, wie ursprünglich vorgesehen, bei Nacht, was ihm wahrscheinlich das Leben gerettet hätte), und 1969 ließ sich die erste Mondlandung «live» am Bildschirm miterleben. Allein in den fünfziger Jahren stellten in den USA hundertsechzig Tageszeitungen ihr Erscheinen ein. Mitte der vierziger Jahre erschienen in New York sieben Tageszeitungen, Ende der sechziger Jahre waren es nur noch drei.

Die meisten neu gestarteten Serien verschwanden binnen Jahresfrist wieder von den Comic-Seiten der Zeitungen. Dennoch erlangten einige dieser kurzlebigen Strips wegen überragender Qualitäten Comic-historische Bedeutung. Etwa die Rennfahrerserie *Johnny Comet* von Frank Frazetta, die am 28. Januar 1952 startete. Trotz guter Actionszenen und Frazettas bemerkenswert eleganter Zeichenkunst, die später zahlreiche andere Zeichner wie Jeff Jones, Berni Wrightson, Michael Kaluta, Dave Stevens oder Mark Schultz entscheidend beeinflussen sollte, mußte Comet Anfang 1953 wieder aus dem Rennen gehen.

Warren Tufts (1925–1982) war einer der wenigen Zeichner, die sich ganz dem Western verschrieben hatten. Obwohl seine Serien *Casey Ruggles* (22. Mai 1949–3. April 1954) und *Lance* (5. Juni 1955–29. Mai 1960) keinen großen Erfolg verbuchen konnten, weil Tufts, so urteilte der Kritiker Henry Yeo, «zu spät kam, um noch zu den Klassikern gezählt zu werden, aber zu früh, um von dem gegenwärtigen Interesse an der Comic-Literatur zu profitieren», müssen beide Strips zu den großen Meisterwerken der Zeitungs-Comics gezählt werden. Besonders der zur Zeit des kalifornischen Goldrauschs spielende *Casey Ruggles*, an dem zeitweise auch Alex Toth mitarbeitete, zählt zu den am besten geschriebenen Strips überhaupt. Tufts verunglückte tödlich beim Absturz eines selbst konstruierten Flugzeugs.

Eine andere Westernserie schuf Stan Lynde (*1931) 1958 mit dem Strip *Rick O'Shay*, der zwar bis 1981 erschien, aber nur selten von mehr als hundert Zeitungen gedruckt wurde. Obwohl Lynde den Strip, ungewöhnlich für das Genre, mit starken humoristischen Untertönen versah und die Klischees der klassischen Wildwesterzählungen persiflierte, mangelte es seinen Storys nie an spannender Dramaturgie und Authentizität; in Montana aufgewachsen und in einem Crow-Reservat zur Schule gegangen, war er mit den Schauplätzen seines Sujets bestens vertraut. Nach knapp zwanzig Jahren trat Lynde *Rick O'Shay* an Alfredo Alcala ab (anschließend wurde er bis zu seiner Einstellung 1981 von Mel Keefer gezeichnet) und schuf mit *Latigo* eine zweite Western-Serie, die von 1979 bis 1982 erschien.

Jack Kirby, der ab Mitte der dreißiger Jahre erste Strips gezeichnet und Anfang der Vierziger das Superheldengenre entscheidend geprägt hatte, scheiterte mit der hervorragend erzählten und in Zusammenarbeit mit Wallace Wood brillant gestalteten utopischen Serie *Sky Masters of the Space Force*. Der Strip, mit dem das George Matthew Adams Syndicate auf den durch den Start des sowjetischen

Mit Casey Ruggles hat Warren Tufts den erzählerisch und grafisch eindrucksvollsten amerikanischen Westernstrip geschaffen. Tagesstreifen vom 15. bis 17.12.1949. © United Media Services

Sputniks in den USA angeheizten Science-Fiction-Boom reagieren wollte, debütierte am 8. September 1958 und erreichte zeitweise eine Verbreitung von dreihundertfünfundzwanzig Zeitungen. Die letzte Folge von Kirby und Wood erschien am 8. Mai 1959; bis zur Einstellung Anfang 1961 wurden die Abenteuer der Sky Masters von Dick Ayers fortgesetzt.

Lediglich die Soap operas im Stil von *Mary Worth* und *Brenda Starr* erfreuten sich nach wie vor ungebrochener Popularität. Entstanden während der Glanzzeit des Radios in den dreißiger Jahren und später vom Fernsehen aufgegriffen, wendet sich die Soap mit der Schilderung tragischer Ereignisse wie gescheiterte Ehen, zerbröckelnde Familien, Krankheiten und Tod vorwiegend an mittelständische Hausfrauen. Zumeist vormittags gesendet, wenn die Mütter wenig Ansprache erfahren, suggerieren sie das Gefühl, am Schicksal anderer Menschen teilzuhaben. Den erfolgreichsten Strip dieses Genres begann Stan Drake (*1921) zusammen mit dem Autor Elliot Caplin, einem Bruder Al Capps, am 9. März 1953 mit *The Heart of Juliet Jones*. Die gut konstruierten Storys und die eleganten, atmosphärisch dichten und fast fotorealistisch wirkenden Zeichnungen Drakes – besonders bei Hintergründen verwendete er

Krieg und Frieden 91

Stan Drakes The Heart of Juliet Jones ist die zeichnerisch interessanteste Seifenoper der fünfziger Jahre. Ausschnitt aus dem Tagesstrip vom 6.1.1953. © King Features Syndicate

tatsächlich oft fotokopierte Fotos, aus denen er die Grautöne entfernte und deren verbleibende Konturen er mit Tusche nachzog – bescherten dem Strip rasche Popularität. Im Mittelpunkt der Erzählung stehen Juliet und Eve, beides Töchter des Witwers Howard Jones, deren amouröse Abenteuer ihr weibliches Publikum noch heute rühren.

Eine ähnliche Mischung aus Romantik und Melodram präsentierte Leonard Starr (*1925) ab dem 10. Februar 1957 mit dem Strip *Mary Perkins On Stage*, der bis 1979 erschien. Auch andere Human-interest-Strips wie Alex Kotzkys *Apartment 3-G* (1960, inzwischen gezeichnet von Frank Bolle) erwiesen sich als erfolgreich und erscheinen noch heute. Der Versuch allerdings, mit der Seifenoper *Friday Foster* ein farbiges Publikum anzusprechen, schlug fehl: Mit den in einer mondänen Welt spielenden Abenteuern der gleichnamigen Modefotografin, die Jim Lawrence und George Longaron ab 1970 aufzeichneten, konnte sich die schwarze Minderheit in Amerika kaum identifizieren. Die Arbeiten an einer Friday-Foster-Verfilmung waren erst ein Jahr nach Einstellung des Strips abgeschlossen; sie kam 1975 in die Kinos.

### Ein Gag pro Tag

Eine ähnliche Situation, wie sie die Abenteuerstrips Mitte der vierziger Jahre erlebten, war bei den Funnys bereits Ende der zwanziger Jahre eingetreten. Es gab kaum noch ein erfolgversprechendes Thema, das nicht bereits durch populäre Helden besetzt gewesen wäre, und gleichzeitig hatte sich die Aufmerksamkeit der Syndikate und das Interesse der Zeitungen auf die neu aufkommenden Abenteuerstoffe gerichtet.

*Mickey Mouse* und *Blondie* waren die letzten humoristischen Serien, die mit den ausklingenden zwanziger Jahren erfolgreich lanciert werden konnten. Erst zwei Jahrzehnte später, als das Interesse an den Abenteuerstrips nachzulassen begonnen hatte, brachen für die Funnys wieder bessere Zeiten an. Zu den wenigen Humorserien, die während dieser Zeit gestartet wurden und sich behaupten konnten, zählt vor allem Al Capps *Li'l Abner*, in den vierziger und fünfziger Jahren eine der besten und berühmtesten Serien in Amerika überhaupt. Weitere herausragende Strips sind

Vincent T. Hamlins *Alley Oop* (1939) um einen Höhlenmenschen, der nach fünf Jahren mittels einer Zeitmaschine auch Reisen in andere Epochen und sogar zum Mond unternahm, *Smokey Stover* von Bill Holman, ein warmherziger Strip um einen Feuerwehrmann, der von 1935 bis 1973 erschien, und *Gordo*, eine ebenso charmant erzählte wie grafisch liebevoll gestaltete Serie um die Erlebnisse einer mexikanischen Familie, die Gus Arriola von 1941 bis 1986 zeichnete. 1933 hatte Ernie Bushmiller in der Serie *Fritzi Ritz*, die er acht Jahre zuvor von Larry Whittington übernommen hatte, erstmals die kleine Nancy auftauchen lassen, die bald so populär wurde, daß der noch heute erscheinende und jetzt von Jerry Scott gezeichnete Strip schließlich nach ihr benannt wurde.

In dieser für die Funnys so fruchtlosen Zeit versuchte William Hearst mit zwei Pantomimenstrips neue Wege zu gehen, jedoch fand dieser Versuch kaum Nachahmer. Die erste Serie, *The Little King*, hatte Otto Soglow (1900–1975) bereits 1931 für den *New Yorker* geschaffen. Die in einer minimalistischen Grafik elegant zu Papier gebrachten Gags um den stummen König waren anfangs unregelmäßig erschienen, mit der Zeit aber immer populärer geworden, so daß Hearst Soglow abwarb und *The Little King* ab dem 9. September 1934 und ausschließlich als Sonntagsseite landesweit vertrieb. Die eher poetische und leise Serie wurde allerdings nie besonders erfolgreich und nach dem Tod ihres Zeichners eingestellt.

Carl Anderson (1865–1948) wurde von Hearst während einer Deutschlandreise entdeckt. Dort hatte eine Zeitschrift einige Folgen seiner seit 1932 in der *Saturday Evening Post* erscheinenden Serie um einen kleinen Jungen mit einem seltsam ausdruckslosen Gesicht unter dem Titel *Henry, der amerikanische Lausbub* nachgedruckt. Hearst kabelte nach New York und gab Anweisung, Anderson unter Vertrag zu nehmen. Der *Henry*-Strip erschien erstmals am 17. Dezember 1934; einen Monat nach Andersons siebzigstem Geburtstag, am 10. März 1935, schaffte Henry auch den Sprung auf die Sonntagsseiten (auf denen andere Figuren sich durchaus in Sprechblasen artikulierten, während Henry stets stumm blieb). Anderson, der bereits während der Kindertage der Comics in *Judge*, *Puck*, *Life* und *Collier's* veröffentlicht hatte, mußte das Zeichnen aus gesundheitlichen Gründen allerdings 1942 aufgeben. Die *Henry*-Tagesstrips wurden von John Liney, Jack Tippit und Dick Hodgins fortgesetzt, die Sonntagsseite wird bis heute von Don Trachte gezeichnet.

Während Hamlin, Holman, Arriola und Bushmiller der Tradition der Funnys der zwanziger Jahre verhaftet blieben, beschritt Al Capp (Alfred Gerald Caplin, 1909–1980) einen ganz anderen Weg: Er legte *Li'l Abner* als schrille Satire auf die amerikanische Gesellschaft und den American Way of Life an. Schon der Start der Serie – der erste Strip erschien am 13. September 1934, ein Jahr später folgte die Sonntagsseite – wurde von einem Skandal begleitet. Capp hatte zuvor als Assistent von Ham Fisher an dessen *Joe Palooka* gearbeitet und dort 1933 die Hillbillie-Figur Big Leviticus eingeführt. Als er in *Li'l Abner* dieses Thema aufgriff und mit Dogpatch ein verschlafenes Nest in den Südstaaten zum Schauplatz der Handlung machte, bezichtigte Fisher Capp des Plagiats und begann einen über zwanzig Jahre andauernden Streit mit seinem ehemaligen Ghostzeichner, der mit wüsten Beschimpfungen und Denunzierungen ausgetragen wurde.

Obwohl Leviticus Capps Erfindung gewesen war und der amerikanische Süden Anfang der dreißiger Jahre auch in anderen Bereichen eine Wiederentdeckung erfuhr (Erskine Caldwells Roman «Tobacco Road» war 1931 erschienen, und im gleichen Jahr hatte William Faulkner «Die Freistatt» und ein Jahr später «Licht im August» veröffentlicht), ließ Fisher die entsprechende Episode immer wieder nachdrucken, um so das Recht für sich zu reklamieren, die Hillbillie-Thematik in die Comics eingebracht zu haben. Capp konterte, indem er im *Atlantic Monthly* seine Erinnerungen an die Zusammenarbeit mit Fisher unter dem Titel «I Remember Monster» publizierte. Ihren Höhepunkt erreichte die Auseinandersetzung, als Fisher Capp der Pornographie bezichtigte, um dessen Ausschluß aus der National Cartoonists Society zu bewirken, die allerdings Fisher ausschloß, als sich herausstellte, daß dieser die vorgelegten Beispiele aus *Li'l Abner* manipuliert hatte. Fisher beging kurz darauf Selbstmord.

Capps Hauptfiguren sind Abner Yokum, ein «true american boy» mit muskulösem Traumkörper und der naiven Unbefangenheit eines Kleinkindes, sowie dessen kauzige Eltern Lucifer und Paney, die auf einer heruntergekommenen Farm in den Bergen Kentuckys leben. (Das humoristische Potential, das der Ort Dogpatch bot, schien Capp anfangs allerdings noch gar nicht erkannt zu haben, denn bereits acht Tage nach dem Start der Serie machte sich Abner erst mal auf nach New York, um dort eine vergessene Schwester zu besuchen und sich als «Bauerntölpel» in der Großstadt tüchtig zu blamieren.) Und dann ist da noch Daisy Mae, deren Maße an die Marilyn Monroes und Mae Wests erinnern, die hoffnungslos in Abner verliebt ist und alles nur Erdenkliche unternimmt, um den stupiden Muskelprotz zur Eheschließung zu bewegen. Doch Abner hat nur Augen für andere Mädchen, selbst wenn er, so in einer Episode aus dem Jahre 1950, von dem Objekt seiner Begierde nicht mehr kennt als die Zeichnung eines nackten Knies. Dennoch gelingt es Daisy Mae immer wieder fast, ihren Schwarm rumzukriegen, und Abner kann erst in allerletzter Sekunde seinem Schicksal entkommen.

Besonders gefährdet war er stets einmal im Jahr am Sadie Hawkins Day, den Capp am 15. November 1937 in Dogpatch einführte: An diesem Tag werden alle Junggesellen zu Freiwild erklärt, und ein Mädchen, das bis zum Sonnenuntergang einen von ihnen erwischt, hat das Recht, seine Beute zu ehelichen. Der Sadie Hawkins Day wurde schnell zu einer nationalen Institution der vierziger und fünfziger Jahre. Bereits 1939 berichtete *Life* auf einer Doppelseite von dem inzwischen an Hunderten von amerikanischen Hochschulen geübten Brauch, daß am St.-Valentins-Tag Mädchen Jagd auf noch nicht vergebene Jungen machten. Abner traf es schließlich 1952. Nachdem Daisy Mae ihn am Sadie Hawkins Day erwischt hatte, durfte sie ihren Schwarm endlich heiraten. *Time* und *Life* widmeten diesem Ereignis je eine Titelgeschichte.

«Ich werfe komische Figuren in melodramatische Situationen und zeige, wie sie ihre riesigen Probleme mit ihrer ganzen Einfalt

Al Capp hat seinen Strip Li'l Abner als schrille Comédie humaine angelegt. In diesem Tagesstrip vom 5.9.1936 träumt Daisy Mae noch vergeblich davon, ihren Schwarm rumzukriegen. © Capp Enterprises

lösen. Ich denke mir, daß wir uns alle ab und zu wie die Yokums fühlen», beschrieb Capp das Konzept seiner Serie. So sind denn auch seine in den Details sparsamen Zeichnungen ganz den Gagsituationen untergeordnet, in denen sich seine Figuren mit ihrem hinterwäldlerischen Kauderwelsch behaupten müssen. Auch konzentrierte er sich ganz auf den Mikrokosmos Dogpatch und weigerte sich zum Beispiel, Abner Anfang der vierziger Jahre in den Krieg zu schicken, wie dies zahlreiche andere Zeichner mit ihren Helden taten. In dem Strip vom 4. Juli 1942 teilte er seinen Lesern mit: «Dies scheint mir der richtige Tag zu sein, eine Frage zu beantworten, die mir oft gestellt wurde: ‹Wann tritt Li'l Abner in die Army ein?› Li'l Abner wird nicht zur Armee gehen, und zwar aus folgendem Grund: Vielleicht leisten Li'l Abner und seine Freunde, indem sie diese schrecklichen Tage in einer friedlichen, fröhlichen und freien Welt verbringen – und uns so daran erinnern, daß es dies ist, wofür wir kämpfen –, ihren Beitrag dazu, daß die Welt bald wieder so ist.»

Diese Welt bereicherte Capp, der von 1937 bis 1946 zusätzlich auch den Strip *Abbie an' Slats* für Raeburn van Buren schrieb, allerdings um die skurrilsten Nebenfiguren und Phantasiewesen und griff nicht selten auch aktuelle Themen auf. So parodierte er beispielsweise 1944 Frank Sinatra, der gerade einen ersten Höhepunkt seiner Karriere erlebte, als Freddie McGurgle. Bereits zwei Jahre zuvor mußte eine Geschichte, in der Abner seine eigene Version von «Vom Winde verweht» träumte, mitten in der Handlung abgebrochen werden, nachdem Margaret Mitchell mit einer Klage gedroht hatte. Zur populärsten Nebenfigur wurde der Detektiv Fearless Fosdick, eine Parodie auf Chester Goulds Dick Tracy, der bei seinen Versuchen, Spaziergänger vom Gang über Rasenflächen abzuhalten oder Luftballonverkäufer ohne Gewerbeschein dingfest zu machen, manchmal Dutzende von harmlosen Passanten mit einem Loch in den Köpfen versieht, während die «Gesetzesbrecher» natürlich entkommen können. Fearless Fosdick ist der Held aus Abners liebstem Comic-Heft und gab sein Debüt am 22. November 1942. Als «Comic im Comic» tauchte er später regelmäßig auf. Ebenfalls berühmt wurden die 1948 eingeführten Shmoos, freundliche Wesen, die stets bereit sind, ihrem Gegenüber jeden nur erdenklichen Wunsch zu erfüllen, und die vor Freude sogar tot umfallen, wenn sie hungrig angesehen werden. Da sie mit diesem Verhalten das kapitalistische Leistungssystem gefährden, beschließt die Regierung ihre Ausrottung.

Diese Form subtiler Gesellschaftskritik ließ *Li'l Abner* schnell populär werden. 1934 in nur acht Tageszeitungen begonnen, führte *Esquire* den Strip 1945 mit zweiunddreißig Millionen täglichen Lesern als drittpopulärste Comic-Serie in Amerika nach *Joe Palooka* und *Blondie* auf. Schon 1940 waren Abners Abenteuer mit Granville Owen und Martha O'Discroll in den Hauptrollen verfilmt worden. «Er (Capp) nimmt unsere Bräuche, unsere Träume, unsere Denkgewohnheiten, unsere sozialen Strukturen, unsere Wirtschaft und untersucht sie wie lustige Käfer. Dann zieht er eine Nase etwas länger, macht außergewöhnliche Ohren noch etwas außergewöhnlicher, beschreibt das mit einer fürchterlich folkloristischen Poesie und gibt es uns als fröhliches Bild unseres lächerlichen Seins zurück», schrieb John Steinbeck 1953 und schlug Al Capp für den Nobelpreis vor.

Um so enttäuschter waren viele Leser, als Capp in den sechziger Jahren zusehends konservative Standpunkte zu vertreten begann und sich über die Hippie- und Protestgeneration mokierte. Zwar behauptete Capp: «Meine politische Einstellung hat sich nicht geändert. Ich bin immer auf seiten derer gewesen, die von anderen Menschen verachtet, entehrt und angeschuldigt wurden», doch trotzdem verlor *Li'l Abner* einen Großteil seiner Leser. Von ehemals neunhundert Zeitungen waren nur noch dreihundert übriggeblieben, als der

Strip am 13. November 1977 zum letzten Mal erschien.

1949 startete mit *Pogo* ein Strip, der die Kritik in ähnlichem Maße begeisterte wie *Li'l Abner* zu seinen besten Zeiten. Tatsächlich hatte die Geburtsstunde dieser Serie allerdings bereits einige Jahre zuvor geschlagen. Walt Kelly (1913–1973) hatte von 1936 bis 1941 für Disney gearbeitet und dort unter anderem an dessen Zeichentrickfilmen «Pinocchio», «Fantasia» und «Dumbo» mitgewirkt. Anschließend zeichnete er für verschiedene Comic-Hefte des Verlages Western Publishing, darunter auch Covers für *Walt Disney's Comics and Stories*, und schuf 1942 für die erste Ausgabe des Heftes *Animal Comics* das Opossum Pogo und den Alligator Albert, die in den märchenhaften Okeefenokee-Sümpfen zu Hause sind. Als Identifikationsfigur für die jungen Leser war anfangs noch der schwarze Junge Bumbazine mit von der Partie. Seine Auftritte wurden jedoch immer seltener, und ab Mitte 1945 gehörten die Sümpfe ganz den immer zahlreicher werdenden Tierfiguren.

1948 wurde *Animal Comics* eingestellt, und wenig später fand sich Kelly als Art Director bei dem gerade gegründeten linksliberalen *New York Star* wieder. Dort zeichnete er politische Cartoons und steuerte ab dem 4. Oktober auch einen Comic-Strip bei: *Pogo*. Darin griff er zwar auf seine für *Animal Comics* geschaffenen Figuren zurück (die noch bis 1954 auch in dem Heft *Pogo Possum* erschienen), entwickelte die Okeefenokee-Sümpfe jetzt aber zu einer Art allegorischem Amerika. Jetzt nicht mehr für Kinder, sondern für ein erwachsenes Publikum bestimmt, wurden die Gags intellektueller und schlossen auch Anspielungen auf politische und soziale Ereignisse ein. Als der *Star* nach nur sieben Monaten Ende Januar 1949 sein Erscheinen einstellen mußte, hätte dies auch das Ende von *Pogo* bedeuten können, doch Kelly hatte inzwischen seine Berufung entdeckt: Er wollte Zeitungsstrips zeichnen und bot seine Serie dem Post-Hall Syndicate an. Am 16. Mai 1949 feierte *Pogo* sein drittes Debüt, diesmal als landesweit vertriebener Strip.

In den knapp vier Monaten, die zwischen der zweiten und der dritten Version von *Pogo* lagen, hatte Kelly seinen in Disneys «Mouse Factory» (Kelly) geprägten Zeichenstil signifikant weiterentwickelt. Besonders deutlich wird dies bei den im *Star* erschienenen Gags, die er wieder aufgriff, aber nochmals neu zeichnete. Die Figuren waren jetzt markanter, größer in den Bildern plaziert, als hätten sie an Selbstbewußtsein gewonnen, und charakterlich ausgereifter. Und es schien Kelly einen riesigen Spaß zu machen, sein Universum durch ständig neue Nebenfiguren zu bereichern: Hunderte gaben im Laufe der Jahre ihr Stelldichein, davon über hundertfünfzig, die mehr oder weniger regelmäßig oder zumindest über einige Wochen auftraten. Oft verlieh ihnen Kelly eine eigene Sprache, und er benutzte Sprechblasen und Lettering, um bestimmte Eigenarten seiner Charaktere präzise herauszuarbeiten. So sind die Sprechblasen des Bären Phineas T. Bridgeport (einer Karikatur des Zirkusmagnaten P. T. Barnum) als kleine Zirkusplakate gestaltet, während andere Figuren ihre Kommentare in pharisäerhaft gotischen Lettern, antiquierter Fraktur oder bürokratischer Schreibmaschinentypographie von sich geben.

Obwohl Kelly mit *Pogo* ungewohnt neue Wege beschritt, setzte sich die Serie schnell durch. Am 29. Januar 1950 führte das Syndikat zusätzlich zum Tagesstrip die Sonntagsseite ein. Zu dieser Zeit erschien der Strip täglich schon in zweihundertfünfzig Zeitungen; später sollten es über sechshundert werden. 1951 kam bei Simon and Shuster ein erster Nachdruck in Buchform heraus, der sechzehn Auflagen mit insgesamt vierhundertfünfundzwanzigtausend Exemplaren erlebte. Im Wahljahr 1952 stellte Kelly Pogo als Präsidentschaftskandidaten auf (die Zeitungen verteilten Pins mit dem Aufdruck «I Go Pogo» an ihre Leser) und wiederholte dies

Pogo-Strip aus dem Jahr 1952, in dem Pogo erstmals als Präsidentschaftskandidat auftrat. Oft verdeutlichte Kelly den Charakter seiner Figuren auch durch das Lettering in den Sprechblasen.
© Okeefenokee Glee and Perloo

alle vier Jahre. Obwohl er so lediglich für Wahlbeteiligung werben wollte, nahmen ihn viele Leser beim Wort und gaben Kellys Helden ihre Stimme.

*Pogo* war zwar nicht der erste Strip, der den politischen Alltag Amerikas kommentierte, aber es war die erste Serie, in der Personen des politischen Lebens, als Tiere getarnt, aber trotzdem für jedermann deutlich erkennbar, auftraten. Als Kelly 1954 Joseph R. McCarthy als Simple J. Malarkey und Richard Nixon als Indian Charlie karikierte, setzten mehrere Zeitungen den Strip ab. Kelly reagierte eher belustigt als verärgert und bot später denen, die «die Hosen voll hatten», sogenannte «bunny strips» mit «lustigen Käfern und harmlosen Kaninchen» als Ersatz an. Kelly schürte die Proteste gegen McCarthys Konservatismus vehement, aber als der Senator schließlich politisch an Boden verlor, nahm er Malarkey aus dem Strip – McCarthy wäre ihm jetzt wohl ein zu leichtes Opfer gewesen. Später ließ er unter anderem Nikita Chruschtschow als Schwein, Fidel Castro als Ziegenbock, J. Edgar Hoover als Bulldogge und Nixons Vize Spiro Agnew als Hyäne auftreten.

Walt Kelly ist gleich in mehrerer Hinsicht Pionier, Innovator und Meister der Comic-Kunst. Er bereicherte das Medium, indem er das Repertoire seiner grafischen Möglichkeiten konsequent ausweitete, und er ging gleichzeitig spielerisch mit dessen Grenzen um: Da lehnen sich müde Figuren an die Bildumrandung, andere werden von Sprechblasen, die wortgewaltige Monologe enthal-

Walt Kelly: Pogo.
© Okeefenokee Glee and Perloo

ten, förmlich erdrückt. Er widerlegte die in den fünfziger Jahren bei den Syndikaten und Zeitungen vorherrschende Meinung, die Leser würden Aktualitätsbezüge und Politik im Comic nicht schätzen, und er bereicherte die amerikanische Sprache um eine stattliche Zahl geflügelter Worte, von denen «We have met the enemy and he is us» am berühmtesten wurde.

Vor allem aber ist Kelly einer der großen Humoristen, Poeten und Satiriker der Zeitungsstrips, dessen Bedeutung keinesfalls geringer ist als etwa die George Herrimans (dessen *Krazy Kat* er 1969 eine brillante Hommage widmete, als er siebzehn Wochen lang auf seinen Sonntagsseiten eine Katze auftreten ließ, die mit Ziegelsteinen um sich warf). Nach seinem Tod versuchten seine Witwe Selby als Autorin und sein Sohn Stephen als Zeichner, *Pogo* fortzusetzen, indem sie von Kelly gezeichnete Figuren fotokopierten und auf neue Hintergründe klebten. Mitte 1975 wurde die Serie dann eingestellt. Ihr Verschwinden aus den Tageszeitungen tat der Popularität der Serie jedoch keinen Abbruch: Reprints des Strips in Buchform erfreuen sich nach wie vor großer Beliebtheit, und Ende der achtziger Jahre verhalfen Kellys Erben *Pogo* zu einer vierten «Geburt»: *Walt Kelly's Pogo*, von Larry Doyle geschrieben und von Neal Sternecky gezeichnet, startete am 8. Januar 1989. «Obwohl ambitioniert», urteilte der Kritiker Ron Goulart, «ist dies der Beweis, daß sich Genie selten zweimal am gleichen Ort entzündet – oder im gleichen Sumpf.»

Gut ein Jahr nach dem Start von Pogo debütierte mit den *Peanuts* der bis heute erfolgreichste Strip in der Geschichte der Comics. Charles M. Schulz (*1922) hatte 1948 begonnen, für die in St. Paul erscheinende *Pioneer-Press* einmal in der Woche die aus jeweils einem Bild bestehende Serie *Li'l Folks* zu zeichnen, die er 1950 verschiedenen Syndikaten zum landesweiten Vertrieb anbot. Nachdem er mehrere Absagen erhalten hatte, bot ihm das New Yorker United Features Syndicate schließlich einen Vertrag an, schlug aber die Form des Daily-strips und die Umbenennung in *Peanuts* vor. Schulz akzeptierte, und der erste *Peanuts*-Strip erschien am 2. Oktober 1950 in sieben Zeitungen. Der Erfolg stellte sich jedoch nur langsam ein. Es dauerte bis 1956, bis die *Peanuts* eine Verbreitung von mehr als hundert Zeitungen erreichten, und der Durchbruch gelang erst Mitte der sechziger Jahre: 1965 wurde der erste von insgesamt achtzehn Zeichentrickfilmen für das Fernsehen gedreht (was *Time* mit einer Titelgeschichte über Schulz und die *Peanuts* begleitete), 1967 das Musical «Du bist in Ordnung, Charlie Brown» uraufgeführt, und 1970 kam ein abendfüllender Trickfilm mit den Peanuts in die Kinos, dem drei weitere folgten. Zusätzliche Popularität erhielt Schulz' Strip, als die Apollo-10-Besatzung ihr Mutterschiff «Charlie Brown» und die Landefähre «Snoopy» taufte.

Heute erscheinen die *Peanuts* in mehr als zweitausendzweihundert Zeitungen weltweit, und Schulz zählt mit einem von der Zeitschrift *Forbes* geschätzen Jahreseinkommen von zweiundsechzig Millionen Dollar zu den

*Erster Peanuts-Strip vom 2.10.1950 von Charles M. Schulz. © United Media Services*

zehn Topverdieneren des amerikanischen Unterhaltungsgewerbes. Trotz einer regelrechten «Peanuts-Industrie» – bereits 1971 betrug der Umsatz mit Merchandising-Artikeln hundertfünfzig Millionen Dollar, und die Stripnachdrucke in Buchform haben längst eine Gesamtauflage von dreihundert Millionen Exemplaren überschritten – hat Schulz seinen Strip nie vernachlässigt. Entgegen der Praxis vieler anderer Zeichner bringt er die sechs wöchentlichen Strips und die am 6. Januar 1952 eingeführte Sonntagsseite bis heute ohne jede Hilfe von Assistenten zu Papier. Dabei ist ihm das erstaunliche Kunststück gelungen, den Humor über drei Jahrzehnte lang auf einem erstaunlich hohen Niveau zu halten. Erst in den achtziger Jahren begann sich das Konzept der Serie leicht abzunutzen.

Ähnlich wie bei *Pogo* resultiert auch bei den *Peanuts* ein Großteil der Faszination des Strips aus der Tatsache, daß Schulz im Laufe der Jahre ein schillerndes Repertoire von Figuren schuf, die regelmäßig auftreten und über fest umrissene Charaktereigenschaften verfügen. Zu Beginn waren da neben Charlie Brown und Snoopy lediglich Violet, Shermy und Patty, von denen die beiden letztgenannten bald verschwanden. 1951 kam Schröder hinzu, gefolgt von Lucy und ihrem Bruder Linus (beide 1952), Sally (1959), Frieda (1961), Peppermint Patty (1966), Franklin (1968) und schließlich 1970 Woodstock, um nur die wichtigsten zu nennen.

Mit Ausnahme von Snoopy und Woodstock (sowie deren gelegentlich auftretenden Verwandten) ist der Kosmos der Peanuts eine reine Kinderwelt, in der Erwachsene nicht sichtbar werden (auch dies ist eine Parallele zu Kelly, der nach einiger Zeit die Menschen aus den Okeefenokee-Sümpfen verbannte). Es handelt sich um eine reine Phantasiewelt, in der eigene Gesetzmäßigkeiten herrschen, und in der es nicht weiter verwundert, wenn Schröder auf einem Spielzeugklavier mit aufgemalten Tasten virtuos Beethoven-Sinfonien

Charles M. Schulz: Peanuts.
© United Media Services

vorträgt oder Lucy einen Limonadenstand zu einem Kiosk für psychiatrische Ratschläge umfunktioniert und für fünf Cent das Stück tiefschürfende Diagnosen zum besten gibt. Snoopy gar träumt sich in Rollen wie die eines «weltberühmten Schriftstellers» oder jagt als Fliegeras des Ersten Weltkriegs auf seiner Hundehütte (Schulz führte diesen berühmten Running-gag am 10. Oktober 1965 ein) dem Roten Baron nach, um sich hinter den «feindlichen Linien» abschießen zu lassen und mühsam zu seinem Freßnapf vor Charlie Browns Haus zurückzuschleichen.

Daß es Schulz mit seinen Gags dennoch um das Offenlegen elementarer zwischenmenschlicher Strukturen geht, machte er ab Mitte der fünfziger Jahre auch stilistisch deutlich. Die Peanuts verloren ihre äußere Naivität und bekamen reifere Gesichter, die in der Lage sind, ein erstaunliches Spektrum von Emotionen auszudrücken. Die Figuren stellen nicht nur sich selbst dar, sie sind auch Symbole für Situationen und Zusammenhänge: Der regelmäßige Leser weiß längst, daß Lucy Charlie Brown in seinen Neurosen bestätigen wird oder daß Linus ohne seine Schmusedecke in der kalten, feindlichen Welt hoffnungslos verloren ist. «Die Kinder bei Schulz sind kein Werkzeug, um hämisch Probleme der Erwachsenen einzuschmuggeln; diese Probleme werden vielmehr in der Optik einer kindlichen Psychologie erlebt, und gerade deshalb scheinen sie uns hoffnungslos betroffen zu machen, so als ob wir unversehens erkennten, daß wir mit unseren Versehrungen die Dinge bis an die Wurzel angesteckt haben», merkte Umberto Eco in seinem Essay «Die Welt von Charlie Brown» an. «Die Verkleinerung der Erwachsenenmythen auf Mythen der Kindheit (eine Kindheit, die nicht mehr vor der Reife, sondern nach ihr kommt – und die deren Risse zeigt) ermöglicht Schulz eine Wiedergewinnung: Seine Kindermonstren sind einer Naivität und Aufrichtigkeit fähig, die alles in Frage stellt, allen Schutt beseitigt und eine Welt wiederherstellt, die trotz allem und immer noch liebenswert und sanft ist, die nach Glück und Reinheit schmeckt, so daß wir in dem ständigen Auf und Ab von Reaktionen innerhalb einer Geschichte oder zwischen verschiedenen Geschichten nicht wissen, ob wir verzweifelt oder zuversichtlich sein sollen. Jedenfalls stel-

In Hi and Lois pflegten Mort Walker und Dik Browne einen warmherzigen Humor, der oft treffsicher den familiären Alltag der Zeitungsleser widerspiegelte. Sonntagsseite vom 2.12.1962.
© King Features Syndicate

Mort Walker und Jerry Dumas: Sam's Strip. © King Features Syndicate

len wir fest, daß wir den Zirkel von Konsum und Zerstreuung verlassen und fast schon die Schwelle zur Nachdenklichkeit erreicht haben.»

Fast gleichzeitig mit den *Peanuts* begann ein anderer Strip, der sich kaum minder erfolgreich entwickeln sollte: Am 4. September 1950 debütierte in zwölf Zeitungen Mort Walkers (*1923) *Beetle Bailey* um die Erlebnisse eines College-Studenten, dessen Einstellung das King Features Syndicate jedoch erwog, als nach sechs Monaten nur eine weitere Zeitung den Strip abonniert hatte. Kurzerhand änderte Walker das Setting der Serie, ließ Beetle Bailey sich am 3. März 1951 bei der Army einschreiben und verlegte die Handlung in das imaginäre Camp Swampy. Sofort nahmen über hundert weitere Zeitungen, deren Schlagzeilen zu dieser Zeit durch den Koreakrieg beherrscht wurden, *Beetle Bailey* unter Vertrag. Am 14. September 1952 folgte eine Sonntagsseite, und 1965 lief der Strip, dessen Witz nun überwiegend aus Konflikten zwischen Individuum und Organisationszwängen resultierte, bereits in tausend Zeitungen (diese Zahl hatte zuvor nur *Blondie* erreicht); heute sind es weltweit über eintausendachthundert. Nach dem Ende des Koreakrieges kehrte Beetle Bailey zu seiner Schwester und deren Ehemann in das Zivilleben zurück, doch die Leserreaktionen sorgten schnell dafür, daß Walker seinen tolpatschigen Helden wieder nach Camp Swampy schickte. Beetle Baileys Schwester und Schwager wurden schließlich zu Hauptfiguren in Walkers zweiter Serie, *Hi and Lois*. Dieser Familienstrip startete am 18. Oktober 1954 (die Sonntagsseite folgte am 14. Oktober 1956) und wurde von Dik Browne (1917–1989) liebevoll nach Walkers Gagideen gezeichnet.

Dies war der Beginn einer regelrechten «strip factory» (Walker schmückte sein Studio zeitweise sogar mit einem Schild mit der Aufschrift «King Features East»), die bald als «Connecticut School» bekannt wurde: Mit Frank Roberge als Zeichner folgte 1957 der Strip *Mrs. Fritz' Flats*, der bis 1972 lief, und zusammen mit Jerry Dumas entstand 1961 *Sam's Strip*, die erste Serie, in der es um Comics geht. Der Strip, in dem auch Figuren aus Serien anderer Zeichner Auftritte hatten, konzentrierte sich allerdings zu stark auf Insiderhumor und mußte nach zwei Jahren mangels Leserinteresse wieder eingestellt werden; unter dem Titel *Sam and Silo* wurde er 1977 mit neuem Konzept und populäreren Gags wiederbelebt. 1968 lancierte Walker mit *Boner's Ark* einen phantasievollen Strip um eine Reihe von Tierfiguren, deren Mikrokosmos eine Art Arche Noah ist, den er mit seinem zweiten Vornamen Addison signierte und 1982 an den Zeichner Frank Johnson abgab. Um die Arbeit an all seinen täglich erscheinenden Serien zu koordinieren, führte Walker seine berühmten «Monday Sessions» ein, zu denen sich alle Beteiligten versammelten, um Gags vorzuschlagen, zu entwickeln und zu diskutieren. Walkers vorläufig letzte Schöpfung, der ebenfalls mit Addison signierte Strip *Gamin and Patches*, war zugleich auch seine erfolgloseste: 1987 begonnen, verschwand die Serie um einen kleinen Jungen und seinen Hund in der Großstadt bereits nach knapp einem Jahr wieder von der Bildfläche. Mit *Beetle Bailey* zählt Mort Walker aber bis heute zu den erfolgreichsten und populärsten Stripzeichnern. Zusammen mit Dik Browne gründete er außerdem 1974 in Port Chester, New York, das Museum of Cartoon Art, und ein Jahr später publizierte er mit «Backstage at the Strips» ein ebenso amüsantes wie kluges Buch über die Welt der Zeitungsstrips.

Die *Peanuts* und *Beetle Bailey* markieren den Beginn einer neuen Generation von Comic-Strips, die sich durch einen intelligenten, auf Alltagssituationen oder menschliche Schwächen bezogenen «sophisticated humor» sowie ein einfaches, auf das Wesentliche konzentriertes Artwork auszeichnen. Die Zeitungen gaben den Strips immer weniger Raum, denn durch das sich rasch verbreitende Fernsehen kam den Comics als visuellem Medium nun eine geringere Bedeutung zu als während der ersten Hälfte des Jahrhunderts, und zusätzlich wuchs die Nachfrage der Werbewirtschaft nach farbigen Anzeigen, die den redaktionellen Platz der Sonntagsbeilagen reduzierten. Einfach gezeichnete Strips blieben auch stark verkleinert noch goutierbar, und das «Gag-a-day»-Prinzip befriedigte in einer schnellebiger werdenden Zeit ideal das Bedürfnis nach kurzem, prägnantem Witz. Diesen Prämissen folgten nun nahezu alle Strips, die sich in den folgenden Jahren erfolgreich behaupten sollten.

Ähnlich den *Peanuts* stellten Hank Ketchum in *Dennis the Menace* (1951) und Mell Lazarus in *Miss Peach* (1957) und *Momma* (1970) Kinder in den Mittelpunkt des Geschehens. Den Kunstgriff, die Probleme des modernen Lebens in die Vergangenheit zu

In der Village Voice brachte Jules Feiffer seinen Strip Sick, Sick, Sick – hier eine Folge von 1957 – in einem minimalistischen Zeichenstil zu Papier. Der Humor entwickelt sich in den Dialogen und durch die Nuancen in der Mimik der Figuren. © Jules Feiffer

transferieren und durch diesen Anachronismus komisch wirken zu lassen, kultiviert Johnny Hart seit 1958 mit seiner in der Steinzeit spielenden Serie *B. C.* Das gleiche Prinzip griffen Hart und Brant Parker in *The Wizard of Id* (1963), Tom K. Ryan mit *Tumbleweeds* (1965), Gordon Bess mit *Redeye* (1967) und schließlich Dik Browne mit *Hagar the Horrible* (1973) auf.

Der intelligente Humor, der sich in diesen Strips etablierte, ermutigte 1960 das Post-Hall Syndicate, Jules Feiffer (*1929) unter Vertrag zu nehmen. Der ehemalige Assistent Will Eisners hatte bereits von 1949 bis 1951 den Strip *Clifford* gezeichnet und 1956 in der New Yorker Wochenzeitung *Village Voice* die Serie *Sick, Sick, Sick* begonnen, in der er eine neue Erzählweise pflegte, die später vor allem von mehreren europäischen Künstlern wie Claire Bretécher, Copi, Lauzier oder Ralf König aufgegriffen wurde. Die Narration findet bei Feiffers Strips nicht in den Zeichnungen statt, vielmehr reduziert er seine sechs bis acht Bilder pro Strip zu minimalistischen Illustrationen, die sich oft nur in den Details voneinander unterscheiden. Die Handlung vollzieht sich ausschließlich in den Mono- und Dialogen, deren Aussage durch die Gestik und Mimik der Akteure lediglich unterstützt und präzisiert wird. Feiffers scharfe und hintergründige Kommentare, mit denen er bissig soziale, psychologische und politische Aspekte der Gesellschaft beleuchtet, erschienen 1958 erstmals als Nachdruck in Buchform. Im gleichen Jahr wurde der Strip, inzwischen schlicht *Feiffer* betitelt, auch vom *Playboy* und vom *London Observer* übernommen. Feiffer schrieb auch mehrere Romane und Theaterstücke. Sein 1961 entstandener Zeichentrickfilm «Munro» über einen vierjährigen Jungen, der durch einen Irrtum zum Kriegsdienst eingezogen wird, wurde mit einem Oscar ausgezeichnet. 1965 publizierte er das Buch «The Great Comic Book Heroes», das ein Revival lange vergessener Klassiker wie *The Spirit* und *Wonder Woman* einleitete,

und 1986 schließlich wurde er für *Feiffer* mit dem Pulitzer-Preis ausgezeichnet. Inzwischen hat sich Feiffer mit «The Man in the Ceiling» (1993) und «A Barrel of Laughs, A Vale of Tears» (1995) auch einen Namen als Kinderbuchautor gemacht.

Einige der Ziele der Bürgerrechtsbewegungen der sechziger Jahre schlugen sich auch in den Zeitungsstrips nieder. In *Wee Pals* von Morrie Turner (*1923) stand 1964, zehn Jahre nach der Aufhebung der Rassentrennung in den Schulen durch den obersten amerikanischen Gerichtshof, erstmals ein schwarzer Junge im Mittelpunkt des Geschehens; später kamen Figuren aus anderen ethnischen Minderheiten hinzu. Um farbige Kinder drehen sich auch die Gags in Brumsic Brandons *Luther* (1968), Ed Carrs und Claude Tylers *Butter & Boop* (1969), Ted Shearers *Quincy* (1970) und *Sugar* (1976) von Robert Gill. 1968 trat in den *Peanuts* erstmals der farbige Junge Franklin auf, und Mort Walker führte 1970 in *Beetle Bailey* den schwarzen Lieutenant Flap ein. Obwohl die Atlantic Edition der *Stars and Stripes* sowie drei Tageszeitungen in den Südstaaten *Beetle Bailey* zeitweise absetzten, nachdem Flap am 5. Oktober mit dem Satz «Wie kommt's daß es hier gar keine Schwarzen gibt?» in Camp Swampy aufgetreten war, konnten Zeitungen und Syndikate die Liberalisierung der amerikanischen Gesellschaft nicht länger ignorieren.

Am 26. Oktober 1970 startete das Universal Press Syndicate in achtundzwanzig Zeitungen den neuen Strip *Doonsbury* von Garry Trudeau (*1948). Trudeau hatte zwei Jahre zuvor in *The Record*, der Zeitschrift der Yale University in New Haven, den Strip *Bull Tales* um ein von einem gewissen Michael Doonsbury angeführtes Footballteam begonnen, der 1969 von der *Yale Daily News* übernommen worden war. Von Universal Press in *Doonsbury* umbenannt, nahm sich der Strip, in dem sich Trudeau anfangs zuweilen auch über verschiedene Personen des Universitäts-

*Die Humorstrips haben die Abenteuerserien fast vollständig verdrängt und bestimmen heute das Bild der Comic-Seiten. B. C. von Johnny Hart. © Creators Syndicate. Broom-Hilda von Russell Myers. © Tribune Media Services. Doonsbury von Garry Trudeau. © G. B. Trudeau*

betriebes lustig gemacht hatte, bald der amerikanischen Tagespolitik an und war dabei in seinen Kommentaren so scharf und treffsicher, daß US-Präsident Gerald Ford einmal bemerkte: «Es gibt nur drei wichtige Quellen, um sich über das zu informieren, was in Washington passiert: die elektronischen Medien, die Printmedien und *Doonsbury*, aber nicht zwangsläufig in dieser Reihenfolge.»

Konservative Blätter setzten den Strip nach und nach ab, und eine erste Zensur erfolgte im Mai 1972, als Trudeau einen seiner Protagonisten die Spur für die Ursachen am Massaker an der Kent State University ins Büro des damaligen Bundesanwaltes John Mitchell zurückverfolgen ließ. *Doonsbury* wurde zu einer nationalen Institution und wanderte bei einigen Zeitungen von der Co-

Shoe von Jeff MacNelly. © Tribune Media Services. Garfield von Jim Davis. © United Media Services. Calvin and Hobbes von Bill Watterson. © Bill Watterson. Alle hier abgebildeten Strips sind im Juli 1995 in den amerikanischen Tageszeitungen erschienen.

mic-Seite neben die Leitartikel des Politikteils – wogegen Trudeau heftig protestierte: Er wollte seinen Strip dort haben, wo die Leser witzige Unterhaltung erwarteten.

Henry Kissinger stellte fest: «Es gibt nur eine Sache, die schlimmer ist, als in *Doonsbury* aufzutauchen: nicht darin aufzutauchen.» Abgesetzt wurde der Strip von vielen Zeitungen auch, als Trudeau im Juni 1985 auf Verbindungen zwischen Frank Sinatra und dem organisierten Verbrechen anspielte. Ob Homosexualität oder politische Korruption – *Doonsbury* sparte kein gesellschaftlich relevantes oder brisantes Thema aus. Als sich Trudeau 1983 für ein Jahr von der Arbeit zurückzog, fürchtete Universal einen schweren Popularitätsverlust, doch als im September 1984 die erste neue Folge erschien, hatten alle Zeitungen, die den Strip zuvor gedruckt hatten, *Doonsbury* wieder aufgenommen. 1975 wurde Trudeau für seine Arbeit mit dem Pulitzer-Preis ausgezeichnet.

Feiffer und Trudeau sind die letzten bedeutenden Innovatoren, die den Zeitungsstrip formal und inhaltlich weiterentwickelt haben. Seitdem bewegen sich die Zeichner neuer Serien mehr oder weniger formelhaft innerhalb der Konventionen, die sich während der sechziger Jahre als Standards bewährt haben. Aus der großen Zahl neuer Strips, die seitdem begonnen (und oft nach nur wenigen Jahren wieder eingestellt) wurden, ragen nur wenige durch originelle Ideen oder außergewöhnliche Zeichnungen heraus. Etwa Russell Myers' *Broom-Hilda* (1970) um eine unverbesserliche Hexe, die in einer an die absurden Settings Herrimans erinnernden Welt lebt, oder Jeff MacNellys *Shoe* (1977), eine manchmal zynische Persiflage auf den amerikanischen Tagesjournalismus, deren Protagonisten wie in Kellys *Pogo* vermenschlichte Tiere sind. Stark autobiografisch ist Cathy Lee Guisewites *Cathy* (1976) geprägt, deren junge Heldin sich mit den «vier Grundproblemen des Lebens» herumschlagen muß: der Liebe, Übergewicht, ihrer Mutter und der Karriere.

Aktuellen Zeitgeist reflektieren vor allem Tom Wilsons *Ziggy* (1971), Matt Groenings *Life in Hell* (1978), Bill Griffith' *Zippy the Pinhead* (1986) und Scott Adams' *Dilbert* (1989). Jim Davis, dem ehemaligen Assistenten Tom K. Ryans, gelang es 1978 mit *Garfield*, Snoopy ernsthaft Konkurrenz zu machen: Sein Strip ist inzwischen die nach den *Peanuts* weltweit am weitesten verbreitete Comic-Serie: 1982 standen sieben Nachdrucke in Buchform gleichzeitig auf der Bestsellerliste der *New York Times*, und im gleichen Jahr erreichte *Garfield* eine Verbreitung von tausend Zeitungen; heute sind es zweitausendeinhundert. An diesen Erfolg reichte später nur noch Bill Watterson mit seinem phantasievollen und liebenswerten Strip um den kleinen Calvin und seinen Plüschtiger Hobbes, der nur lebendig wird, wenn keine Erwachsenen in der Nähe sind, heran: Der erste Buchnachdruck hielt sich 1987 fast das ganze Jahr über auf der *Times*-Liste. Watterson hat sich von Beginn an gegen jegliche Vermarktung seiner erfolgreichen Charaktere außerhalb der Comics verwahrt und jedes Merchandising untersagt. Zweimal legte er sogar eine jeweils neunmonatige kreative Pause ein, während der der Strip nicht erschien. Nach zehn Jahren schließlich gab er *Calvin and Hobbes* Ende 1995 ganz auf.

Abenteuer-Comics sind mit wenigen Ausnahmen wie *Prince Valiant*, *The Phantom*, *Dick Tracy* und einigen Soap operas heute in den Tageszeitungen kaum noch zu finden. Selbst einstige Lesermagneten wie *Flash Gordon* oder *Tarzan* erscheinen – vornehmlich aus Gründen der Rechtsicherung – landesweit gerade noch in einer einzigen Zeitung.

# Träume für 10 Cent

## «Ich will Seiten, keinen Rembrandt!»

Mit den Comic-Books etablierten sich während der zweiten Hälfte der dreißiger Jahre neue, industrieartige Produktionsmethoden für die Massenzeichenware. Der plötzliche Heftboom führte zu einem sprunghaft wachsenden Bedarf an gezeichneten Geschichten, der sich, bezogen auf eine Figur oder Serie, von einem Tag auf den anderen drastisch ändern konnte: War ein Stoff erfolgreich, mußte oft mehr produziert werden, als ein Zeichner allein bewältigen konnte. War das Gegenteil der Fall, wurde die Serie abgesetzt, und der Zeichner mußte neue Charaktere entwickeln oder andere Aufträge annehmen, um sein Einkommen zu sichern. Er wurde zum austauschbaren Produzenten, der eine Ware lieferte, die sich sein Verleger aneignete und über die dieser gemäß der jeweiligen Marktsituation verfügte.

Zu den ersten, die diese neue Situation erfuhren, gehörten Jerry Siegel und Joe Shuster, die zwar alle Rechte an ihrer Figur Superman abgegeben hatten, von dem Verlag DC aber weiterhin mit der Produktion einer ständig wachsenden Zahl von Storys beauftragt wurden. 1938 engagierten sie drei Assistenten, die über Zeitungsanzeigen gefunden wurden, mit denen zusammen sie in einem winzigen Studio in Cleveland arbeiteten. Harry A. Chesler hingegen wußte die Situation besser für sich zu nutzen. Bereits 1936 hatte er den ersten «Shop» gegründet, der die Verlage mit druckfertigen Seiten belieferte. Seine ersten Zeichner erhielten zwanzig Dollar die Woche und mußten alles zu Papier bringen, was anlag oder bestellt wurde. Zahlreiche Zeichner wie Jack Cole, Charles Biro, Mac Raboy, Joe Kubert und Otto Binder begannen ihre Karriere in Cheslers Shop, der schon bald neunzehn Verlage belieferte.

Will Eisner und Jerry Iger gründeten ihren Shop 1937, nachdem das Heft *Wow*, für das beide gearbeitet hatten, eingestellt worden war. Iger war vornehmlich für das Besorgen der Aufträge zuständig, während Eisner für die Produktion verantwortlich zeichnete; in der Regel entwickelte er neue Themen und schrieb die ersten Storys selbst, um die Arbeit dann an andere Zeichner und Autoren zu delegieren. «Wir funktionierten wie die Ford Motor Company», beschrieb Eisner seinen Einstieg ins Comic-Geschäft. «Wir verkauften die Seiten für fünf bis sieben Dollar das Stück, mit einem Gewinn von 1,50 Dollar, also mußten wir viel produzieren.» Zu den frühen Mitarbeitern des Eisner-Iger-Shops gehörten Bob Kane, Lou Fine, Bob Powell, Mort Meskin und Jack Kirby; letzterer arbeitete unter mehreren Pseudonymen, damit die Auftraggeber den Eindruck bekamen, exklusiv bedient zu werden.

Wichtigster Abnehmer wurde zunächst der Pulpverlag Fiction House, für den Eisner im September 1938 das Heft *Jumbo Comics* konzipierte, dessen erste Ausgaben er mit Nachdrucken der zuvor für einen englischen Verlag gezeichneten Strips *Sheena, Queen of the Jungle* und *The Hawk* füllte. *Sheena* erwies sich als erfolgreich und zog eine große Zahl weiterer Dschungelheldinnen nach sich, die ab Januar 1940 zusätzlich auch auf den Covern von *Jungle Comics* in aufreizenden Stellungen und nur mit knappen Fellbikinis bekleidet posierten. Diese «Good Girl Art» entwickelten Eisner und Iger zum Markenzeichen des Verlages Fiction House und schafften es, selbst bei *Planet Comics* (Januar 1940), dem ersten reinen Science-Fiction-Heft, diesem verkaufsfördernden Prinzip treu zu bleiben. Für andere Verlage schufen sie Superheldenserien wie *Wonder Man*, *Doll Man* und *Blue Beetle*.

Zum dritten wichtigen Shop wurde ab 1939 Lloyd Jacquets Funnies Inc., der ab Oktober des Jahres für Martin Goodman *Marvel Comics* zusammenstellte. Viele seiner Storys,

1939 stellte die Funnies Inc. Marvel Comics zusammen, das erste Heft des heute erfolgreichsten amerikanischen Comic-Verlages. © Marvel. Will Eisner machte die «Good Girl Art» zum Markenzeichen der Comic-Books des Verlages Fiction House. Planet Comics 1, 1940. © Glen Kel

darunter *Sub-Mariner* und *Human Torch*, ließ Jacquet von Mickey Spillane schreiben, bevor dieser 1947 seine erfolgreiche Krimiserie um Mike Hammer begann. 1940 machte sich auch Cheslers früherer Art-Director Jack Binder mit einem eigenen Shop selbständig. Binder teilte die Erstellung der Comic-Seiten in acht Arbeitsschritte auf (Layout, Bleistift- und Tuschzeichnung der Hauptfiguren, der Nebenfiguren, der Hintergründe sowie das Lettering) und ließ jeden dieser Schritte für ein Honorar von 75 Cent bis 1,25 Dollar pro Seite von einem anderen Zeichner ausführen. Die termingerechte Abgabe der druckfertigen Seiten ging vor Qualität: «Ich will Seiten, keinen Rembrandt!» wurde zum geflügelten Wort. Dennoch waren die Shops für viele junge Zeichner nicht nur Einstiegsmöglichkeit in die Comic-Produktion, sondern auch ein effektiver Weg, das Handwerk von ihren erfahreneren Kollegen zu lernen.

Nach dem Ende des Zweiten Weltkrieges begann der Einfluß der Shops, die häufig das Profil der Verlagsprogramme entscheidend geprägt hatten, zu schwinden. Ein komplizierter werdender Markt erforderte bessere Planungen und Strategien seitens der Verlage, die die Zeichner nun unter «Work-for-hire»-Bedingungen direkt unter Vertrag nahmen und nach ihren Direktiven arbeiten ließen. Alle Rechte an der Arbeit eines Zeichners gingen damit an den Verlag über. Erst in den achtziger Jahren, als der individuelle Stil einzelner Künstler zum Marktfaktor wurde, ließ sich dieses Verfahren stellenweise modifizieren, so daß einige Zeichner heute am Erfolg ihrer Arbeit oder an Einnahmen aus Auslandsveröffentlichungen beteiligt sind.

## Träume für 10 Cent

*Daß die Verleger, Redakteure, Zeichner und Autoren von Comic-Heften als entartet angesehen und ins Gefängnis gesteckt werden müssen, steht außer Frage.*
Gershom Legman
Love and Death, 1949

Während der ersten knapp vier Jahrzehnte ihrer Geschichte wurden in Amerika Comics ausschließlich für die Tageszeitungen gezeichnet und blieben von diesen sowohl formal (durch die Beschränkung auf den in den Sonntagsbeilagen oder auf den täglichen Comic-Seiten zur Verfügung stehenden Raum) und inhaltlich (wegen ihrer Orientierung auf die Zeitungsleser als Zielgruppe) abhängig. Dies änderte sich erst Mitte der dreißiger Jahre, aber auch bereits davor gab es schon eigenständige Comic-Publikationen, die zuvor in Zeitungen veröffentlichte Sonntagsseiten nachdruckten: Bis 1909 erschienen über siebzig solcher Reprints, zumeist zwischen festen Buchdeckeln. Ab 1910 wurden auch Tagesstrips nachgedruckt; am populärsten war Bud Fishers *Mutt and Jeff* mit insgesamt dreiundzwanzig verschiedenen Bänden. 1917 wurde für diese Nachdrucke erstmals der Begriff «Comic Book» verwendet, und von Januar bis Dezember 1922 erschien mit den quadratischen *Comic Monthly*-Bänden die erste periodisch herausgegebene Comic-Publikation. Dieses Konzept griff 1929 auch *The Funnies* auf, scheiterte jedoch nach dreizehn Ausgaben: Die wöchentlich erscheinenden Hefte enthielten zwar Sonntagsseiten, die erst später in den Tageszeitungen erschienen, erinnerten durch ihr Zeitungsformat jedoch zu sehr an die kostenlosen Comic-Beilagen.

Einen ersten erfolgreichen Versuch, den Comics in den USA eine eigenständige Publikationsform zu schaffen, unternahm 1932 der Verlag Whitman mit den «Big Little Books». Die 9,5 mal 11,5 Zentimeter kleinen Bändchen mit einem Umfang von zumeist über vierhundert Seiten erzählen in Romanform die Abenteuer bekannter Helden wie Dick Tracy, Mickey Mouse, Tarzan, Flash Gordon, Little Orphan Annie oder Blondie und sind mit Bildern aus den Zeitungsstrips illustriert: Jeder Textseite steht eine mit einem Untertitel versehene Zeichnung gegenüber. Über fünfhundert Bände, die sich bis zu eine Million Male verkauften, erschienen bis 1950. Einige Titel enthalten auch mit Movie-stills bebilderte Adaptionen bekannter Hollywood-Filme oder Storys, die auf erfolgreichen Radioserials wie «The Lone Ranger» oder «Gang Busters» basieren.

Harry I. Wildenberg und Max C. Gaines, zwei Angestellte der Eastern Color Printing Company, die zuvor *The Funnies* gedruckt hatte, schufen schließlich Anfang 1933 das erste Comic-Heft im heutigen Sinne. Sie kamen auf die Idee, die Sonntagsseiten so zu verklei-

*Mutt und Jeff zählen zu den populärsten frühen Comic-Helden. Erste Buchausgabe von 1910. © The Ball Company*

Mit Funnies On Parade und Famous Funnies erschienen 1933 die ersten Comic-Hefte mit Nachdrucken von Zeitungsstrips. Hefte mit Originalmaterial setzten sich erst einige Jahre später durch. © Eastern Color

nern, daß sechzehn Seiten auf einem Druckbogen plaziert werden konnten. Dieser wurde statt einmal, wie für die Herstellung von Tageszeitungen üblich, dreimal gefalzt und anschließend beschnitten. So erhielten sie ein handliches Comic-Book, dessen Format sich bis heute nur geringfügig verändert hat. Gaines überzeugte den Seifenhersteller Procter & Gamble, zehntausend Exemplare von *Funnies on Parade* abzunehmen und als Werbemittel einzusetzen. Das sechsunddreißigseitige Heft war gegen Einsendung eines Coupons erhältlich, und wenige Wochen später war die gesamte Auflage vergriffen. Noch im gleichen Jahr erschien *Famous Funnies*, ebenfalls als Giveaway, diesmal mit einer Auflage von hunderttausend Exemplaren. Die Resonanz war gut, aber Gaines fürchtete, daß ihm eines Tages die Abnehmer aus der Industrie ausgehen könnten. Er versah deshalb einige Exemplare von *Famous Funnies* mit einem 10-Cent-Aufkleber und plazierte sie an zwei Zeitungsständen. Zwei Tage später waren sämtliche Exemplare verkauft.

Mit einem Umfang von achtundsechzig Seiten zum Preis von zehn Cent brachte Eastern Color im Mai 1934 *Famous Funnies* mit einer Auflage von fünfunddreißigtausend Exemplaren als erstes monatlich erscheinendes Comic-Heft an die Kioske. 1935 debütierten mit *New Fun* und *New Comics* die beiden ersten Hefte, die keine Nachdrucke von Zeitungsstrips, sondern ausschließlich Originalmaterial enthielten: einen Mix aus jeweils einseitigen Western- und Krimiserien, Funny Animals, Romanen wie «Ivanhoe» in Comic-Form, Kurzgeschichten und Kolumnen. *Famous Funnies* jedoch blieb, von wenigen Ausnahmen abgesehen, bei seiner Reprintpolitik, bis das Heft schließlich 1955 nach zweihundertachtzehn Ausgaben eingestellt wurde.

Träume für 10 Cent **111**

## Und dann kam Superman

1936 erschienen sechsundsiebzig Comic-Hefte in zehn verschiedenen Reihen, ein Jahr später waren es bereits zwanzig Reihen mit insgesamt hundertsiebzig Heften, die von sechs Firmen vertrieben wurden. Einer dieser neuen Verlage, Detective Comics Inc. (später umbenannt in National Periodicals und schließlich in DC Comics), hatte im März 1937 das Heft *Detective Comics* gestartet, das ausschließlich Kriminalstorys enthielt, und ließ im Juni des folgenden Jahres einen weiteren Titel folgen: *Action Comics*. Noch immer bestanden die meisten Hefte aus Nachdrucken von Zeitungsstrips. Nicht so jedoch *Detective Comics* und *Action Comics*, deren Herausgeber, der Pulpverleger Harry Donenfeld, ständig auf der Suche nach neuen Stoffen und Zeichnern war.

Durch Zufall stieß er auf Jerry Siegel (1914–1996) und Joe Shuster (1914–1992), die zwei Jahre zuvor ihren ersten Comic, *Dr. Occult*, für *New Fun* gezeichnet und auch bereits die Krimiserie *Slam Bradley* in *Detective Comics* veröffentlicht hatten. Vergeblich hatten die beiden zuvor jahrelang versucht, ihren Superman, den letzten Überlebenden vom Planeten Krypton, der vor dem Zerbersten seiner Heimat auf die Erde geschossen wird und dort Superkräfte entwickelt, bei einem der Zeitungssyndikate unterzubringen, waren mit ihrer Idee jedoch nur auf Unverständnis und Ablehnung gestoßen. Donenfeld, der seine Hefte füllen mußte, nahm die Idee an. Unter Zeitdruck, montierte er die zwölf bereits gezeichneten Tagesstrips zu dreizehn Heftseiten um, die in der ersten Ausgabe von *Action Comics* erschienen. Siegel und Shuster erhielten zehn Dollar Honorar pro Seite und traten damit alle Rechte an *Superman* an den Verlag DC ab.

Mit seinem Cover, das einen blau kostümierten Muskelmann mit einem roten Cape zeigt, der ein Auto gegen einen Felsen schleudert, hob sich *Action Comics* 1 deutlich von allen anderen Comic-Heften ab. Der Verlag hatte deshalb Sorge, daß die Leser seinen neuen Helden als zu unglaubhaft empfinden könnten, und veröffentlichte die nächsten fünf Ausgaben von *Action Comics* ohne Superman auf dem Titelbild, behielt die Serie im Innenteil jedoch als Titelgeschichte bei. Schon mit der vierten Ausgabe näherte sich

Jerry Siegel und Joe Shuster: Superman. Aus Superman 3, 1939. © DC Comics

die Verkaufsauflage einer halben Million Exemplaren – doppelt soviel, wie andere Hefte verkauften –, und ab Ende 1939 erschien *Action Comics* nie mehr ohne Superman auf dem Cover; 1941 wurden bereits neunhunderttausend Exemplare pro Heft verkauft.

Ab Mitte 1939 war Superman der erste Comic-Held, dessen Abenteuer zusätzlich in einem eigenen Heft vermarktet wurden, von dem bereits nach einem Jahr 1,25 Millionen Exemplare gedruckt werden mußten. Am 16. Januar des gleichen Jahres debütierte auch ein *Superman*-Zeitungsstrip (die Sonntagsseite folgte am 5. November), der bald in zweihundertdreißig Zeitungen erschien. 1940 begann eine Radioserie mit drei fünfzehnminütigen Folgen pro Woche (die jeweils mit der berühmt gewordenen Einleitung «Faster than a speeding bullet! More powerful than a locomotive! Able to leap tall buildings at a single bound! Look! Up in the sky! It's a bird? It's a plane? It's Superman!» begann), und 1941 kam der erste von insgesamt siebzehn Zeichentrickfilmen auf die Leinwand. Gleichzeitig wurde Superman zum regelmäßig auftretenden Helden in einem dritten Heft, *World's Finest*, und 1942 schrieb George Lowther eine Romanfassung. 1948 wurde eine erste Fernsehserie mit Kirk Alyn in der Hauptrolle ausgestrahlt (ab 1951 wurde George Reeves zur «definitiven» Verkörperung Supermans), und im allgemeinen Sprachgebrauch löste das Wort «super» die Begriffe «superb» und «superior» ab. Eine Superman Inc., die Lizenzen für Superman-Spiele und -Puppen vergab, hatte DC schon 1940 gegründet.

Was vier Jahre zuvor als verlegerisches Experiment begonnen hatte, war mit *Superman* zu einer Industrie geworden. Bereits 1942 errechnete *Business Week* einen Jahresumsatz mit den 10-Cent-Heften in Höhe von fünfzehn Millionen Dollar und notierte: «Superman hat dem Verlagswesen einen neuen Weg gewiesen.» An diesem Erfolg partizipierten Jerry Siegel und Joe Shuster jedoch nur zu einem Bruchteil. 1947 – das Jahreseinkommen, das sie aus der Arbeit an der von ihnen geschaffenen Serie erhielten, betrug lediglich sechsundvierzigtausend Dollar – beschlossen sie, um die Rückgewinnung des Copyrights an *Superman* zu prozessieren. Außerdem wollten sie DC zwingen, die 1945 begonnene Serie *Superboy* zu stoppen, in der ohne ihre Einwilligung Supermans Jugendabenteuer erzählt wurden.

Das Gericht war der Ansicht, DC habe die Rechte an *Superman* rechtmäßig erworben, gestand Siegel und Shuster aber eine Abfindung im Streit um *Superboy* zu. DC zahlte hunderttausend Dollar und kündigte den beiden. Sie arbeiteten anschließend für andere Comic-Verlage – ihr einziger Erfolg war die Serie *Funnyman*, die ab 1947 für immerhin zwei Jahre erschien –, bis ihnen DC 1978, als massive Solidaritätsbekundungen anderer Zeichner dem ersten Superman-Kinofilm mit Christopher Reeve eine negative Pressebegleitung zu bringen drohten, eine jährliche Rente in Höhe von vierundzwanzigtausend Dollar bewilligte und Siegel und Shuster seitdem auch als Schöpfer von *Superman* nennt.

Schon vor der Kündigung Siegels und Shusters hatten auch andere Zeichner an *Superman* gearbeitet. Ab 1938 wurden viele Storys brillant von Wayne Boring geghostet, später, nachdem DC ab 1940 nicht mehr alle *Superman*-Storys bei Siegel und Shuster bestellte und dazu übergegangen war, eigene Zeichner direkt zu beauftragen, prägten vor allem Curt Swan und Murphy Anderson den grafischen Stil der Serie durch ihren klaren und soliden Strich.

Superman tauchte zu einem Zeitpunkt auf, als die Nachrichten aus Europa – Hitlers Truppen waren kurz zuvor in Österreich einmarschiert – die Menschen zunehmend beunruhigten. In Amerika ging die Zahl der Arbeitslosen auf sechs Millionen zu. Daß der unverwundbare Held in dieser Situation zur Projektionsfläche für den Wunsch nach nationaler Stärke und Erlösung wurde, machte

Der lange Weg zu Superman: von Joe Shuster illustrierte Siegel-Erzählung «The Reign of the Superman» (1933), Coverzeichnung eines unveröffentlicht gebliebenen Superman-Heftes (1933) und Action Comics 1 (Juni 1938). © DC Comics

einen Teil des Erfolgs der Serie aus. Ein anderer beruhte darauf, daß mit dem Superhelden-Comic erstmals eine Literaturform entstanden war, die von Heranwachsenden für Heranwachsende produziert wurde. Die Tageszeitungen hatten ihre Zeichner zu nationalen Stars hochgejubelt, und stolze Berichte über schwindelerregende Honorare ließen das Comic-Zeichnen als Traumberuf erscheinen. Zeichenkurse hatten Hochkonjunktur, und mit den Comic-Heften war plötzlich ein großer Bedarf an Massenzeichenware entstanden, der überwiegend von halbwüchsigen Amateuren gedeckt wurde. Sheldon Mayer und Jack Kirby beispielsweise waren achtzehn Jahre alt, als ihre ersten Comics erschienen, Will Eisner und Bob Kane neunzehn, Joe Kubert, Gil Kane und Carmine Infantino sechzehn. Jerry Robinson, um einen weiteren Namen zu nennen, veröffentlichte seine ersten Arbeiten im Alter von siebzehn Jahren: «Es gab keine Tradition und nicht allzu viele Tabus. Es gab keine Vergangenheit. Wir erfanden die Sprache der Comics, ihr Aussehen, ihre Erzähltechniken.»

Siegel und Shuster waren neunzehn, als ihnen die Idee zu *Superman* kam: «Ich lag im Bett und zählte Schafe, als es mich plötzlich wie ein Schlag traf», erinnerte sich Siegel später. «Ich stellte mir eine Figur wie Samson, Herkules oder wie einen der anderen starken Männer vor, von denen ich gehört hatte. Nur noch stärker. Ich sprang aus dem Bett und schrieb das auf, dann ging ich wieder ins Bett, dachte zwei Stunden lang nach, stand wieder auf und schrieb das nieder. Das ging die ganze Nacht so weiter, bis ich am Morgen das vollständige Manuskript hatte.» Die Idee hat-

te die beiden Teenager aus Cleveland allerdings schon seit einiger Zeit beschäftigt: 1933 hatte Siegel eine Kurzgeschichte über einen größenwahnsinnigen Gangster unter dem Titel «The Reign of the Superman» geschrieben, die mit Shusters Illustrationen in dem Fanzine *Science Fiction* erschienen war. Im gleichen Jahr gestalteten sie das Comic-Heft *The Superman*, dessen Held allerdings noch kein Kostüm trägt; es blieb unveröffentlicht, da den Verlagen die Idee als zu phantastisch erschien, und auch für eine anschließend erstellte Zeitungsstripversion ließ sich kein Abnehmer finden. Erst fünf Jahre später sollte der endgültige Superman die Comic-Welt revolutionieren.

Superman wurde zum Prototypen einer ganzen Legion von Superhelden, die nach ähnlichen Mustern gestrickt waren. Es verwundert deshalb kaum, daß Siegels und Shusters Schöpfung schon früh zum Gegenstand von Analyse und Kritik wurde. Psychologisch orientierte Interpretationsmodelle griffen auf die Archetypentheorie zurück und sahen in dem Mythos vom Übermenschen einen idealen Spiegel für (vornehmlich kindliche) Allmachtsphantasien. Das Thema der Bedrohung der heilen Welt und ihrer Wiederherstellung durch den göttergleichen Helden lieferte dem religiösen Ansatz Nahrung, dessen Vertreter in Superman eine «Utopie des Glaubens und der Hoffnung» auszumachen meinten. Die politisch motivierte Kritik schließlich zielte auf die Polarisierung übermächtiger Held – hilflose Masse ab und unterstellte der Serie die Intention der Stabilisierung bürgerlicher Herrschaft: Besitzverhältnisse werden aufrechterhalten, systemverändernde Kräfte bekämpft. Thomas Hausmanninger hat in seiner Untersuchung der *Superman*-Reihe nachgewiesen, daß diese Ansätze allenfalls punktuell zutreffend sind. Er sieht in *Superman* vielmehr ein «Mittel der sozialen Kommunikation» und einen «Spiegel gesellschaftlicher Wandlungen»: «Was Gut und was Böse ist, ist nie ein für allemal ausgemacht; die ethische Botschaft des Superman ist nicht eine. Sie steht, wie der gesellschaftliche Diskurs, unter den Bedingungen gesellschaftlicher Wandelbarkeit.»

Superman kommt als Baby auf die Erde, wächst als Findelkind des Ehepaares Kent auf und entdeckt langsam seine außergewöhnlichen Fähigkeiten, die Siegel und Shuster pseudowissenschaftlich mit anderen Umweltbedingungen auf der Erde erklären. In einer zweiseitigen Origin-story, die 1939 im ersten *Superman*-Heft erschien, definieren die Adoptiveltern gleichermaßen ein erstes Themenrepertoire wie die Moral der Serie: «Du mußt deine Kräfte vor den anderen Menschen verbergen, da sie sich sonst vor dir fürchten», mahnt der Vater, und die Mutter ergänzt: «Wenn aber die Zeit dafür kommt, mußt du sie einsetzen, um der Menschheit zu dienen.»

Superman führt fortan ein Doppelleben. In seiner bürgerlichen Existenz ist er der eher schüchterne, kurzsichtige Clark Kent, Reporter beim *Daily Star* (später *Daily Planet*) in Metropolis. Sowie aber Gefahr oder Unrecht drohen, reißt er sich in einer versteckten Ecke (lange Zeit bevorzugt in Telefonzellen) Hut, Brille und Mantel vom Leib, um als Superman einzugreifen. Sein Markenzeichen sind ein hautenges, blaues Kostüm, roter Slip, rote Socken und ein rotes Cape; zusätzlich prangt ein Wappen mit einem roten «S» auf gelbem Grund auf seiner breiten Brust. Die Spannung der Storys resultiert jedoch nicht in erster Linie aus dem Kampf Gut gegen Böse, sondern vor allem aus der ständigen Gefahr, daß seine Secret-identity aufgedeckt werden könnte. Besonders die Reporterin Lois Lane, die für ihren Kollegen Clark Kent nur Verachtung übrig hat, ist dem von ihr bewunderten Superman ständig auf den Fersen, um dessen wahre Identität zu lüften.

Erste Modifizierungen der Grundidee fanden zu Beginn der vierziger Jahre statt. Für die Radiohörspiele wurde 1945 das grüne Kryptonit erfunden, radioaktive Gesteinstrümmer von Supermans Heimatplaneten, deren Strahlen seine Kräfte schwächen; somit hatte nun auch Superman seine «Achillesferse» – im Comic allerdings erst ab 1949. In den Zeichentrickfilmen lernte er das Fliegen, da man in den Max-Fleischer-Studios der Meinung war, ein hüpfender Superman würde in der Animation lächerlich wirken, auch wenn er mit jedem Sprung eine achtel Meile zurücklegen konnte. Diese Innovationen wurden von den Comic-Heften aufgegriffen, in deren Storys Superman weitere Kräfte wie den Röntgenblick oder die Superpuste entdeckte. Die entscheidende Wendung vollzog sich jedoch 1941, als Superman aktiv in das Kriegsgeschehen eingriff und auf den Titelbildern von *Action Comics* und *Superman* Goebbels, Hitler, Mussolini und Hirohito am Kragen packte oder das Periskop eines Nazi-U-Bootes zur Form einer Brezel verbog. Superman wurde vom Einzelkämpfer, der zu Beginn sogar von der Polizei verfolgt wurde, da sein Kreuzzug gegen das Verbrechen nicht gesetzlich legitimiert war, zur nationalen Institution, warb für den Kauf von Kriegsanleihen und für Spenden an das Rote Kreuz und stärkte die Moral der GIs, die mit *Superman*-Heften im Tornister den Atlantikwall stürmten.

Das Ende des Zweiten Weltkrieges bedeutete auch das Ende für Supermans Rolle als «universal soldier», doch gelang es den Autoren und Zeichnern der Serie, das Interesse der Leser an ihrem Helden wachzuhalten. Superman kämpft gegen skurrile, unverbesserliche Verbrechertypen und muß sich in slapstickhaften Geschichten mit den Tücken seiner Superkräfte inmitten einer «normalen» Welt auseinandersetzen. Mort Weisinger entwickelte das Konzept der «imaginary stories», die es Superman ermöglichen, nach dem «Was wäre, wenn …?»-Prinzip Abenteuer zu erleben, die sich mit dem Konzept der Serie nicht vereinbaren lassen; in diesen Storys heiratete Lois Lane wahlweise Superman oder dessen Erzfeind Lex Luthor. Rotes und blaues Kryptonit kamen ins Spiel und machten Superman verwundbarer; im Kontakt mit goldenem Kryptonit drohte ihm sogar der Verlust seiner Kräfte für alle Zeit. Otto Binder erfand schließlich 1959 Supermans Cousine Supergirl, der später weitere Überlebende Kryptons (darunter sogar ein Hund) folgen sollten.

Die sechziger Jahre, in deren zweiter Hälfte Superman auch Auftritte in einem Broadway-Musical und einer Zeichentrickserie für das Fernsehen hatte, brachten immer phantastischere Gegner aus fernen Welten und die Siebziger schließlich als Reaktion auf diese unglaubwürdigen Storys und sinkende Verkaufszahlen einen stärkeren Realitätsbezug (zu dessen Konzept es auch gehörte, daß Superman 1971 gegen sämtliche Arten von Kryptonit immun wurde): Ein Medienkonzern kauft den *Daily Planet* auf, und Clark Kent wird zum Fernsehreporter, der während der Werbespots auf Gangsterjagd geht und anschließend zuweilen selbstzweifelnd über soziale Ungerechtigkeiten sinniert. Der Erfolg des ersten Superman-Realfilms (1978) mit Christopher Reeve, Marlon Brando und Gene Hackman in den Hauptrollen sowie ein mit Ronald Reagans Amtsantritt in Amerika neu erwachendes nationales Selbstbewußtsein prägten schließlich die Serie während der ersten Hälfte der achtziger Jahre: Supermans Gegner lauerten jetzt nicht mehr im All, sondern hinter den Mauern des Kreml.

Nichtsdestotrotz mußte DC Mitte der achtziger Jahre feststellen, daß die wichtigste Serie des Verlages sich nicht mehr ganz auf der Höhe der Zeit befand und dringend einer Überarbeitung bedurfte. Im September 1986 wurde die *Superman*-Heftserie mit der Ausgabe 423 gestoppt (mit fortgesetzter Numerierung lief sie ab Januar 1987 unter dem leicht geänderten Titel *The Adventures of Superman* weiter), und John Byrne, der zu diesem Zeitpunkt als Zeichner der *X-Men* bei den Fans Kultstatus besaß, legte in der sechsbändigen Miniserie *The Man of Steel* eine modernisierte Version Supermans vor, in der der Held weniger steril wirkt und gefühlsbetonter agiert: In Anlehnung an die ursprüngliche Version sind in der neuen Fassung seine Adoptiveltern noch am Leben, wiederholt muß Superman der Versuchung widerstehen, seine Kräfte eigennützig einzusetzen, und schließlich verlobte sich Clark Kent sogar mit Lois Lane, der er zuvor sein über fünfzig Jahre lang gehütetes Geheimnis preisgegeben hatte.

Als sich diese Renovierung des Konzepts jedoch als nicht weitreichend genug erwies, griff DC zu einer noch radikaleren Maßnahme und ließ Superman im November 1992 nach einem Kampf gegen den Superschurken Doomsday, der sich über mehr als hundertsechzig Seiten erstreckte, unterliegen und sterben. Die Rechnung ging auf: Keine Tageszeitung und keine Nachrichtensendung ließ dieses Ereignis unbeachtet, und *The Death of Superman* erreichte eine Verkaufsauflage von über fünf Millionen Exemplaren. Aber natürlich kam es, wie es kommen mußte: Nach einem kryptischen Zwischenspiel unter dem Titel *World without a Superman* kam der Stählerne in *The Return of Superman* ein Jahr später zurück, boxte vier Kontrahenten, die sich angemaßt hatten, seine Nachfolge anzutreten, von der Bildfläche und nahm, mit frisiertem Outfit, seinen alten Platz wieder ein.

Der Knall, den die von Harry Donenfeld gezündete Bombe erzeugte, wurde von den anderen Verlagen lange Zeit nicht wahrgenommen. Zwar tauchte hier und da ein weiterer kostümierter Held auf (die Bezeichnung «Superheld» etablierte sich erst in den späten vierziger Jahren), doch dauerte es fast ein Jahr, bis die noch junge Comic-Industrie gezielt reagierte. Die Antwort auf *Superman*

Batman-Origin-story von Bob Kane. Im Gegensatz zu Superman verfügt Batman nicht über angeborene Superkräfte, das Motiv für seinen Kampf gegen das Verbrechen ist die Rache. Aus Detective Comics 33, 1939. © DC Comics

hieß *The Bat-Man*, stammte aus den Federn von Bill Finger (1914–1974) und Bob Kane (* 1916) und erschien ebenfalls bei DC. Das distanzierte «The» im Titel war von den Autoren bewußt gesetzt worden, denn ihr Held war keineswegs als Identifikationsfigur konzipiert: Im Schatten der Hochhäuser von Gotham City begab sich der Bat-Man, gekleidet in ein dunkles, hautenges Trikot, verborgen hinter einer Maske und umhüllt von einem fledermausartigen Cape, nachts auf Gangsterjagd. Dabei stand er außerhalb der Legalität, wurde von der Polizei gejagt, und zuweilen ließ er seine Opfer am Schluß einer Geschichte sogar sterben. Finger und Kane waren zu *The Bat-Man* von Antihelden wie Zorro (in «The Mark of Zorro» brillant von Douglas Fairbanks verkörpert) und Pulpfiguren wie The Shadow inspiriert worden. Ein anderes atmosphärisches Vorbild war Roland Wests 1926 gedrehter Film «The Bat».

Die erste *Bat-Man*-Story erschien im Mai 1939 in der 27. Ausgabe von *Detective Comics*. Das Geheimnis der dunklen, mysteriösen Kreatur wurde ein halbes Jahr später in *Detective Comics* 33 in einer zweiseitigen Origin-story erzählt: Bat-Man ist in seiner bürgerlichen Existenz der Millionär Bruce Wayne, der, nachdem seine Eltern vor seinen Augen bei einem Überfall erschossen worden waren, dem Verbrechen den Kampf angesagt hatte. Jahrelanges Training verschafft ihm eine enorme physische Kondition; in privaten Forschungen entwickelt er die notwendigen technischen Hilfsmittel – von wirkungsvollen Chemikalien bis hin zum Batmobil und Batplane. Sein geheimer Stützpunkt wird die Bathöhle unter seinem luxuriösen Landhaus.

Daß Bat-Man nicht wie Superman über «angeborene» Superkräfte verfügt, ist nicht der einzig eminente Unterschied zwischen den beiden Serien: Im Gegensatz zu seinem Vorgänger griff Bat-Man das emotional-triebhafte Element der Pulphelden auf – sein Motiv ist die Rache.

Bob Kane transportierte diese düstere Atmosphäre über dichte Zeichnungen, deren Perspektiven und Schatteneffekte an den Expressionismus des deutschen Stummfilms erinnern. Bill Finger verfaßte unter Rückgriffen auf die Gothic-novels und die Schwarze Serie Hollywoods rasante Szenarios und erfand eine ganze Legion von Gegenspielern, wie sie die Comics noch nicht gesehen hatten: Dr. Death (1939), The Joker, The Cat-Woman (beide 1940), The Penguin (1941), Two-Face (1942), Tweedledum and Tweedledee (1943) und The Riddler (1948) – allesamt Psychopathen, die das Verbrechen aus Passion, nicht des Gewinns wegen, sondern als Gesellschaftsspiel betreiben. Die bizarre Szenerie wurde noch verstärkt durch Fingers Spezialität, überdimensionale Vergrößerungen von Alltagsgegenständen in die Geschichten einzubauen – ein fünf Meter hohes 25-Cent-Stück etwa, das Two-Face als Waffe gegen Bat-Man schleudert.

Im Frühjahr 1940 erhielt Bat-Man zusätzlich zu den in *Detective Comics* erscheinenden Storys ein eigenes Heft, und die Serie wurde umbenannt in *Batman*. Um den wachsenden Arbeitsaufwand bewältigen zu können, engagierte Kane Jerry Robinson (*1922) als Assistenten. Robinson prägte nicht nur den grafischen Stil der Serie über die nächsten Jahre (obwohl sich Kane schon 1941 weitgehend von *Batman* zurückzog, wurden bis 1964 alle Storys mit seiner Signatur versehen), sondern

*Einsatz für Batman und Robin. Ausschnitt aus der Batman-Sonntagsseite vom 16.1.1944. Trotz der atmosphärisch dichten Umsetzung der Storys währten Batmans und Robins Abenteuer in den Tageszeitungen nur drei Jahre. © DC Comics*

trug auch wesentlich zu ihrer weiteren inhaltlichen Konzeption bei. So hatte er die Idee zu Robin, der ab April 1940 als Batmans jugendlicher Partner auftrat. Mit der Einführung von Robin alias Dick Grayson in *Detective Comics* 38 – auch seine Eltern, beides Zirkusartisten, hatten ihn als Waise zurückgelassen – mäßigte sich auch der Inhalt der Serie, und im Oktober 1940 wurde der Fledermausmensch in *Batman* 7 offiziell von der Polizei anerkannt.

Ab 1941 trat Batman neben Superman zusätzlich noch in *World's Finest* auf – Dick Sprang half, den zusätzlichen Arbeitsaufwand zu bewältigen, und wurde in den folgenden Jahren zu einem der besten Zeichner der Serie – , und 1943 starteten ein Filmserial wie auch ein *Batman*-Zeitungsstrip. Der Strip war nicht besonders erfolgreich und wurde nach drei Jahren wieder eingestellt. Außerhalb der Comic-Hefte wurde Batman erst Mitte der sechziger Jahre populär: Durch den schrill-grellen 20th-Century-Fox-Film «Batman hält die Welt in Atem» mit Adam West und Burt Ward in den Hauptrollen avancierte er 1966 zu einer Ikone der Popkultur. Im gleichen Jahr wurden eine Fernsehserie ausgestrahlt und auch der Zeitungsstrip für kurze Zeit wiederbelebt.

Gleichzeitig mit *Batman* debütierte die von Will Eisner und Jerry Iger geschaffene Serie *Wonder Man* in *Wonder Comics*, dem ersten Heft des Verlages Fox, der sich nun ebenfalls mit Comics versuchen wollte. DC sah das *Superman*-Konzept imitiert und reichte Klage wegen Urheberrechtsverletzung ein. Obwohl das Urteil erst 1941 (zugunsten von DC) erging, nahm Fox das Heft nach nur einer Ausgabe wieder vom Markt. Aber die Entwicklung war nun nicht mehr aufzuhalten: Bis zum Ende des Jahres 1939 liefen in den verschiedensten Comic-Books rund zwanzig neue Superheldenserien an, von denen Fox' *Blue Beetle* immerhin noch im gleichen Jahr ein eigenes Heft bekam, das bis 1950 erschien. DC ging in die Offensive und ließ allein im Jahre 1940 die Serien *The Flash, Hawkman, The Spectre, Dr. Fate, Hourman, Green Lantern* und *The Atom* starten. Damit gerieten erstmals die Hefte mit Originalmaterial gegenüber denen, die aus Nachdrucken von Zeitungsstrips bestanden, in die Überzahl. Von den hundertzwei Comic-Books, die allein DC 1941 veröffentlichte, enthielten nur zwei keine Abenteuer kostümierter Helden.

Alle neuen DC-Helden tauchten ab Mitte 1940 auch in dem Heft *All Star Comics* auf, dessen Redakteur der Zeichner Sheldon Mayer war. Mayer begegnete dem Problem des Platzmangels mit der Idee, die verschiedenen Superhelden ab Heft 3 sich zur *Justice Society of America* zusammenschließen zu lassen. Dieses Team-up bot außerdem den Vorzug, daß weitere neue Helden hier risikolos auf ihren Erfolg hin getestet werden konnten. Die Zusammensetzung der Justice Society unterlag demzufolge ständigen Wechseln: Helden, die bei den Lesern gut ankamen, erhielten ein eigenes Heft und wurden durch andere ersetzt.

Eins der neuen Mitglieder der Justice Society, das diesen Test mit Bravour bestand, war Wonder Woman, die ihr Debüt im Dezember 1941 in *All Star* 8 gab, bereits einen Monat später auch in *Sensation Comics* auftrat und ab Mitte 1942 zusätzliche Abenteuer in einem eigenen Hefttitel erlebte. Sie war nicht nur die erste Superheldin, sondern bis Mitte der fünfziger Jahre auch die erfolgreichste. Erdacht hatte sich die Prinzessin des vergessenen Amazonenreiches Paradise Island, die «bezaubernd wie Aphrodite, weise wie Athene, schnell wie Merkur und stark wie Herkules» ist und die sich mit einem unsichtbaren Flugzeug fortbewegt (das von Harry G. Peter anfangs so gezeichnet wurde, als sei es aus Glas), der Psychologe William Moulton (William Moulton Marston, 1893–1947). Wonder Womans wichtigste Waffe, ein magisches Lasso, mit dem sie Gangster dazu bringt, die Wahrheit zu sagen, ist ein interes-

*Wonder Woman von William Moulton und Harry G. Peter. Aus dem feschen Röckchen wurden schon im zweiten Abenteuer vorsichtshalber Shorts. © DC Comics*

lisch organisierten Gesellschaft: Sätze wie «Eure Männerwelt wird so lange nicht ohne Leid sein, bis ihr lernt, die Rechte des einzelnen Menschen zu respektieren» ließen Wonder Woman in den sechziger Jahren zur feministischen Symbolfigur werden. Diese ungewöhnlichen Töne verklangen allerdings bald wieder. Nach Moultons Tod wurde die Reihe von anderen Autoren fortgesetzt, die Wonder Womans Geist, so Gloria Steinem, «nicht begriffen. Langsam begann ihr feministisches Engagement zu verschwinden. Gleichzeitig verhielt sie sich den Männern gegenüber immer unterwürfiger.»

Mit *Superman*, *Batman* und *Wonder Woman* sowie einem Jahresumsatz in Höhe von vierundvierzig Millionen Dollar war DC Anfang der vierziger Jahre zum Marktführer des noch jungen Comic-Business geworden. Doch andere Verlage hatten ihre Helden bereits in Stellung gebracht.

## Goldene Zeiten

Wilford H. Fawcett hatte seine Laufbahn als Verleger 1919 mit *Captain Billy's Whiz Bang*, einer billig gedruckten Sammlung von Witzen, die er während seiner Dienstzeit als Captain im Ersten Weltkrieg zusammengetragen hatte, begonnen. Die gute Resonanz ermutigte ihn, weitere Ausgaben folgen zu lassen, und Mitte der zwanziger Jahre verkaufte sich *Whiz Bang* bereits mit fünfhunderttausend Exemplaren im Monat. Fawcett weitete seine Aktivitäten mit Publikationen wie *Mechanix Illustrated* und *Motion Picture Magazine* aus, entdeckte 1939 die Comic-Books als weiteres Expansionsfeld und plante ein Heft namens *Flash Comics*, das die Abenteuer eines Captain Thunder als Titelserie enthalten sollte. Dummerweise hatte sich nur wenige Tage zuvor DC die Rechte an diesem Titel gesichert. Aber damit nicht genug: DCs *Flash Comics* (dessen erste Ausgabe im Januar 1940 er-

santer Verweis auf eine frühere Erfindung Moultons aus dem Jahre 1915, den Lügendetektor.

In Moultons Geschichten finden sich immer wieder auch emanzipatorische Botschaften über die Rolle der Frau in der patriarcha-

Durch Aussprechen des Zauberwortes «Shazam» wird Billy zum mächtigen Captain Marvel. Aus Whiz Comics 14 von C. C. Beck, 1941. © DC Comics

schien) enthielt auch eine Serie, die mit *Captain Thunder* betitelt war. Fawcett mußte umdisponieren und änderte den Hefttitel in *Thrill Comics*, um wenig später festzustellen, daß ein anderer Verlag gerade das Erscheinen von *Thrilling Comics* angekündigt hatte. Nun wollte Fawcett auf Nummer Sicher gehen und entschied sich für *Whiz Comics* als Hefttitel und *Captain Marvel* als Titelserie. Die erste Ausgabe erschien im Februar 1940 und wurde dem Zeitschriftenhandel gegenüber als «weitere Sensation im Comic-Bereich» angekündigt.

Diese vollmundige Selbsteinschätzung sollte sich als zutreffend erweisen. Schon nach kurzer Zeit überflügelte *Captain Marvel* selbst *Superman* an Popularität und wurde zum erfolgreichsten Superhelden der vierziger Jahre. Ende der dreißiger Jahre hatten sich die Ingredienzen der Superheldenthematik – Motivation, Doppelidentität, Kräfte und Fähigkeiten sowie Kostümierung als «Markenzeichen» – bereits so weit bewährt, daß all diese Elemente auch in der ersten *Captain Marvel*-Story enthalten waren: Der Waisenjunge Billy Batson, der sich seinen Lebensunterhalt durch den Verkauf von Zeitungen verdienen und nachts in einer U-Bahn-Station schlafen muß, wird von einem mysteriösen Mann in einem geheimnisvollen U-Bahn-Zug in eine Höhle gebracht, wo ihn ein bärtiger Greis, der «seit dreitausend Jahren die Kräfte des Teufels bekämpft», zu dessen Nachfolger macht. Durch Aussprechen der Zauberformel «Shazam» – das «S» steht für Salomos Weisheit, «H» für Herkules' Stärke, «A» für Atlas' Kraft, «Z» für Zeus' Macht, «A» für Achilles' Mut und das «M» für Merkurs Schnelligkeit – kann sich Billy fortan in Captain Marvel verwandeln und, bekleidet mit einem roten Trikot mit einem gelben Blitz auf der Brust, den Kampf gegen Verbrechen und Unrecht aufnehmen.

Daß zu einem Superhelden auch ein besonders raffinierter Superschurke gehört, hatte sich ebenfalls als erfolgreiches Konzept erwiesen – Anfang 1940 hatte es Superman mit Lex Luthor zu tun bekommen, und Batman mußte erstmals dem Joker das Handwerk legen. So trat denn Captain Marvel auch gleich in seinem ersten Abenteuer gegen den verrückten Wissenschaftler Sivana («Sein finsterer Plan ist es, nicht nur die Erde, sondern das ganze Universum zu beherrschen») an, der damit drohte, «alle Radiosender mit seinem ‹radio silencer› zum Verstummen zu bringen». Daß Sivanas Ansinnen vereitelt werden kann, bringt Billy einen Job als Radioreporter ein und Captain Marvel einen Erzfeind, den er bis zur Einstellung der Serie nicht wieder loswerden sollte.

Das Konzept zu *Captain Marvel* stammte von Fawcett-Redakteur Bill Parker, der auch die ersten Storys schrieb. Ab 1941 wurde Otto Binder (1911–1974) zum maßgeblichen Texter der Serie. Die Spezialität des ehemaligen Pulpautors, der insgesamt fünfhundertneunundzwanzig *Captain Marvel*-Abenteuer schrieb, waren vor allem Geschichten, in denen es um Reisen durch Raum und Zeit geht – oft so komplex angelegt, daß sie in bis zu fünfundzwanzig Fortsetzungen über mehrere Monate erschienen. Binders größte Stärke jedoch war der unbefangene, warmherzige Humor, der *Captain Marvel* prägte und die Serie aus heutiger Sicht fast wie eine Parodie auf das Superheldengenre wirken läßt. Dazu paßten hervorragend die unprätentiösen Zeichnungen von Charles Clarence Beck (1910–1989), der, lange Zeit assistiert von Pete Constanza, den grafischen Appeal der Serie bestimmte. Seine Seiten wirken schlicht und sind auffällig zurückhaltend in der Darstellung von Gewalt. «Ein Zeichner sollte nichts zeichnen, was nicht unbedingt notwendig ist», kommentierte er später pragmatisch. «Alles hat nur den Zweck, die Story voranzubringen.»

Bereits im April 1940 veröffentlichte Fawcett mit *Special Edition Comics* ein Heft, das ausschließlich *Captain Marvel*-Storys enthielt, und ließ Anfang des nächsten Jahres *Captain Marvel Adventures* folgen, das erst vierteljährlich, dann zweimonatlich, schließlich monatlich und ab 1946 sogar vierzehntäglich erschien. Zu diesem Zeitpunkt betrug die verkaufte Auflage über eine Million Exemplare pro Ausgabe. Captain Marvel hatte zahlreiche Gastauftritte auch in anderen Fawcett-Heften, und schließlich entstand eine ganze Marvel-Familie, deren Mitglieder ebenfalls eigene Heftreihen erhielten: *Captain Marvel Jr.* startete im November 1942, *Mary Marvel* und *Marvel Family* folgten im Dezember 1945.

Captain Marvel Jr. war erstmals im Dezember 1941 in *Whiz Comics* 25 aufgetreten. Dort hatte sich Captain Marvel ein Gefecht mit Captain Nazi, dem «Champion der deutschen Kriegsherren», geliefert, in dessen Verlauf der Teenager Freddy Freeman lebensgefährlich verletzt worden war. Captain Marvel brachte den Jungen in die Höhle, in der ihm einst seine Superkräfte verliehen worden waren, und fortan wurde Freddy zu Captain Marvel Jr., wenn er die Worte «Captain Marvel» aussprach. Captain Marvel Jr. kämpfte jetzt wie sein großes Vorbild gegen die Feinde der Demokratie – zu Captain Nazi gesellte sich bald auch ein Captain Nippon. Die vor allem von Mac Raboy (1916–1976) gezeich-

Die von Mac Raboy gestalteten Captain-Marvel-Jr.-Cover wirken wie Propagandaplakate. Master Comics 27, 1942. © DC Comics

Goldene Zeiten **123**

neten Storys strahlten hemmungslosen Patriotismus aus; insbesondere seine brillanten Cover weisen die Perfektion von Propagandaplakaten auf. Mary Marvel schließlich ist Billy Batsons lange verschollene Schwester, die zum Mitglied der Marvel-Familie wurde, nachdem sie zufällig das Wort «Shazam» ausgesprochen hatte.

Da Captain Marvel auf dem Cover der ersten Ausgabe von *Whiz Comics* wie zuvor schon Superman bei seinem ersten Auftritt in *Action Comics* mit einem Auto um sich geworfen hatte, hatte DC bereits 1941 gegen Fawcett geklagt und behauptet, Captain Marvel sei eine Imitation Supermans. Nach über zehn Jahren schließlich gewann DC den Prozeß, und Fawcett mußte 1953 sämtliche *Marvel*-Titel einstellen. 1973 versuchte DC ein Relaunch der Serie unter dem Titel *Shazam* – der Name Marvel stand mittlerweile für eine andere Generation von Superhelden –, doch obwohl Zeichner wie Beck und Raboy an der Serie mitarbeiteten, erwies sich *Captain Marvel* als nicht mehr zeitgemäß und wurde nach fünf Jahren wieder eingestellt.

Nahezu zeitgleich mit Fawcett entdeckte Martin Goodman, der 1932 mit mehreren Pulpheften den Verlag Western Fiction Publishing gegründet hatte, die Comics und veröffentlichte im November 1939 mit *Marvel Comics* sein erstes Heft. (Anfangs firmierte Goodman unter der Bezeichnung Timely, in den fünfziger Jahren unter Atlas und ab 1962 unter Marvel; nachfolgend wird durchgehend die Bezeichnung Marvel verwendet.) Es war in der Tat naheliegend für einen Pulpverleger, die Aktivitäten auf das Comic-Geschäft auszuweiten: Pulps wie Comic-Books boten Abenteuer und Helden, ähnelten sich in ihrer Zusammenstellung und gelangten über die gleichen Vertriebskanäle an ihre Leser. Ein Jahresumsatz in Höhe von fünfundzwanzig Millionen Dollar, der Ende der dreißiger Jahre mit Pulps erwirtschaftet wurde, bot außerdem einen guten finanziellen Hintergrund, um in das prosperierende Comic-Business zu investieren. Marktführer Street & Smith erkannte diese Chance und brachte seine erfolgreichsten Pulphelden The Shadow und Doc Savage Anfang 1940 auch als Comic-Hefte heraus, die allerdings so bieder gestaltet waren, daß sie nach einigen Jahren wieder vom Markt verschwanden.

Auch Goodman verstand nicht viel von Comics und ließ *Marvel Comics* von Funnies Inc. zusammenstellen. Das erste Heft war von recht miserabler Qualität und wirkte, als habe der Shop hier all die Comics zusammengetragen, für die sich keine anderen Abnehmer hatten finden lassen. Heft 2 kam mit dem modifizierten Titel *Marvel Mystery Comics* daher und präsentierte zwei Serien, die sich schnell als erfolgreich erweisen sollten: *Human Torch* von Carl Burgos (1917–1984) und *Sub-Mariner* von Bill Everett (1917–1973) erhielten bereits Ende 1940 eigene Heftreihen. Zu diesem Zeitpunkt führte Marvel auch einen neuen Helden ins Feld, der es sogar mit Superman, Batman und Captain Marvel aufzunehmen vermochte.

In Europa hatte der Krieg begonnen, und auch in Amerika machten die Comic-Helden, allen voran die Superhelden, mobil. Zu diesem Zeitpunkt dachte Joe Simon (* 1915), der seit Mitte 1940 zusammen mit Jack Kirby (Jacob Kurtzberg, 1917–1994) für den Verlag Novelty die nicht sehr erfolgreiche Serie *Blue Bolt* zeichnete, über einen neuen Helden für Marvel nach: «Wir suchten zuerst nach einem Gegner und fanden ihn in Hitler», erinnerte er sich später. Folglich mußte der neue Held ein Superpatriot sein und dies durch seinen Namen und sein Trikot deutlich zum Ausdruck bringen. Der Name lautete Captain America, und sein Kostüm war der amerikanischen Flagge nachempfunden. Goodman fand die Idee so überzeugend, daß er beschloß, *Captain America* nicht zuerst in einem seiner anderen Hefte zu testen, sondern gleich als eigene Serie herauszubringen. Da er glaubte, Hitler könne bald besiegt werden, trieb er Simon und Kirby zur Eile. *Captain*

*America* 1 erschien mit dem Coveraufdruck «März 1941» bereits im Dezember 1940, und das Titelbild, auf dem der Held dem Führer einen Kinnhaken versetzt, sprach einer ganzen Nation aus dem Herzen.

Simon und Kirby schilderten gleich im ersten Heft ihrer neuen Serie, wie Captain America zu seinen Superkräften kam: Der für den Kriegsdienst untaugliche Steve Rogers stellt sich freiwillig für ein wissenschaftliches Experiment der Regierung zur Verfügung, bei dem ein Körper und Geist stärkendes Serum getestet werden soll. So aufgepeppt, läßt er sich bei der Army einschreiben, setzt seine neuen Fähigkeiten allerdings nur heimlich als Captain America ein. Eines Nachts beobachtet ihn der halbwüchsige Bucky Barnes dabei, wie er in sein Kostüm schlüpft, woraufhin Rogers den Jungen in sein Geheimnis einweiht und nach einem Crashkurs im Verprügeln von Nazischergen als Sidekick engagiert. Schon in der ersten Ausgabe rief Marvel mit «The Sentinels of Liberty» eine Art Captain-America-Fanclub ins Leben, woraufhin beim Verlag bald Berge von Briefen eingingen, in denen junge Leser Verwandte und Nachbarn als Spione oder Saboteure denunzierten. Der Historiker Mike Benton berichtet aber auch von Drohanrufen, weshalb die Marvel-Büros zeitweilig unter Polizeischutz gestellt worden seien.

Während Simon erst kurz zuvor mit dem Comic-Zeichnen begonnen hatte (er hatte zuvor die Sportseiten des *Syracuse Journal* illustriert), konnte Kirby bereits auf eine mehrjährige Erfahrung mit dem Medium zurückblicken. Sein erster Auftraggeber waren die Max-Fleischer-Studios, für die er 1935 als Zwischenphasenzeichner für die Popeye-Trickfilme gearbeitet hatte. Dieser «Fließbandjob» (Kirby) konnte ihn jedoch schon bald nicht mehr zufriedenstellen, und so wechselte er nach zwei Jahren zu dem kleinen Lincoln News Syndicate, für das er etliche wenig erfolgreiche Serien wie *Abdul Jones, The Black Buccaneer, Cyclone Burke, Detective Ri-* *ley* und *Socko the Sea Dog* unter den Pseudonymen Ted Grey, Jack Curtiss, Bob Brown, Richard Lee und Teddy zeichnete. Mit zunehmender Routine wuchs auch die Zahl von Kirbys Auftraggebern. 1937 illustrierte er als Lance Kirby für das Associated Features Syndicate den Westernstrip *The Lone Rider*, und ein Jahr später erschienen in *Jumbo Comics* mit *The Diary of Dr. Hayward, Wilton of the West* und *The Count of Monte Christo* seine ersten Arbeiten für die Comic-Books. Seine erste Superheldenstory lieferte Kirby 1940 mit der Zeitungsstrip-Version der von Fox publizierten Serie *Blue Beetle*. Während dieser Zeit lernte er Joe Simon kennen, der dem Verlag Novelty gerade die Idee für einen weiteren Superhelden, *The Blue Bolt*, verkauft hatte. Beeindruckt von Kirbys Zeichnungen, verpflichtete Simon ihn zur Mitarbeit an dieser Serie, und damit war der Grundstein für die wohl kreativste und kraftvollste Zusammenarbeit in der Geschichte der Comic-Books gelegt.

Neben den expressiven Zeichnungen waren es vor allem die Layouts des Teams, die *Captain America* von anderen Superhelden unterschieden und schnell zum Erfolg werden ließen. Simon und Kirby losten sich von der starren, schematischen Erzählweise, die ihre Kollegen von den Zeitungsstrips übernommen hatten, und begannen, die einzelnen Heftseiten einer Gesamtgestaltung zu unterwerfen. «*Captain America* sollte eher wie ein Film als wie ein herkömmliches Comic-Heft wirken», kommentierte Kirby später. «Filme waren das, was ich am besten kannte, und ich wollte Geschichten so erzählen, wie es dort der Fall war.» Die Zeichnungen dienten nicht mehr allein der Illustration der Handlung, sondern betonten in erster Linie die Bewegung. Captain America preschte über die Seiten, sprengte die Umrandung der einzelnen Bilder und wirkte in seinen explosiv-dynamischen Posen fast dreidimensional, wodurch der Betrachter das Gefühl entwickeln konnte, selbst im Mittel-

Goldene Zeiten **125**

*Mit Captain America sprengten Joe Simon und Jack Kirby im wahrsten Wortsinn den Rahmen der bislang starren Comic-Book-Grafik und entwickelten eine neue erzählerische Grammatik der Hefte. Aus Captain Marvel 8, 1941. © Marvel*

punkt des Geschehens zu stecken. Im vierten Heft nutzte Kirby erstmals eine ganze Seite für ein einziges Bild, und bereits zwei Ausgaben später breitete er eine einzelne Zeichnung über die beiden mittleren Seiten des Heftes aus; dies wurde nicht nur zum Markenzeichen für *Captain America*, sondern war der erste Schritt in Richtung auf eine eigenständige erzählerische Grammatik der Comic-Books.

Obwohl Simons und Kirbys Arbeit an *Captain America* nur ein Jahr währte – Ende 1941 wechselte das Team zu DC, da ihnen Marvel weder die Rechte an ihrer Figur noch Umsatzbeteiligungen an dem sich mit über neunhunderttausend Exemplaren im Monat verkaufenden Heft zugestehen wollte –, hatten die Comic-Books nach dem Erscheinen der zehnten und letzten von Simon und Kirby gestalteten *Captain America*-Ausgabe eine Veränderung von revolutionären Ausmaßen erfahren. Marvel ließ die Serie in diesem Stil von anderen Zeichnern weiterführen; das Schreiben der Storys übernahm ein junger Mann namens Stan Lee. Mit ihm zusammen sollte Kirby zwanzig Jahre später einen weiteren Quantensprung innerhalb des Superheldengenres herbeiführen und Marvel damit eine bis heute andauernde Marktführerposition verschaffen.

Noch für Marvel hatten Simon und Kirby die Idee zu der Serie *Young Allies* geliefert, in der eine Gruppe Jugendlicher in das Weltkriegsgeschehen eingreifen sollte. Dieses Konzept erlangte nach Kriegseintritt der USA besondere Aktualität, da mit der plötzlichen Rekrutierung der männlichen Erwachsenen ein großer Bedarf an zusätzlichen Arbeitskräften entstand und zunehmend Jugendliche in die Produktion integriert wurden. Bereits 1943 arbeiteten drei Millionen Schüler im Alter zwischen zwölf und siebzehn Jahren in den Fabriken und Büros. Simon und Kirby trugen dieser Entwicklung mit den beiden Serien *Newsboy Legion* und *Boy Commandos* Rechnung, die Mitte 1942 in den Heften *Star Spangled Comics* und *Detective Comics* debütierten. *Boy Commandos* bekam noch im gleichen Jahr ein eigenes Heft, das sich bald ebenso erfolgreich verkaufte wie *Superman*. Allerdings konnten sie die beiden Reihen für DC ebenfalls nur ein Jahr lang betreuen – 1943 wurden auch Simon und Kirby eingezogen.

Die Superhelden sind ein Produkt der wirtschaftlichen und politischen Situation, die Amerika Ende der dreißiger und Anfang der vierziger Jahre prägte. Sie schufen ein Bewußtsein nationaler Stärke und leisteten ihren patriotischen Beitrag im Kampf gegen die Feinde der Demokratie in Asien und Europa, einem Kampf, von dem die Unternehmen, die die Abenteuer der kostümierten Helden verlegten, erheblich profitierten: Vierundvierzig Prozent der zwölf Millionen GIs lasen regelmäßig Comic-Hefte, weitere zwanzig Prozent zumindest gelegentlich. Allein von *Superman* verschiffte DC jeden Monat fünfunddreißigtausend Exemplare an die Front; insgesamt machten Comic-Hefte ein Viertel der von den USA exportierten Druckerzeugnisse aus. Innerhalb weniger Jahre entstanden über siebenhundert verschiedene Hefte, von denen allerdings nur eine kleine Zahl längerfristige Popularität erlangte. Neben *Superman, Batman, Wonder Woman, Captain Marvel* und *Captain America* waren dies vor allem *Blue Beetle, The Sandman, Sub-Mariner, The Human Torch, Doll Man* (alle 1939), *Hawkman, The Flash, Green Lantern, Daredevil, Green Hornet* (alle 1940), *Captain Midnight, Plastic Man, Blackhawk* und *Green Arrow* (alle 1941).

Daß nach 1941 keine weitere wichtige Superheldenserie mehr startete, hatte seine Ursachen weniger in der Übersättigung des Marktes, sondern vor allem in zwei kriegsbedingten Gründen: dem Mangel an Zeichnern, die sich jetzt an der Front befanden, sowie der Papierknappheit. Allerdings konnten sich die Superhelden ausschließlich in den Comic-Books behaupten. Viele Helden erschienen während der Zeit ihrer größten Popularität zwar auch parallel als Zeitungsstrips (meist allerdings nur mit mäßigem Erfolg), jedoch wurden mit Ausnahme von Jack McGuires *Red Knight* (1940), Tarpé Mills' *Miss Fury* (1941) und *Superwoman* (1943) von Rea Irvin keine Superheldenserien exklusiv für die Tageszeitungen gezeichnet. Nur das Comic-Heft bot den Superhelden als Genre die ideale Form.

In der Masse neuer Serien zeichneten sich vor allem zwei durch Originalität aus. Jack Coles *Plastic Man* und Will Eisners *The Spirit*. Seinen Start hatte *Plastic Man* in der ersten Ausgabe des Heftes *Police Comics*, das der Verlag Quality im August 1941 auf den Markt brachte. Darin wird der kleine Gauner Eel O'Brian bei einem Überfall auf eine chemische Fabrik verwundet und von seinen Komplizen in einer Lache mit einer neuartigen Chemikalie zurückgelassen. Später kommt er in einem Bergkloster wieder zu sich und entdeckt, daß er durch die Chemikalie die Fähigkeit erlangt hat, nach Belieben jede nur erdenkliche Form anzunehmen. Diese «Superkraft» stellt er nun in den Dienst der Gerechtigkeit.

Plastic Man kann seinen Arm in ein Lasso verwandeln, seinen Bauch als Trampolin verwenden, um von Häusern fallende Men-

Plastic Man von Jack Cole war vor allem wegen zuweilen schrill-komischer Slapstickeinlagen die phantasievollste Superheldenserie des Golden Age. Aus Plastic Man 21, 1950. © DC Comics

schen aufzufangen, in Form eines Fallschirms Piloten abstürzender Flugzeuge retten, sich in den Lauf einer Pistole quetschen oder durch Schlüssellöcher schlüpfen. Das kam nicht nur deshalb an, weil Ende der dreißiger Jahre Haushaltswaren aus Plastik die amerikanischen Küchen zu erobern begonnen hatten, sondern vor allem wegen der witzig-phantasievollen Storys, die Jack Cole (1914–1958) grafisch virtuos und mit viel Sinn für anarchische Komik und bizarren Slapstick zu Papier brachte. Obwohl *Plastic Man* somit fast eine Parodie auf das Superheldengenre darstellt, war der Erfolg der Serie phänomenal. Schon ab Heft 5 fehlte der verformbare Held auf keinem Cover der *Police Comics* mehr, in denen seine Abenteuer bis zur Ausgabe 102 veröffentlicht wurden. Mitte 1943 bekam er zusätzlich ein eigenes Heft, das mit insgesamt vierundsechzig Ausgaben bis Ende 1956 erschien. 1993 erlebte Plastic Man ein Comeback durch gelegentliche Auftritte an der Seite Supermans.

Chemikalien spielen auch eine wichtige Rolle in *The Spirit*. Will Eisner (*1917), dessen Shop die Hefte mehrerer Verlage mit Comic-Storys versorgte, hatte 1940 im Auftrag des Register-Tribune Syndicate eine sechzehnseitige Comic-Beilage für Tageszeitungen im Comic-Heftformat entwickelt, die neben der Titelserie *The Spirit* die ebenfalls von Eisner konzipierten Serien *Mr. Mystic*, gezeichnet von Bob Powell, und *Lady Luck* aus der Feder von Chuck Mazoujian und Nicholas Viscardy (die bald von dem talentierteren Klaus Nordling abgelöst wurden) enthielt. Die erste Ausgabe erschien am 2. Juni 1940 und eröffnete mit der Origin-story des Spirit. Darin versucht der Privatdetektiv Denny Colt, den verrückten Wissenschaftler Dr. Cobra davon abzuhalten, das Trinkwasser von Central City zu verseuchen, wird dabei jedoch selbst von der teuflischen Säure übergossen. Man hält ihn für tot und beerdigt ihn. Zwei Tage später taucht bei Police Commissioner Dolan ein maskierter Mann auf und verspricht, Cobra endgültig das Handwerk zu legen. Natürlich handelt es sich um Colt, der lediglich bewußtlos war und sich aus seinem Grab befreien konnte. Als Spirit will er nun unerkannt von seinem Hauptquartier unter dem Wildwood-Friedhof aus den Kampf gegen das Verbrechen weiterführen.

Der Spirit verfügt weder über Superkräfte noch über ein markantes Trikot; nach wie vor trägt er jenen blauen Anzug und Hut, den er schon als Denny Colt trug, und die Augenmaske, die ihn zum Spirit macht, ist eher als symbolische Tarnung zu verstehen. Ähnlich unkonventionell sind auch seine weiteren Abenteuer, in denen der Spirit verschrobenen Schurken nicht mit Muskelkraft, sondern mit Intelligenz und Witz zu Leibe rückt. Obwohl für die Tageszeitungen gezeichnet, behielt Eisner bei seiner Serie das Layout der Comic-Books bei und bezog sich gestalterisch auf deren Grammatik.

Eisner griff in *The Spirit* zwar auf die Ingredienzen der Pulps und Superhelden-Comics zurück, wußte aber, daß sein Publikum ein reiferes war als das der Hefte. Immer häufiger widmete er sich den Schattenseiten der menschlichen Existenz und ließ tragische Charaktere auftreten, die vom Schicksal aus der Bahn geworfen worden waren. Der Spirit selbst ist dabei oft nur Beobachter oder Katalysator der Ereignisse, die sich vor der Kulisse des Großstadtdschungels abspielen. Die grafische Gestaltung der jeweils siebenseitigen Storys trug diesen ungewöhnlichen Themen bald Rechnung. Eisner griff auf Erzähltechniken des Films und des Theaters zurück, konstruierte schwindelerregende Perspektiven, arbeitete mit atemberaubenden Kameraeinstellungen – durch heruntergelassene Jalousien hindurch, durch umgekippte Lampenschirme, Dachfenster und Briefkastenschlitze – und entwarf abenteuerliche Schatteneffekte. Die Splash-pages, mit denen er seine Geschichten eröffnete, gestaltete er zu raffinierten Kunstwerken, in denen der Titelschriftzug häufig phantasievoll in die Sujets integriert oder selbst zur morbiden Szenerie wird.

Eisners Comic-Supplement wurde bald zwanzig Zeitungen regelmäßig beigelegt und erreichte so eine Auflage von fünf Millionen Exemplaren. Am 13. Oktober 1941 startete ein zusätzlicher *Spirit*-Tagesstrip, der bis 1944 erschien. Sowohl den Strip wie auch das Supplement mußte Eisner anderen Zeichnern überlassen, nachdem er im Mai 1942 eingezo-

*Die einfallsreich gestalteten Spirit-Splash-pages, hier die vom 24.2.1946, wurden zu einem Markenzeichen Will Eisners. © Will Eisner*

gen wurde (zum wichtigsten Ghost-artist wurde Lou Fine). Die Qualität der Storys und Zeichnungen nahm spürbar ab, und erst, als Eisner seine Serie Ende 1945 wieder übernehmen konnte, hatte das Trauerspiel ein Ende. Eisner konzentrierte sich nun noch stärker als zuvor auf außergewöhnliche Charaktere und traurige Schattenexistenzen, ließ an exotischen Schauplätzen aufregende Femmes fatales den Spirit betören und schuf in den Jahren bis zur Einstellung der Serie am 5. Oktober 1952 die wohl besten Abenteuer seines Helden. Schon Ende 1942 hatte der Verlag Quality damit begonnen, Eisners *Spirit*-Storys auch in *Police Comics* nachzudrucken. Zwei Jahre später bekam der Spirit zusätzlich ein eigenes Heft, das mit insgesamt zweiundzwanzig Ausgaben bis August 1950 erschien. Ein weiteres *Spirit*-Heft, mit dem sich der Verlag Fiction House von 1952 bis 1954 ver-

*Szene aus der Spirit-Folge vom 12.6.1949. © Will Eisner*

suchte, scheiterte jedoch bereits nach fünf Ausgaben.

Der neben Cole und Eisner originellste Zeichner der vierziger Jahre war Basil Wolverton (1907–1978). Mit seinem subtilen Humor und seiner surrealistischen Gestaltung fremder Welten und ihrer Bewohner machte er den Science-Fiction-Comic *Spacehawk*, der von 1940 bis 1942 in *Target Comics* erschien, zur originellsten Serie ihres Genres, deren bizarrer Charme allerdings nachließ, als die Raumfahrer Steve Grover und Bart Bixby im Februar 1941 auf Anweisung des Verlegers auf die Erde zurückkehren mußten, um die freie Welt gegen japanische und deutsche Aggressoren zu verteidigen. Wolverton verlor das Interesse an *Spacehawk* und schuf 1942 für Marvel die humoristische Serie *Powerhouse Pepper* um einen kahlköpfigen Boxer, die er bis 1948 zeichnete. Anschließend widmete er sich vor allem der Karikatur und lieferte ab 1954 auch Beiträge für *Mad*.

Der Zweite Weltkrieg hatte zu einem Boom der Superhelden geführt, und mit seinem Ende verschwanden auch die kostümierten Kämpfer. Der Kalte Krieg förderte einen

Basil Wolverton: Spacehawk. Aus Target Comics 7, 1940. © Honor and Monte Wolverton

anderen Heldentypus als die strahlenden und patriotischen Fighter. Selbsternannte Jugendschützer machten zudem mobil gegen das Medium, das ihrer Meinung zufolge zur Verrohung der Jugend beitrug, und die sich rasch ausweitende Anti-Comic-Kampagne brach schließlich auch den letzten Muskelprotzen das Genick. Ende 1953 waren von dem einstigen Superheldenheer lediglich *Superman*, *Superboy*, *Batman*, *Wonder Woman*, *Green Arrow*, *Blackhawk* und *Plastic Man* übriggeblieben. Comic-Fans haben diese erste Hochzeit der Superhelden, die 1938 begonnen hatte und 1953 endgültig vorbei war, später nostalgisch «The Golden Age of Comics» getauft.

## Mäuse, Mörder und Moral

Obwohl etliche der frühen Heftserien auf ihren Covers mit Begriffen wie «Funnies» oder «Comics» warben, ging es im Innenteil oft alles andere als lustig zu. Den Bedarf an humoristischer Unterhaltung deckten die Verlage während der zweiten Hälfte der dreißiger Jahre vor allem mit Nachdrucken von Zeitungsstrips ab. Disney hatte bereits 1930 mit einem *Mickey Mouse Book* versucht, auch im Printbereich Fuß zu fassen. 1933 vergab Kay Kamen, den Walt Disney im Jahr zuvor mit der Vermarktung seiner Zeichentrickfilmcharaktere beauftragt hatte, erstmals eine Lizenz für ein regelmäßig erscheinendes Heft mit Disney-Figuren. Das *Mickey Mouse Magazine* wurde als Giveaway kostenlos über Warenhäuser abgegeben und enthielt neben bis zu vier Comic-Seiten vor allem Erzählungen sowie Spiel- und Beschäftigungsseiten. Es erschienen neun Hefte, ab November des gleichen Jahres gefolgt von einer zweiten Serie mit insgesamt vierundzwanzig Heften. Erst ab Mai 1935 wurde das *Mickey Mouse Magazine* auch zum Preis von zehn Cent an den Newsstands verkauft. Die anfängliche Druckauflage von dreihunderttausend Exemplaren mußte jedoch schon nach einem Jahr auf hundertfünfzigtausend reduziert werden, von denen nur etwa die Hälfte verkauft wurde. Dafür entwickelte sich das *Mickey Mouse Magazine* zum Exportschlager: Nahezu zeitgleich mit dem Start der ersten amerikanischen Serie begann in Italien *Topolino*, später wurden Lizenzen für Hefte mit ähnlichem Inhalt nach Frankreich (*Le Journal de Mickey*, 1934), Spanien (*Mickey*, 1935), Portugal (*O Mickey*, 1935), England (*Mickey Mouse Weekly*, 1936), in die Schweiz (*Micky Maus Zeitung*, 1937), nach Polen (*Gazetka Miki*, 1938) und Jugoslawien (*Mickeystrip*, 1940) vergeben.

Der Schritt zum reinen Comic-Heft wurde im Oktober 1940 vollzogen, als das *Mickey Mouse Magazine* durch *Walt Disney's Comics and Stories* ersetzt wurde. Als Partner für dieses Projekt hatte Kamen den Verlag Dell gewinnen können, der sich schon 1929 mit *The Funnies* versucht und 1938 bereits ein Heft mit Nachdrucken von *Donald Duck*-Zeitungsstrips veröffentlicht hatte. Auch *Walt Disney's Comics and Stories* enthielt in seinen ersten dreißig Ausgaben Reprints der Zeitungsstrips von Floyd Gottfredson und Al Taliaferro, ab April 1943 trug Dell der Entwicklung Rechnung, die bereits anderen Verlagen zu höheren Auflagen verholfen hatte, und begann mit der Veröffentlichung von speziell für das Heft gezeichnetem Originalmaterial. Mit der zehnseitigen *Donald Duck*-Story «Victory Garden» debütierte in *Walt Disney's Comics and Stories* 31 auch der Zeichner, der sich später den Ruf als bester und populärster Künstler der Disney-Comics erwerben sollte: Carl Barks. Es war dies jedoch nicht das erste Mal, daß sich Barks mit dem Erpel beschäftigte.

Carl Barks wurde am 27. März 1901 auf einer Ranch in der Nähe von Merrill im amerikanischen Bundesstaat Oregon geboren und war bereits 1918 nach San Francisco gezogen, um sich – ohne Erfolg – als Zeichner für die dortigen Zeitungen zu versuchen. Enttäuscht kehrte er schließlich auf die elterliche Farm zurück. 1923 aber packte ihn erneut das Reisefieber. Er arbeitete zunächst als Holzfäller, dann beim Bau einer Eisenbahnlinie in der Nähe von Roseville in Kalifornien. Parallel dazu bot er weiterhin verschiedenen Zeitungen Illustrationen und Cartoons an und fand schließlich einen Abnehmer in dem amerikanischen Ableger des kanadischen Herrenmagazins *The Calgary Eye-Opener* – für seine erste veröffentlichte Zeichnung erhielt er ein Honorar von einem Dollar.

Ende 1935 erfuhr Barks, daß die Disney-Studios Zeichner suchten, und bewarb sich für die Mitarbeit an «Snow White and the Seven Dwarfs», Disneys erstem abendfüllenden Zeichentrickfilm. Barks wurde als Zwischenphasenzeichner engagiert, wechselte nach sechs Monaten aber ins Story-Department. Als ihm die Arbeit dort nach sechseinhalb Jahren zu eintönig wurde, verließ er Disney, um in San Jacinto eine Hühnerfarm aufzubauen. Der Wunsch zu zeichnen ließ Barks jedoch nicht los. Als er hörte, daß Dell nach Zeichnern suchte, bewarb er sich und wurde aufgrund seiner bereits langjährigen Erfahrung mit den Disney-Charakteren engagiert:

Schon während seiner Zeit bei Disney hatte Barks zusammen mit seinem ehemaligen Kollegen Jack Hannah nach dem Script für einen nicht realisierten Trickfilm die vierundsechzigseitige Story «Donald Duck Finds Pirate Gold» gezeichnet, die Dell im Jahr zuvor als neuntes Heft der Reihe *Four Color* veröffentlicht hatte. Dell war mit Barks zufrieden und betraute ihn nicht nur mit dem regelmäßigen Verfertigen weiterer *Donald Duck*-Storys, sondern stellte ihn, für damalige Verhältnisse ungewöhnlich, nach einiger Zeit sogar fest an.

Der Donald der Trickfilme war mit seinem cholerischen Temperament bislang eine reine Slapstickfigur gewesen. Für die zumeist zehnseitigen Storys, die Barks nun für nahezu jede Ausgabe von *Walt Disney's Comics and Stories* zeichnete, verlieh er dem Schnatterich komplexere Eigenschaften, die sich bald auch in einer bemerkenswert ausgeprägten Mimik der Figur widerspiegelten. Darüber hinaus erfand er mehrere «Nebenfiguren» wie Scrooge McDuck (Onkel Dagobert, 1947), Gladstone Gander (Gustav Gans, 1948), die Junior Woodchucks (Fähnlein Fieselschweif, 1951), die Beagle Boys (Panzerknacker, 1951), Gyro Gearloose (Daniel Düsentrieb, 1962) und Magica de Spell (Gundel Gaukeley, 1962), die es ihm ermöglichten, das thematische Spektrum seiner Erzählungen zu erweitern. Aus den ursprünglich humorigen Erlebnissen Donalds wurden spannende, oft mit phantastischen Einfällen angereicherte Abenteuer, die in ferne Länder führten, und Duckburg (Entenhausen), das Barks zur neuen Heimat seiner Helden werden ließ, reflektierte oft mit viel Witz Situationen aus dem Alltag der Leser.

Dell ließ die Ducks auch in zahlreichen anderen Heften und Sonderheften auftreten – aus der Reihe *Four Color* gingen zudem 1952 *Donald Duck* und 1954 *Uncle Scrooge* als eigenständige Hefte hervor – , und schon bald mußten weitere Zeichner verpflichtet werden. Zu den produktivsten frühen Duck-

Daß Daisy bereits mit Gustav Gans verabredet ist, treibt Donald Duck in Rage. Kein anderer Disney-Zeichner hat Gestik und Mimik der Enten so perfekt beherrscht wie Carl Barks. Aus Walt Disney's Comics and Stories 156, 1953. © The Walt Disney Company

Zeichnern zählen Jack Bradbury und Tony Strobl. Obwohl bei den Disney-Comics Zeichnerangaben sorgfältig vermieden wurden, bemerkten Donald-Fans schnell, daß hier verschiedene Künstler am Werk waren, und bemühten sich, den Namen des «guten Zeichners» herauszufinden, was schließlich 1960 tatsächlich gelang und Barks in den folgenden Jahren zu verdienten Ehren kommen ließ. 1971, drei Jahre nach seiner Pensionierung, wurde Barks von Fans dazu angeregt, ein Ölbild mit Donald zu malen. Anfangs skeptisch, stimmte er schließlich zu, als ihm hundertfünfzig Dollar dafür geboten wurden. Bald häuften sich weitere Bestellungen, und in der Folge entstanden hunderteinundzwanzig weitere Gemälde (die 1981 zu dem Buch «The Fine Art of Walt Disney's Donald Duck

by Carl Barks» zusammengefaßt wurden), bis Disney aus Copyrightgründen die Genehmigung für weitere Bilder verweigerte. Eins dieser Gemälde erzielte 1980 bei einer Versteigerung den Preis von zweiundvierzigtausend Dollar; ein anderes bot Sotheby's während einer Auktion 1991 bereits für zweihunderttausend Dollar an.

Als Folge der Popularität Barks' begann Disney Anfang der neunziger Jahre von seiner Praxis, seine Künstler anonym zu halten, abzuweichen, und stellte auch andere Zeichner in den Mittelpunkt einer neuen Marketingstrategie. Vor allem Don Rosa, der zwar Onkel Dagobert eine originell geschriebene Biographie andichtete, mit dem zeichnerischen Talent seines Vorbildes allerdings kaum konkurrieren konnte, wurde so promotet. «Ich woll-

*Barks-Ölbild «Dam Disaster at Money Lake», 1986.*
© *The Walt Disney Company*

te, daß die Kinder einen reellen Gegenwert für ihre zehn Cent bekommen», hat Carl Barks einmal die Frage nach den Gründen für die herausragende Qualität seiner Comics beantwortet. «Ich wußte, daß man von mir erwartete, für ein zwölfjähriges Publikum zu zeichnen, aber meine Einschätzung der Intelligenz eines Zwölfjährigen war immer höher als die der Verleger.» Barks' erzählerisches wie zeichnerisches Genie dürfte ein entscheidender Grund dafür sein, daß Donald Duck die anfangs populärere Mickey Mouse an Beliebtheit schnell überflügelte.

Disneys Maus hat sich Barks nur ein einziges Mal mit der 1945 in *Four Color* 79 erschienenen Geschichte «The Riddle of the Red Hat» gewidmet, aber auch Mickey hatte das Glück, über viele Jahre von einem großartigen Künstler gezeichnet zu werden, dessen Biographie der Barksschen in einigen Stationen ähnelt: Paul Murry (*1911) hatte von 1938 bis 1945 ebenfalls schon an etlichen Disney-Trickfilmen mitgearbeitet. Im Mai 1953 übernahm er in *Walt Disney's Comics and Stories* 152 die Abenteuer der Mickey Mouse und Goofys, die er bis 1984 mit viel Sinn für eine gelungene Mischung aus Humor und Spannung zu Papier brachte. Im Gegensatz zu Barks schrieb Murry seine Geschichten allerdings nicht selbst, sondern illustrierte die Szenarios anderer Autoren. Dafür zeichnete er gelegentlich auch Storys für nahezu alle anderen Disney-Reihen sowie die Serie *Woody Woodpecker*.

Der Erfolg von *Walt Disney's Comics and Stories* ermutigte Dell, auch die Charaktere anderer Trickfilmstudios in Form von Comic-Heften auf den Markt zu bringen. Ende 1941 startete das Heft *Looney Tunes and Merry Melodies* mit den Warner-Brothers-Figuren Porky Pig und Bugs Bunny, im Juli 1942 *New Funnies* mit Andy Panda und Woody Woodpecker von Walter Lantz und im September des gleichen Jahres *Our Gang* mit MGMs Tom und Jerry. Bei letztgenanntem Titel half Barks Mitte der vierziger Jahre mit mehreren Storys vorwiegend mit Barney Bear aus, und Walt Kelly zeichnete für so gut wie alle Dell-Titel, bevor er für das im gleichen Verlag erscheinende Heft *Animal Comics* den Vorläufer für seinen berühmten Zeitungsstrip *Pogo* schaffen sollte. In *New Funnies* druckte Dell auch *Felix*-Strips nach; 1946 bekam der melancholische Kater ein eigenes Heft mit von Otto Messmer gezeichneten Originalstorys. Marvel knüpfte an Dells Erfolge Ende 1942 mit dem Heft *Terry-Toons Comics* an, in dem drei Jahre später Paul Terrys *Mighty Mouse* debütierte.

Gegenüber den noch heute populären Trickfilmfiguren sind die anderen für junge Leser gedachten Comics der damaligen Zeit weitgehend in Vergessenheit geraten, obwohl auch in diesem Bereich einige hervorragende Talente am Werk waren: George Carlson zeichnete von 1942 bis 1949 die märchenhaft surrealen Serien *Jingle Jangle Tales* und *The Pie-Face Prince of Old Pretzleburg*, George Kerr adaptierte ab 1942 Johnny Gruelles Kinderbuchklassiker «Raggedy Ann» aus dem Jahre 1918 und John Stanley brachte ab 1945 mit poetischem Strich die Erlebnisse Little Lulus zu Papier, eines kleinen Mädchens, das Marjorie Henderson Buell zehn Jahre zuvor für eine Serie von Cartoons in der *Saturday Evening Post* erfunden hatte und das später auch zur Hauptfigur in sechsundzwanzig Zeichentrickfilmen wurde.

Eine der erfolgreichsten amerikanischen Comic-Figuren überhaupt schuf Bob Montana (1920–1975) 1941 mit dem rothaarigen Teenager Archie. Inspiriert durch die Henry Aldrich Radio Show, in der Ende der dreißiger Jahre die Probleme und Bedürfnisse der damaligen Jugendlichen erstmals realitätsbezogen thematisiert wurden, schilderte Montana mit versöhnlichem Humor und in einfachen Zeichnungen die Probleme seines Protagonisten in der Schule und mit der Liebe. *Archie* wurde bald schon für das Radio vertont und war ab 1946 auch als Strip auf den Seiten der Tageszeitungen zu finden. Zahlreiche Nebenfiguren der Serie begannen ab 1949 in separaten Heften ein Eigenleben zu führen, und als 1968 auch noch eine Fernsehserie ausgestrahlt wurde, überschritt die Auflage des *Archie*-Heftes die Millionengrenze.

Die Invasion der Superhelden hatte nicht nur die jugendlichen Leser begeistert und die Kassen der Verleger gefüllt, sondern auch das Bildungsbürgertum geschockt, das nun zum Gegenschlag auszuholen begann. Zwar dauerte es bis Anfang der fünfziger Jahre, bis die Kritik, die sich undifferenziert und pauschal gegen das gesamte Medium richtete, die Form einer konzertierten Aktion annahm, doch bereits ab 1940 wurden die Stimmen derjenigen laut, die im Bezug auf die Hefte von einer «nationalen Schande» und «Bedrohung» sprachen, «Bibliothekare zu den Waffen» riefen und – so etwa ein gewisser Sterling North im Mai 1940 in der *Chicago Daily News* – behaupteten, daß das «harte Schwarz und Rot das natürliche Farbempfinden der Kinder beeinträchtigen, die subkutane Injektion von Sex und Mord Kinder gegenüber besseren, also ruhigeren Geschichten abstumpfen» lassen würde.

Diese Angriffe schlugen sich in einer Reihe von Heftserien nieder, mit denen verschiedene Verlage beweisen wollten, daß Comics durchaus auch erzieherisch zu wirken vermögen. Die Parent's Magazine Press begann im April 1941 mit der Veröffentlichung von *True Comics*, einer Reihe, die Comic-Biographien von Persönlichkeiten aus Politik, Militär, Wissenschaft und Sport enthielt. Mit dreihunderttausend verkauften Exemplaren erwies sich das erste Heft mit einem Porträt Winston Churchills («World Hero No. 1») als Titelgeschichte als durchaus erfolgreich. Max C. Gaines, der 1933 bewiesen hatte, daß sich Comics an den Zeitschriftenständen verkaufen ließen, publizierte 1942 *Picture Stories from the Bible* und ließ in den nächsten Jahren *Picture Stories from American History* (1945), *Picture Stories from World History* und *Picture Stories from Science* (beide 1947) folgen. Gilberton Publications startete im Oktober 1941 *Classic Comics* mit den Adaptionen von Stoffen der Weltliteratur. Im Gegensatz zur sonst üblichen Praxis wurden die einzelnen Hefte ständig nachgedruckt (etliche erreichten bis zu fünfundzwanzig Auflagen) und waren über den Verlag nachzubestellen. Mit Heft 35 erfolgte eine Änderung des Titels in *Classics Illustrated*. Bis zur Einstellung der Serie Anfang 1969 erschienen hundertneunundsechzig Ausgaben.

Nach Ende des Zweiten Weltkrieges erlitten die Superhelden das gleiche Schicksal wie die Piloten, Abenteurer und anderen Kämpfer gegen den Faschismus auf den Seiten der Tageszeitungen. DC, dessen Programm während des Krieges zu über neunzig Prozent aus Superheldenserien bestanden hatte, reduzierte diesen Anteil auf weniger als siebzig Prozent. 1946 lancierte lediglich Marvel mit *Blonde Phantom* eine einzige neue Superheldenserie, und Fawcett mußte im gleichen Jahr bei *Captain Marvel* einen Rückgang der Verkaufsauflage um die Hälfte gegenüber der des Jahres 1944 verkraften. Um Umsätze und Marktanteile zu halten, wichen die Verlage auf andere Genres aus.

Schon im Juni 1942 war das Heft *Silver Streak Comics*, das mit einem Mix zweitklassiger Superhelden bislang nicht sehr erfolgreich gewesen war, mit seiner 22. Ausgabe in *Crime Does Not Pay* umbenannt worden und präsentierte jetzt «true crime stories», die auf wahren Kriminalfällen oder Biographien berühmter Gangster wie John Dillinger oder Lucky Luciano basierten. Inspiriert war dieser Reality-Comic durch eine gleichnamige, 1935 begonnene MGM-Kurzfilmserie, die sich mit den sozialpsychologischen Hintergründen authentischer Kriminalfälle beschäftigte, durch die 1936 gestartete, äußerst populäre Hörspielserie «Gang Busters» sowie durch den Erfolg von Pulpnachfolgern wie *True Detective* oder *Official Detective*, die neben blutrünstigen Storys auch sensationslüsterne, mit Pressefotos illustrierte Dokumentationen spektakulärer Verbrechen enthielten.

Die hölzern gezeichneten Geschichten in *Crime Does Not Pay* waren in ihrer Darstellung von Gewalt von einer schonungslosen Direktheit, die der Kritiker Mike Benton als

«10-Cent-Eintrittskarte zu einer öffentlichen Exekution» bezeichnete. Die in der Regel von Charles Biro reißerisch gestalteten Covers ließen keinen Zweifel daran, worum es im Inhalt ging. Bereits nach fünf Jahren hatte sich die Auflage von anfänglich zweihunderttausend Exemplaren fast verfünffacht, und auch andere Verlage begannen sich dem Thema zu widmen, das durch Hollywoodfilme wie Max Nossecks «Dillinger» (1945) oder Robert Siodmaks «The Killers» (1946) weitere Popularität erlangt hatte. 1947/48 gelangten Dutzende weiterer Heftserien wie *Crime and Punishment* oder *Crime Must Pay the Penalty* an die Zeitschriftenstände. Der harte Realismus der Crime-Storys, die Joe Simon und Jack Kirby ab 1947 für das ehemalige Superheldenheft *Clue Comics* zeichneten, erwies sich als so erfolgreich, daß der Titel in *Real Clue Crime Comics* geändert wurde. Jack Cole

*Crime Does Not Pay 42, 1945. Cover von Charles Biro. © Comic House*

begann im gleichen Jahr Geschichten von beängstigendem Nihilismus für *True Crime Comics* beizusteuern.

William Gaines, der 1946 den im Jahr zuvor von seinem Vater Max C. Gaines gegründeten Verlag Educational Comics (E.C.) übernommen hatte, witterte den Trend ebenfalls, benannte die Firma in Entertaining Comics um und ersetzte seine *Picture Stories* durch Titel wie *War Against Crime* und *Crime Patrol*. Im Oktober 1950 startete er *Crime SuspenStories*, das mit Beiträgen von Zeichnern wie Johnny Craig, Reed Crandall, Jack Davis, Jack Kamen, Graham Ingels, Will Elder, George Evans, Bernard Krigstein, Harvey Kurtzman, Al Williamson und Wallace Wood nicht nur zum grafisch anspruchsvollsten Heft dieses Genres wurde, sondern auch inhaltlich neue Wege beschritt: Unter der Regie des Chefredakteurs Al Feldstein beschäftigten sich die Storys nicht mit Raub und Überfällen, sondern schilderten oft subtile Verbrechen in einer dem Leser vertrauten Umgebung wie dem Arbeitsplatz oder der Familie.

Das im September 1947 von Simon und Kirby gestaltete *Young Romance* führte auch zu einem Boom von Comic-Heften, in denen es um Liebe und Romantik ging. Bereits zwei Jahre später bot allein Marvel über dreißig ähnliche Titel an. Die besten Arbeiten in diesem Genre lieferte Frank Frazetta (* 1928) für das Heft *Personal Love*. Obwohl Frazetta nur kurze Zeit für die Comic-Books gearbeitet hat – zu seinen herausragenden Werken gehören auch der Western *White Indian* (1950) und die Urzeitserie *Thun'da* (1952) – hat er das Medium doch durch seinen kunstvoll-eleganten Stil nachhaltig geprägt. Später wurde er vor allem durch seine Cover für die Taschenbuchausgaben von Edgar Rice Burroughs' «Tarzan» und Robert E. Howards «Conan» sowie seine Fantasy-Poster berühmt.

Hörspiel- und Filmserials verhalfen gleichzeitig Western-Comics wie *Hopalong Cassidy*, *Tom Mix*, *Gene Autry*, *Roy Rogers*,

Frank Frazettas Thun'da zählt zu den am besten gezeichneten Comics der fünfziger Jahre. Aus A-1 Comics 47, 1952. © Frank Frazetta

*Lash Larue* und *The Lone Ranger* zum Durchbruch; auch in diesem Genre schufen Simon und Kirby 1950 mit *Boy's Ranch* einen Klassiker.

Frühe Untersuchungen belegen, daß bei diesen Heften das Alter der Leser im Schnitt höher lag als bei den Superheldenheften. Siebenundfünfzig Prozent der Käufer von *Crime Does Not Pay* zum Beispiel waren älter als einundzwanzig Jahre. Zeitweise trug das Heft sogar den Hinweis «Not intended for children» auf dem Umschlag, und auch *Young Romance* wandte sich an «the more adult readers of comics». Auf dieses Publikum zielte Gaines Mitte 1950 mit einer ganzen Reihe neuer Serien ab und ließ mit diesem «new trend» E.C. für kurze Zeit zum innovativsten und interessantesten amerikanischen Comic-Verlag werden.

*The Crypt of Terror* (später umbenannt in *Tales from the Crypt*), *The Vault of Horror* und *The Haunt of Fear* boten ab April/Mai 1950 düstere Horrorstorys, in denen allerdings weniger die bekannten Versatzstücke des Genres wie Werwölfe oder Vampire im Vordergrund stehen als vielmehr ein beunruhigender, hintergründiger Grusel mit lakoni-

Mit den E.C.-Heften veränderte sich 1950 das Bild der Comic-Books an den Zeitungsständen: Tales from the Crypt 35, 1953, Cover von Jack Davis. Weird Fantasy 16, 1952, Cover von Al Feldstein. Weird Science 2, 1950, Cover von Wally Wood. © William M. Gaines

schen Untertönen; der Fatalismus und die Subtilität der Geschichten brechen sich in Zeichnungen von manchmal schockierend offener Brutalität. Mit Weird Science und Weird Fantasy starteten gleichzeitig zwei weitere Hefte, deren utopische Geschichten die Science Fiction häufig intelligent als in die Zukunft verlagerte Projektionsfläche aktueller gesellschaftlicher Themen nutzten; etliche von ihnen sind Adaptionen von Short-storys Ray Bradburys, der 1950 mit der Veröffentlichung seiner «Mars-Chroniken» gerade zu großer Popularität gelangt war.

Al Feldstein (*1925), der alle Hefte redaktionell betreute und knapp die Hälfte aller Storys selbst schrieb, vertraute vor allem auf die Kraft der Szenarios. Seine Geschichten sind wortreich, manchmal sogar zu textlastig. «Ich war ziemlich beeindruckt von Bradburys Romanen und führte diesen Schreibstil bei den Comics ein», erinnerte er sich später. «Das mag aus der Ahnung heraus geschehen sein, daß das Fernsehen den Comics etwas von ihrer visuellen Attraktivität raubte und ich mir sagte, daß es besser sei, sich auf die Erzählung zu konzentrieren.» Mit den Zeichnern, die auch die Geschichten für Crime SuspenStories umsetzten, verfügte er über ein Team der besten Künstler der fünfziger Jahre, denen die Themen häufig auf den Leib geschrieben wurden.

Jack Davis zeichnete vor allem Horrorgeschichten, die in abgelegenen, verschroben ländlichen Gegenden spielten, während Graham Ingels die Storys übernahm, in denen die Darstellung makabren Grusels besonders wichtig war. Bernard Krigstein, der 1954 zu E.C. stieß, kultivierte eine harte, vom Film inspirierte Schnitttechnik – seine Seiten bestanden manchmal aus bis zu zwanzig Panels – und war in der Lage, seinen Stil den jeweiligen Sujets seiner Storys genial anzupassen. «Pipe Dream» (Vault of Horror 36, 1954), eine Geschichte über Opiummißbrauch, illustrierte er in der Manier chinesischer Federzeichnungen, und «Master Race» (Impact 1, 1955) schildert die Begegnung eines ehemaligen KZ-Häftlings mit einem seiner früheren Aufseher in Bildern von eisiger Kälte. Wallace Wood wurde zum Spezialisten für Science

Die Geschichte «Master Race» hat Bernard Krigstein in einer vom Film inspirierten Schnittechnik angelegt. Sie zählt zu den eindrucksvollsten Storys, die während der kurzen Ära der E.C.-Comics erschienen. Aus Impact 1, 1955. © William M. Gaines

Fiction (er zeichnete 1952 auch drei *Spirit*-Episoden, in denen er Will Eisners Helden auf den Mond schickte) und bevorzugt für Storys eingesetzt, in denen technische Dekors und Raumschiffe eine Rolle spielten. Für die eher romantische, Fantasy-beeinflußte Seite des Genres im Stil *Flash Gordons* war Al Williamson zuständig.

Trotz höchst individueller Zeichen- und Erzähltechniken gelang es Feldstein, so etwas wie einen gemeinsamen E.C.-Stil zu etablieren, der schon bald eine treue Fangemeinde fand. Hilfreich war dabei das Prinzip, bei den Horror-Titeln die Geschichten von Figuren wie dem «Crypt Keeper», dem «Vault Keeper» oder der «Old Witch» vortragen zu lassen. Dies war damals populären Radio-serials abgeschaut, in denen die Sprecher mit ihren Kommentaren unterschiedliche Themen verbanden und den Sendungen somit Kontinuität verliehen. Aber auch die anderen Hefte reihten sich nahtlos in das Verlagsprogramm ein.

Auf *Crime SuspenStories* folgten mit *Two-Fisted Tales* (November 1950) und *Frontline Combat* (Juli 1951) zwei Reihen mit Kriegs-Comics, die den Schrecken und die menschliche Tragik kriegerischer Auseinandersetzungen schonungslos darstellten. Beide Hefte wurden redaktionell von Harvey Kurtzman (1924–1993) betreut, der in seinen eigenen Geschichten das Grauen an der Front mit hartem, an Holzschnitte erinnerndem Pinselstrich zu Papier brachte. Kurtzmans Spezialität waren bis dahin humoristische Comics gewesen – von 1946 bis 1949 hatte er vornehmlich die satirische Reihe *Hey Look!* für verschiedene Hefte gezeichnet –, und das führte dazu, daß das Geschehen oft fast surreal wirkte und sich seine Storys von zuvor erschienenen, martialischen Propagandaserien wie *War Comics* (1940) oder *Military Comics* (1941) in erfrischender Weise abhoben. Auch später erfolgreiche Kriegs-Comics wie *Sergeant Rock* (1959) oder *The 'Nam* (1986), die sich vom Anspruch her kritisch gaben, ist es nie gelungen, die beängstigende Atmosphäre der E.C.-Reihen aufzugreifen.

Die E.C.-Hefte wurden schnell zur Hauptangriffsfläche für die Gegner der Comic-Books, deren Zahl gegen Ende der vierziger Jahre stark angewachsen war. Im März 1948 strahlte der Sender ABC eine Diskussion mit dem Titel «What's Wrong with the Comics?» aus, und unter Vorsitz des Psychologen Fredric Wertham, Leiter der ersten psychiatrischen Klinik in Harlem, fand das Symposium «The Psychopathology of Comic Books» statt, das mögliche Zusammenhänge zwischen Jugendkriminalität und Comic-Konsum untersuchte. Daß alle Probanden einer Gruppe junger Strafgefangener angegeben hatten, Comics zu lesen, schockierte die Öffentlichkeit. Ignoriert wurde sowohl, daß einer Untersuchung des Jahres 1946 zufolge neun von zehn Kindern im Alter von acht bis fünfzehn Jahren regelmäßig Comics lasen, wie auch die Tatsache, daß in den Jahren 1947 und 1948, in denen die inkriminierten Crime-Comics ihre größte Popularität verzeichnen konnten, die Zahl der registrierten Straftaten Jugendlicher deutlich niedriger lag als in den Jahren zuvor. Im Oktober 1948 berichtete *Time* erstmals über einige Jugendliche, die nach eigenen Angaben die Handlungsanweisungen für von ihnen verübte Straftaten ihrer Comic-Lektüre entnommen hatten. In der Folge weigerten sich vereinzelt Händler, bestimmte Comics auszulegen, und an einigen Schulen kam es zu öffentlichen Verbrennungen von Comic-Heften.

Zusammen mit drei weiteren Verlegern versuchte William Gaines, die Situation zu entschärfen, und gründete im Juli 1948 die Association of Comic Magazine Publishers, die durch eine Selbstkontrolle die Gemüter beruhigen und einer staatlichen Zensur zuvorkommen sollte. Die Initiative scheiterte jedoch mangels Beteiligung weiterer Verlage. Inzwischen wurde die Stimmung durch weitere Veröffentlichungen angeheizt. 1949 stellte *Parent's Magazine*, dessen *True Comics* mittlerweile empfindliche Auflagenverluste hatte hinnehmen müssen (die fünf letzten Ausgaben wurden 1950 nur noch an Abonnenten verschickt), fest, daß siebzig Prozent aller Comics aggressive oder sadistische Darstellungen enthielten, und der Vulgärfreudianer Gershom Legman publizierte im gleichen Jahr ähnliche Behauptungen in seinem Buch «Love and Death», dessen Interpretationen der versammelten Beispiele einen paranoiden Deutungszwang vermuten lassen. 1950 wurde McCarthy Vorsitzender des Ausschusses zur Bekämpfung antiamerikanischer Umtriebe und schürte ein Klima allgemeiner Hysterie (das vor allem Joe Simon und Jack Kirby 1954 in ihrer Serie *Fighting American* aufgriffen). Die angebliche Bedrohung der Nation von außen durch den Kommunismus fand sein Pendant in einem Kreuzzug gegen die Comics als Gefahr von innen.

Ihren Höhepunkt erreichten die Auseinandersetzungen 1954 mit der Veröffentlichung von Werthams Buch «Seduction of the Innocent» und den Kefauver-Hearings in New York City. Bei diesen Hearings wurden auch verschiedene Zeichner und Comic-Verleger als Zeugen befragt, und Gaines, der Angriffe müde («Dr. Wertham die Harmlosigkeit einer Horrorstory begreiflich zu machen wäre ebenso schwierig, wie einer alten Jungfer die Freuden der Sexualität zu erklären (…) Die Wahrheit ist, daß Verbrechen das Resultat einer Umwelt sind, in der ein Kind lebt, und nicht seiner Lektüre. Die Probleme sind ökonomischer und sozialer Natur, und sie sind komplex.»), lieferte sich mit Senator Estes Kefauver schließlich jenen berühmt gewordenen Schlagabtausch, der ihn in der Öffentlichkeit endgültig zum Buhmann der Debatte werden ließ: Kefauver hielt das E.C.-Heft *Crime SuspenStories* 22 in eine Kamera und befragte Gaines: «Hier ist Ihre Mai-Ausgabe. Dies scheint ein Mann mit einer blutigen Axt zu sein, der den Kopf einer Frau hält, der von ihrem Körper abgetrennt wurde. Sind Sie der Meinung, daß das geschmackvoll ist?» Gaines: «Ja, Sir … für das Cover eines Horrorheftes. Schlechter Geschmack wäre, wenn der Kopf etwas höher gehalten würde, so daß man das Blut hätte heraustropfen sehen, und wenn der Körper so gezeigt worden wäre, daß man den blutigen Hals hätte sehen können.» Kefauver: «Ihr kommt Blut aus dem Mund.» Gaines: «Ein bißchen.»

Jetzt spürte die gesamte Branche, daß es höchste Zeit war, zu reagieren. Es galt, Entwicklungen wie im benachbarten Kanada vorzubeugen, wo die schon 1949 verabschiedete Fulton Bill das Herstellen, Drucken und Verbreiten von Crime-Comics mit zwei Jahren Freiheitsentzug ahndete, nachdem im Jahr zuvor in Yukon Kinder beim Nachspielen einer Comic-Story versehentlich einen Autofahrer erschossen hatten. Im Oktober 1954 wurde die Comics Magazine Association of America (CMAA) gegründet, die mit ihrem Comic-Code ein Regelwerk festlegte, das unter anderem die Darstellung von «Sympathie für Verbrecher», «Mißtrauen gegen Streiter für Recht und Gesetz» und «Einzelheiten und Methoden von Verbrechen» verbot. Ebenso war untersagt, «Nacktheit in jeder Form» zu zeigen, Scheidung «humoristisch oder als wünschenswert» zu behandeln, in den Sprechblasen Flüche oder übermäßig Slangausdrücke zu verwenden sowie Worte wie «Horror» oder «Terror» im Titel zu führen. Jedes Heft mußte künftig vor seiner Veröffentlichung der CMAA zur Prüfung vorgelegt werden und, blieb es unbeanstandet oder wurden die Gründe für eine Beanstandung beseitigt, das briefmarkenförmige Siegel «Approved by the Comic Code Authority» tragen. Mit Ausnahme von Dell, deren Funny-Animal-Comics ohnehin außerhalb des Verdachts der Jugendgefährdung standen, traten sämtliche Verlage der CMAA bei, deren Vorsitzender John Goldwater, Verleger der keimfreien Serie *Archie*, wurde. Hefte ohne das CMAA-Siegel wurden vom Handel zurückgewiesen.

Die ökonomischen Folgen für die Branche waren fatal: Zum Zeitpunkt der Einführung des Codes erschienen monatlich sechshundertfünfzig verschiedene Heftserien; ein Jahr später waren es noch knapp dreihundert. Insgesamt vierundzwanzig Verlage mußten Konkurs anmelden oder zogen sich aus dem Comic-Geschäft zurück. Auch E.C. mußte 1954 nahezu das gesamte Programm einstellen; in einer «Todesanzeige» in den jeweils letzten Heften hieß es resignierend: «Wir sind gezwungen zu kapitulieren. Wir geben auf!» Der Versuch, die alten Titel durch neue, die den Kriterien der CMAA genügten, zu ersetzen, wurde im Frühjahr 1956 endgültig aufgegeben.

Das Heft, das Gaines das Überleben sicherte, war ganz anderer Natur als die E.C.-Horror-, Science-Fiction-, Crime- und Kriegs-Comics. Harvey Kurtzman hatte Gaines 1952 vorgeschlagen, die Programmpalette durch einen humoristischen Titel zu erweitern, und im Oktober des gleichen Jahres war die erste Ausgabe von Mad erschienen, das anfangs ausschließlich anarchische Persiflagen auf bekannte Comic-Serien enthielt. Dabei wurden die eigenen Themen wie beispielsweise das Horrorgenre ebenso parodiert wie die populären Helden Tarzan, The Spirit, Blackhawk oder Archie.

Diesen frühen Geschichten von Jack Davis, Wallace Wood, Will Elder und John Severin ist deutlich die Liebe zum Medium Comic anzumerken, die so gut wie alle E.C.-Zeichner teilten. Der Durchbruch gelang mit dem vierten Heft, das die von Kurtzman geschriebene und gezeichnete Superman-Parodie «Superduperman» enthielt, gegen die DC wegen angeblicher Copyrightverletzung vorzugehen versuchte, schlußendlich aber doch die Parodie als eigenständige Kunstform anerkennen mußte.

Imitationen anderer Verlage folgten auf dem Fuße, denen Gaines 1954 eine eigene hinzufügte: Panic konnte sich jedoch nur zwölf Ausgaben lang halten. Weitere Schwierigkeiten bereitete Kurtzman die Erkenntnis, daß sich die Originalität der Comic-Parodien bald erschöpfen würde. Mitte 1955 stellte er das Heft deshalb auf ein größeres Format um, erweiterte den Umfang und öffnete das jetzt schwarzweiße Magazin auch für andere Themen. Besonders populär wurden bald die Mad-Parodien auf Werbung, Fernsehserien, Kinofilme und Musikstars. Alfred E. Neumann, den Will Elder erstmals in der 21. Ausgabe hatte auftauchen lassen, avancierte zum Maskottchen, und weitere Zeichner wie Don Martin (ab Heft 29), Mort Drucker (32), David Berg (34), Sergio Aragones (76) und Al Jaffee (91) wurden zu regelmäßigen Mitarbeitern.

Gleich mit seiner ersten Ausgabe parodierte Mad das Genre, gegen das sich die Proteste der Jugendschützer hauptsächlich gerichtet hatten. Mad 1, 1952, Cover von Harvey Kurtzman.
© William M. Gaines

142 Träume für 10 Cent

*Pop-art im Playboy: Little Annie Fanny von Harvey Kurtzman und Will Elder. © Playboy*

Kurtzman hingegen ließ sich, nachdem ihm Gaines eine Mehrheitsbeteiligung an *Mad* verweigert hatte, von Hugh Hefner abwerben, der kurz zuvor den *Playboy* lanciert hatte. Die redaktionelle Betreuung von *Mad* übernahm ab Heft 29 Al Feldstein, während Kurtzman mit seinen satirischen Magazinen *Trump* (1956), *Humbug* (1957) und *Help!* (1960) relativ erfolglos blieb. Von 1962 bis 1988 beschränkte er sich vornehmlich darauf, zusammen mit Will Elder und Jack Davis die erotisch-aufmüpfige Comic-Parodie *Little Annie Fanny* für den *Playboy* zu gestalten. 1988 veröffentlichte er seine Autobiographie «My Life as a Cartoonist» und 1991 «From Aargh to Zap! Harvey Kurtzman's Visual History of the Comics».

In seiner kurzen Geschichte hatte der Verlag E.C. den ersten konsequenten und ernsthaften Versuch gemacht, das Comic-Heft aus seiner Beschränkung auf vornehmlich junge Leser zu befreien. Die später nur selten wieder erreichte Qualität der Geschichten und die Konzentration künstlerischer Kreativität in einem Haus blieben unvergessen: 1967 erschien mit *Squa Tront* ein Fanzine, das sich ausschließlich mit den E.C.-Zeichnern beschäftigte, und ab 1978 wurde das gesamte Verlagsprogramm in dreiundfünfzig voluminösen Bänden nachgedruckt. Einen weiteren Reprint der wichtigsten E.C.-Serien im Heftformat nahm ab 1993 Russ Cochran in Angriff.

Ohne die erfrischende Kraft William Gaines' und seiner Künstler und geknebelt durch die Restriktionen des Codes, verloren die Comics den Biß, der notwendig gewesen wäre, um gegen die beginnende Allmacht des Fernsehens zu bestehen. Da half auch nicht das von Joe Kubert entwickelte Verfahren, die Zeichnungen der Comics, betrachtet durch eine beigelegte Brille mit einem roten und einem grünen «Glas», plastisch wirken zu lassen. Im September 1953 hatte St. John Publishing das erste Heft der Serie *3-D-Comics* mit Mighty Mouse als Titelhelden herausgebracht, und schon wenig später griffen fünfzehn weitere Verlage die Idee auf, die gleichzeitig auch Hollywood begeisterte: Mit «Bwana Devil» war im Jahr zuvor der erste 3-D-Film in die Kinos gekommen. Zu den beeindruckendsten dreidimensionalen Heften gehört Joe Kuberts *Tor* um einen Helden in der Urzeit. Im Februar 1954 jedoch war der Boom bereits wieder vorbei.

Mit dem Ende des «Golden Age» begann eine lange Durststrecke der Ödnis, während der er sich etliche großartige Künstler damit beschäftigen mußten, wenig interessante Fließbandserien zu gestalten, anstatt mit eigenen Themen hervortreten zu können. Jesse Marsh beispielsweise verlieh *Tarzan* mit seinen atmosphärisch dichten Zeichnungen einen wilden Charme. Russ Manning illustrierte elegant die Science-Fiction-Serie *Magnus, Robot Fighter*, bevor er später Marsh bei *Tarzan* ablöste. Die Abenteuer Zorros setzte Alex Toth brillant und dynamisch in Szene.

## Neue Helden

Die Uninspiriertheit der Branche in den auf den Comic-Code folgenden Jahren schlug sich in einem Recycling alter Ideen nieder. DC erinnerte sich an seine früheren Erfolge, jene vor langer Zeit müde gewordenen Superhelden, die nicht einmal mehr der Koreakrieg hatte zu neuem Leben erwecken können, und veröffentlichte im Oktober 1956 in der vierten Ausgabe des Heftes *Showcase* ein neues Abenteuer mit dem 1940 von Sheldon Mayer geschaffenen Flash. Der DC-Redakteur Julius Schwartz hatte dem flinken Veteranen eine neue Origin-story und einige neue Superkräfte verpaßt, Carmine Infantino und Joe Kubert steckten ihn in ein modernisiertes Kostüm. Die Resonanz war überraschend positiv, und im März 1959 bekam *The Flash* ein eigenes Heft, das mit Nummer 105 an die zehn Jahre zuvor eingestellte Serie anschloß. Green Lantern, im Oktober 1959 in *Showcase* 22 reaktiviert, folgte im August 1960 mit einem eigenen Hefttitel; die Storys schrieb John Broome, die Zeichnungen besorgte Gil Kane.

Der Verlag war sich nicht sicher, ob diese Erfolge einen neuen Superheldenboom andeuten, und griff auf eine andere Idee zurück, die sich schon zwanzig Jahre zuvor bewährt hatte: das Heldenteam. Im März 1960 vereinte Schwartz in *The Brave and the Bold* 28 Superman, Batman, The Flash, Green Lantern, Wonder Woman und einige weitere Helden zur Justice League of America, die sich ein halbes Jahr später ebenfalls selbständig machte. Damit hatte DC jene Periode in der Geschichte der Comics eingeleitet, die Fans später «The Silver Age» taufen sollten. 1961 erschien in *The Flash* 123 eine von Gardner Fox geschriebene Geschichte, in der der neue und der alte Flash ein gemeinsames Abenteuer zu bestehen hatten, und die erklärte, daß alle ehemaligen Superhelden des

Anfang der sechziger Jahre brach für die Superhelden eine neue Ära an: Justice League of America 4, 1961, Cover von Murphy Anderson. The Flash 123, 1961, Cover von Carmine Infantino. © DC Comics

Verlages in einer Parallelwelt weiterhin existierten. Dieser Erzählkniff ermöglichte es DC, auch andere Golden-Age-Helden wieder auferstehen zu lassen.

Hart angeschlagen durch die Auswirkungen des Codes war auch Marvel. Noch 1952 hatte der Verlag vom Umsatz her eine Marktführerposition innegehabt, aber bereits fünf Jahre später mußten mehr als zwei Drittel aller Titel eingestellt und ein großer Teil der Mitarbeiter entlassen werden. Stan Lee (Stanley Lieber, * 1922), inzwischen zum Chefredakteur der Firma avanciert, beschrieb später zutreffend den fehlenden Biß der Branche: «Wenn Cowboyfilme populär waren, produzierten wir eine Menge Westernhefte, waren Polizisten und Verbrecher en vogue, stießen wir Crime-Comics aus. Ging der Trend zu Liebesgeschichten, machten wir romantische Comic-Books. Wir gaben den Leuten einfach, was sie haben wollten. Oder von dem wir glaubten, daß sie es wollten.»

Mitte der fünfziger Jahre hatten Filme wie Jack Arnolds «Der Schrecken vom Amazonas» (1953), «Tarantula» (1955) und Inoshiro Hondas «Godzilla» (1954) eine Monsterwelle ausgelöst, und Marvel hielt sich mit Heftserien über Wasser wie *Tales to Astonish* und *Tales of Suspense* (beide 1959), die sich vor allem dank der besonders dynamischen Storys und Covers von Jack Kirby recht gut verkauften, allerdings längst nicht den Erfolg hatten wie DCs *Justice League*. Lee beauftragte Kirby kurzerhand mit der Entwicklung eines Superheldenteams, und im November 1961 erschien die erste Ausgabe von *Fantastic Four*, in der der Wissenschaftler Dr. Reed Richards, Sue Storm und ihr jüngerer Bruder Johnny

Neue Helden

sowie der Pilot Ben Grimm mit einer selbstgebastelten Rakete zum Mond fliegen, auf daß Amerika nicht auch noch dieses Wettrennen im All an die «Commies» verlöre. Während ihres Fluges gerieten sie allerdings in einen kosmischen Sturm, werden verstrahlt und kehren als Mr. Fantastic, Invisible Girl, Human Torch und Thing auf die Erde zurück. Dr. Richards kann sich nun ähnlich wie zuvor schon Plastic Man verformen, Sue verfügt über die Fähigkeit, sich unsichtbar zu machen, Johnny kann sich in eine lebende Fackel verwandeln und Ben Grimm nach Dr.-Jeckyll-und-Mr.-Hyde-Manier zu einem Erdklops mutieren. Umgehend beschließt das Quartett, diese Tricks in den Dienst des Guten zu stellen.

Ähnliche Origin-storys waren auch in anderen Superheldenserien bereits zu lesen gewesen, und dennoch verfolgten Lee und Kirby von Beginn an ein völlig neues Konzept. Ihre Helden waren nicht wie die bei DC unfehlbar und immun gegen seelische Pein, sondern wurden zeitweise durch Gefühle wie Eifersucht oder Selbstzweifel aus der Bahn geworfen. Zwar lieferten sich die Fantastic Four nicht minder dramatische Schlachten mit mächtigen Gegnern, allen voran Dr. Doom, aber dies waren nur die aktionsbetonten Höhepunkte einer sich kontinuierlich entwickelnden Handlung, die streckenweise die Charakteristika einer Soap opera aufweist. Nach langem Liebesleid heirateten Dr. Richards und Sue Storm 1965 schließlich sogar und bekamen drei Jahre später ein Kind.

Im Vergleich mit den fast aseptisch wirkenden Abenteuern Supermans strahlten Kirbys Zeichnungen eine innere, erotische Unruhe aus und signalisierten eine neue Atmosphäre. Das gefiel den Lesern auf Anhieb, und Marvel wurde mit Briefen bombardiert, was später zur Einführung regelmäßiger Leserbriefseiten und einem kontinuierlichen Dialog zwischen Produzent und Konsumenten führte. Lee und Kirby beschlossen, sich mit weiteren Figuren in ähnlichem Stil zu versuchen. *The Incredible Hulk*, eine weitere Jeckyll-Hyde-Variante (Dr. Bruce Banner wird verstrahlt, als er einen Jungen vor einer Atombombenexplosion rettet, und mutiert zum grünhäutigen Berserker), debütierte im Mai 1962. Allerdings erwies sich die Figur als so schwierig zu handhaben, daß sie nach sechs Ausgaben in das Heft *Tales to Astonish* abgeschoben wurde und erst 1968, als die Marvel-Comics im Zuge der allgemeinen Pop-art-Begeisterung eine ungeahnte Popularität erlebten, wieder einen eigenen Titel bekam. Bei *Thor* (der gehbehinderte Dr. Don Blake findet einen antiken Hammer, durch den er in eine nordische Gottheit verwandelt wird) waren Lee und Kirby deshalb zurückhaltender und lancierten diese Serie im August 1962 vorerst in dem Heft *Journey into Mystery* (Nr. 83), das allerdings im März 1966 mit der Ausgabe 126 in *Thor* umbenannt wurde.

Den erfolgreichsten Superhelden der sechziger Jahre schuf Lee zusammen mit dem Zeichner Steve Ditko (* 1927) im August 1962 für die fünfzehnte und letzte Ausgabe des Heftes *Amazing Fantasy*: Hinter Spider-Man verbirgt sich der schüchterne Student Peter Parker, ein «Junge von nebenan», der durch den Biß einer radioaktiv kontaminierten Spinne zum Superhelden wurde, bei seiner herzkranken Tante wohnt und Probleme mit dem Taschengeld und der Liebe hat. Das Motiv, seine Fähigkeiten in den Dienst der Gerechtigkeit zu stellen, bezog er aus dem Umstand, daß sein Onkel von einem Gauner ermordet worden war, den er am Tag zuvor hätte stellen können, aber entwischen ließ. Noch keine Superheldenserie hatte zuvor so stark Bezug auf den Alltag ihrer Leser gesucht, und binnen kürzester Zeit – ein eigenes Heft startete im März 1963 – wurde Spider-Man zur Identifikationsfigur einer ganzen Generation. Ditkos Zeichnungen wirken zwar manchmal etwas hölzern und unterscheiden sich stark von der heroischen Grafik Kirbys, der die Serie ursprünglich hatte zeichnen sollen, aber dies verschaffte dem Soap-opera-Appeal, den

*Mit den Marvel-Heften bekam das Superheldengenre neuen Drive. Fantastic Four 45, 1965, Cover von Jack Kirby. Silver Surfer/Thor-Crossover in Silver Surfer 4, 1969, Cover von John Buscema. © Marvel*

Lee hier noch stärker betonte als bei den *Fantastic Four*, um so mehr Geltung. 1988 durfte auch Spider-Man endlich heiraten. In John Romita fand Ditko 1966 einen routinierten und langjährigen Nachfolger.

Euphorisiert durch diese Erfolge, »stieß Marvel Superhelden aus wie Popcorn« (Lee). Im September 1963 folgten mit *X-Men* und *The Avengers* zwei weitere Teams von Lee und Kirby. Die X-Men stellen eine Gruppe von Mutanten dar, die über ihre Superkräfte bereits von Geburt an verfügen und sie nicht erst in einer Origin-story erwerben müssen (ein Konzept, auf das Marvel später auch bei etlichen anderen Serien zurückgriff), während die Avengers sich aus bekannten Helden wie Thor und Hulk zusammensetzen. In ihrem vierten Heft entdecken die Avengers während einer Expedition durch die arktische See einen im Eis eingefrorenen Körper, der sich, aufgetaut, als Captain America entpuppt. Bald schon übernahm Captain America die Führung der Gruppe, mischte fleißig mit im Kalten Krieg (in den Marvel-Comics der sechziger Jahre trieben sich, so Mike Benton, «mehr Kommunisten herum als auf der Abonnentenliste der *Prawda* standen») und bekam im April 1968 auch ein eigenes Heft, das ebenfalls von Kirby gezeichnet wurde. Damit war ein Kreis geschlagen zu Kirbys wie auch Marvels erstem großen Erfolg aus dem Jahre 1941.

DC war nicht entgangen, daß vor allem *Spider-Man*, in dessen Kostüm der jugendliche Peter Parker steckte, rasch Leser gewann. 1964 vereinigte der Verlag deshalb die Side-

Tagsüber der nette Junge von nebenan, nachts als Superheld auf Gangsterjagd: Spider-Man von Stan Lee und Steve Ditko. Aus Spider-Man 1, 1963. © Marvel

kicks seiner erwachsenen Helden, darunter Robin, Kid Flash und das Wonder Girl, zu der Serie *Teen Titans*. Zu diesem Zeitpunkt waren zwar immer noch die Heftserien um Batman und Superman (inklusive solcher Spin-offs wie *Lois Lane* oder *Jimmy Olsen*) am erfolgreichsten, aber mit den neuen «superheroes with human touch» hatte Marvel die Krise gemeistert und befand sich deutlich im Aufwind. Maßgeblichen Anteil an dieser Entwicklung hatte Jack Kirby mit seinem kraftvollen, dynamischen Zeichenstil. Besonders seine Cover, auf denen die Heroen aktionsbetont mit weit gespreizten Beinen posieren, wurden zum Markenzeichen des Verlages.

Ein übriges taten die Storys. Aus der Not des überarbeiteten Stan Lee heraus entwickelte sich der «Marvel way» des Storytellings: Szenarios in schriftlicher Form wurden meist nicht erstellt, statt dessen entwickelte Lee zusammen mit dem jeweiligen Zeichner die Plots und spielte gelegentlich auch wichtige Szenen mit ihm durch, wobei angeblich die gesamte Redaktion unter Einbeziehung aller anwesenden Bürokräfte zum Schauplatz

titanenhafter Kämpfe wurde. In den meisten Fällen waren diese später zum Mythos stilisierten Sessions allerdings nicht mehr als grobe Abstimmungen über den weiteren Verlauf der Handlung, die dann der Zeichner ausarbeitete. Die Dialoge wurden geschrieben, nachdem der Zeichner die entsprechende Story umgesetzt hatte. Epische Handlungsstränge, die sich meist über mehrere Hefte hinweg entwickelten, förderten die Leserbindung, Team-ups und Crossovers mit anderen Helden manifestierten das, was Lee später als «Marvel Universe» bezeichnete.

Im März 1966 erhielten die Fantastic Four in ihrem Heft 48 Besuch aus dem All: Der Silver Surfer war im Auftrag von Galactus, der sich von der Energie von Planeten ernährt, unterwegs, um seinen Herrn darüber zu informieren, ob seine Beute eventuell bewohnt sei. Als Galactus trotz Warnung dennoch beschließt, die Erde zu absorbieren, verbündet sich der Silver Surfer mit den Fantastic Four, um dies zu vereiteln. Als Strafe für diesen Verrat legt Galactus eine Energiebarriere um den Erdball, die es seinem silberhäutigen, auf einem intergalaktischen Surfbrett durch das All gleitenden Scout unmöglich macht, auf seinen Heimatplaneten Zenn-La und zu seiner Geliebten Shalla-Bal zurückzukehren.

Auf der Erde gefangen, wurde der Silver Surfer zum tragischsten aller Marvel-Helden, der mit seiner kosmischen Weisheit das menschliche Treiben in Serie kritisch kommentierte: «In der gesamten Galaxis habe ich keinen Planeten gefunden, der mehr gesegnet ist als dieser. Keine Welt, die mit mehr natürlicher Schönheit ausgestattet ist, mit allem, was ein wirkliches Paradies ausmacht. Und dennoch trachtet die Menschheit in ihrem unkontrollierten Irrsinn und ihrer unverzeihlichen Blindheit danach, dieses Juwel zu zerstören.» Das war konsensfähig, und ab August 1968 philosophierte der Silver Surfer auch in einem eigenen Heft weiter, das von John Buscema (* 1927) mit dynamischem Strich gezeichnet wurde. Später faszinierte der Weltschmerz des Silver Surfer sogar den französischen Zeichenstar Moebius, der 1988 die Gestaltung eines Abenteuers übernahm.

Das Auftauchen des Silver Surfer fiel zusammen mit den zunehmenden Protesten gegen den Krieg der USA in Vietnam. Kritik an dem naiven Weltbild und dem oft reaktionären Habitus der Superhelden wurde laut. Noch kurz zuvor waren die kostümierten Streiter zu Ikonen der Popkultur erklärt und Stan Lee während Vortragsreisen durch amerikanische Universitäten als «Shakespeare des 20. Jahrhunderts» gefeiert worden, jetzt wurden sie zum Sinnbild des US-amerikanischen Imperialismus. Das «Silver Age» neigte sich seinem Ende zu. Als Stan Lee 1972 vom Chefredakteur zum Verleger avancierte und seinen alten Posten an Jim Shooter abtrat, war die anarchisch-kreative Phase Marvels, die nicht nur den Verlag gerettet, sondern der gesamten Branche frischen Wind verliehen hatte, bereits Vergangenheit.

Gegen die Zusage uneingeschränkter künstlerischer Freiheiten hatte DC schon zwei Jahre zuvor Jack Kirby abgeworben, der im Frühjahr 1971 mit *New Gods*, *Forever People*, *Mister Miracle* und *Superman's Pal, Jimmy Olsen* seine «Fourth World» entwickelte, ein komplexes Universum, in dem sich zu Göttern überhöhte Superhelden bekriegen. Erstmals schuf Kirby hier Querverweise auch zwischen verschiedenen Heftserien und etablierte damit ein Konzept, mit dem die Verlage noch heute die Leser an mehrere Reihen gleichzeitig binden.

«Kirby's here!» warb DC auf den Covers, doch die Verkaufszahlen zeigten bald, daß der «King» den Nerv der Leser diesmal nicht getroffen hatte. Mit *The Demon*, *Kamandi* (beide 1972) und *Omac* (1974) wandte er sich wieder konventionelleren Themen zu, erfüllte seinen Fünfjahresvertrag mit DC, zeichnete ab 1976 noch einmal kurz für Marvel *Captain America*, *Eternals* und *2001: A Space Odyssey* und beendete zwei Jahre später seine über vierzigjährige Comic-Karriere. Lediglich Anfang der achtziger Jahre unterstützte er noch einmal die Independent-Verlage Pacific und Eclipse, für die er die Reihen *Captain Victory and the Galactic Rangers* (1981), *Silver Star* (1983) und *Destroyer Duck* (1982) gestaltete, mit seinem Namen, und 1985 brachte er, noch einmal bei DC, mit dem Graphic novel *The Hunger Dogs* seine *New Gods*-Serie zum Abschluß.

Auch stilistisch hatte sich bereits ein Wandel anzudeuten begonnen, der sich in einer Abwendung von Kirbys kraftvollen Zeichnungen hin zu einer mehr eleganten, leichten und artifiziellen Grafik äußerte. Besonders auffällig war dies in den Heften der Serie *Nick Fury*, die Jim Steranko (* 1938) Ende 1966 übernahm und mit unkonventionellen Layouts und erfrischend innovativen Ideen schnell zum Erfolg führte. 1969 löste Steranko Kirby an *Captain America* ab und gab damit das Signal zum ästhetischen Umbruch. Obwohl sein Comic-Werk schmal blieb, hat Steranko das Medium durch das Aufgreifen von Elementen der Pop-art und filmischer Erzählweisen nachhaltig beeinflußt. In gelegentlichen späteren Arbeiten wie dem Album *Chandler* (1976) oder der Adaption von Peter Hyams Science-Fiction-Film «Outland» (1981) ließ er diese Kraft allerdings vermissen.

Zur zentralen Figur der neuen Entwicklungen wurde schließlich Neal Adams (* 1941). Adams hatte von 1962 bis 1966 den Zeitungsstrip *Ben Casey* gezeichnet und war schließlich zu DC gestoßen, wo vor allem seine mystischen *Deadman*-Storys Beachtung fanden. Anschließend übernahm er *Batman*, dessen Abenteuern er eine beängstigende, düstere Atmosphäre und einen fatalistischen Unterton verlieh. In diesem Zusammenhang wirkte das Konzept des Sidekicks, mit dem sich ursprünglich die jugendlichen Leser hatten identifizieren sollen, nicht mehr zeitgemäß, und folgerichtig verschwand Robin aus der Serie und wurde aufs College geschickt. (1983 erhielt Batman mit Jason Todd einen neuen Begleiter, der jedoch nach fünf Jahren in der Geschichte *A Death in the Family* dem Joker zum Opfer fiel: Die Leser hatten telefonisch über sein Schicksal bestimmen können, eine knappe Mehrheit entschied sich gegen ihn. Mit dem jungen Tim Drake trat 1990 schließlich Robin III auf den Plan. Der erste Robin, der zwischenzeitlich zum Chef der Teen Titans geworden war, begann 1995 als Nightwing eine eigenständige Superheldenkarriere.)

Einen neuen Weg beschritt Adams ab Mai 1970 zusammen mit dem Autor Denny O'Neil mit den Helden Green Lantern und Green Arrow, die sich ab ihrem 76. Heft mit gesellschaftlichen Problemen wie Rassendiskriminierung, sozialer Ungerechtigkeit und Drogenkonsum konfrontiert sahen. Diese für eine Superheldenserie ungewöhnlichen Themen begeisterten die Kritik, halfen den Verkaufszahlen aber kaum. Marvel eiferte Adams und O'Neil nach und veröffentlichte 1971 in den *Spider-Man*-Heften 96 bis 98 ebenfalls eine Geschichte über Drogenmißbrauch, die ohne das Siegel der CMAA, die die Darstellung suchterzeugender Narkotika untersagte, erschien. Im gleichen Jahr erfuhr der Comic-Code eine geringfügige Liberalisierung, die es wenig später auch Tony

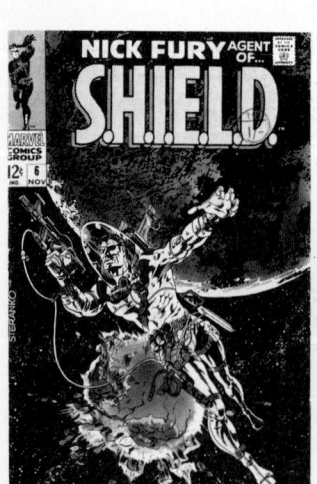  

*Ende der sechziger Jahre führte ein Generationswechsel unter den Zeichnern zu einem neuen Stil der Comic-Books. Nick Fury 6, 1968, von Jim Steranko, Conan 4, 1971, von Barry Windsor Smith, © Marvel, New Gods 1, 1971, von Jack Kirby. © DC Comics*

Parallel zu der Modernisierung der Grafik der Comic-Books begannen auch Selbstzweifel und Gesellschaftskritik in die Hefte einzufließen wie in dieser Szene aus Green Lantern 76 von Denny O'Neil und Neal Adams aus dem Jahr 1970.
© DC Comics

Stark alias Iron Man erlaubte, sich mit seinem Alkoholproblem auseinanderzusetzen.

Die siebziger Jahre waren vor allem geprägt durch einen Generationswechsel bei den Zeichnern und Autoren. Comic-Fans, die vor allem mit den Arbeiten Kirbys aufgewachsen waren, rückten in die Verlage nach und zeichneten bald verantwortlich für die wenigen Highlights, die der sonst tristen Szene Farbe verliehen. Für Marvel adaptierte Roy Thomas ab Oktober 1970 die Sword-&-Sorcery-Serie «Conan», die Robert E. Howard 1932 für das Pulpmagazin *Weird Tales* geschaffen hatte. Die Abenteuer des Barbaren aus Cimmeria überzeugten vor allem durch die manierierten, in ihren sorgfältigen Ornamentierungen an die Präraffaeliten erinnernden Zeichnungen des Briten Barry Winsor Smith und zogen schnell weitere Fantasy-Reihen wie *Kull the Conqueror* (1971) und *Red Sonja* (1977) nach sich. DC startete im November 1972 mit *Swamp Thing* von Len Wein und Berni Wrightson eine ungewöhnliche Horrorserie, die vor allem zeichnerisch an die Tradition der alten E.C.-Serien anknüpfte. *Swamp Thing* wurde ab 1983 meisterhaft von Alan Moore, Stephen Bissette und John Totleben fortgeführt. Im Oktober 1973 griff Mike Kaluta ebenfalls für DC *The Shadow* wieder auf und lieferte eine Reihe von atmosphärisch dichten Geschichten. Weitere Abenteuer des Pulpveteranen setzten Howard Chaykin, Andrew Helfer, Bill Sienkiewicz und Kyle Baker ab 1986 grafisch interessant um. Schon bald aber waren Smith, Wrightson und Kaluta allerdings der Produktionsbedingungen der Comic-Industrie müde, schlossen sich mit dem Zeichner Jeff Jones zu der Künstler-

**Neue Helden**

*Eine Szene aus der preisgekrönten Conan-Story «Red Nails» von Roy Thomas und Barry Windsor Smith. Aus Savage Tales 2, 1973. © Marvel*

gemeinschaft The Studio zusammen und lieferten nur noch sporadisch Beiträge für die Comics.

Zum größten Erfolg der siebziger Jahre wurden die *X-Men*, jene von Lee und Kirby 1963 geschaffene Gruppe junger Mutanten, die in der Obhut eines gelähmten Wissenschaftlers leben und dort ihre Kräfte trainieren. Nachdem Kirby die Serie nach zweieinhalb Jahren mit Heft 17 an andere Zeichner abgegeben und auch Lee wenig später die Szenarios Roy Thomas überlassen hatte, verlor die Serie rasch an Popularität. Auch die Mitarbeit von Jim Steranko, Neal Adams und Barry Smith konnte nicht verhindern, daß die Reihe schließlich im April 1975 mit Heft 93 eingestellt wurde, nachdem während der vergangenen vier Jahre bereits überwiegend ältere Geschichten nachgedruckt worden waren. Doch schon vier Monate später erfolgte ein Neubeginn mit neuem Konzept und einem neuen Heldenteam, das sich überraschend international gab: Zu dem aus Kanada stammenden Wolverine, dem cholerischen Japaner Sunfire und dem Iren Banshee, die bereits aus anderen Marvel-Serien bekannt waren, gesellten sich mit der Afrikanerin Storm, dem schwermütigen Russen Colossus, dem Indianer Thunderbird und dem dämonisch entstellten deutschen Nightcrawler auch neue Streiter für die Gerechtigkeit.

Geschrieben wurden die neuen Abenteuer der X-Men von Chris Claremont (* 1950), der die Serie vor allem dadurch ins Gespräch brachte, daß er Thunderbird nach nur drei Ausgaben ums Leben kommen ließ. Damit war eins der als unabänderlich geltenden Gesetze der Superhelden-Comics außer Kraft gesetzt, und von nun an schien alles möglich zu sein. Als dann auch noch in Heft 108 der überaus talentierte John Byrne (* 1950) das Zeichnen übernahm, schnellten die Verkaufszahlen in die Höhe. Claremont führte weitere Figuren ein und setzte auch weiterhin auf das theatralische Element. Comic-Geschichte machte die «Dark Phoenix Saga», an deren Ende in Heft 137 sich die Heldin Phoenix umbrachte. Das ließ die *X-Men* zur bestverkauften Serie werden und Marvel weitere Reihen wie *The New Mutants*, *X-Factor*, *X-Force*, *X-Men 2099* oder *X-Terminator* lancieren.

Interessant ist vor allem die Figur Wolverine, die 1982 erstmals auch eigenständig in einer von Claremont geschriebenen und von Frank Miller gezeichneten Miniserie auftreten konnte. Standen die Superhelden bislang unzweifelhaft für die Tugendhaften, so ist Wolverine das genaue Gegenteil: Er raucht, trinkt, hat cholerische Anfälle und oft weder sich noch seine Kräfte unter Kontrolle. Das kam an, machte schnell Schule und brachte weitere Rauhbeine wie den Punisher, Lobo oder Spawn hervor.

Mit einer ungewöhnlich neuen Figur wartete ebenfalls Marvel auf: Steve Gerber (* 1947) hatte in den von ihm geschriebenen

X-Men von Chris Claremont und Dave Cockrum. Aus X-Men 96, 1975. © Marvel

Heften *Fear* 19 und *Man-Thing* 1 in kurzen Gagsequenzen die vermenschlichte Ente Howard the Duck auftreten lassen, die bei den Lesern so gut ankam, daß sie im Januar 1976 ihr eigenes Heft bekam. Der Start war blendend inszeniert: Nicht nur, daß die erste von Frank Brunner (* 1949) gezeichnete Episode auf dem Höhepunkt der *Conan*-Welle das Fantasy-Genre verulkte, auch Marvels Superstar Spider-Man war mit von der Partie. In den aberwitzigen Storys um Howard («trapped in a world he never made») thematisierte Gerber auch gesellschaftliche Konflikte wie die Macht des Geldes und der Konzerne, und schließlich bewarb sich Howard sogar um das Präsidentschaftsamt, mußte seine Kandidatur aber zurückziehen, als ein Nacktfoto auftauchte, das ihn zusammen mit der Go-go-Tänzerin Beverly Switzer in einer Badewanne zeigt.

Disney ging wegen angeblicher Urheberrechtsverletzung gegen die Serie vor und erreichte nach langwierigen juristischen Auseinandersetzungen, daß Howards Kopf oval statt rund zu sein hatte, die Augen nur ein Drittel des Gesichts einnehmen durften und sein Schnabel deutlich kürzer als der Donald Ducks sein mußte. *Howard the Duck* beschäftige 1978 nochmals die Gerichte, als anläßlich einer geplanten Radioserie darüber entschieden werden mußte, ob Marvel oder Gerber Inhaber der Rechte an der Figur sei. Das Gericht sprach in seinem Urteil, das erhebliche Auswirkungen auf die Handhabung der Autorenrechte in der Comic-Branche hatte, Gerber die Rechte an seiner Kreation zu. Dieser konnte daraufhin selbst mit George Lucas verhandeln, der 1986 einen höchst amüsanten Howard-Kinofilm produzierte.

Für Marvel und DC, die inzwischen eine den Markt dominierende Position einnahmen, ging es in den siebziger Jahren vor allem darum, neue Leser zu erreichen. Das Marketing begann die innovative Kreativität als den Markt bestimmende Kraft zu ersetzen. Marvel versuchte, es dem Verlag Warren nachzumachen, der mit den schwarzweißen, überformatigen Monatsmagazinen *Creepy* (1964), *Eerie* (1965) und *Vampirella* (1969), die nicht unter die Bestimmungen des Comic-Codes fielen und vielen Zeichnern deshalb größere künstlerische Freiheiten gewährten, neue, ältere Leserschichten erreichte. Ein *Spider-Man*-Magazin scheiterte 1968 nach zwei Ausgaben, und auch *Savage Tales* (1971), *Tales of the Zombies* (1973), *Dracula Lives*, *The Deadly Hands of Kung Fu*, *Planet of the Apes* (alle 1974), *Unknown Worlds of Science Fiction* (1976) und *Rampaging Hulk* (1977) waren kaum erfolgreicher. Einzig *The Savage Sword of Conan* (1974) konnte sich bis heute behaupten. *National Lampoon* publizierte ab 1977 Storys aus dem französischen Magazin *Métal Hurlant* in Lizenz unter dem Titel *Heavy Metal*, und Marvel zog 1980 mit *Epic Illustrated* nach, das amerikanischen Zeichnern gestalterischen Freiraum und erweiterte Rechte an ihren Arbeiten bot. Die Storys waren zwar oft grafisch überzeugend, inhaltlich jedoch zumeist plump, so daß *Epic* nach vierunddreißig Ausgaben wieder eingestellt werden mußte.

DC versuchte Leser durch Serien zu gewinnen, deren Umfang von vornherein festgelegt war, und führte mit *World of Krypton* (1979, drei Ausgaben) und *Camelot 3000* (1982, zwölf Ausgaben) das Konzept der Mini- und Maxiserien ein. Marvel hingegen nutzte das Vertriebsnetz der inzwischen rund dreitausend Comic-Shops in den USA und bot diesen im März 1981 *The Dazzler* exklusiv an. Daß sich von dem Heft so über vierhunderttausend Exemplare absetzen ließen, führte zu völlig neuen Vertriebsüberlegungen. Das System des Direct sales ermöglichte es fortan, die Druckauflagen gemäß den Vorbestellungen aus dem Comic-Handel – heute gibt es in den USA über fünftausend Comic-Shops – genau zu kalkulieren. Da kein Remissionsrecht gewährt wird, ist der Verlag praktisch von jedem Risiko frei. Dieser neue Vertriebsweg ermöglichte auch neue Produktfor-

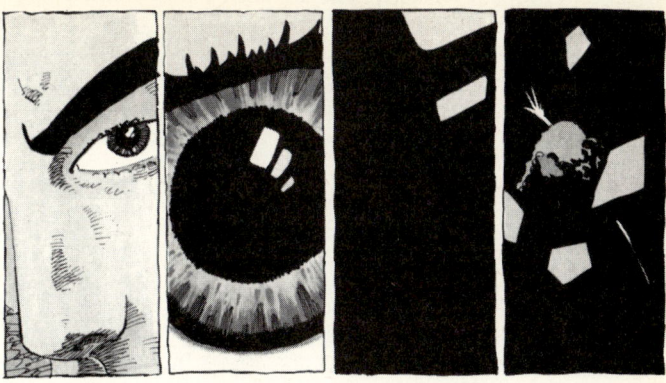

*In Ronin löste sich Frank Miller 1983 von der traditionellen Gestaltungsweise der Comic-Books und griff auch den Erzählstil der Mangas auf.*
© DC Comics

men – mit dem Krebstod Captain Marvels startete Marvel 1982 eine Reihe von «Graphic novels», die sich an der Ausstattung europäischer Alben orientierte – und wies den als Fanidolen verehrten Zeichnern einen besonderen Stellenwert zu: Von ihnen gestaltete Hefte, Miniserien, Alben oder Tradepaperbacks lassen sich in hoher Stückzahl absetzen und sind somit besonders profitabel.

Sehr früh erkannte dies DC und bot Frank Miller (* 1957), der 1979 bei Marvel die Serie *Daredevil* übernommen hatte und mit seinen harten Szenarios sowie einem expressiven, aktionsbetonten Zeichenstil zum Star der Szene geworden war, den bis dahin höchstdotierten Arbeitsvertrag der Branche und sicherte ihm uneingeschränkte künstlerische Freiheiten zu. Das Resultat war 1983 die sechsbändige Miniserie *Ronin* um einen nach fünfhundert Jahren im gewalterschütterten New York des 21. Jahrhunderts reinkarnierten Samurai. Marvel betrieb zwei Jahre später mit dem poetischen Märchen *Moonshadow* von J. M. De Matteis und Jon J. Muth Imagepflege; die zwölfbändige Serie ging als die erste vollständig aquarellierte Heftreihe in die Comic-Geschichte ein.

1984 vereinigte Marvel die wichtigsten Helden des Hauses wie Spider-Man, The Avengers, Hulk, die Fantastic Four und viele mehr unter dem Titel *Secret Wars* und schickte sie in ein dreihundertseitiges intergalaktisches Gemetzel gegen ihre vereinigten Erzfeinde. In *Crisis on Infinite Earths* bereinigte DC 1985 sein Superheldenuniversum von Anachronismen, und Marvel veröffentlichte im gleichen Jahr das *Official Handbook of the Marvel Universe*, das sicherstellen sollte, daß die Leser bei inzwischen knapp zweitausend

*Passend zu der poetischen Erzählung von J. M. De Matteis legte Jon J. Muth Moonshadow 1985 in einem sanften Aquarellstil an.*
© J. M. De Matteis/Jon J. Muth

Neue Helden **155**

*Mit Watchmen schufen Alan Moore und Dave Gibbons 1986 eine der besten Erzählungen innerhalb des Superheldengenres.*
*© DC Comics*

hauseigenen Charakteren nicht den Überblick verloren. Zum nicht nur erfolgreichsten, sondern auch interessantesten Helden der achtziger Jahre wurde allerdings Batman, und auch diesmal spielte Frank Miller eine entscheidende Rolle.

Bereits 1966 hatte eine ABC-Fernsehserie um Batman und Robin mit poppigen visuellen Effekten und fast surreal wirkenden Plots das Land in ein Batman-Fieber versetzt und der Heftserie mit den Abenteuern des Fledermausmenschen eine Verkaufsauflage von fast neunhunderttausend Exemplaren beschert. Zu Batmans fünfzigstem Geburtstag bereitete DC nun ein ähnliches Marketingkonzept vor, in dessen Mittelpunkt ein Fünfzig-Millionen-Dollar-Kinofilm in der Regie von Tim Burton und mit Michael Keaton, Jack Nicholson und Kim Basinger in den Hauptrollen stehen sollte. Tatsächlich wurde die zweite «Batmania» jedoch schon drei Jahre früher durch Millers *The Dark Knight Returns* (Die Rückkehr des Dunklen Ritters) ausgelöst, eine düstere Erzählung, in der ein gealterter Batman, der sich längst von der Verbrecherjagd zurückgezogen hat, erneut in sein Kostüm schlüpft, um noch einmal gegen seinen alten Erzfeind Joker anzutreten. Millers Held ist ein Psychopath, dessen Amoklauf ein radikaler Abgesang auf die Naivität und den tendenziell autoritären Charakter des Superheldengenres. Ein inhaltlich ähnlich aufsehenerregendes Werk legten ebenfalls 1986 Alan Moore (* 1953) und Dave Gibbons (* 1949) mit *Watchmen* vor, einer brillant erzählten Miniserie, deren Prämisse die Idee ist, daß es die Superhelden der vierziger Jahre tatsächlich gegeben habe; aufgrund der Proteste von Bürgerrechtsbewegungen waren sie in den Sechzigern zwangsweise in den Ruhestand versetzt worden, wo sie nun, gealtert und verbittert, ihre Rückkehr vorbereiten. *Watchmen* ist die wohl vielschichtigste, intelligenteste und dichteste Geschichte, die jemals im Bereich des Superheldengenres geschrieben wurde. Das Spiel mit der Realität und der Welt der Superhelden griffen 1994 auch Kurt Busiek und Alex Ross in ihrer aufwendig gestalteten Erzählung *Marvels* auf, und mit *Kingdom Come* ließ Ross zwei Jahre später, diesmal mit Mark Waid als Autor, eine ähnliche Erzählung folgen.

Eine Zeitlang schien es, als würden *The Dark Knight Returns* und *Watchmen* dem Me-

*Frank Miller veränderte nicht nur die Optik der Comic-Books innovativ, sondern inszenierte 1986 mit The Dark Knight Returns auch eine hintergründige Demontage des Superheldenmythos.*
*© DC Comics*

dium neue Wege weisen, doch blieben ähnlich intelligente und engagierte Arbeiten in den nächsten Jahren weitgehend aus. Zu den rühmlichen Ausnahmen zählen Alan Moores und David Lloyds *V for Vendetta* (1988), die wütende Vision eines orwellschen Überwachungsstaates in England als Resultat des Thatcherismus, und Frank Millers und Dave Gibbons' *Give Me Liberty* (1990), die ähnlich beklemmende Fiktion einer Ökodiktatur. Statt dessen konzentrierten sich das Interesse und die Aufmerksamkeit weitgehend auf künstlerische Virtuosität einzelner Zeichner, während die Themen und Inhalte den üblichen Konventionen verhaftet blieben. Bestes Beispiel für diese «pyrotechnische Zeichenkunst» (Will Eisner) ist Grant Morrisons und Dave McKeans 1990 erschienene Batman-Erzählung *Arkham Asylum* (Der Tag der Narren), die zu den grafisch aufwendigsten und faszinierendsten Produktionen des Mediums zählt, im Kontrast dazu aber eine Handlung auf Buchlänge auswalzt, die Bob Kane für nicht mehr als zehn Seiten gereicht hätte. Dennoch hatten die Comic-Shops bei Erscheinen der knapp fünfundzwanzig Dollar teuren Hardcoverausgabe bereits hundertfünfzigtausend Exemplare vorbestellt.

Dieser Trend zu künstlerisch avantgardistischen, inhaltlich aber kaum interessanten Bildfeuerwerken zeigt eine recht bedenkliche Entwicklung des Mediums auf: Ein großer Teil der amerikanischen Comics wird heute nicht mehr wegen seiner Themen oder Storys gekauft, sondern als Spekulationsobjekt: Direct-sales-Titel werden nicht nachgedruckt, und Publikationen geschätzter Künstler sind schnell ausverkauft. Die so automatisch entstehende Nachfrage führt unmittelbar zu steigenden Preisen auf dem Sammlermarkt. Die Verlage forcieren diese Entwicklung durch holografische Titelbilder, das Beiheften von Trading-cards und andere Gimmicks. Marvel trieb diesen Mechanismus 1991 mit dem Relaunch der Serie *X-Men* auf die Spitze: Das erste Heft der von dem Fanidol Jim Lee gezeichneten Reihe erschien bei gleichem Inhalt mit vier verschiedenen Covers und wurde durch die so provozierten Mehrfachkäufe der Fans mit 8,2 Millionen Exemplaren zum meistverkauften Heft in der Geschichte der Comics. Dieses Prinzip der «Collector's issues» hat mittlerweile auch außerhalb der Comic-Branche Schule gemacht: 1995 erschien in den USA *Entertainment Weekly* mit einer Titelstory zum Tod des Grateful-Dead-Bandleaders Jerry Garcia mit vier verschiedenen Titelbildern, und in England feierte *The Face* sein fünfzehnjähriges Bestehen ebenfalls mit einer Ausgabe, die mit vier unterschiedlichen Covers veröffentlicht wurde.

Neben den Comics von Frank Miller und Alan Moore haben die achtziger und frühen neunziger Jahre wenig wirklich Herausragendes geboten. Zu den interessanteren Veröffentlichungen gehören die Arbeiten Howard Chaykins, der schon zuvor mit den Adaptionen von Samuel R. Delanys «The Empire» (1978) und Alfred Besters «The Stars My Destination» (1979) zwei vielbeachtete Alben vorgelegt hatte. Mit *American Flagg* begann er 1983 eine rasante Science-Fiction-Serie, die in ihrer Darstellung harter Gewalt und sexuellen Fetischismus neue, wenn auch nicht unumstrittene Maßstäbe setzte. Der britische Autor Neil Gaiman schrieb ab 1988 für verschiedene Zeichner die Serie *The Sandman*, deren Held durch morbide Traumwelten streift und dabei subtilen Grusel verbreitet. Im gleichen Jahr begannen Jamie Delano und John Ridgway die ebenfalls im Bereich des Übernatürlichen angesiedelte Reihe *Hellblazer*.

Frank Miller griff 1986 die Figur Elektra aus der Serie *Daredevil* wieder auf und schrieb ihr eine vielschichtige und komplexe Story auf den Leib, die Bill Sienkiewicz in Bilder von atemberaubender Schönheit und Raffinesse umsetzte. Bill Sienkiewicz (* 1958) hatte bereits 1980 mit *Moon Knight* begonnen, sich von gewohnten grafischen Konventionen zu lösen, und brachte seine «pyrotechnische Zeichenkunst» schließlich 1988 mit *Stray Toasters* zur Perfektion. Diese Arbeiten sorgten zwar kurzzeitig für Aufsehen, entpuppten sich bald aber auch als Sackgasse für die Comics als Erzählform: Sienkiewicz' Werke bleiben letztlich Bilderbücher, deren Collagen-Patchwork zwar besticht, deren Lektüre jedoch einen faden Nachgeschmack hinterläßt.

Dies erkannte vor allem Miller, der sich nach einem kurzen Ausflug nach Hollywood – 1990 schrieb er das Drehbuch für Irvin Kerschners «Robocop II» – und der zwar virtuos gestalteten, aber inhaltlich enttäuschenden Erzählung *Elektra Lives Again* (1990) einer radikalen Selbstbeschränkung unterzog: Mit *Sin City*, einem Krimi in Mickey-Spillane-Manier, konzentrierte er sich ab 1991 wieder verstärkt auf das Erzählen atmosphärisch dichter Geschichten, denen er seine nunmehr schwarzweiß gehaltenen Zeichnungen vollständig unterordnete.

Die Endzeitstimmung des ausklingenden Jahrhunders schließlich fingen die britischen Autoren Peter Milligan und Neil Gaiman in zwei Serien ein, in denen sie bereits seit Jahren im Ruhestand befindliche Superhelden aktivierten: Shade the Changing Man, 1977 von Steve Ditko geschaffen, machte Milligan in seiner Neufassung zum brüchigen Helden, der nur selten die Kontrolle über seine Kräfte hat, und Gaiman ließ Black Orchid, 1973 von Sheldon Mayer und Joe Orlando erfunden, 1991 bereits nach zehn Seiten sterben, um sich dann in seiner von Dave McKean kunstvoll illustrierten Erzählung der Frage nach dem Wesen des Superheldendaseins zu widmen.

1988 betrug der Gesamtumsatz der amerikanischen Comic-Verlage dreihundert Millionen Dollar, vier Jahre später hatte er sich bereits verdoppelt. Marvel mit zweiunddreißig und DC mit zwanzig Prozent Marktanteil hielten die Spitzenpositionen der Branche. Wie das Business inzwischen funktioniert, exerzierte ihnen 1992 das kanadische Fanidol Todd McFarlane (* 1961) vor. Mit seinen Geschichten für die Serie *Spider-Man* zum Megastar avanciert, verließ er Marvel (woraufhin der Aktienkurs des Verlages von knapp sechsunddreißig Dollar im November 1993 auf dreizehn Dollar im nächsten Frühjahr sank) und gründete zusammen mit vier weiteren Abtrünnigen den Verlag Image, der binnen kürzester Zeit zwölf Prozent Marktanteil erreichte. McFarlanes Heft *Spawn*, für das er auch so hochkarätige Autoren wie Alan Moore, Neil Gaiman und Frank Miller enga-

*Frank Miller: Sin City.* © *Frank Miller*

Mit Spawn avancierte Todd McFarlane 1992 vom Kultzeichner zu einem der erfolgreichsten amerikanischen Comic-Verleger. © Todd McFarlane. Vier Jahre später reagierten die beiden Marktführer mit der Miniserie DC versus Marvel und brachten den Character-Mix auf den Höhepunkt. © DC Comics and Marvel

gierte, enthält zwar kaum mehr als in spekulativen Splash-panels aneinandergereihte Kampfszenen, verkaufte aber aus dem Stand heraus knapp die Hälfte des ungleich populäreren *Spider-Man*-Heftes, von dem Marvel unter McFarlanes Feder bis zu 2,8 Millionen Exemplare abgesetzt hatte. Diese Marktveränderungen schlugen sich auch bei den klassischen Serien nieder, die inhaltlich härter wurden – der Comic-Code spielt heute praktisch kaum noch eine Rolle – und grafisch eine langsame Anpassung an die durch Videoclips und Gameboys veränderten Sehgewohnheiten ihrer Leser erfuhren.

DC versuchte diesen Marktverschiebungen vor allem durch innovative Impulse entgegenzuwirken. 1993 wurde eine Kooperation mit dem im Jahr zuvor gegründeten Verlag Milestone arrangiert, dem ersten Comic-Verlag, in dem ausschließlich schwarze Redakteure, Autoren und Zeichner schwarze Superhelden wie Hardware, Icon und Static für schwarze Fanboys produzieren. Gleichzeitig nahm sich der Verlag seinen Batman vor, der 1992 auch zum Helden einer mit zwei Emmys ausgezeichneten Zeichentrickfilmserie für den Kinderkanal Fox geworden war.

Nach Frank Millers *The Dark Knight Returns* hatte der Dunkle Ritter an Vitalität verloren und bedurfte dringend einer Energiespritze. DC griff auf die Idee zurück, die sich bereits bei Superman als erfolgreich erwiesen hatte, und schickte Batman 1993 in einen Kampf, der ihn an den Rand seiner Existenz brachte. Das Konzept ging auf, und das Epos *Knightfall*, das über zwei Jahre unter Einbeziehung von zehn verschiedenen Heftreihen in einundsiebzig Heften erschien, brachte Batman zurück ins Rampenlicht. Denny O'Neil schrieb eine erfolgreiche Romanfassung der *Knightfall*-Saga, der 1995 der Batman-Roman «The Ultimate Evil» des Krimiautors Andrew Vachss folgte. 1994 unterwarf DC zusätzlich sein gesamtes Universum in *Zero Hour* einer stromlinienförmigeren Gestaltung. Hatte schon acht Jahre zuvor in *Crisis on Infinite Earths* Flashs Alter ego Barry Allen dran glauben müssen, so erwischte es diesmal Hal Jordan, der unter der Maske der Green Lantern steckte.

Schon 1977 hatten sich DC und Marvel die Hand gereicht und mit *Superman vs. the Amazing Spider-Man* ihre beiden stärksten Helden in einem gemeinsamen Abenteuer auftreten lassen. Solche Crossovers zählen seitdem zu den beliebtesten Events bei Fans und führen manchmal auch zu so skurrilen Begegnungen wie der zwischen Superman und dem Monster aus Ridley Scotts Science-Fiction-Schocker «Alien». In der Ende 1995 erschienenen Miniserie *DC versus Marvel* traten in vier Heften gleich mehrere Marvel- und DC-Helden gegeneinander an, und die Leser konnten über verschiedene Telefonnummern darüber abstimmen, wer wen besiegen solle. Die Verlage verteilten tonnenweise Buttons mit dem Aufdruck «Vote Marvel» und «Vote DC». Angesichts des wachsenden Marktanteils des neuen Konkurrenten Image bildeten Marvel und DC 1996 sogar eine große Koalition und veröffentlichten unter dem gemeinsamen Imprint Amalgam die Abenteuer verlagsübergreifender Hybriden: Aus Spider-Man und Superboy wurde so Spiderboy, aus Batman und Wolverine Darkclaw.

Die Zeiten, in denen in den Comic-Heften noch Geschichten erzählt wurden, sind aber noch nicht überall vergessen: Mit ihrer Miniserie *1963* schufen Alan Moore und Dave Gibbons 1993 eine nostalgisch-ironische Reminiszenz an jene Tage, in der die Fantastic Four auf Commie-Jagd gingen und Peter Parker des Nachts, wenn er vor der Entdeckung durch seine kränkelnde Tante sicher war, im Schein einer Nachttischlampe die geplatzten Nähte seines Superheldenkostüms wieder zusammenflickte. Die Serie war ein Flop.

## Die alternative Szene

Durch den Comic-Code war der Inhalt der meisten Heftserien auf einem Niveau eingefroren worden, das die Comics für ältere Leser kaum noch interessant machte. Mitte der sechziger Jahre entstanden als Gegengewicht zu den «Mainstream-Comics» die Underground-Comics – von ihren Produzenten in Abgrenzung auch kurz Comix genannt –, die als Reflex der politischen und sozialen Situation in Amerika zu sehen sind und schnell zum festen Bestandteil einer sich entwickelnden Gegenkultur wurden. Relativ einfach herzustellen, waren sie das gedruckte Äquivalent des Free-Speech-Movements und dienten sowohl dem Ausdruck von Lebensgefühl wie auch der Kritik an herrschenden Verhältnissen. Der Vertrieb erfolgte über Headshops, Plattenläden, Büchertische an den Universitäten sowie im Straßenverkauf. Obwohl viele Zeichner schon Ende der fünfziger Jahre begonnen hatten, in College-Zeitschriften und Fanzines zu veröffentlichen, markiert das Jahr 1967, in dem die erste Ausgabe von Robert Crumbs *Zap* erschien, die Geburtsstunde der Underground-Comics.

Robert Crumb (* 1943) hatte schon in jungen Jahren unzählige Schulhefte mit selbsterdachten Comic-Figuren gefüllt, die vor allem durch den subversiven Humor des Magazins *Mad* und die Disney-Charaktere geprägt waren. 1958 gab er mit einer Auflage von hundertfünfzig Exemplaren das Fanzine *Foo* heraus, das bereits einen Prototypen von Fritz the Cat enthielt. Vier Jahre später begann er, für die American Greeting Company Glückwunschkarten zu gestalten, arbeitete parallel aber weiter an seinen Comics. Fritz the Cat tauchte 1964 wieder in dem selbst verlegten Heft *Robert Crumb's Comics and Stories* auf, im gleichen Jahr steuerte er auch Beiträge für Harvey Kurtzmans Satireblatt *Help!* bei und zeichnete anschließend für das Undergroundmagazin *Yarrowstalks* in Philadelphia. Dessen Herausgeber Brian Zahn kam auf die Idee, ein ganzes Heft mit Crumbs Comics herauszubringen.

Crumb produzierte zwei Ausgaben, die er mit *Zap* betitelte, und schickte eine davon an Zahn. Doch der verschwand, und mit ihm Crumbs Originale. Daraufhin vermachte Don Donahue, der später den Underground-Verlag Apex Novelty gründen sollte, sein Tonbandgerät einem Freund, der im Keller eine kleine Druckmaschine stehen hatte, und ließ fünftausend Exemplare des bei Crumb verbliebenen Heftes drucken, die eigenhändig gefaltet, geheftet und anschließend im Straßenverkauf in San Franciscos Hippie-Zentrum Haight-Ashbury an den Mann und die Frau gebracht wurden. Das verlorengegangene Heft zeichnete Crumb später nach Fotokopien, die er glücklicherweise von den Originalen gemacht hatte, noch einmal neu und veröffentlichte es als *Zap* 0. Gleichzeitig gründete er das heute nicht minder legendäre Heft *Snatch* und arbeitete für nahezu alle anderen Comix-Hefte, die ab 1968 überall wie Pilze aus dem Boden schossen, wie auch das in Chicago erscheinende *Bijou Funnies* und *Gothic Blimp Works* in New York.

Crumbs erste Schaffensperiode bis 1976 läßt sich grob in zwei Bereiche unterteilen. In den eher «philosophischen» Geschichten geht es vornehmlich um Bewußtseinsveränderung durch Drogen («Help build a better America! Get stoned!»), die Jugendkultur der sechziger Jahre und Kritik an den Zuständen der Gesellschaft: Der glatzköpfige, bärtige Guru Mr. Natural, der schon in der ersten Ausgabe von *Zap* aufgetreten war, wurde durch seine hintergründigen Kommentare so populär, daß er 1970 ein eigenes Heft bekam und Mitte der siebziger Jahre sogar in den «Overground» tauchte, um seine Sicht der Dinge auf den Seiten der New Yorker Wochenzeitung *Village Voice* zu verkünden. Doch Crumb merkte bald, daß das nicht funktionierte, und ließ Mr. Natural spurlos verschwinden. Gegenüber zwei *Voice*-Reportern, die ihn schließlich in einem Irrenhaus aufspürten, machte er deutlich, daß das Gesumme all der Leute, die Wälder abholzen lassen, um halbgare Meinungen zu verbreiten, an seinem Zustand schuld sei.

Der zweite Themenbereich ist geprägt von Storys, in denen Crumb seine erotischen Phantasien zu Papier brachte. Sexualität auszuleben und nicht zu unterdrücken ist eine Message, die sich konsequent durch Crumbs Gesamtwerk zieht. Seine legendäre Zeichnung «The family that lays together stays together» drückt diese Botschaft exemplarisch aus. Neben Mr. Whitman, dem Archetypus des Durchschnittsamerikaners, der seine sexuellen Phantasien durch übertriebenen Patriotismus kompensiert, den militanten Emanzen Dale Steinberger und Leonore Goldberg, denen gleich ein ganzes «Girl Commando» zur Seite steht, und der «unschuldigen» Waise Honeybunch Kaminski ist seine bekannteste Figur Fritz the Cat, dessen Lieblingsbeschäftigung es ist, drallen Katzen-, Hunde- und Straußenweibchen zwischen die voluminösen Schenkel und überdimensionierten Brüste zu tatschen.

1972 wurde *Fritz the Cat* von Ralph Bakshi und Steve Krantz verfilmt. Crumb war mit dem Ergebnis jedoch so unzufrieden, daß er noch im gleichen Jahr für das von Harvey Pekar herausgegebene *People's Comix* eine letzte Geschichte zeichnete, in der Fritz, inzwischen Filmproduzent mit Bauchansatz, von einem frustrierten Starlet nach dem Vorbild der Ermordung Leo Trotzkis mit einem Eispickel

Robert Crumb: Mr. Natural. Aus Zap 2, 1968. © Robert Crumb

erschlagen wird. Trotzdem folgte 1974 ein zweiter Film. Crumb zog sich 1976 von den Comics zurück, züchtete Hühner und widmete sich vornehmlich der Jazzmusik. Erst fünf Jahre später trat er als Herausgeber des Magazins *Weirdo*, für das er zahlreiche Beiträge zeichnete, etliche davon in Zusammenarbeit mit seiner Frau Aline Kominsky, wieder an die Öffentlichkeit. *Weirdo*, das durch seine Lust am grafischen Experiment zu einer Art Vorläufer für Art Spiegelmans *Raw* wurde, erschien mit siebenundzwanzig Ausgaben bis 1990. Im Anschluß entstand mit David Zane Mairowitz als Autor der Sach-Comic *Introducing Kafka*. Robert Crumb, über den Terry Zwigoff 1995 ein einfühlsames Kinoporträt drehte, lebt heute in Südfrankreich.

In der zweiten Ausgabe von *Zap* debütierten mit S. Clay Wilson (* 1941) und Victor Moscoso (* 1936) zwei Zeichner, die den Comic-Underground mit ihren sehr gegensätzlichen Arbeiten entscheidend prägten. Wilsons Geschichten sind Alpträume einer apokalyptischen Welt, deren destruktives Prinzip sich

Die alternative Szene **163**

in Obsession, Zerstörung und Zerfall äußert, in Gewalt schwelgende und ästhetisch an Pissoir-Graffiti erinnernde Angstvisionen, in denen sich nichts von den Hoffnungen der Hippiegeneration wiederfindet. Neben Piratinnen, Lesben und Dämonen sind vor allem Rocker, seit Marlon Brandos «Der Wilde» amerikanische Kultfiguren, die Protagonisten seiner hermetisch dichten Erzählungen. Später illustrierte er eindrucksvoll auch Geschichten von William S. Burroughs und Charles Bukowski. Moscosos von der Postergrafik und Stripklassikern wie Herrimans *Krazy Kat* inspirierte Beiträge sind eher an psychedelischen Aussagen und ihrer ästhetischen Umsetzung interessiert. Mit *Color* veröffentlichte er 1971 das erste farbige Comix-Heft; ein Jahr später widmete die renommierte Schweizer Zeitschrift *Graphis* seiner Kunst eine Ausgabe.

Zum neben Crumb bekanntesten Zeichner wurde Gilbert Shelton (* 1940), der schon 1961 damit begonnen hatte, für die Studentenzeitschrift *The Texas Ranger* in Austin die Superheldenparodie *Wonder Wart-Hog* zu zeichnen, und 1967 die Freak Brothers schuf, die schnell zu Kultfiguren der Alternativszene avancierten und noch heute von Paul Mavrides gezeichnet werden. Dan O'Neil wurde vor allem dadurch berühmt, daß er 1971 in dem von ihm zusammen mit Bobby London herausgegebenen Heft *Air Pirates* die Mickey Mouse ihren Penis zeigen und auch benutzen ließ. Donald und Goofy zeichnete er als Voyeure, und die drei kleinen Schweinchen ließ er mit dem Sohn ihres Erzfeindes, des großen bösen Wolfs, frivole Spielchen treiben, nachdem sie den Kleinen mit Haschzigaretten auf Touren gebracht hatten. Als Disney mit einer Klage reagierte, mußte *Air Pirates* nach zwei Ausgaben eingestellt werden.

War bei den ersten Comix vor allem die Verbreitung das größte Problem, so hatten 1970 bereits sechs Kleinverlage eine Infrastruktur geschaffen, über die nun rund hunderttausend Hefte im Monat abgesetzt werden konnten. Damit war eine Basis geschaffen für Publikationen, die sich auf spezielle Themen konzentrierten oder sich an bestimmte Zielgruppen wandten. *Slow Death*

Victor Moscoso legte seine Geschichten in einer psychedelischen Grafik an. Aus Zap 2, 1968.
© Victor Moscoso

etwa setzte sich ab 1970 mit der Natur- und Umweltzerstörung auseinander. Richard Corben veröffentlichte hier mit seinen düsteren Zukunftsvisionen erste Comics wie etwa im zweiten Heft die Story «How Howie Made it in the Real World», in der Howard und seine Freundin Nancy einen Ausflug zu einem paradiesischen Meeresstrand machen. Beim Liebesspiel vergessen sie, wie gewohnt ihre Pillen zu schlucken, und allmählich verblaßt die nur halluzinierte Schönheit ihrer Umgebung und weicht der Wirklichkeit: einer stinkenden Kloake im Dämmerlicht.

Bill Griffith startete im gleichen Jahr das Heft *Young Lust*, dessen Geschichten auch das zeigten, was schwülstige Liebes-Comics wie *Young Romance* ihren Lesern konsequent vorenthielten. Später wurde Griffith vor allem mit seiner hintergründig-verrückten Serie *Zippy the Pinhead* bekannt, die 1977 ein eigenes Heft erhielt und seit 1986 auch als Tagesstrip regelmäßig auf den Seiten des *San Francisco Examiner* erscheint. *Wimmen's Comix* wurde ab 1972 zum Forum ausschließlich für Zeichnerinnen, die den oft chauvinistischen Comics ihrer männlichen Kollegen nicht nur ein feministisch geprägtes Weltbild entgegensetzten, sondern oft auch bemerkenswert vielschichtige und sensible Geschichten erzählten. Zur produktivsten Zeichnerin wurde Trina Robbins, die schon zwei Jahre zuvor versucht hatte, mit *It Ain't Me Babe* (für den Titel lieh sie sich eine Zeile aus einem Bob-Dylan-Song aus) ein ähnliches Heft zu lancieren. Zusammen mit Catherine Yronwode ist sie auch Autorin des Buches «Women and the Comics», und 1986 übernahm sie für DC die Serie *Wonder Woman*. Harvey Pekar begann 1976 sein Magazin *American Splendor*, das ausschließlich von ihm geschriebene, auf persönlichen Erlebnissen und Erfahrungen beruhende Geschichten enthält, die von verschiedenen Zeichnern, darunter auch Robert Crumb, umgesetzt wurden. Howard Cruse gibt seit 1980 das Heft *Gay Comix* heraus und begann drei Jahre später in dem Schwulenmagazin *The Advocate* die Serie *Wendel*, die später in Buchform bei St. Martin's Press erschien.

Die wachsende Popularität der Underground-Comics hatte dazu geführt, daß bald rund sechzig verschiedene Verlage eine Flut von Heften veröffentlichten, deren Qualität zumeist eher dürftig war. Dieser Umstand sowie der beginnende Rückzug der Mitte der siebziger Jahre desillusionierten Protestgeneration äußerten sich in einem fast schlagartigen Rückgang des Leserinteresses. Als die Verlage Marvel und Warren 1974 mit *Comix Book* und *Comix International* versuchten, den Underground zu vereinnahmen, war die große Zeit der Comix schon wieder vorbei und längst Geschichte: Neben Paperback-Anthologien wie «The Young Lust Reader», «Apex Treasury of Underground Comics» und «The Best of Bijou Funnies» erschien 1974 bei Straight Arrow Books Mark James Estrens «A History of Underground Comics».

Die persönlich und autobiographisch geprägten Geschichten wichen immer stärker den sogenannten «Newave Comix», bei denen nicht mehr der Ausdruck von Lebensgefühl oder subversive Gesellschaftskritik im Vordergrund standen, sondern die sich, wenn auch oft mit kritischen und ironischen Untertönen, an der Genreliteratur orientierten und die Lücke füllten, die die E.C.-Comics hinterlassen hatten; alternativ blieben hier nur noch die Produktions- und Vertriebsmethoden. Bereits 1966 hatte der ehemalige E.C.-Zeichner Wallace Wood sein eigenes Magazin *Witzend* gestartet, in dem er sein tolkieneskes Fantasy-Märchen *The Wizard King* veröffentlichte, das schließlich 1978 als Buch erschien. 1967 veröffentlichte hier auch Steve Ditko mit *Mr. A* eine atmosphärisch dichte Detektivserie, die wegen ihres fatalistischen Untertons in den «Mainstream-Comics» der damaligen Zeit so nicht hätte erscheinen können.

Richard Corben (* 1940) hatte schon 1970 begonnen, für die Horrormagazine *Eerie* und

*Nach ersten Veröffentlichungen in den Undergroundheften arbeitete Richard Corben ab 1975 vor allem für europäische Magazine und schuf mit DEN ein Meisterwerk der Fantasykunst.*
© Richard Corben

*Creepy* des Verlages Warren zu arbeiten, und im Jahr darauf mit *Rowlf* sein erstes längeres Fantasy-Märchen veröffentlicht. 1973 erschien in *Grim Wit* das erste Kapitel seiner heute erfolgreichsten Serie *DEN*, deren Held, der schüchterne, kurzsichtige *D*avid *E*lis *N*orman, durch ein mißglücktes Experiment auf den Planeten Neverwhere katapultiert wird. Nach dieser Zeitreise in eine andere Dimension ist für den schmächtigen jungen Mann plötzlich alles ganz anders: Als DEN muß er sich in einer rauhen Welt behaupten, die von archaischen Kulturen, mythischen Wesen und verschlagenen Mutanten bewohnt wird. Und das alles in einem Körper, der selbst Arnold Schwarzenegger vor Neid erblassen lassen kann.

Eine neue Perspektive bot sich für Corben, als das französische Magazin *Métal Hurlant* 1975 *DEN* aufgriff. Waren farbige Arbeiten für ihn bislang die Ausnahme geblieben, so konzentrierte er sich jetzt stärker auf diesen Aspekt und benutzte die Colorierung, um seinen Zeichnungen eine Tiefe zu verleihen, die die Figuren vor den Hintergründen fast plastisch wirken läßt. Daß die Akteure in Corbens Geschichten oft nackt dargestellt sind, ist weniger ein Zugeständnis an den Voyeurismus der Leser als vielmehr ein bewußt eingesetztes Ausdrucksmittel, das schnell zu Corbens Markenzeichen wurde:

Die Nacktheit symbolisiert in seinen Geschichten sowohl das Gefühl des schutzlosen Ausgeliefertseins an eine fremde Welt wie auch die Sehnsucht nach ihrer Erfahrung, wobei die Haut zum primären Sensorium der Wahrnehmung wird. Mit seinen auf *DEN* folgenden Werken *Bloodstar* (nach einer Erzählung von Robert E. Howard, 1976), *New Tales of the Arabian Nights* (Neue Geschichten aus arabischen Nächten, 1978), *Mutant World* (Mutantenwelt, 1979), *Jeremy Brood* (Jeremys große Reise, 1984), *The Bodyssey* (Pilgor, 1985) und *Vic and Blood* (1987) orientierte sich Corben verstärkt an den Traditionen der europäischen Comics und blieb in Amerika eher ein Außenseiter – am deutlichsten spiegelt sich diese Ignoranz gegenüber seinem Werk in Ron Goularts «Encyclopedia of American Comics» wider, die Corben mit keiner Zeile würdigt.

Die Fantasy machten sich auch Jack Katz mit *The First Kingdom* (1974), Dave Sim mit *Cerebus* (1977) und Richard und Wendy Pini mit der in der Erzähltradition Tolkiens stehenden Serie *Elfquest* (Elfenwelt, 1978) zum Thema. Besonders *Elfquest* wurde schnell populär und zog zahlreiche Spin-offs wie *New Blood*, *Hidden Years*, *Jink*, *Shards*, *The Rebels* und *Blood of Ten Chiefs* nach. Weitere bemerkenswerte Werke der «Newave Comix» sind Jack Jaxons *Comanche Moon* (1977), die im

Geist der «political correctness» erzählte Geschichte der 1836 von Komantschen entführten Cynthia Ann Parker, die bei den Indianern aufwuchs und zur Mutter des späteren Kriegshäuptlings Quanah wurde, sowie Kate Worleys und Reed Wallers *Omaha* (1981), die im Stil einer Soap opera geschriebene Serie um eine vermenschlichte Katze, die ihren Lebensunterhalt als Stripteasetänzerin verdient.

Zur ausgefallensten dieser Newave-Serien entwickelte sich *Cerebus*. Nachdem der kanadische Zeichner Dave Sim (* 1956) seinen Helden, ein Erdferkel, anfangs eher parodistisch vor Kulissen hatte agieren lassen, die er Comic-Serien wie *Conan* oder *Swamp Thing* entliehen hatte, kündigte er schließlich an, daß er plane, die im Eigenverlag publizierte Serie als umfangreiches Opus anzulegen, dessen Handlungsverlauf bereits feststünde und im Jahre 2003 mit dem dreihundertsten Heft enden solle. Was anfangs niemand ernst nahm, ist inzwischen zur Hälfte vollendet: In den Heften 26 bis 50 schilderte Sim auf rund fünfhundert Seiten unter dem Titel «High Society» Cerebus' Aufstieg zum Präsidenten des Staates Iest, und während des nächsten, doppelt so umfangreichen Zyklus («Church and State», Heft 52 – 111) ließ er sein Erdferkel zum weltlichen Oberhaupt der Kirche werden. Während die ersten Ausgaben mit einer Auflage von zweitausend Exemplaren erschienen, hat *Cerebus* inzwischen mit fünfundzwanzigtausend Lesern im Monat eine feste Fangemeinde gefunden. Alle Storys wurden auch in Bänden von Telefonbuchstärke nachgedruckt.

Ähnliche Popularität erlangte ab 1991 Jeff Smith (* 1960) mit seiner Serie *Bone*, die allein 1994 mit vier Eisner- und drei Harvey-Awards ausgezeichnet wurde und im Jahr darauf nochmals drei Eisners und einen Harvey erhielt. Das Geheimnis seines Erfolges liegt vor allem darin begründet, daß Smith grafisch gekonnt an die Tradition von Funnymeisterwerken wie etwa die herausragenden Disney-Geschichten von Carl Barks oder

*Dave Sims Erdferkel Cerebus ist der erfolgreichste Comic-Held der Alternativszene. Die Serie ist auf 300 Hefte angelegt und soll im Jahr 2003 abgeschlossen sein. © Dave Sim*

*Mit Bone hat Jeff Smith 1991 die geniale Zeichenkunst Carl Barks' und Walt Kellys aufgegriffen und in eine neue Form gebracht. © Jeff Smith*

Walt Kellys *Pogo* anknüpft, diesen Stil aber durch eine gelungene Verschmelzung humoristischer und naturalistischer Elemente neu interpretiert. Gleich zu Beginn der Erzählung geraten die drei knollennasigen Bones, die aus ihrer Heimat verjagt wurden, in ein ihnen unbekanntes Tal, in dem Dinge geschehen, die sie erst langsam verstehen und auf die sie äußerst unterschiedlich reagieren. Damit thematisiert Smith ein Kapitel der Sozialisation, in dem Comics oft eine wichtige Rolle spielen: das Ende der Kindheit und das Erobern der Außenwelt. Auch die Superheroes wurden bald zu Helden einiger Serien, die sich durch frische Ideen und ironischen Witz von denen der Verlage Marvel und DC unterscheiden und sich durch einen Charme auszeichnen, den das Genre seit *Plastic Man* verloren hatte: 1981 begann Bob Burden *Flaming Carrot*, 1986 gefolgt von Paul Chadwicks *Concrete*, und 1992 schließlich debütierte Mike Allred mit *Madman*, dessen verrückte Abenteuer inzwischen auch in Hollywood unter Vertrag sind.

Neue erzählerische Möglichkeiten des Mediums begann Will Eisner auszuloten, der seit dem Ende seiner Serie *The Spirit* hauptsächlich Comics zu Ausbildungszwecken und für die Industrie angefertigt hatte: Von 1951 bis 1972 war er Herausgeber der Armeezeitschrift *PS*, für die er vor allem *Joe Dope* zeichnete. Den Helden dieser Serie, einen GI, der mit seinem tölpelhaften Verhalten demonstriert, wie mit Waffen und technischem Gerät nicht umzugehen ist, hatte er bereits 1943 für den *PS*-Vorgänger *Army Motors* erfunden. Anschließend hatte er in seinem eigenen Verlag Poorhouse Press parodistische Ratgeber wie «Communicating with Plants» oder «How to Avoid Death and Taxes and Live Forever» veröffentlicht. Als die Kitchen Sink Press 1978 seine *Spirit*-Storys nachzudrucken begann, schuf Eisner für dieses Magazin den Comic-Roman *Life on Another Planet* (Signale aus einer anderen Welt), in dem er an einer Gruppe von Figuren durchspielte, welche Auswirkung die Nachricht, daß eine fremde Zivilisation mit der Erde in Kontakt treten will, haben könnte.

Zwei Jahre später erschien mit *A Contract with God* (Ein Vertrag mit Gott) eine Sammlung von vier Geschichten aus einem Miethaus in der Bronx während der Zeit der Depression, die Eisner als «graphic novels» bezeichnete (dieser von Eisner geprägte Begriff wurde später fälschlicherweise stärker auf die Produkt- als auf die Erzählform bezogen und mußte bald für alles herhalten, was vom Umfang her eher einem Buch als einem Heft ähnelte): «Die Einzelbilder sind im Gegensatz zur gewohnten Form der Comics nicht mehr aneinandergereiht und gleich groß; sie nehmen sich die Formate, die sie brauchen, und oft nimmt ein Bild eine ganze Seite ein.»

Nach *A Contract with God* widmete sich Eisner mit sehr persönlich erzählten Geschichten, die stark geprägt sind von Beobachtungen und Erlebnissen, Menschen und Schicksalen in der New Yorker Bronx seiner Kindheit während der dreißiger Jahre. Ursprünglich in dem Magazin *Will Eisner Quarterly* erschienen, wurden diese Short-

Ab Ende der siebziger Jahre begann Will Eisner, neue erzählerische Möglichkeiten der Erzählform Comic zu erproben. Viele seiner Geschichten spielen in der New Yorker Bronx, wo Eisner in einer Mietskaserne aufwuchs.
The Long Hit, 1986.
© Will Eisner

storys später zu mehreren Alben zusammengefaßt. Seit Anfang der achtziger Jahre unterrichtet Eisner auch an der School of Visual Arts in New York und veröffentlichte 1985 mit «Comics & Sequential Art» eins der profundesten Bücher über die Erzähltechnik der Comics. Mit *To the Heart of the Storm* (Im Herzen des Sturms) legte er 1991 seine Autobiographie in Comic-Form vor, vier Jahre später gefolgt von *Dropsie Avenue*, der Geschichte des Verfalls der South Bronx.

Neue Akzente setzte auch Art Spiegelman, der 1980 zusammen mit seiner Frau Françoise Mouly das «graphix magazine» *Raw* herauszugeben begann, von dem bis 1986 acht großformatige Ausgaben im Selbstverlag erschienen; ab 1989 setzte Penguin *Raw* mit drei Ausgaben im Taschenbuchformat und mit erweitertem Umfang fort. Art Spiegelman (* 1948) hatte bereits ab 1967 für verschiedene Underground-Hefte gezeichnet und 1975 zusammen mit Bill Griffith das Magazin *Arcade* mit Arbeiten von Crumb, Wilson und Moscoso herausgegeben; es überlebte das Ende der Underground-Comics bis 1976. 1977 erschien mit *Breakdowns* eine auf-

*Art Spiegelman: Maus, 1989. © Art Spiegelman*

wendige Anthologie seiner Arbeiten, und schließlich markierte *Raw* Spiegelmans endgültige Abkehr vom Underground und die Hinwendung zum Comic als erzählende Kunstform. Neben anderen amerikanischen Zeichnern wie Drew Friedman, Charles Burns oder Mark Beyer wurde das selbst als Kunstobjekt konzipierte und individuell gestaltete Magazin auch zur Plattform europäischer Künstler. Vor allem aber enthielt *Raw* eine kleinformatige Beilage, in der Spiegelman seine schon 1972 in dem Heft *Animal Comics* begonnene Erzählung *Maus* wieder aufgriff.

In *Maus* erzählt Spiegelman die Geschichte seines Vaters Wladek, von dessen Aufstieg zum Textilwarenhändler im polnischen Tschenstochau Anfang der dreißiger Jahre über den Widerstand gegen die Nazis, das Untertauchen im Ghetto bis zur Deportation nach «Mauschwitz». Der Holocaust an den polnischen Juden wird in der Tradition der Fabel mit Tierfiguren erzählt: die Juden sind Mäuse, die Deutschen Katzen, die Polen Schweine. «So konnte ich mich vom dokumentarischen Ballast befreien, vom Zwang, die Gebäude und alles so zu zeichnen, wie es wirklich war», beschreibt Spiegelman seine Vorgehensweise. «Die Mäuse sehen absichtlich alle gleich aus. Wenn man sich die Fotos aus den Konzentrationslagern ansieht, stellt man fest, daß sich fast alle Menschen gleichen, daß alle fast unpersönlich aussehen.» Die Schilderung des Schicksals seines Vaters ist in eine Rahmenhandlung eingebunden, die den Entstehungsprozeß der Erzählung, die kraftraubenden Gespräche mit dem gebrochenen Vater, der dem Vernichtungstod entrinnen konnte, schildert. Durch diese zusätzliche Reflexionsebene, den Dialog zwischen der Vor- und der Nachkriegsgeneration, und seinen zurückhaltenden, fast hölzern wirkenden Zeichenstil ist es Spiegelman gelungen, die Risiken, die die Umsetzung seines Themas birgt, erfolgreich zu umschiffen. 1986 erschien *Maus* bei Pantheon in Buchform und wurde mit dem Pulitzer-Preis ausgezeichnet. Der zweite und abschließende Teil folgte 1992.

Zwei Jahre später illustrierte Spiegelman Joseph Moncure Marchs Jazz-Age-Klassiker «Das wilde Fest», und 1995 gab er mit der Anthologie *Narrative Corpse* eine Jam-session heraus, für die neunundsechzig Zeichner je drei Panels beisteuerten, ohne mehr von der Geschichte zu kennen als die drei Bilder ihres Vorgängers. Mit *Maus* hat er den Comics die vielleicht wichtigste Tür zur Literatur geöffnet, weitere Zeichner sind inzwischen in seine Fußtapfen getreten: David Mazzucchelli, mit *Year One* (Das erste Jahr, 1988) einer der neben Frank Miller innovativsten *Batman*-Zeichner und seit 1991 Herausgeber des avantgardistischen Comic-Magazins *Rubber Blanket*, legte 1994 mit *City of Glass* nach dem gleichnamigen Roman von Paul Auster eine der überzeugendsten Literaturadaptionen in der Geschichte der Comics vor. Im gleichen Jahr veröffentlichten Harvey Pekar mit *Our Cancer Year* ein von Frank Stack gezeichnetes

Mit seiner während der Kennedy-Jahre in den Südstaaten der USA spielenden Erzählung Stuck Rubber Baby gelang Howard Cruse 1995 der wichtigste Comic-Roman seit dem Erscheinen von Maus. © Paradox Press

Buch, in dem er die Überwindung seiner Krebserkrankung schildert, und Jason Lutes die eindrückliche Erzählung *Jar of Fools* über einen arbeitslosen Zauberer. Howard Cruse verarbeitete seine Jugend im Alabama der sechziger Jahre zu der bewegenden Geschichte *Stuck Rubber Baby* (Am Rande des Himmels, 1995), einem Südstaaten- und Coming-out-Roman im Zeichen der beginnenden Bürgerrechtsbewegungen, dessen Komplexität und Tiefe an die Romane James Baldwins erinnern.

Das Erscheinen von *Maus* sowie Frank Millers *The Dark Knight Returns* und *Watchmen* von Alan Moore und Dave Gibbons im Jahre 1986 markierte einen interessanten Wendepunkt in der jüngeren Geschichte der amerikanischen Comics. Während der ersten Hälfte der achtziger Jahre hatte die Etablierung des Direct-sales-Marktes dazu geführt, daß eine rasch wachsende Zahl sogenannter «new independent publishers» eine Flut zumeist minderwertiger und trivialer Publikationen herausbrachte, die oft stumpfsinnig sämtliche Klischees des Superheldengenres reproduzierten. Über die Comic-Shops meinte man diese Hefte schnell und einfach absetzen zu können. Die Leser wurden des Sprechblasen-Fastfoods jedoch bald müde, konzentrierten sich auf Altbekanntes und Bewährtes, und ab 1985 begann der Markt zu kollabieren. (Einzig Kevin Eastmans und Peter Lairds *Teenage Mutant Ninja Turtles* gerieten 1984 zu einem Überraschungserfolg: Aus dem mit einer Auflage von dreitausend Exemplaren gestarteten Heft entwickelte sich bald eine weltweite Industrie.) Die Auflagen von *Fantastic Four* und *Batman* schossen wieder in ungeahnte Höhen, wohingegen Experimentelles und Neues bei den Händlern dem Stigma des Unverkäuflichen unterlagen. Die drei genannten Werke signalisierten jedoch, daß das Medium jenseits der Konventionen durchaus spannende Themen zu bieten vermag, und erschlossen den Comics neue Leserkreise.

Davon profitierte zuerst der engagierte Verlag Fantagraphics, der bereits seit 1982 die Reihe *Love & Rockets* publizierte und diese sowie später hinzugekomme schwarzweiße Heftserien, promotet durch sein *Comics Journal*, mit der Bezeichnung «new comics»

Die alternative Szene 171

labelte. Neu ist an diesen Comics im Grunde nichts, denn mit ihrer authentischen, durch autobiographische Erlebnisse geprägten Abbildung aktueller Lebensverhältnisse knüpfen sie direkt an die Tradition der Underground-Comics an; vermeintliche Unterschiede wie das Fehlen politischer Botschaften oder die vollendetere künstlerische Gestaltung sind nichts anderes als die Widerspiegelung eines neuen Zeitgeistes. Unübersehbar ist allerdings, daß sich diese eher persönlich gestalteten und von den vorherrschenden Trends des Marktes abhebenden Comics wieder einer wachsenden Popularität erfreuen. Auflagen von zwanzigtausend Exemplaren sind keine Seltenheit mehr und haben dazu geführt, daß eine lebendige, neue Szene kreativer Künstler entstanden ist, die das Medium in den letzten Jahren mit frischen Ideen geprägt hat.

Das thematische Spektrum ist breit gefächert. Der Kanadier Chester Brown etwa schilderte in seinem seit 1986 erscheinenden Heft *Yummy Fur* mit einfachen und sensiblen Zeichnungen und mit erstaunlicher Offenheit seine ersten sexuellen Erfahrungen und die damit verbundene Scham: Wie er nach der Selbstbefriedigung aus Angst vor Entdeckung immer wieder sein *Playboy*-Heft vernichtet, nur um wie unter Zwang wenig später eine neue Ausgabe zu kaufen. Roberta Gregory überspitzt seit 1991 in *Naughty Bits* (Bitchy Bitch) Momente des feministischen und lesbischen Alltags. Joe Matt berichtete ein Jahr später in seiner Serie *Peep Show* von den Schwierigkeiten mit seiner Freundin, verursacht durch seine katholische Erziehung. Die Geschichten, die Daniel Clowes in *Lloyd Llewellyn* (1985) und *Eightball* (1989) publizierte, sind hingegen von sarkastischem Kulturpessimismus durchzogen und erinnern sowohl in ihrer rätselhaften Erzählweise wie in der mythischen Bildsymbolik oft an die Filme David Lynchs.

Zu den bekanntesten Vertretern der «new comics» wurden «Los Bros Hernandez» und Peter Bagge. Jaime und Gilbert Hernandez gaben, anfangs unter Mitarbeit ihres Bruders Mario, 1981 das erste Heft von *Love & Rockets* im Eigenverlag heraus und setzten die Reihe im Jahr darauf bei Fantagraphics fort. Jaime Hernandez (* 1959) schildert die Erlebnisse einer Gruppe von Jugendlichen in den Vororten von Los Angeles, während die Storys von Gilbert Hernandez (* 1957) in dem fiktiven mexikanischen Dorf Palomar angesiedelt sind. Beide Reihen ähneln sich aber in ihrer grafischen Gestaltung – saubere Linienführung, klare Flächen und gekonnte Schwarzweißkontraste – und inhaltlichen Konzeption: Im Mittelpunkt steht jeweils eine Gruppe von vielschichtig charakterisierten Figuren, deren Alltag geprägt ist von Liebe und Haß, Exzessen und Musik, Freundschaften und Punk.

Um die Dinge des alltäglichen Lebens geht es auch in der Serie *Neat Stuff*, in der Peter Bagge (* 1957) ab 1985 die Erlebnisse der Bradley-Familie aufzeichnete. Stark beeinflußt durch Robert Crumb, den er 1983 als Herausgeber von *Weirdo* abgelöst hatte, stehen bei ihm jedoch Komik und slapstickhafte Pointen im Vordergrund; zeichnerische Höhepunkte sind vor allem die Wutausbrüche seiner Charaktere, die nicht selten in ihrer vollständigen physischen Deformation enden. Als *Neat Stuff* 1990 nach fünfzehn Ausgaben durch das Heft *Hate* ersetzt wurde, wurde der Loser Buddy Bradley zur Hauptfigur, dessen Leben durch Wohngemeinschaftsterror, Beziehungskrisen, Partys und vor allem Grungemusik bestimmt wird. *Love & Rockets* und *Hate* sind durchaus authentische Zeugnisse der Jugendkultur der späten achtziger und der neunziger Jahre.

Eine der wichtigsten und interessantesten Publikationen der letzten Jahre legte Scott McCloud (* 1960), der zuvor seine Serien *Zot!* und *Destroy!* ebenfalls im Underground verlegt hatte, 1993 vor: Mit *Understanding Comics* (Comics richtig lesen) lieferte er die bislang profundeste und komplexeste Analyse und Theorie des Mediums – als Comic.

# Auf Mickeys Spuren

## Bilderbogen

Der Bilderbogen entstand Ende des 14. Jahrhunderts mit der Möglichkeit der Papieraufbereitung und entwickelte sich zu einer Zeit, als die Mehrheit der Bevölkerung weder lesen noch schreiben konnte, schnell zu einem in ganz Europa weit verbreiteten Massenmedium. Er griff anfangs vor allem die religiösen Motive von Andachtsbildern und Kirchenfenstern auf, bezog sich ab Mitte des 15. Jahrhunderts mit weltlichen Darstellungen aber auch auf die erzählerische Tradition der Bänkel- und Moritatensänger. Das Bild emanzipierte sich bald von seinem anfänglichen Schmuckcharakter und übernahm, begleitet von gereimten, zumeist unter den Zeichnungen plazierten, aber gelegentlich auch integrierten Texten, erzählerische Funktionen. Durch die Kombination von Bild und Wort sowie die Darstellung von Ereignissen in additiven Bildfolgen und nicht zuletzt auch durch seine große Popularität ist der Bilderbogen der unmittelbarste Vorläufer der Comics.

Die Einblattdrucke mit Abmessungen von ungefähr dreißig mal vierzig Zentimetern waren meist handkoloriert (oft wurde diese Arbeit von Kindern mittels mit Schellack verstärkten Schablonen ausgeführt) und wurden im Holzschnittverfahren hergestellt. Die frühen Holzschnitte gaben nur die Umrisse wieder; erst gegen Mitte des 15. Jahrhunderts konnten auch die Binnenformen mit Linienwerk gefüllt werden. In seinen Bildfolgen, die nach den 1498 geschaffenen Holzschnitten zur Apokalypse entstanden, perfektionierte Albrecht Dürer diese Technik. Neben den Holzschnitt trat bald der Kupferstich, und Mitte des 19. Jahrhunderts setzte sich schließlich die Lithographie durch. Bei diesem Verfahren mußten die Zeichnungen nicht mehr mit einer Nadel in die glattpolierte Oberfläche des Kupfers eingegraben werden, sondern wurden mit Fettkreide oder -tusche auf eine Steinplatte übertragen, die dann mit einer mineralsauren Gummiarabicumlösung geätzt wurde. Hierdurch wurden die von der Zeichnung freien Stellen fähig, Wasser aufzusaugen, und beim Einfärben mit fetter Druckfarbe nahm nur die Zeichnung die Farbe an, die bildfreien Flächen jedoch nicht. Diese Technik ermöglichte mehr Abzüge pro Druckplatte und somit höhere Auflagen. Die so erzielte größere Verbreitung führte wiederum zu einer Steigerung der Nachfrage: Der Verleger François-Charles Wentzel in Weißenfels im Elsaß beispielsweise hatte 1838 seine erste Lithographenpresse in Betrieb genommen und seine Produktionskapazität bis 1870 auf zwanzig Pressen erweitert.

Populäre Themen der Bilderbogen waren vor allem Schlachtenbilder, Darstellungen volkstümlicher Gebräuche wie Tanzbelustigungen und Schützenfeste oder fremde Länder und Völker, wunderbare Begebenheiten und aufsehenerregende Ereignisse wie Feuersbrünste, Unwetter, Verbrechen oder Hinrichtungen. Schon um 1520 gab es Zensurmaßnahmen, wobei Morddarstellungen untersagt, Verkaufsstellen kontrolliert und widerspenstige Künstler eingesperrt wurden. Nach dem Dreißigjährigen Krieg traten politische und sozialkritische Themen stärker hervor, Geschichten über Fürsten, Feldherren und historische sowie legendäre Heroen befriedigten die volkstümliche Nachfrage nach Heldentaten und Übermenschen. Um 1800 kamen auch Märchen, Spiele, Papiertheater und Ausschneidebögen für Kinder auf. Nicht zu unterschätzen ist schließlich die journalistische Bedeutung der Bilderbogen: Oft erschienen in für die damaligen Verhältnisse erstaunlich kurzer Zeit Blätter als unmittelbare Reaktion auf bedeutende Ereignisse. So brachte der amerikanische Verlag Currier & Ives beispielsweise einen Druck über den Untergang der «Lexington» am 13. Januar 1840

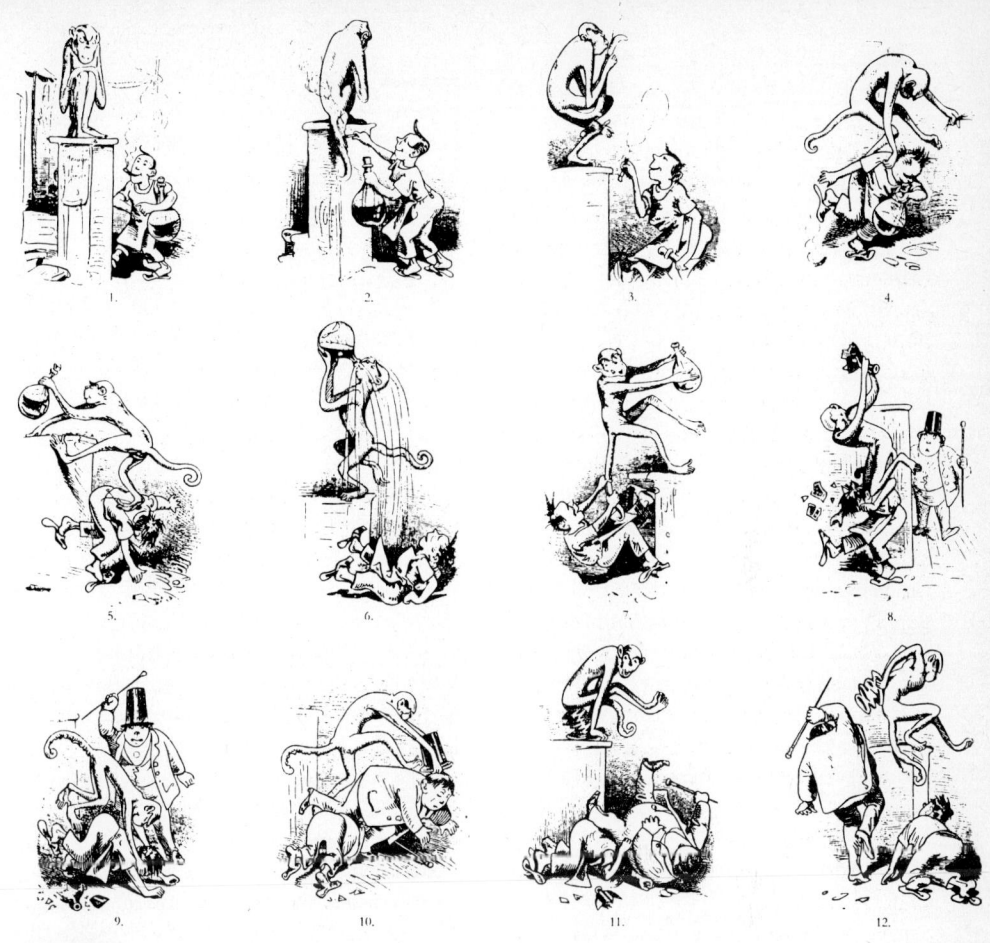

*Ausschnitt aus dem Bilderbogen «Der Affe und der Schusterjunge» von Wilhelm Busch, 1864.*

nur drei Tage später heraus. «Lange bevor die erste ‹Illustrierte Zeitung› in die Welt ging, illustrierte der Kühnsche Bilderbogen die Tagesgeschichte, und was die Hauptsache war, diese Illustration hinkte nicht langsam nach, sondern folgte den Ereignissen auf dem Fuße», schrieb Theodor Fontane später über die Blätter aus dem märkischen Neuruppin.

Ihre größte Verbreitung fanden die Bilderbogen in Deutschland, Frankreich, Italien, Spanien, England und Rußland, wobei ihre landesübliche Benennung sich oft auf beson- ders typische Motive oder Bräuche bezog. So verweist die spanische Bezeichnung «Santos» auf die vor allem religiösen Themen, das russische «Lubok» (wörtlich: Lindenrinde) auf die Tragekörbe, in denen Hausierer die Drucke transportierten, das schwedische «Kistbref» auf die Gewohnheit, die Bilderbogen in Truhendeckel zu kleben, und «Letteratura muricciolaia» (wörtlich: Mauerliteratur) darauf, daß die Blätter in Italien auf Märkten zur Besichtigung an Wände gehängt wurden. Bezeichnungen wie Imagerie d'Epinal, Imagerie rue Saint-Jacques, Neuruppiner oder Münchner Bilderbogen hingegen geben Aufschluß über die geographische Herkunft. Die Imagerie d'Epinal ließ um 1890 erstmals sechzig Blätter in englischer Übersetzung drucken und exportierte diese Bilderbogen in die USA, wo sie von der Humoristic Publishing Company in Kansas City vertrieben wurden.

Zum weltweit bedeutendsten Zentrum der Bilderbogenproduktion wurde Neuruppin, wo Gustav Kühn 1815 die fünfundzwanzig Jahre zuvor von seinem Vater eröffnete Kühnsche Offizin übernahm. Als er 1831 vor Ort Konkurrenz bekam, notierte er in sein Kassenbuch: «Herzlich bitt' ich dich, o Gott / Treib meine Nebenbuhler fort / Lenk aller Käufer regen Sinn / Nur stets nach meinem Laden hin.» Ab 1858 druckte Kühn die zwischen vierzig- und achtzigtausend Exemplare seiner Bilderbogen auf einer dampfgetriebenen Schnelldruckpresse. Einige Bogen erreichten sogar Auflagen von bis zu zweihunderttausend Exemplaren.

In München produzierte Kaspar Braun zwischen 1848 und 1898 rund tausendzweihundert Blätter, unter anderem von Wilhelm Busch, Adolf Oberländer, Lothar Meggendorfer, Ferdinand Pocci und Moritz von Schwind. Die Münchner Bilderbogen erschienen monatlich oder vierzehntägig, waren fortlaufend numeriert und wurden auch zu Jahrgangsbänden gebunden.

Ihre größte Popularität hatten die Bilderbogen in der zweiten Hälfte des 19. Jahrhunderts. Allein die Firma Kühn, einer der drei Verlage in Neuruppin, druckte in einem Geschäftsjahr drei Millionen Exemplare, und Fontane notierte: «Was ist der Ruhm der *Times* gegen die zivilisatorische Aufgabe des Ruppiner Bilderbogens?» Durch das Aufkommen von Fotografie, Film und Comic verloren die Bilderbogen um die Jahrhundertwende an Bedeutung und waren nach dem Ersten Weltkrieg so gut wie verschwunden.

## *Auf Mickeys Spuren*

*Darum, o Jüngling, fasse Mut;*
*setz auf den hohen Künstlerhut*
*Und wirf dich auf die Malerei;*
*Vielleicht verdienst du was dabei*
Wilhelm Busch
Maler Klecksel, 1884

Obwohl es sich allgemein durchgesetzt hat, Richard Felton Outcaults Yellow Kid zum ersten Comic-Helden zu erklären, liegen die Ursprünge des Mediums weiter zurück. Die Popularität der Arbeiten der englischen und französischen Zeichner des 18. und frühen 19. Jahrhunderts hatte zur Gründung satirischer Zeitschriften geführt und damit die Karikatur zu einer Tageserscheinung werden lassen, die die Entwicklung der Bilderzählung entscheidend förderte. Schon die am 17. Juli 1841 erschienene erste Ausgabe des englischen *Punch* enthielt siebzehn humoristische Zeichnungen, die zwei Jahre später erstmals als «Cartoons» bezeichnet wurden. Vor allem die «Genfer Novellen» des Schweizer Schriftstellers Rodolphe Töpffer, in denen Goethe eine neue Form der Volkskultur sah und von denen er sich im Gegensatz zu der zeitgenössischen polarisierenden Karikatur eine die bürgerliche Gesellschaft einende Kraft erhoffte, und die Arbeiten Wilhelm Buschs markieren erfolgreiche Stationen auf dem Weg zu einer neuen Erzählform.

Am 14. August 1867 präsentierte die drei Monate zuvor gegründete englische Zeitschrift *Judy* mit Ally Sloper einen an die Figur des Wilson Micawber aus Charles Dickens' «David Copperfield» erinnernden rüden, proletarischen Saufbold, der bald zur erfolgreichen Serienfigur werden sollte. Ihr Erfinder, Charles Henry Ross, war mit den

Ally Sloper wurde zum ersten proletarischen Volkshelden und etablierte die Comic-Form in England. Von William G. Baxter gezeichnete Folge vom 9.8.1884.

rer Zeichner ging und damit zur von ihrem Erfinder losgelösten Schöpfung wurde. Zum anderen wurde der tolpatschige Held, der von einer Katastrophe in die andere schlitterte, schlußendlich aber doch immer wieder auf die Füße fiel, unter Baxters Feder zum Sprachrohr des kleinen Mannes, der die Probleme der aufsteigenden Unterschicht und soziale Mißstände artikulierte; so verschaffte sich Ally Sloper eine lange anhaltende Popularität.

Der ungeheure Erfolg von *Ally Sloper's Half Holiday*, das mit einigen Unterbrechungen bis 1923 erschien und in seinen besten Zeiten eine Auflage von dreihundertfünfzigtausend Exemplaren wöchentlich verkaufte, führte zu einer rasch wachsenden Zahl ähnlicher Publikationen wie *Comic Cuts* oder *Illustrated Chips* (beide 1890), mit denen vor allem der Verleger Alfred Harmsworth sich bald eine marktbeherrschende Stellung verschaffte. Tom Brownes Serie *Weary Willie and Tired Tim*, 1896 in *Illustrated Chips* begonnen, wurde fast ebenso populär wie *Ally Sloper* und erschien bis 1953. Ihren Erfolg verdankten diese frühen Magazine in erster Linie der Tatsache, daß sie mit einem Preis von einem halben Penny nur halb so teuer waren wie die «Penny Dreadfuls», vor allem bei proletarischen Jugendlichen damals äußerst beliebte Romanhefte.

Auf dem europäischen Festland blieb ein Boom, wie ihn England um die Jahrhundertwende erlebte, aus. Zwar übernahmen die Zeichner von ihren englischen Kollegen das Prinzip, den Text unter die Bilder zu plazieren (häufig wurden bei der Übernahme amerikanischer Serien, die um 1905 einsetzte, sogar die Sprechblasen entfernt und durch Erzähltext unter den Panels ersetzt), aber die Comics blieben Bestandteil der Kinder- und Jugendzeitschriften. Die Zeichner schienen beharrlich all jene ästhetischen Innovationen zu ignorieren, die ihre amerikanischen Kollegen auf dem Weg zum Comic innerhalb weniger Jahre entwickelt hatten.

wöchentlich abwechselnd als Cartoon oder Bildfolge erscheinenden Episoden bald überlastet und überließ das Zeichnen schließlich seiner Frau, der Französin Marie Duval (Isabelle Emily de Tessier). Schon 1873 wurden über zweihundert ihrer *Ally Sloper*-Folgen als Buch unter dem Titel «Ally Sloper – A Moral Lesson» nachgedruckt, und am 3. Mai 1884 gründete der Verleger Gilbert Dalziel mit *Ally Sloper's Half Holiday* das erste Magazin, das nach einer Serienfigur benannt war. Dies führte zu einer Reihe entscheidender Veränderungen. Zum einen beauftragte Dalziel, der von Ross die Rechte an *Ally Sloper* erworben hatte, mit William Giles Baxter und später W. Fletcher Thomas weitere Zeichner mit der Gestaltung der Serie. Es war dies das erste Mal, daß eine Figur durch die Hände mehre-

Die ab 1905 von Jean-Pierre Pinchon gezeichnete Serie Bécassine kam dem Comic, wie er in Amerika seit einigen Jahren existierte, bereits sehr nahe. Das stilisierte Gesicht der Heldin übernahm später Hergé für seine Figur Tintin. © Gautier-Laugureau

Zeichner; der Erfolg dieser Zeitschrift läßt sich an der noch heute in Spanien verbreiteten Bezeichnung für Comics ermessen: «tebeos».

Die bildsprachlichen Mittel, die in Amerika um die Jahrhundertwende entwickelt wurden, blieben jedoch ohne wesentlichen Einfluß auf die Arbeiten der europäischen Zeichner. Zwar verwendeten vor allem etliche englische Künstler ab Anfang der zwanziger Jahre regelmäßig eine Mischung aus Erzähltext und Sprechblasen, doch erst 1925 ging in Frankreich Alain Saint-Ogan (1895–1974) mit *Zig et Puce* dazu über, ganz auf den Text unter den Bildern zu verzichten. Mit seiner Serie um zwei Jungen, die auf ihren Reisen Abenteuer in aller Welt erleben (und Ende 1925 am Nordpol dem Pinguin Alfred begegnen, der später zum Namensgeber für den 1974 erstmals verliehenen Prix Alfred werden sollte), wurde Saint-Ogan somit zum – späten – Vater des modernen europäischen Comics. Bereits ab 1927 wurde die Serie in Buchform

In Frankreich veröffentlichte Christophe (Georges Colomb, 1856–1945) 1889 *La Famille Fenouillard*, deren Abenteuer 1893 als Buch aufgelegt wurden, und 1905 folgten in *La Semaine de Suzette* mit Jean-Pierre Pinchons (1871–1953) *Bécassine* die Erlebnisse eines naiven bretonischen Bauernmädchens, die ab 1913 auch in einer Reihe von Alben erschienen. 1908 begann Louis Forton (1879–1934) in *L'Epatant* mit *Les Pieds-Nickelés* eine überaus erfolgreiche Serie um drei Landstreicher, die ab 1915 in Buchform erschien. In Italien begründete vor allem *Il Corriere dei Piccoli* mit Attilio Mussinos *Bilbolbul* (1908), Antonio Rubinos *Quadratino* (1910) und *Il Signor Bonaventura* (1917) von Sergio Tofano eine eigene Comic-Tradition. In Barcelona veröffentlichte *TBO* ab 1917 neben amerikanischen Strips auch erste Arbeiten spanischer

Erst drei Jahrzehnte nach dem Debüt der ersten Comic-Strips in Amerika machte in Frankreich Alain Saint-Ogan die Sprechblase zur erzählerischen Grammatik seiner Serie Zig et Puce. Ausschnitt aus der Seite vom 21.8.1927. © Greg

nachgedruckt und Alfred im gleichen Jahr als Stoffpuppe vermarktet. In dem Abenteuer «Zig et Puce en l'An 2000» schließlich ließ Saint-Ogan seine kleinen Helden 1934 sogar schon in die Zukunft reisen.

### Die Lehre von der klaren Linie

Zum wichtigsten und einflußreichsten Pionier der europäischen Comics wurde der belgische Zeichner Hergé mit seiner am 10. Januar 1929 auf den Seiten von *Le Petit Vingtième*, der wöchentlichen Jugendbeilage der konservativ-katholischen Tageszeitung *Le XXième Siècle*, begonnenen Serie *Tintin* (Tim und Struppi). Hergé, der sein Pseudonym aus den umgedrehten Initialen seines bürgerlichen Namens Georges Remi – R. G. – ableitete, wurde am 22. Mai 1907 in dem Brüsseler Vorort Etterbeek geboren und veröffentlichte erste Zeichnungen im Alter von vierzehn Jahren in der Zeitschrift *Le Boy Scout Belge*, für die ab Juli 1926 auch sein erster Comic entstand. *Les Aventures de Totor, C.P. des Hannetons* schilderte die Abenteuer eines jungen Pfadfindersippenführers in Amerika und orientierte sich formal an anderen zeitgenössischen Serien: Der Text ist in Erzählform unter den Bildern plaziert, die allerdings schon von der ersten Folge an auch gelegentlich Sprechblasen und andere Comic-typische Symbole wie etwa Sternchen zur Darstellung von Schmerz aufweisen. Mit einer einjährigen Unterbrechung während seines Militärdienstes zeichnete Hergé *Totor* bis Januar 1929; ein Jahr später setzte Evany (Eugène van Nijverseel) die Reihe fort.

In gleicher Manier hatte Hergé schon ab November 1928 für das neu gegründete *Petit Vingtième* die von einem Redakteur des Blattes geschriebene Serie *L'extraordinaire Aventure de Flup, Nénesse, Poussette et Cochonnet* illustriert, die er nach zehn doppelseitigen Folgen durch *Tintin* ersetzte. Der Übergang von *Totor* zu *Tintin* erfolgte zeitlich nahtlos, formal jedoch entwickelte sich Hergé von einer Woche auf die andere vom Illustrator von Bildergeschichten zum Comic-Zeichner, indem er bei *Tintin* auf begleitende Texte verzichtete und statt dessen innerhalb kürzester Zeit ein Repertoire von zeichensprachlichen Mitteln entwickelte, das es ihm ermöglichte, die Erzählung allein durch diese neue Synergie aus Bild und Dialog voranzutreiben. Von entscheidendem Einfluß auf Hergés Konzept waren Pinchons Bécassine, der Tim sein cartoonhaft stilisiertes Äußeres verdankt, wie auch Saint-Ogans Serie *Zig et Puce*, von der Hergé nicht nur die Verwendung von Sprechblasen, sondern auch das Reisemotiv übernahm: Als Reporter sollte Tim seinen Lesern aus fremden Ländern berichten.

«Während Totor seine Abenteuer in Amerika bestanden hatte, lenkte Tim seine ersten Schritte in die Sowjetunion», kommentierte der Kritiker Benoît Peeters. «Dieses Reiseziel lag nahe, denn auch in der Redaktion des *XXième Siècle* geisterte in diesen Tagen das Gespenst des Antikommunismus herum, und es kam den Verantwort-

Hergé: Tintin, 1929.
© Casterman

lichen offenbar sehr gelegen, ihre jugendlichen Leser über die schlimmen Gefahren des Bolschewismus aufzuklären. Selbstverständlich fehlte Hergé jegliche Möglichkeit, sich an Ort und Stelle über Tims Reiseziel zu informieren. So beschränkte sich seine Recherche auf die Lektüre des Buches ‹Moscou sans Voiles›, mit dem sich 1928 ein gewisser Joseph Douillet, einstiger belgischer Konsul in Rostow am Don, Luft gemacht hatte. Inhaltlich ist diese Geschichte somit nur noch als Zeitdokument von Interesse. Viel wichtiger ist jedoch der zeichnerische Aspekt: Von Seite zu Seite läßt sich verfolgen, wie Hergé sein grafisches Talent entfaltete und seiner Figur langsam Konturen gab.»

Nach Tims Rückkehr aus der Sowjetunion, die als reales Ereignis inszeniert wurde, indem man 1930 einen als Tim verkleideten Schauspieler mit einem Zug aus Richtung Osten in den Brüsseler Hauptbahnhof einfahren ließ und somit gleich für den gerade erschienenen Albumnachdruck der Geschichte warb, schickte Hergé seinen Reporter und dessen Terrier Struppi in den Kongo (der Chefredakteur des *Petit Vingtième* wollte auf die Kritik am Sowjetkommunismus eine Rechtfertigung des belgischen Kolonialismus folgen lassen), nach Amerika und, als nach der Entdeckung des Grabes Tutenchamuns durch Howard Carter eine Reihe mysteriöser Todesfälle die Öffentlichkeit beschäftigte, nach Ägypten.

Waren die ersten Geschichten mehr oder minder lose aneinandergereihte Szenenfolgen, so unterwarf Hergé dieses vierte Abenteuer erstmals einer vorkonstruierten Dramaturgie und ließ Elemente des Kriminalromans in seine Erzählung einfließen. Überdies traten hier drei Nebenfiguren, der Gauner Rastapopoulos und die beiden trotteligen Detektive Dupond und Dupont (Schulze und Schultze), auf, die ersten einer ganzen Reihe weiterer Charaktere wie Kapitän Haddock (1941) oder der zerstreute Professor Tournesol (Bienlein, 1943), die zukünftig zum festen Figurenrepertoire der Serie gehören sollten.

Zu einer für Hergés Werk äußerst bedeutungsvollen Begegnung kam es, als er 1934 ankündigte, daß Tims nächstes Abenteuer in China spielen solle: Er erhielt den Brief eines Universitätsgeistlichen aus Louvain, der ihn eindringlich beschwor, die Hintergründe der Geschichte sorgfältig zu recherchieren, und der ihm schließlich den Kontakt zu dem Studenten Chang Chong-Jen (der in dem späteren Album «Tim in Tibet» eine bedeutende Rolle spielen sollte) vermittelte, der Hergé mit Material über Geographie, Kultur und Politik seines Landes versorgte. So wurde die Erzählung «Der blaue Lotos» zu einer akribisch genauen Schilderung des chinesisch-japanischen Krieges, und in der Folge machte Hergé die Recherche und das Bemühen um Authentizität zu seinem wichtigsten erzählerischen Prinzip.

Auf die inhaltliche Entwicklung von Hergés Stil folgte eine formale. Als *Le Petit Vingtième* während des Krieges eingestellt werden mußte, wurde *Tintin* ab Oktober 1940 in *Le Soir Jeunesse* fortgesetzt. Aber die Papierknappheit während der Okkupation machte auch dieser Jugendbeilage bald ein Ende, so daß das neunte Abenteuer, «Die Krabbe mit den goldenen Scheren», ein Jahr später nur noch als täglicher Streifen in *Le Soir* fortgeführt werden konnte. Das erforderte eine andere Erzählweise, und Hergé machte sich die Beschränkung zunutze, indem er seine Dramaturgie weiter präzisierte.

Die Papierknappheit bewirkte außerdem, daß sich der Verlag Casterman, der seit 1932 die *Tintin*-Albumausgabe herausgab, gezwungen sah, deren Umfang auf zweiundsechzig Seiten zu reduzieren; bislang hatte Hergé seine Geschichten keiner Umfangbeschränkung unterworfen, und die einzelnen Abenteuer umfaßten jeweils weit über hundert Seiten. Um die Umarbeitung und das Kolorieren der zuvor schwarzweiß erschienenen Alben bewältigen zu können, engagierte

Bereits 1943 hatte Hergé das fünf Jahre zuvor entstandene Tintin-Schwarzweißalbum «Die schwarze Insel» unter Verwendung der Originalzeichnungen vollständig umgearbeitet. 1965 entstand die untere, modernisierte Version. © Casterman

Die Lehre von der klaren Linie **181**

Ab 1946 erschien «Der Sonnentempel» auf der jeweils mittleren Doppelseite des Magazins Tintin. Für die spätere Albumausgabe wurden die Einzelbilder ummontiert und die Handlung leicht gekürzt. © Hergé

Hergé 1944 Edgar Pierre Jacobs als Assistenten. Auch später noch hat Hergé seine frühen Geschichten verschiedenen Umarbeitungen und Modernisierungen unterzogen; das Album «Die schwarze Insel» dürfte die einzige Comic-Story sein, die insgesamt dreimal vollständig neu gezeichnet wurde: 1938 erschien das Abenteuer als hundertvierundzwanzigseitiges Schwarzweißalbum, 1943 als zweiundsechzigseitige Farbversion und 1965 als vor allem in den technischen Details aktualisierte Fassung. Dabei assistierten ihm Jacques Martin, Bob de Moor und Roger Leloup, die später mit eigenen Serien aus dem 1950 als Aktiengesellschaft gegründeten Studio Hergé hervorgingen.

Ende 1943 mußte *Tintin* ganz eingestellt werden, und erst knapp drei Jahre später konnte das inmitten der Handlung abgebrochene Abenteuer «Die sieben Kristallkugeln» in der neu gegründeten und nach Hergés Serie benannten Comic-Zeitschrift *Tintin* fortgeführt werden. Hier erschienen bis 1976 zehn weitere Abenteuer, eine Mondlandung (1953) inbegriffen. Eine letzte Geschichte, «Tim und die Alpha-Kunst», konnte Hergé vor seinem Tod am 3. März 1983 nicht mehr vollenden; sie wurde später als Fragment veröffentlicht.

Noch während der Arbeit an seinem ersten *Tintin*-Abenteuer hatte Hergé mit einer weiteren Serie begonnen, *Quick et Flupke*, in der er in jeweils abgeschlossenen, zweiseitigen Gags die Erlebnisse zweier Brüsseler Gören schilderte. Im Gegensatz zu *Tintin* war Hergés anderen Serien jedoch nur ein durchschnittlicher Erfolg beschieden. Von *Popol et Virginie*, seinem einzigen Versuch, à la Disney Tiere zu Protagonisten zu machen, erschien 1934 nur ein Abenteuer, von *Les Aventures de Jo, Zette et Jocko* drei (1936–39, 1953/54), die später in fünf Alben nachgedruckt wurden.

Hergés Stil, für den der holländische Zeichner Joost Swarte 1976 den Begriff «Ligne claire» (klare Linie) prägte, hat den belgischen und damit europäischen Comic nachhaltig geprägt. Auf der ästhetischen Ebene bezieht sich die klare Linie auf den Zeichenstil, dessen wichtigste Elemente die Beschränkung auf funktionale Konturierung und die Anwendung einer monochromen, flächigen Kolorierung sind. Schraffuren oder Farbverläufe – selbst Schatten – kommen in *Tintin* nicht vor. Der französische Kritiker Pierre Stercks hat darauf hingewiesen, daß Hergés Strich der Strich des Graveurs ist: Er «nähert sich dem reinen Zeichen an. Er entfernt alles, was die Hand des Zeichners verraten könnte: jede Unklarheit, jede Emotion.» Auf der inhaltlichen Ebene findet dieses bildästhetische Prinzip eine Entsprechung in einer geradlinigen Erzählweise: Jedes Ereignis ist einer vorkonstruierten Haupthandlung unterworfen und ergibt sich zielorientiert aus einem anderen.

Diese Suche nach Reinheit und der einzig wahren Form der Dinge, mit der sich auch die bildende Kunst der zwanziger und dreißiger Jahre beschäftigte, entspricht dem Wunsch, die Welt und das in ihr Geschehende *einer* Sichtweise und einer klar definierten Gesetzmäßigkeit zu unterwerfen. Statt des Flusses und des überraschend Unvorhersehbaren ist die Bezugnahme auf Ideale und Bestehendes oberstes Prinzip. In diesem Sinne ist die «Ligne claire» eine ihrem Wesen nach konservative Ausdrucksform, die im krassen Gegensatz zu dem unruhigen (und beunruhigenden), die Bewegung betonenden und die Veränderung thematisierenden Stil der meisten amerikanischen Comics steht.

Da sich die belgischen und französischen Comics vor allem auf den Seiten konservativer, katholisch geprägter Jugendbeilagen entwickelten und somit einer aufmerksamen pädagogischen Beobachtung unterlagen, konnte sich die «Ligne claire» als ein dem bürgerlichen Bildungsideal entsprechender Stil bald als Schule etablieren. In der Tat richteten sich die Angriffe gegen das Medium, die schließlich zu strikten, in dem Gesetz 49 956 vom 2. Juli 1949 verankerten Jugendschutzbe-

Während der Arbeit an «Tim in Tibet» durchlitt Hergé Phasen einer schweren Depression. Laut eigener Aussage soll das Zeichnen der weißen Schneeflächen auf ihn eine reinigende Wirkung gehabt haben. Vorbild für Tchang, den Tim in diesem Album nach einem Flugzeugunglück rettet, war Chang Chong-Jen, den Hergé fünfundzwanzig Jahre zuvor bei den Vorbereitungen zu «Der blaue Lotos» kennengelernt hatte.
© Casterman

stimmungen führten, vor allem gegen amerikanische Importe und durch diese geprägte Comics; das seinem Wesen nach zwar nationalistische Gesetz förderte allerdings die Entwicklung einer eigenständigen französischen Comic-Tradition. Die Regeln der «Ligne claire» wurden nicht nur von den direkten Mitarbeitern Hergés kultiviert, sondern von einer ganzen Zeichnergeneration verinnerlicht; sie erlebten in den achtziger Jahren als «Nouvelle ligne claire», die gleichermaßen Hommage an wie Parodie auf diesen Stil ist, in ganz Europa eine Renaissance.

Schon 1930 waren die Einzelbilder aus «Tim im Lande der Sowjets» auf Zelluloidstreifen gebracht und in dieser Form aufgeführt worden. 1949 entstand ein Puppenfilm nach «Die Krabbe mit den goldenen Scheren», der nach dem ersten Tag seiner Aufführung in Brüssel jedoch wegen Verschuldung der Produktionsfirma beschlagnahmt und nie wieder gezeigt wurde. Zehn Jahre später wurde «Der Arumbaya-Fetisch» zu einem dürftig animierten Fernsehfilm. Auf zwei Realfilme (1960/64) mit Jean-Pierre Talbot in der Hauptrolle folgten schließlich die Verfilmungen von «Die sieben Kristallkugeln» und «Der Sonnentempel» (1969) und das neue Abenteuer «Tim und der Haifischsee» (1972) nach einem Drehbuch von Michel Greg. 1991 produzierte das Pariser Studio Ellipse eine Trickfilmserie nach Hergés Alben. Verhandlungen über eine Verfilmung durch Steven Spielberg waren bereits Anfang der achtziger Jahre gescheitert, nachdem sich Hergés und Spielbergs Vorstellungen nicht

*Bereits 1930 gab es erste Versuche, Tims Abenteuer zu animieren. © Hergé*

hatten vereinen lassen; im Gespräch für dieses Projekt waren unter anderem François Truffaut für die Regie und Jack Nicholson für die Rolle des Kapitän Haddock. Einige Ideen für dieses Projekt, mit dem sich Spielberg lange beschäftigt hat, flossen später in dessen «Indiana Jones»-Trilogie ein. Zum sechzigsten Geburtstag der Serie wurde im Brüsseler Volvendael-Park ein Tintin-Denkmal errichtet, 1993 erschien in den USA Frederic Tutens Roman «Tintin in the New World» mit einem Umschlag von Roy Lichtenstein, und am 22. Oktober 1995 widmete der deutsch-französische Kulturkanal Arte Hergé einen Themenabend.

Hergés frühe Comics standen anfangs relativ isoliert in einem Umfeld, das nach wie vor durch einen heiter-betulichen, eher von den Illustrationstechniken zeitgenössischer Bilderbücher geprägten und belehrenden Stil bestimmt wurde. Im gleichen Jahr, in dem Hergé mit *Tintin* debütierte, gründete der Journalist Paul Winkler in Paris die Agentur Opera Mundi, die das King Features Syndicate vertrat. Da der Lizenzverkauf amerikanischer Zeitungsserien jedoch nicht das Volumen erreichte, das sich Winkler vorgestellt hatte, beschloß er, selbst verlegerisch aktiv zu werden. Im Oktober 1934 erschien die erste Ausgabe von *Le Journal de Mickey*, das nicht nur Disneys Enten und Mäuse präsentierte, sondern den ganzen breiten King-Features-Fundus nutzte. Das Magazin erreichte schnell eine Auflage von vierhunderttausend Exemplaren und führte zur Gründung weiterer Zeitschriften wie *Jumbo* (1935), *Robinson*, *Junior* (beide 1936) oder *Hop-là* (1937), auf deren Seiten vor allem die kurz zuvor in den USA entstandenen Abenteuerstrips wie *Tarzan*, *Flash Gordon*, *Brick Bradford* und viele andere abgedruckt wurden.

Die Konfrontation mit dieser fremden, aber auch frischen und lebendigen Erzählform und mit Themen, die auch bei älteren Lesern auf Interesse stießen, zeigte in Frankreich schnell Wirkung und inspirierte eine

Die Lehre von der klaren Linie

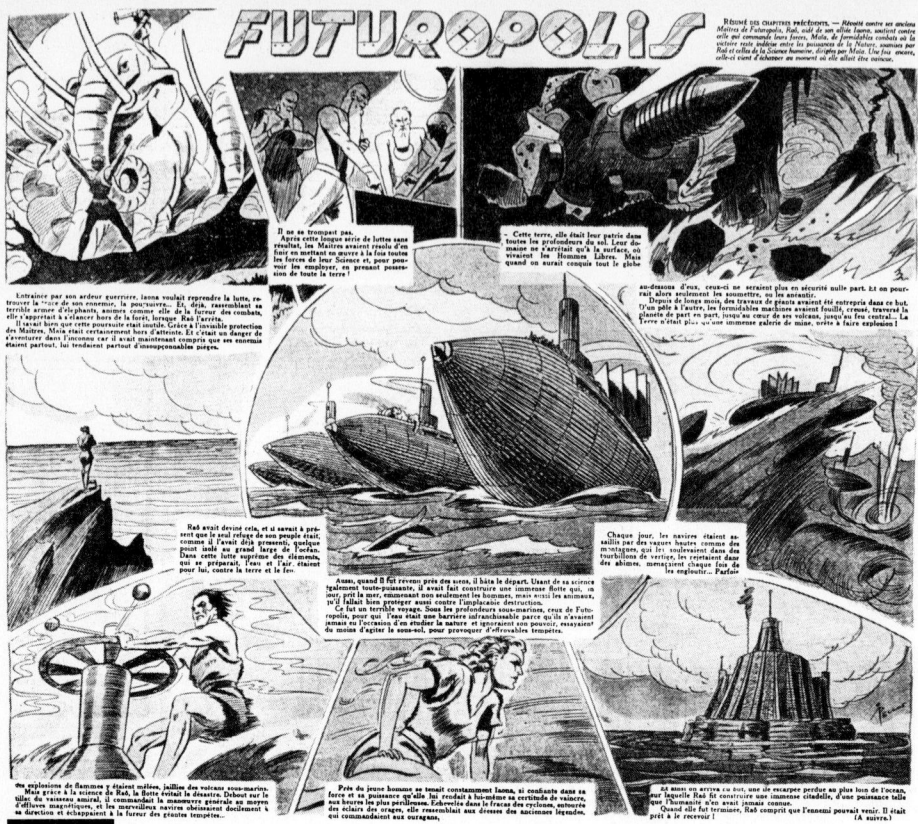

Mit *Futuropolis* griff René Pellos 1937 die Ästhetik der amerikanischen Zeitungsstrips auf und schuf eins der beeindruckendsten Werke der frühen französischen Abenteuer-Comics. © René Pellos

ganze Reihe von Zeichnern, mit den Konventionen der herkömmlichen Jugendbeilagen zu brechen. Hatte es auch über dreißig Jahre gedauert, bis die von amerikanischen Künstlern um die Jahrhundertwende entwickelten Standards endlich auch in Frankreich und Belgien aufgegriffen wurden, so vollzog sich der Übergang der Comics zu einer eigenständigen Publikationsform zeitgleich mit der Erfindung der Comic-Books in den USA.

Das beeindruckendste Werk dieser Zeit ist die Science-Fiction-Erzählung *Futuropolis*, die René Pellos (René Pellerin, \* 1900) von 1937 bis 1938 für *Junior* zeichnete. Die aus sechsundfünfzig querformatigen Blättern bestehende Serie war thematisch durch Fritz Langs «Metropolis» und ästhetisch sowie von den Bildmotiven her durch *Flash Gordon* inspiriert, und wie Alex Raymond verwandte Pellos bei *Futuropolis* Erzähltext, obwohl er in früheren Arbeiten bereits Sprechblasen benutzt hatte. 1940 begann er mit *Electropolis* eine weitere Science-Fiction-Story, die wegen des Krieges allerdings unvollendet blieb. Von 1948 bis 1979 führte Pellos Fortons *Les Pieds-Nickelés* fort, um sich im Alter von achtzig Jahren mit *Novopolis* nochmals der SF zu widmen, die ihn einst berühmt gemacht hatte.

Gleichzeitig mit Pellos loteten Marijac (Jacques Dumas) und Etienne Rallic die neuen Möglichkeiten des Mediums aus und schufen mit *Jim Boum* und *Le Réveil des Sioux* erste Westernserien. Edmond Calvo (1892–1958) begann 1938 mit dem Zeichnen mehrerer historischer Serien, wandte sich aber bald Tierfiguren zu, die er vor märchenhaft ausgestalteten, oft ganzseitigen Hintergründen agieren ließ. 1944 illustrierte er mit *La Bête est Mort* (Die Bestie ist tot) nach einem Szenario von Victor Dancette eine Geschichte über den Zweiten Weltkrieg bei den Tieren, in der die Deutschen als Wölfe, die Briten als Doggen, die Russen als Bären und die Japaner als Affen dargestellt sind; in den fünfziger Jahren konnte er vor allem mit seiner liebevoll gezeichneten Serie *Moustache et Trotinette* Erfolg verbuchen. Neben den starken amerikanischen Einflüssen begann aber auch Hergés Stil langsam Schule zu machen: 1936 schuf Jijé (Joseph Gillain, 1914–1980) die Serie *Jojo*, die eindeutig *Tintin* nachempfunden ist, und seine nächsten Helden, Blondin und Cirage, schickte er 1939 in ihrem ersten Abenteuer nach Amerika, das bereits Totor und Tim bereist hatten.

Beide Stilrichtungen vereinte schließlich das Magazin *Spirou*, das der belgische Drucker und Verleger Jean Dupuis ab April 1938 herausgab. Auch *Spirou* enthielt im damals üblichen Großformat (28 mal 39 Zentimeter) auf sechzehn Seiten überwiegend Nachdrucke amerikanischer Zeitungsstrips, produzierte aber von Beginn an auch eigene Serien. So stammt die gleichnamige, auf der ersten Umschlagseite abgedruckte Titelserie aus der Feder des Franzosen Rob-Vel (Robert Velter, 1909–1993), der bereits über einige Comic-Erfahrung verfügte: Während einer Amerikareise hatte er Martin Branner kennengelernt, als dessen Assistent er 1935 an dem Strip *Winnie Winkle* arbeitete. Originell war, daß Spirou – dessen Name im Wallonischen etwa «Lausebengel» bedeutet – nicht wie andere Helden «einfach da» war, sondern in der ersten Ausgabe der nach ihm benannten Zeitschrift «geboren» wurde: Der Direktor eines Hotels sucht einen Pagen, aber da ihn keiner der Kandidaten überzeugt, läßt er einen Künstler einen Hotelboy nach seinen Vorstellungen zeichnen und anschließend mit Lebenselixier besprenkeln. So kam am 21. April Spirou zur Welt, der im Jahr darauf mit dem pfiffigen Eichhörnchen Pip seinen ersten Begleiter erhielt.

Ebenfalls von der ersten Ausgabe an mit dabei war der von Fernand Dineur gezeichnete Detektiv Tif (der einen Monat später seinen Partner Tondu erhielt), und 1939 stieß Jijé mit *Freddy* und *Trinet et Trinette* zu dem noch kleinen, im belgischen Marcinelle in der

Edmond Calvo: *La Bête est Mort*, 1944.
© Futuropolis

*Nahtloser Übergang: Die ersten drei Bilder dieser Spirou-Seite von 1946 stammen von Jijé, im Anschluß daran übernahm André Franquin, der die Serie schon wenig später zu einem der großen Meisterwerke des belgischen Comic-Humors entwickeln sollte. © Dupuis*

Nähe von Charleroi angesiedelten Redaktionsteam. Daß die Comics und die redaktionellen Beiträge Bezüge zu den Lebenszusammenhängen der jungen Leser enthielten, zahlte sich aus. Schon 1938 konnte eine inhaltlich identische Ausgabe in holländischer Sprache unter dem Titel *Robbedoes* gestartet werden, und der im gleichen Jahr ins Leben gerufene Fanclub A.D.S. (Amis de Spirou) zählte schon bald dreiundzwanzigtausend Mitglieder. 1940 jedoch wurde Rob-Vel in die Armee einberufen und geriet kurz darauf in deutsche Kriegsgefangenschaft. Seine Ehefrau Davine setzte *Spirou* fort, doch dann mußte das Heft nach dem Einmarsch deutscher Truppen in Belgien eingestellt werden.

Als *Spirou* Ende August wieder erscheinen konnte, übernahm Jijé die Titelserie und gab Spirou einen weiteren Begleiter: Fantasio. Als Anfang 1941 die Vorlagen für verschiedene amerikanische Serien ausblieben, setzte Jijé auch *Superman* und *Red Ryder* fort. Im gleichen Jahr illustrierte er mit der Lebensgeschichte des katholischen Erziehers Don Bos-

co die erste einer ganzen Reihe von ihm gezeichneter Comic-Biographien und begann mit *Valhardi* die erste belgische Abenteuerserie. Innerhalb weniger Wochen hatte sich Jijé vom humoristischen zum naturalistischen Zeichner gewandelt, dessen Stil schnell Schule machte: Schon 1942 debütierte Sirius (Max Mayeu) mit der Science-Fiction-Serie *L'Epervier Bleu*. Im September 1943 aber mußte *Spirou* erneut die Pforten schließen; Zensurbestimmungen der Besatzungsmacht verboten ein weiteres Erscheinen.

## Die Entwicklung des frankobelgischen Stils

1946 gründete Raymond Leblanc, der bereits seit zwei Jahren Liebesromane verlegt hatte, in Brüssel ein neues Comic-Magazin: *Tintin* (eine holländische Ausgabe startete gleichzeitig unter dem Titel *Kuifje*). Die erste Ausgabe erschien mit einem schmalen Umfang von nur zwölf Seiten am 26. September und präsentierte als Titelserie die Fortsetzung des drei Jahre zuvor in *Le Soir* abgebrochenen *Tintin*-Abenteuers «Die sieben Kristallkugeln». Hergé stellte dem neuen Magazin aber nicht nur den Namen seiner Serie zur Verfügung, sondern bestimmte auch dessen grafisches Konzept sowie die Auswahl der Zeichner, womit *Tintin* zu einer Art Forum für die Philosophie der «Ligne claire» wurde. Neben Paul Cuveliers *Corentin* und Jacques Laudys *La Légende des Quatre Fils Aymon* war in der ersten Ausgabe auch Edgar P. Jacobs mit «Le Secret de l'Espadon», dem ersten Abenteuer um den Scotland-Yard-Inspektor Blake und den Professor Mortimer, sowie Illustrationen zu dem in Fortsetzungen abgedruckten Roman «Der Krieg der Welten» von H. G. Wells vertreten.

Edgar Pierre Jacobs (1904–1987) hatte zwar bereits ab Anfang der zwanziger Jahre als Illustrator gearbeitet, dann aber an der Oper in Lille eine Karriere als Bariton begonnen, die durch den Krieg jedoch ein jähes Ende fand. Jacobs bewarb sich als Zeichner bei der Zeitschrift *Bravo*, für die er Ende 1942 Alex Raymonds *Flash Gordon* fortsetzte, als die Vorlagen aus Amerika ausblieben. Als die Serie Anfang des nächsten Jahres von der deutschen Zensur verboten wurde, schuf er mit *Le Rayon U* (Die U-Strahlen) seine erste eigene Comic-Erzählung mit identischem Figurenrepertoire und ähnlicher Thematik und begann, Hergé bei der Umarbeitung der *Tintin*-Alben auf zweiundsechzigseitigen Umfang zu assistieren. «Le Secret de l'Espadon» für *Tintin* umfaßt insgesamt hundertdreiundvierzig Seiten und ist deutlich geprägt von den Schrecken des gerade zu Ende gegangenen Krieges und der Furcht, daß der wiedergewonnene Frieden auch zukünftig durch das Machtstreben einer hochgerüsteten Nation gefährdet werden könne. Neben der atmosphärisch dichten Erzählweise besticht Jacobs' Geschichte vor allem durch eine beeindruckende Darstellung futuristischer Tech-

*Edgar P. Jacobs: Blake et Mortimer, 1947.*
© Blake et Mortimer

nik. In weiteren Abenteuern widmen sich Blake und Mortimer der Lösung kriminalistischer und wissenschaftlicher Rätsel. Insgesamt hat Jacobs acht Blake-und-Mortimer-Geschichten gezeichnet, die in zehn Alben nachgedruckt wurden. Die Fortsetzung des letzten, 1971 erschienenen Abenteuers wurde erst 1990 nach Jacobs' Tod von Bob de Moor vollendet. Seit 1996 führen Jean van Hamme und Ted Benoît die Reihe weiter. Jacobs' Bemühen um eine naturgenaue Abbildung seiner Sujets wurde schnell zum verbindlichen Konzept des belgischen Abenteuer-Comics.

Mit Jacques Martin (* 1921) stieß 1948 ein weiterer Vertreter der «Ligne claire» zu *Tintin* und steuerte die Serie *Alix* um den Sohn eines gallischen Stammeshäuptlings bei, der als Sklave ins antike Rom gelangt und dort von einem römischen Patrizier adoptiert wird. Später tritt er in die Dienste Cäsars und unternimmt als dessen Beauftragter in detailge-

Von der Skizze bis zur Reinzeichnung: Alix von Jacques Martin. © Casterman

nau gezeichneten und um größtmögliche historische Authentizität bemühten Abenteuern Reisen nach Kleinasien, Nordafrika, Griechenland und Ägypten. 1952, ein Jahr bevor er als Mitarbeiter Hergés in dessen Studio eintrat, lancierte Martin mit *Lefranc* eine Serie um einen Reporter, der ständig in neue Kriminalfälle verwickelt wird. Wegen Arbeitsüberlastung trat er diese zweite Serie jedoch nach drei Bänden an Bob de Moor und anschließend Gilles Chaillet ab. Auch *Alix* beendete er 1988 zugunsten der neuen Serie *Orion*, die allerdings kein Erfolg wurde. Danach arbeitete Martin hauptsächlich als Autor historischer Serien für Zeichner wie Gilles Chaillet, Jean Pleyers und André Juillard sowie als Illustrator historischer Jugendbücher.

Ebenfalls 1948 debütierte Willy Vandersteen (1913–1990) in *Tintin*. Da sich *Kuifje* deutlich schwächer verkaufte als sein belgisches Pendant, sollte dem Blatt durch die Aufnahme eines flämischen Zeichners größere Attraktivität verliehen werden. Vandersteen, der bereits seit 1941 verschiedene sowohl humoristisch wie naturalistisch gezeichnete Serien veröffentlicht hatte, bot sich hier vor allem aus zwei Gründen an: Zum einen war sein Stil stark von Hergés «Ligne claire» beeinflußt, zum anderen hatte er 1946 für die Zeitung *De Standaard* mit *Suske en Wiske* eine Serie um die Abenteuer zweier Geschwister begonnen, die sich in Holland sehr vielversprechend verkaufte: Waren von dem ersten Albumnachdruck (in dem Suske noch Rikki hieß) siebentausend Exemplare verkauft worden, so hatten sich vom zweiten Band bereits dreiundfünfzigtausend Exemplare absetzen lassen.

Auch in *Tintin* wurde die Serie unter dem Titel *Bob et Bobette* schnell populär, und bald befanden sich mit dem meisterhaft gestalteten historischen Epos *Tijl Uilenspiegel* (1951) und der poetisch-humoristischen Serie *Riri* (1955) um einen kleinen Prinzen auch weitere Arbeiten Vandersteens im Heft. Trotzdem verlief die Produktion für *Kuifje/Tintin* nicht ohne Probleme: Es gab Rivalitäten zwischen Vandersteen und Hergé (letzterer empfand Vandersteens Humor als «vulgär» und hatte bei *Suske en Wiske* mehrere Änderungen durchgesetzt), so daß Vandersteen das Blatt 1959 verließ. Er hatte zuvor eine beachtliche Zahl weiterer Serien wie *Bessy* kreiert, die er mit nach dem Vorbild Hergés zu einem

*Tijl-Uilenspiegel-Cover von Willy Vandersteen für die holländische Tintin-Ausgabe Kuifje, 1952. © Standaard*

nachlässigte er jedoch seine eigenen Serien, deren Relaunch in den siebziger Jahren ebenso mißlang wie schon 1965 der Versuch, mit dem exzentrischen Professor Balthazar einen neuen Helden zu lancieren. Die klassische Kunst der «Ligne claire» hatte gegenüber dynamischeren Zeichenstilen an Bedeutung verloren, und es war de Moor nicht gelungen, in den fünfziger Jahren eine eigene Serie so erfolgreich zu etablieren, daß sie gegenüber moderner gezeichneten Comics hätte bestehen können.

Bereits am 5. Oktober 1944 hatte auch *Spirou* sein Erscheinen wiederaufgenommen, allerdings unter schwierigen Bedingungen: Die Papierknappheit führte zu zwischen acht und zwölf Seiten schwankenden Umfängen und zeitweise nur zweiwöchigem Erscheinen, der fehlende Nachschub amerikanischer Stripfolgen jedoch forcierte die Produktion eigener Serien und ließ neue Zeichner zu dem Blatt stoßen, die überwiegend zusammen mit Jijé in einem Studio in Brüssel arbeiteten.

Eine für das Heft richtungweisende Stunde schlug 1946 mit dem Erscheinen des *Spirou Almanach 1947*. Dieser Sonderband mit vier abgeschlossenen Geschichten präsentierte neben einem *Tif et Tondu*-Abenteuer von Dineur erstmals drei junge Zeichner, die zuvor bereits in dem Zeichentrickfilmstudio CBA zusammengearbeitet hatten: Eddy Paape setzte Jijés *Valhardi* fort, André Franquin übernahm ebenfalls von Jijé *Spirou*, und Morris debütierte mit der Westernserie *Lucky Luke*. Kurze Zeit später waren die Arbeiten des Trios auch auf den Seiten des regulären *Spirou* zu finden.

Studio organisierten Assistenten fließbandartig produzierte und erfolgreich auch in andere Länder, vor allem nach Deutschland, verkaufte.

Auch Bob de Moor (1925–1993) paßte sich ganz dem *Tintin*-Stil an. Mit der detailfreudig ausgestalteten historischen Erzählung *De Leeuw van Vlanderen* hatte er 1949 in *Kuifje* begonnen und ein Jahr später mit *Barelli*, einer Serie um einen detektivisch veranlagten Schauspieler, den Sprung auch in die belgische Ausgabe geschafft. 1952 ließ er mit *Cori le Moussaillon* ein spannend erzähltes und meisterhaft gezeichnetes Epos um einen Schiffsjungen im 16. Jahrhundert folgen. Durch seine Tätigkeit für das Studio Hergé, in das er 1952 eintrat, sowie für Jacques Martin und Edgar P. Jacobs, denen er bei *Lefranc* beziehungsweise *Blake et Mortimer* aushalf, ver-

Mit *Lucky Luke* hatte Morris (Maurice de Bevère, * 1923) ein Thema aufgegriffen, das die jungen Leser der damaligen Zeit faszinierte; schon Hergé hatte seinen Totor und Tim nach Amerika reisen lassen, und Jijés Blondin und Cirage waren ihnen wenig später gefolgt. 1948, ein Jahr nach seinem Debüt bei *Spirou*, reiste Morris zusammen mit Jijé und Franquin in die USA, wo er die Kulissen

*1946 debütierte Morris mit seinem Cowboy Lucky Luke. Daneben eine Szene aus der Geschichte «Crabuge à Pancake Valley» von 1955. Anfangs als humoristischer Western angelegt, entwickelte René Goscinny die Serie zur gekonnten Genreparodie. © Dupuis*

seiner neuen Serie eingehend studieren konnte. Während seines sechsjährigen Aufenthaltes dort schickte er seine neuen *Lucky Luke*-Abenteuer per Post an *Spirou*. In New York brachte Jijé Morris mit René Goscinny zusammen, der ab 1955 das Schreiben der Szenarios übernahm und das satirische Potential der Serie, die anfangs lediglich ein «lustiger Cowboy-Comic» (Morris) sein sollte, entwickelte.

Neben einem Standardrepertoire von Nebenfiguren, wie einem Totengräber oder dem chinesischen Wäschereibesitzer, und den Gastauftritten karikierter Persönlichkeiten aus dem öffentlichen Leben (Alfred Hitchcock, Lee van Cleef, Jack Palance, W. C. Fields, Robert Mitchum, Sean Connery) wurden so vor allem der Westerngeschichte entliehene Figuren wie die Daltons, Billy the Kid, Jesse James, Roy Bean, Calamity Jane oder Sarah Bernhardt ebenso zum Markenzeichen der Serie wie die klassische Schlußszene: Der Held reitet, «I am a poor lonesome cowboy and a long way from home» singend, der untergehenden Sonne entgegen. 1968 verließ Morris *Spirou* und wechselte mit *Lucky Luke* zu *Pilote*, und 1972 entstand der erste von inzwischen drei abendfüllenden Zeichentrickfilmen. Ein Realfilm mit Terence Hill als Lucky Luke geriet 1992 allerdings zum Flop. Mit einer Serie um Lucky Lukes Hund Rantanplan als Hauptfigur sowie den Abenteuern des jugendlichen Helden als Lucky Kid schuf Morris jedoch zwei erfolgreiche Spin-offs seines einsamen Cowboys.

Ebenso wie Paape und Morris orientierte sich auch André Franquin (* 1924), der seine neue Serie inmitten des Abenteuers «Spirou und die Fertighäuser» übernommen hatte, anfangs stark an dem grafischen Stil, mit dem Jijé das Heft während der vergangenen Jahre geprägt hatte. Dies änderte sich jedoch Ende 1950, als er mit «Der Zauberer von Rummelsdorf» die Möglichkeit erhielt, ein albumlanges *Spirou*-Abenteuer zu zeichnen, das den Beginn der Loslösung von Jijés Stil markiert. Noch wichtiger jedoch war, daß Franquin hier erstmals auch als Erzähler gefordert war und diese Aufgabe mit Bravour bewältigte. War er in den vergangenen vierzehn Kurzgeschichten vor allem von Gagsituationen ausgegangen und hatte diese über einige Seiten entwickelt, so mußte er das neue Abenteuer einer komplexen und stimmigen Dramaturgie unterwerfen. Das kleine Städtchen Champignac (Rummelsdorf) war fortan der Aus-

Das Marsupilami ist eine der orginellsten europäischen Comic-Figuren. Mit «Das Nest im Urwald» widmete André Franquin seinem Fabelwesen 1956 erstmals eine eigene Geschichte. © Dupuis

gangspunkt der Abenteuer von Spirou und Fantasio, deren Universum Franquin um eine Reihe phantasievoll entworfener Nebenfiguren erweiterte: Auf den schrulligen Grafen (1950), der vor allem durch seine Kenntnisse auf dem Gebiet der Pilzforschung besticht, folgte Ende 1951 das Marsupilami: Das schwarzgefleckte Wundertier mit dem acht Meter langen, multifunktional einsetzbaren Schwanz erlebte auch mehrere Soloabenteuer, wurde 1956 zur Hauptfigur der Geschichte «Das Nest im Urwald» und erhielt 1987 eine eigene, von Bâtem (Luc Collin) gezeichnete Albumreihe. 1959 gesellte sich der größenwahnsinnige Erfinder Zorglub dazu.

Ab Oktober 1955 widmete sich Franquin erstmals auch einer anderen Serie. Nach einem Streit mit seinem Verleger unterschrieb er einen Fünfjahresvertrag mit dem Verlag Lombard, für dessen Magazin *Tintin* er nach den Szenarios verschiedener Autoren (unter anderem Greg und René Goscinny) die Familienserie *Modeste et Pompon* (Mausi und Paul) zeichnete. Nach eigener Aussage ließ Franquin seinen neuen Helden allerdings nicht das gleiche Engagement zuteil werden wie zuvor Spirou und Fantasio, zumal die Differenzen mit Dupuis bald ausgeräumt waren. Indem er Lombard die Rechte an seiner Serie überließ, gelang es Franquin, seinen Vertrag vorzeitig zu beenden; Dino Attanasio setzte *Modeste et Pompon* in *Tintin* fort. Von recht biederem Humor, entfaltet die Serie heute einen neuen Charme als retrospektiver Blick auf die vermeintliche Moderne der fünfziger Jahre.

Die Arbeit an *Modeste et Pompon* hatte jedoch weitreichende Folgen für Franquins zukünftiges künstlerisches Schaffen. Zum einen begann er, um die Arbeitsmenge bei der Betreuung zweier Serien bewältigen zu können, mit Szenaristen und Assistenten zusammenzuarbeiten. Schon das 1955 erschienene *Spirou*-Abenteuer «Tiefschlaf für die ganze Stadt» war in Zusammenarbeit mit Rosy und Will entstanden, an weiteren Bänden wirkten unter anderen Jidéhem, Roba und Greg mit. Zum anderen entdeckte er die Erzählform des einseitigen Gagstrips, die er später in seiner Serie *Gaston* aufgriff.

Gaston hatte seinen ersten Auftritt am 28. Februar 1957, noch nicht in einer eigenen

Mit Spirou etablierte André Franquin die neben der «Ligne claire» zweite wichtige Zeichentradition in Belgien, die «Ecole Marcinelle». Aus «Gefangen im Tal der Buddhas», 1958. © Dupuis

Comic-Serie, sondern in Form kleiner Einzelzeichnungen, die in den folgenden Wochen regelmäßig in *Spirou* zu finden waren. Erst nach dreizehn Wochen erhielt Gaston seinen Namen, aber es dauerte noch bis zum 17. September 1959, bis er zur reinen Comic-Figur einer aus vorerst zwei Streifen bestehenden Serie wurde. Ein Jahr später nahm der chaotische Redaktionsbote bereits den ersten Platz in der Leserhitparade der *Spirou*-Helden ein; Dupuis reagierte darauf noch im gleichen Jahr mit der Herausgabe eines kleinen Schwarzweißalbums im Querformat.

Phasen starker Depression führten dazu, daß Franquin das Zeichnen immer schwerer fiel. 1962 mußte die Geschichte «QRN ruft Bretzelburg» inmitten der Handlung abgebrochen und konnte erst im folgenden Jahr fortgesetzt werden. 1966 fällte Franquin zwei wichtige Entscheidungen: Zum einen, Gastons Erlebnisse zukünftig auf eine ganze Seite auszudehnen, zum anderen, *Spirou* an Jean-Claude Fournier abzutreten. Von den zahlreichen Figuren, die er geschaffen hatte, bat sich Franquin von Dupuis nur die Rechte für das Marsupilami aus, das seitdem nicht mehr in der Serie auftaucht; lediglich in Fourniers Debütalbum «Die Goldmacher» ist es noch dabei, von Franquin selbst gezeichnet, um seinem Nachfolger den Übergang zu erleichtern.

Fournier schuf neun Alben, mit denen er trotz einiger frischer Ideen allerdings nicht an die Brillanz seines Vorgängers anknüpfen konnte. Ende 1980 wurde *Spirou* von Raul Cauvin und Nic Broca übernommen, die nach drei Alben von Tome (Philippe Vandevelde) und Janry (Jean-Richard Geurts) abgelöst wurden, die die Serie dank ihrer Liebe zum Detail zu einem neuen Höhepunkt führten. Der letzte Autorenwechsel ging einher mit einer neuen inhaltlichen Konzeption der Serie: Hatte Franquin die Welt in seinen Geschichten ironisch interpretiert, so entführen Tome und Janry Spirou in eine eigene Phantasiewelt, in der (fast) alles möglich ist. Franquin konzentrierte sich ganz auf *Gaston* und begann 1977 die bissige Reihe *Idées Noires* (Schwarze Gedanken), ein Versuch, spielerisch mit seiner Krankheit umzugehen. 1982 mußte er das Zeichnen jedoch ganz aufgeben und konnte erst Ende der achtziger Jahre *Gaston* wieder aufgreifen.

Franquin ist der bedeutendste Vertreter der «Ecole Marcinelle», der neben Hergés «Ligne claire» zweiten wichtigen Schule der belgischen Comics (benannt nach dem ursprünglichen Redaktionssitz der Zeitschrift *Spirou* in der Nähe von Charleroi). Die elementaren Unterschiede zwischen diesen beiden Zeichentraditionen haben Cuno Affolter und Urs Hangartner zutreffend beschrieben: «Die Comic-Zeichner von *Spirou* haben mit großer Lust die Träume der Leser in ihrer Bilderwelt umgesetzt. Immer schwingt ein Hauch von Hoffnung mit, eine Vorstellung vom Besser-Leben (und Schöner-Wohnen), vom individuellen Glück. Alles ist entschieden modern, aber es ist nicht die puristische Strenge der heroischen Moderne, sondern die Jacques-Tati-Moderne der neuen Apparate. Die Technik, die bei Hergé noch vergöttert wird, ist bei Franquins *Gaston* zur ver-rückten Katastrophe geworden; schon ein Mixer kann sich zum Fluggerät verwandeln, ein Staubsauger zum alles verschlingenden Moloch. Der ‹Esprit Spirou› ist weit weniger technikgläubig, weniger einem treuen Abbildrealismus verpflichtet. Ganz im Gegensatz zur ‹Ligne claire›, wo der Glaube an die ‹wahre› Wirklichkeitsdarstellung im Sinne des Bauhausdogmas aufrechterhalten wurde.»

Tatsächlich wurde der Stil der beiden Magazine *Tintin* und *Spirou* lange Zeit durch diese beiden Zeichentraditionen geprägt. Erst Mitte der fünfziger Jahre begannen sich die Unterschiede durch Zeichnerwechsel und gegenseitige künstlerische Beeinflussungen zu verwischen.

Weitere wichtige Vertreter der «Ecole Marcinelle» sind Will (Willy Maltaite), der 1949 *Tif et Tondu* (Harry und Platte) von Dineur

*Peyo zählt neben André Franquin und Maurice Tillieux zu den großen Virtuosen der «Ecole Marcinelle». Les Schtroumpfs. © I.M.P.S*

übernahm, Maurice Tillieux, der 1956 die hervorragende Detektivserie *Gil Jourdan* (Jeff Jordan) beisteuerte, und Peyo. Peyo (Pierre Culliford, 1928–1992) hatte bereits zusammen mit Paape, Morris und Franquin bei dem Trickstudio CBA gearbeitet und 1946 für die Tageszeitung *La Dernière Heure* die Comic-Serie *Johan* um einen Pagen im Mittelalter gezeichnet, mit der er 1952 Aufnahme bei *Spirou* fand. Zwei Jahre später erhielt Johan den kauzigen Pirlouit als Begleiter, und 1958 schließlich stießen die beiden in einem Zauberwald auf ein merkwürdiges Volk kleiner Wichtel: die Schlümpfe.

Die Schlümpfe waren bald so populär, daß sie schon im folgenden Jahr auch eigenständige Abenteuer in kleinformatigen *Spirou*-Beilagen erlebten und 1963 eine eigene Albumreihe erhielten. Eine dritte Serie, *Benoît Brisefer* (Benni Bärenstark), um einen kleinen Jungen, der über «Superkräfte» verfügt, die allerdings immer gerade dann nachlassen, wenn er in gefährlichen Situationen einen Schnupfen bekommt, begann Peyo 1960, gab sie allerdings nach sechs Abenteuern an andere Zeichner ab, um sich ganz seinen populärsten Charakteren widmen zu können. Der enorme kommerzielle Erfolg der Schlümpfe als Spielzeugfiguren, Merchandisingobjekte und später auch als Trickfilmserie und Techno-Interpreten haben leider die Comics, die durch sorgfältig erzählte Geschichten, liebevolle Zeichnungen und warmherzigen Charme bestechen, eher in den Hintergrund treten lassen, was Peyo offensichtlich immer größeren Unmut bereitete. Sein letztes Album trägt denn auch den sinnigen Titel «Der Finanzschlumpf».

Weitere Klassiker der «Ecole Marcinelle» sind *Les Tuniques Bleus* (Die blauen Boys) von Louis Salvérius (1956, ab 1968 von Raul Cauvin getextet und 1972 von Lambil übernommen), *Le Vieux Nic* (1958) von Marcel Remacle und *Boule et Bill* (1959) von Jean Roba.

Den Umstand, daß *Spirou* nach dem Krieg auf amerikanische Abenteuerserien, die früher einen Großteil des Inhalts des Heftes ausgemacht hatten, verzichten mußte, machte sich Georges Troisfontaines zunutze. Der hatte nach amerikanischem Vorbild die Agentur World Presse gegründet und belieferte *Spirou* regelmäßig mit redaktionellen Beiträgen. 1947 hatte Troisfontaines die Idee, eine Comic-Serie nach dem Vorbild von Milton Caniffs *Terry and the Pirates* zu kreieren, mit der dem Mangel an Abenteuerstoffen in *Spirou* abgeholfen und dem Konkurrenzblatt *Tintin*, das mit *Blake et Mortimer* und *Corentin* aufwartete, begegnet werden sollte. Gezeichnet wurde *Buck Danny* von Victor Hubinon (1924–1979), das Szenario überließ Troisfontaines nach dreizehn Seiten Jean-Michel Charlier (1924–1989), der anfangs auch an den Zeichnungen mitarbeitete. Im Jahr zuvor hatten Charlier und Hubinon in *Spirou* bereits die gemeinsame Geschichte *L'Agonie du Bismarck* veröffentlicht. Die Handlung des

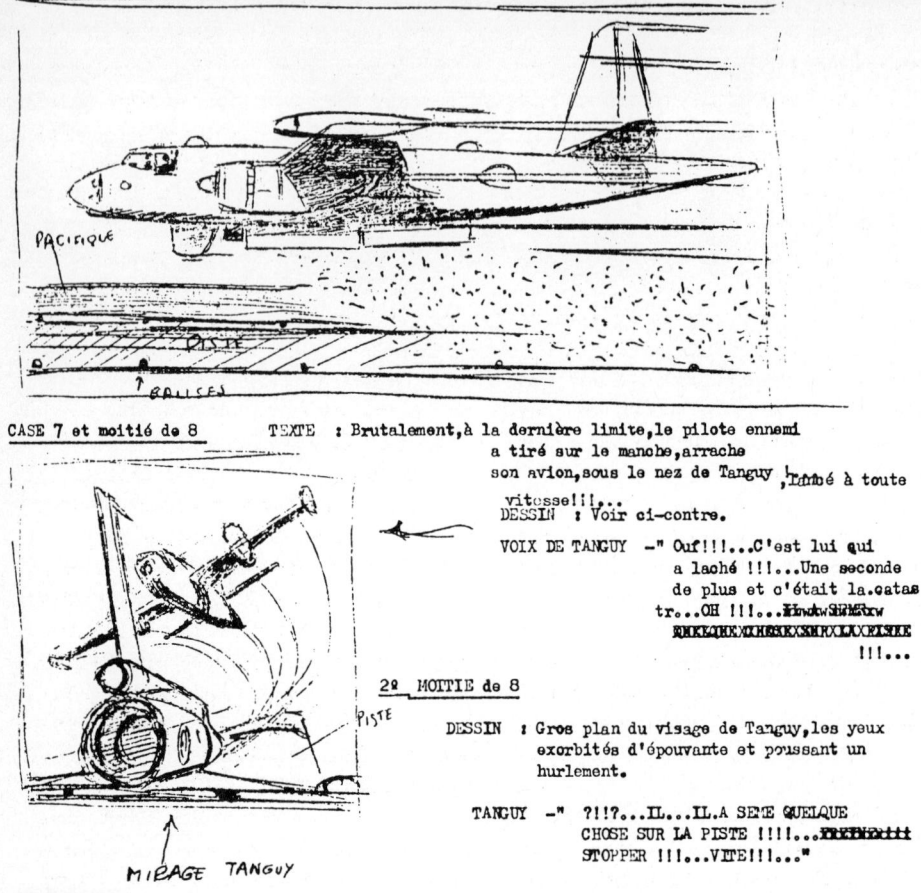

In seinen minutiös ausgearbeiteten Szenarios gab Jean-Michel Charlier seinen Zeichnern den Handlungsablauf genau vor. Häufig legte er, wie in dieser Szene zu «Tanguy et Laverdure», sogar bereits die Bildausschnitte und Perspektiven fest. © Jean-Michel Charlier

mit «La Guerre du Pacifique» überschriebenen, ersten *Buck Danny*-Abenteuers zieht sich über eine Länge von dreihunderteinundzwanzig Seiten und beginnt mit dem japanischen Überraschungsangriff auf Pearl Harbor. Später verdingen sich die Helden der Serie als fliegende Abenteurer in Afrika und heuern anschließend bei der US Air Force an, der sie als Feuerwehrmänner bei politischen und militärischen Konflikten dienen. Obwohl Buck Dannys Missionen fiktiv sind, lassen sich doch immer wieder deutliche Parallelen zu tagespolitischen Ereignissen wie beispielsweise dem Vietnamkrieg oder der Kubakrise erkennen.

Charlier gab das Zeichnen bald auf und konzentrierte sich ganz auf das Schreiben von Szenarios. Um die *Buck Danny*-Storys möglichst realitätsnah gestalten zu können, absolvierte er 1949 eine Ausbildung zum Berufspiloten und flog ein Jahr lang Kurierdienste für die Sabena. Parallel dazu arbeitete er als Journalist und schrieb weitere Comics. In *Spirou* erschienen auch die ebenfalls von Hubinon gezeichnete Piratenserie *Surcouf* (1949), drei *Valhardi*-Geschichten mit Eddy Paape als Zeichner, *La Patrouille des Castors* (1954), eine von Mitacq (Michel Tacq) gezeichnete Serie um die Erlebnisse einer Gruppe von Pfadfindern, und *Marc Dacier* (1958) um die Abenteuer eines Reporters, ebenfalls von Paape gezeichnet. Mit außerordentlich dicht gewobenen und perfekt konstruierten Szenarios avancierte Charlier bald zum erfolgreichsten Autor der belgischen Comics. *Buck Danny* wurde nach Hubinons Tod von Francis Bergèse fortgesetzt.

Für weitere Spannung sorgte vor allem Sirius (Max Mayeu), dessen *L'Epervier Bleu* allerdings in Konflikt mit der Zensur geriet: Die damaligen Jugendschützer fanden es für die Leser nicht zumutbar, daß Sirius seine Helden auf den Mond reisen ließ; daß Hergé Tim und Struppi nur wenig später ebenfalls ins All schickte, störte die Zensur offenbar nicht. Sirius mußte seine Science-Fiction-Serie einstellen und widmete sich ab 1953 in *Timour* historischen Stoffen. Jijé, der nach seiner erfolgreichen Don-Bosco-Biographie auch die Lebensläufe von Christoph Kolumbus und Baden Powell illustriert hatte, steuerte 1954 *Jerry Spring* bei, den ersten epischen europäischen Comic-Western, der sich vor allem durch eine atmosphärische Schilderung der Landschaften des amerikanischen Westens, die Jijé während verschiedener USA-Reisen kennengelernt hatte, auszeichnet.

*Tintin* konterte mit der Fliegerserie *Dan Cooper* (1954) von Albert Weinberg, *Ric Hochet* (Rick Master, 1955), den von André-Paul Duchâteau geschriebenen und von Tibet (Gilbert Gascard) gezeichneten Abenteuern eines jungen, detektivisch veranlagten Reporters in Paris, und der Rennfahrerserie *Michel Vaillant* (1958) von Jean Graton. Diese neuen Reihen zeichneten sich anfangs durch dichte, gut konstruierte Szenarios und ein überzeugend naturalistisch gehaltenes Artwork aus, verloren diese Qualitäten aber in den siebziger Jahren durch zu routinierte Scripts und schludriger werdende Zeichnungen. Neue humoristische Serien bei *Tintin* waren vor allem Tibets Wildwestreihe *Chick Bill* (1954) sowie *Chlorophylle* (1954) und die Abenteuer des schrulligen MI-5-Agenten Clifton (Percy Pickwick, 1959) von Raymond Macherot. Macherot war der erste deutliche Vertreter der «Ecole Marcinelle» auf den Seiten von *Tintin*. 1964 wechselte er mit der Serie *Chaminou* zu *Spirou*, für das er ein Jahr später auch *Sibyllin* zeichnete. *Clifton* wurde in *Tintin* von Joel Azara, Turk (Philippe Liégeois) und Bédu (Bernard Dumont) nach Szenarios von Bob de Groot fortgesetzt.

*Spirou* und *Tintin* waren bereits in den fünfziger Jahren zu den einflußreichsten europäischen Comic-Magazinen avanciert. Nicht nur, daß viele der hier erscheinenden Serien auch in anderen Ländern veröffentlicht wurden und die dortigen Zeichner und Autoren in puncto Storytelling und Stil beeinflußten, auch die hier entwickelte Praxis, die Geschichten auf anfangs zweiundsechzig und später vier- oder sechsundvierzig Seiten zu begrenzen und nach dem Vorabdruck in Fortsetzungen als Album nachzudrucken (die Seitenzahl ergibt sich aus Albumumfängen von vier beziehungsweise drei Druckbögen mit jeweils sechzehn Seiten), wurde zu einem inzwischen in ganz Europa verbreiteten Konzept. Vorgemacht hatte diese Praxis Casterman mit den zweiundsechzigseitigen Farbausgaben von Hergés *Tintin*. Dupuis publizierte nach dem Krieg mit *Spirou* und *Buck Danny* 1948 die ersten Alben, Lombard folgte 1950 mit *Blake et Mortimer* und *Corentin*.

Neben den Magazinen warteten auch die Zeitungen mit einer großen Zahl von Strips auf. Nach Ende des Zweiten Weltkrieges kam es vor allem in Frankreich zu einer Explosion der Produktion, die zwei Formen hervorbrachte: Das «feuilleton», vertikal angeordnete Bilder, die eine in Romanform erzählte Handlung illustrierten, sowie Humor- und

Die Entwicklung des frankobelgischen Stils **199**

*In Jerry Spring griff Jijé gekonnt die Schnittechnik amerikanischer Westernfilme auf.*

Abenteuerserien nach amerikanischem Vorbild. Der erste französische Fortsetzungsstrip, *Les Misérables* von Gaston Niezab, erschien ab Ende 1946 in *France-Soir*. Nur wenige Stripserien wurden in Magazinen oder Buchform nachgedruckt, und auch die Zeichner arbeiteten nur selten für beide Publikationsformen gleichzeitig. Zu den wenigen Ausnahmen gehören Christian Godard, Albert Uderzo und Will. Calvo gestaltete im Gegensatz zu seinen märchenhaften Magazinserien 1947 *Le Bossu* in einem naturalistischen Stil. Andere Zeichner wie François Craenhals, André Chéret oder Robert Gigi debütierten in den Tageszeitungen und wechselten anschließend zu den Magazinen. Zu den langlebigsten französischen Zeitungsserien zählen René Pellos' *Les Pieds Nickelés* (1954–68) und Paul Gillons Soap opera *13, rue de l'Espoir* (1959–72) mit jeweils über viertausend Streifen. Albert Weinberg schuf Anfang der siebziger Jahre die Serien *Les Aquanautes* und *Sirrah*, doch hatten die Strips, denen die Comics in Frankreich die Bezeichnung «bandes dessinées» verdanken, zu diesem Zeitpunkt bereits wieder aus den Tageszeitungen zu verschwinden begonnen.

Ende der vierziger Jahre beherrschten die Verlage Dupuis und Lombard den belgischen und holländischen Markt, und auch in Frankreich stießen die dort 1946 und 1948 gestarteten französischen Ausgaben von

Aus «Das Duell», 1966. © Dupuis

*Spirou* und *Tintin* auf wenig ernsthafte Konkurrenz. Einzig *Vaillant* konnte sich mit soliden Abenteuerserien wie *Les Pionniers de l'Espérance* (1945) von Roger Lecureux und Raymond Poivet, *Jérémie* (1968) von Paul Gillon, *Rahan* (1969) von Lecureux und André Chéret und *Capitaine Apache* (1975) von Lecureux und Norma (Norbert Morandière) erfolgreich behaupten. Das der Kommunistischen Partei nahestehende Magazin, das im Mai 1945 aus der Jugendzeitschrift *Jeune Patriote* hervorgegangen war und 1969 in *Pif* umbenannt wurde, brachte auch einige humoristische Serien wie Gotlibs *Gai-Luron* (1962), *Les As* (1964) von Greg und *Corinne et Jeannot* (1965) von Jean Tabary hervor und publizierte ab 1970 auch einundzwanzig *Corto Maltese*-Episoden von Hugo Pratt.

Darüber hinaus wurde der Markt von einigen katholischen Comic-Magazinen wie *Lisette* und *Bernadette* und vor allem den «Poches» bedient: Diese schwarzweißen Massenserien im Taschenbuchformat, die zumeist italienische Billig-Comics enthielten, erfreuten sich vor allem als Lektüre für die Metrofahrt großer Beliebtheit, was ihnen auch die Bezeichnung «fascicules de gare» einbrachte: Über drei Millionen Exemplare wurden 1960 an den Bahnhöfen verkauft.

Diese Situation sollte sich jedoch mit dem Ausklingen der fünfziger Jahre entscheidend ändern.

Die Entwicklung des frankobelgischen Stils

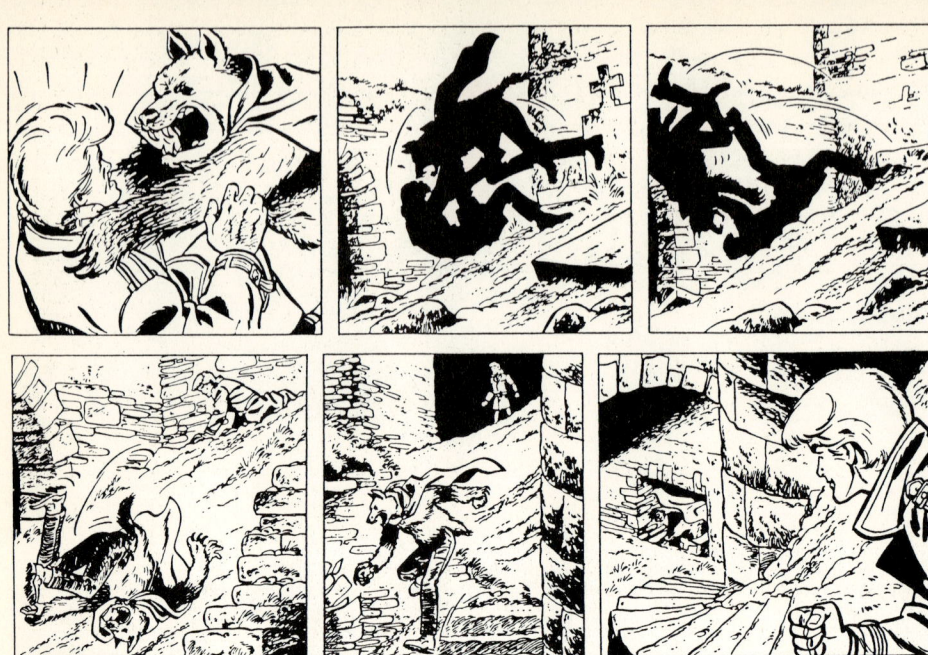

Der belgische Abenteuer-Comic ist vor allem um eine möglichst naturgetreue Darstellung seiner Schauplätze bemüht. André-Paul Duchâteau und Tibet: Ric Hochet. Szene aus «Bei Vollmond Mord», 1971. © Le Lombard

## Die Tradition der Autoren

Am 29. Oktober 1959 erschien die erste Ausgabe von *Pilote*. Initiiert wurde das «grand magazine illustré des jeunes» von Radio Luxemburg, das den Start des Heftes mit beträchtlicher Funkwerbung sowie Hörspielversionen einiger *Pilote*-Helden begleitete, dem Verlag Montluçon sowie der Werbeagentur Edifrance. Edifrance war 1955 von Jean-Michel Charlier, René Goscinny und Albert Uderzo mitbegründet worden und hatte bereits *Spirou* und *Tintin* mit Comics und redaktionellen Beiträgen beliefert sowie von 1955 bis 1958 für die Schokoladenfirma Pupier das Werbeheft *Pistolin* gestaltet.

Die Comics, die etwa ein Drittel der ersten Ausgabe von *Pilote* ausmachen, sind vor allem von Goscinny und Charlier geprägt. Letzterer schrieb die Szenarios für *Tanguy et Laverdure*, eine von Uderzo gezeichnete Fliegerserie ganz im Stil von *Buck Danny* (mit dem einzigen Unterschied, daß die Helden nicht in der US Air Force, sondern in der französischen Luftwaffe dienen, was für einen stärker patriotischen Unterton sorgte), *Barbe Rouge* (Der Rote Korsar), eine spannend erzählte und von Victor Hubinon atmosphärisch dicht gezeichnete Piratenserie, sowie für Mitacq, mit dem Charlier die Scoutthematik bereits für *Spirou* aufbereitet hatte, die neue Pfadfinderserie *Jacques Le Gall*. René Goscinny griff *Pistolin*, gezeichnet von Hubinon, wieder auf, schrieb für Jean-Jacques Sempé *Le Petit Nicolas* (Der kleine Nick) und *Astérix* für Uderzo. Seine Arbeit sollte nicht nur die Zukunft von *Pilote* prägen, sondern die weitere Entwicklung der europäischen Comics insgesamt nachhaltig beeinflussen.

«Wüßte man es nicht, so müßte man es

wenigstens vermuten», notierte Cuno Affolter 1987 in einer Hommage an den genialen Autor und Humoristen: «Bei seiner Geburt am 14. August 1926 in Paris fiel der kleine René in einen riesigen Zauberkessel, der gefüllt war mit Humor, Intelligenz und Geschäftssinn.» Den größten Teil seiner Kindheit und Jugend hat Goscinny in Argentinien verbracht, und kaum war er nach dem Tod seines Vaters nach Europa zurückgekehrt, machte er sich Ende 1945 auch schon wieder auf die Reise, diesmal nach Amerika, wo er für Walt Disney Comics zeichnen wollte, jedoch schnell feststellen mußte: «Amerika hat wirklich nicht auf mich gewartet.» In New York lernte er Harvey Kurtzman, der ihm den Auftrag verschaffte, vier Kinderbücher zu kolorieren, sowie einige andere jener Zeichner kennen, die später *Mad* begründen sollten. Außerdem begegnete er dort Jijé und Morris, die ihn ermutigten, Comics zu machen. Mit diesem Vorsatz traf Goscinny 1950 in Brüssel ein und begann für *Junior*, die Jugendbeilage der Tageszeitung *La Libre Belgique*, seinen ersten Comic, die in New York spielende, humoristische Detektivserie *Dick Dicks*. Das Artwork wirkt unbeholfen, und da Goscinny keine Autos zeichnen konnte, geriet ihm die amerikanische Metropole zu einem Fußgängerparadies. Nachdem er sich 1955 mit *La Capitaine Bibobu* mit einer zweiten Serie versucht hatte, mußte er feststellen: «Ich war kein guter Zeichner. Ich war sogar ein sehr schlechter Zeichner, denn was mich eigentlich interessierte, war das Szenario.»

So konzentrierte sich Goscinny bald ganz auf seine Arbeit als Autor für andere Zeichner: Mit Uderzo entstanden 1952 *Pistolet* und zwei Jahre später *Luc Junior*, mit Hubinon 1955 *Pistolin*. Ebenfalls 1955 begann er, die *Lucky Luke*-Storys für Morris zu schreiben, und im Jahr darauf folgten ein *Jerry Spring*-Abenteuer für Jijé und zusammen mit Sempé *Le Petit Nicolas*. Bei *Tintin* arbeitete er ab 1957 mit Dino Attanasio (*Signor Spaghetti*),

Berck (Arthur Berckmans: *Strapontin*), André Franquin (*Modeste et Pompon*) und Tibet (*Chick Bill*) und entwarf 1958 mit Uderzo seine erste Fortsetzungsserie, den humoristischen Western *Oumpa-Pah*. Goscinnys Szenarios sind ganz im Stil der Zeit gehalten und unterscheiden sich kaum von den Arbeiten anderer Autoren. Sie sind aber durchgehend gut konstruiert und zeichnen sich durch pointierten Witz und eleganten Umgang mit situationsbedingter Komik aus.

Seinen Durchbruch erlebte Goscinny jedoch erst bei *Pilote* mit *Astérix*. Schon als Autor von *Lucky Luke* hatte er lebende und historische Personen in humorvoller Weise in seinen Geschichten auftreten lassen und übertrug diese Erfahrung jetzt auf seine neue Serie um ein kleines gallisches Dorf an der bretonischen Küste, dessen Bewohner sich im Jahre 50 vor Christus gegen die römische Besatzungsmacht zur Wehr setzen. Die Gallier, die ein von ihrem Druiden gebrauter Zaubertrank unbesiegbar macht, reflektieren satirisch das Nationalgefühl der Franzosen, später wurden sie zu Symbolfiguren des antiautoritären Protests. Intelligente Anspielungen auf historische Ereignisse, kulturelle Eigenarten der Völker, deren Länder Asterix und sein naturbreiter Kumpan Obelix bereisen, sowie Zitate aus lateinischen Klassikern und Persiflagen bekannter Rollenmuster und Klischees erschlossen *Astérix* auch ein breites intellektuelles Publikum.

1961 erschien der erste Albumnachdruck und verkaufte sich mit sechstausend Exemplaren noch relativ bescheiden. Der zweite Band im folgenden Jahr wurde bereits mit zwanzigtausend Exemplaren und der dritte 1963 mit vierzigtausend Exemplaren aufgelegt. Mit Heft 300 änderte *Pilote* seinen Untertitel in «Le Journal d'Astérix et d'Obélix», und 1966 widmete *L'Express* dem «Phénomen Astérix» eine Titelgeschichte, woraufhin die verkaufte Auflage von *Pilote* um zwanzig Prozent stieg. Im Jahr darauf überschritt die Gesamtauflage der bis dahin lieferbaren zehn

Die Tradition der Autoren **203**

   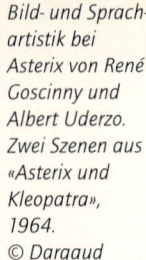

Bild- und Sprachartistik bei Asterix von René Goscinny und Albert Uderzo. Zwei Szenen aus «Asterix und Kleopatra», 1964. © Dargaud

Alben die Millionengrenze, und ein erster Zeichentrickfilm kam in die Kinos. Schließlich war der Erfolg so gewaltig, daß Goscinny und Uderzo ab 1974 auf eine Vorveröffentlichung in *Pilote* verzichteten, um den Verkauf der Alben weiter zu forcieren. Heute liegt die Startauflage eines neuen Bandes bei rund zwei Millionen Exemplaren, obwohl die letzten Abenteuer stark an Witz verloren haben und *Astérix* – zu seinen besten Zeiten von dem Publizisten Alfred Grosser als das «bedeutendste politische Werk der französischen Nachkriegszeit» bezeichnet – nach dem Tod Goscinnys im Jahre 1977 unter der alleinigen Regie Uderzos nur noch ein blasser Schatten seiner selbst ist.

Albert Uderzo (* 1927), während seiner Jugend ein begeisterter Bewunderer der Comics von Edmond Calvo, hatte auf dessen Rat hin seine ersten zeichnerischen Erfahrungen 1945 als Zwischenphasenzeichner in einem Trickfilmstudio gemacht und im gleichen Jahr begonnen, in verschiedenen Zeitschriften Comics zu veröffentlichen. Seine ersten Arbeiten, *Flamberge, Gentilhomme Gascon* (1945) und *Les Aventures de Clopinard* (1946), sind noch ganz von dem märchenhaft-verspielten Stil Calvos geprägt. Mit *Belloy*, ab der dritten Episode getextet von Charlier, entstand 1948 eine erste Serie, und 1952 begann mit der humoristischen Piratenreihe *Pistolet* die Zusammenarbeit mit Goscinny. Anfangs ließ Uderzo keinen für ihn charakteristischen Zeichenstil erkennen; er wechselte zwischen reinen Funnys wie *Luc Junior* (1954) und naturalistisch gestalteten Abenteuerstoffen wie der Großwildjägerserie *Bill Blanchard* (1957) und versuchte sich ebenso im Nachahmen des Stils der amerikanischen Superhelden-Comics (*Captain Marvel Junior*, 1950) wie der Zeitungsstrips (*Clairette*, 1957). So gelang ihm auf den Seiten von *Pilote* denn auch ein merkwürdiger Spagat, indem er gleichzeitig *Astérix* in einem klassischen, anfangs noch etwas ungelenken Funnystil zeichnete und die Fliegerserie *Tanguy et Laverdure* in einer ganz der naturalistischen Darstellung verpflichteten Manier. Wegen des Erfolges von *Astérix* gab Uderzo *Tanguy et Laverdure* 1967 nach acht Abenteuern an Jijé ab und widmete sich fortan ausschließlich seiner Bestsellerserie.

Obwohl sich die verkaufte Auflage bei zweihunderttausend Exemplaren einpendelte, war die Situation bei *Pilote* schwierig, und

*Mit Blueberry inszenierten Jean-Michel Charlier und Jean Giraud besonders eindrucksvoll die Landschaften des amerikanischen Westens. Aus «Das Gespenst mit den goldenen Kugeln», 1970. © Dargaud*

Die Tradition der Autoren

im März 1960 übernahm der Verleger Georges Dargaud, der zuvor bereits Romanhefte und Fotoromane veröffentlicht hatte und seit 1948 die französische Ausgabe von *Tintin* vertrieb, das Blatt. René Goscinny und Jean-Michel Charlier wurden als gleichberechtigte Chefredakteure eingesetzt, vertraten allerdings grundsätzlich verschiedene Positionen hinsichtlich der zukünftigen Ausrichtung des Blattes. Während Goscinny *Pilote* für junge und kritische Zeichner öffnete und dem Magazin eine an *Mad* orientierte, satirische Richtung geben wollte, setzte Charlier auf klassische Abenteuerserien, wie sie auch in *Spirou* und *Tintin* zu finden waren.

1963 startete Charlier zusammen mit dem Jijé-Schüler Jean Giraud (* 1938) die Westernserie *Blueberry* in durchaus konventionellem Stil: Die Gesichtszüge des Helden waren denen Jean-Paul Belmondos nachempfunden, die Zeichnungen hielten sich ganz in der Tradition Jijés (als dieser 1965 aushalf und ein Drittel der Episode «Das Halbblut» zeichnete, fiel dies gar nicht auf), und auch die Storys boten wenig Neues: Das Album «Der Sheriff» beispielsweise ist ein exaktes Plagiat des Howard-Hawks-Films «Rio Bravo». Bald jedoch löste sich Giraud von seinem zeichnerischen Vorbild, präsentierte die Seiten in einem abwechsungsreichen Layout, experimentierte mit Bildformaten und ließ die Handlungsszenen dynamischer, die Charaktere differenzierter und die Landschaften immer detaillierter werden. Gleichzeitig wurde Charliers Erzählstil komplexer, und er entwarf epische Zyklen, deren Handlung sich über bis zu zehn Alben erstreckte. Diese formalen Entwicklungen schlugen sich auch auf den Helden der Serie nieder: Vor dem Hintergrund eines gewaltigen Panoramas der Indianerkriege wird Blueberry Opfer einer Intrige, des Verrats verdächtigt und als Outlaw gejagt. Es darf mit Recht und Fug behauptet werden, daß Charlier und Giraud mit *Blueberry* den überzeugendsten Western geschaffen haben, den das Medium Comic hervorgebracht hat. Und mit zwei Spin-offs einen der erfolgreichsten: 1985 begann der Australier Colin Wilson die handlungsmäßig vor den aktuellen Abenteuern angesiedelte Serie *La Jeunesse de Blueberry*, während Vance 1991 mit *Marshal Blueberry* einen etwas älteren Helden präsentierte.

Dennoch neigte sich die Zeit der klassischen Abenteuer-Comics bei *Pilote* ab Mitte der sechziger Jahre ihrem Ende entgegen. Einige Serien wurden eingestellt, andere wechselten zu anderen Magazinen oder wurden ohne Vorveröffentlichung in Albumform fortgesetzt. *Jacques Le Gall* machte 1967 den Anfang, im Jahr darauf gefolgt von *Barbe Rouge* und schließlich *Tanguy et Laverdure* (1971) und *Blueberry* (1973). *Pilote* hatte sich unter der Regie Goscinnys radikal gewandelt, denn diesem war nicht entgangen, daß sich der Comic-Markt Anfang der sechziger Jahre zu verändern begonnen hatte. Zahlreiche Magazine, durch überholte Konzepte austauschbar geworden, verloren ihr Publikum und verschwanden. *Pilote* hielt sich dank *Astérix* zwar gut, dennoch wollte Goscinny ein etwas älteres Publikum anvisieren und setzte vor allem auf intelligenten und hintergründigen Humor. Gregs Serie um den spießigen Kleinbürger Achille Talon (Albert Enzian), seit 1963 im Heft, verlor langsam seinen biederen Slapstickcharakter zugunsten einer bissigeren Schärfe. Ähnlich entwickelten sich auch zwei von Goscinny selbst geschriebene Serien, die dieser 1968 zu *Pilote* holte: *Lucky Luke* war bereits zwanzig Jahre lang in *Spirou* erschienen, und *Iznogoud*, eine Serie von Jean Tabary um den Großwesir, der «Kalif sein will anstelle des Kalifen», war schon sechs Jahre zuvor für die Zeitschrift *Record* entstanden.

Während Greg, Tabary und Morris zeichnerisch der «Ecole Marcinelle» verhaftet sind, hatte Goscinny auch das satirische Magazin *Hara-Kiri* im Auge, das seit 1960 erschien und durch seine provokanten Beiträge immer wieder in Konflikt mit der Zensur geriet. Hier veröffentlichte eine ganze Reihe von Zeichnern, die keine klassische «Comic-Karriere» hinter sich hatten und somit offen für neue Themen und grafische Formen waren. Cabu (Jean Cabut, * 1938) war der erste Künstler, der 1962 von *Hara-Kiri* zu *Pilote* wechselte und dort zwei Jahre später seine erfolgreiche Serie *Grand Duduche* begann, deren «Held», ein ganz normaler Gymnasiast, gegen autoritäre Strukturen und kleinbürgerlichen Mief aufbegehrt. Thematisch deutete sich hier bereits die bevorstehende Studentenrevolte an, stilistisch hob sich Cabu deutlich von allen anderen *Pilote*-Zeichnern ab. Das hatte die von Goscinny erhoffte Signalwirkung: Ebenfalls von *Hara-Kiri* kam 1965 Fred (Othon Aristides, * 1931) mit seiner märchenhaft-absurden Serie *Philémon*, die mit so köstlichen, das Medium Comic parodierenden Gags brilliert wie jener Szene, in der sich Philémon mitten im Meer auf einer A-förmigen Insel wiederfindet, weil er gerade an der Stelle angekommen ist, an der sich auf dem Globus der Anfangsbuchstabe des Wortes «Atlantik» befindet.

Von *Vaillant* wechselte Gotlib zu *Pilote*, mit dem Goscinny 1965 die Serie *Les Dingossiers* startete, eine lose Folge von Doppelseiten, die sich auf witzige Weise mit allen nur denkbaren aktuellen Themen beschäftigte. Dieses Konzept brachte *Pilote* endlich die erhoffte studentische Leserschaft und führte zu weitreichenden redaktionellen Veränderungen: Anfangs sporadisch, aber mit der Zeit häufiger fanden sich sogenannte «Pages d'Actualités» im Heft, auf denen verschiedene Zeichner thematisch und künstlerisch freie Beiträge lieferten und *Pilote* einen neuen, modernen Touch gaben. Dieser neue Stil setzte sich endgültig 1967 durch, als – *Hara-Kiri* war wieder einmal Opfer der Zensur geworden – Jean-Marc Reiser und etliche seiner Kollegen zu *Pilote* wechselten.

Im gleichen Jahr debütierten Pierre Christin (* 1938) und Jean-Claude Mézières (* 1938) mit der Science-Fiction-Serie *Valérian* in *Pilote*. Zwar verschwanden die Genre-Comics gerade aus dem Heft, aber da die Science Fiction als Literaturgattung in Frankreich zu dieser Zeit kaum existent war, galt das Thema als durchaus unkonventionell und fügte sich in den frischen Geist des Blattes ein. Christins Szenarios knüpfen zudem nicht etwa an klassische Space operas an, sondern sind phantasievoll verspielt, Mézières' Zeichnungen eher karikaturhaft statt, wie für das Genre üblich, martialisch. Das Konzept war für die damalige Zeit innovativ: In seinem ersten Abenteuer trifft Valerian auf seine zukünftige Partnerin Laureline, die ihm von nun an gleichberechtigt zur Seite steht. Dank ihrer unterschiedlichen Handlungskonzepte

Pierre Christin und Jean-Claude Mézières: Valerian.
© Dargaud

– Valerian ist eher rational und autoritätsverpflichtet, Laureline vom Gefühl geleitet und einfallsreich – wird auch der Konflikt der Geschlechter zum regelmäßigen Thema der Serie, deren Grundidee der Raum-Zeit-Sprung ist, durch den die beiden Helden problemlos in andere Jahrhunderte und an andere Orte des Universums reisen können. Immer wieder geht es um Zeitmanipulationen, durch die die Gegenwart der Handlung, unsere Zukunft, verändert werden soll, und Abenteuer auf fernen Planeten dienen vor allem dazu, aktuelle Fragen unserer Gesellschaft phantasievoll zu reflektieren.

Mézières paßte seine Grafik dieser inhaltlichen Prämisse an, löste sich rasch von den Traditionen der gängigen Comics und entwickelte einen eigenständigen, freizügigen und erfindungsreichen Zeichenstil. Die grafische Raffinesse wird jedoch nie wie bei anderen *Pilote*-Zeichnern der siebziger Jahre zum Selbstzweck, sondern steht immer im Dienst der Erzählung. Christin und Mézières haben mit *Valérian* im Bereich der naturalistisch gezeichneten Comics etwas ähnliches ermöglicht, wie es zuvor schon Goscinny und Uderzo bei den humoristischen Comics gelungen war: Indem sie in ihrer Serie auf unterhaltsame und intelligente Weise kritische und philosophische Fragen reflektierten, erschlossen sie dem Medium ein neues Publikum und eröffneten einer großen Zahl von Autoren und Zeichnern neues Terrain.

Während sich bei *Pilote* große Veränderungen abzuzeichnen begannen, verließen sich *Spirou* und *Tintin* ganz auf die dort erprobten Erfolgskonzepte. Zeichner, die bei *Spirou* mit neuen Serien debütierten, etwa Jidéhem (Jean de Mesmaeker) mit *Starter* (1960) und *Sophie* (1964) oder Pierre Seron mit *Les Petits Hommes* (Minimenschen, 1967), hielten sich treu an den inzwischen ganz von Franquin geprägten Stil des Blattes. *Tintin* erweiterte das Spektrum seiner Abenteuerserien um *Tounga* (1962) und *Les Franval* (1963) von Edouard Aidans, *Howard Flynn* (1964) und *Ringo* (1965) von Vance und *Chevalier Ardent* (1966) von François Craenhals. 1966 wurde Greg (Michel Régnier, * 1931) Chefredakteur von *Tintin* und startete innerhalb weniger Monate gleich fünf von ihm geschriebene neue Reihen, davon vier Abenteuerserien – dort, wo *Pilote* Kompetenz aufgab, sollte *Tintin* Profil gewinnen.

Mit Hermann (Hermann Huppen, * 1938) begann Greg 1966 eine Reihe von Kurzgeschichten um den Interpol-Inspektor Bernard Prince. Um nicht mit der thematisch ähnlichen Serie *Ric Hochet* zu konkurrieren, änderte er jedoch nach einem Jahr das Konzept von *Bernard Prince* (Andy Morgan) und ließ aus dem Inspektor einen Abenteurer werden, der zusammen mit seinem Schützling Djin und dem rauhbeinigen, aber gutherzigen Seebären Barney Jordan über die Weltmeere zieht. Schauplätze der Abenteuer wurden nun vorwiegend fiktive und existierende Länder in Asien, Afrika und Südamerika. 1967 folgte die historische Serie *Jugurtha*, geschrieben von Jean-Luc Vernal, die Hermann allerdings nach zwei Alben wieder aufgab, und im Jahr darauf *Comanche*, ein brillanter Western, mit dem Greg gegen *Jerry Spring* in *Spirou* und *Blueberry* in *Pilote* antreten wollte.

Hermanns Zeichenstil steht anfangs ganz in der Tradition der klassischen belgischen Schule, satte Konturen und flächige Farben dominieren, doch schon bald entwickelte er eine erstaunliche Brillanz bei der überzeugenden und atmosphärischen Darstellung seiner Sujets: Die grellen Farben wichen einer zurückhaltenderen, nuancierteren Kolorierung, anfangs häufig statische Bildkompositionen einer dynamischen Verwendung filmischer Erzähltechniken. Als Hermann Mitte der siebziger Jahre den Pinsel zusehends durch die Feder ersetzte, gelang es ihm, die Bewegung in den jeweiligen Szenen noch stärker zu betonen, eine Technik, die er später mit seinen von ihm selbst geschriebenen Serien *Jeremiah* und *Les Tours de Bois-Maury*

*In seinen frühen Arbeiten bezog sich Hermann noch stark auf die ästhetische Tradition Jijés und entwickelte diese zur Perfektion. Jugurtha, 1968. © Le Lombard*

zu faszinierender Perfektion brachte. 1979 zog sich Hermann von *Tintin* zurück, das die von ihm geschaffenen Serien von anderen Zeichnern fortsetzen ließ – *Jugurtha* 1976 von Franz Drappier, *Bernard Prince* 1977 von Dany und ab 1992 von Aidans und *Comanche* 1990 von Michel Rouge –, doch keiner dieser Nachfolger konnte auch nur annähernd an die grafische Virtuosität Hermanns anknüpfen. Für *Spirou* entstand außerdem zusammen mit Morphé (Philippe Vandooren) als Autor 1980 die kurze Serie *Nic* um einen kleinen Jungen, dessen märchenhafte Träume als moderne Hommage an Winsor McCays *Little Nemo* angelegt sind.

Mit Vance (William van Cutsem, * 1935), einem wie Hermann anfangs noch relativ ungelenken Zeichner, begann Greg unter dem Pseudonym Louis Albert 1967 die Agentenserie *Bruno Brazil*, die sich thematisch an die damals außerordentlich populären James-Bond-Filme anlehnte. Vance brachte mit *Bruno Brazil* einen nervösen, kalten Strich auf die Seiten von *Tintin*: Das klassische Seitenschema durchbrechende Zeichnungen und moderne Sujets – amerikanische Autos, unterirdische Kommandozentralen, Designermöbel, strenge Hochhausfassaden – sollten betont avantgardistisch wirken. Klassisch hingegen *Luc Orient*, Gregs im gleichen Jahr mit Eddy Paape begonnene vierte Abenteuerserie, die konzeptionell deutlich Alex Raymonds *Flash Gordon* als Vorbild erkennen läßt. Gregs letzte bedeutende Schöpfung für *Tintin* war 1968 die in einer an die Nonsense poetry Lewis Carrolls erinnernden Phantasiewelt

Die Tradition der Autoren **209**

Greg und William Vance: Bruno Brazil. Szene aus «Die Nacht der Schakale», 1972. © Le Lombard

spielende Serie *Olivier Rameau*, die von Dany (Daniel Henrotin, * 1943) gezeichnet wurde.

Während der späten sechziger und frühen siebziger Jahre war Greg der neben Charlier produktivste und kreativste Autor naturalistisch gezeichneter Abenteuer-Comics. 1974 verließ er *Tintin*, dessen Erscheinungsbild er während dieser Zeit entscheidend geprägt hatte, um sich ganz der sowohl von ihm geschriebenen wie auch gezeichneten Serie *Achille Talon* zu widmen, die auf den Seiten von *Pilote* immer erfolgreicher wurde. Ein 1975 von Dargaud herausgegebenes *Achille Talon*-Magazin scheiterte jedoch, ebenso der spätere Versuch, seine Figur unter dem Namen Walter Melone in den USA zu lancieren. Seine Verbitterung über diese Fehlschläge – auch seine letzten, Anfang der siebziger Jahre für *Tintin* geschaffenen Serien *Tommy Banco*, *Les Panthères* und *Cobalt* hatten sich als Flops

Greg und Eddy Paape: Luc Orient. Szene aus «Gefahr aus dem All», 1970. © Le Lombard

erwiesen – wurde auch in den Szenarios, die er 1976 für zwei seiner großen Erfolgsserien schrieb, spürbar: In *Bernard Prince* ließ er das Schiff der Helden in Flammen aufgehen, und in *Bruno Brazil* wurde die Agentencrew empfindlich dezimiert und der Held selbst schwer verletzt. Die Comics hatten sich gewandelt, und viele der klassischen Serien verloren langsam ihr Publikum an *Pilote* oder das 1975 neu gegründete *Métal Hurlant*. Als Greg und Eddy Paape 1992 mit der neuen Serie *Johnny Congo*, die nach nur einem Band wieder vom Markt verschwand, an die längst vergangenen Tage der großen Abenteuer anzuknüpfen versuchten, wirkte dies schon fast tragisch.

Der Wandel machte sich durch einen Generationswechsel bei den Zeichnern auch auf den Seiten von *Tintin* bemerkbar, wo 1972 mit *Buddy Longway* aus der Feder des Westschweizer Zeichners Derib eine ungewöhnliche Westernserie debütierte. Derib (Claude de Ribaupierre, * 1944) hatte seine Comic-Laufbahn als Assistent Peyos begonnen, anschließend für *Spirou* einige kurzlebige Serien wie *Arnaud de Casteloup*, *Pythagore* und *Attila* ganz im Stil der «Ecole Marcinelle» geschaffen und 1970 seine von André Jobin liebevoll erzählte Serie *Yakari* um einen kleinen Indianerjungen, der mit den Tieren sprechen kann, begonnen. Ein Jahr später war er zu *Tintin* gewechselt, wo er mit *Go West* nach einem Szenario Gregs eine Geschichte vom großen Treck nach Westen ebenfalls noch ganz im klassischen Funnystil zeichnete. *Buddy Longway* handelt von einem Trapper, der mit einer Indianerin verheiratet ist, vom Leben und Überleben in der Wildnis und vom Konflikt zweier Kulturen, zwischen denen sein Sohn als «Halbblut» aufwächst. Die eher leisen, aber durchaus spannenden Geschichten finden eine adäquate grafische Umsetzung durch meisterhaft gestaltete Bilder, die bei weitgehender Zurücknahme des Textes wesentlich die Erzählfunktion übernehmen, so daß der Rezeptionsrhythmus eher durch das Betrachten als durch das Lesen bestimmt wird. Mit *Buddy Longway* hat Derib zudem sein Thema, die Darstellung der indianischen Kultur, gefunden: 1981 folgte die Trilogie *Celui qui est né deux fois* (Der Weg des Schamanen), in der er das Leben eines Medizinmannes von dessen Geburt bis zu seinem Tod durch die Kugel eines Weißen schilderte, 1988 begann er die Serie *Red Road* über das Leben der heutigen Indianer in den Reservaten.

Einen grafisch ähnlichen Weg beschritt der ebenfalls aus der französischsprachigen Schweiz stammende Zeichner Cosey (Bernard Cosandey, * 1950) 1975 mit *Jonathan*, einer brillant erzählten Serie um einen jungen Schweizer, der im Himalaja seine Identität zu finden versucht, dort mit den Sitten und der Kultur der in Nepal und Tibet lebenden Menschen vertraut wird und somit auch dem Leser eine faszinierend fremdartige Welt erschließt. Cosey, einem poetischen Realismus verpflichtet, ist in seinen Geschichten vornehmlich an der Entwicklung seiner Charaktere interessiert und läßt ebenfalls vor allem seine Bilder erzählen. Konsequenterweise gab er *Jonathan* nach elf Bänden auf, um sich ganz der Form des in sich abgeschlossenen Comic-Romans zu widmen.

Einen kritischen Blick auf die Zukunft warf Claude Auclair (1943–1990) 1973 mit *Simon du Fleuve*. Auclair hatte bereits für *Pilote* mit *Jason Muller* drei Jahre zuvor das Szenario eines durch eine atomare Katastrophe verwüsteten Frankreichs entwickelt und griff dieses Thema nun in *Tintin* wieder auf: In den Zentren, den verfallenen Städten, sitzen die Verwalter alter Macht und Gewalt, auf dem Land hingegen haben sich die Überlebenden der Katastrophe zu neuen, sozialistisch orientierten Gemeinschaften zusammengefunden. *Simon du Fleuve* ist ein von linkem Humanismus und Technologiekritik geprägter Comic-Roman, dessen epische Naturschilderung Ausdruck der Suche nach neuen Lebenszusammenhängen ist. Interessant ist vor allem Auclairs Verhältnis zur Gewalt: Indem Simon bewußt tötet, um sein Ziel zu erreichen, erkennt er die Gewalt als legitimes Mittel im Kampf gegen gewalttätige Strukturen an. Einen ersten Teil seines Zyklus hatte Auclair als Adaption des futuristischen Romans «Le Chant du Monde» von Jean Giono angelegt, dessen spätere Albumveröffentlichung die Erben des Autors jedoch untersagten.

Derib, Cosey und Auclair waren die letzten Autoren, die *Tintin* innovativ prägten. Die folgenden Jahre des Magazins waren überwiegend bestimmt durch Fortsetzungen erprobter Reihen oder Remakes altbekannter Themen. 1988 entzog die Fondation Hergé dem Verlag Lombard das Nutzungsrecht für den Titel *Tintin*, um selbst ein Magazin, *Tintin Reporter*, herauszugeben, das allerdings nach einem halben Jahr wieder verschwand. Lombard setzte *Tintin* unter dem neuen Titel *Hello Bédé* bis zur endgültigen Einstellung 1993 fort. Die alten Konzepte hatten sich überlebt, frische Ideen fehlten – so endete nach fast fünfzig Jahren wenig rühmlich die Geschichte eines Magazins, das den europäischen Comic entscheidend geprägt hat.

Mit *Tintin* endete auch die Zeit der klassischen Abenteuer-Comics. Zwar finden etliche der in den fünfziger und sechziger Jahren gestarteten Reihen aufgrund der inzwischen erreichten Popularität genügend Publikum, um in Albumform weiterhin fortgesetzt zu werden, neue Autoren können sich in diesem Bereich jedoch kaum noch erfolgreich etablieren. Zu den wenigen Ausnahmen zählen Hermann, der sich gegen Ende der siebziger Jahre von Greg gelöst und damit begonnen hatte, seine eigenen Geschichten zu schreiben, und Jean van Hamme.

Hermann griff 1979 mit *Jeremiah* Auclairs Thema einer postatomaren Welt auf, benutzte diese aber rein als Kulisse für Erzählungen, deren Versatzstücke er aus verschiedenen Genres übernahm: Science Fiction, Western, Fantasy und Horror ergaben in *Jeremiah* einen für die damalige Zeit völlig neuen Abenteuermix. Während Hermanns Prinzip die Auflösung der klassischen Genres ist, pflegt Jean van Hamme (* 1939) deren Verdichtung durch das Spiel mit ihren Elementen. Van Hamme war 1968 über Paul Cuvelier zum Comic gekommen, für den er den erotischen Comic-Band *Epoxy* und anschließend zwei Abenteuer der Serie *Corentin* schrieb. Es entstanden in der Folge mehrere handwerklich solide, aber kaum herausragende Szenarios, bis es 1977 zur Zusammenarbeit mit dem polnischen Zeichner Grzegorz Rosinski (* 1941) kam. Für ihn schrieb er die Wikingerserie *Thorgal*, in der er die klassischen Plots einer historischen Abenteuerstory mit Versatzstücken der Esoterik verflocht (ein Prinzip, das gleichzeitig George Lucas im Bereich der Science Fiction bei «Star Wars» anwandte). Nach einem Abstecher zum Film – 1980 schrieb van Hamme das Drehbuch zu Jean-Jacques Beineix' Kultfilm «Diva» – folgten 1988 der umfangreiche Comic-Roman *Le Grand Pouvoir du Chninkel* (Die große Macht des kleinen Schninkel), in dem Fantasy und Motive aus dem Neuen Testament eine ähnliche Verbindung eingehen, und 1983 zusammen mit Vance als Zeichner *XIII*.

Auch in dieser Reihe um einen Agenten, der das Gedächtnis verloren hat, herauszufinden versucht, warum er gejagt wird, und dabei erfährt, daß er wahrscheinlich den amerikanischen Präsidenten ermordet hat, sind alle Handlungselemente bereits aus Krimiserien, Agentenfilmen und Politthrillern längst bekannt – der Plot des ersten Bandes ist sogar ein direktes Plagiat von Robert Ludlums 1980 erschienenem Roman «Der Borowsky-Betrug» –, vermengen sich aber zu einer faszinierend frischen Mischung. 1990 schrieb van Hamme mit *Largo Winch* eine zweite Krimiserie für Francq, drei Jahre später gefolgt von *Les Maîtres de l'Orge* (Hopfen und Malz) mit Francis Vallès als Zeichner.

Hermann ließ ab 1984 die zehnbändige Serie *Les Tours de Bois-Maury* (Die Türme von Bos-Maury) folgen, in der er unter bril-

Mit der Loslösung vom vor allem durch Jijé geprägten Stil der belgischen Abenteuer-Comics änderte Hermann auch seine Erzähltechnik und ließ dem Bild größere Bedeutung zukommen. Les Tours de Bois-Maury, Seite aus «Der Schäfer», 1984. © Strip Art Features

lantem Einsatz bildsprachlicher Erzähl- und filmischer Schnitttechniken die Suche eines Ritters nach seinem verlorenen Reich schildert. Daneben veröffentlichte er mehrere Kurzgeschichten, in denen er neue grafische Darstellungstechniken erprobte, sowie die beiden Einzelbände *Missié Vandisandi* (1991) und *Sarajevo Tango* (1995). *Sarajevo Tango* ist eine zynische Anklage gegen die Politik der UN im Balkankonflikt: Hermanns Agent war zwei Jahre in Sarajevo eingeschlossen, unter serbischem Bombardement verbrannten auch die Originale für mehrere seiner Alben.

Bei *Spirou* war es in der zweiten Hälfte der sechziger Jahre zu entscheidenden Veränderungen gekommen, die einen Generationswechsel auf den Seiten des Blattes zur Folge hatten: 1966 hatte Franquin *Spirou* aufgegeben (blieb dem Magazin aber mit *Gaston* erhalten), im Jahr darauf übernahm Jijé bei *Pilote Tanguy et Laverdure* von Uderzo, Eddy Paape begann *Luc Orient* in *Tintin*, und 1968 schließlich wechselte Morris mit *Lucky Luke* zu *Pilote*. Damit hatte *Spirou* einen großen Teil seiner wichtigsten Künstler verloren, fand den Ausweg aus der Krise aber mit neuen Zeichnern und frischen Ideen.

Nachdem 1964 Jidéhem mit *Sophie* erstmals ein Mädchen zur Hauptfigur gemacht hatte und Peyo zwei Jahre später Schlumpfine in der Männerwelt der Schlümpfe hatte auftauchen lassen, sollten nun verstärkt auch Mädchen als Zielgruppe anvisiert werden. 1970 debütierten gleich drei Serien mit weiblichen Hauptfiguren. François Walthéry, ein ehemaliger Assistent Peyos, zeichnete *Natacha*, die Abenteuer einer jungen Stewardess, Roger Leloup, vormals Assistent von Jacques Martin und von 1955 bis 1969 fester Mitarbeiter im Studio Hergé, steuerte mit *Yoko Tsuno* eine Serie mit starkem Science-Fiction-Einschlag um eine japanische Elektronikspezialistin bei und Will, mit Unterstützung bei den Szenarios von Yvan Delporte, Macherot und Franquin, die märchenhaft verspielte Serie *Isabelle*. Ebenfalls neu zur Abrundung des thematischen Spektrums: die humoristische Gangsterserie *Sammy* (1970) von Raoul Cauvin und Berck und *Papyrus* (1974), die Abenteuer eines jungen Ägypters, aus der Feder von Lucien de Gieter.

Noch orientierten sich die Zeichner weitgehend am klassischen *Spirou*-Stil, doch auch das änderte sich ab Mitte der siebziger Jahre. 1977 begann Frédéric Jannin (* 1956) mit *Germain et nous* eine Serie über die Kinder der 68er-Generation. Marc Wasterlain (* 1946) steuerte 1976 den poetischen Zauberer Docteur Poche bei und 1982 die Reporterin Jeannette Pointu, deren Abenteuer sich allerdings durch wesentlich realitätsbezogenere Hintergründe und Themen auszeichnen als

*Zeitgeist im Comic: In Japan entdeckt Jonas Valentin Mangas. Aus Broussaille von Bom und Frank, 1995. © Dupuis*

die ihrer männlichen Kollegen Tim oder Spirou – 1994 reiste sie sogar mit UN-Truppen nach Sarajevo. Jannins und Wasterlains Arbeiten sind geprägt von einem flüchtigen Federstrich, den andere Zeichner wie Philippe Bercovici (*Femmes en Blanc;* Die kranken Schwestern), Marc Hardy (*Pierre Tombal*), Didier Conrad (*Donito*), Luc Cromheecke (*Tom Carbone;* Fritz Lakritz) und andere aufgriffen und zum heute auf den Seiten von *Spirou* vorherrschenden Stil machten. Auch während der letzten Jahre hat *Spirou* immer wieder durch innovative Ideen für Überraschungen im Bereich der Jugend-Comics gesorgt. Herausragend sind vor allem *Broussaille* (Jonas Valentin, 1981) von Bom und Frank, Frank Le Galls *Theodore Poussin* (Theodor Pussel, 1982), *Billy the Cat* (1989) von Desberg und Colman sowie die seit 1987 unter dem Titel *Petit Spirou* erscheinenden, frechen Abenteuer eines kleinen Spirou von Tome und Janry.

## Transeuropa Express

Im Gegensatz zu Nordamerika, wo sich die Comics durch ihr Trägermedium, die Tageszeitung, an erwachsene Leser wendeten, blieben die Bildergeschichten in Europa zunächst weitgehend Domäne der Jugendzeitschriften und bildästhetisch, erzähltechnisch und moralisch der Bilderbuchtradition des 19. Jahrhunderts verpflichtet. Dies änderte sich erst in den dreißiger Jahren, nachdem die Zeitungsstrips durch die Agenturen Opera Mundi und Bulls Presstjänst (1929, im gleichen Jahr wie Opera Mundi, im norwegischen Halden gegründet) in ganz Europa immer größere Verbreitung fanden und sich die bildsprachlichen Erzähltechniken, die die amerikanischen Zeichner um die Jahrhundertwende zu entwickeln begonnen hatten, auch in der Alten Welt etablierten.

Der erste europäische Comic, der eine internationale Verbreitung erfuhr, ist der von Oskar Jacobsson (1889–1945) für die schwedische Wochenzeitung *Söndags-Nisse* geschaffene Pantomimenstrip *Adamson*, dessen erste Folge am 17. Oktober 1920 erschien. Schon ab 1921 wurden die Abenteuer des tolpatschigen Helden mit den beiden linken Händen und lediglich drei Haaren auf dem ansonsten kahlen Kopf, der selten ohne seine qualmende Zigarre zu sehen ist, in Buchform nachgedruckt und ein Jahr später unter dem Titel *Silent Sam* auch auf den Seiten amerikanischer Tageszeitungen veröffentlicht. Nach Jacobssons Tod wurde *Adamson* bis 1965 von Viggo Ludvigson fortgesetzt. Zwei weitere Pioniere der skandinavischen Comics sind der Däne Storm Petersen (1882–1949), dessen Serie *Peter og Ping* von 1922 bis 1948 erschien, sowie sein Landsmann Mik (Henning Dahl Mikkelsen, 1915–1982). Auch Miks *Ferd'nand* (1937) erschien in den USA und wurde ab 1970 von Al Mik (Al Plastino) fortgesetzt. In Finnland griff Tove Jansson 1949 die Tradition des Pantomimenstrips mit *Mumin* unter Verwendung einer bereits 1939 geschaffenen Kinderbuchfigur auf, und in Dänemark begann Vilhelm Hansen 1951 die ebenfalls in einer märchenhaften Phantasiewelt spielende Serie *Rasmus Klump* (Petzi) um einen kleinen Bären, bei der die Erzähltexte nach klassischer Manier unter den Bildern plaziert sind.

Die erfolgreichste deutsche Comic-Serie der dreißiger Jahre ist Erich Ohsers *Vater und Sohn*. Ohsers persönliche Geschichte illustriert auf tragische Weise die Situation der während des Hitler-Terrors in Deutschland arbeitenden Künstler. Am 18. März 1903 in der Nähe von Plauen geboren, hatte Ohser ab 1929 regelmäßig politische Karikaturen im sozialdemokratischen *Vorwärts* veröffentlicht, weshalb 1934 sein Gesuch um Aufnahme in den «Reichsverband der deutschen Presse», die für die weitere Ausübung seines Berufs als Zeichner notwendig war, abschlägig beschieden wurde. Trotzdem beauftragte ihn die *Berliner Illustrirte Zeitung* mit der

e. o. plauen: Vater und Sohn, 1935. © Südverlag

Entwicklung einer Bildergeschichte, und im September 1934 erschien, signiert mit dem Pseudonym e. o. plauen – Erich Ohser aus Plauen –, die erste Folge von *Vater und Sohn*. Schon ein Jahr später wurde ein erster Sammelband dieser poetischen und von liebevoller Menschlichkeit geprägten Serie veröffentlicht, der sich innerhalb kürzester Zeit neunzigtausendmal verkaufte.

Zu Beginn des Jahres 1936 wurde Ohser erneut mit Berufsverbot belegt, da er Goebbels' Aussage, er werde freie Kritik an den innerdeutschen Zuständen in Wort und Bild zulassen, wörtlich genommen hatte. Mit Hilfe des Berliner Ullstein Verlages gelang es, den Reichsverband unter der Bedingung umzustimmen, daß die erfolgreichen Figuren Vater und Sohn als Werbung für das von Goebbels initiierte Winterhilfswerk verwendet werden konnten. Ohser versuchte, der Entfremdung durch immer lautere Kritik zu entgehen; einmal zog er eine Zeichnung zurück, nachdem ihr ein antisemitischer Untertitel zudiktiert worden war, und verhinderte so deren Veröffentlichung. Nachdem er wegen Äußerungen über Goebbels und Himmler denunziert worden war, wurde er am 27. März 1944 von der Gestapo verhaftet. Goebbels persönlich bestand auf eine schnelle Aburteilung, und da Ohser bekannt war, was von Freislers berüchtigtem Volksgerichtshof zu erwarten war, nahm er sich in den frühen Morgenstunden des Verhandlungstages, am 6. April, in seiner Zelle das Leben.

*Vater und Sohn* hatte er allerdings schon zuvor aufgegeben. Seine mit Comics noch unerfahrenen Kollegen neideten ihm seinen Erfolg, und schon bald tauchten in der Presse Spottzeichnungen auf, die sich über die langlebigen Helden lustig machten. Die *Jugend* etwa publizierte eine Karikatur eines gewissen Anton Leidl mit dem Titel «Vater und Sohn im Jahre 1965», die den Vater an Krücken zeigt und mit «Tja, lieber Papa, so viel Fortsetzungen hält auf Dauer kein Mensch aus!» untertitelt war. Ende 1937 hatte Ohser seine letzte *Vater und Sohn*-Folge gezeichnet: Er ließ seine Helden nach Art mythischer Figuren am Himmel entschweben und in den Mond eingehen. Die *Berliner Illustrirte* ersetzte *Vater und Sohn* durch *Die Abenteuer der 5 Schreckensteiner* von Ferdinand Barlog.

Zum Vater der holländischen Comics wurde Marten Toonder (* 1912), in dessen 1942 gegründetem Studio eine ganze Generation von Zeichnern ihre Laufbahn begann. Toonder hatte in Rotterdam ein Kunststudium absolviert und war dort durch den argentinischen Zeichner Dante Quinterno mit Comics in Berührung gekommen. Anfang der dreißiger Jahre begann er, Comics für verschiedene Zeitschriften zu zeichnen, und 1938 erfand er mit *Tom Poes* seine erfolgreichste Serie (die allerdings zunächst nur in Argentinien und der Tschechoslowakei, erst ab 1941 auch in Holland veröffentlicht wurde) um eine detektivisch ambitionierte Katze, die ab ihrem dritten Abenteuer mit dem gemächlichen Bären Bommel einen ständigen Begleiter erhielt. Toonders liebevoll ausgestattetes Tieruniversum erinnert zeichnerisch an die Strips der Walt-Disney-Studios, in seinen Geschichten entwickelte er, besonders in späteren Jahren, durch eine feine Beobachtung menschlicher Schwächen jedoch Qualitäten, die manchmal das Niveau von Walt Kellys *Pogo* erreichen. *Tom Poes* erschien anfangs mit unter die Bilder montierten Erzähltexten, erst 1945 wurden Sprechblasen in die Zeichnungen integriert. 1946 gelang es Toonder, mit den Serien *Kappie* um einen kleinen Kapitän und *Panda* um die Erlebnisse eines Pandabären mit seinem Gegenspieler Joris Goedbloed, einem listigen Fuchs, zwei weitere erfolgreiche Serien zu lancieren.

Der Zweite Weltkrieg bedeutete eine für die Entwicklung der europäischen Comics empfindliche Zäsur. Neben technischen Problemen wie der Papierknappheit kam in vielen Ländern auch die Veröffentlichung der bereits hoch entwickelten amerikanischen Serien zum Erliegen oder wurde aus Gründen des nationalen Isolationismus unterbunden. 1938 beispielsweise verboten die italienischen

*Marten Toonder: Tom Poes. © Toonder*

Faschisten die Veröffentlichung ausländischer Comics – mit Ausnahme der Disney-Serien: Mussolinis «Karriere» als Duce war eine als Journalist vorausgegangen, und seine Artikel waren auch in Amerika in den Zeitungen der Hearst-Gruppe erschienen. Als Honorar hatte er von Hearsts King Features Syndicate die Abdruckrechte für Walt Disneys Strips erhalten. Zwar forcierte das Verbot der amerikanischen Strips die Eigenproduktion, in den meisten Ländern waren die Zeichner im Umgang mit dem Medium jedoch noch so unbeholfen, daß kaum mehr als triviale Massenzeichenware ohne persönliche Prägungen oder innovative Ideen entstand. In der Regel versuchten die Zeichner, ihre verbannten amerikanischen Kollegen so gut wie möglich zu imitieren. Carlo Cossio, Schöpfer der in Chicago spielenden Krimiserie *Dick Fulmine*, mußte sogar persönlich vor dem Ministero della Cultura Popolare in Rom vorzeichnen, um zu beweisen, daß es sich bei seiner Serie nicht um ein «Produkt amerikanischer Dekadenz» handelte, und die Kleidung des Helden der italienischen Mode entsprechend ändern. So dauerte es bis nach Kriegsende, bis sich in Europa eine eigenständige Tradition von Abenteuer-Comics etablieren konnte.

Zu den wenigen Ausnahmen herausragender, vor 1945 entstandener, naturalistisch gezeichneter Comics zählt neben Jijés *Valhardi* in Belgien vor allem die spanische Serie *Cuto* von Jesus Blasco (1919–1995). *Cuto* startete 1935 als Reihe in sich abgeschlossener Gags, wurde aber bald wieder eingestellt. Ein zweiter Start erfolgte im November 1940, und innerhalb kürzester Zeit wandelte sich der Held vom Zeitungsjungen zum Abenteurer, den es in den Orient, nach Amerika, auf die Pazifischen Inseln und nach Ägypten verschlug. Auch Blascos Zeichenstil änderte sich im Laufe der Jahre und machte *Cuto* – auf dem Höhepunkt des Erfolges gab es auch Radiohörspiele und Romane – zu einer solide erzählten und handwerklich meisterhaft gestalteten Serie, die nach wie vor zu den populärsten spanischen Comics zählt.

In Holland begann Maz (Alfred Mazure, 1914–1974) 1940 den Detektivstrip *Dick Bos*, dessen Abenteuer so populär wurden, daß die Nazis den Zeichner dazu zu bewegen versuchten, seinen Helden in den Dienst der Wehrmacht zu stellen. Als Maz sich weigerte, obwohl ihm der Ullstein Verlag eine Auflage von einer Million Exemplaren pro Band garantiert hatte, wurde die Serie eingestellt und konnte erst nach der Befreiung fortgesetzt werden. Es entstanden auch fünf Dick-Bos-Verfilmungen (drei Real- und zwei Zeichentrickfilme). 1946 zog Maz nach England, wo er weitere Strips, darunter *Romeo Brown*, schuf.

Nach Kriegsende wurden die Comics vor allem bei Jugendlichen als billige und im Kontrast zur tristen Wirklichkeit bunte Ablenkung schnell populär. Überall in Europa erlebten die Comics einen Boom von bisher ungekannten Ausmaßen. In Belgien, Frankreich, Holland, Italien und Spanien nahmen Zeitschriften und Serien, die kriegs- oder zensurbedingt hatten eingestellt werden müssen, ihr Erscheinen wieder auf, Deutschland, das auf keine durchgängige Comic-Tradition zurückblicken konnte, wurde überschwemmt von vorwiegend italienischer Massenzeichenware, amerikanischen Serien und einigen zeitweise erfolgreichen Eigenproduktionen, die sich an diesen Importen zu orientieren versuchten. Trotz einer in den fünfziger Jahren beginnenden Internationalisierung des Marktes durch Lizenzverkäufe entwickelten sich in nahezu allen europäischen Ländern eigenständige Zeichentraditionen und -schulen.

In Holland trat 1946 Hans G. Kresse (1921–1992) mit seiner eigenen Serie *Eric de Noorman* aus dem Toonder-Studio hervor. Nach einigen Episoden, die in Atlantis spielen und mit mystischen und utopischen Elementen durchsetzt sind, entwickelte Kresse bald einen dichten Erzähl- und detailfreudigen Zeichenstil, der an die Techniken Hal Fosters erinnert. Wie auch bei dessen *Prince Valiant* und ganz gemäß der bei Toonder erlernten Praxis wird bei *Eric de Noorman* die Story ohne Verwendung von Sprechblasen mit unter den Bildern angeordneten Texten erzählt. Erst 1964 trennte sich Kresse von dieser konservativen Erzähltechnik und begann zwei Jahre später die zeitgemäßer konzipierte Nachfolgeserie *Erwin*, in der er die Abenteuer von Erics Sohn erzählte. Neben der Wikingerthematik hat sich Kresse vor allem stark für die Indianer Nordamerikas interessiert und nach verschiedenen Serien wie *Matho Tonga* (1948) oder *Wetamo* (1972) 1973 für den belgischen Verlag Casterman das breit angelegte Epos *Indianen Reeks* begonnen, das zu einer Chronik der Indianer von der Ankunft der Spanier bis zu ihrem Untergang werden sollte. Leider waren die Erzählstruktur zu langatmig und der Zeichenstil zu verhalten, so daß die Serie 1982 nach neun Bänden wieder eingestellt werden mußte, obwohl die ersten Alben in acht Sprachen übersetzt worden waren.

1952 produzierte Willy Vandersteen, der zu dieser Zeit noch für das belgische *Tintin* arbeitete, seinen neben *Suske en Wiske* zweiten großen Erfolg mit dem Softwestern *Bessy*.

Obwohl später deutlich an die amerikanische Fernsehserie «Lassie» angepaßt, zeichnen sich die ersten Abenteuer durch dichte, solide Storys und ein detailliertes Artwork aus. Die Serie wurde besonders in Deutschland schnell populär, wo sie ab 1958 in verschiedenen Magazinen und ab 1965 als eigenständige, zuerst monatliche, dann wöchentliche Heftserie erschien. Den großen Materialbedarf deckte Vandersteen durch eine immer stärker fließbandartig organisierte Studioproduktion, so daß die anfänglichen Qualitäten schnell verschwanden. Zwei seiner Assistenten, Karel Verschuere und Frank Sels, machten sich bald selbständig und gingen mit ihren nach gleichem Muster konzipierten Serien *Buffalo Bill* (1967) und *Silberpfeil* (1968) ähnliche Wege.

Durch die Teilung Belgiens in einen flämischen und einen wallonischen Teil sind die niederländischen Comics auch stark durch den belgischen Markt beeinflußt, was vor allem in den Arbeiten von Martin Lodewijk (*Agent 327*, 1966), Peter de Smeet (*De General*, 1967), Dick Matena (*De Grote Pyr*, 1971), Henk Kuijpers (*Franka*, 1974), Dick Briel (*Professor Palmboom*, 1979), Gerrit de Jager (*De Familie Doorzon*, 1980) und Eric Heuvel (*January Jones*, 1988) deutlich spürbar ist. Daan Jippes, der 1972 nach einem Szenario Lodewijks die hervorragende Geschichte *Bernard Voorzichtig* zeichnete, orientierte sich vornehmlich an den Arbeiten Carl Barks' und zog 1980 in die USA, wo er von Manuel Gonzales die *Mickey Mouse*-Sonntagsseite übernahm. Matena wandte sich 1977 mit dem Science-Fiction-Epos *Virl* den naturalistisch gezeichneten Comics zu und schuf nach mehreren Literaturadaptionen und Comic-Biographien mit *Alias Ego* einen beeindruckenden Höhepunkt seines bisherigen Werkes.

In Deutschland boten vor allem mehrere Illustrierte den Comics Entwicklungsraum. Auf ihren Seiten entstanden in den fünfziger Jahren Figuren, die gegen die 1953 in einem «Gesetz über die Verbreitung jugendgefährdender Schriften» etablierten Zensurbestim-

*Mit seiner Serie Nick Knatterton, die ab 1950 regelmäßig in der Illustrierten Quick erschien, wollte Manfred Schmidt die Comics, «jene primitivste aller Erzählformen», verulken. Doch sein gewitzter Detektiv geriet zum Klassiker, der verfilmt wurde und dessen Abenteuer noch heute in Buchform erhältlich sind. Eine Folge aus der Geschichte «Das Geheimnis der blinden Klinke» aus dem Jahr 1954. © Manfred Schmidt*

mungen immun waren und, in zahlreichen Buchausgaben nachgedruckt und als Merchandisingobjekte vermarktet, bis heute nicht in Vergessenheit geraten sind. Die bekannteste Serie, *Nick Knatterton*, debütierte im Dezember 1950 in der *Quick* und war von ihrem Zeichner Manfred Schmidt (* 1913) nach eigener Aussage als Persiflage auf jene «primitivste aller Erzählformen» gedacht, «wo den handelnden Personen textgefüllte Blasen aus Mund, Nase und Ohren quellen, je nachdem, ob sie etwas sagten, hörten, rochen oder gar dachten». Die slapstickhaften Kriminalfälle Knattertons wurden schnell so populär, daß Schmidt die Serie bis 1961 fortsetzte. 1958 drehte Hans Quest nach der Episode «Der Raub der Gloria Nylon» einen abendfüllenden Spielfilm mit Karl Lieffen und Gert Fröbe in den Hauptrollen.

Im Heft 38 des Jahres 1951 der *Hör zu* hatte eine andere Figur ihren ersten Comic-Auftritt, die der Programmzeitschrift bereits seit 1949 als Maskottchen diente: der Redaktionsigel Mecki. Die Idee zu Mecki geht bis in das Jahr 1937 zurück, in dem die Gebrüder Diehl den erfolgreichen Puppenfilm «Der Wettlauf zwischen dem Hasen und dem Igel» produziert hatten. Als nach Kriegsende Kurzfilme für die «Neue Deutsche Wochenschau» gesucht wurden, erhielten die Diehls den Auftrag, Filme mit einem Igel als Hauptfigur herzustellen. Darauf wurde schließlich Eduard Rhein, damaliger Chefredakteur der *Hör zu*, aufmerksam. Er suchte noch eine prägnante Werbefigur für sein Blatt, trat mit den Gebrüdern Diehl in Kontakt und gab der Igelfigur schließlich den Namen Mecki.

In jeder Ausgabe der *Hör zu* wurde fortan ein Foto der Diehl-Puppe, versehen mit einigen humorvollen Textzeilen, plaziert. Später erhielt der Illustrator Reinhold Escher (1905–1994) den Auftrag, den Lückenfüller zu zeichnen. Meckis wachsende Popularität und Eschers Talent veranlaßten Rhein schließlich 1951, eine ganzseitige Geschichte in Auftrag zu geben, und bereits 1953 begann Meckis erstes Fortsetzungsabenteuer, «Die große Nummer», das sich in wöchentlichen Folgen über einen Zeitraum von mehr als einem Jahr erstreckte. Escher entwickelte einen liebevollen Kosmos um seinen Helden und erfand eine Reihe markanter Nebenfiguren wie Meckis Frau Micki, Charly Pinguin, den Schrat und den Raben Poppo. Die Spielwarenfirma Steiff erwarb die Lizenz zur Herstellung von Mecki-Plüschpuppen, die noch heute mit großem Erfolg angeboten werden.

Anfang 1958 mußte sich Escher aus gesundheitlichen Gründen von seinen Figuren trennen. Seine Nachfolge trat der Maler und Professor Wilhelm Petersen (1900–1987) an, dem Mecki kein Unbekannter war: Er hatte bereits die Mecki-Bilderbücher illustriert, von denen seit 1953 dreizehn Bände erschienen waren. 1969 zog sich auch Petersen aus Altersgründen zurück, und der neue Chefredakteur, Hans Bluhm, entschied, daß die bislang märchenhafte Optik der *Mecki*-Geschichten nun modernisiert werden solle. Das war der Anfang vom Ende des berühmten Redaktionsmaskottchens, das auf Blechschildern, Zahlschalen und auf über fünfhundert verschiedenen Postkarten für *Hör zu* geworben hatte. 1978 verschwand der Stachelkopf nach fast drei Jahrzehnten von der Bildfläche und wurde erst 1985, diesmal von Volker Reiche gezeichnet, wieder aufgegriffen.

Das zweifellos skurrilste Heldengespann der deutschen Comic-Geschichte erblickte 1953 im *Sternchen*, der Kinderbeilage des *Stern*, das Licht der Welt: Die Erlebnisse des Gauchos Julio und seines Gummipferdes Jimmy wurden von Roland Kohlsaat (1913–1978) geschrieben und gezeichnet, der seine Helden in ihren Abenteuern mit verschollenen Kulturen und außerirdischen Besuchern konfrontierte. Die zweifarbig grau und rot gestalteten Geschichten erstreckten sich jeweils über ein Jahr, wobei Julio und Jimmy, getrieben durch ein gutmeinendes Schicksal, zu Weihnachten stets in heimatliche Gefilde zurückkehrten. Dies taten sie zum letzten Mal im Dezember 1976, als sich Kohlsaat aus gesundheitlichen Gründen vom Zeichentisch zurückziehen mußte; die Serie war zu sehr Produkt ihres Schöpfers, als daß sie von einem anderen Zeichner hätte fortgesetzt werden können.

In der *Frankfurter Illustrierten* erschien von 1952 bis 1962 Cefischers (Carl Fischer, 1900–1974) *Oskar, der Familienvater*. Der Verleger Werner Wirthle war in England kurz zuvor auf den Strip *Felix* aufmerksam geworden und hatte Fischer beauftragt, «etwas in dieser Art» zu zeichnen. Die Erlebnisse der Katzenfamilie, deren Format zwischen Einbildgags und kurzen, bis zu vier Bildern umfassenden Strips wechselte, wurden von Fischer mit dem Mund gezeichnet – er hatte 1944 bei einem Luftangriff auf den Bahnhof Fulda beide Arme verloren.

Prominentester Comic-Schöpfer in Deutschland ist Rolf Kauka (* 1917), der nach Kriegsende in München eine Trickfilmproduktion nach dem Vorbild Disneys aufbauen wollte. Statt dessen entstand 1953 das Comic-Heft *Till Eulenspiegel*, in dem in Ausgabe 6 erstmals die durch «Reineke Fuchs» inspirierte Serie *Fix und Foxi* auftauchte, nach der die Zeitschrift ab ihrer zehnten Nummer sporadisch und ab Heft 29 endgültig benannt wurde. Nach und nach verschwanden die märchenhaft kindlichen Figuren aus dem Heft und wichen zahlreichen neuen Mitgliedern der Fix-und-Foxi-Familie wie dem Taugenichts Lupo oder dem Erfinder Knox. Die Zeichner, die Kauka vor allem aus dem damaligen Jugoslawien anwarb, blieben nach Disney-Vorbild anonym und wurden auf einen einheitlichen Stil eingeschworen. Besonders in der Anfangszeit gelang es dennoch einigen von ihnen, verschiedene Serien durch ihren individuellen Zeichenstil zu prägen. Vor allem waren dies Becker-Kasch (Carl Schmidt, *Mischa im Weltraum*), Walter Neugebauer (*Tom und Klein Biberherz*), Branco Karabajic (*Pauli*) und Riccardo Rinaldi (*Die Pichelsteiner*). Der Kauka-Kosmos war zwar durchaus dicht konstruiert, ihr biederes Image konnten die Figuren jedoch nie abstreifen. Mit seinen jedes Heft eröffnenden Editorials, in denen «euer Rolf» seine «lieben Freunde» dazu aufforderte, Kaugummipapier aus den Wäldern zu sammeln und alte Damen sicher um die Ecke zu bringen, wurde Rolf Kauka neben Henri Nannen zum bekanntesten deutschen Kolumnisten der sechziger Jahre. Seine ursprünglichen Trickfilmpläne versuchte er 1973 noch einmal erfolglos mit «Maria d'Oro und Bello Blue» aufleben zu lassen. 1994 untersagte er dem Pabel Verlag, an den er *Fix und Foxi* zwanzig Jahre zuvor verkauft hatte, die Fortsetzung des Heftes, nachdem darin ein Madonna-Foto abgedruckt worden war. Kauka lebt heute als Rancher und Hilfssheriff im amerikanischen Georgia. 1988 verfaßte er mit «Luzifer» auch den «Roman einer Seelenwanderung».

Ebenfalls ab 1953 begann der Romanheftverleger Walter Lehning den Comic-Markt mit aus Italien eingeführten Streifenheftchen, den «Piccolos», zu überschwemmen. Schon bald jedoch zeichnete Hansrudi Wäscher (* 1928) den überwiegenden Teil der Lehning-Produktion mit Serien wie *Sigurd* (1953), *Nick der Weltraumfahrer* (1958), *Tibor* (1959) und *Falk* (1960). Fans haben errechnet, daß Wäscher zwischen 1953 und 1968, dem Konkursjahr des Verlages, 22 291 Seiten sowie 3361 Titelbilder gezeichnet hat. Daß er bei dieser enormen Produktion nicht ohne Stereotype auskam – seine Helden gleichen sich wie ein Ei dem anderen und lassen sich nur durch ihre Haarfarbe und unterschiedliche Frisuren voneinander unterscheiden –, versteht sich von selbst. Während in anderen Ländern erfolgreiche Heftserien in der Regel von mehreren Zeichnern gestaltet wurden, zeichnete Wäscher nahezu alle damals populären Helden allein. Dadurch hat er das Erscheinungsbild der Comics in Deutschland während der fünfziger und sechziger Jahre maßgeblich geprägt und sich so eine große Gemeinde von Fans geschaffen, für die sein

*Hansrudi Wäscher: Sigurd, 1968. © Hansrudi Wäscher*

Gesamtwerk mittlerweile vollständig in Sammlerausgaben nachgedruckt wurde. Für das Sammlermagazin *Die Sprechblase* entwickelte Wäscher 1982 sogar eine neue Serie, das Fantasy-Abenteuer *Fenrir*, und veröffentlichte dort für seine Fans auch neu gezeichnete Storys mit seinen Helden Sigurd und Nick. Die beeindruckende Trashqualität von Wäschers Arbeiten und die Faszination, die von seinem souveränen Umgang mit Trivialklischees ausgeht, hat intellektuellen Comic-Afficionados lange zugesetzt: Ungezählt sind die Artikel in diversen Fanzines, in denen Wäschers episch erzählte Endlosserien in Grund und Boden gestampft werden.

In der DDR wurde das Comic-Medium als «imperialistischer Schund» abqualifiziert, der – so ein Autor 1955 – «die Absicht verfolgt, die Jugend zu brutalisieren und zu verrohen, so daß sie selbst gegenüber den Schrecken eines beabsichtigten Krieges völlig abgestumpft wird». Die Verbreitung und Lektüre von Comics wurde 1955 durch eine «Verordnung zum Schutze der Jugend» unter Strafe gestellt. Um eine im Sinne sozialistischer Politik sinnvolle Alternative zu schaffen, wurden im gleichen Jahr auf Beschluß des Zentralrates der FDJ die beiden «Bilderzeitschriften» *Atze* und *Mosaik* gegründet. Besonders *Mosaik* mit den von Hannes Hegen (Johannes Hegenbarth, * 1925) geschaffenen Digedags erfreute sich großer Beliebtheit und verkaufte monatlich 1,4 Millionen Exemplare, die meist binnen weniger Stunden vergriffen waren – Kenner vermuten, daß sich wesentlich mehr Hefte hätten verkaufen lassen, wenn dem Verlag eine größere Papiermenge zugeteilt worden wäre. Nach der Auflösung der DDR – die Digedags waren aus rechtlichen Gründen schon 1975 durch die Abrafaxe ersetzt worden – und der Invasion der Disney-Figuren sank die Auflage um neunzig Prozent.

In England prägte das am 14. April 1950 erstmals erschienene Magazin *Eagle* mit seiner Titelserie *Dan Dare, Pilot of the Future* von Frank Hampson einen neuen grafischen Stil und leitete das Ende der Ära vornehmlich humoristisch orientierter Comic-Publikationen ein, in denen noch immer bevorzugt Erzähltext unter die Bilder der Geschichten gesetzt wurde. Eine breite, wegen des vergleichsweise hohen Verkaufspreises von drei Pence auf ein älteres Publikum ausgerichtete Werbekampagne bewirkte, daß die anfängliche Auflage von zweihundertfünfzigtausend Exemplaren bald vervierfacht werden mußte. Frank Hampson (1918–1985) war zehn Jahre lang der maßgebliche Zeichner in *Eagle* und steuerte auch mehrere andere Serien bei, doch den Erfolg des Magazins machten vor allem die Abenteuer des Raumpiloten Dan Dare aus, der in seiner ersten Geschichte im Jahre 1996 zu einer Venusexpedition aufbricht. Hampsons Stil war elektrisierend neu. Sein Umgang mit Farbe ließ die Bilder pla-

## EAGLE-BRITAIN'S NATIONAL STRIP CARTOON WEEKLY

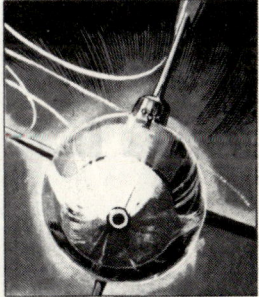

Mit Dan Dare begründete Frank Hampson eine neue englische Comic-Schule. Für die opulent gestaltete Serie schrieb auch der Science-Fiction-Autor Arthur C. Clarke mehrere Storys. Seite aus Eagle von 1951. © Fleetway

stisch wirken, das Aufgreifen filmischer Techniken wie harte Schnitte und wechselnde Perspektiven sorgte für eine bis dato nicht gekannte Dynamik und Rasanz. Die Akribie, mit der technische Details und fremde Welten in Szene gesetzt wurden, ließ das Geschehen erstaunlich glaubhaft wirken; an den Storys arbeitete zeitweise auch der Science-Fiction-Autor Arthur C. Clarke mit.

Der Erfolg der Serie war phänomenal, und bereits 1957 machte der Verlag Hulton Press eine Million Pfund Umsatz nur mit dem Verkauf von Lizenzen für die verschiedensten Dan-Dare-Produkte. Hampson freilich partizipierte an diesem Erfolg nicht und erhielt lediglich ein Seitenhonorar, weshalb er seine Serie 1959 aufgab. Mit der Jesus-Biographie *The Road of Courage* beendete er ein Jahr später seine Comic-Karriere und verdiente sich anschließend seinen Lebensunterhalt als Kunstlehrer. *Dan Dare* wurde bis zur Einstellung von *Eagle* im Jahre 1969 von einer Reihe anderer Zeichner fortgesetzt, von denen Frank Bellamy dem Stil seines Vorgängers am besten gerecht wurde.

Hampsons plastisch und fast fotorealistisch wirkender Stil hatte eine Revolution ausgelöst und mehrere Zeichner wie Ron Embleton oder Frank Bellamy inspiriert, sich mit ähnlichen Techniken zu versuchen. Zum erfolgreichsten Hampson-Schüler wurde Don Lawrence 1965 mit der Serie *The Trigan Empire*, die er nach elf Jahren zugunsten der Reihe *Storm*, die er zu besseren finanziellen Konditionen bis heute für den holländischen Verlag Big Balloon zeichnet, aufgab. Zu einem Revival und einer Weiterentwicklung des Hampson-Stils kam es ab Mitte der siebziger Jahre, als Magazine wie *Action, Bullet, Battle* und schließlich *2000 AD* als gezeichnetes Pendant zu der gleichzeitig entstandenen Punkmusik einen harten und gewaltbetonten Science-Fiction-Stil etablierten. In *2000 AD* wurde auch *Dan Dare* wiederbelebt, doch zum eigentlichen Zugpferd des Heftes wurde 1977 *Judge Dredd* von John Wagner und Carlos Ezquerra, eine zynische, schnelle und brutale Gerechtigkeit propagierende SF-Serie, deren Handlung in Mega-City 1, einem gigantischen, sich über die gesamte nordamerikanische Ostküste erstreckenden Stadtkomplex der Zukunft, spielt. *Judge Dredd*, unter anderem auch gezeichnet von Mike McMahon, Brian Bolland, Garry Leach, Kevin O'Neill und Colin Wilson, wurde ab 1983 auch in den USA zum Erfolg: Dort veröffentlichte DC ab 1992 sogar ein dreiteiliges, von Simon Bisley gezeichnetes Batman-Judge-Dredd-Crossover, und 1995 folgte eine Verfilmung mit Sylvester Stallone in der Hauptrolle.

Noch vom viktorianischen Geist geprägte Arbeitsbedingungen in England sind allerdings die Ursache dafür, daß viele talentierte Zeichner wie Barry Smith, John Byrne, Dave Gibbons, Brian Bolland oder Autoren wie Alan Moore, Peter Milligan oder Neil Gaiman heute bevorzugt für amerikanische Verlage arbeiten. Ein Großteil des britischen Comic-Angebotes wird von den amerikanischen Verlagen Marvel und DC gestellt. Marvel lancierte 1976 auch den Superhelden Captain Britain von Chris Claremont und Herb Trimpe, um seinem englischen *Spider-Man*-Heft einen stärker nationalen Charakter zu verleihen.

England kann auch auf die qualitativ hochstehendste eigenständige Comic-Strip-Tradition in Europa zurückblicken. Zwar hatten die englischen Zeitungen bereits ab 1904 mit der Veröffentlichung von Strips begonnen, die häufig auch in Sammelbänden nachgedruckt wurden, zu einem Boom kam es jedoch erst 1940 mit *Jane* von Norman Pett im *Daily Mirror*. Pett hatte *Jane* erstmals am 5. Dezember 1932 veröffentlicht, doch präsentierte er seine Heldin jetzt erstmals (und von nun an regelmäßig) in Unterwäsche oder nackt in der Badewanne, was dem *Daily Mirror* eine beachtliche Auflagensteigerung verschaffte. Andere Zeitungen reagierten mit Serien wie *Susie, Spotlight on Sally, Patti* oder *Jane, Daughter of Jane*, und innerhalb kürze-

*Mit Modesty Blaise von Peter O'Donnell und Jim Holdaway erreichte der englische Zeitungsstrip einen erzählerischen und künstlerischen Höhepunkt. Zwei Strips aus dem Jahr 1968. © Peter O'Donnell*

ster Zeit entbrannte eine Schlacht um Themen, Serien und Zeichner, die zeitweise an den Kampf erinnerte, den Hearst und Pulitzer ein halbes Jahrhundert zuvor in Amerika ausgefochten hatten. Da diese Strips trotz wechselnder Heldinnen aber auf Dauer wenig Neues bieten konnten, ließ das Abenteuer nicht lange auf sich warten.

Ebenfalls im *Daily Mirror* debütierte am 24. Juli 1943 in *Garth* von Steve Dowling ein hühnenhafter Muskelmensch, der wie eine Mischung aus Herkules und Superman wirkt. Populär wurden vor allem Detektiv- und Agentenserien wie *Romeo Brown* (1957) von Maz oder *The Seekers* (1969) von John Burns, aber auch andere Themen wie Science Fiction (*Jeff Hawke* von Sidney Smith, 1955) oder Western (*Gun Law* von Harry Bishop, 1967) erfreuten sich großer Beliebtheit. Den englischen Strips ist gemein, daß sie wesentlich weniger prüde sind als die amerikanischen Serien und auch deutlich unverkrampfter mit weiblichen Helden umgehen. Dies wird vor allem deutlich in der exzellent geschriebenen und herausragend gezeichneten Agentenserie *Modesty Blaise*, die Peter O'Donnell (* 1920) und Jim Holdaway (1927–1970) am 13. Mai 1963 begannen, und die schon bald in fünfunddreißig Ländern erschien. Ab 1965 verfaßte O'Donnell auch Modesty-Blaise-Romane, und ein Jahr später gab es eine Verfilmung mit Monica Vitti und Terence Stamp in den Hauptrollen. Nach Holdaways Tod setzte Enrique Badida Romero *Modesty Blaise* fort; seit 1980 zeichnet Neville Colvin den Strip.

Von den vielen englischen Humorstrips fanden vor allem Reg Smythes *Andy Capp* (1957), Frank Dickens' *Bristow* (1962) sowie *Fred Bassett* (1963) von Alex Graham internationale Verbreitung.

Zu den interessantesten britischen Comic-Künstlern der letzten Jahre zählt Raymond Briggs, der zuerst Kinderbücher illustrierte und dann 1973 mit der Bildererzählung

Asso di Picche markiert den Beginn einer neuen italienischen Comic-Tradition. Hugo Pratt ist, wie auf dieser Seite von 1947 deutlich zu sehen, vor allem durch amerikanische Zeichner wie Bob Kane, Milton Caniff und Will Eisner inspiriert. © Ivaldi

Father Christmas (O je, du fröhliche) die Comics entdeckte. In einem ungewöhnlich verhaltenen Stil folgten *Fungus the Bogeyman* (1976) und *The Snowman* (Mein Schneemann, 1978), bevor ihm 1982 mit *When the Wind Blows* (Strahlende Zeiten) sein erster internationaler Erfolg gelang. Die bittere Geschichte, die die Ereignisse nach dem Abwurf einer Atombombe über England aus der Perspektive eines älteren Ehepaares beschreibt, wurde 1986 von John Coates verfilmt.

Hunt Emerson hingegen veröffentlichte ab 1973 etliche Hefte mit Geschichten, die dem Stil und Geist der amerikanischen Underground-Comics verpflichtet sind. Mit *Lady Chatterly's Lover* zeichnete er 1986 eine satirische Adaption des Romans von D. H. Lawrence, gefolgt von *Calculus Cat* (Choleric Cat,

1987), einer phantasievollen Parodie auf das Fernsehen und die von ihm Abhängigen, und schließlich der Casanova-«Biographie» *Casanova's Last Stand* (1993). Für das Magazin *Deadline* erfanden Alan Martin und Jamie Hewlett 1988 die ruppige Punkgöre Tank Girl, deren Moral in *The Face* ein Kritiker so auf den Punkt brachte: «Wenn dich jemand nervt, erschieß ihn, wenn nicht, schlaf mit ihm.» 1995 wurde Tank Girl von Lori Petty in einer mißratenen Hollywoodverfilmung verkörpert, die wiederum Peter Milligan und Andy Pritchett als Vorlage für eine noch überflüssigere Comic-Adaption diente.

In Italien formierte sich nach Ende des Zweiten Weltkrieges eine neue Generation von Autoren und Zeichnern in Venedig. Bereits während der letzten Phase der Diktatur hatten im Gefängnis von Santa Maria Maggiore die dort inhaftierten Partisanen Alberto Ongaro und Mario Faustinelli Pläne zur Gründung eines neuen Comic-Magazins geschmiedet, das am 21. November 1945 unter dem Titel *Asso di Picche* Wirklichkeit wurde und Zeichner wie Dino Battaglia, Damiano Damiani, Roy d'Ami, Fernando Carcupino und Giorgio Bellavitis versammelte.

Zum herausragendsten Zeichner dieser Gruppe Venedig wurde Hugo Pratt (1927–1995), der die Titelserie des Heftes ganz nach dem Vorbild amerikanischer Helden wie Bob Kanes Batman und Will Eisners Spirit schuf und 1946 zusätzlich die von Ongaro und Battaglia begonnene Serie *Junglemen* fortsetzte. Nachdem *Asso di Picche* 1948 eingestellt worden war, folgte Pratt zusammen mit Faustinelli und Ongaro der Einladung des argentinischen Verlegers Cesare Civita nach Buenos Aires. Dort setzte er zunächst *Junglemen* fort, dann entstanden zusammen mit Ongaro *El Cacique Blanco* (1951) und *Legion Extranjera* (1954). Äußerst fruchtbar entwickelte sich schließlich die Zusammenarbeit mit dem argentinischen Autor Hector Oesterheld, mit dem er die Serien *El Sargento Kirk* (1953), *Ernie Pike* (1954), *Ticonderoga* (1957) und *Lobo Conrad* (1958) lancierte. Vor seiner Rückkehr nach Italien Ende 1962 folgten *Ann y Dan* (1959), *Capitaine Cormorant* (1962) und *Fort Wheeling* (1962). Zurück in Venedig setzte Pratt vor allem bekannte Romane wie «Sindbad» oder «Die Schatzinsel» für das *Corriere dei Piccoli* in Comic-Fassungen um. 1967 gründete der Verleger Florenzo Ivaldi das Magazin *Sgt. Kirk*, in dem das inzwischen umfangreiche und überwiegend in Argentinien erschienene Werk Pratts nachgedruckt wurde. Pratt steuerte die neuen Serien *Una Ballata del Mare Salato* (Südseeballade, 1967), *Luck Star O'Hara* (1968) und *Gli Scorpioni del Deserto* (Wüstenskorpione, 1969) bei. Mit einem Umfang von hundertdreiundsechzig Seiten stellt die «Südseeballade» den ersten europäischen Comic-Roman dar; drei Jahre später wurde sie nachträglich zur Pilotstory für die Reihe *Corto Maltese*, die Pratt für das französische Magazin *Pif* schuf und anschließend vor allem in *(A Suivre)* fortsetzte.

Pratts überwiegend schwarzweiß gehaltenes Werk ist nicht nur stilistisch stark von den amerikanischen Altmeistern Milton Caniff und Will Eisner beeinflußt, sondern erinnert auch in der Entwicklung der Handlung und der sorgfältigen und vielschichtigen Zeichnung der Charaktere an die großen Vorbilder. Seine drei wichtigsten, stets wiederkehrenden Themen sind das romantische Abenteuer (vornehmlich während der Zeit des Ersten Weltkrieges angesiedelt), der (eher durch James Fenimore Cooper als durch Hollywood-Klischees geprägte) Western und die Fremdenlegion. Diese Sujets geraten jedoch nie lediglich zur Kulisse, sondern entwickeln sich zu Bühnen, auf denen sich das Innenleben der handelnden Figuren entfaltet und zum eigentlichen Gegenstand der Geschichten wird.

Mit diesen Qualitäten war Pratt der Zeit allerdings weit voraus. Stilprägend für die italienischen Comics der fünfziger Jahre waren inhaltlich eher triviale Genreserien wie Giovanni Bonellis und Aurelio Galleppinis Western *Tex* (1948), der sich durch eine solide und souveräne handwerkliche Gestaltung auszeichnet (auch wenn er im Laufe seines langjährigen Erscheinens von mehreren Zeichnern betreut wurde), oder die Tarzan-Imitation *Akim* (1950) von Augusto Pedrazza. Zwei Schwestern aus Mailand, Angela und Luciana Guissani, und der Zeichner Luigi Marchesi legten 1962 mit *Diabolik* die erste Serie einer neuen Gattung vor, die schnell als «Fumetti neri» (schwarze Wölkchen) bekannt wurde. Diabolik, inspiriert durch Marcel Alains Fantomas, ist ein Negativheld, der nachts in einem hautengen, schwarzen Kostüm zu verbrecherischen Unternehmungen auszieht und das Gesetz bekämpft, das durch seinen Erzfeind, Kommissar Ginko, verkörpert wird. Die der Serie wegen dieser Konzeption verpaßte Kennzeichnung «per adulti» bescherte *Diabolik* eine schnell wachsende Leserschaft, für die eiligst eine ganze Reihe von Plagiaten wie *Kriminal, Mister X, Fantax* oder *Satanik* auf den Markt geworfen wurde. Angesichts der erwachsenen Leserschaft etablierten sich in den zumeist taschenbuchformatigen Bänden bald auch zusehends Horrorelemente und pornographische Inhalte. Daß die Vorliebe der italienischen Leser noch immer Grusel und Okkultismus gilt, belegt auch der derzeit erfolgreichste «Fumetto», die Serie *Dylan Dog*, die der Krimiautor Tiziano Scalvi seit 1986 für verschiedene Zeichner schreibt und deren Bände eine Auflage von knapp einer Million Exemplaren erreichen.

Zum Begründer einer humoristischen Tradition in Italien wurde Benito Jacovitti (* 1923), dessen erste erfolgreiche Serie, *Pippo*, von 1940 bis 1967 in dem Magazin *Il Vittorioso* erschien. Nach mehreren weiteren Kreationen, Comic-Versionen von «Ali Baba», «Pinocchio» und «Don Quichotte» sowie etlichen Parodien auf amerikanische Stripklassiker wie *Mandrake* oder *Tarzan* entstand 1957 der parodistische Western *Coco Bill*. Anfangs stark von Segars *Popeye* beeinflußt, entwickelte Jacovitti schnell einen eigenständigen Stil, dessen Markenzeichen die schrille Überdrehung von Gagsituationen wurde: Die einzelnen Bilder sind so mit Details vollgepreßt, daß sie stets zu klein für die dargestellten Szenen wirken, die Protagonisten scheinen aus Knetmasse modelliert zu sein und sind zu den unglaublichsten Verrenkungen imstande.

Nicht minder stilprägend war Luciano Bottaro (* 1931), der 1951 mit dem Zeichnen von Disney-Figuren begonnen hatte und anschließend seine eigenen Serien *Pepito* (1955) und *Whisky e Gogo* (1963) schuf. Zu einem poetischen Meisterwerk geriet ihm 1981 eine «Pinocchio»-Adaption für *Il Giornalino*. Weitere erfolgreiche humoristische Serien schufen vor allem Bonvi (Franco Bonvicini) mit *Sturmtruppen* (1969) und *Nick Carter* (1972), Silver (Guido Silvestri) mit *Lupo Alberto* (1973) und Giorgio Cavazzano mit *Peter O'Pencil* (1978) und *Captain Rogers* (1981).

Mit dem Start des Taschenbuches *Topolino* hat sich ab 1949 eine ganze Reihe italienischer Zeichner auch den Disney-Figuren gewidmet und deren Universum im Laufe der Jahre um etliche neue Nebenfiguren wie Brigitta (Gitta Gans) oder Paperinik (Phantomias) erweitert. Seit 1988 wird der Nachwuchs in der Accademia Disney auf einen einheitlichen Stil eingeschworen. Mit jährlich siebzehntausend Seiten ist Italien heute der wichtigste Produzent von Disney-Comics.

Im Gegensatz zu anderen europäischen Ländern lösten sich die Comics in Italien schon früh aus dem Ghetto der Kinder- und Jugendliteratur und hatten bereits in den sechziger Jahren als Teil der Populärkultur breite Akzeptanz gefunden. Daß Federico Fellini gerne damit kokettierte, Szenarios für den von ihm bewunderten Strip *Flash Gordon* geschrieben zu haben, als kurz vor dem Verbot durch die Faschisten die Vorlagen aus Amerika ausblieben, gehört wohl eher in den erfundenen Bereich seiner Biographie, ist aber ein Beispiel dafür, daß das Medium auf viele Künster und Intellektuelle in Italien große Faszination ausübte und Berührungsängste wie in anderen Ländern nicht vorhanden waren. So profilierten sich auch etliche Mitglieder der Gruppe Venedig in anderen Künsten: Giorgio Bellavitis als Architekt, Ferdinando Carcupino als Maler, Damiano Damiani als Regisseur (unter anderem 1983 «Allein gegen die Mafia»), Mario Faustinelli als Schriftsteller und Alberto Ongaro als Journalist. Umberto Eco gehörte 1965 zu den Initiatoren des ersten europäischen Comic-Salons in der Rivierastadt Bordighera. Schon 1961 erschien mit Carlo della Cortes «I Fumetti» eine erste Comic-Historie in Italien, und vier Jahre später startete das Monatsmagazin *Linus*, das sich dem Nachdruck amerikanischer Klassiker wie *Dick Tracy* oder den *Peanuts* widmete, aber auch Zeichner wie Jules Feiffer aufnahm. Die Beachtung, die die Comics so erfuhren, führte zu einer Neubewertung des Mediums insgesamt.

Auf den Seiten des Magazins *Il Giornalino* beispielsweise bemühte sich eine Reihe von Zeichnern wie Gianni de Luca, Attilio Micheluzzi und Ferdinando Tacconi mit Serien wie *Il Commissario Spada* (1970), *Johnny Focus* (1974) und *Gli Aristocrati* (Gentlemen GmbH, 1970), an die hohen erzählerischen und zeichnerischen Standards anzuknüpfen, die etwa das Magazin *Tintin* in Belgien unter der Regie Michel Gregs etabliert hatte. Zu den beeindruckendsten Arbeiten dieser Zeit zählen mehrere Shakespeare-Adaptionen de

*Anfang der siebziger Jahre erprobte Gianni de Luca mit seiner «Hamlet»-Adaption einen neuen Weg der Darstellung von Zeitabläufen.*
© Epipress

Lucas, in denen die Handlung nicht in Einzelbilder aufgeteilt ist, sondern in denen die Personen sich wie auf einem mehrmals belichteten Foto bewegen. 1976 startete der Verlag Cepim die ambitionierte Albumreihe *Un Uomo un' Avventura*, in der Künstler wie Dino Battaglia, Sergio Toppi, Guido Crepax, Hugo Pratt, Milo Manara und Guido Buzzelli pro Band ein bestimmtes historisches Ereignis in einem höchst individuellen Stil kunstvoll illustrierten. Auf den Seiten von Magazinen wie *Sgt. Kirk*, *Linus*, *Il Mago* und *Alter Alter* erreichten die Comics in den siebziger Jahren für kurze Zeit den höchsten künstlerischen Standard in ganz Europa. Zu den herausragendsten Künstlern gehörte Dino Battaglia (1923–1983), der ab 1968 eine Reihe von Kurzgeschichten und Romanen verschiedener Autoren wie Edgar Allan Poe, Herman Melville, H. P. Lovecraft, Oscar Wilde, Victor Hugo, Charles Dickens und E. T. A. Hoffmann in kunstvolle Comic-Fassungen von oft melodramatischer Atmosphäre umsetzte. Seine Adaptionen von «Till Eulenspiegel» (1979) und «Gargantua» (1980) gerieten ihm zu poetischen Meisterwerken der Comic-Kunst.

Eine ähnliche Entwicklung läßt sich in Spanien beobachten, wo Ereignisse in anderen Ländern durch den nationalen Isolationismus während der Franco-Diktatur kaum Einfluß auf die Comic-Produktion hatten. Populär wurden vor allem querformatige Schwarzweißhefte mit Endlosserien zumeist historischen Inhalts, von denen *El Guerrero del Antifaz* (1944) von Manuel Gago, *El Coyote* (1947) von Francisco Batet und José Mallorqui und *El Capitan Trueno* von Victor Alcazar (Victor Mora) und Ambrós (Miguel Ambrósio Zaragoza) am erfolgreichsten wurden. Einzig Francisco Ibañez (* 1936) konnte mit seinen an den schenkelschlagenden Humor Jacovittis erinnernden Serien *Mortadelo y Filemon* (Clever & Smart, 1958), *El Botones Sacarino* (1963), *Rompetechos* (1964) und *Pepe Gotera y Otilio* (1965) auch über die Landesgrenzen hinaus Erfolg verbuchen.

Erst mit *Trinca* (1970) und *Dracula* (1971) entstanden zwei Zeitschriften, auf deren Seiten spanischen Künstlern der Anschluß an internationales Niveau gelang. In erster Linie waren dies Antonio Hernandez Palacios mit den in bombastischer Grafik gestalteten historischen Serien *Manos Kelly* und *El Cid* (beide 1970), Victor de la Fuente mit den Fantasy-Reihen *Haxtur* (1970) und *Mathai-Dor* (1971), Brocal Remohi mit der Conan-Imitation *Kronan* (1970) und Carlos Gimenez mit der SF-Serie *Delta 99* (1968), die nach der Einstellung von *Trinca* und *Dracula* Mitte der siebziger Jahre vornehmlich für französische Verlage zu arbeiten begannen: Palacios mit *Alexis McCoy*, Fuente mit *Sunday* und *Los Gringos*, Remohi mit *Taar* und Gimenez mit *Dani Futuro*. Esteban Maroto, der 1967 seine einem verspielten Ästhetizismus frönende, poppige (und dabei leider die Story vernachlässigende) Serie *Cinco por Infinito* geschaffen hatte, arbeitete zu dieser Zeit bereits in den USA, vor allem für die Magazine *Creepy*, *Eerie* und *Vampirella* des Warren-Verlages und nach deren Einstellung für die Marvel-Serien *Conan*, *Red Sonja* und *Dracula*. In einem Umfeld, in dem Künstler wie Jim Steranko und Neal Adams gerade die Generation Jack Kirbys abzulösen begonnen hatten, fanden Marotos manierierte Fantasy-Welten große Beachtung.

Auf eine lange Comic-Tradition kann auch das ehemalige Jugoslawien zurückblicken, wo 1925 mit *Maks i Maksic* von Sergije Mironovoc eine erste, von Wilhelm Busch inspirierte Bildergeschichte erschien, deren Texte dem Vorbild entsprechend unter den Bildern plaziert sind. Als Begründer einer jugoslawischen Comic-Tradition gilt Andrija Maurovic (1901–1981), der 1935 *Vjerencia Maca* und zwei Jahre später die populäre Serie *Stari Macak* schuf. Ebenfalls in Zagreb zeichnete Walter Neugebauer (1921–1992) 1935 seine ersten Serien *Gusarko Blago* und *Nasredin Hodza*; nach Ende des Krieges ging er nach Deutschland und war fast zwanzig

Antonio Hernandez Palacios, einer der herausragenden Vertreter der modernen spanischen Comic-Kunst, beeindruckt in El Cid vor allem durch seine opulente Grafik. Seite aus «Das Gesetz des Schwertes», 1974.
© Ikusager

Jahre lang Chefzeichner für Rolf Kaukas *Fix und Foxi*. In Belgrad leistete vor allem Djordje Lobacev (* 1909) Pionierarbeit mit Serien wie *Hajduk Stanko* (1936), *Princeza Ru* (1938) und *Bas-Celik* (1939), in denen er sich vornehmlich nationalen Themen widmete. Zum erfolgreichsten Zeichner der Nachkriegszeit wurde Jules Radilovic (* 1928), der mit seinem naturalistischen Stil nahezu alle Genres interpretierte und, 1978 mit *Partizanen* für das holländische Magazin *Eppo*, auch für das Ausland arbeitete.

Zu einer wichtigen Plattform für eine junge Generation jugoslawischer Zeichner wie Bane Kerac und Zeljko Pahek wurde schließlich das 1977 gegründete Magazin *Yu Strip*. In Polen erfüllte diese Funktion ab 1976 für kurze Zeit das Magazin *Relax*. Hier veröffentlichten auch Grzegorz Rosinski, der wenig später für belgische Verlage zu arbeiten begann, und Boguslaw Polch, der mit seiner Science-Fiction-Serie *Funky Koval* (1982) zu einem der heute besten in Polen arbeitenden Zeichner avancierte; für den deutschen Bastei Verlag hatte er bereits 1978 die durch Motive Erich von Dänikens inspirierte Serie *Die Götter aus dem All* gestaltet. In der Türkei wurde vor allem Ismail Glülgec mit der Adaption von Yasar Kemals «Memed, mein Falke» populär, die ab 1979 in Fortsetzungen in der Tageszeitung *Milliyet* erschien und später auch in Albumform veröffentlicht wurde.

### Weitwinkel

Die Entwicklung der Comics als visuelles Erzählmedium ist geographisch bis zum Ende des Zweiten Weltkrieges fast ausschließlich auf Nordamerika und Westeuropa beschränkt geblieben. Während sich jedoch in den europäischen Ländern verschiedene Traditionen entwickelten, wurden im Einflußbereich der amerikanischen Kultur eigene Stilbildungen durch den Import von Comic-Heften aus den USA erstickt. In England arbeiten heute nahezu alle interessanten Zeichner und Autoren für die amerikanischen Comics – und haben diese in den letzten Jahren um etliche frische Impulse bereichert.

In Kanada war mit *Punch in Canada* zwar schon 1849 eine Zeitschrift erschienen, die regelmäßig auch Karikaturen und Cartoons veröffentlichte, zu einer nationalen Comic-Produktion kam es jedoch erst ab 1941, als im Zuge wirtschaftlicher Auseinandersetzungen mit den USA amerikanische Comic-Books nicht mehr eingeführt werden durften. Die kanadischen Verlage, die sich in Toronto konzentrierten, folgten bei der Gestaltung ihrer Hefte den US-amerikanischen Vorbildern, und auch später verlief die Entwicklung des Mediums in Kanada weitgehend synchron mit der Comic-Geschichte in den USA: 1969 erschien mit *Snore Comix* ein erstes Undergroundheft, 1977 knüpfte Dave Sim mit *Cerebus* an die «Newave Comix» an, und 1983 veröffentlichte Chester Brown erstmals seine stark autobiographischen Comics in *Yummy Fur*. Ein kanadischer Superheld, Captain Canuck, konnte sich nur von 1975 bis 1981 halten. Im französischsprachigen Teil des Landes wurde die Situation zusätzlich erschwert durch die starke Präsenz belgischer und französischer Serien. Erst Anfang der siebziger Jahre begann sich auch in Quebec langsam eine kleine Zeichnerszene zu formieren.

In Australien erschienen ab 1859 erste Bildfolgen im *Melbourne Punch*, zu einer ersten Plattform für Comics wurde ab 1911 *The Comic Australian*, der neben amerikanischen Strips auch die Arbeiten australischer Zeichner veröffentlichte. Mit *You and Me* von Stan Cross erschien 1920 erstmals eine Comic-Serie mit feststehenden Hauptfiguren. Besonders die Tageszeitungen machten sich die Strips bald zum festen Bestandteil und förderten die nationale Produktion. Ein erstes Comic-Heft erschien ab 1934 mit *Fatty Finn's Weekly*. Serien wie *Nungalla and Jungalla*

*Mit Nungalla and Jungalla griffen Mary und Elizabeth Durack 1942 alte australische Legenden auf und ließen in ihre Zeichnungen Elemente der Kunst der Aborigines einfließen. © Sunday Telegraph*

(1942), in der Mary und Elizabeth Durack sich auf die Kunst und die Legenden der Aborigines bezogen, blieben jedoch Ausnahmen. Die Zeichner orientierten sich überwiegend an amerikanischen Vorbildern; so auch John Dixon, der mit seinem hervorragend gestalteten Strip *Air Hawk and the Flying Doctors* (1959) einen der wenigen Comics schuf, die auch außerhalb Australiens populär wurden. Dies gelang auch dem Neuseeländer Murray Balls mit seinem 1976 begonnenen Strip *Footrot Flats*.

Mit dem Generationswechsel bei den Zeichnern engagierten die amerikanischen

*Philippinischer Comic: Alfredo Alcalas Voltar, 1963. © Alfredo Alcala*

Weitwinkel **233**

Verlage ab Anfang der siebziger Jahre auch eine Reihe talentierter philippinischer Künstler, allen voran Alfredo Alcala (* 1925), der ab 1948 in einem von Hal Foster und Alex Raymond inspirierten Stil für *Filipino Komiks* zu zeichnen begonnen hatte. 1963 erschien sein Meisterwerk *Voltar*, und zehn Jahre später begann er, ausschließlich für amerikanische Verlage, vor allem für Marvel an der Serie *Conan*, zu arbeiten.

In den Ländern des Trikont verhinderte die ökonomische, soziale und politische Situation, daß sich die dort teilweise früh vorhandenen Bildergeschichten zu Massenphänomenen mit national geprägten Themen und Charakteristika entwickeln konnten. Statt dessen kam es früh zu Importen vornehmlich amerikanischer Serien, die das Angebot bis heute dominieren. Die Auswirkungen dieser Form von Kulturimperialismus und Ideologietransfer haben Ariel Dorfmann und Armand Mattelart bereits 1971 am Beispiel Chiles in ihrem Buch «Para Leer al Pato Donald» beschrieben. Ihre Beobachtungen sind auch heute noch auf ganz Lateinamerika übertragbar und vor allem deshalb gravierend, da sich Comics in diesen Ländern aufgrund des weit verbreiteten Analphabetismus, ihrer niedrigen Preise sowie soziokultureller Gegebenheiten (besonders in abgelegenen und noch nicht vom Fernsehen erschlossenen Regionen) weitester Verbreitung erfreuen und somit oft das einzige Informationsmedium darstellen. So wird beispielsweise in Mexiko mehr als die Hälfte des von der Verlagsindustrie verarbeiteten Papiers für den Druck von Comics verwendet; die dort erfolgreichste Serie *Kaliman* (1965) um einen indischen Superhelden, der über Psi-Kräfte verfügt, verkauft sich wöchentlich mit 1,3 Millionen Exemplaren – die größte mexikanische Tageszeitung weist lediglich eine Auflage von zweihunderttausend Exemplaren auf.

Die bedeutendsten lateinamerikanischen Zeichner hat Argentinien hervorgebracht, wo die 1898 gegründete Zeitschrift *Caras y Caretas* schon früh mit der regelmäßigen Veröffentlichung von Bildergeschichten begann. Dort erschien mit *Sarrasqueta*, 1912 geschaffen von Matias Alonso und noch im gleichen Jahr von Manuel Redondo übernommen und bis 1928 fortgeführt, auch die erste erfolgreiche argentinische Comic-Serie, deren Humor, ähnlich wie auch der von Arturo Lanteris *El Negro Raul* (1916) und *Pancho Talero* (1922), an McManus' *Bringing Up Father* erinnert. In *La Razon* begann Dante Quintero 1926 die Serie *Don Julian de Monte Pio*, in der zwei Jahre später der stets hilfsbereite Indio Patoruzu auftrat. In einem eigenen Heft wurde Patoruzu ab 1931 zum populärsten argentinischen Comic-Helden, dessen Abenteuer ab 1941 auch in Amerika und Europa veröffentlicht wurden. Die Erlebnisse seines Sohnes Patoruzito erschienen ab 1948.

Naturalistisch gezeichnete Serien kamen Anfang der dreißiger Jahre auf, erreichten aber erst 1936 mit *Hernan el Corsario* von José Luis Salinas (1908–1985) eine beachtenswerte Qualität. 1952 schuf Salinas nach der zuvor bereits mehrmals verfilmten Erzählung «The Caballero's Way» von O. Henry den handwerklich hervorragend gestalteten Westernstrip *Cisco Kid*, der, durch das amerikanische King Features Syndicate vertrieben, internationale Verbreitung fand. Des gleichen Themas nahm sich 1957 auch Arturo del Castillo (* 1925) mit der von Hector Oesterheld geschriebenen Serie *Randall* an. Castillos Zeichenstil besticht vor allem durch eine gelungene Mischung aus Abstraktion, besonders bei den schraffierten Hintergründen, und Detailreichtum sowie gekonnte, filmische Szenenfolgen. Der Held seiner zahlreichen, in den folgenden Jahren entstandenen Westernserien (unter anderem *Garret, Kendall, Larrigan, Ringo*) ist zumeist ein einsamer Sheriff, für den Marshal Dillon aus der Fernsehserie «Rauchende Colts» als Vorbild gedient haben könnte und der sich äußerlich von Serie zu Serie kaum unterscheidet; so war es diversen

*Ein hervorragend inszenierter Faustkampf in Kendall von Arturo del Castillo. © Eurostudio Milano*

ausländischen Verlagen auch möglich, Storys verschiedener Serien unter gleichem Titel zu veröffentlichen.

Mit hundertfünfundsechzig Millionen verkauften Comic-Heften im Jahr bot der argentinische Comic-Markt Anfang der fünfziger Jahre Möglichkeiten, die selbst europäischen Zeichnern vielversprechender erschienen als die Situation in ihren Heimatländern. Hugo Pratt, Mario Faustinelli, Alberto Ongaro und weitere Autoren und Zeichner, die kurz zuvor in Italien die Gruppe Venedig gegründet hatten, siedelten nach Buenos Aires über. Zum Zentrum der argentinischen Comics wurde die von Enrique Lipszyc geleitete Escuela Panamericana de Arte, an der ab 1957 Hugo Pratt und Alberto Breccia unterrichteten.

Der aus Uruguay stammende Alberto Breccia (1919–1993) hatte im Alter von siebzehn Jahren in der Hoffnung, der Armut seiner Umgebung zu entgehen, erste Comics zu veröffentlichen begonnen, darunter die Fu-Manchu-Parodie *Fu Ma*. Diese frühen Serien, die sich am Stil und Humor der amerikanischen Zeitungsstrips orientierten, bezeichnete er später selbst als «armselig und primitiv – damals hatte ich keinen anderen Ehrgeiz, als meinen Lebensunterhalt als Zeichner zu verdienen, anstatt fünfzehn Stunden täglich in einem Schlachthof zu arbeiten und Scheiße aus Tierdärmen zu putzen».

Seine erste wichtige Arbeit entstand 1946, als er von Emilio Cortinas die erfolgreiche Krimiserie *Vito Nervio* übernahm und bis 1959 zeichnete. Hugo Pratt machte Breccia mit dem Autor Hector Oesterheld bekannt, und mit *Sherlock Time*, einer Serie um einen zeitreisenden Detektiv, begann 1957 eine für Breccias weitere künstlerische Laufbahn wichtige Zusammenarbeit: Der vielschichtige Charakter des Helden erforderte das Erproben neuer bildsprachlicher und erzähltechnischer Konzepte, die Breccia schließlich 1962 in der in holzschnittartigem Schwarzweiß gestalteten Serie *Mort Cinder* perfektionierte. Die von Oesterheld entwickelte Figur ist ein Verbrecher, der nicht sterben kann und nach jeder Hinrichtung in einer anderen Epoche wieder zum Leben erwacht. Der Londoner Antiquar Ezra Winston, dem Breccia seine eigenen Gesichtszüge verlieh, nimmt sich des Untoten an, der ihn auf seltsame Weise in den Bann zieht, und wird zum Teilhaber an dem schicksalhaften Dasein des tragischen Helden. Auf dieses erste Hauptwerk Breccias folgten 1969 eine Fortsetzung der zuvor von Solano Lopez gezeichneten Science-Fiction-Serie *L'Eternauta* in einem bemerkenswert avantgardistischen Stil und die Che-Guevara-Biographie *Vida del Che*, die Oesterheld und Breccia in Konflikt mit der Zensur brachte: Wenige Tage nach der Veröffentlichung ließ die Regierung des Generals Ongania die gedruckten Exemplare beschlagnahmen, die Originale vernichten und den Verleger ermorden. In einer 1978 erschienenen Breccia-Biographie von Guillermo Saccamano mußte das Werk unerwähnt bleiben.

Mit der Veröffentlichung von *Mort Cinder* und *L'Eternauta* in Italien fand Breccia Anfang der siebziger Jahre ein neues Publikum in Europa, für das er in den folgenden Jahren verschiedene Werke von H. P. Lovecraft, Edgar Allan Poe, Jorge Luis Borges, Alejo Carpentier und Gabriel García Márquez in Comics umsetzte. Trotz der sich verschärfenden Zustände in seiner Heimat blieb Breccia in Argentinien, da «ich mir sonst feige vorgekommen wäre und weil alles, was mir etwas bedeutet, hier ist». 1979 wurde sein Freund und Autor Hector Oesterheld, dessen Arbeit immer wieder zu heftigen Reaktionen der Militärregierung geführt hatte – in *L'Eternauta* waren Anspielungen auf die Diktatur entdeckt worden, und der Zeitschrift *Noticias* wurde das weitere Erscheinen untersagt, nachdem dort seine von Gustavo Trigo gezeichnete Serie *La Guerra de los Antares* veröffentlicht worden war –, von der Junta verschleppt und wahrscheinlich hingerichtet.

Breccia begann 1983 zusammen mit Juan Sasturain als Autor mit der Arbeit an *Perramus*, einem monumentalen, allegorischen Epos über die argentinische Militärdiktatur, das durch ein ausgefeiltes Spiel mit Schatten und Symbolen zu einer alptraumhaften Parabel des Terrors geriet: Perramus, der Held und das personifizierte schlechte Gewissen der lateinamerikanischen Intellektuellen, findet nach dem Verrat an seinen Freunden das Vergessen in einem Bordell, und als Mann ohne Vergangenheit irrt er auf der Suche nach seinem Schicksal durch das Argentinien der Generäle, der Diktatur, der Repression und der Folter. Nach Abschluß dieses eindringlichen, nur in Europa veröffentlichten Comic-Romans wurde *Perramus* 1989 von Amnesty International als bestes Buch über die Menschenrechte ausgezeichnet. Der politischen Unterdrückung in seiner Heimat widmete sich Breccia nochmals 1990 mit der kunstvoll gestalteten Kurzgeschichtensammlung *Dracula*.

Die Zensur und die unerträgliche politische Situation in Argentinien, die dreißigtausend Menschen das Leben kostete, trieb viele Künstler wie Oscar Zarate, Walter Fahrer, Copi (Raoul Damonte), Horatio Altuna, Juan Gimenez oder Jorge Zentner, die an der Escuela Panamericana de Arte ihr Handwerk erlernt hatten, ins europäische Exil. Dort erlangte vor allem José-Antonio Muñoz (* 1944) mit seiner Serie *56th District* (1973), die sich durch eine expressionistische Grafik und eine kompromißlose Verwendung harter Schwarzweißkontraste auszeichnet, große Anerkennung. Zusammen mit dem ebenfalls aus Argentinien geflüchteten Autor Carlos Sampayo schuf er anschließend für italienische und französische Verlage die Serien *Alack Sinner* (1975), *Sophie* (1977), *Joe's Bar* (1981) sowie 1989 eine atmosphärisch dichte Comic-Biographie Billie Holidays.

Den größten Erfolg in Europa erlangten

Mit Perramus haben Juan Sasturain und Alberto Breccia 1983 eine beklemmende Allegorie auf die argentinische Militärdiktatur geschaffen. In dieser Szene hat sich Breccia selbst als José Martinez dargestellt.
© Vertige Graphics

die argentinischen Humoristen Quino und Mordillo. Quino (Joaquin Lavado, * 1932) hatte 1963 mit der Karikaturensammlung «Mondo Quino» sein erstes Buch veröffentlicht und im Jahr darauf den liebevoll gezeichneten Strip *Mafalda* um ein kleines Mädchen begonnen, das mit unschuldigen Kinderaugen den alltäglichen Unsinn der Erwachsenen beobachtet und oft auch sozialkritisch kommentiert. Obwohl die Serie schnell populär wurde – ein Albumnachdruck verkaufte sich 1967 mit hundertsiebzigtausend Exemplaren – , gab Quino *Mafalda* 1973 auf, um sich wieder ganz der Karikatur zu widmen. Guillermo Mordillo (* 1932) hatte Zeichentrickfilme produziert und Kinderbücher illustriert, bevor er 1966 für *Paris-Match*, *Lui* und den *Stern* zu zeichnen begann. Seine Cartoons und Pantomimenstrips erfuhren schlagartig eine weltweite Verbreitung und wurden in zahlreichen Büchern nachgedruckt. Die Verwendung seiner knollennasigen Figuren auf Grußkarten und Kalendern machte ihn in den siebziger Jahren, als er mit den Bänden «Crazy Cowboy» (1972) und «Crazy Crazy» (1974) auf dem Höhepunkt seines Erfolges stand, zum populärsten Karikaturisten seiner Zeit.

In ganz Lateinamerika kommt den Comics eine wichtige Bedeutung als politische und kulturelle Gegenkraft zu. Relativ billig zu produzieren, werden sie von vielen Zeichnern als volksnahes Massenmedium zur politischen Aufklärung benutzt. Am erfolgreichsten und auch in Europa bekannt wurde der Mexikaner Rius (Eduardo del Rio, * 1934), der 1966 in einem schlicht gehaltenen, karikaturenhaften Zeichenstil die Serie *Los Supermachos* begann, in der er die Einwohner der fiktiven Stadt Chayotitlan politische Ereignisse satirisch kommentieren ließ. Rius' scharfe Gesellschaftskritik führte zum Bruch mit seinem Verlag Meridiano, der die Serie in entschärfter Form von anderen Zeichnern fortsetzen ließ. 1968 schuf Rius eine zweite Serie, *Los Agachados*, in der er seine Kritik an den innermexikanischen Zuständen, trotz wiederholter Einschüchterungsversuche durch die Militärpolizei, weiter zuspitzte. Parallel dazu entstanden ab 1972 mehrere Sach-Comics über Marx, Lenin, Che Guevara und Mao, Abrisse über die Geschichte Kubas, der DDR, der Sowjetunion, Mexikos, Chinas, Nicaraguas sowie 1975 eine Comic-Version des Kommunistischen Manifests. In Peru begann Juan Acevedo (* 1949) 1979 die äußerst populäre Serie *Le Cuy* um ein Meerschweinchen, das sich mit den Problemen des argentinischen Alltags auseinandersetzen muß. Im gleichen Jahr organisierte er in Lima einen Comic-Workshop, um andere Zeichner zur Produktion von «Basis-Comics» anzuleiten. Aus der Erfahrung dieser Veranstaltung, die inzwischen in vielen lateinamerikanischen Ländern wiederholt wurde, entstand 1980 die Zeichenanleitung «Para hacer Historietas». 1985 begann Acevedo die Albumserie *Tupac Amaru* über den peruanischen Aufstand des Jahres 1780 gegen die spanische Kolonialherrschaft.

In Afrika wurden Comics vor allem von den Kolonialmächten veröffentlicht. Das früheste bekannte Beispiel erschien Ende der vierziger Jahre in Belgisch-Kongo mit der Serie *Mbumbulu*, in der ein mit Masta signierender Zeichner in kurzen Gagstrips die Überlegenheit der Weißen über die Schwarzen demonstrierte. Für Missionarszeitschriften wie *Tamtam*, *Caravane* oder *Vivante Afrique* arbeiteten vor allem belgische Zeichner; erst 1964 erschien in Zaire mit *Jeunes pour Jeunes* ein erstes Comic-Heft, das ausschließlich von schwarzen Zeichnern gestaltet wurde. Ebenfalls in Zaire publizierte der Verlag Saint Paul Afrique in den siebziger Jahren eine Heftreihe, deren von Zeichnern wie Sima Lukombo, Boyau Loyongo und Lepa-Mabila Saye gestaltete Geschichten die christliche Moral propagierten. Der Afrique Biblio Club begann 1976 mit der Herausgabe der von Serge Saint-Michel (Tel Olrik) geschriebenen Reihe *Il était une fois…*, die die heldenhaften Biographien afrikanischer Politiker wie Mobutu oder Ghadafi enthält. Das Ministerium für Entwicklung und Zusammenarbeit, AGCD, veröffentlichte Anfang der achtziger Jahre *Le Temps d'Agir* von Barly Baruti und *Bingo* von Mongo Sise, die vor allem Fragen der Landwirtschaft behandeln. Im Senegal schilderte Claude-Henri Juillard in der Tageszeitung *Le Soleil* 1981 in der von Saint-Michel geschriebenen Serie *Le Gaspilleur* den Alltag und die Probleme einer auf dem Land lebenden Großfamilie. Ein ähnliches Projekt, *Waali et Awa* von Mapenda Sène, wurde 1986 sogar mit einem Vorwort des senegalesischen Umweltministers versehen. Populärster algerischer Zeichner ist Maghreb Slim, dessen humorvoller Zeitungsstrip *Zid ya Bouzid* seit 1980 auch in Buchform nachgedruckt wird. Erst 1992 erschien in Südafrika mit *Madam & Eve*, einer gelungenen Apartheid-Satire von Stephen Francis, Harry Dugmore und Rico Schacherl, ein Strip, der auch außerhalb des schwarzen Kontinents Beachtung fand.

In den arabischen Ländern fanden Comics durch die von der islamischen Theologie geforderte Bildlosigkeit und die starke Tradition der Erzählung in der islamischen Kultur erst mit dem Ölboom der siebziger Jahre größere Verbreitung. Mit hundertfünfzigtausend verkauften Exemplaren ist das in den Vereinigten Arabischen Emiraten erscheinende *Majid* das erfolgreichste Comic-Magazin, gefolgt von dem ägyptischen *Samir* mit achtzigtausend Exemplaren. Viele der Hefte, die sich ausschließlich an Kinder wenden, werden von den jeweiligen Kulturministerien finanziert; auch die PLO gibt mit *al-Ashbal* ein eigenes Comic-Heft heraus. Bei der Darstellung geschichtlicher Themen wird die Bildproblematik unterschiedlich umschifft: Während der Ägypter Marzuq Hilal in *al-Firdaws, al-Muslim al-Saghir* (1983) wichtige Persönlichkeiten des Islam – mit Ausnahme des Propheten – durchaus zeigt, beschränkt sich die seit 1986 in Kuweit erscheinende Serie *Bara'im al-Iman* ganz auf die Schilderung der Handlung durch einen Erzähler. In Algerien erscheint mit *Riyad* von Abd al-Karim Qadiri seit 1986 sogar eine arabische Superheldenserie im Funnystil. Comics für ältere Leser befassen sich überwiegend mit politischen Themen wie etwa *Jamal Abd al-Nasir*, eine 1973 in Ägypten erschienene Nasser-Biographie von J. M. Ruffieux und Muhammad Nu'man al-Dhakiri, oder im Irak Adib Makkis Hussein-Biographie *al-Ayyam al-*

Farid Boudjellal: Juif-Arabe. © Soleil

*Tawila* (1981). Dies gilt auch für die Zeitungsstrips des tunesischen Zeichners Faysal al-Ishsh oder die des Ägypters Ahmad Hijazi. In Frankreich veröffentlichte der Exil-Algerier Farid Boudjellal die Serie *Juif-Arabe* (Jude-Araber, 1990), in der der jüdisch-arabische Konflikt auf humorvolle Art und Weise zum Thema zwischen zwei in Paris als Nachbarn lebenden Familien wird.

In den sozialistischen Ländern haben Comics als Jugendliteratur vorwiegend erzieherischen Charakter. Die westlichen Comics, die im zaristischen Rußland vereinzelt Verbreitung fanden, wurden nach der Oktoberrevolution als «imperialistische Propaganda» verbannt. Fehlende Konkurrenz unter den staatlich gelenkten Verlagen hemmte die Entwicklung der Bildergeschichten, die auch hier durchaus eine Tradition haben, wie beispielsweise die «Luboks», schon im 17. Jahrhundert in Rußland populäre Volksbilderbogen, zeigen. 1919 entstanden in der Sowjetunion die «Rosta-Fenster», großformatige Plakate, die mit Hilfe von Schablonen hergestellt und öffentlich plakatiert wurden. Sie schildern in Wechselwirkung aus Text und Bild satirisch oder agitatorisch Ereignisse des revolutionären Alltags. Herausgeber war bis 1921 die Telegrafenagentur Rosta, später das Volkskommissariat für Bildungswesen, Glavpolitprosevet. Die meisten Textvorlagen der über tausendsechshundert bis 1922 entstandenen «Rosta-Fenster» lieferte Wladimir Majakowski, der auch die grafische Gestaltung der aus vier bis vierzehn numerierten «Fenstern» bestehenden Plakate bestimmte. Anschließend wurde vor allem *Krokodil*, 1922 als Satirebeilage der Wochenzeitschrift *Rabochaia Gazeta* gegründet und ab 1932 als eigenständiges Magazin veröffentlicht, zu einem Forum für Zeichner und Karikaturisten. Im Zuge der Perestroika konnten ab 1990 schließlich auch Walt Disneys Enten und Mäuse das Mutterland der kommunistischen Revolution erobern.

Zur Volksaufklärung und -belehrung massenhaft eingesetzt werden die Comics in China. Auch hier reicht die Tradition der Bilderzählung weit zurück – eine Geschichte über die Folgen des Opiumrauchens beispielsweise datiert in das Jahr 1900. Zu einem Boom der «Lianhuanhua» (Kettenbilder) kam es um 1920, und 1932 plädierte der Schriftsteller Lu Hsün dafür, Comics gezielt in den Dienst der Erziehung zu stellen. Nach der Gründung der Volksrepublik China im Jahre 1949 begann eine verstärkte Comic-Produktion, mit der die damals knapp neunzig Prozent der analphabetischen Bevölkerung politisiert werden sollten. In den beiden 1951 gegründeten staatlich kontrollierten Magazinen *Lianhuanhua Bao* und *Qunzhong Huabao* werden Geschichten veröffentlicht, deren Helden in der Regel Vertreter des Volkes sind, meist Arbeiter, Bauern oder Soldaten, beziehungsweise reale und fiktive Personen der Geschichte. Neben den gezeichneten Comics, deren ausladender Text sich fast ausnahmslos unter den naturalistisch gestalteten Bildern befindet, machen auch Foto-Comics einen Teil des

Angebotes aus. Seit 1993 werden auch in China die Abenteuer des Erzkapitalisten Dagobert Duck und seiner konterrevolutionären Kumpane aus den Disney-Studios angeboten.

In Indien sind vor allem Comics populär, die sich, wie auch ein Großteil der indischen Filmproduktion, auf alte Legenden wie das Mahabharata oder das Ramayana beziehen. Geprägt wurde dieses Genre vor allem durch Anant Pai, der 1969 hinduistische Götter wie Krishna oder Ganesh in den Mittelpunkt der im Stil der amerikanischen *Classics Illustrated* gestalteten Heftreihe *Amar Chitra Katha* stellte. Zum einflußreichsten Zeichner dieser Göttersagen, von denen bislang über dreihundert Titel mit einer Gesamtauflage von achtzig Millionen Exemplaren in Hindi, Sanskrit und rund fünfzehn Regionalsprachen erschienen sind, wurde Ram Waerkaar, den größten Erfolg konnten später vor allem die von Souren Roy gezeichneten Hefte verbuchen.

## Aufgehende Sonne

Über den derzeit größten Comic-Markt der Welt verfügt Japan. Mehr als zwei Milliarden Comic-Magazine und -Bücher werden dort pro Jahr verkauft – das sind knapp dreißig Prozent aller Druckerzeugnisse des Inselreiches. Rund zweitausendfünfhundert Zeichner arbeiten an den wöchentlich und monatlich erscheinenden «Mangas» (eine Bezeichnung, die vor allem Katsushika Hokusai ab 1812 für seine Skizzenbücher, die stellenweise auch bereits Bildfolgen enthalten, benutzte; man = spontan, ga = Bild), Comic-Bänden mit zwischen dreihundert und tausend Seiten, meist im Format 18 mal 26 Zentimeter und einem Verkaufspreis von zwischen zweihundertfünfzig und siebenhundertfünfzig Yen. Rund dreihundert verschiedene Periodika sowie monatlich rund vierhundert Buchausgaben erscheinen in über hundert Verlagen, von denen die drei größten, Kodansha, Shueisha und Shogakukan, etwa zwei Drittel des Marktes dominieren. Die durchschnittlichen Auflagen liegen bei drei- bis fünfhunderttausend Exemplaren, doch auch Millionenauflagen sind durchaus keine Seltenheit: Das erfolgreichste japanische Comic-Heft, *Shonen Jump*, erscheint mit wöchentlich sechs Millionen Exemplaren.

Angesichts solcher Zahlen mag es verwundern, daß westliche Leser und Verlage die Mangas erst vor wenigen Jahren entdeckt haben. Das hat mehrere Gründe. Am augenscheinlichsten ist der Umstand, daß in Japan von «hinten» nach «vorne», von rechts nach links und innerhalb der Sprechblasen von oben nach unten gelesen wird. Somit muß, wenn die Seiten westlichen Lesegewohnheiten angepaßt werden sollen, entweder die Reihenfolge der Panels verändert werden (was nur bei relativ schematischen Seitenlayouts möglich ist), oder aber die Seiten müssen spiegelverkehrt abgedruckt werden (wodurch Rechtshänder zu Linkshändern werden). Das Entfernen lautmalender Schriften, die meist integraler Bestandteil des Artworks sind, aus den Zeichnungen sowie die Umarbeitung der vertikalen Sprechblasen auf ein horizontales Format erfordern zudem kostenaufwendige Retuschearbeiten. Außerdem werden japanische Comics fast ausnahmslos in Schwarzweiß veröffentlicht, und die Storys umfassen in der Regel mehrere hundert, manchmal auch über tausend Seiten.

Entscheidend ist jedoch, daß den Mangas eine grundsätzlich andere Grammatik zugrunde liegt als den westlichen Comics. Trotz traditionsbedingter Unterschiede ist den amerikanischen und europäischen Comics doch in der Regel die Verwendung des Kunstgriffs gemein, daß mehrere Handlungselemente zu einem Bild verschmolzen werden. Diese atmosphärische Verdichtung verleiht dem Einzelbild zwar oft mythische Qualitäten (man denke etwa an die Isolierung von Panels aus amerikanischen Comics durch

Roy Lichtenstein oder die Vergrößerung von Motiven aus den Alben europäischer Zeichner zu Postern und Kunstdrucken), führt in der Regel aber zu einem seltsamen Anachronismus: Während innerhalb ein und desselben Bildes Figur B auf Figur A antwortet und vielleicht sogar noch deren Erwiderung hört, verharren die Protagonisten vor einem eingefrorenen Hintergrund in Bewegungslosigkeit. Anders bei den Mangas, in denen nicht nur die Verwendung mehrerer Sprechblasen pro Bild seltener vorkommt, sondern in denen die Sprechblasentexte zudem kürzer sind und die Verwendung textfreier Bilder häufiger ist. Der pro Bild geschilderte Handlungsausschnitt ist meist wesentlich kürzer als bei amerikanischen oder europäischen Comics. Diese größere Synchronität zwischen Real- und Comic-Zeit führt zu einem hohen Seitenumfang pro Story, der wiederum das schwarzweiße Erscheinungsbild bedingt: Ein Heft oder Buch mit dreihundert Seiten, farbig gedruckt, könnte nur zu einem nicht durchsetzbaren Verkaufspreis angeboten werden.

Jedes Bild bedeutet in der Regel einen neuen Aspekt der Handlung oder Situation, und so kann sich beispielsweise eine Kampfszene über zwanzig oder mehr Seiten erstrecken. Entsprechend hoch ist die Rezeptionsgeschwindigkeit bei den japanischen Lesern, die die Magazine vor allem in der U-Bahn oder im Zug während des oft mehrstündigen Weges in die Schule, die Universität oder ins Büro konsumieren: je nach Thema und Stil rund fünfzehn Seiten pro Minute.

Zudem beziehen sich viele Themen der Mangas auf Situationen des japanischen Alltags (Arbeitsplatz, Ausbildung, soziales Umfeld) oder die japanische Geschichte (Ninja- und Samurai-Epen). Es waren deshalb vor allem Science-Fiction-Serien, in denen die Spezifika der japanischen Gesellschaft eine weniger große Rolle spielen, die ab Mitte der achtziger Jahre zuerst das Interesse der Leser in den USA und in Europa auf sich zogen.

Während in Amerika meist die Popularität des Helden und in Europa der Stil des Zeichners den Erfolg eines Comics ausmachen, wird dieser in Japan vor allem dadurch bestimmt, daß der Mangaka, der zumeist Erzähler und Zeichner zugleich ist, die Interessen, Vorlieben oder Probleme seiner Zielgruppe geschickt aufzugreifen und umzusetzen versteht: Weder Helden noch zeichnerische Kunstfertigkeit sind in Japan Erfolgsgarantien.

Die Entwicklung der Mangas zum Massenphänomen ist zudem noch verhältnismäßig jung. Zu einer Explosion des Angebotes kam es erst ab Mitte der sechziger Jahre als Folge des Babybooms nach dem Zweiten Weltkrieg (zwischen 1946 und 1950 wurden in Japan acht Millionen Menschen geboren) und der ab 1964 raschen Verbreitung von Trickfilmen im Fernsehen. Noch 1970 blieben die Mangas in Roland Barthes' «Das Reich der Zeichen» unerwähnt. Erst sechs Jahre später nahm Maurice Horn eine Auswahl von Zeichnern und Serien in seine «World Encyclopedia of Comics» auf, und 1983 folgte schließlich mit Frederick L. Schodts «Manga! Manga! The World of Japanese Comics» ein erster Überblick in englischer Sprache.

Die Geschichte der Bilderzählung im Reich der aufgehenden Sonne reicht zurück bis zu den «Chojugiga» (lustige Bilder von Vögeln und Tieren), Bildrollen aus dem 12. Jahrhundert, die dem Priester Toba zugeschrieben werden. Im 19. Jahrhundert nutzten Ukiyoe-Meister wie Hokusai oder Utagawa Hiroshige die Möglichkeit der Vervielfältigung durch den Holzschnitt, um durch Stilisierung die «Lesbarkeit» ihrer Motive zu erleichtern. Erste Zeitschriften, in denen regelmäßig Zeichnungen und Karikaturen sowie gelegentlich auch Bildfolgen als Vorläufer der heutigen Comics abgedruckt wurden, waren die nach westlichen Vorbildern gegründeten Satiremagazine *Japan Punch* (1862), *Nipponchi* (1874), *Marumaru Chinbun* (1877), *Tobae* (1888) und *Tokyo Puck* (1905). Letzteres wurde von Rakuten Kitazawa (1876–1955) herausgegeben, der 1902 mit *Tagosaku to Mokube no Tokyo Kembutsu* auch den ersten japanischen Comic zeichnete – er bezeichnete ihn in Abgrenzung zur Karikatur mit dem von Hokusai geprägten Begriff «Manga». 1912 gründete er mit *Rakuten Puck* eine weitere satirische Zeitschrift und 1934 eine erste Schule für Karikaturisten. Bereits 1929 hatte er eine solche Berühmtheit erlangt, daß seine Arbeiten in Paris ausgestellt wurden, und heute wird sein Werk in Omiya mit einem eigenen Museum gewürdigt.

Amerikanische Strips, die ab Anfang der zwanziger Jahre importiert wurden, inspirierten Zeichner wie Shigeo Miyao, Yukuta Aso, Katsuichi Kabashima oder Suiho Tagawa zu eigenen Serien, deren Erzählstruktur und Humor sich stark an den amerikanischen Vorbildern orientierte: Ihre Strips bestanden in der Regel aus vier gleich großen Bildern, die analog zur japanischen Lesart allerdings vertikal angeordnet waren. In den dreißiger Jahren wurden vereinzelt in Jugendzeitschriften erschienene Comics zu Hardcoverbüchern zusammengefaßt, die vor allem durch Leihbüchereien eine große Leserschaft fanden. Während der Kriegsjahre 1937 bis 1945 standen die Comics oft im Dienst der Propaganda, und oppositionelle Künstler wurden mittels der Shin Nippon Mangaka Kyokai, einer Berufsorganisation, in der ein Zeichner organisiert sein mußte, um veröffentlichen zu können, an der Ausübung ihrer Tätigkeit gehindert.

Der Beginn einer eigenständigen japanischen Comic-Kultur läßt sich auf das Jahr 1947 datieren, in dem mit *Manga Shonen* das erste reine Comic-Magazin erschien und schnell Nachahmer fand. Zentrum der Produktion der billigen, nur mit einem dünnen roten Umschlag versehenen Hefte war Osaka. Im gleichen Jahr revolutionierte Osamu Tezuka die Erzähltechnik der japanischen Comics: Seine zweihundertseitige Geschichte *Shintakarajima* markiert den Übergang vom

Zwei Seiten aus der Anfangssequenz von *Shintakarajima* von Osamu Tezuka, 1947.
© Tezuka Productions

Gagstrip zum erzählenden Manga, verkaufte sich vierhunderttausendmal und animierte die Verlage zur Produktion weiterer Storys in ähnlicher Länge. Im Bezug auf die Mangas nimmt Tezuka eine ähnliche Schlüsselrolle ein, wie sie etwa Jack Kirby für die amerikanischen oder Hergé für die europäischen Comics zukommt.

Beeindruckt von den Filmen Walt Disneys und Max Fleischers, hatte Osamu Tezuka (1926–1989) schon früh beschlossen, Trickfilmer zu werden, finanzierte sich jedoch zunächst ein Medizinstudium durch das Zeichnen von Comics. Seine erste Arbeit veröffentlichte er im Alter von zwanzig Jahren mit dem Zeitungsstrip *Machan no Nikkicho*, im Jahr darauf gefolgt von seinem ersten großen Erfolg, *Shintakarajima*, einer im Stil amerikanischer Trickfilme gezeichneten Geschichte um einen Jungen, der auf einer Insel nach einem Piratenschatz sucht. Tezukas filmischer Umgang mit Bewegung, Perspektive, Schnittfolgen und Tempo verlieh der Erzählung eine bis dahin in Japan kaum gesehene Rasanz und elektrisierte die Leser. Noch verläuft die Handlung nach klassischem Muster in vertikalen Strips mit je vier gleich großen Bildern (daß manchmal zwei Felder zu einem Panel verschmelzen, wird dabei geschickt als dramaturgisches Mittel eingesetzt), bemerkenswert ist jedoch das Vertrauen, das Tezuka in die Kraft seiner Zeichnungen setzte: Fast die Hälfte der Geschichte kommt ohne Text aus. Und: Allein die Autofahrt zum Hafen, von dem aus der junge Held zur Schatzinsel aufbricht, erstreckt sich über neunundzwanzig Einzelbilder. Einziger Zwischenfall auf diesen acht Seiten, die ganz dem Aufbau der Spannung dienen und den Leser auf das Tempo der Erzählung einschwören: Der Held liest am Straßenrand einen Hund auf, der ihn fortan begleitet.

Beeindruckend ist auch Tezukas enorme Produktivität: Allein 1948 veröffentlichte er mehr als zehn neue Geschichten, widmete sich äußerst vielseitig verschiedenen Themen und wandte sich von der klassischen Striptechnik ab, um Layout und wechselnde Bildformate gezielt als gestalterisches und dramaturgisches Element einzusetzen. Unter diesen frühen Arbeiten befindet sich auch *Rosuto Waarundo*, die erste einer Reihe von Science-Fiction-Storys (1949 folgte *Metoroporisu* und 1951 *Kitarubeki Sekai*), deren Konzept Tezuka noch während des Krieges entwickelt hatte.

1950 entstand mit *Jungle Taitei* die über vier Jahre lang regelmäßig in *Manga Shonen* erscheinende Saga um einen sprechenden weißen Löwen, der in der feindlichen Welt des afrikanischen Dschungels (einer Allegorie auf das zerstörte Japan) ein Paradies errichtet, und mit *Tsumi to Batsu* widmete sich Tezuka 1953 dem Krimi, wobei er geschickt Schwarzflächen einsetzte, um einzelne Szenen in ihrer geheimnisvollen Wirkung zu verstärken.

Tezukas Frühwerk ist deutlich geprägt durch einen aus heutiger Sicht naiv wirkenden Humanismus. Ein zentrales Thema ist dabei das Vertrauen in die Technik und die Hoffnung auf deren friedliche Nutzung (die Aussöhnung mit dem technischen Fortschritt wurde nach der atomaren Zerstörung Hiroshimas und Nagasakis zu einem zentralen Thema der japanischen Populärkultur: Auch in «Godzilla» [1954] kann das durch Atombombenversuche geweckte Monster schließlich doch durch die Wissenschaft besiegt werden). In Tezukas heute bekanntester Serie *Atomu Taishi* (1951, im Jahr darauf umbenannt in *Tetsuwan Atomu*) erzählt er, wie im Jahre 2003 der Wissenschaftler Professor Temma einem kleinen Roboter das Äußere seines Sohnes Tobio verleiht, nachdem dieser bei einem Autounfall ums Leben gekommen ist. Als Temma jedoch feststellen muß, daß der sonst so menschenähnliche Roboter nicht wachsen kann, verstößt er seine Schöpfung.

*Osamu Tezukas Tetsuwan Atomu wurde zum erfolgreichsten japanischen Comic- und Zeichentrickfilmhelden der fünfziger Jahre.*
© Tezuka Productions

Ein anderer Wissenschaftler, Professor Ochanomizu, löst ihn schließlich aus einem Zirkus aus und konstruiert ihm eine Familie. Tezuka zeichnete die Abenteuer seines Helden bis 1968, und mehrere andere Zeichner stellten ähnliche Figuren in den Mittelpunkt ihrer Serien.

1963 begann Tezuka in seinem zwei Jahre zuvor gegründeten Trickfilmstudio Mushi Productions, in dem zeitweise bis zu fünfhundert Zeichner arbeiteten, mit «Tetsuwan Atomu» die Produktion der ersten japanischen Trickfilmserie für das Fernsehen, die unter dem Titel «Astro Boy» auch nach Amerika und Europa exportiert wurde. Weitere Serien folgten, darunter 1965 «Jungle Taitei» als erste Farbproduktion, und ab 1969 auch Trickfilme für das Kino, von denen ihm «2772 Ai no Cosmozone» (1980) zum Meisterwerk der Zeichentrickkunst geriet.

Nach weiteren Comics wie *Rokku Bokenki* (1952), *Ribon no Kishi* (1953), *Zero Man* (1959), *Kyaputen Ken* (1960) und *Big X* (1963) legte Tezuka 1964 eine poetisch illustrierte Adaption des Romans «Tatsu-no-ko Taro» von Miyoko Matsutani vor, in der er eine neue Form der Bilderzählung probierte: Die Geschichte um die Versuche zweier Zwillingsbrüder, die Fabelwesen Avil und Kuronushi zu besiegen, die sich von ihren Bergen aus bekämpfen und damit die im Tal lebenden Menschen in Mitleidenschaft ziehen, legte er als Mischung aus Comic und Texterzählung an.

Die folgenden Jahre sind geprägt durch einen stilistischen Wandel: In Serien wie *Dororo* (1969), *Kirihito Sanka* (1970) oder *Ayako* (1972) tritt die naive gestalterische Unbefangenheit der frühen Arbeiten zugunsten einer naturalistischeren und oft kunstvoll inszenierten Gestaltung immer mehr in den Hintergrund. Die sich mit philosophischen Fragen beschäftigenden Serien *Hi no Tori* (1967) und *Buddha* (1972) sind die besten Arbeiten dieser Phase, *Burakku Jakku* um einen Arzt, von der zwischen 1973 und 1978 zweihundertvierundvierzig Folgen mit insgesamt über viertausend Seiten erschienen, die erfolgreichste.

Ab Mitte der siebziger Jahre schließlich zeichnete Tezuka überwiegend in einem realistischen Stil und paßte auch seine Themen dieser neuen Ernsthaftigkeit an. In *Mu* (1976) beispielsweise griff er einen auf Druck der USA von der japanischen Regierung vertuschten Skandal auf: Anfang der sechziger Jahre hatten die Amerikaner auf einer Insel nahe Okinawa chemische Waffen für den Einsatz in Vietnam gelagert, und durch austretendes Giftgas waren sämtliche Bewohner Okino Mafunes ums Leben gekommen. Die Erzählung setzt fünfzehn Jahre nach dem Unfall ein und stellt fiktiv zwei Überlebende der Katastrophe in den Mittelpunkt des Geschehens. Aufsehen erregte Tezuka 1983, als er damals in Japan vieldiskutierte Pressemeldun-

Osamu Tezuka: Zero Man. © Tezuka Productions

*Osamu Tezuka: Adorufu ni tsugu, 1984. © Tezuka Productions*

gen über eine angeblich jüdische Herkunft Hitlers aufgriff und zum Thema der Geschichte *Adorufu ni tsugu* machte, in der zwei Jungen mit dem Namen Adolf von Freunden zu Todfeinden werden. Diese als raffiniert verschachtelter Krimi erzählte Geschichte, die ihre atmosphärische Dichte vor allem auch aus der konsequent zurückhaltenden Gestaltung gewinnt (ein Prinzip, das an Art Spiegelmans *Maus* erinnert), zählt zu Tezukas Meisterwerken. In seinen beiden letzten, unvollendet gebliebenen Arbeiten, *Rudowihi B.* (1987) und *Neo-Faustuto* (1988), beschäftigte er sich in fiktionaler Form mit Motiven aus den Werken Beethovens und Goethes.

Als der «Gott der Mangas» am 9. Februar 1989 starb, waren die Nachrufe in den Medien an Umfang und Anzahl kaum geringer als kurz darauf nach dem Tod Hirohitos. Noch Ende des gleichen Jahres wurde Tezuka, der sich bei offiziellen Anlässen stets mit einer Baskenmütze, der traditionellen «Berufskleidung» der Künstler in Japan, ablichten ließ, im Nationalmuseum für Moderne Kunst in Tokio als erster japanischer Comic-Zeichner mit einer Einzelausstellung gewürdigt. Fünf Jahre später wurde in Takarazuka ein Tezuka-Museum eröffnet. Der noch lange nicht abgeschlossene Nachdruck seines über hundertfünfzigtausend Seiten umfassenden Werkes als Gesamtausgabe bei Kodansha füllte 1995 bereits mehr als dreihundertfünfzig Bände.

Tezukas stilistische Entwicklung spiegelt auch Veränderungen wider, die das Medium in Japan insgesamt erfuhr. Waren die Mangas anfangs ausschließlich humoristischer Natur gewesen, so führte Yoshihiro Tatsumi 1957 mit *Yurei Takushi* den naturalistisch gestalteten Abenteuer-Comic ein, der sich an eine ältere Leserschaft wandte und für den sich die Bezeichnung «Gekiga» (dramatische Bilder) durchsetzte. Zum frühen Meister dieser neuen Form wurde Sanpei Shirato (* 1932). Shirato, der zuvor als Zeichner für das Kamishibai, das traditionelle japanische Papiertheater, gearbeitet hatte, veröffentlichte seinen ersten Comic ebenfalls 1957 mit *Kogarashi Kenshi*. Zwei Jahre später folgte mit *Ninja Bugeicho* eine Schilderung der Machtkämpfe und Bauernaufstände im Japan des 16. Jahrhunderts, in deren Mittelpunkt der Ninja Kagemaru und seine sieben Kampfgefährten stehen. Das Interesse an historischen Themen, die in Teinosuke Kinugasas «Das Höllentor» (1953) oder Akira Kurosawas «Das Schloß im Spinnwebwald» (1957) gleichzeitig auch das Kino beschäftigten, thematisiert durch den Bezug auf Tradition den Verlust eines nationalen Selbstbewußtseins des besiegten Japan. So wurde *Ninja Bugeicho* 1960 zum vieldiskutierten Werk unter den Aktivisten der Studentenbewegung gegen den japanisch-amerikanischen Sicherheitsvertrag und trug

*Sanpei Shirato: Kamui Den, 1964. © Shogakukan*

zu einer Aufwertung des Mediums, das bislang vornehmlich als Kinderlektüre betrachtet wurde, insgesamt bei.

1964 schließlich begann Shirato in der neu gegründeten Zeitschrift *Garo* mit *Kamui Den* die Arbeit an seinem bis heute noch nicht vollendeten Hauptwerk. Auch hier steht ein junger Ninja, der Mitte des 17. Jahrhunderts gegen das damalige Klassensystem zu rebellieren versucht, im Mittelpunkt des Geschehens. Anfangs noch eher stilisiert und deutlich von Tezuka inspiriert, wurden die Zeichnungen bald beeindruckend naturalistisch. Über weite Strecken verzichtet Shirato auf Text und erzählt allein durch das Bild. Aktion, Gewalt und Erotik wechseln mit akribischen Darstellungen aus dem Alltag der Bauern und Fischer und poetischen Szenen, die die innere Entwicklung der Charaktere schil-

dern. Damit ist *Kamui Den* zugleich Entwicklungsroman und ein schillernder Bilderbogen der Edo-Zeit, der an Rasanz, Authentizität und Tiefe etwa den Romanepen Eiji Yoshikawas in jeder Hinsicht ebenbürtig ist. Mit *Kamui Gaiden* ließ Shirato ab 1982 einen zweiten Zyklus folgen, für einen dritten schrieb er ab 1988 nur noch die Szenarios, die sein Bruder Tetsuji Okamoto zeichnerisch umsetzte.

Die Trennung zwischen Autor und Zeichner ist in Japan nach wie vor eine Ausnahme. Der Mangaka ist nicht wie in den USA und in Europa Zeichner oder Künstler, sondern in erster Linie ein Erzähler, der seine Geschichten in Form von Bildern zu Papier bringt. Der Qualität der Geschichten wird in Japan generell mehr Bedeutung beigemessen als den Zeichnungen. Zu den populärsten reinen Autoren zählt Kazuo Koike (* 1936), dessen erster großer Erfolg 1970 mit *Kozure Okami*, gezeichnet von Goseki Kojima (* 1928), entstand. Ähnlich wie in *Kamui Den* ist die Handlung, in deren Mittelpunkt der von Mördern gejagte Samurai Itto Ogami und dessen Sohn Daigoro stehen, während der Edo-Zeit angesiedelt. *Kozure Okami* erschien bis 1976 in *Manga Action* und war so erfolgreich, daß das Epos mehrmals für das Kino und das Fernsehen verfilmt wurde. Die Serie umfaßt im Buchnachdruck achtundzwanzig Bände mit insgesamt achttausendvierhundert Seiten – das entspricht einem Umfang von hundertachtzig Comic-Alben, wie sie in Europa bekannt sind. Unter dem Titel *Lone Wolf and Cub* war *Kozure Okami* 1987 die erste Manga-Serie, die zeitweise auch in den USA erschien; beeindruckt von der grafischen Rasanz, gestalteten Frank Miller und Bill Sienkiewicz die Cover der amerikanischen Ausgabe. Eine weitere äußerst fruchtbare Zusammenarbeit begann Koike 1973 mit Ryoichi Ikegami (* 1944) an dem Krimi *Aiueo Boy*. Der größte Erfolg des Teams erschien jedoch erst 1989 mit *Kuraingu Huriiman* (Crying Freeman), einer fast hypnotisierend lasziv gezeichneten und erzählten Geschichte um

*Kazuo Koike und Goseki Kojima: Kozure Okami.*
© Koike Shoin

einen Berufskiller, der sich in sein Opfer verliebt. Auch hier ist hinter der aktionsreichen Handlung das Innenleben der Protagonisten das eigentliche Thema der Erzählung.

Oft erfüllt der Redakteur des Magazins, für das ein Zeichner arbeitet, die Rolle eines Co-Autors. In der Regel betreut ein Redakteur zwei oder drei Mangaka, bei populären Zeichnern kann sich dieses Verhältnis aber auch umkehren (wobei die Terminüberwachung zu den wichtigsten Aufgaben eines Redakteurs gehört, wenn man bedenkt, daß ein Zeichner häufig ein Pensum von zwanzig Seiten in der Woche zu bewältigen hat). Die Zusammenarbeit mit Assistenten ist die Regel, daß sich aber Zeichner zu einem Team zusammenschließen, wie dies beispielsweise bei Clamp (Satsuki Igarashi, Mikku Nekoi, Mokona Apapa und Nanase Okawa) der Fall ist, und gleichzeitig mehrere Serien veröffentlichen, stellt eine Ausnahme dar.

Als Massenphänomen, das heute die gesamte japanische Gesellschaft durchdringt, begannen sich die Mangas Ende der sechziger Jahre durchzusetzen. Die Auflage von *Manga Shonen* überschritt die Millionengrenze, und in rascher Folge wurden weitere Magazine wie *Manga Action* (1967), *Young Comic* (1967) und *Big Comic* (1968) gegründet. 1968 erschienen bereits siebenundvierzig verschiedene Periodika, die sich nun nicht mehr ausschließlich an Kinder, sondern auch an Jugendliche richteten: Die erste Nachkriegsgeneration der Comic-Leser war herangewachsen, und die Trickfilmserien im Fernsehen sorgten für zusätzliche Stimulanz.

Das Angebot ist traditionell getrennt in Magazine, die sich mit romantischen Erzählungen an Mädchen und Frauen («Shojo Manga») beziehungsweise mit aktionsbetonten Abenteuern an Jungen und Männer («Shonen Manga») wenden und die sich je nach Zielgruppe auch durch spezifische stilistische und formale Gestaltungsmerkmale unterscheiden. (Die Spezifizierung auf eine genau umgrenzte Zielgruppe hat in den letzten Jahren stark zugenommen: Inzwischen gibt es Mangas beispielsweise für Angestellte, Pachinkospieler oder ältere Frauen.) Die Inhalte sind dem gesellschaftlichen Wandel unterworfen und reflektieren sowohl das jeweils gültige Wertesystem wie auch die Rebellion gegen die Normen. In den bei männlichen Jugendlichen seit den sechziger Jahren populären Sportserien beispielsweise spiegelt sich auch die Rolle Japans im Wettkampf mit anderen Industrienationen wider. Wechselt auch die Beliebtheit der Sportarten, so bleibt doch die Leistung innerhalb der Gruppe als zentrales Thema erhalten. Das in den letzten Jahren bei vielen Jugendlichen stärker werdende Infragestellen dieses Leistungsprinzips und der drängende Wunsch nach mehr individuellem Freiraum äußert sich wiederum in Serien wie *Akira* oder *Xenon*, in der die jugendlichen Protagonisten dagegen rebellieren, daß sie von Militärs oder Wissenschaftlern mißbraucht und zu lebenden Waffen gemacht wurden.

Bei den Mangas für Mädchen stehen vor allem das Innenleben und die Psyche der Charaktere im Vordergrund. Auch hier läßt sich, vor allem in jüngerer Zeit, deutlich das Motiv des Ausbruchs aus festgelegten Rollenmustern erkennen. Spielte bis Ende der siebziger Jahre vor allem das Nacheifern europäischer Schönheitsideale eine wesentliche Rolle, so schildern heute viele von Mädchen gelesene Mangas die Zärtlichkeiten zwischen Jungen und drücken damit nicht nur die Neugier am anderen Geschlecht, sondern auch die Sehnsucht nach den größeren Freiheiten der männlichen Altersgenossen aus. Erregte die Bettszene in Keiko Takemiyas *Kaze to Ki no Uta* 1976 noch einiges Aufsehen, so ist das Motiv der Knabenliebe spätestens seit dem Sensationserfolg von James Ivorys Verfilmung des E.-M.-Foster-Romans «Maurice» (1986) in Japan allgegenwärtig und inzwischen auch in anderen Bereichen wie dem Jugendbuch anzutreffen. Während in Mangas für junge Mädchen sich pubertierende Teenager zwischen bestandenen Abenteuern lediglich herzen oder küssen, werden in Serien für ältere Leserinnen detaillierte und oft seitenlange Sexszenen zwischen jungen Männern gezeigt. Die Verankerung geschlechtlicher Ambivalenz in der japanischen Kultur durch das traditionelle Kabuki-Theater, in dem, ähnlich wie zu Beginn des japanischen Films, auch heute noch weibliche Rollen von Männern gespielt werden, mag die Anerkennung dieser populären Spielart der Mädchen-Mangas erleichtert haben.

Im Umgang mit Erotik (und ebenso Ge-

Homoerotische Szene aus dem Mädchen-Manga XY von Tohjoh Asami. Bis Mitte der neunziger Jahre wurden Genitalien in den Zeichnungen ausgespart und gerade dadurch sichtbar gemacht.
© Take Shobo

walt) sind die Zeichner der Mangas wesentlich unverkrampfter als ihre Kollegen in den USA oder in Europa. Das liegt vor allem darin begründet, daß Comics nicht wie im Westen üblich als Anleitung zum sozialen Lernen gesehen, sondern sehr viel stärker als fiktionale Anderswelten und Projektionsflächen für Wünsche und Sehnsüchte verstanden werden. (Eine eindrucksvolle Schilderung, wie sie sich vor den Demütigungen und Vergewaltigungen durch ihren Vater in Comic-Welten flüchtete, lieferte die Zeichnerin Shungiku Uchida 1993 mit ihrem autobiografischen Roman «Wenn der Morgen kommt, werde ich traurig».) Der Paragraph 175 des japanischen Strafgesetzbuches, der die Verbreitung unsittlicher Druckerzeugnisse verbietet, wurde bis vor kurzem dadurch unterlaufen, daß beispielsweise ein erigierter Penis nur als Schatten, phallusförmiger Hohlraum in einer Hand oder einfach als mehr oder weniger detailgenau ausgesparte Fläche innerhalb der Zeichnung gezeigt wurde. Seit Mitte der neunziger Jahre sind jedoch auch diese Schranken gefallen, und in vielen Comics werden erotische und sexuelle Szenen inzwischen fast völlig tabulos dargestellt.

*Atomarer Holocaust in Hadashi no Gen von Keiji Nakazawa. © Keiji Nakazawa*

Dennoch kommt es hin und wieder zu Zensurmaßnahmen, etwa 1970, als sogar Tezukas Geschichte *Yakeppachi no Maria* beschlagnahmt wurde, in der sich ein Junge in eine nackte Schaufensterpuppe verliebt. Zwanzig Jahre später bildete sich in der Präfektur Wakyama eine Elterninitiative zum Schutz der Kinder vor unmoralischen Comics, deren Aktivitäten sich allerdings vornehmlich gegen pornographische, als solche aber nicht gekennzeichnete Mangas richteten (rein pornographische Comics gibt es seit 1973 mit Magazinen wie *Manga Erotopia* oder *Manga Erogenica*). Zahlreiche Titel gelangten auf den Index, und es kam sogar zu einigen Verhaftungen. Comics mit einem hohen Anteil erotischer Szenen werden deshalb seit 1991 von den Verlagen mit dem Aufdruck «Nur für Erwachsene» versehen.

In den siebziger Jahren organisierte sich auch eine rasch wachsende Szene von Comic-Fans und Amateurzeichnern. Seit 1975 werden Messen veranstaltet, auf denen Hobbyzeichner ihre im Selbstverlag publizierten Geschichten bis zu zweihunderttausend «Otakus», fanatischen Fans, anbieten. Wenig später begannen auch die Medien den Mangas Aufmerksamkeit zu schenken, und 1979 erschien mit Jun Ishikos «Nihon Mangashi» eine erste Historie der japanischen Comics. Heute sind Auszeichnungen für Zeichner oder Ausstellungen keine Seltenheit mehr. Diese Anerkennung des Mediums schlug sich auch in den Inhalten der Mangas nieder.

Einer der aufsehenerregendsten japanischen Comics wurde 1973 von Keiji Nakazawa (* 1939) begonnen, der den Atombombenabwurf am 6. April 1945 über Hiroshima überlebte und von den Behörden als Strahlenopfer 0019760 ausgewiesen ist: Er zeichnete mit *Hadashi no Gen* (Barfuß durch Hiroshima) eine Bildergeschichte mit einem Umfang von eintausendvierhundert Seiten, in der er die Militarisierung der japanischen Gesellschaft vor und während des Zweiten Weltkrieges, die Repressionen gegen seine pazifistischen Eltern (die durch die Bombe umkamen) und den atomaren Holocaust eindrucksvoll und beklemmend aus autobiografischer Sicht beschreibt. Mit *Nihon Keizai Nyumon* (Japan GmbH) von Shotaro Ishinomori (* 1938), einem Comic über die Gesetze der freien Marktwirtschaft, setzte sich ab 1986 der Sach-Comic durch; heute gibt es Mangas zu nahezu jedem Thema, von der Kunstgeschichte bis zur Teezeremonie – und natürlich auch darüber, wie man Mangas zeichnet.

Bevor ein Manga als telefonbuchstarke Buchausgabe erscheint, erfolgt fast ausnahmslos eine Vorveröffentlichung in Fortsetzungen in einem der wöchentlich oder monatlich erscheinenden Magazine. Die Länge einer Fortsetzung beträgt in der Regel etwa zwanzig Seiten, und oft sind die unterschiedlichen Serien auf verschiedenfarbigem Papier gedruckt. Jeder Ausgabe liegen Postkarten bei, mit denen die Lesermeinung abgefragt wird. So kann der Verlag schnell die Akzeptanz neuer Serien ermitteln oder erfahren, wann das Interesse an einem bestimmten Stoff nachzulassen beginnt. Erst die Buchausgaben, deren Format meist kleiner ist als das der Magazine (wodurch die Zeichnungen kompakter wirken und das Lesen als Prozeß einen konzentrierteren Charakter erlangt), gelangt ein Zeichner zu wirklicher Popularität, die sich in einigen Fällen durchaus mit der Berühmtheit und den Einkommen von Popstars messen lassen kann.

Einer der erfolgreichsten Zeichner der letzten Jahre ist Katsuhiro Otomo (* 1954), der Mitte der achtziger Jahre – nicht zuletzt durch den Einfluß europäischer Zeichner wie beispielsweise Moebius – vor allem mit *Akira* das Erscheinungsbild der Mangas revolutionierte. Zeichneten sich die Abenteuer-Comics bis dahin in der Mehrheit durch eine Mischung aus Naturalismus bei den Hintergründen und technischen Details und karikaturhafter Darstellung bei den Personen, insbesondere deren Gestik und Mimik, aus, so ebnete Otomo den Mangas den Weg zur rein realitätsorientierten Darstellung. Dabei verwendet er häufig in seinen Bildern dynamische Linienstrukturen zur Steigerung des Tempos und der Dramatik der entsprechenden Szenen (die allerdings in den außerhalb Asiens veröffentlichten Farbausgaben eine weniger starke Wirkung haben als im schwarzweißen Original), ein Prinzip, das sich eine ganze Generation von Zeichnern inzwischen angeeignet hat.

Otomo veröffentlichte seine ersten Comics im Alter von neunzehn Jahren, und 1979 erschien mit *Fire Ball* seine erste lange Science-Fiction-Erzählung. Das Nachrichtenmagazin *Asahi* erkannte: «So wie das New-Wave-Kino das Buch des alten Hollywood-Stils zuklappte, so ist Otomo angetreten, um mit den alten Konventionen der japanischen Comics zu brechen.» 1981 erschien eine Sammlung mit ironischen Adaptionen von Grimms «Hänsel und Gretel» bis zu Melvilles «Moby Dick». Sein nächstes SF-Projekt, *Domu* (1980, Das Selbstmordparadies), verkaufte sich bereits mit fünfhunderttausend Exemplaren und trug ihm 1984 den Großen japanischen Science-Fiction-Preis ein, der zuvor nur für Romane vergeben wurde. Im Dezember 1982 schließlich begann er in *Young Ma-*

---

*Durch das Science-Fiction-Epos Akira wurden die Mangas auch außerhalb Asiens populär. Katsuhiro Otomos Technik, die Dynamik seiner Zeichnungen durch raffiniert eingesetzte Schraffuren zu verstärken, wurde in Japan schnell auch von anderen Mangaka aufgegriffen. © Kodansha*

*gazine* seine Serie *Akira*, für deren Fertigstellung er über zehn Jahre benötigte. Mit einem Umfang von über zweitausend Seiten schuf er damit eine der längsten durchgängigen Geschichten der Comic-Historie. Eine 1988, noch vor Abschluß des Comics, fertiggestellte Zeichentrickversion avancierte international zum Kultfilm einer neuen, computersozialisierten Generation von Comic-Lesern.

Die Handlung von *Akira* ist im Neu-Tokio des Jahres 2030 angesiedelt, das auf den Ruinen der ehemaligen japanischen Hauptstadt errichtet wurde. Eine jugendliche Motorradgang begegnet eines Nachts zufällig einem Jungen mit greisenhaften Gesichtszügen und stößt dadurch auf die Experimente einer wissenschaftlich-militärischen Organisation, durch die in Kindern parapsychologische Kräfte freigesetzt und diese dadurch zu alles vernichtenden Waffen werden. Nachdem auch Tetsuo, eins der Gangmitglieder, dem Experiment unterzogen wurde, kommt es zum Machtkampf zwischen ihm und Akira, der seit Jahrzehnten unter strengsten Sicherheitsvorkehrungen in Kälteschlaf gehalten wurde, der in einer Orgie der Zerstörung endet.

Otomo ist einer der heute in Japan bekanntesten Manga-Stars; eine Luxusausgabe mit in dem Buchnachdruck nicht enthaltenen *Akira*-Titelbildern und Skizzen wurde im Juni 1995 mit fünfhunderttausend Exemplaren ausgeliefert und mußte noch im gleichen Monat nachgedruckt werden. *Akira* hat eine ganze Generation von japanischen Comic-Zeichnern beeinflußt. Zum erfolgreichsten Otomo-Epigonen wurde Masamune Shirow ab 1985 mit *Appuru Shiido* (Appleseed) und später mit *Dominion* und *Kokaku Kidotai* (Ghost in the Shell, 1990). Im Anschluß an *Akira* schrieb Otomo für Takumi Nagayasu das Szenario für das nicht weniger umfangreiche Science-Fiction-Epos *Legend of Mother Sarah*. Sein nächstes Projekt ist die Geschichte *Mega-Max War*, die er nach einem Szenario von Alexandro Jodorowsky zeichnet.

Gleichzeitig mit *Akira* begann Hayao Miyazaki (* 1941) sein vielgelobtes Öko-Fantasy-Märchen *Kaze no Tani no Naushika*. Miyazaki hatte seit 1963 in verschiedenen Trickfilmstudios unter anderem an Produktionen wie «Heidi» mitgewirkt und sich während dieser Zeit zu einem Meister des Zeichentricks entwickelt. Auch *Naushika* erschien zwei Jahre nach dem Comic-Debüt als Trickfilm, gefolgt von den nicht minder herausragenden Produktionen «Tonari no Totoro» und «Kurenai no Buta». Miyazaki ist einer der ersten Zeichner in der Nachfolge Tezukas, bei denen sich die Grenzen zwischen Manga und Anime (eine Bezeichnung für japanische Trickfilme, die nicht mehr an das Fernsehen gebunden sind und überwiegend als Videos Absatz finden) fast vollständig auflösen. Damit wurde er zum Wegbereiter eines Medienverbunds, der in Japan inzwischen allgegenwärtig ist: Mangas werden zu Anime-Cassetten, populäre Animes erscheinen auch in Comic-Form, und in jüngster Zeit ist auch der Bereich der Videospiele verstärkt eingebunden. Während der Comic-Markt in den USA und in Europa durch die neuen Medien Einbußen erlitten hat, ist es in Japan gelungen, die Mangas zur Schnittstelle zwischen Print- und elektronischen Medien zu machen.

Nicht minder populär als Otomo ist Akira Toriyama (* 1956), der 1980 mit der humoristischen Serie *Dr. Slump* um einen Wissenschaftler und dessen Droiden seinen ersten Erfolg lancierte. 1984 folgte die Serie *Dragon Ball*, die Toriyama bis Mitte 1995 für das Magazin *Shonen Jump* zeichnete und deren Buchnachdruck zweiundvierzig Bände füllt. Hauptfigur ist der kauzige Son Goku, ein gnomartiges Wesen mit einem Affenschwanz und rätselhaften Kräften, der in einem märchenhaften Wald lebt. Dort begegnet er eines Tages Bulma, die auf der Suche nach den sieben Drachenkugeln ist: Wenn sich diese Kugeln an einem Ort befinden, entsteigt ihnen der Drache Shen Ron, der in der Lage ist,

*Szene aus der letzten, im Juni 1995 in Shonen Jump erschienenen Folge von Dragon Ball von Akira Toriyama. © Shueisha*

Toriyama hat mit *Dragon Ball* eine vielschichtige und turbulente Phantasiewelt geschaffen, die in ihrer Mischung aus Situationskomik, Aktion, Fantasy, Science Fiction und Romanze einer eigenen inneren Logik folgt, innerhalb dieses fiktionalen Raums aber durchaus Bezüge zum Alltag der Leser herstellt: Wie diese müssen Toriyamas Figuren beispielsweise täglich ihre Wäsche wechseln und sind stets nach der jeweils aktuellen Mode gekleidet. Toriyama ist der nach Tezuka zweite Mangaka, dem eine umfangreiche Einzelausstellung gewidmet war, die von 1993 bis 1995 in acht japanischen Museen gezeigt wurde.

Einen ähnlich dichten, in sich geschlossenen Kosmos wie Toriyama schuf vor allem Rumiko Takahashi mit ihrer Serie *Ranma $^1/_2$*, die 1987 in *Shonen Sunday* begann. Takahashi hatte schon 1978 ihre erste Serie *Urusei Yatsura* begonnen und zwei Jahre später *Maison Ikkoku* folgen lassen. Sie ist heute die erfolgreichste Zeichnerin in Japan.

Angesichts dieser Erfolgsserien und des erschlagenden Angebots der Titel, die jede Woche über die Leser hereinbrechen, besteht die Gefahr, daß der Blick auf leisere, aber äußerst kunstvoll gestaltete und literarisch ambitionierte Werke verstellt wird. Vier der derzeit interessantesten japanischen Comic-Künstler sind Yoji Fukujama, Jiro Taniguchi, Hisashi Sakaguchi und Masashi Tanaka.

Yoji Fukujama (* 1950) überraschte 1990 mit der Trilogie *Mademoiselle Mozart*, in der er fiktiv und spielerisch Mozarts Genie dadurch zu erklären versucht, daß dieser in Wirklichkeit eine Frau gewesen sein soll: Die Eltern hatten die begabte Tochter Elisa als Jungen aufgezogen, da sie als Pianistin am kaiserlichen Hofe weniger Chancen gehabt hätte denn als Mann. In ähnlichem Stil, aber grafisch noch ausgereifter, folgte 1992 *Don Giovanni*.

Jiro Taniguchi (* 1947) zeichnete 1987 nach einem Szenario Natsuo Sekigawas mit *Botchan no Jidai* mit poetischem Strich und

Wünsche zu erfüllen. Der Beginn der Serie handelt vor allem von der Konfrontation Son Gokus mit der Welt, die Bulma repräsentiert: Sie stammt aus einer modernen Stadt und verfügt über Hoipoi-Kapseln, in denen sich vom Motorrad bis zur Luxusvilla so gut wie alles speichern und bei Bedarf materialisieren läßt. Die Fantasyelemente treten im Verlauf der weiteren Handlung zugunsten ausgedehnter Prügeleien, während deren Son Goku seine Kräfte an Altersgenossen und anderen Fabelwesen mißt, in den Hintergrund. Schauplätze dieser Kampfsportübungen sind auch andere Planeten und die Zukunft. Als Son Goku vom Jungen zum Teenager und 1986 auch zum Anime-Helden wurde, erfolgte eine Umbenennung der Serie in *Dragon Ball Z*, in deren weiterem Fortgang Son Goku und Bulma heiraten und auch Kinder zur Welt bringen.

Aufgehende Sonne **253**

großem Gespür für Atmosphäre eine Biographie Natsume Sosekis, des wichtigsten Schriftstellers der frühen japanischen Moderne, und ließ drei weitere Bände folgen, mit denen er sein Porträt des Japans der Meiji-Zeit fortsetzte. Parallel dazu entstanden 1989 die Science-Fiction-Story *Chikyu Hyokai Jiki*, in der es um das Überleben der Menschheit während einer neuen Eiszeit geht, und 1990 die in der prähistorischen Tierwelt spielende Serie *Genjyu Jiten*. In *Aruku Hiten* (1992) folgt er auf hundertachtunddreißig Seiten dem Spaziergang seines Helden durch dessen Wohnviertel, und in *Keyaki no Ki* (1993) spielt sich die gesamte Handlung um einen Baum herum ab. Mit diesen Geschichten wurde Taniguchi zum feinfühligsten Poeten der japanischen Comics.

Hisashi Sakaguchi (1946–1995) legte 1991 mit *Version* einen geschickt konstruierten Science-Fiction-Thriller vor, dessen Szenario um eine sich verselbständigende künstliche Intelligenz sich angenehm von anderen Serien des Genres unterscheidet. 1993 folgte mit *Akkanbe Ikkyu* eine detailverliebte Biographie des berühmten Mönchs Ikkyu Sojun, der Anfang des 15. Jahrhunderts durch den Ausspruch berühmt wurde, Bordelle seien ein zur Meditation besser geeigneter Ort als Tempel. Mit seiner lockeren Federführung, eleganten Layouts und sensiblen Bildausschnitten hat Sakaguchi mit *Akkanbe Ikkyu* einen ebenso faszinierenden wie lebendigen Bilderbogen der Muromachi-Epoche zu Papier gebracht.

Masashi Tanaka (* 1962) landete 1992 in *Morning*, dem experimentierfreudigsten und innovativsten Manga-Magazin, mit seiner Serie *Gon* einen Überraschungserfolg: Ungewöhnlich detailliert und dynamisch gezeich-

*Masashi Tanaka: Gon. © Kodansha*

net, erzählt *Gon* in kurzen Episoden, wie es einem kleinen Saurier durch Flinkheit und Cleverness immer wieder gelingt, größere und stärkere Tiere zu besiegen. Die ironischen, völlig ohne Text erzählten Geschichten wirken stets wie hintergründige Allegorien, und eine mögliche Interpretation des Erfolges von *Gon* ist, daß Tanakas Dinobaby vielleicht das Selbstbild Japans widerspiegelt: Es ist klein, aber letztlich unbesiegbar.

Der Manga ist heute in der japanischen Kultur allgegenwärtig und bestimmt mit seiner Optik inzwischen weite Bereiche des visuellen Alltags wie die Werbung, Hinweisschilder, Gebrauchsanweisungen oder die Gestaltung von Jugendbuchcovern. Und er hat begonnen, sich über die Grenzen Japans hinaus vor allem im asiatischen Raum rasant auszubreiten. Mit der Anerkennung des internationalen Copyrights durch Korea (1987), Taiwan und China (beide 1992) wurden die illegalen Raubdrucke weniger, und viele japanische Comic-Magazine erscheinen inzwischen auch in diesen Ländern als Lizenzausgaben. Vor allem in Taiwan ist seitdem eine lebendige Szene junger Zeichner

*Hisashi Sakaguchis dreibändige Biographie des Mönchs Ikkyu Sojun zählt zu den eindrucksvollsten Werken der neueren Mangas.*
*© Kodansha*

entstanden, deren Werke mittlerweile wiederum auf das Interesse japanischer Verlage stoßen und durch die die Nippon-Comics kreative Inspiration von außen erfahren. Der taiwanesische Künstler Chen Uen (* 1958) schaffte es 1990, mit der Serie *Toshu Eiyuden* auch in dem japanischen Magazin *Morning* zu veröffentlichen.

Zum populärsten koreanischen Zeichner wurde Hyun-Se Lee (* 1954), dessen Serie um ein Baseballteam, die er 1983 begann, den Beginn einer eigenständigen Comic-Produktion in Südkorea markiert. Zu seinem größten Erfolg wurde 1994 die Reihe *NamBul*, von der pro Band über eine Million Exemplare verkauft werden und die, ausgehend von einer neuen Ölkrise, einen zukünftigen Krieg zwischen Korea und Japan schildert.

Seit einigen Jahren ist der Einfluß der japanischen Comics auf amerikanische und europäische Zeichner unübersehbar. Frank Millers *Ronin* ist deutlich inspiriert durch die Zeichenkunst Kojimas, der Schweizer Zeichner Enrico Marini orientiert sich mit *Gipsy* stark an den Arbeiten Otomos und Shirows. Mittlerweile produzieren auch etliche westliche Verlage Comics im Manga-Stil, in Frankreich etwa Glénat mit *Nomad* (1994) von Sylvain Savoi, Philippe Buchet (Zeichnungen), Jean-David Morvan (Szenario) sowie Jean Jacques und Yves Chagnaud (Farben), in den USA Central Park Media mit diversen von amerikanischen Zeichnern umgesetzten Adaptionen erfolgreicher Anime-Serien, Dark Horse mit *Dirty Pair* und *Bubblegum Crisis* von Adam Warren oder Antarctic Press mit Ben Dunns *Ninja High School*.

Während viele der Zeichner in Europa und den USA die Technik der Mangas lediglich als Stil kopieren, hat *Morning* einen Schritt in eine ganz andere Richtung unternommen und veröffentlicht zur Zeit auch Arbeiten europäischer und amerikanischer Künstler, die diese exklusiv für das Magazin zeichnen. Diese Projekte werden gemeinsam in Tokio entwickelt, wo die Zeichner auch mit der Grammatik der Mangas und den Erwartungen der japanischen Leser vertraut gemacht werden. Zwar haben sich die ersten Arbeiten, die 1995 so entstanden – *Kiro* von Alex Varenne, *Autoroute du Soleil* von Baru und *Le Voyage* von Edmond Baudoin – in Japan nicht als kommerzielle Erfolge erwiesen, jedoch hat dieses Experiment einen Weg für kreativen Austausch und gegenseitige künstlerische Inspiration geebnet, an dessen Ende nach Wunsch des *Morning*-Herausgebers und Initiators dieses Projektes, Yoshiyuki Kurihara, die Entwicklung des Comics zu einer globalen Sprache steht.

Daß diese Impulse durchaus in beide Richtungen wirken, wurde Ende Januar 1996 während des Comic-Salons in Angoulême deutlich: Dort wurde die Übersetzung von Barus mehr als vierhundert Seiten umfassender Geschichte aus *Morning* mit dem Prix Alph-Art als beste Arbeit eines französischen Zeichners ausgezeichnet.

# Moderne Zeiten

## Die Neuentdeckung des Mediums

Das künstlerische und literarische Potential der Erzählform Comic wurde in Europa erst ab Anfang der sechziger Jahre entdeckt – kaum zufällig zeitgleich mit der «Nouvelle Vague», die durch einen rapiden Generationswechsel unter den Regisseuren den französischen Film aus seiner kreativen Talsohle herausführte. Schon die Geburtsstunde beider Medien datiert zurück in die gleiche Zeit – am 28. Dezember 1895, nur eine Woche, bevor der Yellow Kid erstmals sein gelbes Nachthemd trug, hatten die Gebrüder Lumière im Grand Café auf dem Boulevard des Capucines in Paris ihren Film «La Sortie des Usines» aufgeführt (wobei die Zuschauer panikartig flüchteten, als sie auf der Leinwand einen Zug auf sich zurasen sahen) – , und auch im weiteren Verlauf ihrer Geschichte haben Film und Comic wiederholt vergleichbare Entwicklungen durchlaufen und sich wechselseitig animiert.

Das Interesse vieler Regisseure der «Nouvelle Vague» an den Comics signalisiert das über das Kino hinausgehende Bedürfnis, unsere moderne Welt durch Bilder zu erklären. Unter Mitwirkung von Alain Resnais und Federico Fellini wurde 1962 das Centre d'Etudes des Littératures d'Expression Graphique (CELEG) gegründet, aus dem zwei Jahre später die Société Civile d'Etudes des Littératures Dessinées (SOCERLID) hervorging. Resultat dieser Aktivitäten waren 1965 die Ausstellung «Dix Millions d'Images» in der Galerie de la Société Française de Photographie in Paris, ein Jahr später die Gründung der Comic-Fachzeitschrift *Phénix* und 1967 schließlich die Ausstellung «Bande Dessinée et Figuration Narrative» im Musée des Arts Décoratifs im Pariser Louvre.

Die in Frankreich gesetzten Akzente wurden überall in Europa wahrgenommen: In Italien fand 1965 der erste europäische Comic-Salon statt, in Schweden wurde im gleichen Jahr die Svenska Serieakademien gegründet und in Holland ab 1968 die Zeitschrift *Stripschrift* herausgegeben. In Deutschland zeigte die Berliner Akademie der Künste 1970 die Ausstellung «Comic-Strips – Geschichte, Struktur, Wirkung und Verbreitung der Bildergeschichten», und vier Jahre später erschien erstmals das Magazin *Comixene*. Diese Entwicklungen korrespondierten zeitlich mit der Entdeckung der Comics durch die Pop-art: Vor allem für Andy Warhol und Roy Lichtenstein wurde es ab Anfang der sechziger Jahre zu einer Art Markenzeichen, aus dem Repertoire der Comic-Bilderwelten zu schöpfen.

Woody Allen schrieb 1964 das Drehbuch zu Clive Donners «Was gibt's Neues, Pussy?», in dem Peter Sellers und Romy Schneider sich auch in Sprechblasen artikulieren, und Jean-Luc Godard drehte 1965 seinen Film «Elf Uhr nachts», in dem sich Jean-Paul Belmondo als Ferdinand, der sein bürgerliches Leben aufgibt, um mit einer Siebzehnjähri-

«Okay, Hot-Shot» von Roy Lichtenstein (1963, David Geffen Collection) und Comic-Vorbilder von Russ Heath (G.I. Combat 94, 1962) und Irv Novick (All American Men of War 89, 1962). © DC Comics

gen durchzubrennen, mit Comic-Helden identifiziert und von diesen seine Handlungsanweisungen bezieht (drei Jahre später ließ er Marvel-Helden in «Die fröhliche Wissenschaft» auftauchen). 1967 verfilmte Roger Vadim, der zu Beginn seiner Karriere der «Nouvelle Vague» nahestand, mit Jane Fonda in der Hauptrolle Jean-Claude Forests *Barbarella*. Während der Pariser Studentenrevolte 1968 wurden Comics an den Universitäten zur Pflichtlektüre neben Jean-Paul Sartre und Mao Tse-tung. 1971 schließlich führte der Literatur- und Filmkritiker Francis Lacassin unter dem Stichwort «Bande Dessinée» in der «Grande Encyclopédie Alphabétique Larousse» den Begriff «neuvième art» ein; seitdem listet auch das renommierte Wörterbuch «Petit Robert» die Comics unter dem Stichwort «Art» nach Architektur, Malerei, Bildhauerei, Grafik, Fotografie, Musik, Tanz sowie Film und Fernsehen als «neunte Kunst» auf.

Im großen und ganzen blieb das erwachte Interesse an den Comics allerdings vornehmlich nostalgisch geprägt in dem Sinne, wie auch die «Nouvelle Vague» zu einer Wiederentdeckung und Neubewertung der klassischen Hollywood-Altmeister führte. 1954 hatte François Truffaut in der Filmzeitschrift *Cahiers du Cinéma* in seinem berühmt gewordenen Aufsatz «Une certaine Tendence du Cinéma Française», der zu einer Art Manifest der «Nouvelle Vague» wurde, ausgeführt: «Der Film von morgen erscheint mir noch persönlicher als ein Roman, individuell und biografisch wie eine Konfession oder wie ein Tagebuch. Die jungen Filmemacher werden sich in der ersten Person ausdrücken und uns erzählen, was ihnen zugestoßen ist (...), und das wird fast zwangsläufig Gefallen finden, denn es wird wahr und neu sein.»

Dieser Herausforderung begannen sich in den siebziger Jahren auch die Autoren und Zeichner der Comics zu stellen. Zur Talentschmiede wurde vor allem das Brüsseler Institut Saint-Luc, an dem Eddy Paape 1969 erstmals Comic-Kurse anbot. Nachdem Claude Renard 1976 die Leitung der Kunstschule übernommen hatte, konnten Absolventen ihre Arbeiten in der Anthologiereihe *Le 9ième Rêve* publizieren und so erste Comics veröffentlichen, ohne sich sofort den Gesetzen des Marktes aussetzen zu müssen.

# Moderne Zeiten

*Die Welt ist so, wie wir sie zeichnen.*
Philippe Druillet
Panique, 1976

Hatten sich die Comics in Frankreich bislang vornehmlich an ein jugendliches Publikum gerichtet, so begann sich ab Anfang der sechziger Jahre eine Veränderung dieser Situation anzukündigen, in deren Zentrum Eric Losfeld und dessen Buchhandlung Le Terrain Vague im Pariser Quartier Latin standen. Losfeld hatte in kleinen Auflagen Klassiker des Surrealismus wie André Breton und Léo Malet, Boris Vian sowie theoretische Schriften über das Kino veröffentlicht. 1964 druckte er *Barbarella*, die bereits seit zwei Jahren in Fortsetzungen in *V Magazine*, einem billig produzierten, kleinformatigen Heft mit überwiegend schlüpfrigen Beiträgen, erscheinende Serie von Jean-Claude Forest, in Buchform nach. Der Alarm der französischen Zensurbehörden und das eiligst verhängte Verbot verschafften dem Band eine unerwartete Popularität – zwei weitere Auflagen wurden 1966 und 1968 gedruckt. Im Konflikt mit der Zensur wurde schließlich juristisch klargestellt, daß *Barbarella* explizit für ein erwachsenes Publikum bestimmt war und daß es somit gelte, neue Regeln der Rezeption zu berücksichtigen. Der Comic hatte nun auch in Europa begonnen, das Gehege der Kinder- und Jugendliteratur zu verlassen.

Barbarella, ausgestattet mit den anatomischen Qualitäten Brigitte Bardots, die durch ihren hautengen Raumanzug vortrefflich hervorgehoben werden, reist von einem bizarren Abenteuer zum nächsten durchs All, schert sich nicht um die Bürgermoral und schläft ohne großes Vorspiel mit jedem, auf den sie Lust hat. Ihre berühmteste Affäre ist das Schäferstündchen mit dem Roboter Viktor, dem sie hinterher zuflüstert: «Viktor, Ihr habt Stil», worauf dieser erwidert: «Oh, Gnädigste ist zu gütig! Ich kenne meine Schwächen ... Meinen Impulsen haftet immer etwas Mechanisches an.»

Jean-Claude Forest (* 1930), der seine ersten Comics im Alter von neunzehn Jahren gezeichnet und überwiegend in *Vaillant* veröffentlicht hatte, setzte *Barbarella* in einem für die damalige Zeit ungewöhnlich fahrigen Strich in Szene. Auch sein Erzählstil ist eher episodenhaft und wenig an einer linearen Handlung interessiert. Trotz seines Erfolges mit *Barbarella* blieb er stets ein Außenseiter der französischen Comic-Szene und mit weiteren Projekten relativ glücklos. Das Magazin *Chouchou*, für das er 1964 mit *Bébé Cyanure* die Abenteuer einer Heldin zeichnete, die wie eine jüngere Schwester Barbarellas wirkt, wurde nach vierzehn Ausgaben eingestellt, und auch seine 1971 in der Tageszeitung *France Soir* begonnene und im folgenden Jahr in *Pilote* fortgesetzte Serie *Hypocrite* wurde kein Erfolg. Ein zweiter *Barbarella*-Band erschien 1974 bei Kesselring, ein dritter bei Horay (1977) und ein vierter bei Albin Michel (1982). Später tat sich Forest vor allem als Autor für Paul Gillon, Max Cabanes und Jacques Tardi hervor.

Ermutigt durch die Resonanz auf *Barbarella*, ließ Losfeld weitere Comic-Bände folgen, deren Zeichner sich unter Bezug auf die Pop-art und die «sexuelle Revolution» – zwei der wichtigsten Stichworte der sechziger Jahre – betont avantgardistisch gaben: *Lone Sloane* (1966) von Philippe Druillet, *Saga de Xam* (1967) von Nicolas Devil, *Scarlett Dream* (1967) von Claude Moliterni und Robert Gigi, *Epoxy* (1968) von Jean van Hamme und Paul Cuvelier, *Kris Kool* (1970) von Philippe Caza sowie *Lolly Strip* (1972) von Georges Pichard.

Am überzeugendsten brachte Guy Peellaert (* 1934) den Geist der «Kinder von Marx und Coca-Cola», wie Jean-Luc Godard die

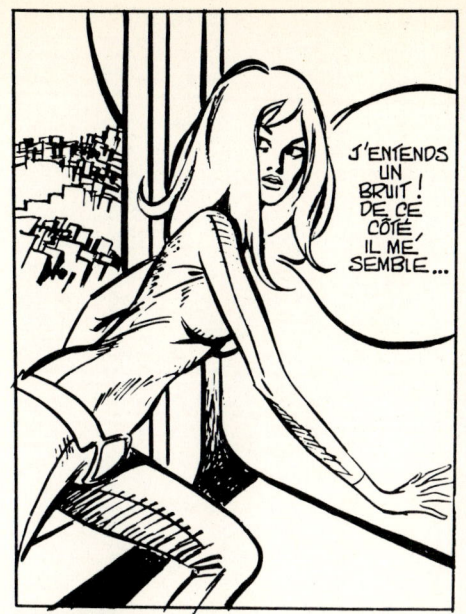 

*Heldinnen der Pop-Ära: Barbarella von Jean-Claude Forest und Pravda von Guy Peellaert schockierten das Bürgertum. Vor allem durch die Alben des Pariser Verlages Losfeld begann der europäische Comic in den sechziger Jahren erwachsen zu werden.* © Jean-Claude Forest © Guy Peellaert

neue kritische Generation genannt hat, in seinen grell und flächig gezeichneten Bänden *Jodelle* (1966) und *Pravda* (1968) zu Papier: Seine martialischen, in busenfreies Leder gekleideten und äußerlich den Schlagersängerinnen Sylvie Vartan und Françoise Hardy nachempfundenen Heldinnen wüten in apokalyptischen Welten, in denen es um Rebellion, Massenkonsum, Starkult, Motorräder und Drogenexzesse geht.

Losfelds Bilderbücher der Popära blieben auch außerhalb Frankreichs nicht unbemerkt. In Italien begann Guido Crepax (* 1933) 1965 die Serie *Neutron*, aus der wenig später seine Heldin Valentina hervorging, die Crepax' Ruf als einer der bedeutendsten Interpreten des erotischen Comics begründen sollte. In *Valentina* mischen sich Erinnerung und Traum, linke Mythen und Science Fiction, und die starke Verwendung von Fetischen legt eine entfernte Verwandtschaft zu John Willie nahe, von dem Crepax auch einige der Knotentricks übernommen zu haben scheint. Die Zeichnungen sind gleichermaßen vom Detailreichtum der Jugendstilmalerei wie von den plakativen Flächen der Pop-art beeinflußt; sie stellen oftmals nur Einzelheiten dar, die sich später zu einem Gesamtbild zusammenfügen. Da zeigen in raffiniertem Layout auffallend dick umrandete Schwarzweißbilder in Briefmarkengröße einen Schuh, ein Brillenglas, eine Gürtelschnalle, ein abgelegtes Spitzenunterhöschen, die mit fortschreitender Handlung abgelöst werden durch Augen und Lippen, dann durch Brustwarzen und schließlich Schamhaar und Genitalien. In einem ähnlichen Stil illustrierte Crepax in der Folge auch die Bände *Bianca Torturata* (1970) und *Anita* (1971), schließlich verlegte er sich überwiegend auf die

Um die Phantasie des Leser möglichst wenig einzuengen, hat Guido Crepax in Lanterna Magica sein erotisches Märchen ganz ohne Text erzählt. Besonders raffiniert setzt er dabei den Bildschnitt als dramaturgisches Mittel ein. © Editienne

Adaption erotischer Literatur wie der «Geschichte der O» (1975) von Pauline Réage oder Emmanuelle Arsans «Emmanuelle» (1979). Sein interessantestes Werk hat Crepax 1978 mit dem Band *Lanterna Magica* gestaltet, in dem er auf sechsundneunzig Seiten seine erotische Geschichte unter völligem Verzicht auf Text erzählt.

Ebenfalls in Italien legte Dino Buzzati 1969 mit seinem *Poema a Fumetti* eine Neuinterpretation des Orphi-und-Eura-Mythos vor. In Deutschland veröffentlichte Alfred Meysenburg 1968 *Glamour Girl* und *Super-Mädchen*, und in den USA druckte die Grove Press im gleichen Jahr Michael O'Donoghues und Frank Springers *Adventures of Phoebe Zeit-Geist*, die zuvor in der Zeitschrift *Evergreen* erschienen waren, in Buchform nach.

Die Gesellschaft schien einen entscheidenden Umbruch zu erleben: Pink Floyd und Grateful Dead lieferten die Musik dazu, der Comic die Bilder.

## Revolution in der rue du Louvre

1968 entzündeten die Funken der Studentenproteste gegen den Vietnamkrieg im kalifornischen Berkeley und in Berlin einen Flächenbrand auch an den französischen Hochschulen. Erkämpft werden sollte das Recht auf politische Tätigkeit innerhalb der Universitäten, und hauptsächliches Angriffsziel der Proteste waren die strengen Ausleseverfahren des französischen Bildungssystems, die «Industrialisierung» (so der damalige Erziehungsminister Christian Fouchet) der Universitäten zu Zulieferungsbetrieben für die Wirtschaft. «Diese Uniformierung durch die Vermittlung eines veralteten Wissensstoffes innerhalb sogenannter funktionaler Strukturen», definierte Daniel Cohn-Bendit 1968 die Theorie, «bereitet nur die Integration der Angestellten und Beamten in das bestehende Wirtschafts- und Gesellschaftssystem vor, diese Orgie der von den Technokraten meisterhaft inszenierten Ausbeutung, die die Armut der unterentwickelten Länder und den Wohlstand der Bourgeoisie der industrialisierten Länder begründet.»

In Nanterre, wo die Stimmung bereits durch mehrere Protestkundgebungen angeheizt war, wurde am 28. März 1968 die vorläufige Aussetzung aller Vorlesungen angeordnet, am 3. Mai schloß nach gewalttätigen Demonstrationen auch die Sorbonne in Paris ihre Pforten. Große Teile der Bevölkerung ergriffen die Partei der Studenten, und die Unruhen weiteten sich zur Staatskrise aus. Am 13. Mai riefen die Gewerkschaften den Generalstreik aus, an dem sich in ganz Frankreich über die Hälfte der Erwerbstätigen beteiligte. Fabriken wurden besetzt, in Paris tobten Straßenschlachten zwischen Studenten, Arbeitern und der Polizei. Ein Umsturz der alten Gesellschaftsordnung schien greifbar nahe. Am Ende des Monats war die Situation so weit eskaliert, daß Charles de Gaulle in Baden-Baden mit Jacques Massu, ehemaliger Algerien-Veteran und Oberkommandierender der französischen Streitkräfte in Deutschland, die Möglichkeit der militärischen «Rückeroberung» von Paris für den Fall einer «kommunistischen Machtübernahme» erörterte.

Die Mai-Unruhen führten auch zu tiefgreifenden Veränderungen innerhalb der französischen Comic-Szene. Keimzelle des Umbruchs war die Redaktion von *Pilote* in der rue du Louvre, auch wenn das Magazin selbst die aktuellen Ereignisse zunächst nicht widerspiegelte: «Lediglich das Titelbild (der Ausgabe 447 vom 16. Mai) könnte man – mit etwas Humor – als Anspielung auf den Kampf, der draußen stattfindet, auffassen: Rick, Adoptivsohn des Roten Korsaren, kämpft säbelrasselnd vor einem feurigen Inferno gegen einen noch gemeineren Piraten», notierte Cuno Affolter in einem Abriß der Geschichte von *Pilote* anläßlich seines dreißigjährigen Bestehens. «Der Höhepunkt inmitten eines Serienmischmaschs aus *Albert Enzian, Asterix, Der Rote Korsar, Mick Tangy, Blueberry* und *Lucky Luke*: In der Heftmitte vier Seiten über die US Air Force, ein Leckerbissen imperialistischer Berichterstattung: Da werden zwei Dutzend Flugzeugtypen mit allen technischen Daten präsentiert. Es sind die gleichen Jäger und Bomber, die in Vietnam Hunderte von Dörfern dem Erdboden gleichmachen.» Doch hinter den Kulissen gärte es, brach ein Generationskonflikt zwischen den jungen Zeichnern, die in den letzten Jahren zu *Pilote* gestoßen waren, und den Chefredakteuren René Goscinny und Jean-Michel Charlier aus.

Mit den «Pages d'Actualités» hatte Goscinny in *Pilote* eine Institution etabliert, die es den Zeichnern ermöglichte, zwischen den klassischen Serien und ohne feststehende Figuren sich aktuell zu beliebigen Themen zu äußern. Aber die Zeichner wollten diesen Freiraum nicht nur auf zwei Seiten pro Heft begrenzt wissen; sie wollten andere Geschichten erzählen und dafür neue Bilder finden. «Im Mai 1968 organisierten wir mit der Gewerkschaft eine Versammlung, zu der auch die verantwortlichen Redakteure gebeten wurden», erinnerte sich später Jean Giraud. «Goscinny war der einzige, der kam. Er stand mutterseelenallein vor der aufgebrachten Menge, die ihn angriff, statt mit ihm die Probleme zu besprechen. Dabei war er im Vertrauen darauf gekommen, daß wir zusammen etwas verbessern könnten, und nun mußte er sich fertigmachen lassen. Ich glaube, er hat das nie verwunden.»

Tatsächlich trat Goscinny, der denen, die ihn jetzt attackierten, einige Jahre zuvor die Türen geöffnet hatte, als Chefredakteur zurück, und *Pilote* setzte im Juni drei Wochen lang das Erscheinen aus. Doch dann ging es weiter, und mit neuen Ideen und Konzepten wurde *Pilote* zum ersten Comic-Magazin, das sich deutlich an eine anspruchsvollere Leserschaft wandte. Goscinny: «Wir machten – nervös – ein neues Magazin und unterdrückten dabei eine Menge Dinge, die geschehen waren.» Allein in den Jahren 1970 bis 1972 veröffentlichten über hundertdreißig verschiedene Künstler in *Pilote*. Zu denen, die in dieser Zeit neu zu dem Magazin stießen, zählen Robert Gigi, Claire Bretécher, Philippe Druillet, Jacques Tardi, Claude Auclair, Jean-Pierre Dionnet, Philippe Caza, F'murr, Yves Got, Jean Solé, René Pétillon, Annie Goetzinger, Jean-Claude Forest und Enki Bilal.

Diese «68er-Generation» betrachtete den Comic als Gegenkultur zu den etablierten Künsten und arbeitete mit großem Elan daran, die traditionellen Muster, Formen und Stile aufzubrechen. *Pilote* änderte seinen Untertitel von «Le Journal d'Astérix et d'Obélix» in «Le Journal qui s'amuse à réfléchir» (etwa: Das Magazin, das es lustig findet nachzudenken) und wurde zum aufregendsten Comic-Magazin seiner Zeit. Nie zuvor hatte sich der Comic in einer einzigen Zeitschrift so experimentell und vielseitig präsentiert wie zu Beginn der siebziger Jahre in *Pilote*.

Doch der Konflikt zwischen künstlerischen Freiheiten und den redaktionellen Zwängen einer Publikumszeitschrift schwelte weiter. Cabu und Reiser verließen das Blatt. 1972 lehnte Goscinny die Veröffentlichung einer Folge von *Concombre Masqué* ab. Nikita Mandryka hatte diese satirische Serie, 1964 begonnen und seit einem Jahr bei *Pilote*, anfangs in einem klassischen Funnystil gezeichnet, kultivierte nun aber immer stärker einen absurden Humor im Stile George Herrimans oder E. C. Segars: In der inkriminierten Episode ließ er die «maskierte Gurke» zehn Seiten lang zuschauen, wie in einem japanischen Zengarten eine Gruppe von Felsblöcken aus dem Kies hervorwächst.

Mandryka protestierte, verließ zusammen mit Marcel Gotlib *Pilote* und gründete noch im gleichen Jahr eine eigene Zeitschrift, *L'Echo des Savanes*. Das Experiment gelang und führte dazu, daß auch andere Zeichner neue Magazine aus der Taufe hoben. Anfang

Szene aus der von René Goscinny für das Magazin Pilote abgelehnten Concombre-Masqué-Geschichte von Nikita Mandryka. © Nikita Mandryka

1975 kehrten Dionnet, Giraud und Druillet *Pilote* den Rücken und starteten mit *Métal Hurlant* die erfolgreichste dieser «revues modernes». Im gleichen Jahr verließ Gotlib auch *L'Echo des Savanes* und machte sich mit *Fluide Glacial* selbständig. Auch bereits etablierte Verlage schwenkten auf den neuen Trend ein. Die Editions Glénat lancierte 1975 mit *Circus* ein Comic-Magazin für erwachsene Leser, und Casterman, der traditionsreiche Verlag von *Tintin*, ließ drei Jahre später *(A Suivre)* folgen.

«Kaum spürbar oder radikal, *Pilote* hat nie aufgehört, sich ständig zu verändern», notierte Jean-Pierre Dionnet 1972 in «Histoire de la Bande Dessinée d'Expression Française», einer ersten Historie der frankobelgischen Comics. «Fast hat man den Eindruck, verschiedene Magazine zu lesen, die den gleichen Titel tragen, was jede Nomenklatur unmöglich macht.» Im Gegensatz zu *Tintin* oder *Spirou*, deren Zeichner sich an einem klar definierten redaktionellen Stil orientierten, war *Pilote* zu Beginn der siebziger Jahre zu einer Autorenzeitschrift geworden, deren Beiträge deutlich die persönliche Handschrift ihrer Szenaristen und Künstler erkennen ließen und die dieses Prinzip zum Konzept erkor. Da feststehende Serienfiguren meist fehlten, veröffentlichte der Verlag Dargaud die Albumnachdrucke in Reihen wie «Histoires Fantastiques» oder «Portraits Souvenirs», deren Einzelbände nur durch ihre Themen eine lockere Verbindung erkennen ließen.

Zum herausragendsten Vertreter dieser ersten Generation moderner Comic-Zeichner wurde Philippe Druillet (* 1944). Er hatte zuvor als Fotograf, Illustrator für verschiedene Science-Fiction-Magazine und als Schauspieler gearbeitet. 1970 setzte er in *Pilote* seine Serie *Lone Sloane* fort, deren erster Teil vier Jahre zuvor, schwarzweiß und noch sehr ungelenk gestaltet, bei Losfeld erschienen war. Druillets archetypische Architekturen, die oft an Grafiken M. C. Eschers erinnern, seine dämonischen Krieger, Mutanten und dreidimensional wirkenden Planetenlandschaften offenbarten schwindelerregende Zeichenwelten, wie sie der Comic noch nie zuvor dargeboten hatte: Jeder Strich seiner Zeichnungen scheint die Seiten sprengen zu wollen (nicht wenige seiner Originale haben Abmessungen von 1 mal 1,5 Meter), und angesichts seiner gewagten Layouts und ornamentierten Panels, die sich in den ungewöhnlichsten Formen und oft collagenartig angeordnet präsentieren, fiel sein unbeholfener Umgang mit der Anatomie und Mimik seiner Figuren kaum mehr ins Gewicht.

Parallel zu weiteren Storys wie *Yragael* (1973) und *Urm le Fou* (1974) in *Pilote* begann Druillet 1974 in dem Comic-Fachmaga-

Ende der sechziger Jahre machte René Goscinny das Magazin Pilote zum Experimentierfeld für eine neue Generation junger Künstler. In Lone Sloane blätterte Philippe Druillet Zeichenwelten auf, wie sie der Comic zuvor noch nicht gezeigt hatte. © Dargaud

*Psychedelische Phantasiewelten und Kritik der Konsumgesellschaft verbinden sich bei Philippe Caza oft zu gezeichneten Alpträumen. © Humanos*

zin *Phénix* die Serie *Vuzz*, mit der er das Prinzip des «assoziativen Zeichnens» erprobte (eine Technik, die später vor allem Moebius zu seinem Markenzeichen machen sollte): Hatte er bislang bis zu fünfzehn Tage an einer Seite gearbeitet, so brachte er von *Vuzz*, in einem flüchtigen Schwarzweißstil und ohne vorher festgelegtes Script, bis zu drei Seiten pro Tag zu Papier; die «Storys» entwickelten sich ausgehend von einer Idee beim Zeichnen praktisch von selbst. Im gleichen Jahr verließ Druillet *Pilote*, veröffentlichte kurzzeitig in *L'Echo des Savanes*, begann 1975 in *Rock & Folk* sein Meisterwerk *La Nuit* (Die Nacht), ein alptraumhaftes Epos, das stark von den persönlichen Konflikten des Zeichners, ausgelöst durch den Tod seiner Frau Nicole, geprägt ist, und wurde zum Mitbegründer des Magazins *Métal Hurlant*, in dem er neben anderen Arbeiten auch *Vuzz* wieder aufgriff. 1980 begann er seine Trilogie *Salammbô*, inspiriert durch Motive des gleichnamigen Romans Gustave Flauberts über die Zerstörung Karthagos, das in Druillets Interpretation zum Planeten wird.

Neben seinen Comics zuletzt erschien 1989 mit *Nosferatu* eine sehr freie und ebenfalls in die Zukunft verlegte Interpretation der «Dracula»-Erzählung Bram Stokers beziehungsweise ihrer Verfilmung durch Friedrich Wilhelm Murnau – hat sich Druillet in den vergangenen Jahren auch mit anderen künstlerischen Arbeiten einen Namen gemacht. Er entwarf Glasskulpturen und Lampen für die renommierte Firma Daum, die Inneneinrichtung der Brasserie Balthasar in der Pariser rue de la Roquette, gestaltete Buchumschläge, arbeitete für die Werbung, produzierte Real- und Zeichentrickfilme und fand zusätzlich noch Zeit, monumentale Ölbilder zu malen. Das Projekt der Ausgestaltung der Metrostation Porte de la Villette in Paris konnte jedoch nicht mehr realisiert werden, nachdem der französische Kulturminister Jack Lang durch Philippe Léotard abgelöst worden war.

1970 hatte Caza (Philippe Cazamayou, * 1937) sein erstes Album *Kris Kool*, ebenfalls bei Losfeld, veröffentlicht und war im Jahr darauf zu *Pilote* gestoßen, für das 1975 die bemerkenswerte Reihe *Les Chroniques de la Vie en Banlieu* entstand. Diese «Vorstadtchroniken» zählen zu den eindrucksvollsten Werken der modernen französischen Comic-Kunst. Während die Großstadt in Will Eisners *Spirit* zur Bühne menschlicher Schicksale wird, sind die Vorstädte Cazas alptraumerzeugende Maschinen seelenlosen Grauens, deren Hochhausbewohner sich in einer Geschichte, als nach einem Stromausfall die Bilder in den Fernsehgeräten verlöschen, in den sonst ausgestorbenen Straßen der Trabantenstadt zu einer Horde fleddernder Bestien zusammenrotten. Caza – er taucht in etlichen Geschichten selbst auf und versucht einmal, in einem seetüchtigen Pappkarton aus seiner Wohnparzelle auf eine Südseeinsel zu entkommen – hat seine von Moebius' Fantasystricheleien und Robert Crumbs Hippiephantasien beeinflußten Drogenvisionen und Ökoträumereien als Attacke gegen eine entmenschlichte Architektur und Städteplanung gerichtet, der das revoltierende Lebensgefühl der «Langhaarigen» manchmal als positive Alternative gegenübergestellt wird. 1978 wechselte Caza zu *Métal Hurlant*. Seine jüngste Reihe, die Heroic-Fantasy-Serie *Le Monde d'Arkadi* (1989), läßt allerdings die Kraft seiner früheren Arbeiten vermissen.

Mit phantastischen Kurzgeschichten debütierte 1972 auch der in Belgrad geborene Enki Bilal (* 1951) in *Pilote*. Besonders seine in Zusammenarbeit mit Pierre Christin als Autor entstandenen «Légendes d'aujourd'hui» (etwa: Heutige Legenden) sollten schon bald zu den Höhepunkten des Magazins zählen. Bereits 1972 hatte Christin für Jacques Tardi das Szenario für die Geschichte *Rumeurs sur le Rouergue* (Aufruhr in der Rouergue) geschrieben, in der er erzählte, wie die Errichtung einer Mine in der französischen Provinz verhindert wird, indem sich die Bewohner mit den Elfen, Gnomen und Kobolden des Waldes verbünden. Das Album wurde zum Pilotprojekt für eine Reihe von Bilal gezeichneter Comic-Romane, in denen Politfiktion und Phantastik eine gelungene Mischung eingehen und die sich heute wie eine Chronik der gesellschaftlich relevanten Themen der siebziger Jahre lesen: In *La Croisière des Oubliés* (Die Kreuzfahrt der Vergessenen, 1975) geht es um geheime Militärversuche mit der Schwerkraft, die die Landwirtschaft eines Bauerndorfes gefährden; mittels eines gestohlenen Antischwerkraftgenerators erhebt sich das Dorf eines Tages in die Lüfte und bricht zu einem Protestflug über Frankreich auf. In *Le Vaisseau de Pierre* (Das steinerne Schiff, 1976) soll ein Fischerdorf in der Bretagne einem Touristenzentrum weichen; als die Polizei den Widerstand der Bewohner mit Gewalt zu brechen versucht, setzt ein Druide vergessene Kräfte ein. In *La Ville qui n'existait pas* (Die Stadt, die es nicht gab, 1977) versucht die vom schlechten Gewissen geplagte Erbin eines Kleinstadtkapitalisten eine Idealstadt für Arbeiter zu errichten, und in *Les Phalanges de l'Ordre Noir* (Schlaf der Vernunft, 1979) stoßen, auf dem Höhepunkt der Terrorismusdebatte, die gealterten Helden der Internationalen Brigaden noch einmal auf ihre ehemaligen Gegner aus dem Spanischen Bürgerkrieg.

Der reifste und letzte Band der «Legenden» ist das 1983 erschienene Album *Partie de Chasse* (Treibjagd), in dem sich führende Parteifunktionäre aus den Ländern des damals noch real existierenden Sozialismus vor der bizarren Kulisse eines abgeschieden gelegenen Luxushotels irgendwo im verschneiten Polen zu einer gemeinsamen Jagdpartie treffen. Langsam entrollen sich vor dem Leser die Biographien der Protagonisten und führen ihn in eine Welt voller enttäuschter Hoffnungen, verblaßter Illusionen, vertuschter Intrigen und brutaler Ränkespiele um die Macht.

Zeitgeistchronik des ausklingenden Jahrhunderts: La Foire aux Immortels von Enki Bilal. © Humanos

Immer bedrohlicher wird die Atmosphäre der Erzählung, und immer klarer schält sich der wahre Grund für das Treffen heraus: Das Wild wird diesmal kein Bär sein, sondern ein Genosse, der vom Kurs abgewichen ist. Unter der ausgelassenen Oberfläche brodelt die Grausamkeit der Vergangenheit. Die verkrusteten Strukturen einer erstarrten Macht, längst zum Selbstzweck geworden und ohne jeden Bezug zur Realität, hat Bilal in düsteren Farben eingefroren. Selbst in Szenen, die Bewegung und Aktion darstellen, bleiben die Bilder statisch und wirken tonnenschwer: Ein startender sowjetischer Hubschrauber erscheint wie über den Menschen am Himmel aufgehängt, die Gesichter der Charaktere bleiben merkwürdig artifiziell und wie versteinert, selbst wenn sie starke Emotionen ausdrücken sollen.

Während Christins Szenarios im Laufe der Zeit nüchterner und in der Recherche ihrer Themen präziser wurden, überzog Bilal seine Zeichnungen immer stärker mit einem Schleier des Unwirklichen. Schon 1980 hatte er mit *La Foire aux Immortels* (Die Geschäfte der Unsterblichen) ein erstes Album vorgelegt, bei dem auch die Geschichte aus seiner Feder stammte. Schauplatz ist das Paris des Jahres 2023, ein faschistischer Stadtstaat, der in zwei getrennte Bezirke unterteilt ist: das von der privilegierten Klasse bewohnte Zentrum und einen Teil, der von Verelendung, Müll und Entartung geprägt ist. Über dieser Szenerie taucht plötzlich ein pyramidenförmiges Raumschiff mit den Göttern der Unsterblichkeit auf, denen der Treibstoff ausgegangen ist. Und mitten in das entstehende Chaos hinein platzt nach dreißig Jahren Tiefschlaf Alexander Nikopol, der Bruno Ganz wie aus dem Gesicht geschnitten ist und dessen Sinnsuche innerhalb einer entmenschlichten und degenerierten Welt Bilal später noch zwei weitere Bände, *La Femme Piège* (Die Frau in der Zukunft, 1986) und *Froid-Equateur* (Äquatorkälte, 1993), widmete.

Mit dieser Trilogie wandte sich Bilal von der argumentativen Kultur der siebziger Jahre ab und jenem künstlerischen Ausdruck zu, den der Kunstwissenschaftler Otto K. Werckmeister als «Zitadellenkultur» bezeichnet hat: «die künstlerische und intellektuelle Kultur der demokratischen Industriegesellschaft in den achtziger Jahren, die sich in einem permanenten Krisenbewußtsein ausdrückt, doch nicht, um diese klären zu helfen, sondern nur, um Schocks, Besorgnisse, Verzweiflungen zu registrieren.» Ihre stärkste Wirkung beziehen die Nikopol-Bände aus einem bewußten Einsatz schmutzig-kalter Farben, die Bilal nicht wie sonst üblich auf Andrucke der Schwarzweißzeichnungen, sondern direkt auf die Originale auftrug, was den Seiten eine beeindruckende, streckenweise beängstigende Plastizität verleiht: Kaum ein anderer Comic-Künstler hat den Zeitgeist der achtziger Jahre so präzise abgebildet wie Bilal in seiner Nikopol-Trilogie.

Mit Annie Goetzinger (* 1951) stieß 1972 auch eine der wenigen naturalistischen Zeichnerinnen zu *Pilote*. Ihre besten Arbeiten schrieb ebenfalls Christin, der mit *La Démoiselle de la Légion d'Honneur* (Das Fräulein von der Ehrenlegion, 1979), *Diva* (1981), *La Voyageuse de la Petite Ceinture* (1984) und *Charlotte et Nancy* (1987) ein ähnliches Konzept verfolgte wie bereits bei seinen «Legenden», sich aber stärker auf das Innenleben der Charaktere als auf die Entwicklung von Themen konzentrierte. Mit ihrem feinfühligen und zurückhaltenden Stil zeichnete Annie Goetzinger 1992 nach einem Szenario von Jón S. Jónsson und Andreas C. Knigge auch den Band *Die verlorene Zukunft* für den deutschen Carlsen Verlag. Dieser erste Comic-Roman zum Thema Aids wurde ihr international größter Erfolg. Nach dem von ihr selbst geschriebenen Album *Barcelonight* folgte 1996 wieder in Zusammenarbeit mit Christin der Comic-Roman *La Sultane Blanche* (Die Frau des Sultans), eine äußerst sensible Erzählung um eine alternde Engländerin, die ganz in der Welt ihrer Phantasie lebt und durch ihre Isolation jeden Bezug zur Realität verloren hat.

*Pilote* bot Stoff für die Augen, für das Hirn und für den Bauch. Neben phantastischen Bilderwelten und intelligent erzählten Ge-

Annie Goetzinger ist eine der wenigen erfolgreichen Zeichnerinnen. Ihre von Pierre Christin geschriebenen, einfühlsam illustrierten Comic-Romane gehören zu den beeindruckendsten Werken des modernen französischen Comics. Szene aus La Sultane Blanche. © Dargaud

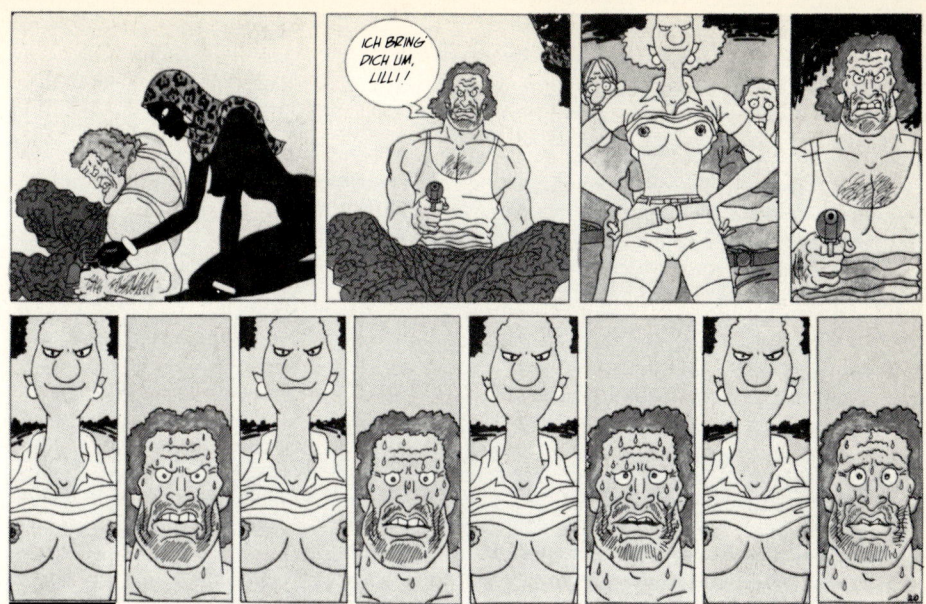

*In seinen Geschichten für Pilote lieferte Gérard Lauzier mit Vorliebe auch spitze Parodien auf die linken Mythen. Szene aus Lili Fatale. © Dargaud*

schichten wurde das Blatt in den frühen siebziger Jahren vor allem durch den Humor einer jungen und frechen Zeichnergeneration geprägt. Programmatisch repräsentierten diesen anarchischen und antiautoritären Witz Gérard Frydman und Touis (Vivian Miessen) ab 1971 drei Jahre lang mit ihrer minimalistisch gezeichneten Serie *Sergent Laterreur* um einen «Terrorsergeanten», der eine Gruppe dienstunfähiger Soldaten tyrannisiert. In einem Stil, der an die Comic-Strips von Johnny Hart und Brant Parker erinnert, brachte Claire Bretécher in *Cellulite* (1969) die vergeblichen Versuche einer nicht eben hübschen Prinzessin, ihren Traumprinzen zu finden, zu Papier. Gotlib und Alexis (Dominique Vallet) verulkten in *Cinémastok* (1970) Themen der Literatur, des Kinos und des Fernsehens. René Pétillon parodierte mit *Jack Palmer* (1974) das Genre der Privatdetektive, Alexis mit *Al Crane* (1976) den Western, und

Jacques Lob schuf 1972 zusammen mit Gotlib Superdupont, einen chauvinistischen französischen Superhelden mit einem Kostüm in den Farben der Trikolore, der nur durch einen unterkühlten Bordeaux oder tiefgefrorenen Camembert zu stoppen ist. (Mit Gotlibs Weggang von *Pilote* wurde *Superdupont* in *Fluide Glacial* von verschiedenen Zeichnern, unter anderen Alexis und Jean Solé, fortgesetzt.)

Das alles präsentierte sich in einem frischen und neuen Ton, der die Aufbruchstimmung und Modernität der siebziger Jahre lebendig widerspiegelt und in seinen besten Momenten die Themen, die dieses Jahrzehnt prägten, reflektierte. 1974 stieß Gérard Lauzier (* 1932) zu *Pilote* und reaktivierte in *Lili Fatale* (Die tödliche Lilli) eine Geheimagentin a. D., um in Afrika die Befreiungsbewegung gegen den Despoten Haribo Idi-Dada zu unterstützen, der sich für einen unehelichen Sohn de Gaulles hält. Es stellt sich jedoch heraus, daß die Revolution nicht nur gleichzeitig von der CIA, dem KGB und Rotchina finanziert wird, sondern auch von Präsident Idi-Dada selbst, der auf diese Weise amerikanische Gelder erpreßt. Dieser rasanten Persiflage auf die linke Folklore der Zeit nach 1968 ließ Lauzier noch im gleichen Jahr die spritzig gezeichnete Reihe *Tranches de Vie* folgen und schuf mit diesen Geschichten um Feministinnen und Machos, Intellektuelle in der Midlife Crisis, Aussteiger, Aufsteiger, Absteiger und Umsteiger ein satirisches Soziogramm des «Toute-Paris». Mehrere seiner treffsicher geschilderten Szenen bildeten auch Vorlagen für Theaterstücke. Lauzier widmete sich ab Anfang der achtziger Jahre mit liebevoll erzählten Filmen wie «Kleiner Spinner» (1983) oder «Mein Vater, der Held» (1991) vornehmlich dem Kino und wandte sich erst 1992 mit dem Album *Portrait de l'Artiste* wieder dem Comic zu.

Weitere Glanzlichter des neuen *Pilote* steuerten vor allem Fred (Othon Aristides), Régis Franc und F'murr (Richard Peyzaret) bei. Letzterer begann 1975 die Serie *Génie des Alpages*, deren absurde Nonsensgeschichten um einen Schäfer in den Alpen an das verrückte Talent eines George Herriman erinnern. Möglich war diese experimentelle Comic-Kunst vor allem durch den Erfolg von *Astérix*, der es dem Verlag Dargaud erlaubte, ohne Rücksicht auf ökonomische Risiken neue Wege einzuschlagen. Das Feuerwerk an Ideen und Stilen täuschte jedoch nur oberflächlich darüber hinweg, daß die Stimmung innerhalb der Redaktion weiterhin angespannt blieb. Weitere Zeichner sprangen ab und wechselten zu den neu gegründeten Magazinen. Cabu setzte seinen *Grand Duduche* ab 1972 in *Charlie* fort, Claire Bretécher folgte Gotlib und Mandryka zu *L'Echo des Savanes* und begann 1973 auf den Seiten des *Nouvel Observateur* ihre Serie *Les Frustrés* (Die Frustrierten) über die Neurosen der langsam bürgerliche Marotten entwickelnden Linken.

Jean-Michel Charlier, nach wie vor neben Goscinny Chefredakteur von *Pilote*, zeigte sich frustriert angesichts des Umstandes, daß die von ihm geschriebenen klassischen Abenteuerserien nach und nach aus dem Blatt verschwanden, und gab seinen Posten 1973 an Guy Vidal ab. Im Juni des nächsten Jahres wurde *Pilote* von wöchentlichem auf monatliches Erscheinen umgestellt, und wenig später trat auch der zermürbte Goscinny ab, um sich fortan ganz auf *Astérix* zu konzentrieren. Schon 1970 hatten sich die Grabenkämpfe bei *Pilote* in dem Album «Der große Streit» widergespiegelt. «Die große Überfahrt» lautete der Titel des neuen *Astérix*-Bandes: Goscinny ließ das Magazin, dessen Geschicke er fünfzehn Jahre lang gelenkt hatte, hinter sich und brach zu neuen Ufern auf. Auch wenn es zu diesem Zeitpunkt noch niemand bemerkte: *Pilote*, das Flaggschiff einer neuen französischen Comic-Kultur, begann zu sinken.

## «Jedem Zeichner ein eigenes Magazin!»

Die Veränderungen, in deren Zentrum *Pilote* während der ersten Hälfte der siebziger Jahre stand, hatten ihren Anfang im September 1960 genommen, als George Bernier und François Cavanna eine zunächst kleinformatige Satirezeitschrift mit dem Titel *Hara-Kiri* starteten, die überwiegend in Paris verkauft wurde. Von der ersten Ausgabe an lieferte, anfangs noch unter dem Pseudonym Jiem, Jean-Marc Reiser (1941–1983) regelmäßig Beiträge. Er hatte im Jahr zuvor erste Zeichnungen in der Werbezeitschrift eines Spirituosenfabrikanten veröffentlicht, deren minimalistischer, aber treffsicherer Strich an Sempés *Petit Nicolas* erinnert.

Auf den Seiten von *Hara-Kiri* begann Reiser 1963 eine Serie um einen kleinen Jungen und dessen trunksüchtigen Vater, in der sich auch die schmerzhafte Leere der eigenen verlorenen Kindheit – Reiser hatte seinen Vater

Jean-Marc Reisers Schweinepriester in der Metro.
© Albin Michel

nie kennengelernt und war in einem Heim in der Normandie aufgewachsen – widerspiegelt. Zwei Jahre später erschien *Mon Papa* (Mein Papa) als Reisers erstes Album. Danach wurde sein Stil provokanter, das Ziel seiner bissigen Attacken deutlicher: Es geht um bürgerliche Selbstzufriedenheit, die politische Unvernunft und moralische Verlogenheit, die er schonungslos in krassen, manchmal obszönen Zeichnungen enttarnt. Und natürlich immer wieder um den «Kampf der Geschlechter».

Reisers Figuren sprechen das klassische Pariser Argot, sind häßlich und verwahrlost, wirken in der Tragik ihres hoffnungslosen Daseins aber dennoch zutiefst menschlich. Seine Seiten erscheinen kunstlos und hingeworfen, doch es ist gerade diese scheinbare Flüchtigkeit, die ihre Wirkung ausmacht: Reiser ist ein Meister der Reduktion, jeder Punkt und jeder Strich sitzt an der richtigen Stelle und erzeugt präzise die gewollte Wirkung. Trotz aller Zweifel an der Spezies Mensch bleibt immer Hoffnung, gewährt er seinen Figuren immer Schlupflöcher, durch die sie in jene kleinen Nischen entkommen können, in denen sie ihre Autonomie aufrechterhalten. Für die schlampige Rabenmutter in *Jeanine*, posthum 1987 veröffentlicht, ist das die Unangepaßtheit, mit der sie sich den Anforderungen einer normierten Gesellschaft widersetzt, für den proletenhaften Helden in *Gros Degueulasse* (Der Schweinepriester, 1982) dessen chronischer Haß auf seine Umwelt: «Glückliche Menschen gehn mir auf die Eier» ist sein Motto. Zunächst von den französischen Sittenwächtern als Pornograph denunziert, gilt Reiser heute als Klassiker des antiautoritären Humors. Er starb 1983 nur zweiundvierzigjährig an Krebs. 1987 wurde in seinem Geburtsort Longwy in Lothringen ein Gymnasium nach ihm benannt.

1961 wurde *Hara-Kiri*, zu dem inzwischen weitere Zeichner wie Georges Wolinski und Cabu gestoßen waren, zum ersten Mal von der französischen Zensur verboten und konnte sechs Monate lang nicht erscheinen. Ein zweites Verbot erfolgte 1966 und bewirkte, daß etliche Zeichner, darunter auch zeitweise Reiser, zu *Pilote* wechselten. Dank der Unterstützung unter anderem von Simone de Beauvoir, Georges Brassens, Alain Resnais und Jean-Paul Sartre konnte das Blatt im nächsten Jahr wieder erscheinen, und im Klima des französischen Nach-Mai entstanden 1969 zwei weitere Magazine: *Hara-Kiri Hebdo*, das wöchentlich parallel zur Monatsausgabe erschien, und *Charlie*. *Charlie* veröffentlichte neben Arbeiten der *Hara-Kiri*-Zeichner auch Nachdrucke amerikanischer Zeitungsstrips wie *Li'l Abner* oder *Peanuts*, Comics ausländischer Künstler wie Guido Buzzelli, Alberto Breccia, Benito Jacovitti, Milo Manara, José Muñoz und Joost Swarte und öffnete seine Türen wie *Pilote* auch einer neuen Generation junger französischer Zeichner. Als *Hara-Kiri Hebdo* im November 1970 satirisch auf den Tod de Gaulles reagierte und auf Anordnung des Innenministeriums erneut Opfer der Zensur wurde, benannte der Verlag das Magazin kurzerhand in *Charlie*

*Hebdo* um, um das Veröffentlichungsverbot zu unterlaufen.

Zu diesen drei Zeitschriften der Editions du Square und *Pilote* kam im Mai 1972, während der ersten drei Jahre vierteljährlich, anschließend monatlich, das von Gotlib, Nikita Mandryka und Claire Bretécher gegründete *L'Echo des Savanes* hinzu. Als Bretécher wenig später im *Nouvel Observateur* ihre Serie *Les Frustrés* begann und Gotlib sein eigenes Magazin *Fluide Glacial* startete, fand sich Mandryka plötzlich allein mit dem Heft, doch es gelang ihm, die Situation durch das Hinzugewinnen neuer, interessanter Zeichner zu meistern. Zu den Highlights von *L'Echo* zählen die erfrischend anarchische Serie *Baron Noir* (1976) von René Pétillon und Yves Got sowie die frechen, in ihrer Verletzung von Tabus oft sogar noch die Arbeiten Reisers übertreffenden Kurzgeschichten, mit denen Philippe Vuillemin Rassismus, kirchliche Doppelmoral oder verklemmte Sexualität in provozierender Weise attackiert. «Ligne crado» (wörtlich: schmutzige Linie) hat Vuillemin (* 1958) selbst seinen schmuddelig wirkenden Stil in Anspielung auf Hergés «Ligne claire» genannt. «Jedem Zeichner ein eigenes Magazin!», lautete die Parole des Aufbruchs, doch die meisten der neu gegründeten Zeitschriften, etwa *Le Canard Sauvage* (1973) oder *Mormoil* (1974), mußten bereits nach wenigen Ausgaben wieder die Segel streichen.

Ähnlich wie bei den Zeichnern des amerikanischen Undergrounds wurde auch in Frankreich die Erotik zu einem wichtigen Thema gewollter Tabuverletzung und Provokation, ohne daß sich der erotische Comic jedoch als eigenständiges Genre manifestierte. Zu den wenigen Ausnahmen zählen die Arbeiten George Pichards (* 1920), der 1956 mit dem Zeichnen von Comics begonnen hatte und acht Jahre später nach einem Szenario von Jacques Lob in einem aggressiv karikierenden Stil die Serie *Ténébrax* um eine Armee von Ratten zeichnete, die in den Pariser Metrostationen und Katakomben ihr Unwesen treiben. Neben der poetisch-phantastischen Serie *Submerman* (1967) in *Pilote* hatte er 1966 mit Danie Dubos als Autorin die Serie *Lolly Strip* um eine Stripteasetänzerin, die nach Istanbul entführt wird, begonnen, der

Georges Pichard: Blanche Epiphanie. © du Square

mit *Blanche Epiphanie* (1966), *Ulysse* (1967) und in *Charlie* schließlich mit *Paulette* (1970) weitere erotische Arbeiten folgten.

*Paulette*, geschrieben von Georges Wolinski, schildert die rasante Odyssee der gleichnamigen Heldin durch eine turbulente Abenteuerwelt, in der sich linke Folklore mit sämtlichen Klischees der Trivialliteratur zu einem aberwitzigen Cocktail mischt. Die schrille Satire dieser Gattungstravestie ließ Pichard in seinem gleichermaßen berühmtesten wie umstrittensten Werk *Marie-Gabrielle* (1977), deren Heldin sich in einem Kloster seitenlangen, minutiös geschilderten sadistischen Folterorgien unterziehen muß, vermissen. Daß die angeblich von de Sade inspirierte Attacke gegen kirchliche Moral nicht überzeugt, liegt vor allem daran, daß Pichards naturalistischer, in den Details penibler und durch eine geschickte Punktierungstechnik fast dreidimensional wirkender Stil stärker dazu angetan ist, dem Voyeurismus Vorschub zu leisten, als dies beispielsweise bei den Werken Guido Crepax' der Fall ist. In weiteren Bänden wie *L'Usine* (1978), einer Adaption von Prosper Merimées «Carmen» (1981), oder *Mémoires d'un Don Juan* (1991) nach Guillaume Apollinaire zeigte sich Pichard glücklicherweise zurückhaltender.

Während das Markenzeichen der neuen «revues modernes» die Stilvielfalt und Experimentierfreudigkeit war, verfolgte Gotlib mit dem 1975 gegründeten *Fluide Glacial* ein anderes Konzept und beschränkte sich ausschließlich auf einen überdrehten Humor, wie er ihn bereits zuvor in *Pilote* praktiziert hatte. Marcel Gotlib (* 1934) hatte bereits Mitte der fünfziger Jahre Titelbilder für *Le Journal de Mickey* gestaltet und war 1962 zu *Vaillant* gestoßen, für das er verschiedene Jugendserien, darunter *Gai-Luron* (1964) um einen an Tex Averys Droopy erinnernden Hund, zeichnete. Gleichzeitig entdeckte er *Mad*, dessen Humor seine späteren Arbeiten stark beeinflußte. Bei *Pilote* erhielt er schließlich die Möglichkeit, für ein älteres Publikum zu zeichnen und eine

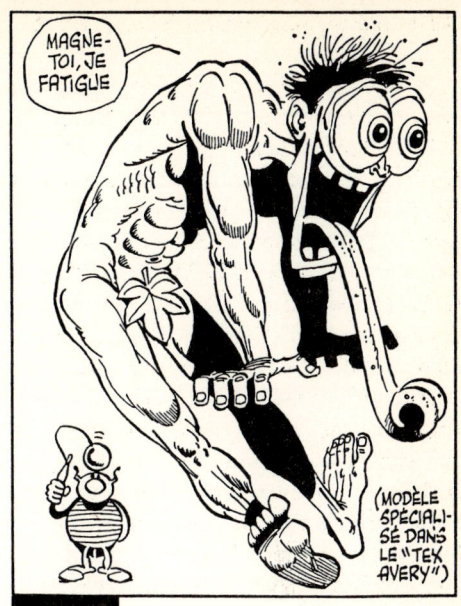

Marcel Gotlib: *Rubrique-à-Brac*. © Dargaud

hintergründigere Form der Satire zu entwickeln. Zusammen mit René Goscinny entstand die Serie *Les Dingossiers* (1965), deren Prinzip es ist, typische Alltagssituationen außer Kontrolle geraten zu lassen. Als sich Goscinny nach drei Jahren von den *Dingossiers* zurückzog, begann Gotlib in ähnlicher Manier seine *Rubrique-à-Brac*.

Mit der Trennung von *Pilote* wurde Gotlibs Witz provokanter. Schon 1971 hatte er für die Zeitschrift *Rock & Folk* die Serie *Hamster Jovial* (Hamster Fidel und seine Wölfchen) begonnen, die nach wie vor zu seinen besten Arbeiten zählt: Ein aufrechter Pfadfinderführer versucht, seinen Schützlingen – riskanterweise verschiedenerlei Geschlechts – traditionelles Liedgut nahezubringen, doch hinter seinem Rücken knutschen und fummeln die drei Wölfchen lieber miteinander zu den neuesten Rockscheiben und frönen einer ganz anderen Romantik als der des Lagerfeuers. Für *Fluide Glacial* schuf er 1976 die äußerst komische Figur des lüsternen Exhibitionisten Peter Pervers. Gotlib hat seinen Zeichenstil seit Anfang der siebziger Jahre kaum weiterentwickelt; sein Erfolgsrezept bleibt eine spritzige Mischung aus Sex und Slapstick, in die er zuweilen auch Figuren wie Groucho Marx, Barbarella, Superman und den Weihnachtsmann verwickelt. Seine mit komischen Details überfrachteten Bilder, seine Charaktere, die sich Verrenkungen unterziehen als seien ihre Knochen aus Gummi, und sein schriller Dialogwitz erwecken den Eindruck einer nie endenden Tortenschlacht.

Dieser Tradition schlossen sich weitere Zeichner an, die in den nächsten Jahren zu *Fluide Glacial* stießen, allen voran Edika (Edouard Carali) und Daniel Goossens mit ihren absurden Kurzgeschichten, Christian Binet mit seinem Kant lesenden Hund Kador (1977), Jean-Marc Lelong mit der Terroroma Carmen Cru (1982) oder Maester (Jean-Marie Ballester) mit dem verhinderten Verführer Athanagor Wurlitzer (1984). Einen Höhepunkt des subtilen Humors steuerte André Franquin von 1977 bis 1983 mit seinen *Idées Noires* (Schwarze Gedanken) bei.

Anfang 1975 erschien schließlich die erste Ausgabe eines neuen Magazins, das *Pilote* binnen kurzem von seiner avantgardistischen Führungsposition verdrängen sollte: *Métal Hurlant*. Als Herausgeber zeichneten, als «Humanoides Associés», Jean Giraud, Philippe Druillet, Jean-Pierre Dionnet und Bernard Farkas, deren Debütnummer eine elektrisierende Mischung von Beiträgen aus der Feder von Giraud alias Moebius, Druillet, Jean-Claude Gal und Richard Corben bot und deutlich spüren ließ, daß hier ein neues Kapitel der Comic-Geschichte aufgeschlagen wurde. Im Gegensatz zu den anderen neuen Magazinen war *Métal Hurlant* zum Teil farbig, und bereits nach sechs Ausgaben konnte von vierteljährlichem auf zweimonatliches, nach zwei weiteren Nummern dann auf monatliches Erscheinen umgestellt werden.

Allein drei Beiträge der ersten Ausgabe stammen von Moebius. Unter diesem Pseudonym hatte Jean Giraud parallel zu *Blueberry* bereits seit 1963 verschiedene Kurzgeschichten in *Hara-Kiri* sowie nahezu allen anderen der neuen Magazine veröffentlicht und auch für *Pilote* zwei Storys gezeichnet. Im Gegensatz zu dem akribisch und detailliert gestalteten *Blueberry* wirken die frühen Moebius-Arbeiten wie Fingerübungen und sind deutlich von den amerikanischen Underground-Comics beeinflußt, zuweilen mit einem Schlag Humor à la *Mad* versetzt. Doch bald wurden die Seiten zu einer Art Laboratorium, in dem er verschiedene Formen der Erzähltechnik, der Bildsprache und des Layouts ausprobierte.

Vor allem zwei Unterschiede zwischen Giraud und Moebius fallen sofort ins Auge: Während *Blueberry* mit dem Pinsel gezeichnet ist, verwendet Moebius ausschließlich die Feder, die ein spontaneres Arbeiten ermöglicht. Und an die Stelle einer konzipierten Dramaturgie inklusive Recherche von Kleidung, Landschaften oder Architektur tritt ein episodenhaftes Erzählen voller Sprünge und Unwägbarkeiten: Giraud bildet die Wirklichkeit ab, sein Alter ego erfindet sie neu. Moebius' «Geschichten» beginnen mit einem Ereignis oder einer Situation und nehmen dann einen fast meditativen Verlauf: Sie sind nicht auf den Leser ausgerichtet, der einen durchschaubaren, kontinuierlichen Handlungsverlauf erwartet, sondern entwickeln sich assoziativ im Kopf des Zeichners von Szene zu Szene. Nach diesem Prinzip hatte Giraud bereits als Jugendlicher seine ersten Comics gezeichnet: «Mit sechzehn besuchte ich die Hochschule für angewandte Kunst. Abends zeichnete ich zu Hause in ein Heft, Panel für Panel, Seite für Seite, ohne vorzuskizzieren, wie es gerade kam, und ohne Szenario, und das Abenteuer entwickelte sich von selbst immer weiter. Eines Tages stellte ich fest, daß ich über vierzig Seiten beisammen hatte.»

Mit *Arzach*, Moebius' erster bedeutender Farbarbeit, deren fünf Episoden (eine zweiseitige Folge blieb schwarzweiß) in den ersten

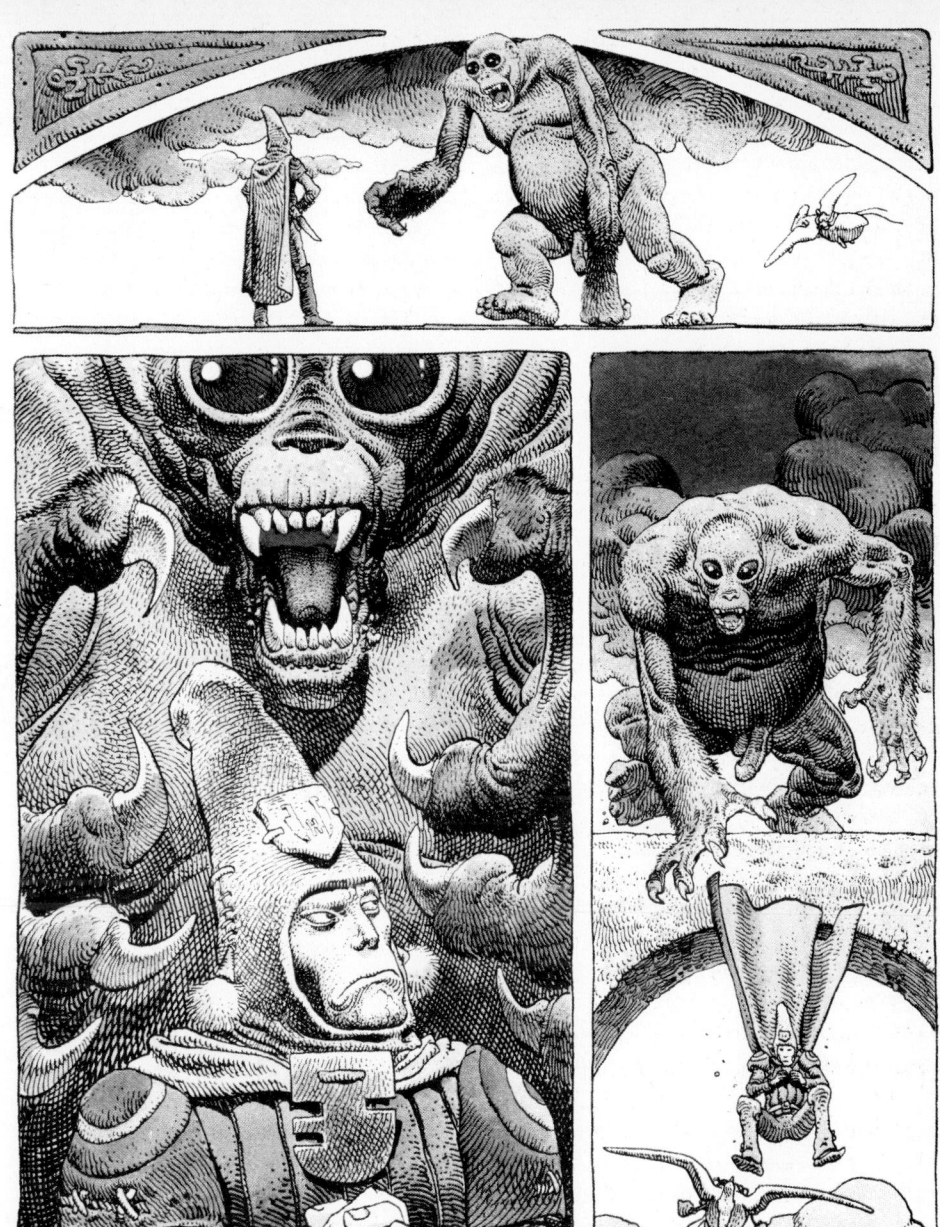

*Mit seinen Nonsens-Geschichten um Arzach läutete Moebius 1975 eine neue Ära der europäischen Comic-Geschichte ein. © Starwatcher*

Ausgaben von *Métal Hurlant* erschienen, befreite er sich von weiteren Konventionen der klassischen Comic-Erzählung. Zwar gibt es eine Serienfigur, einen apathisch wirkenden Krieger, der auf einem Flugsaurier reitet, doch bereits in der zweiten Folge heißt dieser Harzak, dann Harzack, Arzack und schließlich Harzakc. Von größerer Bedeutung ist jedoch eine neue Farbtechnik, die Moebius hier erstmals anwandte. Bislang wurde die Farbe in der Regel nicht auf das Original aufgetragen, sondern – vom Zeichner selbst oder von einem Koloristen – auf einen Andruck der schwarzen Konturzeichnung. Diese Methode bietet mehrere Vorteile: Zum einen erlaubt sie dem Zeichner, verschiedene Farbwirkungen auszuprobieren, zum anderen wird der Gefahr vorgebeugt, daß die Strichzeichnung (die separat reproduziert und dann als Film über die Farben gelegt wird) übermalt wird. Diese Trennung von Original und Farbe hob Moebius bei *Arzach* auf, indem er die Seiten direkt kolorierte und ihnen somit eine fast dreidimensional wirkende Intensität verlieh, wie sie bislang in Frankreich unbekannt war. (In England hatte schon zuvor Frank Hampson bei seinem *Dan Dare* mit der Methode der Direktkolorierung gearbeitet, in den USA war Harvey Kurtzmans und Will Elders *Little Annie Fanny* so entstanden.) Das hatte Signalwirkung, und bald wandten auch andere Zeichner, vornehmlich auf den Seiten von *Métal Hurlant*, diese Technik an. Obwohl nur vierunddreißig Seiten umfassend, hat *Arzach* den modernen französischen Comic geprägt wie kaum ein anderes Werk.

Waren Moebius' bisherige Comics, *Arzach* eingeschlossen, eher Sketche als Geschichten, so begann er im März 1976 in *Métal Hurlant* mit der *Garage Hermetique* (Die hermetische Garage) eine erste längere Arbeit. Noch stärker als zuvor betrieb er hier ein Verwirrspiel mit den Erwartungen der Leser und schuf ein Fortsetzungsepos, in dem sich Drogenphantasien, Esoterik und Versatzstücke verschiedener Genres der Abenteuerliteratur zu einer Art Kreuzworträtsel für Intellektuelle mischen. Die Rätselhaftigkeit der unter anderem durch «Zusammenfassungen» zu Beginn einer jeden Folge vorgetäuschten Handlung erklärt sich auch aus dem Produktionsprozeß dieser knapp hundert Seiten umfassenden Serie. «Ich hatte damals oft euphorische Schaffensphasen», erinnerte sich Moebius zehn Jahre später. «Ich raste mitten in der Nacht nach Hause und zeichnete ein, zwei Seiten, bis ich vor Erschöpfung fast umfiel. Das waren die Anfänge der *Garage*. Die beiden ersten Seiten waren nur als eine Art grafische Spielerei gemeint, ein Scherz, eine Phantasie ohne Ziel und Absicht und nicht auf Folgen angelegt. Sie lägen vielleicht noch heute in der Schublade, wenn nicht Jean-Pierre Dionnet die Angewohnheit gehabt hätte, bei seinen Besuchen in meinen Arbeiten herumzuwühlen. Er entdeckte die Blätter, nahm sie mit und bat mich dann, noch etwas anzufügen, damit die Geschichte ein richtiges Ende bekäme. Ich sagte zu, und er druckte die beiden ersten Seiten ab. Als die nächste Nummer von *Métal* mit der Fortsetzung erscheinen sollte, rief er mich kurz vorher an und fragte, wo das Material bliebe. Natürlich hatte ich nichts gemacht. Ich bekam Panik. Zwei Tage lang arbeitete ich wie ein Verrückter. Da ich von der ersten Folge keine Kopien hatte, zeichnete ich zwei ganz neue, deren Zusammenhang mit der vorangegangenen nicht unbedingt gegeben war. So ging es immer weiter, die ganze Serie entstand sozusagen in heilloser Panik.»

Trotzdem folgen die zumeist doppelseitigen Fortsetzungen, die bis Juni 1979 in *Métal Hurlant* abgedruckt wurden, einer gewissen inneren Logik. Es ist dies allerdings nicht die Logik einer manifesten Wirklichkeit, sondern vielmehr eine Art Traumlogik, zu deren Gesetzmäßigkeiten überraschende Szenensprünge, unerwartete Veränderungen und die Auflösung gehören. «Es ist dieses trügerische Gefühl, *fast* den Finger auf eine flüchtige Wahrheit legen zu können», beschrieb der

Kritiker Horst Schröder die Faszination der *Garage*. Zeichnerisch markiert diese Geschichte einen Reifungsprozeß: Waren frühere Arbeiten oft unentschlossen, richtungslos und suchend, so entwickelte Moebius mit seiner *Garage* einen konsequenten Stil, indem er die Linien, Punkte, Flächen, Strukturen und oft sogar das Lettering der Einzelbilder zu einem organisch wirkenden Gewebe verschmolz.

Dieses Prinzip perfektionierte er schließlich in der Serie *John Difool*, die er in Zusammenarbeit mit Alexandro Jodorowsky 1980 in *Métal Hurlant* begann. Moebius hatte den 1930 als Sohn russischer Emigranten in Chile geborenen Autor Mitte der siebziger Jahre bei den Dreharbeiten zu «Dune» kennengelernt und war fasziniert von dessen Weltsicht: «Unsere ersten Begegnungen waren ein massives Bombardement. Er hörte nicht auf, mir vom Symbolismus zu erzählen, dem Tarot, der Kabbala, und das alles brach wie eine gigantische Flutwelle über mich herein.» All dies findet sich in *John Difool* wieder, einem schließlich auf sechs Bände angewachsenen Entwicklungsroman um einen glücklosen Privatdetektiv in der Zukunft, dessen Thema durch Nikolaus von Kues' Philosophie von der Vereinigung der Gegensätze inspiriert ist: «Alles ist in allem», lautet die Botschaft. Jeder der sechs Bände hat sein exaktes Gegenstück – «Der schwarze Incal»/«Der Incal des Lichts», «In tiefsten Tiefen»/«In höchsten Höhen», «In weiter Ferne»/«In nächster Nähe» –, und das Ende führt an den Anfang zurück: «Ich erinnere mich ...», lautet der letzte Satz, womit die Lektüre von neuem beginnen kann.

Auch in *John Difool* wird der Leser immer wieder durch Versatzstücke bekannter Genres wie Krimi, SF oder Romanze aufs Glatteis gelockt, geht es um Veränderung und Auflösung. Bereits im ersten Kapitel verliert Difool in der Zukunftsstadt förmlich den Boden unter den Füßen, stürzt in die Tiefe, nur um wenig später in einem Kanalisationsschacht auf einen Mutanten zu treffen. Durch diese unerwartete Begegnung befindet sich der tölpelhafte Loser plötzlich in der Rolle des Retters des Universums, doch als die Protokönigin später achtundsiebzig Billionen mit Difool identische Nachkommen zeugt, verflüchtigt sich seine Persönlichkeit wieder. Nicht anders geht es zu in der 1989 begonnenen Serie *Le Monde d'Edena* (Die Sternenwanderer), in der die beiden Astronauten Stell und Atan nach einer Havarie auf einem Planeten abseits aller Raumrouten stranden, wo ihnen wundersame Verwandlungen widerfahren; unter anderem bemerken sie endlich, daß sie verschiedenerlei Geschlechts sind.

Moebius, 1984 als erster Comic-Künstler von Jack Lang mit dem «Grand Prix National des Arts Graphiques» ausgezeichnet, ist zweifellos der einflußreichste Vertreter des modernen französischen Comics. Er arbeitete außerdem an mehreren Filmen wie Ridley Scotts «Alien» (1979, Kostüme), René Laloux' «Herrscher der Zeit» (1982, Storyboards), Steven Lisbergers «Tron» (1982, Storyboards) sowie einer japanisch-amerikanischen Zeichentrickversion von *Little Nemo* (1991, Kulissen und Kostüme) mit, zeichnete 1988 eine von Stan Lee geschriebene Episode des Marvel-Superhelden Silver Surfer und schrieb Szenarios für andere Zeichner, darunter *Cristal Majeur* (Der große Kristall, 1986) für Marc Bati, *Jim Cutlass* (1991) für Christian Rossi und eine moderne Little-Nemo-Interpretation (1994) für Bruno Marchand. Die *Garage Hermetique* wurde 1990 von Jean-Marc Lofficier und den amerikanischen Zeichnern Eric Shanower und Jerry Bingham fortgesetzt, *John Difool* ab 1988 mit den Jugendabenteuern des Helden von dem jugoslawischen Zeichner Zoran Janjetov. 1992 folgte *La Caste des Meta-Barons* (Die Meta-Barone) nach den gleichnamigen Figuren aus *John Difool*, geschrieben von Jodorowsky und illustriert von dem Spanier Juan Gimenez. In der ebenfalls von Jodorowsky geschriebenen Sextrilogie *Cœur Couronné* (Lust & Glaube)

Paul Gillon: Les Naufragés du Temps. © Humanos

von 1992 läßt Moebius allerdings die gewohnte Brillanz vermissen.

Die ersten Ausgaben von *Métal Hurlant* waren überwiegend der Science Fiction und Phantastik gewidmet, doch nach zwei Jahren erweiterte sich das thematische Spektrum. *Métal* präsentierte sich mal kunstvoll (besonders eindrucksvoll: die surrealistischen Kurzgeschichten von Nicole Claveloux), dann wieder trashig, mal witzig, dann rockig – mit jeder Ausgabe erwartete den Leser ein neues Abenteuer. Etliche Zeichner folgten Druillet und Giraud, zumindest kurzzeitig, von *Pilote* zu *Métal Hurlant*: Jacques Tardi, Alexis, F'murr, Enki Bilal, Jean-Claude Mézières, Jean-Claude Forest, Caza, René Pétillon, und auch Mandryka steuerte mit einer Parodie auf *Flash Gordon* eine kleine Serie bei. Die Liste der neuen Zeichner, die in *Métal Hurlant* debütierten – von Frank Margerin über Yves Chaland bis zu Loustal –, liest sich fast wie ein «Who's Who» der modernen französischen Comic-Szene. Schon 1977 war in den USA eine Lizenzausgabe unter dem Titel *Heavy Metal* auf den Markt gekommen, vier Jahre später entstand in Amerika ein gleichnamiger Kinofilm mit sechs Zeichentrickepisoden, die mit ihrem rockigen Soundtrack der Atmosphäre der Comic-Vorlage durchaus gerecht wurden.

Ab 1977 setzte *Métal Hurlant* auch *Les Naufragés du Temps* (Die Schiffbrüchigen der Zeit) von Paul Gillon (* 1926) fort. Gillon hatte diese hervorragend gestaltete Space opera um zwei Raumfahrer, die in einen tausendjährigen Tiefschlaf versetzt werden, als der Fortbestand der Menschheit Ende des 19. Jahrhunderts durch eine tödliche Seuche bedroht ist, in Zusammenarbeit mit Jean-Claude Forest als Autor 1964 in *Chouchou* begonnen und nach dessen Einstellung 1974 in *France-Soir* fortgesetzt. Mit weiteren Projekten hatte Gillon allerdings leider kein Glück: Die Adaption des Romans «Schrei nach Leben» von Martin Gray (1986) blieb mangels Leserinteresse unvollendet, und *La Survivante* (Die Überlebende, 1985) geriet ihm zu einem postatomaren Softporno, der die innovative Kraft der *Naufragés* vermissen läßt.

Die Zeichnerinnen, allen voran Nicole Claveloux und Chantal Montellier, bekamen Ende 1976 ihr eigenes Heft *Ah! Nana*, das allerdings nach neun Ausgaben wieder eingestellt wurde, nachdem es Vertriebsbeschränkungen durch die Zensur erfahren hatte. Auch *Métal Hurlant* trug von der ersten Ausgabe an, sicherlich auch werbewirksam, die Zeile «Reservé aux adultes» auf dem Cover und durfte bis Anfang 1978 nicht an Jugendliche verkauft werden.

Diesen Schwierigkeiten setzte sich die Editions Glénat nicht aus. *Circus*, gestartet im Juni 1975, präsentierte überwiegend gehobenes Abenteuer wie die hervorragende, bereits in einer Albumausgabe erschienene Science-Fiction-Serie *Vagabonds des Limbes* (Vagabunden der Unendlichkeit) von Christian Godard und Julio Ribera, deren Held Axle Munshine von einem Planeten stammt, auf dem das Lachen verboten ist. Für damalige Verhältnisse gewagt waren bestenfalls Annie Goetzingers *Casque d'Or* (Goldlöckchen) und *Felina*, frech zuweilen Roger Brunels Parodien auf bekannte Comic-Helden. So monierte Jacques Glénat zunächst auch die dezente Darstellung lesbischer Sexualität in der Serie *Passagers du Vent* (Reisende im Wind), mit der François Bourgeon neue Maßstäbe der Comic-Erzählkunst setzte und die heute zu den beeindruckendsten Werken der achtziger Jahre zählt.

Die einzig nennenswerte Veröffentlichung des ehemaligen Glasmalers François Bourgeon (* 1945) waren bis dahin die beiden ersten Geschichten der Serie *Brunelle et Colin* (1976) gewesen. In *Passagers du Vent* (1979) erzählt er die Schicksalsodyssee des Mädchens Isa, das gegen Ende des 18. Jahrhunderts unter dramatischen Umständen an Bord eines Kanonenbootes verschlagen wird, schließlich auf einem Sklavenschiff nach Afrika gelangt, wo sie die Grausamkeit des Handels mit schwarzer Menschenware erlebt und sich als Frau in einer feindlichen Umwelt behaupten muß. Mit diesem exakt recherchierten und dramaturgisch dicht inszenierten Comic-Roman, in dem feinfühlig charakterisierte Personen in einer glaubhaften und in großartiger Zeichenkunst inszenierten Umgebung agieren, etabliert Bourgeon ein neues Erzählkonzept in Frankreich. Er hielt sich zwar an den Umfang der klassischen Alben, legte die Geschichte aber von vornherein auf fünf Bände und nicht als darüber hinaus fortzusetzende Serie an. Er widmete sich anschließend mit der Trilogie *Les Compagnons du Crépuscule* (Gefährten der Dämmerung, 1983), in der er ein ähnlich dichtes Panorama des Mittelalters entwarf wie etwa Umberto Eco in «Der Name der Rose», sowie dem Zukunftsepos *Cyann* (1993) anderen Projekten.

Bourgeons Erzählprinzip machte schnell Schule. 1981 begann Makyo (Pierre Fournier, * 1952) seine auf vier Bände angelegte *Ballade au Bout du Monde* (Reise ans Ende der Welt). In der von Laurent Vicomte meisterhaft gezeichneten Serie gerät der Held Arthis Jolinon in eine düstere, in einem vergessenen Sumpf gelegene Parallelwelt, deren Bewohner in gewaltigen Verliesen hausen, für deren Gestaltung die «Carceri», Mitte des 18. Jahrhunderts entstandene Phantasiearchitekturen des italienischen Kupferstechers Giovanni Battista Piranesi, als Vorbild dienten; hier werden all diejenigen festgehalten, die dem Zugang zum Reich Calthédoc, das seit dem Mittelalter ohne Berührung mit der Außenwelt existiert, zu nahe gekommen sind. (1992 erlag

François Bourgeon etablierte Ende der siebziger Jahre den Comic-Roman als neue Erzählform. In Les Passagers du Vent beeindruckt er vor allem durch eine sorgfältige Charakterisierung seiner Figuren. © Casterman

Makyo allerdings der Versuchung, seine Tetralogie, diesmal mit Eric Herenguel und anschließend Michel Faure als Zeichner, fortzusetzen.) Ebenfalls auf vier Bände konzipierte Makyo die von ihm auch selbst kafkaesk illustrierte Erzählung *Grimion* (1984), die in den dreißiger Jahren in der abgeschiedenen französischen Provinz spielt, wo das Leben der Landbevölkerung noch vom Aberglauben geprägt ist. Für Christian Rossi schrieb er 1990 die Trilogie *Le Cycle des deux Horizons* (Zyklus der zwei Horizonte).

Der Erfolg von *Les Passagers du Vent* führte vor allem aber auch zu einem Revival historischer Abenteuerstoffe, die ab Anfang der achtziger Jahre verstärkt die Seiten von *Circus* füllten und 1985 zur Gründung von *Vécu* (wörtlich: Erlebt) führten, einem Magazin, das sich ausschließlich auf geschichtliche Themen konzentrierte: Hermann legte die im Mittelalter angesiedelte Serie *Les Tours de Bois Maury* (Die Türme von Bos-Maury, 1984) vor, Patrick Cothias und Philippe Adamov schilderten in *Le Vent des Dieux* (Wind der Götter, 1985) das Japan des 13. Jahrhunderts, Didier Convard in *Héretiers du Soleil* (Die Erben der Sonne, 1986) das Ägypten der Pharaonen und Franz Drappier in *Poupée d'Ivoire* (Die Tochter des Lichts) das China der Tang-Dynastie.

Zum herausragendsten Interpreten des Genres entwickelte sich André Juillard (* 1948), der bereits 1980 nach Szenarios von Patrick Cothias (* 1948) für *Pif* die kurze Serie *Masquerouge* (Der Rote Falke) gezeichnet hatte, in deren Mittelpunkt ein maskierter Rächer der Unterdrückten im Frankreich des 17. Jahrhunderts steht. In *Circus* und später *Vécu* knüpfte er an dieses Thema, ebenfalls mit Cothias, 1982 mit *Les 7 Vies de l'Epervier*

(Die 7 Leben des Falken) wieder an. Mit Jacques Martin als Autor folgte ein Jahr später die zur Zeit Napoleons spielende Serie *Arno*. In *Vécu* aufgegriffen wurden aber auch Themen der jüngeren Geschichte, etwa in *Chemins de la Gloire* (Der Weg zum Ruhm) von Jan Bucquoy und Daniel Hulet, deren Held den sozialen Konflikten der dreißiger Jahre entflieht und sich in Afrika der Fremdenlegion anschließt. Ein Meisterwerk des historischen Genres gelang Balac (Yann Le Pennetier) und Yslaire (Bernard Hislaire) 1985 mit *Sambre* um einen gleichnamigen Jungen aus aristokratischen Kreisen, in dessen unmöglicher Liebe zu der Wilddiebin Julie sich die aufgewühlte Stimmung der Revolution von 1848 widerspiegelt.

## Comic-Literatur

Ein anderes Konzept verfolgte 1978 der Verlag Casterman. *(A Suivre)* (wörtlich: Fortsetzung folgt) gab sich von der ersten Ausgabe an, unterstützt durch entsprechende redaktionelle Beiträge, betont literarisch und berücksichtigte dies auch bei der Präsentation der Comics, die in bislang ungewohnt langen Fortsetzungen von jeweils rund fünfzehn Seiten pro Episode abgedruckt wurden. «Wir wollen eine andere Form von Comics anbieten, wirkliche Comic-Romane, die in Kapitel unterteilt sind», verkündete Chefredakteur Paul Mougin programmatisch. «Und ich bestehe auf dem Wort ‹Kapitel›, weil wir uns abgrenzen wollen von der alten Struktur der Fortsetzungserzählung. Wo ist die Freiheit des Künstlers, wenn er das Wort ‹Ende› nach vierundvierzig oder zweiundsechzig Seiten setzen muß, nur damit der Verlag aus seiner ‹Geschichte› später ein schönes Album machen kann?»

Zu einem der bedeutendsten zeitgenössischen Comic-Autoren reifte Jacques Tardi (* 1946) auf den Seiten von *(A Suivre)* heran. Er war 1970 zu *Pilote* gestoßen, dann zu *Métal Hurlant* gewechselt und hatte sich vom Western bis zur Science Fiction bereits mehreren Genres gewidmet. Die bedeutendsten Arbeiten aus dieser Zeit sind *Rumeurs sur le Rouergue* (1972, nach einem Szenario von Pierre Christin), *Le Démon des Glaces* (Der Dämon im Eis, 1974) und *Polonius* (1976, Text von Picaret). In der ersten Ausgabe von *(A Suivre)* begann er den von Jean-Claude Forest geschriebenen, grotesken Comic-Roman *Ici Même* (Hier-Selbst) um den letzten Nachkommen einer einstmals mächtigen Familie, der jetzt auf den Mauern lebt, die das Land seiner Vorfahren in winzige Parzellen teilen. Die elf Kapitel ergeben einen Gesamtumfang von hundertdreiundsechzig Seiten. Bald aber sollte sich Tardis Interesse ganz auf die beiden Themen konzentrieren, die sein Werk bis heute prägen: den Kolportage- und Kriminalroman sowie den Ersten Weltkrieg.

Der Krieg war für Tardi durch den Großvater, der Verdun im Beschuß zwischen den Linien, vor einer verwesenden Leiche liegend, überlebt hatte, zum traumatischen Ereignis geworden. Als Kind hatte er den stummen Mann in der Küche dösend erlebt: «Nachts trat ich in seinen Alptraum ein. Der völlig vergammelte Tote und Großvater, beide Hände in dessen Bauch.» Diese quälende Phantasie hat Tardi immer wieder in verschiedenen Kurzgeschichten verarbeitet, am eindrucksvollsten in *La Fleur au Fusil* (Für Volk und Vaterland, 1974) und *La véritable Histoire du Soldat inconnu* (Die wahre Geschichte vom unbekannten Soldaten, 1975), aber auch in seinem Hauptwerk, dem in Paris spielenden Fin-de-Siècle-Roman *Adèle Blanc-Sec* (Adeles ungewöhnliche Abenteuer), ist dieser Krieg stets gegenwärtig: «Erst mit dieser ersten epochalen Material- und Vernichtungsschlacht geht das 19. in das 20. Jahrhundert über. Indem ich meine Geschichte 1911 beginnen lasse und der Leser weiß, daß die Welt wenig später aus den Fugen gerät, werden die Handlun-

Unveröffentlichte Seite aus Jacques Tardis Fin-de-Siècle-Roman Adèle Blanc-Sec. Die Abenteuer seiner detektivisch ambitionierten Helden sind deutlich durch den Kolportageroman des späten 19. Jahrhunderts beeinflußt. © Casterman

gen meiner Figuren lächerlich; sie werden zu Marionetten.»

Adeles Abenteuer, 1976 als Albumserie begonnen und später in *(A Suivre)* fortgesetzt, beginnen am 4. November 1911, als im naturhistorischen Museum in Paris ein Pterodactylus aus einem Millionen Jahre alten Ei schlüpft und die Stadt in Angst und Schrecken versetzt. Es folgt eine verworrene Geschichte um Raub und Mord, durchgeknallte Wissenschaftler und eine rätselhafte Statuette, ägyptische Mumien und Geheimsekten, in deren Mittelpunkt die junge Amateurdetektivin Adele steht, die am Schluß des vierten Bandes schließlich selbst Opfer der haarsträubenden Ereignisse wird: Während eines irrwitzigen Massakers, bei dem nahezu alle beteiligten Personen ums Leben kommen, wird sie von einer Mumie erstochen, nachdem konventionelle Mordversuche erfolglos geblieben waren: Am 12. März 1912 wurde sie zum Gare Montparnasse bestellt, aus dem just an diesem Tag ein Zug auf die Straße hinabstürzt, anschließend spielte man ihr ein Freibillett für die Jungfernfahrt der «Titanic» zu. Geschickt hat Tardi Ereignisse der damaligen Zeit in seine rasante Handlung eingebaut. So suggeriert er an der Oberfläche eine Authentizität, wie sie Hergé in seinen späteren Arbeiten für sich in Anspruch nahm, provoziert diesen Vergleich noch durch zeichnerische Zitate aus *Tintin*, setzt dem Klassiker dann aber eine andere Weltsicht entgegen: «Nichts ist das, was es zu sein scheint, hinter jedem Marionettenspieler steht ein weiterer, eine Intrige ist mit der nächsten verwoben, ein wucherndes Verwirrspiel ohne Grenzen», konstatierte der Kritiker Bernd Kronsbein: «Die Zerstörung der Illusion einer durchschaubaren, begreifbaren Welt ist Tardis Thema.»

Dieser Absicht kommt die Erzählstruktur des Kolportageromans à la «Arsène Lupin» oder «Fantômas» entgegen, deren Dramaturgie und Handlungsverlauf wegen der Veröffentlichung in Fortsetzungen oft holprig und nicht immer logisch waren. Und somit ist es auch keineswegs überraschend, daß Adele schließlich, wie schon zuvor Conan Doyles Sherlock Holmes, zurückkehrte: Sie hatte die Zeit, in der Tardi *Ici Même* und mit *Griffu* (Der Schnüffler) die Adaption eines Kriminalromans von Jean-Patrick Manchette gezeichnet hatte, im Tiefschlaf in einem Eisblock verbracht, aus dem sie nun von Lucien Brindavoine, einem früheren Helden Tardis aus den beiden *Pilote*-Geschichten *Adieu Brindavoine* (Das Ende der Hoffnung) und *La Fleur au Fusil*, befreit wurde – nachdem dieser, einarmig, aus dem Krieg nach Paris zurückgekehrt war. Die beiden Brindavoine-Storys wurden als fünfter Band in den *Adèle*-Zyklus eingereiht, und in den folgenden Alben schuf Tardi Querverweise auch auf frühere Arbeiten wie *Le Démon des Glaces* und *La véritable Histoire du Soldat inconnu*. Damit verschmolz er einen großen Teil seines Gesamtwerkes zu einem vielschichtigen und hintergründigen Fin-de-Siècle-Epos, das zu den beeindruckendsten Kunstwerken des modernen französischen Comics zählt.

Eine weitere Passion Tardis ist die Literaturadaption: Für *(A Suivre)* setzte er mit *Brouillard au Pont du Tolbiac* (Die Brücke im Nebel, 1981) und *120, rue de la Gare* (1986) zwei Kriminalromane Léo Malets in düstere Comic-Erzählungen um und schrieb deren Detektiv Nestor Burma mit *Une Gueule de Bois en Plomb* (Blei in den Knochen) 1989 einen weiteren Fall an den Hals. Darüber hinaus illustrierte er ab 1988 die Romane «Reise ans Ende der Nacht», «Tod auf Kredit» und «Kanonenfutter» von Louis-Ferdinand Céline.

Für Claude Auclair, der sich bereits in *Tintin* mit *Simon du Fleuve* den Comic als ernsthafte Ausdrucksform erschlossen hatte, bot das Konzept von *(A Suivre)* das ideale Erzählformat. Ebenfalls in der ersten Ausgabe begann er in Zusammenarbeit mit dem Autor Alain Deschamps sein nahezu zweihundert Seiten umfassendes Schwarzweißepos *Bran Ruz* nach einer Legende um den bretonischen

*Léo Malets Detektiv Nestor Burma in der Comic-Version von Jacques Tardi. © Casterman*

König Gradlon und den Untergang der sagenumwobenen Stadt Ys, mit dem ihm ein fulminanter Band über die Kultur der Kelten gelang. Es folgten *Le Sang du Flamboyant* (1983, Text: François Migeat) über die Sklaverei auf den Antillen zu Beginn des Jahrhunderts und schließlich *Nomades* (1987, Text: Alain Riondet), eine Hommage an die Suche im Gegensatz zur Seßhaftigkeit, die er vor seinem Tode 1990 nicht mehr vollenden konnte. (Jacques Tardi und Jean-Claude Mézières improvisierten für die Albumausgabe mit je drei Seiten einen pietätvollen Schluß.)

Didier Comès (* 1942) schildert in *Silence* (1979) die Geschichte einer alten Feindschaft in einem kleinen Weiler in den belgischen Ardennen. Im Mittelpunkt des Geschehens steht der stumme Silence, ein offensichtlich geistig umnebelter Knecht, der in der Welt seiner eigenen Phantasie lebt. Da er keine Boshaftigkeit kennt, wird er zum willfährigen Opfer des Intrigenspiels verschiedener Parteien in dem Dorf Beausonge. Comès' expressionistischer Schwarzweißstil transportiert die erdrückende Stimmung dieses Comic-Romans meisterhaft. Es sind die Bilder, die erzählen, und über weite Strecken verzichtet er ganz auf Text und ersetzt die Sprache durch Blicke und Gesten oder spiegelt die jeweilige Stimmung in atmosphärischen Landschaftspanoramen. Ähnlich beeindruckende Comic-Romane ließ Comès mit *La Bêlette* (Die Wildkatze, 1981), *Eva* (1985) und *Iris* (1990) folgen.

Das Prinzip der vom Umfang her nicht durch drucktechnisch bedingte Anforderungen begrenzten Erzählung, das *(A Suivre)* etablierte, hatte bereits 1967 in Italien Hugo Pratt mit seiner hundertdreiundsechzigseitigen *Ballata del Mare Salato* (Südseeballade)

*Didier Comès konstruiert die dichte Atmosphäre seiner Geschichten vor allem durch den spannenden Kontrast aus Schwarz und Weiß. Aus Silence. © Casterman*

*Hugo Pratt: Corto Maltese. © Casterman*

*Der Abenteurer Corto Maltese ist einer der faszinierendsten Helden der Comics. Auf seinen Reisen um den Erdball begegnete er unter anderem auch Jack London und Ernest Hemingway. Meisterhaft ist Hugo Pratts sparsame, die Phantasie des Lesers stimulierende Zeichenkunst. Zwei Szenen aus den Bänden «... und immer ein Stück weiter» und «Die Kelten». © Casterman*

erfunden, allerdings war dieses Konzept bis zur französischsprachigen Albumausgabe acht Jahre später bei Casterman fast unbemerkt geblieben. Corto Maltese, die Zentralfigur dieses ersten europäischen Comic-Romans, war 1970 zum Helden einer gleichnamigen Serie in *Pif* geworden, und nach einundzwanzig jeweils zwanzigseitigen Episoden hatte Pratt 1974 in dem italienischen Magazin *Linus* mit «Corto Maltese in Sibirien» seine zweite große Corto-Geschichte begonnen. «Das goldene Haus von Samarkand» erschien 1980 schon simultan in französischer und italienischer Sprache, seitdem erfolgte die Erstveröffentlichung in Frankreich in *(A Suivre)*.

Die Handlung der *Ballata del Mare Salato* beginnt kurz vor dem Ausbruch des Ersten Weltkrieges, doch Pratt hat seinem Helden eine vollständige Biographie ersonnen: Corto Maltese wurde 1890 als unehelicher Sohn der Nina von Gibraltar, einer Hure, deren Schönheit Maler wie Ingres zu Porträts verleitete, und eines Seemanns aus Cornwall geboren und wuchs unter der Obhut eines Rabbi auf Malta auf. Als er als Kind feststellte, daß ihm die Glückslinie fehlte, brachte er sich diese mit einem Rasiermesser selbst bei. In der *Ballata* ist Corto Glücksritter und Pirat, dann begegnet man ihm in den ersten *Pif*-Kurzgeschichten im Jahre 1915 wieder, wie er in Paramaribo mit ausgestreckten Beinen in einem Korbsessel sitzt, im Mundwinkel eine «dieser kleinen Zigarren, die man nur in Brasilien oder New Orleans raucht». Konsequent und chronologisch verfolgt Pratt die weiteren Stationen seines Helden: 1917 verläßt er Südamerika und gelangt nach Europa, ein Jahr später ist er in Afrika zu finden und schließlich 1919/20 in China und Sibirien. Von dort aus verschlägt es ihn nach Venedig, in die Schweiz und schließlich das Phantasieland Mu. Bis zu ihrem Ende, an dem Corto im spanischen Bürgerkrieg durch eine Kugel sterben sollte, konnte Pratt diese Biographie vor seinem Tod 1995 allerdings nicht zeichnen.

Cortos ruhelose Reise um den Erdball ist auch eine ständige Flucht vor der ihn immer wieder einholenden Wirklichkeit, eine Suche nach Plätzen, an denen er noch ungestört träumen kann. Hat ihn die Realität eingeholt, wechselt er den Schauplatz und sucht in abgelegenen Klöstern, den Verstecken geheimer Orden oder in den eigenen Träumen nach neuen Verlockungen. Es ist ihm nie das Ziel, nie der Ausgang eines Abenteuers wichtig, sondern stets nur das Abenteuer selbst. So hört er sich zwar amüsiert an, was ihm ein Schamane im südamerikanischen Dschungel über seine Vergangenheit erzählt, doch als dieser ansetzt, ihm sein weiteres Schicksal weiszusagen, unterbricht ihn Corto: «Hör auf, das genügt mir. Wenn du mir alles erzählst, interessiert mich die Zukunft nicht mehr.» Und als ihm ein anderer Wahrsager in Afrika prophezeit, daß er seiner Bestimmung nicht entgehen könne, da bereits alles geschrieben steht, entschließt sich Corto, mit einem sehnsüchtigen Blick über die weite Landschaft, zum Aufbruch: «Ich möchte jetzt lieber einen anderen Traum träumen.»

Hugo Pratts Geschichten wimmeln von Zitaten von Arthur Rimbaud bis zum I Ging, er verwob Schwarze Magie mit Partisanenkämpfen und die Angriffspläne deutscher Generäle auf England mit den Legenden um Stonehenge, wo die Elfen und Feen ängstlich argwöhnen: «Mit den Deutschen kommen auch alle ihre Trolle, ihre Zwerge.» Er läßt seinen Helden Jack London, Ernest Hemingway, John Reed und Hermann Hesse begegnen, dann wieder den Voodoogestalten schwarzer Priesterinnen oder dem Geist eines alten deutschen Ritters, und manchmal weiß Corto selbst nicht, ob er sich in einem Märchen befindet, einen Traum träumt, inmitten historischer Umwälzungen steckt oder einfach nur auf der Bühne eines großen Theaterstücks mit dem Titel «Leben» steht.

Corto ist aber auch Zyniker – weil er weiß, daß das neu begonnene 20. Jahrhundert seinen romantischen Sehnsüchten keinen Raum

*Hugo Pratt und Milo Manara: Tutto Ricomincio con un' Estate Indiana.* © Norma

lassen wird, daß die große Zeit der Abenteuer und Träume unwiderruflich verloren ist. «Er träumt mit offenen Augen, und alle, die mit offenen Augen träumen, sind gefährlich, weil sie nicht wissen, wann ihr Traum zu Ende ist», sagt der Zauberer Merlin in einer Geschichte über Corto, der an einem Steinpfeiler des alten Sonnenheiligtums Stonehenge lehnt und seinen Rausch ausschläft.

Während Hugo Pratts erzählerische Inspiration anfänglich bei Autoren wie Jack London oder Joseph Conrad zu finden ist, hat er als Zeichner von Beginn an einen sehr individuellen Weg beschritten. Seine Illustrationen sind von einer ursprünglichen Intensität, deren Geheimnis in einer die Phantasie des Lesers stimulierenden Reduktion liegt. Pratt deutet stets nur an, erzielt die Atmosphäre seiner Geschichten durch zeichnerische Kürzel. Melancholie beispielsweise wird spürbar durch ein paar Blätter, die über eine weite Grasebene wehen, oder die Möwen, die über dem endlosen Meer kreisen, und auch Corto selbst ist nicht mehr als die Personifizierung dessen, was das Thema dieses großen Comic-Romans ist: die Sehnsucht.

Diese Sehnsucht treibt auch Guiseppe Bergman, einen Helden Milo Manaras (* 1945), dessen erstes Abenteuer 1978 in *(A Suivre)* begann. Manara hatte seit 1968 anonym für die «Fumetti neri», die typischen italienischen Porno-Comics, die Serie *Jolanda* gezeichnet, doch erst 1976 war mit *Le Singe* (Der Affenkönig), der ironischen, von Silverio Pisu geschriebenen Interpretation einer chinesischen Legende aus dem 15. Jahrhundert, seine erste ernsthafte Arbeit erschienen. Mit Guiseppe Bergman machte er den Achtundsechziger zum Helden, der die Orientierung verliert, als sich die Träume der studentenbewegten Linken aufzulösen beginnen: Bergman geht im Auftrag eines Medienkonzerns, der gegen Überlassung aller Auswertungsrechte die Spesen trägt, stellvertretend für die werktätigen Massen auf Abenteuerreise, nur um am Schluß festzustellen, daß das größte Abenteuer im eigenen Kopf stattfindet: Zurück in Venedig, findet er das Notizbuch eines gewissen H. P. und zitiert aus dem Vorwort zu dem *Corto Maltese*-Album «Venezianische Legende», in dem Pratt jene in der Lagunenstadt verborgenen Pforten beschreibt, die aus der Realität in das Reich der Phantasie führen. Mit *Tutto Ricomincio con un' Estate Indiana* (Indianischer Sommer, 1983) und *El Gaucho* (1992) illustrierte Manara später auch zwei Szenarios von Hugo Pratt. Außerdem zeichnete er zahlreiche erotische Geschichten, darunter *Le Declic* (Außer Kontrolle, 1985), eine elegant gestaltete, inhaltlich aber zweifelhafte Story über eine Frau, die sich per Fernbedienung sexuell stimulieren läßt, sowie nach einer nicht realisierten Filmidee von Federico Fellini 1986 *Viaggio a Tulum* (Die Reise nach Tulum).

François Schuiten (* 1956) hatte ab 1973 mehrere zumeist kurze Geschichten in *Pilote* und *Métal Hurlant* veröffentlicht, bevor er zu *(A Suivre)* stieß, wo 1978 *La Terre Creuse* (Die hohle Erde), geschrieben von seinem Bruder Luc, erschien. Bereits in dieser brillant gezeichneten Fantasy-Erzählung begeisterte er mit atemberaubenden Phantasiearchitekturen, die er später in Zusammenarbeit mit dem Autor Benoît Peeters (* 1956) zum Thema des *Cycle des Cités Obscures* (Die geheim-

*Benoît Peeters und François Schuiten: La Tour.*
© *Casterman*

nisvollen Städte) machen sollte: Mit *Murailles de Samaris* (Die Mauern von Samaris, 1983), *La Fièvre d'Urbicande* (Das Fieber des Stadtplaners, 1985), *La Tour* (Der Turm, 1987) und *Brüsel* (1992) haben Peeters und Schuiten ein komplexes Universum errichtet, dessen Teile allerdings nur lose miteinander verbunden sind. Am beeindruckendsten geriet ihnen dabei der Band *La Tour*, dessen Held Giovanni Battista die Aufgabe hat, einen Teil des monumentalen, an den Turm zu Babel erinnernden Bauwerkes instand zu halten. Nachdem sein Kontakt zur Außenwelt abgerissen ist und er bereits seit längerer Zeit keine Anweisungen mehr erhalten hat, macht sich Battista auf den Weg und erkundet die ihm noch unbekannten Stockwerke, die sich wie organisch gewachsene Schichten längst verblaßter Kulturen präsentieren. Farbig wird die schwarzweiß gehaltene Erzählung nur, wenn Battista auf seiner Reise auf Gemälde stößt, die von anderen Welten erzählen als der, in der er sich befindet. Mit mehreren zu Texten von Peeters entstandenen Bildbänden, die sich ebenfalls mit den philosophischen Aspekten der Architektur befassen, erfuhr der Zyklus der geheimnisvollen Städte eine spielerische und kunstvolle Erweiterung.

Wie Schuiten hatte auch bereits Jacques de Loustal (* 1956) für *Pilote* und *Métal Hurlant* gezeichnet, bevor er zusammen mit Philippe Paringaux (* 1944) als Autor 1984 die beeindruckende Comic-Erzählung *Cœurs de Sable* (Verwüstete Herzen) veröffentlichte. Loustals Zeichnungen erinnern an den satten Pinselstrich Hans Hillmanns und die Lichtreflexionen David Hockneys und wirken wie Momentaufnahmen, in denen die Bewegung eingefroren zu sein scheint. Konsequenterweise werden die Bilder, die die Gefühlslandschaften der Protagonisten präzise in deren Umwelt spiegeln, nur von knapp gehaltenen Erzähltexten begleitet; viele fangen die jeweilige Stimmung sogar so intensiv ein, daß sie ganz ohne Text auskommen. Loustal illustriert das vorgegebene Szenario nicht, sondern er ergänzt es durch eine kluge Wahl von Perspektiven und Bildausschnitten. Diese oft fast magisch anmutende Verschmelzung von Text und Zeichnung perfektionierten Paringaux und Loustal 1987 in ihrem Album *Barney et la Note Bleue* (Besame Mucho), das sich dem gleichen Thema widmet wie der gleichzeitig entstandene Film «Um Mitternacht» von Bertrand Tavernier und das mindestens ebenso schön ist.

Erzählt wird hier die Geschichte von Barney, einem Jazzmusiker im Paris der fünfziger Jahre, seinem musikalischen Aufstieg und persönlichen Fall, der begleitet wird von Realitätsflucht, dem Kampf gegen die Drogen und Gefühlskälte und die ihn langsam verzehrende Einsamkeit: Wenn Barney in Gesellschaft ist, steht er meist im Mittelpunkt des Geschehens. Dann folgen Szenen, die eine menschenleere Straße oder die Dächer einer Stadt zeigen, und schließlich ist Barney allein; dann befindet er sich meist ganz am Bildrand, und seine Verlorenheit wird durch sorgfältig plazierte Details – ein überfüllter Aschenbecher, ein halb ausgetrunkenes Glas, ein paar abgestreifte Schuhe oder ein in der Ecke stehender Koffer – unterstrichen.

*(A Suivre)* hat aber auch seine humorigen Seiten. Von der ersten Ausgabe an dabei ist Benoît Sokal mit *Canardo*, den zunächst schwarzweißen Kurzgeschichten um eine Ente im Trenchcoat. Die später farbigen und albumlangen Abenteuer dieser Kreuzung aus Humphrey Bogart und Donald Duck lesen sich wie ein düsterer Film noir in Entenhausen. Ab 1983 lieferte François Boucq eine Reihe überdrehter Kurzgeschichten und begann im Jahr darauf eine äußerst produktive Zusammenarbeit mit dem amerikanischen Schriftsteller Jerôme Charyn: Bei den zuweilen beklemmend gezeichneten Alben *La Femme du Magicien* (Die Frau des Magiers, 1984) und *Bouche du Diable* (Teufelsmaul, 1989) stehen allerdings weniger die Geschichten im Vordergrund als vielmehr die absurde Übersteigerung einer vermeintlichen Logik,

*Jacques de Loustal: Barney et la Note Bleue. © Casterman*

ein Prinzip, dem Boucq auch in dem von Alexandro Jodorowsky geschriebenen Band *Face de Lune* (Mondgesicht, 1991) treu blieb. Francis Masse, der seit 1977 schon für so gut wie alle «revues modernes» gezeichnet hatte, steuerte ab 1984 die Serie *Les Deux du Balcon* bei, in der zwei äußerlich «très parisien» wirkende Verrückte auf einer Balustrade die aberwitzigsten Theorien diskutieren.

## Eine europäische Comic-Kultur

Während sich *Métal Hurlant* Anfang der achtziger Jahre innovativ und experimentierfreudig gab und *(A Suivre)* den ambitionierten Comic-Roman pflegte, hatte *Pilote* nach Goscinnys Rückzug immer weiter an Boden verloren. Wirkliche Highlights, etwa Christins und Mézières' *Valerian* oder Bilals *La Foire aux Immortels,* waren selten geworden zwischen neuen Serien, die, zwar oft brillant, aber selten aufregend, klassische Genres interpretierten: Die Western *MacCoy* (1974) von Jean-Pierre Gourmelen und Antonio Hernandez Palacios und *Jonathan Cartland* (1974) von Laurence Harlé und Michel Blanc-Dumont, François Rivières und Jean-Claude Floc'hs in der Manier Alfred Hitchcocks und Patricia Highsmith' lakonisch erzählter Krimi *Albany* (1977), *Anges d'Acier* (1983), eine Abenteuerserie von Victor Mora und Victor de la Fuente um zwei Piloten im Afrika der dreißiger Jahre, sowie die aus *Circus* übernommene Science-Fiction-Saga *Vagabonds des Limbes* hätten ebensogut auch auf den Seiten von *Tintin* erscheinen können. Zu den wenigen rühmlichen Ausnahmen zählen Barus *Quêquette Blues* (1984), eine autobiographisch geprägte Trilogie über das Aufwachsen in der trostlosen Provinz im Osten Frankreichs, und *La Quête de l'Oiseau du Temps* (Auf der Suche nach dem Vogel der Zeit, 1982) von Serge Le Tendre (* 1946) und Régis Loisel (* 1952).

Auch Le Tendre und Loisel knüpften an die Genreliteratur an, interpretierten ihr Fantasy-Thema aber so hintergründig und phantasievoll, als hätten sie sich vorgenommen, das babylonische Gilgamesch-Epos mit Tolkiens «Herr der Ringe» zu kreuzen. Im Mit-

Mit La Quête de l'Oiseau du Temps schufen Serge Le Tendre und Régis Loisel ein Meisterwerk des modernen französischen Comics und lösten eine regelrechte Fantasywelle aus. © Dargaud

telpunkt der auf vier Bände konzipierten Erzählung steht die schöne Pelissa, die Tochter der Zauberprinzessin Mara, die zu Beginn des Zyklus in Begleitung des berühmten Ritters Bragon eine gefährliche Reise antritt. Das Reich Akbar wird nämlich bedroht von der Rache des Gottes Ramor, der nach dem vergeblichen Versuch, seine Gefährten zu stürzen und in den alleinigen Besitz der Macht zu gelangen, verbannt wurde. Viele Jahre später ist Ramors Verrat in Vergessenheit geraten, und der Fluch, der ihn festsetzte, beginnt seine Wirkung zu verlieren. Er müßte erneuert werden, doch die Zauberformel, mit der sich Ramor weiterhin in sein Gefängnis bannen ließe, ist zu lang, als daß sie rechtzeitig ausgesprochen werden könnte. So werden Pelissa und Bragon auf die Suche nach dem Vogel der Zeit geschickt, denn nur mit seiner Hilfe läßt sich der Lauf der Dinge anhalten und die Zauberformel zu Ende bringen.

Während Pelissas und Bragons Odyssee gerät das Phantasiereich Akbar immer komplexer. In fast barocken Zeichnungen läßt Loisel die Städte Ir-Weig, Tha und Numur erstehen, führt in den Tempel des Vergessens und durch die Grotte der grauen Gestalten, die Gefilde der donnernden Erde oder in das Land der wallenden Nebel. Diese Welten entwirft er in pastellfarbenen, detailverliebten Zeichnungen, denen er später durch den Verzicht auf schwarze Konturlinien bei den Hintergründen eine faszinierende räumliche Tiefe verleiht. Das Erinnern und die Zeit, die Zeit auch, die bleibt, um ein Schicksal zu erfüllen, sind das zentrale Thema dieser Fantasy-Erzählung, die vor allem durch die Lust ihrer Autoren am Fabulieren besticht. *La Quête de l'Oiseau du Temps* ist durch zahlreiche, für die Fantasy-Literatur untypische ironische Brechungen eine fulminante Phantasiereise durch den Kopf: Als der Zauberprinz von Grünland von einer Feuerpeitsche an der Stirn getroffen wird, beginnt auch sein paradiesisches Reich zu vertrocknen und verschwindet mit seinem Tod schließlich ganz.

*La Quête de l'Oiseau du Temps* prägte die thematische Entwicklung der französischen Comics ähnlich wie zuvor schon Bourgeons *Passagers du Vent* und führte zu einer Welle neuer Fantasy-Comics, die sich durch den Einsatz von Ironie und Humor wohltuend von der «heroic fantasy» amerikanischer Prägung unterscheiden. Zu den herausragendsten Arbeiten zählen vor allem *Soleil des Loups* (Das Gesetz der Wölfe, 1987) von Ralph Gonnort und Arthur Qwak, *Légendes des Contrées Oubliées* (Die Zeit der Asche, 1987) von Bruno Chevalier und Thierry Ségur, *Epée de Cristal* (Das Kristallschwert, 1989) von Jacky Goupil und Crisse (Didier Chrisspels), *Chroniques de la Lune Noire* (Die Chroniken des Schwarzen Mondes, 1989) von François Froideval und Olivier Ledroit, *Feux d'Askell* (Die Feuer von Askell, 1993) von Scotch Arleston und Jean-Louis Mourier, *Les Lutins* (Die Kobolde, 1993) von Pierre Dubois und Stephane Duval und *De Cape et de Crocs* (Mit Mantel und Degen, 1996) von Alain Ayroles und Jean-Luc Masbou.

Loisel widmete sich, nachdem Pelissa und Bragon ihre Mission erfüllt hatten, 1990 einer Neuinterpretation der Geschichte von Peter Pan, dessen Umgebung allerdings eher an Charles Dickens erinnert als an das London James M. Barries.

Die Feuerpeitsche, die das einst blühende Reich des Prinzen von Grünland ausgelöscht hatte, schien jedoch auch *Pilote* getroffen zu haben. Dessen Verleger Georges Dargaud hatte schon 1982 das etwas frechere *Charlie* gekauft, 1986 fusionierten die beiden Magazine, drei Jahre später wurde *Pilote/Charlie* eingestellt – was einem Gnadenschuß gleichkam. Gleichzeitig gab *Circus* auf, *Métal Hurlant* war bereits zwei Jahre vorher zu Grabe getragen worden. Die große Zeit der französischen Magazine, auf deren Seiten sich der Comic so lebendig gezeigt hatte wie zu keinem anderen Zeitpunkt seiner Geschichte, war vorbei.

Daß *Métal Hurlant*, *Circus* und *Pilote* zum Schluß nur noch je rund zwanzigtausend Ex-

emplare verkauft hatten, hat mehrere Ursachen. Eine ist das Verschwinden der Alternativkultur (und damit verbunden auch ein vermindertes Interesse an psychedelischen Erlebnissen und am gesellschaftlichen Diskurs), die die Comics immer als ihr Medium betrachtet hatte. Darüber hinaus ließ ein sich veränderndes Freizeitverhalten, bedingt durch vielfältigere Konsumangebote, das Fortsetzungsprinzip aus der Mode geraten. Der heutige Comic-Leser bevorzugt die Albumausgabe, anstatt eine Geschichte über mehrere Wochen oder Monate zu verfolgen. Überlebt haben diesen Wandel lediglich *Fluide Glacial* (mit den gleichen schrillen «Tortenschlachten» wie vor zwanzig Jahren), *L'Echo des Savanes* (mit nur noch wenigen Comics zwischen vornehmlich schlüpfrigen Fotostorys) und *(A Suivre)* mit seinem literarischen Konzept. Daß der Comic-Markt mit dem Verschwinden der Magazine überwiegend zu einem Albummarkt wurde, verschlechterte die Ökonomie der Verlage und erschwerte es neuen Zeichnern und Autoren, ihr Publikum zu finden. Dem klassischen Markt waren darüber hinaus mit dem Tod von René Goscinny, Jijé, Victor Hubinon und Jean-Michel Charlier wichtige Säulen weggebrochen, und auf die ökonomische Krise folgte eine künstlerische: Den jungen Zeichnern fehlten die Magazine als kreative Heimat. Der Kontakt zu den Berufskollegen riß ab, was daran deutlich wird, daß frische, aus gegenseitiger Inspiration entstandene Ideen in den vergangenen Jahren seltener geworden sind.

Just in dieser Situation erfuhr der frankobelgische Comic-Markt einen Übernahmeversuch durch die moralische Rechte, dessen Hintergründe eher wie das Szenario zu einem grotesken Comic-Krimi erscheinen: Im Juni

Alain Ayroles und Jean-Luc Masbou: *De Cape et de Crocs*. © Delcourt

1985 gründete Rémy Montagne, ehemaliger rechtskonservativer Bürgermeister von Louvriers, dessen politische Karriere von seinem Schwiegervater, dem Reifenkönig Michelin, gesponsert wurde, die Groupe Ampère. Benannt wurde die Gesellschaft mit einem Stammkapital von 3,6 Millionen Francs nach der Straße, in der die neue Firma im 17. Pariser Arrondissement ihren Sitz hat. Vorausgegangen waren Gespräche zwischen Montagne und Papst Johannes-Paul II., der den Wunsch geäußert hatte, daß die «religiöse Botschaft und Initiative in allen Medienbereichen» präsent sein möge, insbesondere «in den Trickfilmen und Comics». Bereits im Oktober 1985 akquirierte die Groupe Ampère den katholischen Verlag Fleurus und erwarb so auch eine Beteiligung an dem Fernsehsender TF 1. Nur wenig später wurden die Verlage Bayard und La Vie, die ebenfalls katholisch geprägte Comics produzieren, übernommen. Über die Brüsseler Holding Media Participations mit einem Stammkapital von vierundsechzig Millionen Francs wurde Montagne 1986 Mehrheitsaktionär bei Lombard, kaufte mehrere Jugendbuchverlage auf und brachte sich Ende 1986 auch in den Besitz des in Finanznoten steckenden Verlages Dargaud. Innerhalb von nur drei Jahren hatte Montagne rund fünfundvierzig Prozent des frankobelgischen Comic-Marktes unter seine Kontrolle gebracht. «Man hat Lucky Luke, Blake und Mortimer, Isnogud, Philémon, Blueberry und Asterix mitsamt seinem Dorf, das sich diesmal nicht wehren konnte, entführt», stöhnte die Tageszeitung *Libération* Ende Januar 1989.

In der Tat waren die Auswirkungen verheerend: Dargaud stieß rund zweihundert Titel aus der Backlist, die nicht den Anforderungen an eine keimfreie Jugendlektüre entsprachen, ab und ließ einen Großteil seiner Autoren, darunter Enki Bilal, Philippe Druillet oder Annie Goetzinger, ziehen. Die meisten wechselten zum ehemaligen *Métal Hurlant*-Verlag Humanoides Associés; die Verbleibenden sollten auf den neuen Kurs eingeschworen werden. «Wir wurden in Brüssel in ein Restaurant eingeladen, wo man uns erklärte, seitens der Jugend gäbe es ein Bedürfnis und eine Forderung nach Comics ohne Aggressivität und Gewalt, und das sei unter allen Umständen zu akzeptieren», berichtete *Vagabonds des Limbes*-Autor Christian Godard. «Einer von uns sagte, unter diesen Umständen könne Ampère viel Geld verlieren. Sie antworteten: ‹Wir können Geld verlieren, solange es nötig ist.›»

In der Konsequenz ging die Rechnung, die Helden der Comics zum Sprachrohr des Vatikan zu machen, nicht auf, aber die Auswirkungen dieser absurden Transaktion, die die frankobelgische Comic-Szene zu einem äußerst empfindlichen Zeitpunkt traf, sind immer noch zu spüren. Dargaud und Lombard leiden unter der Ausdünnung des Programms und versuchen mühsam, durch die Rückgewinnung von Autoren, die man seinerzeit vor die Tür gesetzt hatte, wieder an Profil zu gewinnen. Humanoides Associés war von der Aufgabe, die Zeichnerlawine, die auf den Verlag zugerollt war, aufzufangen, überfordert, schrammte nur knapp am Konkurs vorbei und ist seitdem damit beschäftigt, sich auf einem schwierigen Markt zu behaupten.

Mit der Entwicklung zum Autoren-Comic und der damit einhergehenden Spezialisierung der Inhalte und Stile hat sich der Comic in den siebziger und achtziger Jahren in Frankreich vom Stigma des Massenmediums emanzipiert. Seitdem unterliegt der Markt neuen Gesetzen, die im Prinzip denen des Literaturbetriebes gleichen. Die Anerkennung dieses Wandels erfolgte in Frankreich hochoffiziell, als François Mitterrand im Januar 1990 in dem hundert Kilometer nordöstlich von Bordeaux gelegenen Angoulême das Centre National de la Bande Dessinée et de l'Image einweihte, eine Schule für angehende Comic-Zeichner mit angegliedertem Museum und Bibliothek. Mit der postmodern in die Reste einer ehemaligen Brauerei aus dem 19. Jahrhundert integrierten Ausbildungsstätte ist Angoulême (das seit 1974 auch den Salon International de la Bande Dessinée, die größte Comic-Messe in Europa, beherbergt) zum Zentrum der europäischen Comics geworden. Bereits zwei Jahre zuvor war in Brüssel in dem einstigen Kaufhaus Wanquez, einem der letzten noch erhaltenen Art-Nouveau-Gebäude Victor Hortas, das Centre Belge de la Bande Dessinée eröffnet worden.

Für Frankreich, wo die Alben mit rund dreihundertfünfzig Millionen Francs jährlich fünf Prozent des Gesamtumsatzes im Verlagswesen ausmachen (in Belgien sind es sogar knapp dreißig Prozent), ist der Comic auch zum wichtigen Exportartikel geworden. «Die Präsenz der Autoren und einiger französischer Verlage auf dem Gebiet der Comics zeugt von einer realen und ökonomischen Vielfalt», äußerte sich denn auch Mitterrand, der Corto Maltese zu seinem Lieblingshelden erklärte, 1990 in einem Interview. «Der französische Comic spiegelt in seiner Vielfalt auch die Blicke wider, die wir auf die Welt und uns selbst richten. Unter diesem Gesichtspunkt ist Europa eine Chance für Frankreich. Wenn ich dies sage, denke ich nicht nur an die Einführung des europäischen Binnenmarktes und die größeren Absatzmöglichkeiten für unsere Produktionen, sondern auch an die Bekräftigung einer europäischen Kultur, die der wirkliche Zement des zukünftigen Europa sein wird. Man spricht von einer frankobelgischen Comic-Tradition, also warum nicht eine europäische Comic-Schule schaffen, die auf das schöpferische Potential unserer unterschiedlichen Länder zurückgreift?»

De facto gibt es diese europäische Comic-Schule bereits seit Ende der siebziger Jahre durch die Beeinflussung der Zeichner in Italien, Spanien, Holland und Deutschland durch ihre französischen und belgischen Vorbilder. Deutlich wird dies vor allem daran, daß sowohl die Technik der Direktkolorierung als auch die «Nouvelle Ligne claire» als die beiden wichtigsten neuen Stilrichtungen, die zu dieser Zeit in Frankreich entstanden, binnen kurzem von Künstlern in ganz Europa übernommen wurden. Beide Stile sind sehr gegensätzlich motiviert: Während sich die Zeichner der «Nouvelle Ligne claire» mit der Betonung der Konturlinie auf die Tradition vor allem Hergés berufen und diese modernisieren, tritt die Outline bei den ihre Originale direkt kolorierenden Künstlern zugunsten einer differenzierteren und intensiveren Farbwirkung zurück. In Frankreich übernahmen die Direktkolorierung vor allem Alex Barbier und der kurz vor dem Erscheinen von *Arzach* aus Brasilien eingewanderte Sergio Macedo, in Belgien Jeronaton (Jean Torton), in Italien Gaetano Liberatore, Silvio Cadelo und Lorenzo Mattotti, in Spanien Vicente Segrelles und Miguelanxo Prado und in Deutschland schließlich Matthias Schultheiss.

Obwohl es sich bei der «Ligne claire» um einen ursprünglich belgischen Stil handelt, bezog die Neuinterpretation der klaren Linie durch Dominique Hé, Serge Clerc, Didier Savard, Jean-Claude Floc'h und Jean-Louis Tripp die bedeutendsten Impulse aus Frankreich. Ted Benoît (* 1948) legte 1980 sein Album *Vers la Ligne claire* vor, das von der Kritik als «graphisches Manifest der achtziger Jahre» gefeiert wurde, und schuf 1982 mit seinem Helden Ray Banana eine Art erwachsenen Tim.

Zum herausragendsten französischen Vertreter der «Nouvelle Ligne claire» wurde Yves Chaland (1957–1990). Zusammen mit Luc Cornillon hatte er 1978 in *Métal Hurlant* eine Serie parodistischer Kurzgeschichten zu zeichnen begonnen, die später zu dem Album *Captivant* zusammengefaßt wurden, das augenzwinkernd vorgibt, ein Sammelband mit Beiträgen aus dem gleichnamigen fiktiven Comic-Magazin der fünfziger Jahre zu sein. 1980 begann er die Serie *Bob Fish* und ein Jahr später *Freddy Lombard*, deren Helden von der graphischen Anmutung her durchaus

*In seiner Kultserie Freddy Lombard bezog sich Yves Chaland auf die grafischen Erzählprinzipien sowohl der «Ligne claire» Hergés als auch der durch André Franquin geprägten «Ecole Marcinelle». Unten eine Szene aus einem 1982 von Chaland gestalteten Spirou-Abenteuer. © Humano © Dupuis*

in das *Spirou* oder *Tintin* der fünfziger Jahre gepaßt hätten, den klassischen Stil von Hergé, Franquin, Tillieux oder Peyo jedoch durch ironische Elemente auf der Erzählebene brechen. Als der Verlag Dupuis nach einem neuen Zeichner für die Serie *Spirou* suchte, zeichnete Chaland auch ein Abenteuer des Hotelpagen, der vor allem durch die Feder Franquins berühmt geworden war. Dupuis erschien Chalands Stil jedoch zu nostalgisch orientiert, und somit blieb es bei einer kurzen Probegeschichte, die 1982 in Fortsetzungen in dem Magazin *Spirou* abgedruckt wurde.

Zum neben Chaland interessantesten Interpreten der «Nouvelle Ligne claire» wurde der Holländer Joost Swarte (* 1947), dessen erste, ab 1970 veröffentlichte Arbeiten noch eher von Robert Crumb beeinflußt waren, mit

Joost Swarte: Selbstporträt, 1979 © Joost Swarte

Michael Allreds Superheldenparodie *Madman* zeigt, daß dieser Stil mittlerweile sogar in Amerika Anhänger findet.

Mit dem Magazinkonzept übernahm man darüber hinaus in ganz Europa auch das französische Format sowie die Praxis, die in Fortsetzungen veröffentlichten Geschichten später als Album nachzudrucken. In Italien wurden *Frigidaire* (1980), *L'Eternauta* (1982), *Orient Express* (1982), *Corto Maltese* (1983) und *Comic Art* (1984) herausgegeben, in Spanien *El Vibora* (1979), *Cimoc* (1981) und *Cairo* (1982). In Deutschland erschienen 1980 *Schwermetall* (eine Übernahme von Comics aus *Métal Hurlant*) und *U-Comix* (eine mit amerikanischen Underground-Comics angereicherte Version von *Fluide Glacial*) und im Jahr darauf mit *Pilot* eine kurzlebige Ausgabe von *Pilote*.

Daß auch auf künstlerischer Ebene eine europäische Comic-Kultur längst existiert, zeigen auch mehrere Anthologien, etwa auf Initiative von Greenpeace zur Umwelt oder zum Thema Menschenrechte, die Beiträge von Zeichnern aus verschiedenen Ländern enthalten. Fünf Monate nach dem Fall der Berliner Mauer im November 1989 erschien gleichzeitig in zwölf Sprachen das von Pierre Christin und Andreas C. Knigge herausgegebene Album *Durchbruch*, das neben den gezeichneten Kommentaren von Künstlern aus Frankreich, Italien, Spanien, England und Deutschland zum ersten Mal auch Beiträge aus der ehemaligen DDR, Ungarn, Polen, dem einstigen Jugoslawien sowie der Sowjetunion enthält.

Mit der Internationalisierung der Formate ging gleichzeitig eine Spezialisierung der Inhalte einher, deren auffälligstes Merkmal die zunehmende Auflösung der klassischen Genres ist. Diese Entwicklung hatte zwar bereits in *Pilote* mit den Geschichten, die Pierre Christin ab Mitte der siebziger Jahre für Enki Bilal und Annie Goetzinger geschrieben hatte, begonnen und sich anschließend auf den Seiten von *Métal*

*Katoen en Pinbal* (1972), *Modern Art* (1980) und *Cultuur & Techniek* (1990). Swarte versteht sich eher als Multimedia- denn als reiner Comic-Künstler, doch auch bei seinen Grafiken, Portfolios und den von ihm entwickelten Objekten wie zum Beispiel Bücherstützen berief er sich stets auf die Prinzipien der klaren Linie. 1984 gestaltete er auch eine Serie von vier Briefmarken für die holländische Post.

In Belgien griffen vor allem Alain Goffin und Ever Meulen die «Ligne claire» auf, in Holland Theo van den Boogaard (sowie in eher klassischer Manier Henk Kuijpers, Dick Briel und Eric Heuvel), in Italien Roberto Baldazzini und in einem naturalistisch gehaltenen Stil Vittorio Giardino, in Spanien Daniel Torres und Max (Francesco Capdevila), in Deutschland Henk Wyniger und in der Schweiz Daniel Ceppi und René Lehner.

Beitrag von Jean-Claude Mézières für das Album Durchbruch, das die Hoffnungen und Befürchtungen des Jahres 1989 in vielfältigen Bildern eingefangen hat. An diesem Zeitdokument haben Zeichner aus aller Welt, darunter Enki Bilal, Milo Manara, Matthias Schultheiss und Bill Sienkiewicz, mitgearbeitet. © Carlsen

*Hurlant* und vor allem *(A Suivre)* fortgesetzt, war anfangs jedoch eher unbemerkt geblieben, da das in Europa stark ausgeprägte Bestreben, den Comic vor allem als Kunst- und nicht als Literaturform zu interpretieren, häufig zu einer Überbewertung des Zeichners gegenüber dem Autor führt. Deutlich wird diese Misere beispielsweise bei der Vergabe von Preisen (ausgezeichnet werden in der Regel die Zeichner, nur in Ausnahmefällen auch Autoren; weder Jean-Michel Charlier noch René Goscinny sind jemals für ihre nicht hoch genug einzuschätzende Leistung geehrt worden) sowie der vor allem in Frankreich üblichen Praxis, auf den Alben den Zeichner vor dem Autor zu nennen. Hier offenbart sich eine gefährliche Tücke des Mediums: Während sich Literatur und Film vor allem durch ihr jeweiliges Thema Aufmerksamkeit verschaffen, ist die Zeichnung beim Comic auch immer seine Verpackung: Eine banale Story, brillant gezeichnet, stößt allemal leichter auf Leserinteresse als eine interessante Geschichte, die weniger eingängig illustriert ist.

Die ersten Arbeiten, die die Bezeichnung «Comic-Roman» uneingeschränkt verdienen, sind somit auch Veröffentlichungen, bei denen die Trennung in Autor und Zeichner aufgehoben ist: Hugo Pratts *Ballata del Mare Salato*, Comès' *Silence* und *Les Passagers du Vent* von François Bourgeon sind zwar kunstvoll gezeichnet, in keinem Augenblick jedoch drängt sich die Illustration effekthascherisch vor die Geschichte, mit der sie sich stets in einem überzeugenden Einklang befindet. Exakt das gleiche Phänomen läßt sich in den USA beobachten, wo nahezu zeitgleich Will Eisner und Art Spiegelman ihre Graphic novels vorlegten.

Zum konsequentesten Chronisten dieser Entwicklung wurde der Schweizer Cosey, der bereits die letzten Abenteuer seines Helden Jonathan als kleine Novellen angelegt hatte, sich dann jedoch sowohl vom Konzept der Serie wie auch von der Umfangsbeschränkung der klassischen Alben löste und 1984 die poetische Erzählung *A la Recherche de Peter Pan* vorlegte. Auf der Suche nach Peter Pan: Natürlich verbirgt sich hinter dem ungewöhnlichen Titel eine Suche nach den verblaßten Träumen der Kindheit, eine Suche allerdings, deren Ergebnis in die Zukunft weist.

Hauptfigur ist der englische Schriftsteller serbischer Herkunft Vlatko Z. Zmadjevic alias Melvin Z. Woodworth, der sich Ende der zwanziger Jahre in das kleine Dorf Ardolaz in den Walliser Alpen zurückzieht, um seinen dritten Roman zu schreiben. Zumindest rechnet sein Verleger in London damit. Doch Woodworth leidet unter einer Schaffenskrise, die sich in Ardolaz noch verstärkt. Hier nämlich starb vor vielen Jahren sein Bruder Dragan, der ihm James M. Barries «Peter Pan» schenkte und dadurch dazu brachte, Schriftsteller zu werden. Woodworths innere Unruhe nimmt zu, und der Wunsch, etwas über Dragan herauszufinden, wird übermächtig, als er eines Nachts jemanden in dem mondänen Grandhotel des Ortes eine Komposition seines Bruders spielen hört; der geheimnisvolle Klavierspieler jedoch läßt sich nicht entdecken. Die Ereignisse nehmen eine unvorhergesehene Wende, als Ardolaz evakuiert werden muß, da ein Gletscher ins Tal abzurutschen droht. Trotz der Gefahr entschließt sich Woodworth zu bleiben, um dem Geheimnis auf den Grund zu gehen.

Zentrales Thema seiner Erzählung ist die innere Entwicklung der drei Hauptfiguren – Woodworth, die kleine Evolena und der kauzige Falschmünzer Baptistin –, die Cosey äußerst feinfühlig illustriert hat: Über weite Strecken verzichtet er ganz auf Text und erzeugt Stimmungen durch Bildfolgen, in denen sich seine Figuren durch eine verschneite Gebirgslandschaft oder das nächtliche Alpendorf bewegen. Was für Loustal die scheinbar nebensächlichen Details auf den Bildern sind, sind für Cosey die Landschaften, die zu stimmigen Projektionsflächen für die innere Befindlichkeit seiner Helden, zu Seelenräumen werden. Dieses Prinzip behielt er auch bei seinen folgenden Comic-Romanen, *Voyage en*

Cosey: *A la Recherche de Peter Pan*. © Le Lombard

*Vittorio Giardino: Max Friedman.*
© *Vittorio Giardino*

*Italie* (Reise nach Italien, 1988), *Orchidea* (1991), *Saigon-Hanoi* (1992) und *Joyeux Noël, May* (Tallulah & May, 1995), bei, die ohne Vorabdruck in einem Magazin direkt in Albumform erschienen.

Der 1955 in Algier geborene Jacques Ferrandez hatte sich vor allem mit der in Zusammenarbeit mit dem Szenaristen Rodolphe Jacquette entstandenen Serie *Raffini* (1977) profiliert, einer atmosphärisch dichten Krimireihe, bevor er 1987 mit seinen *Carnets d'Orient* (Algerisches Tagebuch) seinen ersten Comic-Roman vorlegte, in dessen Mittelpunkt der Maler Joseph Constantin steht, der Mitte des 19. Jahrhunderts auf der Suche nach künstlerischer Inspiration nach Algerien reist. Das Prinzip, verschiedene Erzählebenen in unterschiedlichen Zeichentechniken darzustellen, übernahm Ferrandez auch für seine weiteren Bände *L'Année de Feu* (Im Jahr der Flammen, 1989), *Les Fils du Sud* (Die Söhne des Südens, 1992) und *Le Centenaire* (1994), die zusammengenommen ein lebendiges und vielschichtiges Panorama des Algeriens seiner Groß- und Urgroßeltern ergeben. Obwohl er dabei auf wiederkehrende Figuren verzichtet, konzentriert sich Ferrandez dennoch ganz auf die Entwicklung seiner jeweiligen Protagonisten vor dem Hintergrund der erbarmungslosen Natur und der turbulenten geschichtlichen Ereignisse.

Baru (Hervé Barulea, * 1947) zeichnete in einem kraftvoll expressiven Stil 1988 mit *Cours Camarade* (Lauf, Kumpel!) eine rasante Geschichte um zwei ausländische Jugendliche in Paris, zwei Jahre später gefolgt von *Chemin de l'Amérique* (Der Champion), in der der Boxer Said Boudiaf in den fünfziger Jahren zum Spielball politischer Machtinteressen zwischen Frankreich und der algerischen Befreiungsfront F. L. N. wird. Max Cabanes (* 1947) hingegen spürt in *Colin-Maillard* (Herzklopfen, 1989) und *Les Annèes Pattes d'Eph* (Die Zeit der Halbstarken, 1992) dem Erwachsenwerden seiner jugendlichen Helden nach und erzählt sensibel und grafisch virtuos zugleich von deren ersten erotischen Erfahrungen. Ein ähnlich ernsthaftes Interesse an ihren Protagonisten zeigten anschließend vor allem André Juillard mit *Le Cahier Bleu* (Das blaue Tagebuch) sowie der Italiener Vittorio Giardino mit seiner Trilogie *Jonas Fink* (beide 1994).

Allen künstlerischen und verlegerischen Bemühungen zum Trotz stagniert die italienische Comic-Szene seit Mitte der achtziger Jahre. Dieser Wendepunkt wird vor allem markiert durch das Scheitern der 1982 gegründeten Zeitschrift *Orient Express*, für drei Jahre das erste moderne Comic-Magazin, das ausschließlich die Arbeiten italienischer Künstler veröffentlichte. Zu seinen erfolgreichsten Zeichnern gehörte Vittorio Giardino (* 1946), der die beiden Krimiserien *Sam*

*Pezzo* (bereits 1977 in *Il Mago* begonnen) und *Max Friedman* (1982) beisteuerte. Anschließend zeichnete er vor allem erotische Kurzgeschichten, darunter 1985 mit *Little Ego* auch eine «erwachsene» Reminiszenz an Winsor McCays *Little Nemo*. Attilio Micheluzzi (1930–1990) veröffentlichte in *Orient Express* 1983 die brillant gezeichnete und im trockenen Ton des Film noir erzählte Serie *Air Mail* um einen Postflieger im Amerika der «roaring twenties», 1985 gefolgt von *Bab el-Mandeb*, einem lakonischen Comic-Roman über die Freundschaft zwischen einem englischen Sergeant Major und einem italienischen Anarchisten im Afrika der dreißiger Jahre. Auch Paolo Eleuteri Serpieri (* 1944) zeichnete mehrere laszive Westernstorys für das Magazin, bevor er 1985 mit seinem hyperrealistisch gestalteten erotischen Science-Fiction-Märchen *Druuna* begann.

In die Zeit von *Orient Express* fallen auch die bedeutendsten Aktivitäten der 1982 von Giorgio Carpinteri, Igort (Igor Tuveri) und Lorenzo Mattotti gegründeten Künstlergemeinschaft Valvoline. Vor allem Mattotti (* 1954), der seine ersten Comics bereits im Alter von dreiundzwanzig Jahren gezeichnet hatte, gelang 1988 mit dem vom Futurismus und Spätimpressionismus beeinflußten und in seiner Farbigkeit an Kandinsky und Monet erinnernden Band *Fuochi* (Feuer) ein grafisches Meisterwerk, mit dem er in ganz Europa und in den USA Aufsehen erregte. In Zusammenarbeit mit Jerry Kramsky (Fabrizio Ostani) als Autor folgten *La Zona Fatua* (Flüster, 1987) und *Caboto* (1995).

In Spanien stagnierte die kreative Entwicklung vor allem deshalb, weil viele talentierte Zeichner aufgrund der schlechten Wirtschaftslage für ausländische Verlage arbeiteten. Zu den wenigen herausragenden Veröffentlichungen der siebziger Jahre zählt *Paracuellos*, eine eindringlich erzählte und treffsicher gezeichnete Geschichte, in der Carlos Gimenez (* 1941) 1977 seine Kindheit unter dem Terror der Franco-Diktatur schilderte. Während der Vorveröffentlichung in *Muchas Gracias* wurde auf die Redaktion der Zeitschrift ein Bombenattentat verübt, bei dem ein Mensch getötet wurde. Die ersten Jahre der spanischen Demokratie machte Gimenez schließlich 1978 zum Thema seiner Trilogie *España Una*, *España Grande* und *España Libre*. Nach der gelungenen Jack-London-Adaption *Koolau el Leproso* folgten mit *Barrio* (1979) und *Los Professionales* (1982) weitere stark autobiographisch geprägte Bände.

Erst Anfang der achtziger Jahre begann sich die Situation der Zeichner langsam zu verbessern, und neu gegründete Magazine wie *Cimoc* und *Cairo* ermöglichten es auch altgedienten Veteranen wie Vicente Segrelles mit *El Mercenario* (Der Söldner, 1981), José Ortiz mit *El Hombre* (1981) und *Burton y Cyb* (1986) und Alfonso Font mit *Clarke y Kubrick* (1982), *El Prisonero de la Estrellas* (1983) oder *Carmen Bond* (1985), ihren Stil zu modernisieren; inhaltlich blieben diese Serien jedoch einer Erzählweise verhaftet, wie sie in Belgien *Tintin* bereits zehn Jahre zuvor geboten hatte. Eine erfreuliche Ausnahme stellt die Serie *Frank Cappa* (1980) dar, in der Manfred Sommer die Erlebnisse eines Kriegsberichterstatters schildert. Sommers Geschichten sind geprägt von einem melancholischen Humanismus, seine ausdrucksvollen Zeichnungen erinnern in ihrer eleganten Zurückhaltung an die Arbeiten Hugo Pratts.

Auch Jordi Bernet (* 1944) hatte bereits, seit seinem fünfzehnten Lebensjahr, zahlreiche Comics in den unterschiedlichsten Stilrichtungen gezeichnet (darunter 1973 auch *Andrax* für den deutschen Markt), bevor er 1982 die von Enrique Sanchez Abuli zuvor für den amerikanischen Zeichner Alex Toth geschriebene Serie *Torpedo* übernahm und die ironischen Storys um einen Mietkiller im Amerika der Prohibitionszeit in einem leichten, aber dennoch der Authentizität verpflichteten Stil zu einem Meisterwerk der Crime-Comics machte. Zwei weitere Serien,

Der Mietkiller als Comic-Held. Torpedo von Enrique Sanchez Abuli und Jordi Bernet. © Abuli-Bernet

*Sarvan* und *Kraken*, beide 1984 in Zusammenarbeit mit dem Autor Antonio Segura entstanden, gerieten jedoch eher enttäuschend und waren kein Erfolg.

Ebenfalls 1982 veröffentlichte auch Daniel Torres (* 1958) mit *Opium* seine erste Arbeit, die internationale Anerkennung erfuhr. Im Jahr darauf folgte *Rocco Vargas*, in deren Mittelpunkt ein dandyhafter Autor populärerer Science-Fiction-Romane steht. Zwar ist die Handlung in der Gegenwart angesiedelt, mischt sich aber dennoch mit Elementen der SF sowie mit herrlich altmodischen Accessoires aus den Filmen der Schwarzen Serie. Torres befreite sich schnell von den Undergroundeinflüssen, die seinen frühen Arbeiten angehaftet hatten, und entwickelte einen markant-zackigen, deutlich von der «Ligne claire» beeinflußten New-wave-Stil, dessen grelle Wirkung er noch durch eine gelungene, flächige Kolorierung unterstützte. Inzwischen arbeitet Torres fast ausschließlich als Illustrator und für die Werbung. Außerdem illustrierte er mehrere Kinderbücher.

Ruben Pellejero (* 1952) begann 1985 in Zusammenarbeit mit dem argentinischen Autor Jorge Zentner die an Hugo Pratts *Corto Maltese* erinnernde Abenteuerserie *Dieter Lumpen*, die eins der schönsten Meisterwerke der jüngeren spanischen Comic-Kunst darstellt, und Miguelanxo Prado (* 1958) debütierte im gleichen Jahr mit einer Reihe von Kurzgeschichten, die später zu den Alben *Cronicas Incongruentes* (Chronik der Unlogik) und *Quotidiana Delirante* (Der tägliche Wahn) zusammengefaßt wurden. In einem seine Charaktere und deren Umwelt alptraumhaft verzerrenden Stil schildert er hier satirisch und ironisch, wie sich Alltagssituationen verselbständigen und zum Chaos geraten. Zwei Jahre später folgte mit *Manuel Montano*, geschrieben von Fernando Luna, eine ähnlich parodistische Serie um einen glücklosen Privatdetektiv. *Trazo de Tiza* (Kreidestriche, 1992), seine erste albumlange Erzählung, ist zwar sein bislang grafisch ausgereiftestes Werk, belegt gleichzeitig aber auch, daß Prado eher ein Meister der pointierten Kurzgeschichte ist.

In Deutschland entstand Ende der siebziger Jahre zwar nicht die Idee einer europäischen Comic-Schule, aber die eines europäischen Comic-Marktes. Der Koralle Verlag, der seit 1972 vornehmlich Comics aus *Tintin*, *Spirou* und *Pilote* in seinem Magazin *Zack* veröffentlichte, schickte sich an, seinen bishe-

Eine europäische Comic-Kultur

*Manuel Montano von Fernando Luna und Miguelanxo Prado. © Norma Editorial*

rigen Lizenzgebern Zeichner wie Jean Graton, Albert Weinberg und Hermann Huppen abzuwerben und ab 1979 in den *Zack*-Pendants *Super-As* und *Wham* selbst in Frankreich, Belgien und Holland zu veröffentlichen. Teil dieses Konzeptes war es auch, eine eigene Comic-Produktion nach frankobelgischem Vorbild aufzubauen. Der Anfang war bereits 1973 mit der in Lappland spielenden Serie *Turi und Tolk* gemacht worden, die Dieter Kalenbach (* 1937) stilistisch in Anlehnung an die Arbeiten Hermanns illustrierte. 1980 zeichnete Matthias Schultheiss (* 1946) in einem ähnlichen Stil die Serie *Trucker*, die jedoch erst später in Albumform erscheinen konnte, da *Zack*, *Super-As* und *Wham* noch im gleichen Jahr ihr Erscheinen einstellen mußten.

Auch mit seinen nächsten Projekten war Schultheiss kein Glück vergönnt: 1981 adaptierte er mehrere Kurzgeschichten Charles Bukowskis, die sein Auftraggeber Zweitausendeins jedoch nicht veröffentlichte. Als vier Jahre später endlich etliche Kurzgeschichten, deren düstere Atmosphäre teilweise an Filme Sam Peckinpahs erinnert, unter dem Titel *Kalter Krieg* als Album erschienen, wurde der Band nach kurzer Zeit von der Bundesprüfstelle für jugendgefährdende Schriften indiziert. Diese Erfahrungen verleiteten Schultheiss' damaligen Agenten dazu, die erste Albumserie des Zeichners gar nicht erst einem deutschen Verlag anzubieten, sondern nach Frankreich zu verkaufen, von wo der Carlsen Verlag die Alben schließlich reimportierte. Das Gerücht vom «Propheten im eigenen Land» entstand und entmutigte die noch kleine Szene junger Zeichner, die gerade damit begonnen hatte, an einer modernen deutschen Comic-Produktion zu arbeiten.

*Die Wahrheit über Shelby* (1985) beginnt als konventionelle Abenteuerstory: Im Staatsgefängnis von Utah stellt sich Shelby gegen das Versprechen der Begnadigung für medizinische Versuche zur Verfügung, die jedoch zu regelrechten Folterakten ausarten. Shelby gelingt die Flucht. Er gerät nach Labrador, wo er die verlassene Forschungsstation eines deutschen Wissenschaftlers entdeckt, dessen Identität er langsam anzunehmen beginnt. Schließlich begibt er sich auf den Weg nach Hamburg, um herauszufinden, wer der tote Amselstein, dem er auch äußerlich immer mehr ähnelt, war. In der grafischen Umsetzung dieser brillant konzipierten Geschichte spiegelt sich stets auch die innere Zerrissenheit der Hauptfigur wider, der Strich wirkt gehetzt, die Farben sind kalt, und doch finden sich immer wieder hoffnungsschwangere Farbtupfer, die mit den Momenten korrespondieren, in denen Shelby sich bewußt wird, was er eigentlich sucht: sich selbst.

Mit dem verschneiten St. Pauli und den morbiden Schiffsfriedhöfen des Hamburger Hafens hat Schultheiss faszinierende Schauplätze geschaffen, die zu einer überzeugenden Projektionsfläche für Shelbys zunehmende Verwirrtheit werden. Die Räume, in die er sich zurückzieht, sind karg und leer, überall tun sich Schächte und im Dunkeln liegende Gänge auf, bis sich zum Schluß der Trilogie Shelbys innere wie auch äußere Realität in einem Feuerwerk aus Explosionen auflösen. An die Kraft dieser Erzählung konnte Schultheiss später mit den Auftragsarbeiten *Die Haie von Lagos* (1986) und *Propellerman* (1992) für französische und amerikanische Verlage nicht anknüpfen. Besonders in seinen für verschiedene Magazine entstandenen Kurzgeschichten, die 1992 zu dem Band *Blutsbrüder* zusammengefaßt wurden, erweist er sich allerdings als stilistischer Virtuose, der die expressive Schwarzweißtechnik ebenso beherrscht wie die opulente Collage.

Schauplatz Hamburger Hafen. Mit Die Wahrheit über Shelby setzte Matthias Schultheiss dem Comic in Deutschland neue Maßstäbe. © Matthias Schultheiss

Thomas Otts aus schwarzem Karton herausgekratzte Horrorstorys erinnern an die oftmals beklemmend düstere Atmosphäre der amerikanischen E.C.-Comics aus den fünfziger Jahren.
© Thomas Ott

Zu den neben Schultheiss überzeugendsten Comic-Künstlern im deutschsprachigen Raum sind Guido Sieber und Thomas Ott avanciert. Guido Siebers (* 1963) an Otto Dix erinnernde Kurzgeschichten, die häufig treffsicher (und dabei stets lustvoll) die Marotten dekadenter Kleinbürger enttarnen, sind ab 1991 in mehreren Sammelbänden erschienen. Mit *Des Engels letzter Fall* um einen Privatdetektiv, der in der Hölle nach einem entflohenen Himmelsboten sucht, legte er 1992 seine erste lange Geschichte vor, gefolgt von *Die Macht der Lüge* (1994) und *Stardust* (1995). Der Schweizer Thomas Ott (* 1966), der seine in der Erzähltradition der amerikanischen E.C.-Comics stehenden Kurzgeschichten zu den Alben *Tales of Error* (1989) und *Greetings from Hellville* (1995) zusammenfaßte, arbeitet seine Bilder mittels Nadel, Messer und Schaber aus schwarzem Karton heraus und er-

Isabel Kreitz' Schwarzweißgeschichten gehören zu den spannendsten Arbeiten einer neuen deutschen Zeichnergeneration. In dem Album *Ohne Peilung* spürt sie dem Neonazismus nach und schildert, wie ihr junger Protagonist Jens in die rechtsradikale Szene gerät. © Carlsen

*Mit seinen schwulen Knollennasenmännchen avancierte Ralf König zum bekanntesten deutschen Comic-Zeichner.*
© Carlsen

zeugt die zuweilen beklemmend klaustrophobische Atmosphäre seiner Storys vor allem durch den geschickten Einsatz von Bildausschnitten und Perspektive.

Die Hoffnung, in Deutschland stünde nun der Anschluß an französische Zustände bevor – im Sommer 1990 bestritt der Carlsen Verlag sogar ein ganzes Monatsprogramm ausschließlich mit Arbeiten deutscher Zeichner und Autoren –, erwies sich jedoch als nicht zutreffend, vor allem auch, da es etlichen vielversprechenden Künstlern an professionellem Selbstverständnis fehlte. So brachen sowohl Wolfgang Mendl und Chris Scheuer wie auch Peer Meter und Christian Gorny ihre hervorragend gestalteten Serien *Sir Ballantime* und *Haarmann* (beide 1990) nach nur jeweils einem Band wieder ab. Erst in den letzten Jahren sind mit den Alben beispielsweise von Peter Puck, Isabel Kreitz oder Timo Würz wieder interessante neue Arbeiten entstanden.

Am erfolgreichsten sind in Deutschland die humoristischen Zeichner. Gerhard Seyfried (* 1947) veröffentlichte 1978 *Wo soll das alles enden?* im Rotbuch Verlag. Da Seyfrieds Figuren in den siebziger Jahren auf fast keinem linken Flugblatt fehlten und seine Knollennasenmännchen somit eine ungeheu-

re Popularität erlangt hatten, wurde der Band schnell zum Bestseller, dem die Alben *Freakadellen und Bulletten* (1979) und *Invasion aus dem All-Tag* (1981) folgten. Mit dem Erlahmen der Alternativbewegung ging jedoch auch Seyfried der Stoff aus: In *Das schwarze Imperium* machte er 1986 einen Comic-Zeichner zum Helden, dem nichts mehr einfällt. Zusammen mit Ziska (Franziska Riemann) entwischte er schließlich 1991 mit

*Hendrik Dorgathen: Spacedog.* © Rowohlt

Eine europäische Comic-Kultur **309**

*Future Subjunkies* in eine moderne Märchenwelt.

Auch Brösels (Rötger Feldmann, * 1950) *Werner* genoß durch die Veröffentlichung in verschiedenen Stadtmagazinen bereits Szenebekanntheit, als 1981 der erste Sammelband erschien. *Werner* ist der erste (und bislang einzige) Comic, der es in Deutschland auf die Bestsellerlisten geschafft hat (und sich dort 1985 über ein halbes Jahr lang hielt). Als Brösel alias Werner sieben Jahre später mit seinem Horex-Motorrad wie in der Comic-Vorlage zu einem Rennen gegen den roten Porsche seines Freundes Holgi antrat, pilgerten knapp zweihunderttausend Fans zum Flughafen Hartenholm in Schleswig-Holstein, um während eines dreitägigen Spektakels dem Ereignis entgegenzufiebern. Daß das Rennen anders ausging als im Comic und Brösel verlor, schmälerte den Erfolg von Werner nicht: 1990 wurde er auch zum Kinohelden. Das Vokabular des knollennasigen Motorradfreaks Werner («Bescheid!», «Flaschbier») hat den Szenejargon der achtziger Jahre maßgeblich geprägt.

1979 veröffentlichte Ralf König (* 1960) seine ersten Kurzgeschichten aus dem schwulen Alltag, die durch ihren pointierten Witz und ihre gelungene Situationskomik so erfolgreich wurden, daß 1987 seine erste lange Erzählung, *Der bewegte Mann*, bei Rowohlt erscheinen konnte. Sein herrlich im lakonischen Ton der Schwarzen Serie erzählter Krimi *Kondom des Grauens* wurde 1992 als Puppenspiel aufgeführt und 1996 verfilmt. Der Produzent Bernd Eichinger brachte 1994 mit Til Schweiger in der Hauptrolle *Der bewegte Mann* in die Kinos, der mit über sechs Millionen Zuschauern zum zweiterfolgreichsten deutschen Film wurde.

Walter Moers (* 1957), der bereits seit 1985 minimalistisch gezeichnete Kurzgeschichten veröffentlicht hatte, gelang 1990 mit dem Kleinen Arschloch eine Kultfigur, die ihren Fans inzwischen auch in Form von Schlüsselanhängern und aus Schneekugeln den Allerwertesten entgegenstreckt.

Einer der interessantesten deutschen Comic-Zeichner ist trotz seines bislang schmalen Werks Hendrik Dorgathen (* 1957). Nach verschiedenen kurzen Arbeiten legte er 1993 das Album *Spacedog* vor, in dem er unter vollständigem Verzicht auf Text die Geschichte eines kleinen Hundes erzählt, den es von der heimatlichen Farm zuerst in die weite Welt und anschließend ins All verschlägt. Dabei hat Dorgathen seine Zeichnungen von allem überflüssigen Ballast befreit und treibt statt dessen seinen Bericht einzig und allein durch die Konzentration auf die elementaren Prinzipien der Comic-Erzählung voran, denen er mit seinen plakativen Farben, die selten zuvor im Comic mit ähnlicher Konsequenz eingesetzt wurden, ein sehr persönliches Gestaltungselement hinzufügt.

Den Comic selbst zum Thema gemacht haben Christian Schnalke und Martin Baltscheit in ihrer Serie um den Comic-Agenten Valerius, der immer dann eingesetzt wird, wenn sich eine Comic-Figur verselbständigt und nicht an das Szenario ihres Autors hält. Eine ähnlich phantasievolle Idee verfolgte in Frankreich Marc-Antoine Mathieu mit seinem Album *L'Origine* (Der Ursprung, 1989) dessen Held unversehens in eine Comic-Welt, der sein Leben allmählich immer ähnlicher wird, gerät. Womit Mathieu die Frage aller Fragen aufgeworfen hat: Könnte es sein, daß der Mensch als solcher gar nicht in der Welt zu Hause ist, sondern statt dessen in einem Comic lebt?

# Comics im intermedialen Kontext

## Comics im intermedialen Kontext

*Comics müssen immer das tun,
was nicht von ihnen erwartet wird.*
Art Spiegelman, 1995

Ende 1995 gratulierte die US-amerikanische Post dem Comic mit einer Serie von Briefmarken, die zwanzig Helden aus der Zeit der großen Zeitungsstrips abbilden, zu seinem hundertsten Geburtstag. Mögen einige der abgebildeten Figuren wie der Yellow Kid, Little Nemo oder Krazy Kat heute auch nur noch Kennern des Mediums vertraut sein, so zeigen diese Postwertzeichen jedoch anschaulich, daß der Comic ein ureigener Bestandteil der amerikanischen Kultur ist. Niemand hat die Helden gezählt, die der Comic während seiner hundertjährigen Geschichte hervorgebracht hat. Einige von ihnen haben ihre Leser nur für kurze Zeit begeistert, anderen gelang dies über mehrere Jahrzehnte, indem sie ihre Abenteuer den sich wandelnden Moden und Interessen anpaßten. Wieder andere haben heute den Status von Klassikern erlangt oder sind zu Ikonen des 20. Jahrhunderts geworden.

Nach hundert Jahren kann der Comic nicht nur auf eine turbulente Geschichte zurückblicken, sondern er muß sich vor allem seiner Zukunft zuwenden, sich den Herausforderungen stellen und die Möglichkeiten ausschöpfen, die sich aus einem veränderten Medien- und Kommunikationskontext ergeben. Kultur wird heute zunehmend als multimediales Marketing konzipiert, die Kommunikation wird global. In Zeiten weltweiter Rezession, zumindest in den alten Industrienationen, ist die Medienwirtschaft zur letzten Wachstumsbranche dieses Jahrhunderts erklärt worden, und in atemberaubender Hektik schließen sich Konzerne mit verschiedenen Medientechnologien und Distributionsnetzen zusammen. Durch die Fusion mit der amerikanischen Fernsehkette ABC wurde die Walt Disney Company im Sommer 1995 zum größten Medienkonzern der Welt (Jahresumsatz: 23,4 Milliarden Mark), verlor diese Position allerdings schon acht Wochen später durch die Allianz von Time-Warner und Turner Broadcasting. Das rasant wachsende Angebot der Kommunikationsindustrie hat gleichzeitig die Faszinationskraft der einzelnen Medien geschmälert: So verschwand zum Beispiel mit der Einführung des Privatfernsehens auch das Phänomen des «Straßenfegers». Die Folge ist der Drang zu Bestsellern und Blockbustern, deren erhöhte Kosten sich nur durch multimediale Verwertung und globale Verbreitung amortisieren.

Als 1975 in Amerika ein Computerbausatz namens Altair 8800 für weniger als vierhundert Dollar auf den Markt kam, hatte das elektronische Zeitalter begonnen, das inzwischen unseren Alltag in nahezu all seinen Aspekten stärker – und vor allem schneller – verändert als die Erfindung des Buchdrucks. Daß die Digitalisierung künstlerischer Ausdrucksmittel Auswirkungen haben wird auf deren Form und Inhalt, dringt erst langsam in das Bewußtsein, und ob diese Entwicklung positiv oder negativ zu bewerten ist, wird durchaus unterschiedlich beurteilt. Das Spektrum der Prognosen reicht vom Kulturpessimismus bis zur Euphorie.

## I.

Zu Beginn seiner Geschichte war der Comic vor allem von zwei Faktoren abhängig: dem Talent des Zeichners und der Vervielfältigung durch ein Printmedium. Heute stehen sowohl neue, elektronische Produktionsmittel wie erweiterte Verbreitungswege zur Verfügung, die dem Comic bislang ungeahnte Möglichkeiten eröffnen.

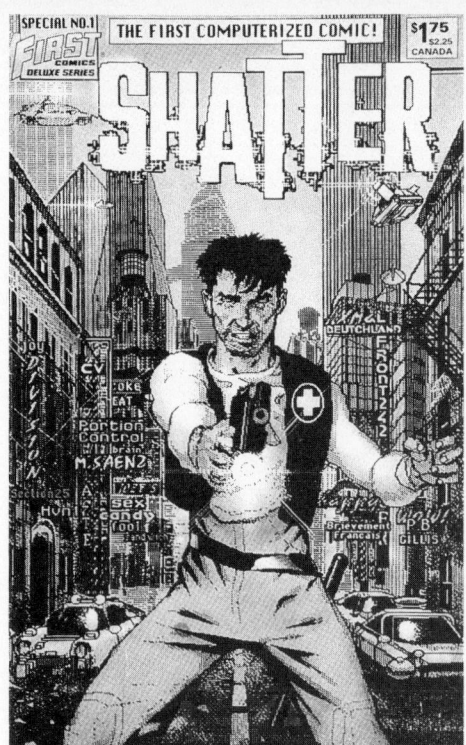

*Am Computer gestalteter Comic: Shatter von Michael Saenz. © First*

1950, zwölf Jahre nachdem Konrad Zuse den ersten elektromechanischen Rechenautomaten fertiggestellt hatte, erzeugte Ben F. Lapoky in den USA erste Computergrafiken. Bereits im folgenden Jahr wurde am Massachusetts Institute of Technology die Animation von Bildern am Rechner erprobt. Obwohl einige Zeichner schon Ende der siebziger Jahre mit dem Computer flirteten, erschien der erste auf Heftlänge angelegte und digital erzeugte Comic erst im Juni 1985 mit *Shatter* von Peter Beno Gillis und Michael Saenz. Was Mike Gold, der Verleger von First Comics, als den «Beginn eines neuen Zeitalters» ankündigte, war im Ergebnis jedoch eher ernüchternd: Die Konturlinien der Zeichnungen wirkten wegen der geringen Auflösung eckig, die Perspektiven ebenso eintönig wie die Farben, denen Saenz durch die Verwendung von Rasterpunkten vergeblich Tiefe zu geben versucht hatte. Der leblose Eindruck des Heftes wurde noch dadurch verstärkt, daß Saenz einmal geschaffene Bilder kopierte und nur in leicht modifizierter Form an späterer Stelle der Handlung wiederholte; die technischen Grenzen des Rechners schränkten das Szenario ein, das eine trostlose Zukunftswelt schildert, aus der die Natur verschwunden ist: «Nicht etwa, weil das unsere pessimistische Prognose wäre, sondern weil sich per Computer einfach kein glaubhaft aussehender Baum zeichnen läßt. Genausowenig Vögel, nackte Frauen oder Eichhörnchen.» 1988 wurde *Shatter* nach vierzehn Ausgaben wieder eingestellt.

Zumindest was die Frauen betrifft, wurde Gillis schon vier Monate nach dem Erscheinen der ersten Ausgabe von *Shatter* durch den französischen Zeichner Imagex widerlegt, dessen vierseitige, um Microbytes besser gestaltete Geschichte *La Dernière Femme* in *Pilote* erschien. «Wird der Computer die Comics fressen?» fragte das Magazin auf der Titelseite und wußte im Innenteil: «Seit einiger Zeit haben etliche Illustratoren und Comic-Zeichner ihren Zeichenkarton verbrannt, die Bleistifte zerbrochen und die Zeichentische aus dem Atelier geworfen. Statt dessen haben sie einen Computer installiert.» Schon zwei Jahre zuvor hatte Philippe Pierre Adolphe den ersten «BD siliconisée» in *Métal Hurlant* veröffentlicht, die dreiseitige Geschichte *Réimpressions d'Afrique*, deren Bilder er vom Bildschirm abfotografiert und anschließend mit aufgeklebten Sprechblasen versehen hatte. Die erste Arbeit jedoch, die tatsächlich über den Status eines Experiments hinausging, lieferte erst Michael Goetze mit seiner ab 1988 im Carlsen Verlag erschienenen Albumtrilogie *Das Robot-Imperium*, die von einer zukünftigen Welt erzählt, in der intelligente Maschinen die Macht übernommen haben.

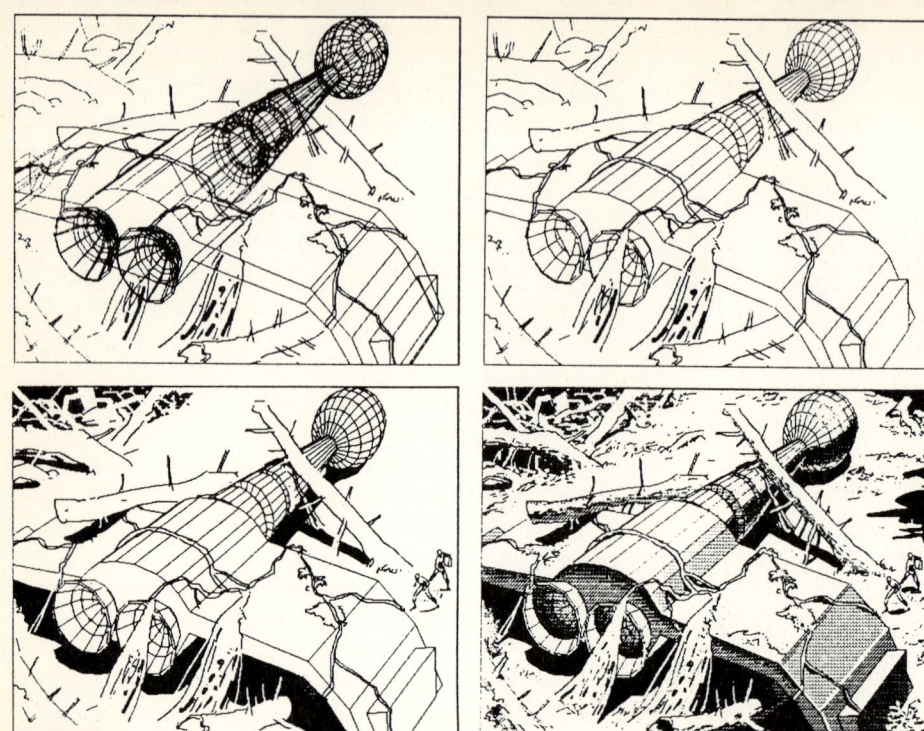

*Vom Gittermodell zur fertigen Zeichnung: Entstehung eines Comic-Bildes am Computer. Aus Das Robot-Imperium von Michael Götze. © Carlsen*

Obwohl vor allem im ersten Band die nach wie vor zu geringe Auflösung Probleme macht, ist die Entwicklung von *Shatter* zum *Robot-Imperium* doch gewaltig, vor allem was Goetzes Fähigkeit betrifft, seine Sujets, darunter auch Bäume und ein recht lebendig wirkendes Nagetier, am Atari 520 ST naturalistisch zu erzeugen. Indem er Personen und Gegenstände mit Hilfe eines 3-D-Programms vektorisierte und in Gitterform abspeicherte, ließen sich diese für spätere Szenen abrufen und in jeder gewünschten Größe oder Perspektive einsetzen, verändern und mit anderen Elementen kombinieren. Die rasante Entwicklung der technischen Möglichkeiten wird vor allem bei der Farbgestaltung deutlich: Erschien der erste Band noch schwarzweiß, so erstellte Goetze für den zweiten Teil in vier Durchgängen übereinander gedruckte Farbauszüge, deren Raster noch recht grob ausfiel, um schließlich 1992 in dem abschließenden Album eine Farbwirkung zu erzeugen, die konventionellen Kolorierungstechniken bereits sehr nahe kommt.

Daß der Computer die Comic-Produktion bislang noch nicht revolutioniert hat, zeigt schon der Umstand, daß mit Ausnahme eines von Saenz 1988 gestalteten *Iron Man*-Abenteuers erst 1992 ein weiterer am PC entstandener Comic in den USA erschien: In der *Batman*-Erzählung *Digital Justice* (Im Netz des Jokers) hat Pepe Moreno Gotham City zu Gotham Megatropolis werden lassen, in dessen Datennetzen Batmans Erzfeind Joker in

Neue Kommunikationstechnologien im Comic. In seinem Strip Ernie gibt der Zeichner Bud Grace seine E-Mail-Adresse bekannt. Tagesstreifen vom 8.11.1995. © King Features Syndicate

Form eines Computervirus sein Unwesen treibt. Die Ausstellung «Electronic Comics and Computer Art», die das Computer Art Museum 1991 in San Francisco zeigte, ließ denn auch erkennen, daß PCs heute hauptsächlich für das Kolorieren der herkömmlich gestalteten Schwarzweißseiten eingesetzt werden – dies allerdings in stark zunehmendem Maße und in einer von herkömmlichen Verfahren kaum noch zu unterscheidenden Qualität.

Neue Möglichkeiten der Verbreitung tun sich dem Comic allerdings durch die Onlinedienste und das Internet auf. Als Scott Adams' *Dilbert* am 19. April 1993, vier Jahre nach seinem Zeitungsdebüt, als erster Comic über America Online angeboten wurde, hatten sich gerade hundertdreißig Zeitungen auf die gezeichneten Mißgeschicke des naiven Computeringenieurs abonniert. Zwei Jahre später waren es bereits vierhundertfünfzig, und die Zahl der *Dilbert*-Fans wächst täglich weiter: Als Adams in seinen Strips seine E-Mail-Adresse nannte, erhielt er über viertausend Zuschriften; heute sind es durchschnittlich fünfzig am Tag. Zwanzigtausend Fans haben sich inzwischen auf den von Adams sporadisch per E-Mail verschickten «Dilbert Newsletter» abonniert, und dreißigtausend täglich rufen Informationen über den Strip und seinen Zeichner aus der «Dilbert Zone» ab: Hier lassen sich inzwischen auch Dilbert-T-Shirts, Plüschfiguren und Schreibwaren bestellen. Als *The Grass Valley Union* in Kalifornien und der kanadische *Cranbrook Daily Townsman* den Strip absetzten, sammelten Fans per E-Mail binnen kurzem Hunderte von Unterschriften und zwangen die Zeitungen, *Dilbert* fortzusetzen.

Mit Dave Farleys *Doctor Fun* startete schließlich der erste täglich neu erscheinende Comic-Strip, der ausschließlich im Internet, dem mit weltweit vierzig Millionen Nutzern (1996) größten Datennetz, publiziert wird. Gary Larson veröffentlicht hier auch Folgen seiner Serie *The Far Side*, die das Universal Press Syndicate abgelehnt hat. Als die in Hongkong erscheinende *South China Morning Post* im Hinblick auf die Übernahme der Kronkolonie durch China am 1. Juli 1997 den Strip *Lily Wong* absetzte, nachdem der Zeichner Larry Feign den Handel mit Organen hingerichteter chinesischer Regimekritiker gebrandmarkt hatte, publizierte Feign weitere Folgen seiner von der *Los Angeles Times* als «asiatischer Doonsbury» bezeichneten Serie im Internet (http://www.asiaonline.net/lilywong.html). Ideale Möglichkeiten bieten die Onlinedienste vor allem für Zeichner, die für ihre Comics noch keinen Verlag gefunden haben, diese aber trotzdem «publizieren» wollen. Daß ihre Helden auch so schnell populär werden können, zeigt beispielsweise Stafford Huylers *Netboy*, dessen Konterfei Fans inzwischen auch auf T-Shirts erwerben können. Fast alle größeren amerikanischen Verlage bieten darüber hinaus Diskussionsforen und Informationsseiten über ihre Serien und Zeichner an.

Eine der interessantesten Adressen im Internet ist zweifellos Comic'n'Stuff (http://www.phlab.missouri.edu/~c617145/comix.html): Hier sammelt der Comic-Freak Christian Cosas alle greifbaren Informationen zum Thema und veranstaltet auch wöchentliche Onlinekonferenzen. Eine von Comic'n'Stuff regelmäßig publizierte Liste mit Internetlinks zum Thema umfaßte zuletzt bereits knapp hundert Adressen; viele der Homepages befassen sich allerdings ausschließlich mit einer Serie. Das meistfrequentierte Diskussionsforum ist das Comic Café (http://www.hype.com/comics/cafe/comicafe.html), speziell an Sammler nichtdigitaler Hefte wendet sich Comix World (http://www.comix-world.com).

Um das «kulturelle und wirtschaftliche Profil der europäischen Cartoonkunst mit Hilfe moderner Technologien» zu fördern, entwickelte die britische Federated Communications Ltd. 1995 mit Mitteln der EU das CartooNet©, an das unter anderem bereits der Salon International de la BD in Angoulême und das Hannoversche Wilhelm-Busch-Museum angeschlossen sind (http://www.pavillion.co.uk./cartoonet). CartooNet© bietet ständig aktualisierte Informationen aus der Welt der Comics und Cartoons, gibt aber auch Zeichnern die Möglichkeit, ihre Arbeiten vorzustellen oder Originale zu verkaufen. Mit dem dänischen *Seriejournalen*, der holländischen *Stripschrift* und in Deutschland *Comixene* gingen inzwischen auch die ersten Comic-Fachzeitschriften ans Netz.

Ein interessantes Projekt befindet sich derzeit am Media Lab des Massachusetts Institute of Technology in Boston im Aufbau: Bei ¡Comix! (http://fishwrap-comics.www.media.mit.edu/cgi-bin/home.py) sollen Internetsurfer künftig die Inhalte und Abläufe von Comics selbst interaktiv mitbestimmen können. Mehrere Verlage arbeiten inzwischen auch an einer kommerziellen Nutzung der Computernetze, so beispielsweise die skandinavische Firma Egmont, die demnächst den Onlineservice «Fun Online» mit Comics und «Edutainment»-Programmen anbieten will – mit eingebauter Kindersicherung: Ist ein bestimmter Betrag vom Konto der Eltern abgebucht, wird die Verbindung automatisch gekappt – no money, no fun.

## II.

Immer und zu jeder Zeit hat der Comic seine Welten auch anderen Medien zur Verfügung gestellt. Schon frühe Helden wie der Yellow Kid oder Little Nemo inspirierten Bühnenstücke oder dienten als Vorlage für Broadwaymusicals. Die innigste Beziehung ging der Comic mit dem Film ein, eine Beziehung, die ebenso komplex wie problematisch ist und über die Federico Fellini ausgeführt hat: «Die Welt der Comics kann großzügig dem Kino ihre Bilder, ihre Figuren, ihre Geschichten ausleihen, jedoch nie jenes Geheimnis, das in der Starrheit des Augenblicks liegt, vergleichbar mit der Unbeweglichkeit eines von der Nadel durchstochenen Schmetterlings. Die Helden der Comics atmen den geheimnisvollen Zauber von papiernen Ausschneidepuppen mit auf ewig eingefrorenen Bewegungen, von Marionetten ohne Fäden. In Wahrheit ist der Comic für das Kino nicht geeignet, denn das Kino verführt durch Bewegung, Rhythmus und Dynamik.» Trotz etlicher Gemeinsamkeiten unterscheiden sich Film und Comic vor allem dadurch, daß der Film seine Geschichten in zeitlich aufeinanderfolgenden Bildern erzählt, während dieser Ablauf beim Comic räumlich organisiert ist.

Die Geschichte der gegenseitigen Beeinflussung zwischen den beiden Medien beginnt mit Winsor McCay, dessen «Little Nemo», der ab 1911 während Vaudeville-Vorführungen gezeigt wurde, zugleich der erste ausgereifte Zeichentrickfilm der Filmgeschichte ist (erste Versuche, Zeichnungen filmisch zu animieren, hatte bereits ab 1906 J. Stuart Blackton unternommen) wie auch der erste Film, der nach einer Comic-Vorlage entstand. Noch gibt es keine Handlung, dafür aber eine Sprechblase: «Watch us move!» sagt Little Nemo und erklärt damit die Attraktion des Films: die Bewegung.

Die Comics borgten sich im Gegenzug vom Film Charlie Chaplin aus, der auf der Leinwand einen Heldentyp verkörperte, der sich auch bereits in Strips wie *Happy Hooligan* bewährt hatte: den Tramp. 1914 hatte Chaplin fünfunddreißig Filme gedreht, darunter mit «Tillie's Punctured Romance» auch sein erstes längeres Werk, und wurde vom Publikum wie von der Kritik gefeiert. Anfang 1915 begannen seine Comic-Abenteuer, in denen er im Gegensatz zu den Filmen in Textblasen «sprechen» konnte, als Tagesstrip und Sonntagsseite im *Chicago Herald* und wurden wenig später auch landesweit vertrieben. Es war dies das erste Mal, daß sich die Comics in der Hoffnung auf einen kalkulierten Erfolg eines ihnen nicht eigenen Themas bedienten, und das Resultat war so erbärmlich, daß kaum eine Zeitung den von verschiedenen Zeichnern (darunter ab 1916 auch E. C. Segar) gestalteten Strip länger als ein Jahr druckte. Ende 1917 wurde er auch im *Herald* eingestellt.

Ein halbes Jahr nach dem Start von *Charlie Chaplin's Comic Capers* griff in England das Magazin *The Funny Wonder* die Idee auf und ließ eine ähnliche Serie – wie damals üblich mit unter den Bildern plazierten Texten und einer nur sporadischen Verwendung von Sprechblasen – von Bertie Brown zeichnen. Sie erschien auf der Titelseite und erwies sich als so erfolgreich, daß andere Magazine mit Plagiaten, in denen zeitweise auch Chaplins Halbbruder Sidney zur Hauptfigur gemacht wurde, reagierten. Browns Version erschien bis 1944. In Frankreich, wo Chaplin als Charlot berühmt wurde, zeichnete ein gewisser Thomen *Les Aventures Acrobatiques de Charlot* ab 1921 für *Cri-Cri*. Die Serie wurde nach dem Zweiten Weltkrieg in anderen Magazinen und von anderen Zeichnern (darunter Jean-Claude Forest) bis in die siebziger Jahre fortgesetzt. In Amerika griff vor allem Ed Wheelan weitere Themen des Films in seinen Strips *Midget Movies* (1918) und *Minute Movies* (1921) auf, und E. C. Segar folgte diesem Konzept 1919 mit seinem *Thimble Theatre*, in dem knapp zehn Jahre später Popeye geboren werden sollte.

Damit war die Verbindung zwischen Comic und Film geknüpft, die William Randolph Hearst in organisierte Bahnen lenkte, als er 1916 ein eigenes Trickfilmstudio gründete, in dem seine Zeitungsserien *Krazy Kat*, *Bringing Up Father*, *Silk Hat Harry* und *Little Jimmy* animiert wurden. Bud Fisher begann im gleichen Jahr mit der Verfilmung seiner Serie *Mutt and Jeff* in eigener Regie. Diese frühen Zeichentrickfilme hatten eine Länge von nur jeweils wenigen Minuten und wurden in den Kinos als Vorfilme gezeigt. Hearsts International Film Service stellte die Produktion zwar Mitte 1918 wieder ein, aber auch in den nächsten Jahren wurden weitere Projekte lizenziert, darunter auch *Happy Hooligan*. In Frankreich drehte zu dieser Zeit Emile Cohl ein halbes Dutzend Kurzfilme nach Louis Fortons *Les Pieds Nickelés*.

Parallel dazu entstanden für weitere Trickfilme ähnliche Figuren, von denen Pat Sullivans Felix die erste ist, die nach ihrem Leinwanddebüt im Jahre 1917 zum Comic-Helden wurde. Ein neues Zeitalter läutete schließlich Walt Disney ein, der Ende 1928 mit dem Mickey-Mouse-Film «Steamboat

Willie» den ersten Zeichentrickfilm mit Ton aufführte. Hatte es sechs Jahre gedauert, bis Felix den Sprung vom Kino in die Tageszeitungen gemacht hatte, so schaffte Mickey Mouse dies in nur etwas mehr als einem Jahr. Die frühen Disney-Comics orientierten sich ganz an der Typisierung der Figuren aus den Filmen (oder waren wie die *Silly Symphonies* sogar direkte Filmadaptionen), die wegen deren Kürze vor allem auf Slapstick ausgerichtet war. Für «Snow White and the Seven Dwarfs», den Disney 1937 als ersten abendfüllenden Zeichentrickfilm in die Kinos brachte, griff er denn auch auf ein ganz anderes Thema zurück: das Märchen.

Es ist vor allem Zeichnern wie Floyd Gottfredson und Carl Barks zu verdanken, die ihren Geschichten eine Prise Abenteuer beigaben, daß Mickey Mouse und Donald Duck in den Strips und Heften eine eigene, Comic-typische Charakterisierung erfuhren. Die neben Disney qualitativ hochwertigsten Zeichentrickfilme produzierte Max Fleischer, dessen technisch brillante Adaptionen von *Popeye* (1933) und *Superman* (1941) mit ihrer phantasievollen Anpassung der Figuren an die Bedürfnisse des Films nicht ohne Rückwirkung auf die Comics blieben: Es waren die Fleischer-Filme, in denen sich Popeye zum ersten Mal mit Spinat dopte und Superman das Fliegen lernte. In Paul Terrys Studio Terrytoons produzierte Isidore Klein 1942 als Superman-Parodie «The Mouse of Tomorrow», dessen Held, eine Kreuzung aus Mickey Mouse und Superman, schnell als Mighty Mouse Furore machte. (Einen Einblick in das Verhältnis zwischen den Disney-Figuren der Filme und der Comics bietet die von Klaus Strzyz und Andreas C. Knigge herausgegebene Interviewsammlung «Disney von innen», den besten Überblick über die Geschichte und Entwicklung des Zeichentrickfilms liefert Leonard Maltin in «Der klassische amerikanische Zeichentrickfilm».)

## III.

Hatten Film und Comic als Medien, die ihre Geschichten in Bildern erzählen, bislang eine friedliche Koexistenz geführt, so verschaffte sich das Kino mit der Einführung des Tonfilms Ende der zwanziger Jahre einen deutlichen Vorteil. Dieser lag vor allem darin, daß Abenteuerstoffe nun glaubhafter und atmosphärisch dichter umgesetzt werden konnten. Schon 1931 kamen allein rund fünfzig Gangsterfilme heraus. Dadurch gelangte der Film zu einer bisher nicht gekannten Popularität: Kleinstädte mit fünfzigtausend Einwohnern hatten bis zu zehn Kinos, die in der Regel von mittags bis kurz vor Mitternacht geöffnet waren. Hollywood wurde zur Industrie, deren Produktion in den dreißiger Jahren auf fünfhundert Filme im Jahr wuchs; 1937 gaben einundsechzig Prozent der Amerikaner an, einmal pro Woche ins Kino zu gehen.

Der Comic reagierte unter Rückgriff auf die Themen der Pulphefte, denen auch die Vorlagen für die ersten Abenteuerstrips, *Tarzan* und *Buck Rogers*, entstammten. Dieses Konzept erwies sich zwar während der Wirtschaftskrise und des Zweiten Weltkriegs als erfolgreich, markiert aber gleichzeitig auch einen Punkt, an dem der Comic ein Stück seiner originären Kraft zugunsten von Themen und einer damit verbundenen Bildsprache aufgab, die nicht seine eigenen waren. Bislang waren die Comic-Strips überwiegend Schöpfung und Werk eines Künstlers, der (zwar oft unterstützt von Assistenten) Autor und Zeichner zugleich war. Mit dem Abenteuer-Comic setzte sich die Arbeitsteilung als neue Regel durch, die beide abwertete: Da der Comic vor allem durch den Stil seines Zeichners identifizierbar ist, blieben die Autoren meist anonym; der Zeichner stand zwar weiterhin im Licht der Öffentlichkeit, wurde de facto aber zum Illustrator eines Themas degradiert, das nicht das seine war.

Die neuen Sujets der Comics konnten mühelos vom Film (wie auch vom Radio in Hörspielserials) aufgegriffen werden. Das Kino hatte bereits früh den Serienhelden eingeführt (und griff dabei ab 1926 auch auf die Figuren von Comic-Strips wie *Ella Cinders, Tillie the Toiler, Dixie Dugan, Bringing Up Father, Little Orphan Annie* und *Joe Palooka* zurück) und 1913 mit der Produktion von Serials begonnen. Diese billig, oft unter Rückgriff auf bereits aus aufwendigeren Produktionen zur Verfügung stehende Kulissen und Schauspieler der zweiten Garde abgedrehten Vorfilme brachten den Helden nach rasanten Abenteuern jeweils am Schluß einer jeden Folge in eine gefährliche Situation, aus der er sich erst in der nächsten Woche befreien konnte. Diese Cliff-hanger (deren peinigende Wirkung auf eine seiner Romanfiguren Stephen King eindrucksvoll in «Sie» beschrieben hat) sollten dem Kino Kontinuität verleihen und dafür sorgen, daß sich die Zuschauer auch den Film der nächsten Woche ansahen.

1934 hatte Universal mit «Tailspin Tommy» ein erstes Serial in die Kinos gebracht, das auf einer Comic-Serie basierte, und produzierte zwei Jahre später mit einem für damalige Verhältnisse stattlichen Budget von dreihundertfünfzigtausend Dollar die aus dreizehn Folgen bestehende Serie «Flash Gordon», die einen durchschlagenden Erfolg hatte. Die Kulissen stammten teilweise aus Filmen wie «Frankenstein» und «Die Mumie», und Flash Gordon wurde von Buster Crabbe verkörpert, der zuvor schon einmal vertretungsweise für Johnny Weissmüller als Tarzan aufgetreten war. In den nächsten Jahren folgten «Jungle Jim», «Secret Agent X-9», «Dick Tracy», «Tim Tyler's Luck», «Buck Rogers», «Mandrake», «Red Ryder», «Terry and the Pirates», «Phantom», «Brenda Starr» und «Brick Bradford». Mit Batman wurde 1943 auch ein erster Superheld zur Hauptfigur eines Serials. Die erfolgreichsten dieser Serien erhielten Fortsetzungen, durch die ihre Darsteller auf die Verkörperung der jeweiligen Comic-Figur festgelegt wurden. George Reeves beispielsweise, der sich ab 1951 als Superman verkleidet hatte, wurde nach einhundertundvier Folgen so sehr mit dieser Rolle identifiziert, daß er keine anderen Angebote mehr bekommen konnte und mit dem

 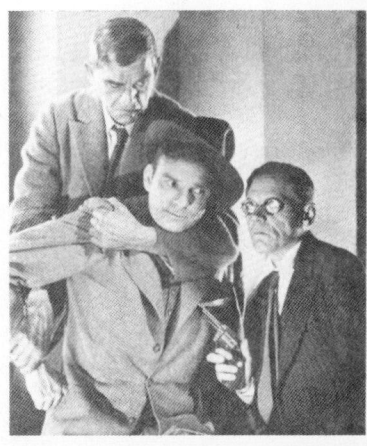

*Werbeplakat für die erste Folge des Dick-Tracy-Serials «Dick Tracy Returns» und Standfoto aus dem Film «Dick Tracy Meets Gruesome» mit Boris Karloff.*

Comics im intermedialen Kontext **319**

Niedergang der Serials ab Mitte der fünfziger Jahre arbeitslos wurde. Er nahm sich 1959 das Leben.

Ab 1946 entstanden auch Comic-Adaptionen als abendfüllende Spielfilme. Den Anfang machte Dick Tracy, der bereits vier Serials mit insgesamt sechzig Episoden überlebt hatte. Nach zwei fünfundsechzigminütigen Filmen mit Morgan Conway übernahm 1947 Ralph Byrd, der Dick Tracy bereits in den Serials gespielt hatte, die Hauptrolle und erhielt in «Dick Tracy Meets Gruesome» mit Boris Karloff einen würdigen Gegenspieler. Die Verfilmung der Abenteuer weiterer Comic-Helden führte zu höchst unterschiedlichen Ergebnissen: Während beispielsweise Henry Hathaway mit «Prinz Eisenherz» (1953) aus den Elementen der Vorlage einen eigenständigen Historienfilm gemacht hat und der Erfolg von «Batman hält die Welt in Atem» (1966), der versuchte, auf der Leinwand Comic-Feeling zu erzeugen, indem er die naive Handlung mit grellbunten Sternchen und ähnlichen Späßchen spickte, durch die Pop-art-Begeisterung der damaligen Zeit erklärt werden kann, lieferte schließlich «Superman» (1978) trotz eines Budgets von fünfunddreißig Millionen Dollar und einigen eindrucksvollen Tricks den letzten Beweis, daß es Welten gibt, die besser Comic-Zeichnern überlassen bleiben.

Vom künstlerischen Standpunkt aus betrachtet machen Comic-Verfilmungen in der Regel ebenso wenig Sinn wie die Verfilmung eines Romans oder die Comic-Version eines Kinofilms, doch gibt es durchaus Ausnahmen, bei denen aus den Motiven der Vorlage und deren geschickter Interpretation ein in sich stimmiger und überzeugender Film wurde. Warren Beattys «Dick Tracy» (1990) etwa zeichnet sich durch den gelungenen Versuch aus, die Atmosphäre des Comic-Originals von Chester Gould durch künstliche Farben und die Übernahme von Comic-Kürzeln (Geldscheine, auf denen nur ein Dollarzeichen zu sehen ist, Konserven, auf denen lediglich «beans» steht) auf die Leinwand zu übertragen. Etwas Ähnliches war Robert Altman 1980 trotz eines Drehbuchs von Jules Feiffer mit seiner Disney-Produktion «Popeye» nicht gelungen. Howard Ziehm und Michael Benveniste drehten mit «Flesh Gordon» 1974 eine einfallsreiche Parodie auf die Serials, deren Humor sich allerdings erst vollständig entfaltet, wenn man diese kennt. Robert Zemeckis und Richard Williams schufen 1988 in «Falsches Spiel mit Roger Rabbit» eine Welt, in der Menschen und Zeichenfiguren nebeneinander leben. Der Film beeindruckt vor allem durch seine perfekt eingesetzte Tricktechnik, eine rasante Ouvertüre, die wie ein außer Kontrolle geratener Tex-Avery-Film wirkt, und viele liebevoll arrangierte Insidergags: Unter anderem treten hier erstmals Donald und Duffy Duck gemeinsam auf und liefern sich ein köstliches Duell am Klavier.

Hollywood hat nicht nur gerne auf Comic-Figuren zurückgegriffen, sondern gelegentlich auch Comic-Zeichner zu Filmhelden gemacht. Einen Zeichner verkörperte erstmals 1964 Jack Lemmon in Richard Quines «Wie bringt man seine Frau um?», in Larry Cohens «Ambulance» durfte 1990 sogar Stan Lee die Rolle eines Verlegers von Comic-Heften spielen. Die mondäne Welt des frühen Films im Comic zeigte besonders schön George McManus in *Bringing Up Father*.

Die Comics griffen aktuelle Filme erstmals 1939 mit der Heftserie *Movie Comics* auf, die mit Sprechblasen versehene Movie-stills unter anderem von «Stagecoach» und «Frankensteins Sohn» enthielten. Das Heft, das jeweils mehrere Filmadaptionen pro Ausgabe bot, wurde nach sechs Ausgaben wieder eingestellt. Sieben Jahre später versuchte sich der Verlag Fiction House unter gleichem Titel mit demselben Konzept. Daß die Bilder diesmal gezeichnet waren, schien *Movie Comics* nicht attraktiver zu machen; es verschwand nach vier Nummern. Erfolgreicher erwies sich dagegen *Fawcett Movie Comics*, das je-

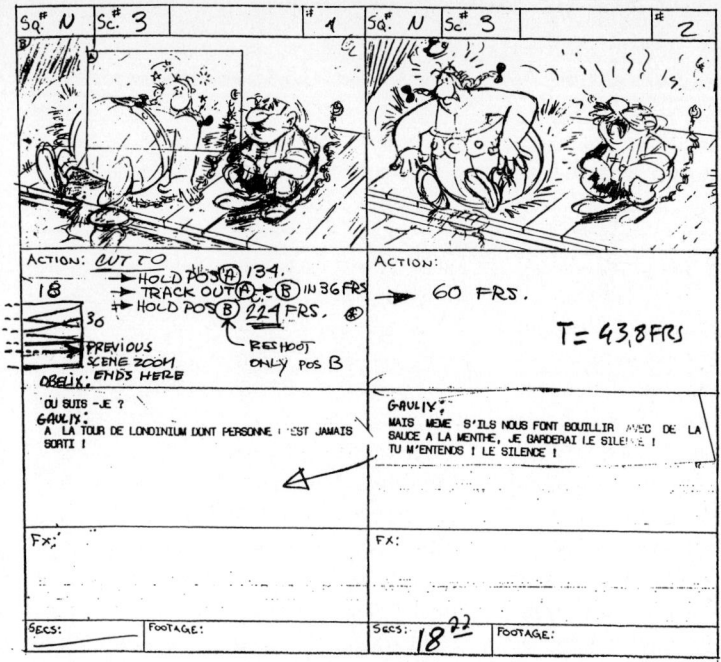

*Storyboard für eine Szene aus «Asterix bei den Briten».*
© Belvision

weils einen Film pro Heft bot und von 1949 bis 1952 immerhin mit zwanzig Ausgaben erscheinen konnte. Gleichzeitig entstanden weitere Titel wie *Motion Picture Comics*, *Feature Films*, *Movie Thrillers* und *Movie Classics*. Später verlegte sich vor allem Marvel auf die Adaption erfolgreicher Kinofilme aus dem Science-Fiction-Genre wie «Planet der Affen» (1974), «2001: Odyssee im Weltraum» (1976) und «Logan's Run» (1977). Jack Kirbys Comic-Fassung von «2001» ist insofern interessant, als sie zu einer eigenen Comic-Serie führte, in der Kirby eigenständige Variationen des Kubrick-Films beziehungsweise des Themas der Romanvorlage von Arthur C. Clarke bietet. In Comic-Serien Erfolgsfilme wie «Indiana Jones», «Star Wars» und «Alien» «fortzusetzen» ist heute vor allem eine Spezialität des amerikanischen Verlages Dark Horse.

Obwohl in Europa bereits Hergé die Abenteuer seines Totor als gezeichneten Film präsentiert und jeweils mit dem Vorspann «United Rovers zeigt» eingeleitet hatte, begann erst das Ende der sechziger Jahre von Lombard gegründete Studio Belvision damit, abendfüllende Zeichentrickfilme von *Astérix*, *Tintin* und *Lucky Luke* zu produzieren. Unter dem Titel «Les Chevaliers du Ciel» war bereits 1967 *Tanguy et Laverdure* durchaus vorlagengetreu zu einer Realserie mit neununddreißig Folgen, davon die ersten dreizehn schwarzweiß, für das Fernsehen geworden.

## IV.

1927 hatte AT&T in New York eine erste öffentliche Fernsehprobevorführung veranstaltet, und im Juli 1930 sendete NBC von einer Experimentalstation im Empire State Building erstmals ein bewegtes Testbild nach Kansas City: Auf einem Grammophonteller hatte man eine dreißig Zentimeter hohe Felix-Figur befestigt, die sich unablässig drehte. Patentstreitigkeiten, Wirtschaftskrise und anschließend der Ausbruch des Zweiten Weltkriegs behinderten jedoch zunächst die Entwicklung des Fernsehens, das sich erst ab Mitte der vierziger Jahre auszubreiten begann.

1946 waren in den USA rund zehntausend Geräte verkauft, bei deren Besitzern im gleichen Jahr eine Untersuchung des Fernsehverhaltens durchgeführt wurde: Zweiundneunzig Prozent gaben an, jetzt weniger Zeit als zuvor vor dem Radio zu verbringen, einundachtzig Prozent gingen seltener ins Kino, neunundfünfzig Prozent lasen weniger Bücher und neunundvierzig Prozent weniger Zeitschriften. Zwei Jahre später waren bereits hunderttausend TV-Sets installiert, und 1950 ging in den Städten mit Fernsehstationen der Kinobesuch um sechsundsechzig Prozent zurück, der Buchabsatz der Verlage verringerte sich deutlich.

1953 besaßen zwei Drittel der amerikanischen Haushalte ein Fernsehgerät, vier Jahre später waren es bereits fünfundachtzig Prozent. Ab Mitte der fünfziger Jahre begann das Fernsehen mit den sogenannten «TV dinners» den Alltag zu strukturieren, und der Maler Ben Shahn stellte den rasch wachsenden Antennenwald als Merkmal menschlicher Ansiedlungen dar. Heute verbringt ein Amerikaner durchschnittlich fünf Stunden im Jahr mit dem Lesen von Büchern, sitzt dagegen aber über eintausendzweihundert Stunden vor dem Fernsehgerät.

Hollywood wurde von dieser Entwicklung förmlich überrannt. In «A History of Shadows» beschrieb Robert C. Reinhart eindrucksvoll, wie ungläubig eine seiner Romanfiguren, der Schauspieler Wesley Ober, auf das neue Medium reagierte: «Ich starrte auf diesen Mahagonikasten, in dessen Mitte sich ein Bildschirm so groß wie eine Cocktaileinladung befand. Niemand, der bei Verstand war, würde sich so etwas anschauen, solange es das Kino mit seinen überlebensgroßen Bildern in Farbe gibt.» Die Tageszeitungen ignorierten das Fernsehen zunächst völlig, änderten diese Politik allerdings, als sie merkten, daß sie mit dem Abdruck von Programmen – der 1953 erstmals erschienene *TV Guide* verkaufte bereits nach kurzer Zeit über fünf Millionen Exemplare – ihre Auflagen steigern konnten.

In den fünfziger Jahren setzte sich mit «Dragnet» (1951), «Lassie» (1954), «Rin Tin Tin» (1954), «Gunsmoke» (1955), «Perry Mason» (1957), «Have Gun – Will Travel» (1957) und «Bonanza» (1959) die Abenteuerserie durch, und auch hier lieferten die Comics zeitweise die Vorlage: Schon 1950 verkörperte Ralph Byrd Dick Tracy in neunundreißig Folgen (eine Zeichentrickserie folgte 1961). Innerhalb weniger Jahre wurden neue Sendeformate erprobt und das Angebot erweitert. In «Auf der Flucht» setzte das Fernsehen 1963 erstmals konsequent und mit beträchtlichem Erfolg das Element der Bewegung als Motor einer Fortsetzungsserie ein: Die letzte Folge erreichte eine Einschaltquote von zweiundsiebzig Prozent (was erst 1980 von der berühmten «Dallas»-Folge übertroffen wurde, in der J. R.s Attentäter entlarvt wurde). Ab 1955 strahlte das Fernsehen auch Hollywoodfilme aus, die erste Fernsehproduktion in Spielfilmlänge drehte Don Siegel 1964 mit «Tod eines Killers».

Als direkte Reaktion auf dieses neue und sich rasch erweiternde Angebot von Spannung und Aktion begannen in den Tageszeitungen die Abenteuerstrips langsam zu verschwinden oder wurden ersetzt durch neue Serien, die sich an den Soap operas orientierten und in denen wie auch in verschiedenen Fernsehserien Rechtsanwälte oder Ärzte im Mittelpunkt der Handlung stehen. Die Comic-Hefte, durch den Einbruch bei den Superhelden und die Auswirkungen des Comic Codes hart angeschlagen, zeigten sich opportunistisch und griffen diese Themen auf, allen voran der Verlag Dell, der in seiner Serie *Four Color* ab Mitte der fünfziger Jahre dazu überging, Titelbilder mit Fotos aus den TV-Serien zu verwenden. Wie sehr der Siegeszug des neuen Mediums die Comic-Verlage aufschreckte, demonstriert das erste Heft, das versuchte, einen Bezug zum Fernsehen herzustellen: *Television Comics* (1950) enthielt nicht eine Comic-Serie, deren Helden auch im Fernsehen auftraten.

Nach dem Niedergang des Kinos, der begleitet wurde vom langsamen Verschwinden der Vorfilme, fanden die Trickfilmstudios Warner, Hanna-Barbera und Walter Lantz im Fernsehen einen neuen Abnehmer für ihre Serien «Schweinchen Dick» (1937), «Bugs Bunny» (1938), «Tom & Jerry» (1939) und «Woody Woodpecker» (1941). Qualitativ bedeutete dieser Wechsel einen Verlust. Die ersten Trickfilmserien, die direkt für das Fernsehen entstanden, produzierte Hanna-Barbera mit «Yogi Bär» (1958), «Familie Feuerstein» (1960) und «Die Jetsons» (1962). Die Slapstickabenteuer dieser Helden erschienen wenig später auch in Comic-Heften. Zu den gelungensten Comic-Verfilmungen, die für das Fernsehen entstanden, zählen die Charlie-Brown-Filme, die Bill Melendez ab 1965 mit viel Gefühl für die Vorlage drehte.

Gleichzeitig begründete Osamu Tezuka mit der Adaption seiner Serie *Tetsuwan Atomu* für das Fernsehen die japanische Trickfilmindustrie. 1953 hatte der Sender Nippon Hoso Kyokai mit Fernsehausstrahlungen begonnen, doch das neue Medium setzte sich nur langsam durch. Ein Jahr später besaßen erst knapp neunhundert Haushalte einen Fernsehapparat, und erst 1959 ließ die Übertragung der Hochzeit zwischen dem Kronprinzen Akihito und Michiko Shoda die Zahl der verkauften Geräte auf über zwei Millionen wachsen. «Animes» und Comics sind in Japan heute sehr viel stärker miteinander verbunden, als dies in Amerika oder Europa der Fall ist.

## V.

George Lucas' «Star Wars» läutete 1977 nicht nur das Zeitalter der Blockbusterfilme ein, sondern markiert auch den Beginn einer multimedialen Allianz, die seit den achtziger Jahren als Strategie für die moderne Mediengesellschaft maßgebend wurde. Comic-Adaptionen erschienen noch im gleichen Jahr sowohl in Form von Zeitungsstrips wie auch in Comic-Heften, später schrieben Romane und weitere Comics die Saga fort. Daß Lucas sein Science-Fiction-Märchen von vornherein als aus drei Trilogien bestehende Serie (von der bis 1983 nur die mittlere Trilogie gefilmt wurde; die erste soll ab 1999 in die Kinos kommen) anlegte, ist nicht die einzige Bezugnahme auf die Comic-Serials der vierziger Jahre: «Star Wars» ist ein rasanter Mix aus Verschwörungsgeschichte, J. R. R. Tolkien entlehnten Fantasywelten, Slapstick, Mystik und Ritterfilm, in dem strahlende Helden und eklige Bösewichte in orientalisch anmutenden Wüsten in Westernsaloons einkehren oder sich funkensprühende Schlachten im Weltraum liefern; Laserschwerter und Strahlenpistolen wirken wie direkte Reminiszenzen an «Flash Gordon» (über dessen Comic-Abenteuer Lucas sagt: «Ich bin ein glühender Verehrer von Alex Raymond. Ich bin mit Comic-Heften groß geworden. Mit einem gewaltigen Stapel von Comic-Heften.»).

Nie zuvor hat das Kino einen derartigen Aufwand betrieben, um die Erzählweise der Comics zu imitieren: Vierhundertundzwei Trickaufnahmen fabrizierte Lucas' Firma Industrial Light & Magic für «Star Wars», der wie die Serials und die ihnen zugrunde liegenden Zeitungsstrips den ununterbrochenen Strom der Ereignisse suggeriert, dabei aber wenig Raum läßt für moralische oder psychologische Doppeldeutigkeiten. Die Helden hetzen von der Lösung eines Problems in die nächste Gefahr, aber sie verändern sich nicht. «Die drei Blöcke sind, praktisch unverbunden, aneinandergeklebt, fließen in einem unglaublichen Tempo, aber der Fluß mündet nirgendwo», kommentierte der Filmkritiker Rolf Giesen.

Noch deutlicher wird dies in den 1983 begonnenen, ebenfalls von Lucas produzierten «Indiana Jones»-Filmen, an deren Ende das Motiv der Handlung, der Fetisch, dem die Jagd des Helden galt, in der Versenkung verschwindet. In diesem Punkt unterscheiden sich Luke Skywalker und Indiana Jones von Helden wie Rocky oder Rambo, die zwar ebenfalls mehrere Filmfortsetzungen erlebten, in ihren jeweils ursprünglichen Geschichten durch das erfolgreiche Bestehen eines Abenteuers aber eine Veränderung (der Nichtbeachtung zu entfliehen, die verlorene Ehre zurückzugewinnen) erfahren. Für «Indiana Jones» mopste Regisseur Steven Spielberg, ebenfalls ein begeisterter Comic-Fan, den Comics auch den Trick der Doppelidentität: In seiner bürgerlichen Rolle spielt Harrison Ford einen etwas verschrobenen Wissenschaftler, während seiner Abenteuer wird er zu Indiana Jones.

Angesichts dieser Tendenzen verwundert es kaum, daß zeitgleich mit «Star Wars» auch ein Revival der Comic-Verfilmungen in Serie begann. Den Anfang machte 1978 «Superman», dem inzwischen drei weitere Teile folgten, ein erster Höhepunkt wurde 1989 durch «Batman» (bislang drei technisch durchaus brillant gefilmte Teile) markiert. Noch nie zuvor dienten Comics so häufig als Vorlage für aufwendige Hollywoodproduktionen – «Batman Forever» wurde 1995 mit zweihundert Millionen Dollar Kosten zum bis dato teuersten Film in der Geschichte des Kinos – wie während der ersten Hälfte der neunziger Jahre.

Diese Angleichung zwischen Comic und Film birgt für beide Medien große Risiken. Der aktuelle Film ist deutlich im Begriff, durch die Konzentration auf Tempo und Special effects seine Sprache zu verlieren, die immer auch eine Bedeutungssprache war, eine konstruierte Psychologie, ein Seelenraum. Der Comic hat dem Film gegenüber immer über den Vorteil verfügt, Dinge darstellen zu können, die das Kino aus technischen oder Kostengründen nicht zeigen konnte. Daß dieser Vorsprung rasant schrumpft, verdeutlicht die Entwicklung der Tricktechnik seit Steven Lisbergers «Tron» (1982), dem ersten Film, dessen Bilder zu einem Großteil digital erzeugt wurden; die eindrucksvollsten Beispiele der folgenden Jahre sind «Terminator II» (1990), «Jurassic Park» (1993), «Die Maske», «True Lies» (beide 1994) und «Jumanji» (1996). Der erste vollständig digital hergestellte Film kam schließlich 1996 mit «Toy Story» in die Kinos.

Für den Comic begann diese Entwicklung, an deren Ende heute oft seelen- und atmosphärelose Adaptionen von «Star Wars» und «Star Trek» stehen, die kaum mit den jederzeit greifbaren Videofassungen ihrer Vorlagen konkurrieren können, als er Ende der zwanziger Jahre seinem Wesen untreu wurde, indem er die Themen der Pulps zu plündern begann und versuchte, durch naturalistische Darstellung Wirklichkeit zu imitieren anstatt sie zu erfinden. «Illustrationen sind statische Einzelbilder, Comics hingegen ein visuelles Zeichensystem, das Information vermittelt, indem es die Zeichen grafisch organisiert», sagt Art Spiegelman. «Vergrößert man ein Panel aus *Dick Tracy*, sieht man eine einfallsreiche und verblüffende grafische Erfindung, die kompositorisch viel raffinierter und ausdrucksstärker ist als ein Bild aus *Prince Valiant*. Eine Zeichnung von Foster ist zwar anatomisch und perspektivisch besser als eine von Gould, aber sie läßt einen lediglich über das jeweilige Bild staunen und bezieht einen nicht in die komplexe, Bild und Text eng verknüpfende Sprache der Comics ein.» Konnte der Comic sein Publikum anfangs auch durch die naturalistische Abbildung begeistern, so verlor er dieses Potential, als es auch anderen Medien gelang, Wirklichkeit glaub-

*Der Comic im Verbund mit den neuen Medien: Die Heftserie zum Computerspiel. Carmen San Diego von Barry Liebmann und S. M. Taggart, 1996. © Broderbund Software and DC Comics*

haft darzustellen. Überzeugend blieb der Comic vor allem dort, wo ihm die Kunst der Illusionierung gelang.

## VI.

Schon früh griffen auch die Computerspiele auf die Helden und Themen der Comics zurück. Den Anfang machte 1987 *Superman*; in digitalisierter Form am erfolgreichsten sind in Amerika *Batman* und *Spider-Man* mit zur Zeit je rund einem Dutzend verschiedener Versionen. Aber auch europäische Figuren wie Spirou, die Schlümpfe, Tim und Struppi oder das Marsupilami erleben inzwischen Abenteuer auf den Spielkonsolen. Wie eng Comics und Videospiele inzwischen verbunden sind, zeigt, daß etliche der elektronischen Helden wie etwa Super Mario oder Earthworm Jim wie Comic-Figuren angelegt sind. Steve Purcells *Sam and Max* gelangte sogar erst nach dem Erscheinen des gleichnamigen Videopiels von Lucas Arts auch als Comic zum Erfolg. Dennoch sind Videospiele keineswegs «interaktive Comics», sondern, wie etwa der Zeichentrickfilm, ein eigenes Medium mit eigenen Gesetzmäßigkeiten.

Zu nur wenig überzeugenden Ergebnissen haben bisher die Bemühungen geführt, Comic-Helden auf CD-Rom zu brennen und ihre Abenteuer durch das Ergänzen von Sound und Bewegung attraktiver zu gestalten. 1993 veröffentlichte in den USA der Verlag Malibu seine «CD-Romix» mit aus den Heftvorlagen übernommenen Storys seiner Superheldenserien *Hardcase* und *Freex*. Das Ergebnis war enttäuschend: Bis auf einige akustische Effekte und geringfügige Animationen boten die Silberscheiben nichts, was sie gegenüber der gedruckten Version reizvoller gemacht hätte. Bislang hat die CD-Rom ihre Stärken vor allem dort, wo sie den Zugriff auf zusätzliche Information bieten kann; Art Spiegelmans «The Making of *Maus*» ist dafür ein ausgesprochen gelungenes Beispiel.

Daß sich die Grenzen zwischen den einzelnen Medien inzwischen aufzulösen beginnen, wird besonders beim Film deutlich, der sich immer häufiger der Mitarbeit von Comic-Zeichnern und -Autoren bedient. Moebius etwa arbeitete an «Alien», «Herrscher der Zeit», «Tron» und «Little Nemo» mit, Pierre Christin und Jean-Claude Mézières an Peter Fleischmanns «Es ist nicht leicht, ein Gott zu sein». Frank Miller schrieb die Drehbücher des zweiten und dritten Teils von «Robocop». Enki Bilal, der bereits 1980 das Filmplakat für Alain Resnais' «Mein Onkel aus Amerika» und drei Jahre später die Dekors für «Das Leben ist ein Roman» gestaltet hatte, drehte

1989 mit «Bunker Palace Hotel» seinen ersten eigenen Kinofilm. Gérard Lauzier hat sich sogar als ganz außerordentlicher Regisseur des Autorenfilms bewiesen. Comic-Zeichner gestalten längst auch Computerspiele und ehemalige Videodesigner Comics. Vor allem die Produzenten der elektronischen Unterhaltungsware greifen bei der Suche nach Futter für die rasant wachsende Zahl der PCs mit CD-Rom-Laufwerk in verstärktem Maße auf die Bildwelten des Comics zurück.

## VII.

Wird die zukünftige Geschichte des Comics als Geschichte der visuellen Medien zu schreiben sein? Wird die Oberfläche des PC einmal sein Format prägen wie zuvor die Zeitungsseite, das Heft oder das Album? Oder wird der Comic zum Trademarkzeichen und damit schließlich selbst zur Botschaft? Nach hundert Jahren steht der Comic heute an einem Scheideweg.

Bevor der Comic mit dem Aufkommen des Fernsehens das Monopol darauf verlor, privaten Bildkonsum zu ermöglichen, war er vor allem ein Schlüsselloch in die Welt, eine Erklärung des Lebens. «Die Welt bekam in den Comics eine Form, die anschaulicher und klarer umrissen war als anderswo», schrieb Michael Althen zum hundertsten Geburtstag des Comics im *Spiegel*. «Natürlich mußten wir nicht Freud lesen, um bei Donald Duck zu lernen, was Neurosen sind. Und man brauchte auch nicht Camus, um den Mythos von Sisyphos zu verstehen, wenn man sich Charlie Brown vor Augen hielt. Und Nietzsche war sowieso nicht nötig, um Zweifel an Gottes Existenz aufkommen zu lassen; da genügten Batman und Superman völlig. Man bekam eine Vorstellung davon, wie Städte aussehen und wie das Zusammenleben in ihnen funktionieren. Das war vielleicht nicht die Wirklichkeit, aber man bekam wenigstens ein Muster vorgeführt, mit dem man sie sich erklären konnte.»

Dieses Muster ist allerdings gegen Ende des 20. Jahrhunderts mit einer komplexer gewordenen Welt und einer wachsenden Zahl von Medienangeboten unzulänglich geworden, womit der Comic als Massenmedium an Attraktivität und Relevanz verloren hat. Ganze Gattungen wie der naturalistisch gezeichnete Zeitungsstrip oder der frankobelgische Abenteuer-Comic sind verschwunden oder wurden stark dezimiert. In der Vergangenheit hat der Comic auf tiefe gesellschaftliche Einschnitte und Veränderungen stets auch durch das Hervorbringen neuer Formen geantwortet: Als in Amerika die unbeschwungen Jazzjahre abgelöst wurden von Depression und Weltkrieg, trat der Comic als Humorform in den Hintergrund und räumte seinen Platz dem Heldenabenteuer. Das Ende des autoritären Zeitalters fand seinen Ausdruck in den neuen Erzählformen der Underground-Comics und den «revues modernes». Ein vergleichbarer ästhetischer Umbruch ist derzeit nicht abzusehen, und es hat den Anschein, als ob die dem Comic möglichen künstlerischen Innovationen durchexerziert seien. Das bedeutet allerdings nicht das Ende seiner Geschichte, sondern lediglich eine Verschiebung seiner Aufgaben.

Die stärkste Kraft des Comics war während seiner gesamten Geschichte stets das Öffnen fiktionaler Räume. Bereits der Mythos, der noch heute Arbeiten wie beispielsweise Winsor McCays *Little Nemo*, Alex Raymonds *Flash Gordon* oder Moebius' *Arzach* umgibt, weist darauf hin, daß der Comic seine nachhaltigste Wirkung dort erzielt, wo es Zeichnern und Autoren gelingt, dieses Potential zu entfalten und durch eine kraftvolle Form in Beziehung zu setzen zum gesellschaftlichen Empfinden. Daß man Mäusen das Sprechen, Enten das Bilden von Vermögen und Superman das Fliegen abnimmt, zeigt, daß die Illusionierung zwischen Comic und Leser stets ausgemachte Sache war und

Verschämt wegen seiner sofortigen kommerziellen Vereinnahmung hat der Comic der Kunst immer wieder den Hof gemacht. Szene aus Gil Jourdan von Maurice Tillieux. © Dupuis

die hauptsächliche Faszination des Mediums begründet. Was Claudius Seidl über den Film formulierte, gilt gleichermaßen für den Comic: «Jene Lüge nämlich, wonach das Kino der Wirklichkeit gleichen muß und das Leben den Bildern aus Kino und Fernsehen immer ähnlicher zu werden hat, jene Lüge ist der eigentliche Feind.»

Das spricht nicht gegen den Comic als Literatur. Autoren wie Will Eisner, Art Spiegelman, Howard Cruse, Pierre Christin, Jacques Tardi, Cosey oder Loustal zeigen, daß der Comic unser tägliches Leben auch in seinen feinsten Facetten zu durchdringen vermag. Die Werke von Hugo Pratt, Alberto Breccia oder François Bourgeon sind ebenso fraglos Literatur, wie die Herrimans oder Mattottis Kunst sind.

Das Verhältnis zwischen dem Comic und der Kunst war allerdings immer besonders problematisch, weil sich hier eine Unvereinbarkeit thematisiert: die von Rebellion und dem gleichzeitigen Wunsch nach Anerkennung und Geborgenheit. Der Comic war die Erfindung einer neuen ästhetischen Sprache, die, verschämt wegen ihrer sofortigen kommerziellen Vereinnahmung durch die amerikanischen Massenblattverleger der Jahrhundertwende, der «hohen» Kunst den Hof machte, sich anbiederte, sie zitierte, ihr sogar Motive auslieh und Inspirationen lieferte, ohne jedoch jemals die Anerkennung der Umworbenen zu erlangen.

Angezettelt wurde die Kunstdebatte vor allem in Europa, als es darum ging, den Comic von seinem Dasein als Kinder- und Jugendunterhaltung zu emanzipieren. Sie war von Beginn an zum Scheitern verurteilt, da sie sich auf einen im späten 18. Jahrhundert gebildeten Kunstbegriff bezog, der sich gerade die Trennung von Kunst und Handwerk zum Prinzip gemacht hatte, anstatt sich auf das Medium Comic selbst zu beziehen. Der europäische Comic wuchs in den einer pädagogischen Beobachtung unterliegenden Jugendbeilagen und -zeitschriften heran und ist deshalb geprägt von einem bürgerlichen Bildungsideal, das sich bereits in den frühen Arbeiten Hergés manifestierte und vor allem in den Abenteuer-Comics frankobelgischer Prägung fortsetzte. Gemäß dieser Tradition wird der Comic in Europa von der Kritik noch immer danach beurteilt, wie genau er Wirklichkeit abbildet oder interpretiert.

Der Schlüssel zum Verständnis des Comics und das Geheimnis seines Erfolges als Erzählform des 20. Jahrhunderts ist jedoch gerade seine Fähigkeit, fiktionale Räume zu schaffen. Wo ihm dies gelingt, entwickelt er seine größte Magie.

Der Comic ist immer wieder betrachtet worden als eine Art «missing link» zwischen Literatur und Film. Ähnlich der Literatur inspiriert der Comic die Phantasie und stimuliert sie zusätzlich durch sein Bildangebot, das die Vorstellung allerdings in geringerem Maße fixiert als das des Films. Um eine Geschichte zu verstehen, bedarf es der aktiven Beteiligung des Lesers, der das Geschehen zwischen den Einzelbildern ergänzen muß und ausschmücken kann. Durch dieses Prinzip, das Scott McCloud in seinem Buch «Comics richtig lesen» als «Induktion» bezeichnet hat, ist der Comic mehr als jedes andere Medium geeignet, fiktionale Räume anzubieten. Die Bedeutung des Sprungs von einer Information zur nächsten haben bereits die ersten Comic-Zeichner instinktiv begriffen und den Raum zwischen den Bildern vergrößert, indem sie die Trennlinie zwischen den einzelnen Zeichnungen, die die frühe Bildgeschichte kennzeichnet (und die auch Richard F. Outcault noch bei seinem *Yellow Kid* benutzte), durch einen Steg ersetzten.

Die Kunst der Illusionierung beherrscht vor allem der amerikanische Comic. Die erfolgreichsten Formen, die er zu diesem Zweck erfunden hat, sind die Disney- und die Superhelden-Comics – letztere mit dem Trick der Paralleluniversen, der es ihnen jederzeit erlaubt, sich innerhalb eines bestehenden Konzepts wandelnden Interessen anzupassen. Auch in Japan wird der fiktionale Raum immer häufiger zur Prämisse neuer Comic-Serien, was den großen Erfolg der Mangas innerhalb der modernen japanischen Mediengesellschaft ausmacht. (Interessant im Vergleich zu Auflagen in Millionenhöhe ist die gleichzeitige Entwicklung des Kinos: Von 8316 im Jahre 1960 sank die Zahl der Lichtspielhäuser in Japan 1995 erstmals auf unter zweitausend.)

Auf der Grundlage der Illusionierung hat der Comic Themen, Figuren und Konstellationen entwickelt, die sich andere visuelle Medien heute aneignen. Wie sich der Comic in der Zukunft im Kontext mit anderen Unterhaltungsangeboten verändern und ob er sich auch weiterhin in gewohntem Maße durch den materiellen Träger Papier definieren wird, ist noch nicht ausgemacht. Das hohe Maß, in dem die elektronischen Medien heute von seinen Erfindungen profitieren, belegt allerdings das große kreative Potential, das der gerade ihm ureigenen Erzählkunst innewohnt.

*Dieses Buch ist Jack Kirby, Hergé und Osamu Tezuka sowie Carl Barks, Milton Caniff, Will Eisner, Robert Crumb, André Franquin, René Goscinny, Jean Giraud und Hugo Pratt gewidmet.*

# Anhang

# Glossar

**Abenteuer-Comic** Im weitesten Sinne eine spannende Geschichte, die zumeist naturalistisch gezeichnet ist und beispielsweise den Western, Krimi oder die Science Fiction zum Thema haben kann. Im engeren Sinne ein eigenes, schwer einzugrenzendes Genre, dessen Handlung zumeist in der Zeit zwischen dem Ersten Weltkrieg und der Gegenwart angesiedelt ist und das Spannungsfeld zwischen Natur und Mensch zum Thema hat.

**Album** Gelumbeckte Broschüre mit meist 48 oder 64 Seiten im Format A4. Das Album hat sich im Gegensatz zum Heft als Publikationsform vornehmlich in Europa etabliert. Während in Frankreich und Belgien hauptsächlich Hardcoveralben erscheinen, hat sich im deutschsprachigen Raum das Softcover durchgesetzt.

**Alter ego** «Das andere Ich», Bezeichnung für die Geheimidentität oder Tarnexistenz von Superhelden.

**Anthropomorphe Tiere** Wie Menschen handelnde, sprechende Tierfiguren.

**Bande dessinée** «Gezeichneter Streifen», französische Bezeichnung für Comics.

**Cartoon** Aus einem Bild bestehender Gag, Witzzeichnung.

**Cliff-hanger** «Klippenhänger», bewußt am Ende einer Fortsetzung eingesetzte dramatische Situation, die auf die nächste Episode neugierig machen soll.

**Comic-Book** Amerikanische Bezeichnung für Comic-Heft.

**Comic Code** 1954 in Kraft getretene Selbstzensur der amerikanischen Comic-Verlage, die die Darstellung jugendgefährdender Inhalte, vor allem Sex und Gewalt, regelt.

**Comic-Heft** Zeitschrift mit zumeist 32, 48 oder 64 Seiten im Format 17 × 24 cm, die in der Regel ausschließlich Comics enthält. Hefte enthalten entweder eine oder mehrere verschiedene Geschichten und erscheinen meist regelmäßig wöchentlich oder monatlich.

**Comic-Roman** Epische Comic-Erzählung, die nicht an das Prinzip der Serie gebunden ist.

**Comic-Strip** Abfolge von zumeist zwei bis vier Bildern mit Fortsetzungshandlung oder einem abgeschlossenen Gag, die in horizontaler Richtung in einer Tageszeitung erscheint. In Japan sind die Bilder eines Comic-Strips in der Regel von oben nach unten zu lesen.

**Comix** Underground-Comics.

**Crossover** Besonders bei Superhelden üblicher, zeitlich oder auf eine Konfliktsituation beschränkter Gastauftritt eines Helden im Heft einer anderen Figur.

**Daily-strip** Täglich an den Wochentagen in einer Zeitung erscheinender Comic-Strip.

**Direct sales** Anfang der achtziger Jahre in den USA eingeführte Vertriebsstrategie, bei der Comic-Books nicht mehr über den regulären Zeitschriftenhandel, sondern nur noch über die z. Zt. ca. 5000 Comic-Shops distribuiert werden. Direct-sales-Titel werden exakt in der Auflage der beim Verlag eingegangenen Vorbestellungen produziert, in der Regel nicht nachgedruckt und können vom Händler nicht remittiert werden.

**Fanzine** Von Comic-Fans herausgegebenes Magazin mit Fan-Comics und / oder Artikeln über favorisierte Zeichner und Serien.

**Fortsetzungsserie** Comic, der in einzelnen Episoden in Comic-Heften oder Zeitungen erscheint.

**Fumetto** «Wölkchen», italienische Bezeichnung für Comic; fumetti neri – «schwarze Wölkchen»: Comics für Erwachsene.

**Funny** Witziger Comic, oft für Kinder.

**Funny Animal Comic** Witziger Comic, in dem anthropomorphe Tierfiguren auftreten.

**Gag-a-day-Strip** Comic-Strip, der im Gegensatz zu Fortsetzungsserien jeden Tag einen in sich abgeschlossenen Gag bietet.

**Gekiga** «Dramatische Bilder», japanische Bezeichnung für naturalistisch gezeichnete Comics. Ende der fünfziger Jahre geprägt, ist dieser Begriff inzwischen etwas aus der Mode gekommen, und auch Abenteuer-Comics werden heute in der Regel als «Manga» bezeichnet.

**Ghostzeichner** Vertreter eines Zeichners oder maßgeblich an der Gestaltung eines Comics beteiligter Assistent, dessen Name nicht genannt wird.

**Graphic novel** Ursprünglich eine gezeichnete Geschichte, die das starre Muster der Comic-Panels auflöst. Heute oft vor allem in Amerika eine Bezeichnung für in Form von Paperbacks oder Alben erscheinende Comics.

**Hintergrundzeichner** Assistent eines Zeichners, der diesen durch das Anfertigen der Hintergrundszenen entlastet.

**Independent-Verlag** Bezeichnung für kleinere Verlage, die sich in den USA neben den Marktführern Marvel, DC, Image und Dark Horse zu behaupten versuchen, deren Comics sich aber nicht zwangsläufig vom «Mainstream» unterscheiden müssen.

**Jam-session** Gemeinschaftsarbeit mehrerer Künstler, bei der ein Zeichner die Arbeit seines Vorgängers fortsetzt und dann seinerseits an einen weiteren Zeichner übergibt.

**Kolorist** Vom Verlag oder Zeichner angestellter Mitarbeiter, der die Schwarzweißzeichnungen einfärbt.

**Layout** Entwurf für die Anordnung der Einzelbilder auf einer Comic-Seite.

**Lettering** Schrift in den Sprechblasen. Während in Deutschland noch maschinengesetzte Schriften üblich sind, werden in anderen Ländern die Texte per Hand geschrieben. Das Handlettering fügt sich harmonischer in die Zeichnung ein.

**Lizenz** Genehmigung zur Veröffentlichung eines Werkes gegen Zahlung einer Royalty.

**Logo** Feststehende visuelle Gestaltung des Titels einer Comic-Serie oder eines diese bezeichnenden Symbols.

**Magazin** Comic-Zeitschrift, deren Format größer ist als das eines Comic-Heftes und in der Serien überwiegend in Fortsetzungen abgedruckt werden.

**Manga** «Spontanes Bild», japanische Bezeichnung für Comics.

**Merchandising** Handel mit den Nebenrechten an einer Comic-Figur für Aufkleber, T-Shirts, Papierwaren, Bettwäsche etc.

**Miniserie** Comic-Heftserie, die von Beginn an auf eine bestimmte Zahl von Ausgaben festgelegt und damit in sich abgeschlossen ist.

**Mutant** Ein Superheld, der seine Kräfte nicht erworben, sondern von Geburt an hat (meist, weil seine Eltern radioaktiv verstrahlt wurden).

**Origin-story** Geschichte, in der erzählt wird, wie und durch welche Umstände ein Superheld seine Kräfte und Fähigkeiten erlangt hat.

**Panel** Einzelnes Bild in einem Comic.

**Pantomimenstrip** Bildfolge ohne Verwendung von Sprechblasen und Text; Soundwords kommen gelegentlich vor.

**Portfolio** Ursprünglich die Mappe, mit der sich ein Zeichner einem Verlag vorstellt. Heute auch Bezeichnung für eine oft hochwertig aufgemachte Sammlung von signierten Einzelzeichnungen in limitierter Auflage.

**Pulps** Billige Romanhefte, die vor allem während der zwanziger, dreißiger und vierziger Jahre in den USA populär waren. In den Pulps veröffentlichten Autoren wie Edgar Rice Burroughs, Robert E. Howard oder Dashiell Hammett erste Abenteuergeschichten.

**Redakteur** Mitarbeiter eines Verlages, der den Inhalt eines Comic-Heftes zusammenstellt, für die Kontinuität einer Serie verantwortlich ist und Zeichnern und Autoren entsprechende Direktiven gibt.

**Royalty** Honorar, das ein Lizenznehmer an den Lizenzgeber bezahlt, in der Regel zwischen fünf und acht Prozent des Verkaufspreises.

**Secret Identity** Geheim- oder Tarnidentität eines Superhelden.

**Semifunny** Comic mit sowohl humoristischen wie auch abenteuerlichen Elementen.

**Shop** Eine Art Studio, das für Verlage Auftragsarbeiten übernimmt. Die Shops produzierten vor allem während der zweiten Hälfte der dreißiger Jahre einen Großteil der Comics für die verschiedensten Hefte nahezu aller amerikanischen Verlage. Heute in Amerika Bezeichnung für Comic-Läden.

**Sidekick** Meist jugendlicher Gefährte des Helden, der nicht selten für humoristische Einlagen zuständig ist und jungen Lesern als Identifikationsfigur dienen soll.

**Soap opera** «Seifenoper», eine Bezeichnung für amerikanische Radio- oder Fernsehserien, die von schicksalhaften Familienereignissen berichten und von Kosmetik- und Waschmittelwerbung unterbrochen und von dieser teilweise auch finanziert wurden; melodramatischer Comic-Strip.

**Sonntagsseite** In der Comic-Beilage der Sonntagsausgaben der amerikanischen Tageszeitungen erscheinende, farbige, in sich abgeschlossene oder das Fortsetzungsprinzip verwendende Comic-Seite. Einige Comics erscheinen ausschließlich als Sonntagsseiten, andere zeigen Helden, die werktags auch Abenteuer in schwarzweißen Tagesstrips erleben. Seit den fünfziger Jahren füllt die Sonntagsseite nur noch selten tatsächlich eine ganze Zeitungsseite, die Regel sind heute halbseitige Formate.

**Soundword** Schallnachahmung durch gezeichnete Geräuschwörter.

**Space opera** Inhaltlich vom Western beeinflußte Gattung der Science Fiction, die mit imperialistisch-kolonialistischer Grundtendenz eine Expansion von Macht im Weltall zum Thema hat.

**Speedlines** Linien, mit denen die Geschwindigkeit oder Bewegungsrichtung einer Figur oder eines Gegenstandes angedeutet wird.

**Spin-off** Aus einer populären Comic-Serie hervorgegangene und zu dieser parallel erscheinende Reihe, die meist die eigenständigen Abenteuer von Nebenfiguren aus deren Universum enthält, gelegentlich auch die Jugendabenteuer des Helden schildert.

**Splash-panel** Großes, oft ganzseitig angelegtes Eröffnungsbild einer Comic-Geschichte, das den atmosphärischen Einstieg erleichtert oder als Leseanreiz eine dramatische Szene aus dem Inhalt vorwegnimmt.

**Split-panel** In zwei oder mehr Einzelbilder zerteilte Szene mit einem durchgehenden Hintergrund, die einen zeitlichen Ablauf vermittelt, indem sie die Akteure auf jedem Bild vor einer anderen Stelle des Hintergrunds zeigt.

**Sprechblase** Ballon, der den darin enthaltenen Text mittels einer Art Pfeil der sprechenden Figur zuweist. Vor allem in Funnys gibt es auch die Flüsterblase mit unterbrochener Kontur oder die Denkblase, bei der der «Pfeil» durch kleine Bläschen ersetzt ist.

**Sunday-page** Comic-Seite in den Sonntagsausgaben amerikanischer Tageszeitungen.

**Superheld** Moderne Heldenfigur des 20. Jahrhunderts, die spezielle phantastische Eigenschaften und Kräfte besitzt, ein markantes Trikot als Makenzeichen trägt und über eine geheime Doppelidentität verfügt. Der Superhelden-Comic, das einzige originäre Genre, das der Comic hervorgebracht hat, ist in Amerika in Form von Comic-Heften am stärksten verbreitet.

**Syndikat** Agentur, in deren Auftrag ein Zeichner regelmäßig Comic-Strips zeichnet und die diese dann Tageszeitungen zum Abdruck verkauft.

**Tagesstrip** Täglich erscheinender Comic-Strip.

**Team-up** Besonders im Superheldengenre übliche Geschichten, in denen zwei oder mehr Helden aus verschiedenen Serien zeitweilig ein Team bilden, um mit vereinten Kräften das Böse zu bekämpfen.

**Tradepaperback** Broschierte Buchausgabe einer zumeist zuvor in mehreren Comic-Heften erschienenen Geschichte.

**Vorabdruck** Meist episodenhafte Veröffentlichung einer Comic-Geschichte in einem Magazin vor deren Herausgabe in Albumform.

**Work for hire** Vor allem in der amerikanischen Comic-Industrie übliche Lohnarbeit, bei der der Zeichner gegen Honorar arbeitet, keine Rechte an seiner Arbeit hat und von Nebenrechtsverwertungen oder Lizenzverkäufen nicht profitiert.

**Zeitungsstrip** In einer Tageszeitung erscheinende Comic-Serie im Streifenformat.

# Bibliographie

**Allgemeine Darstellungen**

Becker, Stephen: *Comic-Art in America*. New York: Simon and Shuster 1959

Berndt, Jacqueline: *Phänomen Manga. Comic-Kultur in Japan*. Berlin: Edition Q 1995

Clark, Alan und Laurel: *Comics. An Illustrated History*. London: Green Wood 1991

Couperie, Pierre und Maurice Horn: *A History of the Comic-Strip*. New York: Crown 1968

Fuchs, Wolfgang J. und Reinhold C. Reitberger: *Comics. Anatomie eines Massenmediums*. München: Heinz Moos Verlag 1971

Gifford, Denis: *The International Book of Comics*. New York: Crescent Books 1984

Groensteen, Thierry: *La Bande Dessinée depuis 1975*. Paris: MA Editions 1985

Groensteen, Thierry: *L'Univers des Mangas. Une Introduction à la Bande Dessinée Japonaise*. Tournai: Casterman 1991

Habarta, Gerhard und Harald Havas: *Comic Welten*. Wien: Edition Comic Forum 1992

Herdeg, Walter und David Pascal: *Die Kunst des Comic Strip*. Zürich: Graphis Press 1972

Kunzle, David (Hg.): *The Early Comic Strip*. Berkeley: University of California Press 1973

Kunzle, David (Hg.): *The Early Comic Strip, vol. 2*. Berkeley: University of California Press 1989

Kurtzman, Harvey: *From Aargh! to Zap! Harvey Kurtzman's Visual History of the Comics*. New York: Prentice Hall Press 1991

Metken, Günter: *Comics*. Frankfurt: Fischer 1970

Moliterni, Claude (Hg.): *Histoire Mondiale de la Bande Dessinée*. Paris: Pierre Horay 1980

Perry, George und Alan Aldridge: *The Penguin Book of Comics*. Harmondsworth: Penguin 1967

Riha, Karl: *Zok roarr wumm. Zur Geschichte der Comics-Literatur*. Gießen: Anabas Verlag 1970

Robinson, Jerry: *The Comics. An Illustrated History of Comic Strip Art*. New York: Berkley Windhover Books 1974

Ryan, John: *Panel by Panel. An Illustrated History of Australian Comics*. Melbourne: Cassell Australia 1979

Sabin, Roger: *Adult Comics. An Introduction*. London: Routledge 1993

Sadoul, Jacques: *93 Ans de BD*. Paris: J'ai lu 1989
Schodt, Frederik L.: *Manga! Manga! The World of Japanese Comics*. Tokyo: Kodansha International 1986
Schreiner, Dave: *Kitchen Sink Press. The First 25 Years*. Northampton: Kitchen Sink Press 1994
Sheridan, Martin: *Comics and Their Creators*. New York: Luna Press 1971 (1944)
Waugh, Coulton: *The Comics*. Jackson: University Press of Mississippi 1991 (1947)
– *Comic Strips*. Berlin: Akademie der Künste 1969

**Comic-Strips**
Blackbeard, Bill und Martin Williams (Hg.): *The Smithsonian Collection of Newspaper Comics*. New York: Harry N. Abrams 1977
Blackbeard, Bill, Dale Crain, Andreas C. Knigge und James Vance (Hg.): *100 Jahre Comic-Strips*. Hamburg: Carlsen 1995
Glasser, Jean-Claude: *Funnies. Les Quarante Premières Années de la Bande Dessinée Comique Américaine*. Paris: Futuropolis 1984
Goulart, Ron: *The Funnies. 100 Years of American Comic Strips*. Holbrook: Adams Publishing 1995
Harvey, Robert C.: *The Art of the Funnies. An Aesthetic History*. Jackson: University Press of Mississippi 1994
Marschall, Richard: *America's Great Comic-Strip Artists*. New York: Abbeville Press 1989
O'Sullivan, Judith: *The Great American Comic Strip. One Hundred Years of Cartoon Art*. Boston: Bulfinch Press 1990
Schröder, Horst: *Die ersten Comics. Zeitungs-Comics in den USA von der Jahrhundertwende bis zu den dreißiger Jahren*. Reinbek: Carlsen 1982
Walker, Mort: *Backstage at the Strips*. New York: Mason / Charter 1975

**Comic-Books**
Barrier, Michael und Martin Williams (Hg.): *A Smithsonian Book of Comic-Book Comics*. New York: Harry N. Abrams 1981
Benton, Mike: *The Comic Book in America. An Illustrated History*. Dallas: Taylor 1989
Benton, Mike: *Crime Comics*. Dallas: Taylor 1993
Benton, Mike: *Horror Comics*. Dallas: Taylor 1991
Benton, Mike: *Masters of Imagination. The Comic Book Artists Hall of Fame*. Dallas: Taylor 1994
Benton, Mike: *Science Fiction Comics*. Dallas: Taylor 1992
Benton, Mike: *Superhero Comics of the Golden Age*. Dallas: Taylor 1992
Benton, Mike: *Superhero Comics of the Silver Age*. Dallas: Taylor 1991
Crawford, Hubert H.: *Crawford's Encyclopedia of Comic Books*. Middle Village: Jonathan David Publishers 1978
Daniels, Les: *Comix. A History of Comic Books in America*. New York: Bonanza Books 1971
Daniels, Les: *DC Comics. Sixty Years of the World's Favorite Comic Book Heroes*. Boston: Bulfinch Press 1995
Daniels, Les: *Marvel. Five Fabulous Decades of the World's Greatest Comics*. New York: Harry N. Abrams 1991
Disbrow, Jay Edward: *The Iger Comics Kingdom*. El Cajon: Blackthorne 1985
Duveau, Marc: *Comics U.S.A.* Paris: Albin Michel 1975
Estren, Mark James: *A History of Underground Comics*. San Francisco: Straight Arrow Books 1974
Feiffer, Jules (Hg.): *The Great Comic Books Heroes*. New York: The Dial Press 1965
Garriock: *Masters of Comic Book Art*. London: Aurum Press 1978
Gerber, Ernst: *The Photo-Journal Guide to Marvel Comics, vol. 1*. Minden: Gerber 1991
Gerber, Ernst: *The Photo-Journal Guide to Marvel Comics, vol. 2*. Minden: Gerber 1991
Gerber, Ernst und Mary: *The Photo-Journal Guide to Comic Books, vol. 1*. Minden: Gerber 1989
Gerber, Ernst und Mary: *The Photo-Journal Guide to Comic Books, vol. 2*. Minden: Gerber 1990
Goulart, Ron: *The Great Comic Book Artists*. New York: St. Martin's Press 1986
Goulart, Ron: *The Great Comic Book Artists, vol. 2*. New York: St. Martin's Press 1993
Goulart, Ron: *Great History of Comic Books*. Chicago: Contemporary Books 1986
Goulart, Ron: *Over 50 Years of American Comic-Books*. Lincolnwood: Publications International 1991
Goulart, Ron: *Year of the Bat. History of DC Comics*. Las Vegas: Pioneer Books 1989
Harvey, Robert C.: *The Art of the Comic Book. An Aesthetic History*. Jackson: University Press of Mississippi, 1996
Lee, Stan und John Buscema: *How to Draw Comics the Marvel Way*. New York: Simon and Shuster 1978
Lupoff, Dick und Don Thompson (Hg.): *All in Color for a Dime*. New Rochelle: Arlington House 1970
O'Brien, Richard: *The Golden Age of Comic Books*. New York: Ballantine Books 1977
Philipps, Charles (Hg.): *Archie. His First 50 Years*. New York: Artabras 1991
Reidelbach, Maria: *Completely Mad. A History of*

the Comic Book and Magazine. Boston: Little, Brown 1991

Reynolds, Richard: *Superheroes. A Modern Mythology*. London: B. T. Batsford 1992

Riche, Daniel und Boris Eizykman: *La Bande Dessinée de Science-Fiction Américaine*. Paris: Albin Michel 1976

Rothschild, D. Avia: *Graphic Novels*. Englewood: Libraries Unlimited 1995

Savage Jr., William W.: *Comic Books and America 1945–1954*. Norman: University of Oklahoma Press 1990

Schelly, Bill: *The Golden Age of Comic Fandom*. Seattle: Hamster Press 1995

Simon, Joe und Jim: *The Comic Book Makers*. New York: Crestwood 1990

Steranko, James: *The Steranko History of Comics, vol. 1*. Reading: Supergraphics 1970

Steranko, James: *The Steranko History of Comics, vol. 2*. Reading: Supergraphics 1972

Vaz, Mark Cotta: *Tales of the Dark Knight. Batman's First Fifty Years 1939–1989*. New York: Ballantine Books 1989

Wertham, Fredric: *Seduction of the Innocent*. New York: Holt, Rinehart and Winston 1954

Wiater, Stanley und Stephen R. Bissette (Hg.): *Comic Book Rebels. Conversations with the Creators of the New Comics*. New York: Donald I. Fine 1993

Wooley, Charles: *Wooley's History of the Comic Book 1899–1936*. Lake Buena Vista: Wooley 1986

**Comics in Europa**

Brun, Philippe: *Histoire de Spirou et des Publications Dupuis*. Grenoble: Glénat 1975

Carpenter, Kevin: *Vom Penny Dreadful zum Comic*. Oldenburg: Bibliotheks- und Informationssystem der Universität Oldenburg 1981

de Laet, Danny: *L'Affaire Dupuis. Dallas sur Marcinelle*. Bruxelles: NCM Editions 1985

de Laet, Danny und Yves Varende: *Mehr als siebente Kunst. Geschichte der belgischen «Comic Strips»*. Bruxelles: Ministerium für auswärtige Angelegenheiten, für Außenhandel und Entwicklungszusammenarbeit 1979

Derib und Georges Pernin: *L'Aventure d'une B.D.* Bruxelles: Les Editions du Lombard 1981

Dolle-Weinkauf, Bernd: *Comics. Geschichte einer populären Literaturform in Deutschland seit 1945*. Weinheim: Beltz 1990

Eijck, Rob van (Hg.): *Beeldspraak*. Uitgeverij Brabantia Nostra o. J.

Filippini, Henri: *Les Années Cinquante*. Grenoble: Glénat 1977

Filippini, Henri: *Histoire du Journal et des Editions Vaillant*. Grenoble: Glénat 1978

Filippini, Henri: *Histoire du Journal Pilote et des Editions Dargaud*. Grenoble: Glénat 1977

Filippini, Henri, Jacques Glénat, Numa Sadoul und Yves Varende: *Histoire de la Bande Dessinée en France et en Belgique*. Grenoble: Glénat 1979

Frémion, Yves (Hg.): *Les Nouveaux Petits-Miquets*. Paris: Le Citron Hallucinogène 1982

Gaumier, Patrick: *Les Années Pilote*. Paris: Dargaud Editeur 1996

Gifford, Denis: *The History of the British Newspaper Comic Strip*. Aylesbury: Shire Publications 1971

Goddin, Philippe: *L'Aventure du Journal Tintin. 40 Ans des Bandes Dessinées*. Bruxelles: Les Editions du Lombard 1986

Hjort-Jorgensen, Anders: *De danske tegneseriers historie*. Copenhagen: Stavnsager 1985

Knigge, Andreas C.: *Fortsetzung folgt. Comic-Kultur in Deutschland*. Berlin: Ullstein 1986

Lecigne, Bruno: *Les Heretièrs d'Hergé*. Bruxelles: Editions Magic Strip 1983

Lerman, Alain: *Histoire du Journal Tintin*. Grenoble: Glénat 1979

Lettkemann, Gerd und Michael F. Scholz: «*Schuldig ist schließlich jeder, der Comics besitzt, verbreitet oder nicht einziehen läßt.*» *Comics in der DDR: Die Geschichte eines ungeliebten Mediums*. Berlin: Mosaik Steinchen für Steinchen Verlag 1994

Martens: Thierry: *Le Journal de Spirou 1938–1988. Cinquante Ans d'Histoires*. Charleroi: Dupuis 1988

Moliterni, Claude (Hg.): *Histoire de la Bande Dessinée d'Expression Française*. Ivry: Editions Serg 1972

Paillarse, Dominique (Hg.): *Eine grafische Kunst: Der französische Comic*. Berlin: Elefanten Press 1988

Rivière, François: *L'Ecole d'Hergé*. Grenoble: Glénat 1976

Sadoul, Numa (Hg.): *Portraits à la Plume et au Pinceau*. Grenoble: Glénat 1976

Schnurrer, Achim und Hartmut Becker: *Die Kinder des fliegenden Robert. Zur Archäologie der deutschen Bildergeschichtentradition*. Hannover: Edition Becker & Knigge 1979

Tschernegg, Markus: *Das war Primo*. Wien: Edition Comic Forum 1986

Tschernegg, Markus: *Das war Zack*. Wien: Edition Comic Forum 1981

Wansel, Siegmar (Hg.): *Illustrierte deutsche Comic-Geschichte, vol. 1–16*. Köln: Comic Zeit Verlag 1986–1994

– *Couleur Directe. Meisterwerke des neuen französi-*

*schen Comics.* Thurn: Edition Kunst der Comics 1993
– *Le Livre d'or du Journal Pilote.* Paris: Dargaud Editeur 1980

**Monographien**

Alessandrini, Marjorie: *Crumb.* Paris: Albin Michel 1974
Allaert, Edith und Jacques Bertin (Hg.): *Hergé. Correspondance.* Duculot 1989
Anton, Uwe und Ronald M. Hahn: *Donald Duck. Ein Leben in Entenhausen.* München: Verlag Thomas Tilsner 1994
Bain, David und Bruce Harris: *Mickey Mouse. Fifty Happy Years.* New York: Harmony Books 1977
Barrier, Michael: *Carl Barks. Die Biographie.* Mannheim: Brockmann und Reichelt 1994
Bartholomae, Joachim (Hg.): *Mal mir mal nen Schwulen. Das Buch zu Ralf König.* Hamburg: MännerschwarmSkript 1996
Blackbeard, Bill (Hg.): *The Yellow Kid. A Centennial Celebration of the Kid Who Started the Comics.* Northampton: Kitchen Sink Press 1995
Blitz, Marcia: *Donald Duck.* New York: Harmony Books 1979
Bourgeois, Michel: *Das erotische Werk von G. Pichard.* München: Bahia Verlag 1982
Canemaker, John: *Winsor McCay. His Life and Art.* New York: Abbeville Press 1987
Corteggiani: *François Bourgeon. Le Passager du Vent.* Grenoble: Glénat 1983
Crouch Jr., Bill: *Dick Tracy. America's Most Famous Detective.* Secaucus: Citadel Press 1987
Davidson, Harold G.: *Jimmy Swinnerton. The Artist and His Work.* New York: Hearst Books 1985
de Choisy, Bernard: *Uderzo-storix. L'Aventure d'un Gallo-Roman.* Paris: Editions Jean-Claude Lattès 1991
Finch, Christopher: *The Art of Walt Disney. From Mickey Mouse to the Magic Kingdoms.* New York: Abrams 1975
Förster, Gerhard: *Das große Hansrudi-Wäscher-Buch.* Schönau: Norbert Hethke Verlag 1987
Frémion, Yves: *Reiser.* Paris: Albin Michel 1974
Fuchs, Wolfgang J.: *Micky Maus. Das ist mein Leben.* Stuttgart: Unipart Verlag 1988
Gans, Grobian: *Die Ducks. Psychogramm einer Sippe.* Reinbek: Rowohlt 1972
Goddin, Philippe: *Hergé et les Bigotudos. Le Roman d'une Aventure.* Tournai: Casterman 1990
Goulart, Ron: *Focus on Jack Cole.* Agoura: Fantagraphics 1986
Groensteen, Thierry: *Hermann.* Paris: Alain Littaye 1982
Groensteen, Thierry: *Tardi.* Bruxelles: Editions Magic Strip 1980
Groensteen, Thierry und Jacques Martin: *Avec Alix.* Tournai: Casterman 1984
Groensteen, Tierry und Benoît Peeters: *Töpffer. L'Invention de la Bande Dessinée.* Paris: Hermann Editeurs des Sciences et des Arts, 1994
Groensteen, Thierry (Hg.): *Little Nemo au Pays de Winsor McCay.* Toulouse: Milan 1990
Guyard, Jean-Marc: *Edgar P. Jacobs. Le Baryton du 9ième Art.* Bruxelles: Studio E. P. Jacobs 1990
Helnwein, Gottfried: *Wer ist Carl Barks?* Neff 1993
Higgs, Mike (Hg.): *Popeye. The 60th Anniversary Collection.* London: Hawk Books 1989
Hise, James van: *Al Williamson.* San Diego: Blue Dolphin 1993
Hoodydonck, Peter van: *Willy Vandersteen. De Bruegel van het beeldverhaal.* Antwerpen: Standaard Uitgeverij 1989
Imparato, Latino: *Alberto Breccia. Ombres et Lumières.* Paris: Vertige Graphic 1992
Jacobs, Edgar P.: *Un Opéra de Papier. Les Mémoires de Blake et Mortimer.* Paris: Gallimard 1981
Kane, Bob und Tom Andrae: *Batman & Me.* Forestville: Eclipse Books 1989
Klußmeier, Gerhard: *Alles über Prinz Eisenherz. Sage, Geschichte, Comic-Roman.* Wien: Verlag Pollischansky 1987
Knigge, Andreas C. und Richard Marschall (Hg.): *Das große Hal-Foster-Buch.* Hamburg: Carlsen 1992
Kraus, Joseph: *Wilhelm Busch.* Reinbek: Rowohlt 1982
Kunzle, David: *Carl Barks: Dagobert und Donald Duck. Welteroberung aus Entenperspektive.* Frankfurt: Fischer 1990
Le Gallo, Claude: *Le Monde de Edgar P. Jacobs.* Bruxelles: Les Editions du Lombard 1984
Logoz, Dinu: *Cosey.* Wien: Edition Comic Forum
Marschall, Rick und Paul Adams: *La Bande Dessinée selon Milton Caniff.* Paris: Futuropolis 1983
Marzio, Peter C.: *Rube Goldberg. His Life and Work.* New York: Harper & Row 1973
Mietzsch, Andreas: *Huba Huba. Das Marsupilami-Buch.* Hamburg: Comicplus 1985
Mollica, V. und M. Paganelli: *Guido Crepax.* München: Bahia Verlag 1981
Peeters, Benoît: *Les Bijoux Ravis.* Bruxelles: Editions Magic Strip 1984
Peeters, Benoît: *Hergé. Les Debuts d'un Illustrateur.* Tournai: Casterman 1987
Peeters, Benoît: *Hergé. Ein Leben für die Comics.* Hamburg: Carlsen 1983

Peeters, Benoît: *Le Monde d'Hergé*. Tournai: Casterman 1990
Pernin, Georges: *Derib. Un Créateur et son Univers*. Bruxelles: Les Editions du Lombard 1985
Petifaux, Dominique: *De l'autre Coté de Corto*. Tournai: Casterman 1990
Philippsen: *Uderzo. Der weite Weg zu Asterix*. Stuttgart: Ehapa Verlag 1986
Pizzoli, Daniel: *Il était une fois Blueberry*. Paris: Dargaud Editeur 1995
Pratt, Hugo und Dominique Petifaux: *Le Désir d'être inutile*. Paris: Robert Laffont 1991
Reitberger, Reinhold C.: *Walt Disney*. Reinbek: Rowohlt 1979
Sackmann, Eckart: *Mecki. Einer für alle*. Hamburg: Comicplus 1994
Sadoul, Numa: *Gotlib*. Paris: Albin Michel 1974
Sadoul, Numa: *Das große André-Franquin-Buch*. Hamburg: Carlsen 1989
Sadoul, Numa: *Das große Moebius-Buch*. Hamburg: Carlsen 1992
Sadoul, Numa: *Mister Moebius et Docteur Gir*. Paris: Albin Michel 1976
Sadoul, Numa: *Tintin et Moi. Entretiens avec Hergé*. Tournai: Casterman 1975
Scheuer, Chris: *Loco Motiv*. Hamburg: Hummelcomic 1993
Schreiber, Armin: *Kunst: Comics. Corben, Druillet, Moebius*. Thurn: Edition Kunst der Comics 1989
Smolderen, Thierry und Pierre Sterckx: *Hergé. Portrait biographique*. Tournai: Casterman 1988
Soumois, Frédéric: *Dossier Tintin. Sources, Versions, Thèmes, Structures*. Bruxelles: Jacques Antoine 1987
Steeman, Stephane: *Tout Hergé*. Tournai: Casterman 1991
Stoll, André: *Asterix: Das Trivialepos Frankreichs*. Köln: Dumont 1974
Strobel, Ricarda: *Die «Peanuts»: Verbreitung und ästhetische Formen. Ein Comic-Bestseller im Medienverbund*. Heidelberg: Carl Winter Universitätsverlag 1987
Strzyz, Klaus und Andreas C. Knigge: *Disney von innen. Gespräche über das Imperium der Maus*. Berlin: Ullstein 1988
Thomas, Bob: *Walt Disney. Die Original-Biographie*. Stuttgart: Ehapa Buchverlag 1986
Tisseron, Serge: *Tintin et le Secret d'Hergé*. Paris: Hors Collections 1995
Toussaint, Bernard: *Fred*. Paris: Albin Michel 1975
Vidal, Guy: *Jean-Michel Charlier. Un Rédacteur sur la Plume*. Paris: Dargaud Editeur 1995
Vidal, Marion: *Monsieur Schulz et ses Peanuts*. Paris: Albin Michel 1976
Walker, Brian (Hg.): *Barney Google and Snuffy Smith. 75 Years of an American Legend*. Wilton: Comicana 1994
Wyman Jr., Ray: *The Art of Jack Kirby*. Orange: The Blue Rose Press 1992
Yeo, Henry: *Warren Tufts. Retrospective*. Long Beach: Western Wind 1980
Yronwode, Catherine: *The Art of Will Eisner*. Princeton: Kitchen Sink Press 1982
Zavisa, Christopher: *Berni Wrightson. A Look Back*. Lancaster: Underwood-Miller 1991
– *Akira Toriyama Exhibition*: Kawasaki: Kawasaki City Museum 1993
– *Alix, Lefranc & Jacques Martin*. Bruxelles: Editions R. T. P. 1975
– *Edgar P. Jacobs. 30 Ans de Bandes Dessinées*. Paris: Alain Littaye 1981
– *Erich Ohser/e. o. plauen*. Hannover: Edition Becker & Knigge 1982
– *Focus on John Byrne*. Agoura: Fantagraphics 1984
– *Focus on George Perez*, Agoura: Fantagraphics 1985
– *Franquin*. Wien: Edition Comic Forum 1986
– *George Cruikshank. Karikaturist*. Stuttgart: Verlag Gerd Hatje 1983
– *James Gillray. Meisterwerke der Karikatur*. Stuttgart, Verlag Gerd Hatje 1986
– *Lyonel Feininger. Karikaturen, Comic strips, Illustrationen*. Hamburg: Museum für Kunst und Gewerbe 1981
– *Moebius*. Wien: Edition Comic Forum o. J.
– *Osamu Tezuka*. Tokyo: The National Museum of Modern Art 1990
– *L'Univers de Blanc-Dumont*. Paris: Dargaud Editeur 1984
– *L'Univers de Giraud*. Paris: Dargaud Editeur 1986
– *L'Univers de Hugo Pratt*. Paris: Dargaud Editeur 1984
– *Vous-avez dit BD… Jijé*. Charleroi: Dupuis 1983
– *Wer ist Richard Corben*. Linden: Volksverlag 1982
– *William Hogarth. Das vollständige graphische Werk*. Gießen: Anabas Verlag 1986

## Der Comic und die Welt
Affolter, Cuno, Urs Hangartner und Martin Heller: *«Mit Pikasso macht man kasso». Kunst und Kunstwelt im Comic*. Zürich: Edition Moderne 1990
Bourgeois, Michel: *Erotik und Pornographie im Comic Strip*. Linden: Volksverlag 1981
Chaboud, Jack und Dominique Dupuis: *Quai des Bulles. Le Train dans la Bande Dessinée*. Paris: La Vie du Rail 1985
Douglas, Allen und Fedwa Malti-Douglas: *Arab Comic Strips. Politics of an Emerging Mass

Culture. Bloomington: Indiana University Press 1994

Eijck, Rob van, Hans Frederiks und Mat Schifferstein: *Vrouwen van papier*. Zeist: Vonk 1984

Fuchs, Wolfgang J.: *Batman, Beatles, Barbarella. Der Kosmos in der Sprechblase*. Ebersberg: Edition 8½ 1985

Groensteen, Thierry (Hg.): *Animaux en Cases. Une Histoire Critique de la Bande Dessinée Animalière*. Paris: Futuropolis 1987

Herman, Paul: *Epopée et Mythes du Western dans la Bande Dessinée*. Grenoble: Glénat 1982

Horn, Maurice: *Comics of the American West*. New York: Winchester Press 1977

Horn, Maurice: *Sex in the Comics*. New York: Chelsea House 1985

Horn, Maurice: *Women in the Comics*. Chelsea House 1977

Kagelmann, H.-Jürgen (Hg.): *Comics und Cartoons in Lateinamerika*. München: Profil 1991

Knigge, Andreas C. und Achim Schnurrer: *Bilderfrauen/Frauenbilder*. Hannover: Edition Becker & Knigge 1978

Knigge, Andreas C.: *Sex im Comic*. Berlin: Ullstein 1985

Lacharte, Alain: *Objectiv Pub. La Bande Dessinée et la Publicité*. Paris: Robert Laffont 1986

Laqua, Carsten: *Wie Micky unter die Nazis fiel. Walt Disney und Deutschland*. Reinbek: Rowohlt 1992

Robbins, Trina und Catherine Yronwode: *Women and the Comics*. Forestville: Eclipse Books 1985

Sadoul, Jacques: *L'Enfer des Bulles*. Paris: Jean-Jacques Pauvert 1968

Sadoul, Jacques: *L'Enfer des Bulles. 20 Ans après*. Paris: Albin Michel 1990

Schnurrer, Achim und Riccardo Rinaldi: *Die Kunst der Comics*. Reinbek: Carlsen 1984

Schnurrer, Achim, Josef Spiegel, Roland Seim und Dieter Hiebing: *Comic: Zensiert*. Sonneberg: Edition Kunst der Comics 1996

Schröder, Horst: *Bildwelten und Weltbilder. Science-Fiction-Comics in den USA, in Deutschland, England und Frankreich*. Reinbek: Carlsen 1982

– *Ils ont marché sur la Lune. De la Fiction à la Réalité*. Tournai: Casterman 1985

## Zur Theorie der Comics

Baur, Elisabeth Katrin: *Der Comic*. Düsseldorf: Schwann 1977

Berger, Arthur Asa: *The Comic-Stripped American. What Dick Tracy, Blondie, Daddy Warbucks and Charlie Brown tell Us about Ourselves*. New York: Walker Publishing 1973

Doetinchen, Dagmar v. und Klaus Hartung: *Zum Thema Gewalt in Superhelden-Comics*. Berlin: Basis Verlag 1974

Dorfmann, Ariel und Armand Mattelart: *Walt Disneys «Dritte Welt». Massenkommunikation und Kolonialismus bei Micky Maus und Donald Duck*. Berlin: Basis Verlag 1977

Drechsel, Wiltrud Ulrike, Jörg Funhoff und Michael Hoffmann: *Massenzeichenware. Zur gesellschaftlichen und ideologischen Funktion der Comics*. Frankfurt: Suhrkamp 1975

Duc, B.: *L'Art de la BD*. Grenoble: Glénat 1982

Duc, B.: *L'Art de la BD, vol. 2*. Grenoble: Glénat 1983

Eco, Umberto: *Apokalyptiker und Integrierte. Zur kritischen Kritik der Massenkultur*. Frankfurt: S. Fischer 1984

Eisner, Will: *Comics & Sequential Art*. Tamarac: Poorhouse Press 1985

Franzmann, Bodo, H.-Jürgen Kagelmann und Rolf Zitzlsperger (Hg.): *Comics zwischen Lese- und Bildkultur*. München: Profil 1991

Fuchs, Wolfgang J. und Reinhold C. Reitberger: *Comics-Handbuch*. Reinbek: Rowohlt 1978

Fuchs, Wolfgang J. (Hg.): *Comics im Medienmarkt, in der Analyse, im Unterricht*. Opladen: Leske Verlag 1977

Grünewald, Dietrich: *Vom Umgang mit Comics*. Berlin: Volk und Wissen Verlag 1991

Gubern, Roman und Claude Moliterni: *Comics. Kunst und Konsum der Bildergeschichten*. Reinbek: Rowohlt 1978

Hausmanninger, Thomas: *Superman. Eine Comic-Serie und ihr Ethos*. Frankfurt: Suhrkamp 1989

Hausmanninger, Thomas und H.-Jürgen Kagelmann (Hg.): *Comics zwischen Zeitgeschehen und Politik*. München: Profil 1994

McCloud, Scott: *Comics richtig lesen*. Hamburg: Carlsen 1994

Peeters, Benoît: *Case, Planche, Récit. Comment lire une Bande Dessinée*. Tournai: Casterman 1991

Savramis, Demosthenes: *Tarzan & Superman und der Messias. Religion und Utopie in den Comics*. Berlin: Karin Kramer Verlag 1985

Schweizer, Reinhard: *Ideologie und Propaganda in den Marvel-Superheldencomics*. Frankfurt: Peter Lang 1992

Silbermann, Alphons und H.-D. Dyroff (Hg.): *Comics und visuelle Kultur*. München: K. G. Saur 1986

Töpffer, Rodolphe: *Essay zur Physiognomonie*. Siegen: Machwerk Verlag 1982 (1845)

Verweyen, Annemarie (Hg.): *Comics*. Köln: Rheinland Verlag 1986

Zimmermann, Hans Dieter (Hg.): *Vom Geist der Superhelden: Comic Strips. Zur Theorie der Bildergeschichte.* München: dtv 1973

**Comics und andere Medien**
Baumhauer, Joachim F.: *Disneyana. Sammelbares aus der Welt der Micky Maus.* Augsburg: Blattenberg Verlag 1993
Beller, Miles und Jerry Leibowitz: *Hey Skinny! Great Advertisements from the Golden Age of Comic Books.* San Francisco: Chronicle Books 1995
Canemaker, John: *Felix. The Twisted Tale of the World's Most Famous Cat.* New York: Pantheon Books 1991
Grover, Ron: *Die Disney Story. Wie Micky Mäuse macht.* Berlin: Ullstein 1992
Ledoux, Trish und Doug Ranney: *The Complete Anime Guide. Japanese Animation Directory.* Issaquah: Tiger Mountain Press 1995
Lesser, Robert: *A Celebration of Comic Art and Memorablia.* New York: Hawthorn Books 1975
Maltin, Leonard: *Der klassische amerikanische Zeichentrickfilm.* München: Heyne 1982
Moscati, Massimo: *Comics und Film.* Berlin: Ullstein 1988
Sackmann, Eckart: *Undercover.* Hamburg: Comicplus 1992
Schoell, William: *Comic Book Heroes of the Screen.* New York: Citadel Press 1991
Varnedoe, Kirk und Adam Gopnik: *High & Low. Moderne Kunst und Trivialkultur.* München: Prestel 1990
Wells III, Stuart: *Comic Cards and Their Prices.* Radnor: Wallace Homestead 1994

**Lexika, Bibliographien, Jahrbücher**
Alessandrini, Marjorie, Marc Duveau, Jean-Claude Glasser und Marion Vidal: *Encyclopédie des Bandes Dessinées.* Paris: Albin Michel 1986
Bell, John: *Canuck Comics. A Guide to Comic Books published in Canada.* Montreal: Matrix Books 1986
Béra, Michel, Michel Denni und Philippe Mellot: *Trésors de la Bande Dessinée.* Paris: Les Editions de l'Amateur 1995
Bono, Gianni: *Guida al fumetto italiano, vol. 1 & 2.* Milano: Epierre 1994
Bronson, Philippe: *Guide de la Bande Dessinée.* Grenoble: Glénat 1986
Czerwionka, Marcus (und Heiko Langhans): *Lexikon der Comics.* Meitingen: Corian Verlag 1991 ff
Filippini, Henri: *Dictionnaire de la Bande Dessinée.* Paris: Bordas 1989
Filippini, Henri: *Dictionnaire thématique des Héros de Bande Dessinées, vol. 1.* Grenoble: Glénat 1992
Gaumier, Patrick und Claude Moliterni: *Dictionnaire Mondial de la Bande Dessinée.* Paris: Larousse 1994
Goulart, Ron: *The Encyclopedia of American Comics.* New York: Facts On File 1990
Grote, Johnny A.: *Carl Barks. Werkverzeichnis der Comics.* Stuttgart: Ehapa Verlag 1995
Hethke, Norbert und Peter Skodzik: *Allgemeiner deutscher Comic-Preiskatalog.* Schönau: Norbert Hethke Verlag 1995
Horn, Maurice (Hg.): *100 Years of American Newspaper Comics.* New York: Gramercy Books 1996
Horn, Maurice (Hg.): *The World Encyclopedia of Cartoons.* New York: Chelsea House 1980
Horn, Maurice (Hg.): *The World Encyclopedia of Comics.* New York: Chelsea House 1976
Kennedy, Jay: *The Official Underground and Newave Comix Price-Guide.* Cambridge: Boatner Norton 1982
Kaps, Joachim (Hg.): *Comic Almanach 1992.* Wimmelbach: ComicPress Verlag 1992
Kaps, Joachim (Hg.): *Comic Almanach 1993.* Wimmelbach: ComicPress Verlag 1993
Knigge, Andreas C.: *Comic Lexikon.* Berlin: Ullstein 1988
Knigge, Andreas C. und Martin Compart (Hg.): *Comic-Jahrbuch 1986.* Berlin: Ullstein 1986
Knigge, Andreas C. (Hg.): *Comic-Jahrbuch 1987.* Berlin: Ullstein 1987
Knigge, Andreas C. (Hg.): *Comic-Jahrbuch 1988.* Berlin: Ullstein 1988
Knigge, Andreas C. (Hg.): *Comic-Jahrbuch 1989.* Berlin: Ullstein 1989
Knigge, Andreas C. (Hg.): *Comic-Jahrbuch 1990.* Hamburg: Carlsen 1990
Knigge, Andreas C. (Hg.): *Comic-Jahrbuch 1991.* Hamburg: Carlsen 1991
Kousemaker, Evelien und Kees: Wordt vervolgd. Stripleksikon der Lage Landen. Utrecht: Het Spectrum 1979
Kranz, Armin: *Verzeichnis der im Carlsen Verlag erschienenen Comics.* Köln: Adlib Verlag 1996
Lauck, Johnny und John R. G. Barrett: *Comic Book Index.* Battle Creek: Alternate Concepts 1996
Malloy, Alex G. (Hg.): *Comic Book Artists.* Radnor: Wallace-Homestead 1993
Overstreet, Robert M.: *The Overstreet Comic Book Price Guide.* New York: Avon Books 1995
Rovin, Jeff: *The Encyclopedia of Superheroes.* New York: Facts On File 1985
Skodzik, Peter: *Deutsche Comic-Bibliographie.* Berlin: Ullstein 1985

# Zeittafel

**1833: Schweiz**
Rodolphe Töpffer beginnt mit der Veröffentlichung seiner «Genfer Novellen».

**1839: Frankreich**
Cham veröffentlicht *Monsieur Lajaunisse*.

**1848: Deutschland**
*Die Thaten und Meinungen des Herrn Piepmeyer* erscheinen.

**1854: Frankreich**
Gustave Doré veröffentlicht seine *Histoire de la Sainte Russie*.

**1865: Deutschland**
Wilhelm Busch veröffentlicht *Max und Moritz*.

**1867: England**
Mit *Ally Sloper* erscheint ein erster Volksheld und wird zur Serienfigur.

**1871: USA**
*Max und Moritz* erscheint als amerikanische Übersetzung.

**1873: England**
*Ally Sloper* wird in Buchform nachgedruckt.

**1889: USA**
Pulitzers Sonntagsbeilage wird zu einem Forum für Zeichner und Cartoonisten.

**1889: Frankreich**
Christophe beginnt *La Famille Fenouillard*.

**1893: Frankreich**
*La Famille Fenouillard* erscheint in Buchform.

**1895: USA**
*Strips*: Richard F. Outcaults *Hogan's Alley* erscheint in der *Sunday World*.

**1896: USA**
*Strips*: Mickey Dugan erscheint erstmals im gelben Nachthemd, und Outcault geht zu Bildfolge und Sprechblase über.

**1897: USA**
*Strips*: Rudolph Dirks ersetzt in *The Katzenjammer Kids* das reine Gagprinzip durch Geschichten und entwickelt ein erstes zeichensprachliches Repertoire der Comics.
*Books*: Yellow-Kid-Folgen werden in Buchform nachgedruckt.

**1899: USA**
*Books*: Mit *Funny Folks* erscheint der Nachdruck einer Comic-Reihe von F. M. Howarth aus *Puck* in Buchform. Es folgen *Happy Hooligan*, *The Katzenjammer Kids* u. a.

**1900: USA**
*Strips*: Frederic Opper macht die Sprechblase zur Grammatik seines Strips *Happy Hooligan*.

**1902: USA**
*Strips*: J. Koerner deutet in *Hugo Hercules* die Superheldenthematik an.
Gene Carr macht mit *Phyllis* erstmals eine Frau zur Hauptfigur eines Comics.

**1905: USA**
*Strips*: Winsor McCay zeichnet mit *Little Nemo* den ersten phantastischen Comic.

**1905: Frankreich**
Mit Jean-Pierre Pinchons *Bécassine* erscheint eine erste europäische Comic-Heldin.

**1906: USA**
*Strips*: C. W. Kahles führt in *Hairbreadth Harry* das melodramatische Abenteuer ein.

**1907: USA**
*Strips*: Mit *A. Mutt* etabliert Bud Fisher das Konzept des Tagesstrips.

**1908: Frankreich**
Louis Forton beginnt *Les Pieds Nickelés*.

**1908: Italien**
*Il Corriere dei Piccoli* beginnt eine italienische Comic-Tradition.

**1910: USA**
*Books*: Mit *Mutt and Jeff* werden erstmals auch Tagesstrips in länglichen Broschüren im Format 37×14 cm nachgedruckt.

**1911: USA**
*Strips*: *Little Nemo* wird zur Hauptfigur eines Zeichentrickfilms.

**1912: USA**
*Strips*: Hearst führt die tägliche Comic-Seite in seinen Zeitungen ein.

**1913: USA**
*Strips*: George Herriman beginnt das surrealistische Meisterwerk *Krazy Kat*.

**1913: Frankreich**
*Bécassine* erscheint als Albumreihe.

**1915: USA**
*Strips*: Charlie Chaplin wird zum Comic-Helden.

**1915: England**
Charlie Chaplin wird zum Comic-Helden.

**1915: Frankreich**
*Les Pieds Nickelés* erscheint in Buchform.

**1917: USA**
*Strips*: Mit *The Gumps* beginnt Sidney Smith die erste Soap opera.

**1917: Frankreich**
Emile Cohl dreht Zeichentrickfilme nach *Les Pieds Nickelés*.

**1917: Spanien**
*TBO* begründet eine spanische Comic-Tradition.

**1918: USA**
*Strips*: In *Gasoline Alley* läßt Frank King seine Helden erstmals altern.

**1919: Sowjetunion**
Die Telegrafenagentur Rosta veröffentlicht die ersten «Rosta Fenster».

**1920: Schweden**
Oscar Jacobsson greift mit *Adamson* das Prinzip der Comic-Strips auf.

**1922: USA**
*Books*: Mit den *Comic Monthly*-

Zeittafel **339**

Bänden erscheinen Stripreprints erstmals periodisch.

**1924: Jugoslawien**
Sergije Mironovoc begründet eine jugoslawische Comic-Tradition.

**1925: Frankreich**
Alain Saint-Ogans *Zig et Puce* deutet den Übergang von der Bildgeschichte zum Comic an.

**1927: USA**
*Strips*: Mit Felix wird erstmals eine Trickfilmfigur zum Comic-Helden.

**1927: Frankreich**
*Zig et Puce* erscheint in Albumform.

**1928: USA**
*Strips*: Hal Forrest beginnt mit *Tailspin Tommy* den ersten naturalistisch gezeichneten Strip. Mutt kandidiert als erster Comic-Held für das Amt des amerikanischen Präsidenten.

**1928: Argentinien**
Dante Quinterno begründet mit *Patoruzu* eine argentinische Comic-Tradition.

**1929: USA**
*Strips*: Mit *Tarzan* und *Buck Rogers* setzt sich der Abenteuerstrip durch.

**1929: Belgien**
Hergé beginnt *Tintin*.

**1931: USA**
*Strips*: Mit Chester Goulds *Dick Tracy* erscheint der erste Krimi-Comic.

**1932: Sowjetunion**
*Krokodil* erscheint als eigenständige Zeitschrift und wird zum Forum für Zeichner und Karikaturisten.

**1933: USA**
*Books*: Harry Wildenberg und William Gaines erfinden das Comic-Heft. Disney startet das *Mickey Mouse Magazine*.

**1934: USA**
*Strips*: Mit *Flash Gordon*, *Jungle Jim*, *Secret Agent X-9* und *Terry and the Pirates* beginnt die große Zeit der Abenteuerstrips.

Al Capp führt in *Li'l Abner* die Gesellschaftssatire ein.
In *Blondie* wird das erste Comic-Baby geboren.
*Books*: Mit *Famous Funnies* erscheint das erste Comic-Heft.

**1934: Frankreich**
*Le Journal de Mickey* erscheint. Zig et Puce reisen erstmals in die Zukunft.

**1934: Belgien**
Hergé verpflichtet sich einer wirklichkeitsorientierten Erzählweise.

**1934: Deutschland**
Mit *Vater und Sohn* erscheint der erste ernsthafte deutsche Beitrag zur Geschichte der Comics.

**1935: USA**
*Strips*: In *The Adventures of Patsy* erscheint erstmals ein Superheld.
*Books*: Mit *New Fun* und *New Comics* erscheinen die ersten Comic-Hefte, die keine Stripnachdrucke enthalten.

**1937: Frankreich**
René Pellos zeichnet mit *Futuropolis* den ersten französischen Abenteuer-Comic.

**1938: USA**
*Books*: Mit *Superman* beginnt der Siegeszug des Comic-Heftes.

**1938: Belgien**
Mit *Spirou* erscheint das erste erfolgreiche Comic-Magazin in Belgien.

**1940: USA**
*Books*: Die Justice Society wird zum ersten Superhelden-Team-up.

**1941: USA**
*Books*: In *Captain America* entwickeln Jack Kirby und Joe Simon eine eigene Comic-Book-Grammatik.
Mit Wonder Woman tritt die erste Superheldin auf den Plan.

**1941: Belgien**
Jijé zeichnet mit *Valhardi* den ersten belgischen Abenteuer-Comic.

**1941: Holland**
Marten Toonder begründet mit *Tom Poes* eine holländische Comic-Tradition.

**1945: Italien**
Die Gruppe Venedig begründet einen neuen italienischen Stil.

**1946: Belgien**
Mit *Blake et Mortimer* definiert Edgar P. Jacobs das Konzept des frankobelgischen Abenteuer-Comics.

**1947: Japan**
Osamu Tezuka begründet eine japanische Comic-Tradition. Mit *Manga Shonen* erscheint ein erstes Comic-Heft.

**1948: Belgien**
Mit den ersten Nachdrucken aus *Spirou* entsteht der Albummarkt.

**1949: USA**
*Strips*: Walt Kelly widmet sich in *Pogo* erstmals konsequent auch politischen Themen.

**1949: Frankreich**
Ein Jugendschutzgesetz erschwert den Import amerikanischer Comics und fördert die nationale Produktion.

**1950: USA**
*Strips*: Mit *Peanuts* und *Beetle Bailey* setzt sich eine neue Form von Humorstrips durch.
*Books*: E. C. schafft einen neuen, subversiven Typ von Comic-Heften.

**1950: England**
*Eagle* bricht mit der Bildergeschichtentradition der englischen Jugendzeitschriften.

**1951: China**
Beginn einer chinesischen Comic-Produktion.

**1952: USA**
*Books*: *Mad* erscheint.

**1953: Deutschland**
Rolf Kauka beginnt eine Comic-Produktion nach Disney-Vorbild.

**1954: USA**
*Books*: Der Comic-Code tritt in Kraft.

**1957: Japan**
Die ersten Abenteuer-Comics erscheinen.

**1959: Frankreich**
*Asterix* erscheint.

**1960: USA**
*Strips*: Mit *Feiffer* etabliert Jules Feiffer ein neues Satirekonzept.

**1960: Frankreich**
Mit *Hara Kiri* erscheint ein erstes satirisches Comic-Magazin.

**1961: USA**
*Books*: In *Flash* probt DC das Konzept der Paralleluniversen. Stan Lee und Jack Kirby schaffen mit den Fantastic Four menschlichere Superhelden.

**1962: Italien**
Mit den «Fumetti neri» wenden sich Comics erstmals explizit an erwachsene Leser.

**1963: USA**
*Books*: Marvel erfindet das Mutantenkonzept.

**1963: Japan**
Mit der Verfilmung von *Tetsuwan Atomu* schafft Osamu Tezuka die Grundlage für die spätere Verbindung zwischen Mangas und Anime.

**1964: Frankreich**
Die Veröffentlichung von *Barbarella* führt zum Skandal.

**1966: Frankreich**
*Phénix* erscheint.

**1967: USA**
*Books*: Mit seinem Heft *Zap* begründet Robert Crumb den Comic-Underground.

**1967: Frankreich**
Im Pariser Louvre findet die Ausstellung «Bande Dessinée et Figuration Narrative» statt.

**1967: Italien**
Hugo Pratt zeichnet mit der *Ballata del Mare Salato* den ersten Comic-Roman.

**1968: Holland**
*Stripschrift* erscheint.

**1969: USA**
*Strips*: Garry Trudeau greift in *Doonsbury* tagespolitische Themen auf.
*Books*: Ein Generationswechsel unter den Zeichnern beginnt.

**1969: Indien**
Beginn einer indischen Comic-Produktion.

**1970: Frankreich**
*Pilote* ändert sein Erscheinungsbild und wird zum modernsten europäischen Comic-Magazin.

**1970: Italien**
Ein Generationswechsel unter den Zeichnern führt zu einem neuen italienischen Comic-Stil.

**1970: Spanien**
*Trinca* veröffentlicht die Arbeiten einer neuen Generation spanischer Zeichner.

**1972: Frankreich**
Mit *L'Echo des Savanes* erscheint ein erstes unabhängiges Comic-Magazin.

**1972: Belgien**
In *Tintin* kommt es zum Generationswechsel unter den Zeichnern.

**1973: Japan**
Die Mangas etablieren sich als Lektüre auch für Erwachsene.

**1974: USA**
*Strips*: Mort Walker und Dik Browne eröffnen das Museum of Cartoon Art.

**1974: Frankreich**
Druillet erprobt mit *Vuzz* die Technik des assoziativen Erzählens.

**1974: Deutschland**
*Comixene* erscheint.

**1975: USA**
*Books*: Mit den *X-Men* setzt sich ein neuer, rauherer Superheldentyp durch.

**1975: Frankreich**
In *Métal Hurlant* etabliert Moebius die Technik der Direktkolorierung. Pierre Christin und Enki Bilal bereiten den französischen Comic-Roman vor.

**1976: USA**
*The Comics Journal* erscheint.

**1977: USA**
*Books*: Mit *Cerebus* erscheint die erste erfolgreiche Newave-Serie. Mit *Heavy Metal* erscheint eine Lizenzausgabe von *Métal Hurlant* und macht erstmals europäische Zeichner in den USA bekannt.

**1977: Belgien**
In *Spirou* kommt es zum Generationswechsel unter den Zeichnern.

**1977: Polen**
*Relax* bietet einer neuen Generation von Zeichnern ein Forum. Ein Jahr später folgt in Jugoslawien *Yu Strip*.

**1978: Belgien**
*(A Suivre)* entwickelt eine neue Form der Comic-Literatur.

**1979: USA**
*Books*: DC erfindet das Konzept der Miniserie.

**1979: Frankreich**
François Bourgeon beginnt *Les Passagers du Vent*.

**1979: Belgien**
Mit *Jeremiah* gelingt Hermann ein Gegenentwurf zum klassischen frankobelgischen Abenteuer-Comic.

**1979: Spanien**
*El Vibora* erscheint.

**1980: USA**
Will Eisner veröffentlicht *A Contract with God*.
Art Spiegelman beginnt *Raw*.

**1980: Holland / Belgien**
Joost Swarte, Ted Benoît und Yves Chaland erheben die «Nouvelle Ligne claire» zum neuen Stil.

**1980: Italien**
*Frigidaire* erscheint.

**1980: Deutschland**
*Schwermetall* erscheint.

**1981: USA**
*Books*: Marvel etabliert den Direct-sales-Vertrieb.

**1982: USA**
*Books*: Neben den Heften beginnen sich Tradepaperbacks und Alben als neue Produktformen durchzusetzen.

**1982: Japan**
Mit *Akira* führt Katsuhiro Otomo einen Generationswechsel unter den Zeichnern herbei.

**1983: USA**
*Books*: Frank Miller greift in *Ronin* auf Elemente der japanischen Comics zurück.

**1985: USA**
Books: Mit *Moonshadow* erscheint das erste vollständig aquarellierte Comic-Heft.
Mit *Shatter* erscheint der erste am PC gestaltete Comic.

**1986: USA**
Books: *The Dark Knight Returns* und *Watchmen* zeigen neue erzählerische Möglichkeiten des Mediums auf.
*Maus* von Art Spiegelman erscheint.

**1986: Deutschland**
Mit *Die Wahrheit über Shelby* meldet sich der deutsche Comic zu Wort.

**1988: Belgien**
In Brüssel eröffnet mit dem Centre Belge de la Bande Dessinée das erste europäische Comic-Museum seine Pforten.

**1989: Japan**
Das Nationalmuseum für Moderne Kunst stellt Arbeiten von Osamu Tezuka aus.

**1990: Frankreich**
François Mitterrand eröffnet das Centre National de la Bande Dessinée in Angoulême.

**1990: Japan**
In *Morning* erscheint erstmals die Arbeit eines taiwanesischen Zeichners.

**1992: USA**
Books: DC trägt *Superman* zu Grabe.

**1993: USA**
Strips: *Dilbert* erscheint als erster Comic im Internet.
Books: Malibu veröffentlicht Superheldenabenteuer als CD-Rom.

**1995: USA**
Strips: Die amerikanische Post veröffentlicht zum 100. Geburtstag der Comics zwanzig Sondermarken.

**1995: Japan**
*Morning* veröffentlicht erstmals Arbeiten europäischer Zeichner.

## Bibliothek der 100 Meisterwerke

Die hier versammelten hundert Meisterwerke spiegeln die Geschichte der Comics in den wichtigsten Entwicklungsphasen wider. Die Anordnung folgt der Reihenfolge, in der die Werke in diesem Buch behandelt werden. In Klammern wird der Verlag der Originalausgabe oder des letzten Nachdrucks in der Sprache der Erstveröffentlichung genannt sowie auf eine eventuelle deutsche Übersetzung hingewiesen.

**Yellow Kid** von Richard F. Outcault (Kitchen Sink Press)

**The Upside-Downs** von Gustave Verbeck (-/Melzer: Unten ist oben)

**Little Nemo** von Winsor McCay (Fantagraphics/Carlsen)

**Kin-der Kids** von Lyonel Feininger (Kitchen Sink Press/Carlsen: Die Comic-Kunst des Lyonel Feininger)

**Krazy Kat** von George Herriman (Kitchen Sink Press/Carlsen, Edition Comic Forum)

**Polly and Her Pals** von Cliff Sterrett (Kitchen Sink Press/Carlsen)

**Bringing Up Father** von George McManus (Celtic Book Company)

**Gasoline Alley** von Frank King

**Popeye** von E. C. Segar (Fantagraphics/Melzer)

**Felix** von Otto Messmer (Fantagraphics/Carlsen)

**Little Orphan Annie** von Harold Gray (Fantagraphics)

**Mickey Mouse** von Floyd Gottfredson (Pantheon Books/Ehapa Verlag)

**Tarzan** von Burne Hogarth (NBM/Norbert Hethke Verlag)

**Dick Tracy** von Chester Gould (Chelsea House/Carlsen)

**Flash Gordon** von Alex Raymond (Kitchen Sink Press/Carlsen)

**Terry and the Pirates** von Milton Caniff (NBM/Carlsen: Terry und die Piraten)

**Prince Valiant** von Hal Foster (Fantagraphics/Carlsen: Prinz Eisenherz)

**Casey Ruggles** von Warren Tufts (Western Wind)

**Gordo** von Gus Arriola (-)

**Li'l Abner** von Al Capp (Kitchen Sink Press/Carlsen)

**Pogo** von Walt Kelly (Fantagraphics/Melzer)

**Peanuts** von Charles M. Schulz (Andrews and McMeel/Krüger)

**Doonsbury** von Garry Trudeau (Holt, Reinhart and Winston/Carlsen)

**Calvin and Hobbes** von Bill Watterson (Andrews and McMeel/Krüger)

**Superman** von Jerry Siegel und Joe Shuster (DC Comics)

**Batman** von Bob Kane (DC Comics)

**Captain Marvel** von C. C. Beck (DC Comics)

**Captain America** von Joe Simon und Jack Kirby (Marvel)

**Plastic Man** von Jack Cole (-)

**The Spirit** von Will Eisner (Kitchen Sink Press/Carlsen, Feest Comics)

**Donald Duck** von Carl Barks (Another Rainbow/Ehapa Verlag)

**Shock SuspenStories** von Al Feldstein u. a. (Russ Cochran/

**Norbert Hethke Verlag: Phantastische Geschichten)**

**Weird Fantasy** von Wallace Wood u. a. (Russ Cochran/Norbert Hethke Verlag: Phantastische Geschichten)

**Two-Fisted Tales** von Harvey Kurtzman u. a. (Russ Cochran)

**Spider-Man** von Stan Lee und Steve Ditko (Marvel/Condor)

**Conan** von Ross Thomas und Barry Smith (Marvel/Splitter)

**The Dark Knight Returns** von Frank Miller (DC Comics/Carlsen: Die Rückkehr des Dunklen Ritters)

**Watchmen** von Alan Moore und Dave Gibbons (DC Comics/Carlsen)

**Zap** von Robert Crumb u. a. (Last Gasp)

**DEN** von Richard Corben (Fantagor Press/Carlsen)

**Bone** von Jeff Smith (Cartoon Books/Carlsen)

**Madman** von Michael Allred (Kitchen Sink Press, Dark Horse)

**A Contract with God** von Will Eisner (Kitchen Sink Press/Zweitausendeins: Ein Vertrag mit Gott)

**Maus** von Art Spiegelman (Pantheon Books/Rowohlt)

**Stuck Rubber Baby** von Howard Cruse (Paradox Press/Carlsen: Am Rande des Himmels)

**Love and Rockets** von Jaime und Gilbert Hernandez (Fantagraphics/Reprodukt)

**Hate** von Peter Bagge (Fantagraphics/Carlsen: Buddy Bradley)

**Understanding Comics** von Scott McCloud (Kitchen Sink Press/Carlsen: Comics richtig lesen)

**Tintin** von Hergé (Casterman/Carlsen: Tim und Struppi)

**Futuropolis** von René Pellos (Glénat)

**La Bête est Mort** von Edmond Calvo (Futuropolis/Melzer: Die Bestie ist tot)

**Blake et Mortimer** von Edgar P. Jacobs (Le Lombard/Carlsen)

**Lucky Luke** von René Goscinny und Morris (Dupuis, Dargaud/Ehapa Verlag)

**Spirou** von André Franquin (Dupuis/Carlsen)

**Les Schtroumpfs** von Peyo (Dupuis/Carlsen: Die Schlümpfe)

**Barbe Rouge** von Jean-Michel Charlier und Victor Hubinon (Dargaud/Carlsen: Der Rote Korsar)

**Astérix** von René Goscinny und Albert Uderzo (Dargaud, Editions Albert-René/Delta Verlag)

**Blueberry** von Jean-Michel Charlier und Jean Giraud (Dargaud/Ehapa Verlag)

**Valérian** von Pierre Christin und Jean-Claude Mézières (Dargaud/Carlsen)

**Les Tours de Bois-Maury** von Hermann (Glénat/Carlsen: Die Türme von Bos-Maury)

**Red Road** von Derib (Le Lombard/Carlsen)

**Theodore Poussin** von Frank Le Gall (Dupuis/Carlsen: Theodor Pussel)

**Broussaille** von Bom und Frank (Dupuis/Carlsen: Jonas Valentin)

**Vater und Sohn** von e.o. plauen (Südverlag)

**Tom Poes** von Marten Toonder (Uitgeverij Panda)

**Dan Dare** von Frank Hampson (Hawk Books)

**Modesty Blaise** von Peter O'Donnell und Jim Holdaway (Titan Books/Carlsen)

**El Cid** von Antonio Hernandez Palacios (Ikusager Ediciones/Carlsen, Splitter)

**Perramus** von Juan Sasturain und Alberto Breccia (-/Carlsen)

**Alack Sinner** von Carlos Sampayo und José-Antonio Muñoz (Casterman/Edition Moderne)

**Adorufu ni tsugu** von Osamu Tezuka (Kodansha)

**Kozure Okami** von Kazuo Koike und Goseki Kojima (Koike Shoin/Carlsen: Okami)

**Akira** von Katsuhiro Otomo (Kodansha/Carlsen)

**Akkanbe Ikkyu** von Hisashi Sakaguchi (Kodansha)

**Botchan no Jidai** von Natsuo Sekigawa und Jiro Taniguchi (Futabasha)

**Barbarella** von Jean-Claude Forest (Dargaud/Carlsen)

**La Nuit** von Philippe Druillet (Humanos/Volksverlag: Die Nacht)

**Partie de Chasse** von Pierre Christin und Enki Bilal (Humanos/Carlsen: Treibjagd)

**La Sultane Blanche** von Pierre Christin und Annie Goetzinger (Dargaud/Carlsen: Die Frau des Sultans)

**Lili Fatal** von Gérard Lauzier (Dargaud/Carlsen: Die tödliche Lilli)

**Gros Dégueulasse** von Jean-Marc Reiser (Albin Michel/Achterbahn: Der Schweinepriester)

**Paulette** von Georges Wolinski und Georges Pichard (Editions du Square/Bahia Verlag)

**Hamster Jovial** von Gotlib (Editions Audie/Alpha Comic Verlag: Hamster Fidel und seine Wölfchen)

**Garage Hermetique** von Moebius (Humanos/Carlsen: Die hermetische Garage des Jerry Cornelius)

**Les Passagers du Vent** von François Bourgeon (Casterman/Carlsen: Reisende im Wind)

**Adèle Blanc-Sec** von Jacques Tardi (Casterman/Edition Moderne: Adeles ungewöhnliche Abenteuer)

Silènce von Comès (Casterman/Carlsen)

Corto Maltese von Hugo Pratt (Casterman/Carlsen)

Les Cités Obscures von Benoît Peeters und François Schuiten (Casterman/Feest Comics: Die geheimnisvollen Städte)

Barney et la Note Bleue von Paringaux und Loustal (Casterman/Verlag Schreiber & Leser: Besame Mucho)

La Quête de l'Oiseau du Temps von Serge Le Tendre und Régis Loisel (Dargaud/Carlsen: Auf der Suche nach dem Vogel der Zeit)

Captivant von Luc Cornillon und Yves Chaland (Humanos)

Modern Art von Joost Swarte (Real Free Press/Carlsen)

A la Recherche de Peter Pan von Cosey (Le Lombard/Carlsen: Auf der Suche nach Peter Pan)

Fuochi von Lorenzo Mattotti (Dolce Vita Gedit/Edition Kunst der Comics: Feuer)

Quotidiana Delirante von Miguelanxo Prado (Norma Editorial/Ehapa Verlag: Der tägliche Wahn)

Die Wahrheit über Shelby von Matthias Schultheiss (Carlsen)

Der bewegte Mann von Ralf König (Rowohlt)

Spacedog von Hendrik Dorgathen (Rowohlt)

L'Origine von Marc-Antoine Mathieu (Delcourt/Carlsen: Der Ursprung)

## Preise und Auszeichnungen

### Reuben
Verliehen durch die National Cartoonists Society

|  |  |
|---|---|
| 1946 | Milton Caniff |
| 1947 | Al Capp |
| 1948 | Chic Young |
| 1949 | Alex Raymond |
| 1950 | Roy Crane |
| 1951 | Walt Kelly |
| 1952 | Hank Ketcham |
| 1953 | Mort Walker |
| 1954 | Willard Mullin |
| 1955 | Charles M. Schulz |
| 1956 | Herbert Block |
| 1957 | Hal Foster |
| 1958 | Frank King |
| 1959 | Chester Gould |
| 1960 | Ronald Searle |
| 1961 | Bill Mauldin |
| 1962 | Dik Browne |
| 1963 | Fred Lasswell |
| 1964 | Charles M. Schulz |
| 1965 | Leonard Starr |
| 1966 | Otto Soglow |
| 1967 | Rube Goldberg |
| 1968 | Johnny Hart, Pat Oliphant |
| 1969 | Walter Berndt |
| 1970 | Alfred Andriola |
| 1971 | Milton Caniff |
| 1972 | Pat Oliphant |
| 1973 | Dik Browne |
| 1974 | Dick Moores |
| 1975 | Bob Dunn |
| 1976 | Ernie Bushmiller |
| 1977 | Chester Gould |
| 1978 | Jeff MacNelly |
| 1979 | Jeff MacNelly |
| 1980 | Charles Saxon |
| 1981 | Mell Lazarus |
| 1982 | Bill Kane |
| 1983 | Arnold Ruth |
| 1984 | Brant Parker |
| 1985 | Lynn Johnston |
| 1986 | Bill Watterson |
| 1987 | Mort Drucker |
| 1988 | Bill Watterson |
| 1989 | Jim Davis |
| 1990 | Gary Larson |
| 1991 | Mike Peters |
| 1992 | Cathy Lee Guisewite |
| 1993 | Jim Borgman |
| 1994 | Gary Larson |
| 1995 | Gary Larson |
| 1996 | Garry Trudeau |

### Harvey Award
«Jack Kirby Hall of Fame»; verliehen von amerikanischen Comic-Zeichnern und -Autoren

|  |  |
|---|---|
| 1987 | Jack Kirby, Carl Barks, Will Eisner |
| 1988 | Harvey Kurtzman, Robert Crumb |
| 1989 | Wallace Wood |
| 1990 | Steve Ditko, Alex Toth |
| 1991 | Basil Wolverton, Jack Cole |
| 1992 | Bernard Krigstein, Walt Kelly |
| 1993 | Joe Shuster, Jerry Siegel |
| 1994 | Bill Everett, Stan Lee |
| 1995 | Bob Kane, Bill Finger |

### Eisner Award
«Will Eisner Hall of Fame»; verliehen von den amerikanischen Comic-Verlagen

|  |  |
|---|---|
| 1988 | Milton Caniff |
| 1989 | Harvey Kurtzman |
| 1991 | Alex Toth, Robert Crumb |
| 1992 | Wallace Wood, Joe Shuster, Jerry Siegel |
| 1993 | C. C. Beck, William Gaines |
| 1994 | Stan Lee, William Gaines |
| 1995 | Frank Frazetta, Walt Kelly |
| 1996 | Winsor McCay, Alex Raymond, Hal Foster, Bob Kane |

### Yellow Kid
«Una Vita per il Cartooning»; verliehen vom Salone Internazionale dei Comics, del Film di Animazione e dell Illustrazione, Lucca und Rom

|  |  |
|---|---|
| 1972 | Hergé |
| 1973 | Walt Disney |

| | | | | | |
|---|---|---|---|---|---|
| 1974 | Lotario Vecchi | 1986 | Jacques Lob | | ner; verliehen durch den Internationalen Comic-Salon, Erlangen und Hamburg |
| 1975 | Adolfo Eisen | 1987 | Enki Bilal | | |
| 1976 | José Luis Salinas | 1988 | Philippe Druillet, Hugo Pratt | | |
| 1978 | Milton Caniff | | | 1984 | Chris Scheuer |
| 1980 | Arturo del Castillo | 1989 | René Pétillon | 1986 | Matthias Schultheiss |
| 1982 | Jesus Blasco | 1990 | Max Cabanes | 1988 | Franziska Becker |
| 1984 | Lee Falk | 1991 | Gotlib | 1990 | Gerhard Seyfried |
| 1986 | Will Eisner | 1992 | Frank Margerin, Morris | 1992 | Ralf König |
| 1990 | Romano Scarpa | | | 1993 | Walter Moers |
| 1992 | Benito Jacovitti | 1993 | Gérard Lauzier | 1994 | Hendrik Dorgathen |
| 1994 | Giovan Battista Carpi, Michel Greg | 1994 | Nikita Mandryka | 1996 | Thomas Ott |
| | | 1995 | Philippe Vuillemin | | |
| 1995 | Fred, Jim Valentino | 1996 | André Juillard | | |

**Pulitzer-Preis**
Verliehen durch die School of Journalism an der Columbia University, New York

**Grand Prix Alph-Art**
Bis 1989 Prix Alfred; verliehen durch den Salon International de la BD, Angoulême

**Gran Premi**
Bester spanischer Comic-Zeichner; verliehen durch den Salòn del Comic y la Illustratión, Barcelona

| | | | | | |
|---|---|---|---|---|---|
| 1974 | André Franquin | 1988 | Alfons Figueras | 1948 | Rube Goldberg |
| 1975 | Will Eisner | 1989 | Ambrós | 1975 | Garry Trudeau |
| 1976 | René Pellos | 1990 | Manuel Vazquez | 1986 | Jules Feiffer |
| 1977 | Jijé | 1991 | Jordi Bernet | 1987 | Art Spiegelman |
| 1978 | Jean-Marc Reiser | 1992 | Raf | | |
| 1979 | Marijac | 1993 | Alfonso Font | | |
| 1980 | Fred | 1994 | Francisco Ibañez | | |
| 1981 | Jean Giraud / Moebius | 1995 | Kim | | |
| 1982 | Paul Gillon, Claire Bretécher | 1996 | José Sanchis | | |

**Grand Prix National des Arts Graphiques**
Verliehen durch das französische Kulturministerium

| | |
|---|---|
| 1984 | Moebius |
| 1985 | Albert Uderzo |
| 1986 | André Franquin |
| 1987 | Greg |
| 1988 | Hugo Pratt |
| 1989 | Willem |

1983 Jean-Claude Forest
1984 Jean-Claude Mézières
1985 Jacques Tardi

**Max-und-Moritz-Preis**
Bester deutscher Comic-Zeich-

# Titelregister

*Kursiv* gesetzte Seitenzahlen verweisen auf Abbildungen

**A** Contract with God 168
A Harlot's Progress 12
A la Recherche de Peter Pan 302
A Pilgrim's Progress 29
A Rake's Progress 12
(A Suivre) 227, 265, 283, 285 f, 289 ff, 296, 301
A Tale from the Jungle Imps 29
Abbie an' Slats 95
Abdul Jones 125
Abe Martin 35
Abenteuer zweier Ritterknaben s. The Medieval Castle
Achille Talon 206, 210
Acrobatic Archie 42
Action 224
Action Comics 112 f, *114*, 116
Adamson 215
Adèle Blanc-Sec 283, *284* f
Adeles ungewöhnliche Abenteuer s. Adèle Blanc-Sec
Adieu Brindavoine 285
Adorufu ni tsugu 245
Adventures of Patsy 83
Adventures of Phoebe Zeit-Geist 263
Agent 327 219
Ah! Nana 281
Air Hawk and the Flying Doctors 233
Air Mail 304
Air Pirates 164
Aiueo Boy 246
Akim 227
Akira 248, *250*, 252
Akkanbe Ikkyu *254* f
Al Crane 271
al-Ashbal 238
al-Ayyam al-Tawila 238
al-Firdaws, al-Muslim al-Saghir 238
Alack Sinner 236
Albany 293
Albert Enzian s. Achille Talon
Alexander the Cat 42
Alexis McCoy 230

Algerisches Tagebuch s. Carnets d'Orient
Alias Ego 219
Alien 321
Alix 189, *190* f
All American Men of War 259
All Star Comics 120
Alley Oop 93
Ally Sloper *177*
Ally Sloper's Half Holiday 177
Alma and Oliver 44
Alphonse and Gaston 25
Alter Alter 230
Am Rande des Himmels s. Stuck Rubber Baby
Amar Chitra Katha 240
Amazing Fantasy 146
American Flagg 158
American Splendor 165
A. Mutt 36
And Her Name was Maud 25, 44
Andrax 304
Andy Capp 225
Andy Morgan s. Bernard Prince
Anges d'Acier 293
Animal Comics 96, 134, 170
Anita 261
Ann y Dan 227
Apartment 3-G 92
A. Piker Clerk 35, 37
Appleseed s. Appuru Shiido
Appuru Shiido 252
Äquatorkälte s. Froid-Equateur
Arcade 169
Archie 135, 141 f
Arnaud de Casteloup 211
Arno 283
Aruku Hiten 255
Arzach 276, *277* f, 298, 326
Asso di Picche *226* f
Astérix 203, *204*, 206, 264, 272, *321*
Astro Boy s. Tetsuwan Atomu
Athanagor Wurlitzer 276
Attila 211
Atze 222
Auf der Suche nach dem Vogel der Zeit s. La Quête de l'Oiseau du Temps

Auf der Suche nach Peter Pan s. A la Recherche de Peter Pan
Aufruhr in der Rouergue s. Rumeurs sur le Rouergue
Außer Kontrolle s. Le Declic
Autoroute du Soleil 256
Ayako 244

**B**ab el-Mandeb 304
Balduin Bählamm, der verhinderte Dichter 14
Ballade au Bout du Monde 281
Bara'im al-Iman 238
Barbarella 259 f, *261*
Barbe Rouge 202, 206
Barcelonight 270
Barelli 192
Barfuß durch Hiroshima s. Hadashi no Gen
Barney Baxter 86 f
Barney et la Note Bleue 292, *293*
Barney Google 50, *51*
Baron Noir 274
Barrio 304
Barry the Boob 51
Bas-Celik 232
Batman *118* ff, 127, 131, 144, 150, 157 f, 160 f, 170 f, 224, 227, 315, 319, 324 f, 327
Battle 224
B. C. 103
Beautiful Bab 59
Bébé Cyanure 260
Bécassine *178* f
Beetle Bailey 101 f, *103*
Before and After 42
Belloy 204
Ben Casey 150
Benni Bärenstark s. Benoît Brisefer
Benoît Brisefer 197
Bernadette 201
Bernard Prince 208 f, 211
Bernard Voorzichtig 219
Besame Mucho s. Barney et la Note Bleue
Bessy 191, 218
Bianca Torturata 261
Big Ben Bolt 90

Big Comic 247
Big X 244
Bijou Funnies 162
Bilbolbul 178
Bill Blanchard 204
Billy the Cat 215
Bingo 238
Bitchy Bitch s. Naughty Bits
Blackhawk 127, 131
Blake et Mortimer *189*, 192, 197, 199
Blanche Epiphanie *274* f
Blei in den Knochen s. Un Gueule de Bois en Plomb
Blonde Phantom 136
Blondie *58* f, 62, 71, 92, 95, 110
Blondin et Ciraqe 187
Blood of Ten Chiefs 166
Bloodstar 166
Blue Beetle 108, 120, 125, 127
Blue Bolt 124
Blueberry *205* f, 208, 276
Blutsbrüder 307
Bob et Bobette 191
Bobby Make Believe 49
Bobby Thatcher 56
Bone 167, *168*
Boner's Ark 101
Boob McNutt *46*
Botchan no Jidai 253
Boule et Bill 197
Boy Commandos 127
Boy's Ranch 137
Bran Ruz 285
Bravo 189
Breakdowns 169
Brenda Starr 87, 91, 319
Brick Bradford 71, 185, 319
Bringing Up Father *45* f, 62, 234, 317, 319 f
Bristow 225
Bronc Peeler 84
Broom-Hilda *104*, 106
Brouillard au Pont du Tolbiac 285
Broussaille *214* f
Brunelle et Colin 281
Bruno Brazil 209, *210* f
Brüsel 292
Bubblegum Crisis 256
Buck Danny 197 ff, 202
Buck Nix 47
Buck Rogers 62, *65* f, 68, 71, 84, 318 f

Buddha 244
Buddy Bradley s. Hate
Buddy Longway 211
Buddy Tucker 20
Buffalo Bill 219
Bugville 35
Bull Tales 103
Bullet 224
Burakku Jakku 244
Burton & Cyb 304
Buster Brown 20, *21* f, 24
Butter & Boop 103
Buz Sawyer 57, *86* f

**C**aboto 304
Cairo 300, 304
Calculus Cat 226
Calvin and Hobbes 105, *106*
Canardo 292
Canyon Kids 27
Capitaine Cormorant 227
Capitaine Apache 201
Captain America 124 f, *126*, 147, 149
Captain Britain 224
Captain Canuck 232
Captain Easy 57
Captain Marvel *122* f, 127, 136, 155
Captain Marvel Junior *123* f
Captain Midnight 127
Captain Rogers 228
Captain Thunder 122
Captain Victory and the Galactic Rangers 149
Captivant 298
Caricaturana 13
Carmen 304
Carmen Cru 276
Carnets d'Orient 303
Casanova's Last Stand 226
Casey Ruggles 90, *91*
Casque d'Or 281
Cathy 106
Cellulite 271
Celui qui est né deux fois 211
120, rue de la Gare 285
Cerebus 166, *167*, 232
Chaminou 199
Chandler 150
Charlie 272 f, 275, 295
Charlie Chan 83
Charlie Chaplin's Comic Capers 51, 317

Cheerful Charlie 44
Chemin de l'Amérique 303
Chemins de la Gloire 283
Chevalier Ardent 208
Chic and Noodles 75
Chick Bill 199, 203
Chikyu Hyokai Jiki 255
Chlorophylle 199
Choleric Cat s. Calculus Cat
Chronik der Unlogik s. Cronicas Incongruentes
Chroniques de la Lune Noire 295
Cimoc 300, 304
Cinco por Infinito 230
Cinémastok 271
Circus 265, 281 f, 293, 295
Cisco Kid 234
City of Glass 170
Claire Voyant 87
Clairette 204
Clarence the Cop 34
Clarke y Kubrick 304
Classic Comics 135
Classics Illustrated 136, 240
Clever & Smart s. Mortadelo y Filemon
Clifford 103
Clifton 199
Clue Comics 136
Clue Crime Comics 136
Cobalt 211
Coco Bill 228
Cœur Couronné 279
Cœurs de Sable 292
Colin-Maillard 303
Color 164
Comanche 208 f
Comic Art 300
Comic Cuts 177
Comic Monthly 110
Comics richtig lesen s. Understanding Comics
Comix Book 165
Comixene 258, 316
Comix International 165
Conan *150* ff, 154, 167, 230, 234
Concombre Masqué 264, *265*
Concrete 168
Connie 50, 57 f, 87
Corentin 189, 197, 199, 212
Cori le Moussaillon 192
Corinne et Jeannot 201
Corriere dei Piccoli 227

**Titelregister 347**

Corto Maltese 201, 227, *287f,* 291, 298, 300, 305
Count Screwloose of Tooloose 60
Cours Camarade 303
Crazy Cowboy 237
Crazy Crazy 237
Creepy 154, 165, 230
Crime and Punishment 136
Crime Does Not Pay *136f*
Crime Must Pay the Penalty 136
Crime Patrol 137
Crime SuspenStories 137 f, 140 f
Cristal Majeur 279
Cronicas Incongruentes 305
Crying Freeman s. Kuraingu Huriiman
Cultuur & Techniek 300
Cuto 218
Cyann 281
Cycle des Cités Obscures 291
Cyclone Burke 125

Dan Cooper 199
Dan Dare 222, *223*f, 278
Dani Futuro 230
Daredevil 127, 155, 158
Das blaue Tagebuch s. Le Cahier Bleu
Das Ende der Hoffnung s. Adieu Brindavoine
Das Fieber des Stadtplaners s. La Fièvre d'Urbicande
Das Fräulein von der Ehrenlegion s. La Demoiselle de la Legion d'Honneur
Das Gesetz der Wölfe s. Soleil des Loups
Das kleine Arschloch 310
Das Kristallschwert s. Epée de Cristal
Das Narrenschiff 32
Das Robot-Imperium 313, *314*
Das schwarze Imperium 309
Das Selbstmordparadies s. Domu
Das steinerne Schiff s. Le Vaisseau de Pierre
Daughter of Jane 224
Dave's Delicatesen 60
DC versus Marvel *160*f
De Cape et de Crocs 295, *296*
De Familie Doorzon 219
De General 219
De Grote Pyr 219

De Leeuw van Vlanderen 192
Deadline 226
Deadman 150
Debbie Dean 87
Delta 99 230
Demon and Pythias 44
DEN *166*
Dennis the Menace 102
Der Affenkönig s. Le Singe
Der bewegte Mann 310
Der Champion s. Chemin de l'Amérique
Der Dämon im Eis s. Le Démon des Glaces
Der große Kristall s. Cristal Majeur
Der hl. Antonius von Padua 14
Der kleine Nick s. Le Petit Nicolas
Der kleine Spirou s. Petit Spirou
Der Rote Falke s. Masquerouge
Der Rote Korsar s. Barbe Rouge
Der Schamane s. Celui qui est né deux fois
Der Schnüffler s. Griffu
Der Schweinepriester s. Gros Degueulasse
Der Söldner s. El Mercenario
Der tägliche Wahn s. Quotidiana Delirante
Der Turm s. La Tour
Der Ursprung s. L'Origine
Der Weg zum Ruhm s. Chemins de la Gloire
Des Engels letzter Fall 307
Desperate Desmond 34, *38*
Destroy! 172
Destroyer Duck 149
Detective Comics 112, 118, 120, 127
Detective Riley 125
Deux vieilles Filles vaccinées à marier 14
Diabolik 227 f
Dick Bos 218
Dick Dicks 203
Dick Fulmine 217
Dick Tracy 47, 62, *69ff,* 75, 85, 95, 106, 110, 228, *319*f, 322, 324
Dickie Dare 75 f
Die Abenteuer der 5 Schreckensteiner 217
Die Bestie ist tot s. La Bête est Mort
Die Blauen Boys s. Tuniques Bleus
Die Brücke im Nebel s. Brouillard au Pont du Tolbiac

Die Chroniken des Schwarzen Mondes s. Chroniques de la Lune Noire
Die Erben der Sonne s. Héretiers du Soleil
Die Feuer von Askell s. Feux d'Askell
Die Fliegenden Blätter 12, 14
Die Frau des Magiers s. La Femme du Magicien
Die Frau des Sultans s. La Sultane Blanche
Die Frau in der Zukunft s. La Femme Piège
Die fromme Helene 14
Die Frustrierten s. Les Frustrés
Die geheimnisvollen Städte s. Cycle des Cités Obscures
Die Geschäfte der Unsterblichen s. La Foire aux Immortels
Die Götter aus dem All 232
Die Haie von Lagos 307
Die hermetische Garage s. Garage Hermetique
Die hohle Erde s. La Terre Creuse
Die Kobolde s. Les Lutins
Die kranken Schwestern s. Femmes en Blanc
Die Kreuzfahrt der Vergessenen s. Croisière des Oubliés
Die lustigen Blätter 32
Die Macht der Lüge 308
Die Mauern von Samaris s. Murailles de Samaris
Die Meta-Barone s. La Caste des Meta-Barons
Die Nacht s. La Nuit
Die Pichelsteiner 221
Die Reise nach Tulum s. Viaggio a Tulum
Die Schiffbrüchigen der Zeit s. Les Naufragés du Temps
Die Schlümpfe s. Les Schtroumpfs
Die 7 Leben des Falken s. Les 7 Vies de l'Epervier
Die Söhne des Südens s. Les Fils du Sud
Die Stadt, die es nicht gab s. La Ville qui n'existait pas
Die Sternenwanderer s. Le Monde d'Edena
Die Tochter des Lichts s. Poupée d'Ivoire

Die tödliche Lilli s. Lili Fatale
Die Türme von Bos-Maury s. Les Tours de Bois-Maury
Die Überlebende s. La Survivante
Die Vagabunden der Unendlichkeit s. Vagabonds des Limbes
Die verlorene Zukunft 270
Die wahre Geschichte vom unbekannten Soldaten s. La véritable Histoire du Soldat inconnu
Die Wahrheit über Shelby 306, *307*
Die Wildkatze s. La Bêlette
Die Wüstenskorpione s. Gli Scorpioni del Deserto
Die Zeit der Asche s. Légendes des Contrées Oubliées
Die Zeit der Halbstarken s. Les Années Pattes d'Eph
Dieter Lumpen 305
Dilbert 106, 315
Dingbat Family *38*, 42
Dinglehoofer and His Dog Adolph 44
Dirty Pair 256
Diva 270
Dixie Dugan 50, 319
Doc Savage 124
Docteur Festus 14
Docteur Poche 214
Doctor Fun 315
Dog and Dash 44
Doll Man 108, 127
Dominion 252
Domu 240
Don Bosco 188, 199
Don Giovanni 253
Don Julian de Monte Pio 234
Don Quichote 12
Don Winslow 85
Donald Duck 60, 132, *133*f
Donito 215
Doonsbury 103, *104*f, 315
Dororo 244
Dr. Syntax 12
Dr. Fate 120
Dr. Occult 112
Dr. Slump 252
Dracula 230, 236
Dracula Lives 154
Drago 68
Dragon Ball 252, *253*
Dream of the Rarebit Fiend 29, *30*
Dropsie Avenue 169

Druuna 304
Dumb Dora 59, 75
Durchbruch 300, *301*
Dylan Dog 228

**E**agle 222, 224
Easy Papa 26
Eerie 154, 165, 230
Eightball 172
Ein Vertrag mit Gott s. A Contract with God
El Botones Sacarino 230
El Cacique Blanco 227
El Capitan Trueno 230
El Cid 230, *231*
El Coyote 230
El Gaucho 291
El Guerrero del Antifaz 230
El Hombre 304
El Mercenario 304
El Negro Raul 234
El Prisonero de la Estrella 304
El Sargento Kirk 227
El Sol 12
El Vibora 300
Electropolis 186
Elfenwelt s. Elfquest
Elfquest 166
Ella Cinders 50, 319
Embarrassing Moments 42
Epée de Cristal 295
Epic Illustrated 154
Epoxy 212, 260
Eppo 232
Eric de Noorman 218
Ernie *315*
Ernie Pike 227
Erwin 218
España Grande 304
España Libre 304
España Una 304
Essai de Physiognomonie 14
Eternals 149
Eva 286

**F**ace de Lune 293
Falk 221
Famous Funnies *111*
Fantastic Four 145, *147*f, 155, 171
Fantax 228
Father Christmas 226
Fatty Finn's Weekly 232
Fawcett Movie Comics 320

Fear 154
Feature Films 321
Feiffer 103
Felina 281
Felix 53, *54*, 135, 221, 317
Femmes en Blanc 215
Fenrir 222
Feuer s. Fuochi
Feux d'Askell 295
56th District 236
Fighting American 141
Filipino Komiks 234
Fipps der Affe 14
Fire Ball 250
Fix und Foxi 221, 232
Flamberge 204
Flaming Carrot 168
Flash Comics 121
Flash Gordon 62 f, 71, *72*ff, 81, 84, 106, 110, 140, 185 f, 189, 209, 228, 280, 319, 323, 326
Fluide Glacial 265, 271, 274 ff, 296
Flüster s. La Zona Fatua
Flyin' Jenny 86 f
Footrot Flats 233
For This We Have Daughters 42
Forever People 149
Fort Wheeling 227
Four Color 132, 134, 323
Frank Cappa 304
Franka 219
Freakadellen und Bulletten 309
Freckles and His Friends 49
Fred Bassett 225
Freddy 187
Freddy Lombard 298, *299*
Freex 325
Friday Foster 92
Frigadaire 300
Fritz Lakritz s. Tom Carbone
Fritz the Cat 163
Fritzi Ritz 93
Froid-Equateur 269
Frontline Combat 140
Fu Ma 235
Fungus the Bogeyman 226
Funky Koval 232
Funnies on Parade *111*
Funnyman 113
Fuochi 304
Für Volk und Vaterland s. La Fleur au Fusil
Future Subjunkies 310

**Titelregister 349**

Futuropolis *186*

**G**ai-Luron 201, 275
Gamin and Patches 102
Garage Hermetique 278
Garfield *105*f
Garret 234
Garth 225
Gasoline Alley *48*f, 54, 85
Gaston 195 f, 214
Gay Comix 165
Gazetka Miki 131
Gefährten der Dämmerung s. Les Compagnons du Crépuscule
Gene Autry 137
Génie des Alpages 272
Genjyu Jiten 255
Gentilhomme Gascon 204
Gentlemen GmbH s. Gli Aristokrati
Germain et nous 214
G. I. Combat *259*
Gil Jourdan 197, *327*
Gipsy 256
Give Me Liberty 158
Glamour Girl 263
Gli Aristocrati 229
Gli Scorpioni del Deserto 227
Go West 211
Goldlöckchen s. Casque d'Or
Gon *255*
Gordo 93
Gothic Blimp Works 162
Grand Duduche 207, 272
Green Arrow 127, 131
Green Hornet 127
Green Lantern 120, 127, *151*, 161
Greetings from Hellville 308
Griffu 285
Grim Wit 166
Grimion 282
Gros Degueulasse *273*
Gun Law 225
Gusarko Blago 230

**H**aarmann 309
Hadashi no Gen *249*f
Hagar the Horrible 103
Hairbreadth Harry 34, *35*, 50, *62*
Hajduk Stanko 232
Hamster Fidel und seine Wölfchen s. Hamster Jovial
Hamster Jovial 275

Hank 86
Hans Huckebein 14
Hans und Fritz 23
Happy Hooligan *24*f, 44, 50, 317
Hara-Kiri 206 f, 272 f, 276
Hardcase 325
Hardware 160
Harry und Platte s. Tif et Tondu
Hate 172
Hawkman 120, 127
Haxtur 230
Heavy Metal 154, 280
Hellblazer 158
Hello Bédé 212
Help! 143, 162
Henry 93
Héretiers du Soleil 282
Hernan el Corsario 234
Herzklopfen s. Colin-Maillard
Hey Look 140
Hi and Lois *100*f
Hidden Years 166
Hier-Selbst s. Ici-Même
Hi no Tori 244
Histoire d'Albert 14
Histoire de Monsieur Cryptogame 14
Histoire de Monsieur Jabot *13*
Histoire de Monsieur Jobard 14
Histoire du Prince Colibri et de la Fée Caperdulaboula 14
Histoire Pittoresque Dramatique et Caricatuale de la Sainte Russie 14
Hogan's Alley 17, *18*ff
Hop-là 185
Hopalong Cassidy 137
Hopfen und Malz s. Les Maîtres de l'Orge
Hourman 120
Howard Flynn 208
Howard the Duck 154
Hubert 85
Hugo Hercules *34*
Hulk 147, 154 f
Human Torch 109, 124
Humbug 143
Humoristicke Listy 12
Hungry Henrietta 29
Hypocrite 260

**I**ci Même 283, 285
Icon 160
Idées Noires 196, 276

Il Commissario Spada 229
Il Corriere dei Piccoli 178
Il était une fois… 238
Il Giornalino 228 f
Il Mago 230
Il Signor Bonaventura 178
Il Vittorioso 228
Illustrated Chips 177
Im Herzen des Sturms s. To the Heart of the Storm
Im Jahr der Flammen s. L'Année de Feu
In the Land of Wonderful Dreams 31
Indiana Jones 321
Indianen Reeks 218
Indianischer Sommer s. Tutto Ricomincio con un' Estate Indiana
Introducing Kafka 163
Invasion aus dem All-Tag 309
Iron Man 151, 314
Isabelle 214
It Ain't Me Babe 165
It was Only a Dream 32
Iznogoud 206

**J**ack Palmer 271
Jacques Le Gall 202, 206
Jamal Abd al-Nasir 238
Jane 224
Jane Arden 50
January Jones 219
Japan GmbH s. Nihon Keizai Nyumon
Jar of Fools 171
Jason Muller 211
Jeanine 273
Jeannette Pointu 214
Jeff Hawke 225
Jeff Jordan s. Gil Jourdan
Jeremiah 208, 212
Jérémie 201
Jeremy Brood 166
Jeremys große Reise s. Jeremy Brood
Jerry Spring 199, *200*f, 203, 208
Jeunes pour Jeunes 238
Jim Boum 187
Jim Cutlass 279
Jimmy Olsen 148 f
Jimmy, das Gummipferd 220
Jingle Jangle Tales 135

Jink 166
Jodelle 261
Joe Dope 168
Joe Palooka 69, 84, 93, 95, 319
Joe's Bar 236
Johan et Pirlouit 197
Johann und Pfiffikus s. Johan et Pirlouit
John Difool 279
Johnny Comet 90
Johnny Congo 211
Johnny Focus 229
Johnny Hazard 86 f
Jojo 187
Jolanda 291
Jonas Fink 303
Jonas Valentin s. Broussaille
Jonathan 211
Jonathan Cartland 293
Journey into Mystery 146
Joyeux Noël May 303
Judge 15 f, 42, 93
Judge Dredd 224
Judge Rummy's Court 37
Judy 176
Jugurtha 208, *209*
Juif-Arabe *239*
Jumbo 185
Jumbo Comics 108, 125
Jungle Bedtime Stories 42
Jungle Comics 108
Jungle Jim 71, 73 ff, 84, 319
Jungle Taitei 243 f
Junglemen 227
Junior 186
Just Kids 49
Justice League of America 144, *145*
Justice Society of America 120

**K**aliman 234
Kalter Krieg 306
Kamandi 149
Kamui Den *246*
Kamui Gaiden 246
Kappie 217
Katoen en Pinbal 300
Kaze to Ki no Uta 248
Kelly's Kindergarten 20
Kendall 234, *235*
Keyaki no Ki 255
Kin-der-Kids 32, *33*
King of the Royal Mounted 83
Kingdom Come 157

Kirihito Sanka 244
Kiro 256
Kitarubeki Sekai 243
Kladderadatsch 12
Kogarashi Kenshi 245
Kokaku Kidotai 252
Kondom des Grauens 310
Koolau el Leproso 304
Kozure Okami 246, *247*
Kraken 305
Krazy Kat *38 ff*, 98, 164, 312, 317
Kreidestriche s. Trazo di Tiza
Kriminal 228
Kris Kool 260, 268
Krokodil 239
Kronan 230
Kuifje 188, 191, *192*
Kull the Conqueror 151
Kuraingu Huriiman 246
Kyaputen Ken 244

**L**'Année de Feu 303
L'Echo des Savanes 264 f, 267, 272, 274, 296
L'Epervier Bleu 188, 199
L'Eternauta 236, 300
L'extraordinaire Aventure de Flup, Nénesse, Poussette et Cochonnet 179
L'Origine 310
L'Usine 275
La Bêlette 286
La Bête est Mort *187*
La Capitaine Bibobu 203
La Caricature 12
La Caste des Meta-Barons 279
La Croisière des Oubliés 268
La Démoiselle de la Légion d'Honneur 270
La Dernière Femme 313
La Famille Fenouillard 178
La Femme du Magicien 292
La Femme Piège 269
La Fièvre d'Urbicande 292
La Fleur au Fusil 283, 285
La Foire aux Immortels *269*, 293
La Guerra de los Antares 236
La Légende des Quartre Fils Aymon 189
La Nuit 265
La Patrouille des Castors 199
La Quête de l'Oiseau du Temps 293, *294*f

La Sultane Blanche 270
La Survivante 281
La Terre Creuse 291
La Tour *291* f
La véritable Histoire du Soldat inconnu 283, 285
La Ville qui n'existait pas 268
La Voyageuse de la Petite Ceinture 270
La Zona Fatua 304
Lady Bountiful 50
Lady Chatterly's Lover 226
Lady Luck 128
Lance 90
Lanterna Magica *262*f
Largo Winch 212
Larrigan 234
Lash Larue 137
Latigo 90
Lauf, Kumpel s. Cours Camarade
Le Bossu 200
Le Cahier Bleu 303
Le Canard Sauvage 274
Le Centenaire 303
Le Charivari 12
Le Cuy 238
Le Cycle des deux Horizons 282
Le Declic 291
Le Démon des Glaces 283, 285
Le Gaspilleur 238
Le Grand Pouvoir du Chninkel 212
Le Journal de Mickey 131, 185, 275
Le Monde d'Edena 179
Le 9ième Rêve 259
Le Petit Nicolas 202 f
Le Rayon U 189
Le Réveil des Sioux 187
Le Sang du Flamboyant 286
Le Secret de l'Espadon 189
Le Singe 291
Le Temps d'Agir 238
Le Vaisseau de Pierre 268
Le Vent des Dieux 282
Le Vieux Nic 197
Le Voyage 256
Le Monde d'Arkadi 268
Lefranc 191 f
Légendes des Contrées oubliées 295
Legion Extranjera 227
Les Années Pattes d'Eph 303
Les Aquanautes 200
Les As 201

Les Aventures Acrobatiques de Charlot 317
Les Aventures de Clopinard 204
Les Aventures de Jo, Zette et Jocko 183
Les Aventures de Monsieur Vieux Bois 13
Les Aventures de Totor 179, 192, 321
Les Chroniques de la Vie en Banlieu 268
Les Compagnons du Crépuscule 281
Les Deux du Balcon 293
Les Dingossiers 207, 275
Les Fils du Sud 303
Les Franval 208
Les Frustrés 272, 274
Les Lutins 295
Les Maîtres de l'Orge 212
Les Misérables 200
Les Naufragés du Temps *280*, 281
Les Panthères 211
Les Passagers du Vent 281, *282*, 295, 301
Les Petits Hommes 208
Les Phalanges de l'Ordre Noir 268
Les Pieds-Nickelés 178, 186, 200, 317
Les Pionniers de l'Espérance 201
Les Schtroumpfs *197*
Les 7 Vies de l'Epervier 282
Les Tours de Bois Maury 208, 212, *213*, 282
Les Tuniques Bleus 197
Let George Do It 44
Li'l Abner 92 f, *94*ff
Li'l Folks 98
Lianhuanhua Bao 239
Life 15 f, 49, 93
Life in Hell 106
Life in London 13
Life on Another Planet 168
Lili Fatale *271*
Lily Wong 315
Linus 228, 230, 289
Lisette 201
Little Annie Fanny *143*, 278
Little Annie Rooney 55
Little Ego 304
Little Jimmy 26, 317
Little Lulu 135
Little Nemo 21, 27, *28*ff, 39, 44, 49, 209, 279, 304, 312, 316 f, 327

Little Orphan Annie 47, 54, *55*f, 62, 85, 110, 319
Little Sammy Sneeze 29 f
Lloyd Llewelyn 172
Lobo 153
Lobo Conrad 227
Lois Lane 148
Lolly Strip 260, 274
Lone Sloane 260, 265, *266*
*Lone Sloane 266*
Looney Tunes and Merry Melodies 134
Looping the Loop 51
Los Agachados 237
Los Gringos 230
Los Professionales 304
Los Supermachos 237
Love & Rockets 171 f
Luc Junior 203 f
Luc Orient 209, *210*, 214
Lucky Luke 192, *193*, 203, 206, 214, 264, 321
Lupo Alberto 228
Lust & Glaube s. Cœur Couronné
Luther 103

**M**acCoy 293
Machan no Nikkicho 242
Mad 130, *142*f, 161, 203, 206, 275 f
Madam & Eve 238
Mademoiselle Mozart 253
Madman 168, 300
Mafalda 237
Magnus, Robot Fighter 144
Maijd 238
Maison Ikkoku 253
Maks i Maksic 230
Male Call *85*
Maler Klecksel 14
Man-Thing 154
Mandrake *82*, 228, 319
Manga Action 247
Manga Erogenica 249
Manga Erotopia 249
Manga Shonen 242 f, 247
Manos Kelly 230
Manuel Montano 305
Marc Dacier 199
Marie-Gabrielle 275
Marsupilami *195*f
Marumara Chinbun 241
Marvel Comics 108, *109*, 124
Marvel Family 123

Marvels 157
Mary Marvel 123
Mary Perkins On Stage 92
Mary Worth 87, 91
Mathai-Dor 230
Matho Tonga 218
Maus *170*f, 325
Mausi und Paul s. Modeste et Pompon
Max Friedman *303*f
Max und Moritz 14, 22
Mbumbulu 238
McFadden's Flats 19
Mecki 220
Mega-Max War 252
Mein Papa s. Mon Papa
Mein Schneemann s. The Snowman
Mémoires d'un Don Juan 275
Métal Hurlant 154, 166, 211, 265, 267 f, 276, 278 ff, 283, 291 ff, 295, 297 f, 300 f
Metoroporisu 243
Michel Vaillant 199
Mickey 131
Mickey Mouse *58*ff, 92, 110, 134, 164, 219, 318
Mickey Mouse Magazine 131
Mickey Mouse Weekly 131
Mickeystrip 131
Micky Maus Zeitung 131
Midget Movies 51
Midsummer Daydreams 32
Mighty Mouse 135, 144, 318
Military Comics 140
Minimenschen s. Les Petits Hommes
Minute Movies 317
Miracle Jones 68
Mischa im Weltraum 221
Miss Cairo Jones 87
Miss Fury 127
Miss Peach 102
Missié Vandisandi 214
Mister Gilfeather 75
Mister Miracle 149
Mister X. 228
Mit Mantel und Degen s. De Cape et de Crocs
Modern Art 300
Modeste et Pompon 195, 203
Modesty Blaise *225*
Momma 102

Mon Papa 273
Mondgesicht s. Face de Luna
Monsieur Crépin 13
Monsieur Jabot *13*
Monsieur Pencil 14
Moon Knight 158
Moon Mullins 51
Moonshadow *155*
Mormoil 274
Morning 255 f
Mort Cinder 236
Mortadelo y Filemon 230
Mosaik 222
Motion Picture Comics 321
Moustache et Trotinette 187
Movie Classics 321
Movie Thrillers 321
Mr. A 165
Mr. E. Z. Mark 35
Mr. Mystic 128
Mr. Natural 162, *163*
Mrs. Fritz' Flats 101
Mu 244
Mucha 12
Mumin 215
Münchner Bilderbogen 14, 176
Murailles de Samaris 292
Musical Mose 42
Mutant World 166
Mutantenwelt s. Mutant World
Mutt and Jeff *36 f*, 39, *110*, 317
Myra North 87

**N**am Bul 256
Nancy 93
Narrative Corpse 170
Nasredin Hodza 230
Natacha 214
Naughty Bits 172
Naushika 252
Neat Stuff 172
Neo-Faustuto 245
Netboy 316
Neue Geschichten aus arabischen Nächten s. New Tales of the Arabian Nights
Neuruppinger Bilderbogen 176
Neutron 261
New Blood 166
New Comics 111
New Fun 111 f
New Funnies 134
New Gods 149, *150*

New Tales of the Arabian Nights 166
Newsboy Legion 127
Nibsy the Newsboy in Funny Fairyland 44
Nic 209
Nick Carter 228
Nick der Weltraumfahrer 221 f
Nick Fury 149, *150*
Nick Knatterton *219* f
Nightwing 150
Nihon Keizai Nyumon 250
1963 161
Ninja Bugeicho 245
Ninja High School 256
Nipponchi 241
Nixie 20
Nize Baby 60
Nomad 256
Nomades 286
Nosferatu 267
Notenkraker 12
Novopolis 186
Nungalla and Jungalla 232

**O**aky Doaks 78
ohne Peilung 308
O je, du fröhliche s. Father Christmas
Okami s. Kozure Okami
Old Doc Yak 47
Olivier Rameau 210
Omaha 167
O Mickey 131
On the Wing 71
Opium 305
Orchidea 303
Orient Express 300, 303 f
Origin of a New Species *16*
Orion 191
Oskar, der Familienvater 221
Oumpa-Pah 203
Our Cancer Year 170
Our Gang 134
Out Our Way 83

**P**ancho Talero 234
Panda 217
Panhandle Pete 44
Panic 142
Papyrus 214
Paracuellos 304
Partie de Chasse 268

Partizanen 232
Pater Filuzius 14
Patti 224
Paulette 275
Pauli 221
Peanuts *98* ff, 106, 228, 273
Peep Show 172
People's Comix 163
Pepe Gotera y Otilio 230
Pepito 228
Percy Pickwick s. Clifton
Perramus 236, *237*
Personal Love 137
Pete the Tramp 60
Peter O'Pencil 228
Peter og Ping 215
Petit Nicolas 272
Petit Spirou 215
Petzi s. Rasmus Klump
Phénix 267
Phil Hardy 56
Philémon 207
Phyllis 50
Picture Stories from American History 135
Picture Stories from the Bible 135
Picture Stories from World History 135
Pieces of Eight 67
Pierre Tombal 215
Pif 201, 227, 282, 289
Pilgor s. The Bodyssey
Pilote 193, 202 ff, 207 f, 210 f, 214, 260, 263 ff, 267 f, 270 ff, 280, 283, 285, 291 ff, 295, 300, 305
Pippo 228
Pistolet 203 f
Pistolin 203
Planet Comics 108, *109*
Planet of the Apes 154
Plastic Man 127, *128*, 131, 146, 168
Plisch und Plum 14
Poema a Fumetti 263
Pogo 96, *97* ff, 106, 134, 168, 217
Police Comics 127 ff
Polly and Her Pals 42, *43* f
Polonius 283
Popeye 51, *52* ff, 62, 228, 317 f, 320
Popol et Virginie 183
Pore Li'l Mose 20
Positive Polly 42
Poupée d'Ivoire 282
Powerhouse Pepper 130

Pravda 261
Prince Valiant 78, *80*f, 85, 106, 218, 324
Prinz Eisenherz s. Prince Valiant
Prinzesca Ru 232
Professor Otto and His Auto 42
Professor Palmboom 219
Propellerman 307
Puck 15 f, 24, 93
Puffy the Pig 75
Punch 12, 232, 241
Punisher 153
Pythagore 211

**Q**uadratino 178
Quêquette Blues 293
Quick et Flupke 183
Quincy 103
Qunzhong Huabao 239
Quotidiana Delirante 305

**R**affini 303
Raggedy Ann 135
Rakuten Puck 242
Randall 234
Ranma ½ 253
Rasmus Klump 215
Raw 163, 169 f
Red Barry 74, 82
Red Knight 127
Red Road 211
Red Ryder 84, 188, 319
Red Sonja 151, 230
Redeye 103
Reg'lar Fellers 49
Réimpressions d'Afrique 313
Reise ans Ende der Welt s. Ballade au Bout du Monde
Reise nach Italien s. Voyage en Italie
Reisende im Wind s. Les Passagers du Vent
Relax 232
Ribon no Kishi 244
Ric Hochet 199, *202*, 208
Rick Master s. Ric Hochet
Rick O'Shay 90
Ringo 208, 234
Rip Kirby 75, *76f*
Riyad 238
Robbedoes 188
Robert Macaire 13
Robinson 185

Rocco Vargas 305
Rokku Bokenki 244
Romeo Brown 218, 225
Rompetechos 230
Ronin *155*, 256
Rosie's Beau 45
Rosuto Waarundo 243
Rowlf 165
Roy Rogers 137
Rubber Blanket 170
Rubrique-à-Brac *275*
Rudowihi B. 245
Rumeurs sur le Rouergue 268, 283
Rusty Riley 58

**S**ad Sack 85
Saga de Xam 260
Saigon–Hanoi 303
Salammbô 267
Sam and Max 325
Sam and Silo 101
Sam Pezzo 303
Sam's Strip *101*
Samir 238
Sammy 214
Sandy Highflyer, the Airship Man 34
Sappo 53
Sarajevo Tango 214
Sarrasqueta 234
Sarvan 305
Satanik 228
Savage Tales 152, 154
Scarlett Dream 260
Schlaf der Vernunft s. Phalanges de l'Ordre Noir
Schwarze Gedanken s. Idées Noires
Scorchy Smith 68 f, 71, 85 ff
Secret Agent X-9 71, *74*f, 82, 85, 319
Secret Wars 155
Sensation Comics 120
Sergeant Rock 140
Sergeant Stony Craig 85
Sergent Laterreur 271
Seriejournalen 316
Sgt. Kirk 227, 230
Shards 166
Shatter *313*f
Shazam 124
Sheena, Queen of the Jungle 108
Sherlock Time 235
Shintakarajima *242*
Shoe *105*f

Shonen Jump 240, 252 f
Shonen Sunday 253
Showcase 144
Sibyllin 199
Sick, Sick, Sick *102*f
Sir d'Arcy & «The Wasp Woman» 63
Signale aus einer anderen Welt s. Life on Another Planet
Signor Spaghetti 203
Sigurd 221, *222*
Silberpfeil 219
Silence *286*, 301
Silk Hat Harry 37, *38*, 317
Silly Symphonies 60, 318
Silver Star 149
Silver Streak Comics 136
Silver Surfer *147*, 149, 279
Simon du Fleuve 211, 285
Sin City *159*
Sir Ballantime 309
Sirrah 200
Sjors 50
Skippy 49
Sky Masters of the Space Force 90 f
Skyroads 68
Slow Death 164
Smilin' Jack 71, 86, 87
Smokey Stover 93
Snatch 162
Snoozer 44
Snore Comix 232
Snuffy Smith 51
Socko the Sea Dog 125
Soleil des Loups 295
Somebody's Stenog 50
Sophie 208, 214, 236
Spacedog 310
Spacehawk 130, *131*
Spangled Comics 127
Spawn 159, *160*
Special Edition Comics 123
Spider-Man 146 f, *148*, 150, 154 f, 159 ff, 224 f
Spirit Blackhawk 142
Spirou 187, *188*, 192 f, *194* ff, 299
Spirou (Magazin) 187 f, 192 ff, 199, 201 f, 206, 208, 211, 214 f, 265, 299, *305*
Spotlight on Sally 224
Star Trek 324
Star Wars 321, 324
Stardust 308

Stari Macak 230
Starter 208
Static 160
Steve Canyon 78, *88*f
Storm 224
Strahlende Zeiten s. When the Wind Blows
Strapontin 203
Stray Toasters 159
Stripschrift 258, 316
Struwwelpeter 14
Stuck Rubber Baby *171*
Sturmtruppen 228
Sub-Mariner 109, 124, 127
Submarine Boating 34
Submerman 274
Südseeballade s. Una Ballata del Mare Salato
Sugar 103
Sunday 230
Super-As 306
Super-Mädchen 263
Superboy 113, 131, 161
Superdupont 271
Superman 108, *112 ff*, 120 f, 124, 127 f, 131, 142, 144, 146, 148, 161, 188, 276, 318, 329, 324 f, 327
Superwoman 127
Surcouf 199
Susie 224
Suske en Wiske 191, 218
Svistok 12
Swamp Thing 151, 167
Sweet Gwendoline 63
Sweethearts and Wives 44

**T**aar 230
Tagosaku to Makube no Tokyo Kembutsu 242
Tailspin Tommy 64, *65*, 319
Tales from the Crypt 137, *138*
Tales of Astonish 146
Tales of Error 308
Tales of Suspense 145
Tales of the Zombies 154
Tales to Astonish 145
Tallulah & May s. Joyeux Noël, May
Tanguy et Laverdure *198*, 202, 204, 206, 214, 321
Tank Girl 226
Target Comics 130
Tarzan 64 f, *66*f, 71, 78, 81, 84, 106, 110, 142, 144, 185, 227 f, 318

TBO 178
Teen Titans 148, 150
Teenage Mutant Ninja Turtles 171
Television Comics 323
Ténébrax 274
Terrors of the Tiny Tads 26
Terry and the Pirates 47, 69, 75 f, 78, *79*, 81, 85, *89*, 197, 319
Terry-Toons Comics 135
Tetsuwan Atomu 323, *243*f
Teufelsmaul s. Bouche du Diable
Tex 227
Texas Slim 83
Thaten und Meinungen des Herrn Piepmeyer 14
The 'Nam 140
The Adventures of Patsy 83
The Adventures of Superman 117
The Affairs of Jane 59
The American Humorist 19
The Atom 120
The Avengers 147, 155
The Black Buccaneer 125
The Blue Bolt 125
The Bodyssey 166
The Brave and the Bold 144
The Bungle Family 85
The Captain and the Kids 23 f
The Comic Australian 232
The Count of Monte Christo 125
The Crypt of Terror 137
The Dazzler 154
The Deadly Hands of Kung Fu 154
The Demon 149
The Diary of Dr. Hayward 125
The Dingbat Family *38*f
The Family Upstairs 39
The Far Side 315
The Fife-Fifteen 53
The Finneheimer Twins 23
The First Kingdom 166
The Flash 120, 127, 144, *145*, 161
The Funnies 110, 131
The Gay Thirties 75
The Gumps *47*, 49, 54
The Haunt of Fear 137
The Hawk 108
The Heart of Juliet Jones 91, *92*
The Human Torch 127
The Hunger Dogs 149
The Kalsomine Family 19
The Katzenjammer Kids 22, *23*ff, 42, 49

The Little King 93
The Lone Ranger 84, 137
The Lone Rider 125
The Look-A-Like-Boys 46
The Loony Lyrics of Lulu 26
The Medieval Castle 81
The New Mutants 153
The Newlyweds 44
The Outburst of Everett True 35
The Phantom *82*f, 106, 319
The Pie-Face Prince of Old Pretzlburg 135
The Rebels 166
The Road of Courage 224
The Sandman 127, 158
The Savage Sword of Conan 154
The Seekers 225
The Shadow 124, 151
The Snowman 226
The Spectre 120
The Spirit 103, 127 f, *129*f, 140, 168, 227, 268
The Trigan Empire 224
The Upside Downs *26*
The Vault of Horror 137
The Whole Blooming Family 45
The Wizard King 165
The Wizard of Id 103
Their Only Child 44
Theodore Poussin 215
Thimble Theatre 51, *52*f, 317
Thor 146, *147*
Thorgal 212
Thrilling Comics 122
Thun'da *137*
Tibor 221
Ticonderoga 227
Tif et Tondu 187, 192, 196
Tijl Uilenspiegel 191, *192*
Till Eulenspiegel 221
Tillie the Toiler 50, 71, 319
Tim Tyler's Luck 57, 71, 73, 76, 85, 319
Tim und Struppi s. Tintin
Timour 199
Ting-Ling-Kids 17
Tintin *179*ff, 187, 189, 265, 285, 321
Tintin (Magazin) 182 f, 188 f, 191 f, 195 ff, 199, 201 f, 206, 208 ff, 214, 218, 229, 265, 293, 299, 304 f
To the Heart of the Storm 169
Tobae 241
Tokyo Puck 241

Titelregister **355**

Tom Carbone 215
Tom Mix 137
Tom Poes *217*
Tom und Klein Biberherz 221
Tome 196
Tommy Banco 210
Topolino 131, 228
Tor 144
Torpedo 304, *305*
Toshu Eiyuden 256
Tounga 208
Tranches de Vie 272
Trazo de Tiza 305
Treibjagd s. Partie de Chasse
XIII 212
13, rue de l'Espoir 200
Trinca 230
Trinet et Trinette 187
Trucker 306
True Comics 135, 140
True Crime Comics 137
Trump 143
Truth 16
Tsumi to Batsu 243
Tumbleweeds 103
Tupac Amaru 238
Turi und Tolk 306
Tutto Ricomincio con un'Estate Indiana *290*f
Two Jolly Jackies 42
Two Orphans 56
Two-Fisted Tales 140
2000 AD 224
2001: A Space Odyssey 149, 321

**U**-Comix 300
Ulk 32
Ulysse 275
Una Ballata del Mare Salato 227, 286, 289, 301
Uncle Scrooge 132
Understanding Comics 172
Une Gueulle de Bois en Plomb 285
Unknown Worlds of Science Fiction 154
Urm le Fou 265
Urusei Yatsura 253
Us Boys 38
Ustökos 12

**V**agabonds des Limbes 281, 293, 297

Vaillant 201, 207
Valentina 261
Valérian *207*f, 293
Valerius 310
Valhardi 188, 192, 199, 218
Vampirella 154, 230
Vater und Sohn 215, *216*
Vécu 282
Vers la Ligne claire 298
Version 255
Verwüstete Herzen s. Cœurs de Sable
V for Vendetta 158
Viaggio a Tulum 291
Vic and Blood 166
Vic Jordan 85
Vida del Che 236
Virl 219
Vito Nervio 235
Vjerencia Maca 230
Voltar *233*f
Voyage en Italie 302
Voyages et Aventures du Docteur Festus 14
Vuzz 267

**W**aali et Awa 238
Wags, the Dog That Adopted a Man 27
Walt Disney's Comics and Stories 96, 131 ff
War Against Crime 137
War Comics 140
Wash Tubbs 56, *57*, 64, 76, 86
Watchman *157*, 171
Weary Willie and Tired Tim 177
Wee Pals 103
Wee Willie Winkie's World 32
Weird Fantasy *138*
Weird Science *138*
Weirdo 163, 172
Wendel 165
Werner 310
Wetamo 218
Wham 306
When a Man's Married 42
When the Wind Blows 226
Whisky e Gogo 228
White Indian 137
Whiz Comics 122 ff
Will Eisner Quarterly 168

Willie and Joe 85
Wilton of the West 125
Wimmen's Comix 165
Wind der Götter s. Le Vent des Dieux
Winnie Winkle 50, 54, 62, 87, 187
Witzend 165
Wo soll das alles enden? 309
Wonder Comics 120
Wonder Man 108, 120
Wonder Wart-Hog 164
Wonder Woman 103, 120, *121*, 127, 131, 165
Woody Woodpecker 134
World of Krypton 154
World's Finest 113, 120

**X**enon 248
X-Factor 153
X-Force 153
X-Men 117, 147, 152, *153*, 158
X-Men 2099 153
X-Terminator 153
*XY 248*

**Y**akari 211
Yakeppachi no Maria 249
Yellow Kid 17, *18*ff, *21*f, 37, 258, 312, 316, 328
You and Me 232
Young Allies 127
Young Comic 247
Young Lust 165
Young Magazine 250
Young Romance 137, 165
Yragael 265
Yu Strip 232
Yummy Fur 172, 232
Yurei Takushi 245

**Z**ack 305 f
Zap 162 ff
Zero Man *244*
Zid ya Bouzid 238
Zig et Puce *178*f
Zippy the Pinhead 106, 165
Zorro 144
Zot! 172
Zyklus der zwei Horizonte s. Le Cycle des deux Horizons

# Personenregister

*Kursiv* gesetzte Seitenzahlen
verweisen auf Abbildungen

**A**buli, Enrique Sanchez 304, *305*
Acevedo, Juan 237 f
Adamow, Philippe 282
Adams, Neal 150, *151* f, 230
Adams, Scott 106, 315
Addison s. Walker, Mort
Adolphe, Philippe Pierre 313
Afonsky, Nicholas 74
Aidans, Edouard 208 f
al-Dhakiri, Muhammad Nu'man 238
al-Ishsh, Faysal 239
Albert, Louis s. Greg, Michel
Alcala, Alfredo 90, *233* f
Alcazar, Victor s. Mora, Victor
Alexis 271, 280
Allred, Michael 168, 300
Alonso, Matias 234
Altuna, Horatio 236
Ambrós 230
Anderson, Carl 93
Anderson, Murphy 113, *145*
Andriola, Alfred 69, 83
Aragones, Sergio 142
Aràmbula, Romàn 60
Aristides, Othon s. Fred
Arleston, Scotch 295
Arriola, Gus 93
Asami, Tohjoh *248*
Aso, Yukuta 242
Attanasio, Dino 195, 203
Auclair, Claude 211 f, 264, 285
Ayers, Dick 91
Ayroles, Alain 295, *296*
Azara, Joel 199

**B**agge, Peter 172
Baker, George 85
Baker, Kyle 151
Balac 283
Baldazzini, Roberto 300
Ballester, Jean-Marie s. Maester
Balls, Murray 233
Baltscheit, Martin 310
Barbier, Alex 298
Barks, Carl 132, *133* ff, 167, 219, 318

Barlog, Ferdinand 217
Barrett, Monte 50
Barry, Dan 68, 73, 75
Barry, Seymour 83
Baru 256, 293, 303
Baruléa, Hervé s. Baru
Baruti, Barly 238
Bâtem 195
Batet, Francisco 230
Bati, Marc 279
Battaglia, Dino 227, 230
Baudoin, Edmond 256
Baxter, William G. *177*
Beck, C. C. *122* ff
Becker-Kasch 221
Bédu 199
Bellamy, Frank 224
Bellavitis, Giorgio 227 f
Bellew, Frank 15
Benoît, Ted 189
Berck 214
Berckmans, Arthur s. Berck
Berg, David 142
Bergèse, Francis 199
Bernet, Jordi 304, *305*
Beroth, Leon 85
Berovici, Philippe 215
Bess, Gordon 103
Bevère, Maurice de s. Morris
Beyer, Mark 170
Bilal, Enki 264, 268, *269* f, 280, 293, 297, 300, 325
Binder, Otto 108, 123
Binet, Christian 276
Bingham, Jerry 279
Biro, Charles 108, *136*
Bishop, Harry 225
Bisley, Simon 224
Bissette, Stephen 151
Blanc-Dumont, Michel 293
Blasco, Jesus 218
Blosser, Merrill 49
Bolland, Brian 224
Bolle, Frank 92
Bom 214 f
Bonelli, Giovanni 227
Bonvi 228
Bonvocini, Franco s. Bonvi
Boogaard, Theo van den 300

Boring, Wayne 113
Bottaro, Luciano 228
Boucq, François 292 f
Boudjellal, Farid *239*
Bourgeon, François 281, *282*, 295, 301, 327
Bradbury, Jack 133
Brandon, Brumsic 103
Branner, Martin *50*, 187
Breccia, Alberto 235 f, *237*, 273, 327
Breisacher, George 37
Bretécher, Claire 103, 264, 271 f, 274
Briel, Dick 219, 300
Briggs, Austin 73 ff
Briggs, Claire 35
Briggs, Raymond 225
Broca, Nic 196
Broome, John 144
Brösel 310
Brown, Bertie 317
Brown, Chester 172, 232
Browne, Dik *100* ff
Browne, Tom 177
Brunel, Roger 281
Brunner, Frank 154
Buchet, Philippe 256
Bucquoy, Jan *283*
Burden, Bob 168
Buren, Raeburn van 95
Burgos, Carl 124
Burns, Charles 170
Burns, John 225
Buscema, John *147*, 149
Busch 23
Busch, Wilhelm 14, 22 f, *175* f, 230
Bushmiller, Ernie 93
Busiek, Kurt 157
Buzzati, Dino 263
Buzzelli, Guido 230, 273
Byrne, Gene 49
Byrne, John 117, 153, 224

**C**abanes, Max 260, 303
Cabu 207, 264, 272 f
Cabut, Jean s. Cabu
Cadelo, Silvio 298
Calkins, Dick *65* f, 68
Calvo, Edmond *187*, 200, 204

Caniff, Milton 47, 69, 75 ff, 79, 83 f, 85, 88, 89, 226 f
Capdevila, Francesco s. Max
Caplin, Elliot s. Capp, Al
Capp, Al 91 ff, 94 f
Carali, Edouard s. Edika
Carcupino, Fernando 227 f
Cardy, Nick 68
Carlson, George 135
Carpinteri, Giorgio 304
Carr, Ed 103
Carr, Gene 50
Carter, Ed 49
Castillo, Arturo del 234, 235
Cauvin, Raul 196 f, 214
Cavazzano, Giorgio 228
Caza, Philippe 260, 264, 267 f, 280
Cazamayou, Philippe s. Caza
Cefischer 221
Celardo, John 68, 87
Ceppi, Daniel 300
Cesare, Angelo de 24
Chadwick, Paul 168
Chaffin, Glenn 64
Chagnaud, Jacques und Yves 256
Chaillet, Gilles 191
Chaland, Yves 280, 298, 299
Cham 14
Charlier, Jean-Michel 197, 198 f, 202, 204, 205 f, 210, 264, 272, 296, 301, 325
Charteris, Leslie 74
Charyn, Jérôme 292
Chaykin, Howard 151, 158
Chéret, André 200 f
Chevalier, Bruno 295
Christin, Pierre 207 f, 268 f, 270, 283, 293, 300, 325, 327
Christophe 178
Clamp 247
Claremont, Chris 152, 153, 224
Clarke Arthur C. 223 f
Claveloux, Nicole 280 f
Clerc, Serge 298
Clowes, Daniel 172
Cockrum, Dave 153
Cole, Jack 108, 127, 128, 130, 136
Coll, Charles 87
Collin, Luc s. Bâtem
Collins, Max Allen 71
Colman 215
Colomb, Georges s. Christophe
Colvin, Neville 225

Comb, William 12
Comès, Didier 286, 301
Condo, A. D. 35
Conrad, Didier 215
Conselman, Bill 50
Constanza, Peter 123
Convard, Didier 282
Copi 103, 236
Corben, Richard 165, 166, 276
Cornillon, Luc 298
Cortina, Emilio 235
Cosandey, Bernard s. Cosey
Cosey 211, 302, 327
Cossio, Carlo 217
Cothias, Patrick 282
Coutts, John Scott s. Willie, John
Craenhals, François 200, 208
Craig, Johnny 137
Crandall, Reed 137
Crane, Roy 56, 57, 64, 86 f
Crepax, Guido 230, 261, 262, 275
Crisse 295
Crisspels, Didier s. Crisse
Cromheecke, Luc 215
Crosby, Percy 49
Cross, Stan 232
Cruikshank, George 12
Crumb, Robert 161 f, 163, 165, 169, 172, 268, 299
Cruse, Howard 171, 327
Culliford, Pierre s. Peyo
Cuvelier, Paul 189, 212, 260

d'Ami, Roy 227
Damiani, Damiano 227 f
Damonte, Raul s. Copi
Dany 209 f
Daumier, Honoré 13
Davis, Jack 73, 137, 138, 142 f
Davis, Jim 105 f
Davis, Lee 82
De Beck, Billy 50, 51
De Matteis, J. M. 155
Dean, Allen 83
Delano, Jamie 158
Delporte, Yvan 214
Derib 211 f
Desberg 215
Deschamps, Alain 285
Detmold, Johann 14
Devil, Nicolas 260
Dibble, Bernard 24
Dickens, Frank 225

Dickson, Don 85
Dineur, Fernand 187, 192
Dionnet, Jean-Pierre 264 f, 276, 278
Dirks, Gus 35
Dirks, John 24
Dirks, Rudolph 22, 23 f
Disney 59 f, 96, 131 ff, 154, 164, 167, 183, 203, 217, 228, 239 f, 242, 312, 318, 320, 328
Ditko, Steve 146 f, 148, 159, 165
Dixon, John 233
Doré, Gustave 14
Dorgan, Thomas Aloysius s. TAD
Dorgathen, Hendrik 309
Dowling, Steve 225
Doyle, Larry 98
Drake, Stan 59, 91, 92
Drappier, Franz 209, 282
Drucker, Mort 142
Druillet, Philippe 260, 264 f, 266 f, 276, 280, 297
Dubois, Pierre 295
Dubos, Daniel 274
Duchâteau, André-Paul 199, 202
Dugmore, Harry 238
Dumas, Jerry 101
Dumont, Bernard s. Bédu
Dunn, Ben 256
Durack, Mary und Elizabeth 233
Duval, Marie 177
Duval, Stephane 295
Dwyer, Bill 75

Eastman, Kevin 171
Edika 276
Edson, Gus 49
Eisman, Hy 24
Eisner, Will 9, 103, 108 f, 114, 120, 127 f, 129 ff, 140, 158, 168, 169, 226 f, 268, 301, 327
Elder, Will 137, 142, 143, 278
Ellis, Frank 50
Embleton, Ron 224
Emerson, Hunt 226
Eneg 63
Escher, Reinhold 220
Evans, George 75, 137
Evany 179
Everett, Bill 124
Ezquerra, Carlos 224

Fahrer, Walter 236
Falk, Lee 82

Farkas, Bernard 276
Farley, Dave 315
Faure, Michel 282
Faustinelli, Mario 227 f, 235
Feiffer, Jules 9, *102*f, 106, 229
Feign, Larry 315
Feininger, Lyonel 32, *33*f
Feldmann, Rötger s. Brösel
Feldstein, Al 137 f, *138*, 143
Ferrandez, Jacques 303
Fine, Lou 108, 129
Finger, Bill 118 f
Fischer, Carl s. Cefischer
Fisher, Bud 35, *36*f, 110, 317
Fisher, Ham 69, 84, 93 f
Flanders, Charles 59, 74, 84
Fletcher, Frank 46
Fletcher, Rick 71
Floc'h, Jean-Claude 293, 298
F'murr 264, 272, 280
Font, Alfonso 304
Forest, Jean-Claude 259 f, *261*, 264, 280 f, 283, 317
Forrest, Hal 64, *65*
Forton, Louis 178, 186
Foster, Hal *66*f, 78, *80*f, 218, 234, 324
Fournier, Jean-Claude 196
Fox, Gardner 144
Fradon, Ramona 87
Franc, Régis 272
Francis, Stephen 238
Francq 212
Frank *214*f
Franka 219
Franquin, André *188*, 192 f, *194*ff, 203, 208, 214, 276, 299
Frazetta, Frank 73, 90, *137*
Fred 207, 272
Fredericks, Fred 82
Friedman, Drew 170
Froideval, François 295
Frydman, Gérard 271
Fuente, Victor de la 230, 293
Fukuyama, Yoji 253
Fuller, Ralph Briggs 78
Fung, Paul 44

**G**ago, Manuel 230
Gaiman, Neil 158 f, 224
Gaines, William 137, 140 ff, 144
Gal, Jean-Claude 276
Galleppini, Aurelio 227

Gascard, Gilbert s. Tibet
Gérard, Jean-Ignace-Isidore s. Grandville
Gerber, Steve 153 f
Geurts, Jean-Richard s. Janry
Giardino, Vittorio 300, *303*
Gibbons, Dave *157*f, 161, 171, 224
Gieter, Lucien de 214
Gigi, Robert 200, 260, 264
Gill, Robert 103
Gillain, Joseph s. Jijé
Gillis, Peter Beno 313
Gillon, Paul 200 f, 260, *280*
Gillray, James 12
Gimenez, Carlos 230, 304
Gimenez, Juan 236, 279
Giraud, Jean *205*f, 264 f, 276, 280
Godard, Christian 200, 281, 297
Godwin, Frank 57, 58
Goetze, Michael 313, *314*
Goetzinger, Annie 264, *270*, 281, 297, 300
Goffin, Alain 300
Goldberg, Rube 39, *46*
Gonnort, Ralph 295
Gonzales, Manuel 60, 219
Goodwin, Archie 75
Goodwin, Frank 50
Goossens, Daniel 276
Gorny, Christian 308
Goscinny, René 193, 202 ff, *206*ff, 264, 272, 275, 296, 301
Got, Yves 264, 274
Gotlib 201, 207, 264, 271 f, 274, *275*, 276
Gottfredson, Floyd *58*f, 60, 131, 318
Gould, Chester *69*ff, 95, 320, 324
Gould, Will 74
Goupil, Jacky 295
Gourmelen, Jean-Pierre 293
Grace, Bud *315*
Graff, Mel 74, *83*
Graham, Alex 225
Granberry, Ed 87
Grandville 13
Graton, Jean 199, 306
Gray, Clarence 71
Gray, Harold 47, 54, *55*f, 64
Greene, Vernon 44, 46
Greg, Michel 195, 201, 206, 208 f, *210*ff, 229
Gregory, Roberta 172
Grell, Mike 68

Grey, Zane 83
Griffith, Bill 165, 169
Groening, Matt 106
Groot, Bob de 199
Gross, Milt 60
Guisewite, Cathy Lee 106
Guissani, Angela und Luciana 227

**H**amlin, Vincent T. 93
Hamme, Jean van 189, 212, 260
Hammett, Dashiell 71, *74*
Hammond, Carl 85
Hampson, Frank 222, *223*f, 278
Hannah, Jack 132
Hansen, Vilhelm 215
Hardy, Marc 215
Harlé, Laurence 293
Harman, Fred 84
Hart, Johnny 103, *104*, 271
Hayward, A. E. 50
Hé, Dominique 198
Hearst, William Randolph 19 f, 22 f, 25, 32, 35 f, 39, 41 f, 46 f, 51, 53, 57, 67, 93, 217, 225
Heath, Russ 259
Hegen, Hannes 222
Hegenbarth, Johannes s. Hegen, Hannes
Helfer, Andrew 151
Henrotin, Daniel s. Dany
Herenguel, Eric 282
Hergé *178*ff, 187, 189, 191 f, 196, 199, 212, 214, 274, 285, 298 f, 321, 328
Hermann 208, *209*, 212, *213*f, 282
Hernandez, Gilbert 172
Hernandez, Jaime 172
Herriman, George 36, *38*ff, 98, 164, 264, 272, 327
Hershfield, Harry 34, *38*
Heuvel, Eric 219, 300
Hewlett, Jamie 226
Hijazi, Ahmad 239
Hilal, Marzuq 238
Hildebrand, Greg und Tim 89
Hislaire, Bernard s. Yslaire
Hitt, Oscar 24
Hodgins, Dick 93
Hoffmann, Heinrich 14
Hogarth, Burne 59, *67*f, 81
Hogarth, William 12
Holdaway, Jim *225*
Holman, Bill 93

Personenregister **359**

Horina, Hans 32
Howarth, F. M. 35
Hubbard, Kin 35
Hubinon, Victor 197, 202 f, 296
Hulet, Daniel 283
Huppen, Hermann s. Hermann
Huyler, Staffort 316

Ibañez, Francisco 230
Iger, Jerry 108, 120
Igort 304
Ikegami, Ryoichi 246
Imagex 313
Infantino, Carmine 114, 144, *145*
Ingels, Graham 127 f
Irvin, Rea 127
Ishinomori, Shotaro 250
Iwerks, Ub 59

Jacobs, Edgar Pierre 183, *189*, 192
Jacobsson, Oskar 215
Jacovitti, Benito 228, 230, 273
Jacquette, Rodolphe 303
Jaffee, Al 142
Jager, Gerrit de 219
Janjetov, Zoran 279
Jannin, Frédéric 214 f
Janry 196, 215
Jansson, Tove 215
Jeronaton 298
Jidéhem 195, 208, 214
Jijé 187, *188*, 192 f, 199, *200f*, 203 f, 206, 209, 213 f, 218, 296
Jim 63
Jippes, Daan 60, 219
Jobin, André 211
Jodorowsky, Alexandro 252, 279, 293
Johnson, Ferd 83
Johnson, Frank 46, 101
Jones, Jeff 90, 151
Jónsson, Jón S. 270
Juillard, André 191, 282, 303
Juillard, Claude-Henri 238

Kabashima, Katsuichi 242
Kahles, Charles William 34, *35*
Kalenbach, Dieter 306
Kaluta, Michael 90, 151
Kamen, Jack 137
Kane, Bob 108, 114, *118f*, 158, 226 f
Kane, Gil 68, 114, 144
Karabajic, Branco 221

Katz, Jack 166
Kauka, Rolf 221, 232
Keaton, Russell 66, 85
Keefer, Mel 90
Kelly, Walt 96, *97f*, 106, 134, 168, 217
Kemal, Yasar 232
Kemble, E. W.
Kerac, Bane 232
Kerr, George 135
Ketchum, Hank 102
King, Frank *48f*
Kirby, Jack 90 f, 108, 114, 124 f, *126*, 136 f, 141, 145 f, *147*, 149, *150f*, 230, 321
Kitazawa, Rakuten 240
Knerr, Harold 23 f, 42
Knigge, Andreas C. 270, 300
Koerner, J. *34*
Kohlsaat, Roland 220
Koike, Kazuo 246, *247*
Kojima, Goseki 246, *247*
König, Ralf 103, *309*
Kotzky, Alex 92
Kramsky, Jerry 304
Kreitz, Isabel *308*
Kresse, Hans G. 218
Kressy, Ed 84
Krigstein, Bernard 137 f, *139*
Kubert, Joe 108, 114, 144
Kuijpers, Henk 219, 300
Kurtzman, Harvey 73, 137, 140, *142f*, 162, 203, 278

Lambil 197
Lambillotte, Willy s. Lambil
Lanteri, Arturo 234
Larson, Gary 315
Lasswell, Fred 51
Laudy, Jacques 189
Lauzier, Gérard 103, *271f*, 326
Lavado, Joaquin s. Quino
Lawrence, Don 224
Lawrence, Jim 92
Lazarus, Mell 102
Le Gall, Frank 215
Le Pennetier, Yann s. Balac
Le Tendre, Serge 293, *294*
Leach, Garry 224
Lecureux, Roger 201
Ledroit, Olivier 295
Lee, Elaine 81
Lee, Huyn-Se 255

Lee, Jim 158
Lee, Stan 126, 145 ff, *148*, 152, 279
Lehner, René 300
Lelong, Jean-Marc 276
Leloup, Roger 183, 214
Liberatore, Gaetano 298
Lichtenstein, Roy *258f*
Liebmann, Barry 325
Liégeois, Philippe s. Turk
Lignante, Bill 83
Liney, John 93
Lloyd, David 158
Lob, Jacques 271, 274
Lobacev, Djordje 232
Locher, Dick 71
Lodewijk, Martin 219
Lofficier, Jean-Marc 279
Loisel, Régis 293, *294f*
London, Bobby 53, 164
Longaron, George 92
Lopez, Solamo 236
Loustal, Jacques de 280, 292, *293*, 302, 327
Loyongo, Boyau 238
Lubbers, Bob 68, 74
Luca, Gianni de *229*
Ludvigson, Viggo 215
Lukombo, Sima 238
Luks, George B. 19
Luna, Fernando 305, *306*
Lutes, Jason 171
Lynde, Stan 90

Macedo, Sergio 298
Macherot 214
MacNelly, Jeff *105f*
Maester 276
Mairowitz, David Zane 163
Majakowski, Wladimir 239
Makki, Adib 238
Makyo 281 f
Malet, Léo 285
Mallorqui, José 230
Maltaite, Willy s. Will
Manara, Milo 230, 273, *290*
Mandryka, Nikita 264, *265*, 272, 274, 280
Manning, Russ 68, 144
Marchand, Bruno 279
Marchesi, Luigi 227
Margerin, Frank 280
Marijac 187
Marini, Enrico 255

Maroto, Esteban 230
Marriner, Billy 27
Marsh, Jesse 144
Martin, Alan 226
Martin, Don 142
Martin, Jacques 183, 189, *190 ff*, 214, 283
Martinek, Frank 85
Masbou, Jean-Luc 295, *296*
Masse, Francis 293
Masta 238
Matena, Dick 219
Mathieu, Marc-Antoine 310
Matt, Joe 172
Mattotti, Lorenzo 298, 304, 327
Mauldins, Bill 85
Maurovic, Andrija 230
Mavrides, Paul 164
Max 300
Maxon, Rex 67 f
Mayer, Sheldon 114, 120, 144, 159
Mayeu, Max s. Sirius
Maz 218, 225
Mazouijan, Chuck 128
Mazure, Alfred s. Maz
Mazzucchelli, David 170
McCay, Winsor 22, 27, *28* f, *30 ff*, 44, 49, 209, 304, 317, 327
McCloud, Scott 172, 328
McClure, Darrell 56
McCoy, Wilson 83
McEvoy, J. P. 50
McFarlane, Todd 159, *160*
McGuire, Jack 127
McKean, Dave 158 f
McMahon, Mike 224
McManus, George 44, *45*, 46, 234, 320
McNamara, Tom *38*
Meggendorfer, Lothar 32, 176
Mendl, Wolfgang 308
Meskin, Mort 108
Mesmaeker, Jean de s. Jidéhem
Messick, Dale 87
Messmer, Otto *54*, 135
Meter, Peer 308
Meulen, Ever 300
Meysenburg, Alfred 263
Mézières, Jean-Claude *207* f, 280, 286, 293, *301*, 325
Micheluzzi, Attilio 229, 304
Miessen, Vivian s. Touis
Mik, Al 215

Mikkelsen, Henning Dahl s. Mik
Miller, Frank 86 f
Miller, Frank 153, *155 ff*, 158, *159*, 170, 246, 255, 326
Milligan, Peter 159, 224, 226
Mills, Tarpé 127
Mironovoc, Sergije 230
Mitacq 199, 202
Miyano, Shigeo 242
Miyazaki, Hayao 252
Moebius 149, 250, 267, 276, *277* ff, 325 f
Moers, Walter 309
Moliterni, Claude 260
Montana, Bob 135
Montellier, Chantal 281
Moor, Bob de 183, 189, 191 f
Moore, Alan 151, *157* ff, 161, 224
Moore, Don 73
Moore, Ray *82* f
Moores, Dick 49
Mora, Victor 230, 293
Morandière, Norbert s. Norma
Mordillo, Guillermo 237
Moreira, Ruben s. Rubimor
Moreno, Pepe 315
Morphé 209
Morris 192, *193*, 203, 214
Morrison, Grant 157
Morrow, Gray 68, 81
Morvan, Jean-David 256
Moscoso, Victor 163, *164*, 169
Mosley, Zack 71
Moulton, William 120, *121*
Mouly, Françoise 169
Mourier, Jean-Louis 295
Muñoz, José-Antonio 236, 273
Murphy, John Cullen 81, 90
Murry, Paul 134
Musical, Joe 24
Mussino, Attilio 178
Muth, Jon J. 155
Myers, Russell *104*, 106

**N**agayasu, Takumi 252
Nakazawa, Keiji *249*
Neugebauer, Walter 221, 230
Niezab, Gaston 200
Noé, Amandée de s. Cham
Nolan, Philip 65
Nordling, Klaus 128
Norma 201
Norris, Paul 71, 75

Novick, Irv 259
Nowlan 66

**O**'Donnell, Peter *225*
O'Donoghue, Michael 263
O'Neil, Dan 164
O'Neil, Denny 150, *151*
O'Neill, Kevin 224
Oberländer, Adolf 176
Oesterheld, Hector 227, 234 ff
Ohser, Erich s. plauen, e. o.
Okamoto, Tetsuji 246
Oksner, Bob 87
Ongaro, Alberto 227 f, 235
Opper, Frederick Burr 22, *24* f, 44
Oriolo, Joe 54
Orlando, Joe 159
Orr, Martha 87
Ortiz, José 304
Ostani, Fabrizio s. Kramsky, Jerry
Otomo, Katsuhiro 250, *251* f, 255
Ott, Thomas *308*
Outcault, Richard Felton *16 ff*, 25, 176, 328

**P**aape, Eddy 192 f, 199, 209, *210* f, 214, 259
Pahek, Zeljko 232
Pai, Anant 240
Palacio, Antonio Hernandez 230, *231*, 293
Paringaux, Philippe 292
Parker, Bill 123
Parker, Brant 103, 271
Pedrazza, Augusto 227
Peellaert, Guy 260, *261*
Peeters, Benoît *291* f
Pekar, Harvey 162, 165, 170
Pellejero, Ruben 305
Pellerin, René s. Pallos, René
Pellos, René *186* f, 200
Perry, Bill 49
Peter, Harry G. 120, *121*
Petersen, Storm 215
Petersen, Wilhelm 220
Pétillon, René 264, 271, 274, 280
Pett, Norman 224
Peyo *197*, 211, 214, 299
Peyzaret, Richard s. F'murr
Picaret 283
Pichard, George 260, *274* f
Pinchon, Jean-Pierre *178* f
Pini, Richard und Wendy 166

Personenregister **361**

Pisu, Silverio 291
Plastino Al s. Mik, Al
plauen, e. o. 215, *216*
Pleyers, Jean 191
Plump, Charles 50
Pocci, Ferdinand 176
Poivet, Raymond 201
Polch, Boguslaw 232
Pommerhanz, Karl 32
Powell, Bob 108, 128
Powers, T. E. 19
Prado, Miguelanxo 298, 305, *306*
Pratt, Hugo 201, *226*f, 230, 235, 286, *287ff*, *290*, 301, 304 f, 327
Prentice, John 75
Pritchett, Andy 226
Puck, Peter 308
Pulitzer, Joseph 16 f, 19 f, 23, 225
Purcell, Steve 325

**Q**uadiri, Abd al-Karim 238
Quino 237
Quinterno, Dante 217, 234
Qwak, Arthur 295

**R**aboy, Mac 75, 108, *123*f
Radilovic, Jules 232
Rallic, Etienne 187
Raymond, Alex 59, 71, *72ff*, 186, 189, 209, 234, 323, 327
Raymond, Jim 59
Redondo, Manuel 234
Reinman, Paul 68
Reiser, Jean-Marc 207, 264, 272, *273* f
Remacle, Marcel 197
Remohi, Brocal 230
Remy, Georges s. Hergé
Renard, Claude 259
Rentfrow, Frank 85
Ribaupierre, Claude de s. Derib
Ribera, Julio 281
Ridgway, John 81, 158
Riemann, Franziska s. Ziska
Rinaldi, Riccardo 221
Rio, Eduardo del s. Rius
Ritt, William 71
Rius 237
Rivière, François 293
Rob-Vel 187 f
Roba, Jean 195, 197
Robbins, Frank 69, 86 f
Robbins, Trina 165

Roberge, Frank 101
Robinson, Jerry 9, 114, 119
Romero, Enrique Badida 225
Romita, John 147
Rosa, Don 133
Rosinski, Grzegorz 212, 232
Ross, Alex 157
Ross, Charles Henry 176
Rossi, Christian 279, 282
Rouge, Michel 209
Rowlandson, Thomas 12
Roy, Souren 240
Rubimor 68
Rubino, Antonio 178
Ruffieux, J. M. 238
Russell, Clarence D. 60
Ryan, Tom K. 103, 106

**S**aalburg, Charles W. 17
Saenz, Michael *313*f
Sagendorf, Bud 53 f
Saint-Michel, Serge 238
Saint-Ogan, Alain *178*f
Sakaguchi, Hisashi 253, *254*f
Salinas, José Luis 234
Salvérius, Louis 197
Sampayo, Carlos 236
Sasturain, Juan 236, *237*
Sattler, Warren 46
Savard, Didier 298
Savoi, Sylvain 256
Saye, Lepa-Mabila 238
Scalvi, Tiziano 228
Schacherl, Rico 238
Scheuer, Chris 308
Schlenkser, Hank 87
Schmidt, Carl s. Becker-Kasch
Schmidt, Manfred *219*f
Schnalke, Christian 310
Schrödter, Adolf 14
Schuiten, François *291* f
Schuiten, Luc 291
Schultheiss, Matthias 306, *307*ff
Schultz, Mark 90
Schulz, Charles M. *98ff*
Schwind, Moritz von 176
Scott, Jerry 93
Segar, E. C. 51, *52*f, 228, 264, 317
Segrelles, Vicente 298, 304
Ségur, Thierry 295
Segura, Antonio 305
Sekigawa, Natsuo 253
Sels, Frank 219

Sempé, Jean-Jacques 202 f
Sène, Mapenda 238
Senich, Mike 24
Severin, John 142
Seyfried, Gerhard 309
Shanower, Eric 279
Shearer, Ted 103
Shelton, Gilbert 164
Shirato, Sanpei 245, *246*
Shirow, Masamune 252, 255
Shuster, Joe 108, *112ff*
Sickles, Noel 68 f, 75, 78, 83
Sieber, Guido 308
Siegel, Jerry 108, *112ff*
Sienkiewicz, Bill 158, 246
Silas s. McCay, Winsor
Silver 228
Silvestri, Guido s. Silver
Sim, Dave *167*, 232
Simon, Joe 124 f, *126*f, 136 f, 141
Sirius 188, 199
Sise, Mongo 238
Slim, Maghreb 238
Smeet, Peter de 219
Smith Win 59
Smith, Al 37
Smith, Barry Windsor *150ff*, 224
Smith, Frank 60
Smith, Jeff 167, *168*
Smith, Sidney *47*, 225
Smythe, Reg 225
Soglow, Otto 93
Sokal, Benoît 292
Solé, Jean 264, 271
Sommer, Manfred 304
Sparling, Jack 87
Spiegelman, Art 163, 169, *170*, 245, 301, 324, 327,
Spillane, Mickey 109, 159
Springer, Frank 263
Stack, Frank 170
Stanton, Eric 63
Starr, Leonard 56, 92
Steranko, Jim 9, 149, *150*, 152, 230
Sternecky, Neal 98
Sterrett, Cliff 42, *43* f
Stevens, Dave 90
Storm, George 56
Striebel, John 50
Strobl, Tony 60, 133
Sullivan, Pat 53 f, 59, 317
Swan, Curt 113
Swarte, Joost 183, 273, 299, *300*

Swinnerton, James 26 f, 41

**T**abary, Jean 201, 206
Tacconi, Ferdinando 229
Tacq, Michel s. Mitacq
TAD 37, *38* f
Tagawa, Suiho 242
Taggart, S. M. 325
Takahashi, Rumiko 253
Takemiya, Keiko 248
Taliaferro, Al 60, 132
Tanaka, Masashi 253, *255*
Taniguchi, Jiro 253, 255
Tardi, Jacques 260, 264, 268, 280, 283, *284* ff, 327
Tatsumi, Yoshihiro 245
Terry, John 68 f
Tezuka, Osamu *242 ff*, 249, 252, 323
Thomas, Roy 151, *152*
Thomas, W. Fletcher 177
Thomen 317
Tibet 199, *202*, 203
Tillieux, Maurice 197, 299, *327*
Tippit, Jack 93
Tofano, Sergio 178
Tome 196, 215
Toonder, Marten *217* f
Töpffer, Rodolphe *13*, 176
Toppi, Sergio 230
Toriyama, Akira 252, *253*
Torres, Daniel 300, 305
Torton, Jean s. Jeronaton
Toth, Alex 69, 90, 144, 304
Totleben, John 151
Touis 271
Trachte, Don 93
Trell, Max 74
Trigo, Gustavo 236
Trimpe, Herb 224
Tripp, Jean-Louis 298
Troisfontaines, Georges 197
Trudeau, Garry 103, *104* ff

Tufts, Warren 90, *91*
Turk 199
Turner, Les 57
Turner, Morrie 103
Tuthill, Harry 85
Tuveri, Igor s. Igort
Tyler, Claude 103

**U**chida, Shungiku 249
Uderzo, Albert 200, 202 f, *204*, 208, 214
Uen, Chen 255
Uslan, Michael 89

**V**allet, Dominique s. Alexis
van Cutsem, William s. Vance, William
van Nijverseel, Eugène s. Evany
Vance, William 208 f, *210*
Vandersteen, Willy 191, *192*, 218
Vandevelde, Philippe s. Tome
Vandooren, Philippe s. Morphé
Varenne, Alex 256
Velter, Robert s. Rob-Vel
Verbeck, Gustave *26*
Verdier, Ed 56
Vernal, Jean-Luc 208
Verschuere, Karel 219
Vess, Charles 81
Vicomte, Laurent 281
Viscardy, Nicholas 128
Voight, Charles A. 50
Vuillemin, Philippe 274

**W**agner, John 224
Waid, Mark 157
Walker, Mort 9, *100 ff*, 167
Waller, Reed 167
Walsh, Brandon 56
Walthéry, François 214
Warhol, Andy 258
Warren, Adam 256
Wäscher, Hansrudi 221, *222*

Wasterlain, Marc 214 f
Watterson, Bill *105* f
Waugh, Coulton 9, 86
Wein, Len 151
Weinberg, Albert 199 f, 306
Weisinger, Mort 116
Wertham, Fredric 140 f
Westover, Russ 36, 50, 71
Wexler, Elmer 85
Wheelan, Ed 51, 317
Whitman, Bert 87
Will 196, 200
Willard, Frank 51
Williams, J. R. 83
Williamson, Al 73, 75, 137, 140
Willie, John 63, 261
Wilson 169
Wilson, S. Clay 163
Wilson, Tom 106
Wingert, Dick 85
Winner, Doc 24
Wolinski, Georges 273, 275
Wolverton, Basil 130, *131*
Wood, Wallace 81, 90 f, 137, *138*, 142, 165
Woolf, Michael Angelo 16
Worley, Kate 167
Wright, Bill 60
Wrightson, Berni 90, 151
Wunder, George 78, 89
Würz, Timo 308
Wyniger, Henk 300

**Y**oung, Chic *58* f, 71, 75
Young, Lyman 58, 71, 73
Yronwode, Catherine 165
Yslaire 283

**Z**arate, Oscar 236
Zentner, Jorge 236, 305
Zere, Al 56
Ziska 309

# 100 JAHRE COMIC-STRIPS

**1995** feierte die Comic-Welt den hundertsten Geburtstag der Sprechblasenliteratur. Auf den Seiten der amerikanischen Tageszeitungen geboren, entwickelten sich hier einige der populärsten Helden des Mediums, deren Universum diese zweibändige, sieben Pfund schwere Sonderausgabe auf fast 500 großformatigen Seiten in ausgewählten und sorgfältig von alten Originalvorlagen reproduzierten Beispielen dokumentiert: Vom berühmten Yellow Kid über Little Nemo, Krazy Kat, Blondie, Prinz Eisenherz und Flash Gordon bis zu den Peanuts und Calvin & Hobbes - die umfassendste Sammlung der amerikanischen Zeitungsstrips.

**100 Jahre Comic-Strips**
Herausgegeben von Bill Blackbeard, Dale Crain, Andreas C. Knigge und James Vance. Zwei Bände, gebunden im Schuber, Großformat mit 496 überwiegend farbigen Seiten.
ISBN 3-551-72640-X, DM/sFr. 198,-/öS 1.445,-

1996 mit dem Max-und-Moritz-Preis ausgezeichnet als bestes Buch über Comics.

**BIBLIOPHILE EINZELAUSGABEN BERÜHMTER COMIC-KLASSIKER IM CARLSEN VERLAG:**

* **Die Comic-Kunst des Lyonel Feininger**
* Winsor McCay: **Little Nemo** (6 Bände)
* George Herriman: **Krazy Kat** (2 Bände)
* Otto Messmer: **Felix, der Kater**
* Cliff Sterrett: **Polly** (2 Bände)
* Milton Caniff: **Terry und die Piraten** (2 Bände)
* Alex Raymond: **Flash Gordon** (6 Bände)

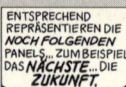

## Comics richtig lesen

»Verfügt der Comic über ein eigenes Vokabular, eine Grammatik? Wie setzt man Zeit um? Wie funktionieren Assoziationen? Wie macht man aus eingefrorenen Bewegungen dynamische? Scott McCloud öffnet auf phantasievollste, originellste und kurzweiligste Art eine Wundertüte der Formen und Zeichen, indem er das Medium mit genau den Mittel beschreibt und untersucht, aus denen es sich zusammensetzt: mit Bildern.« *Die Weltwoche*

»Der intelligenteste Comic seit langem!«
Art Spiegelman

Scott McCloud
**Comics richtig lesen**
Paperback, 224 Seiten
ISBN 3-551-72113-0
DM/sFr. 38,–/öS 277,–

# BOUCQ *Genial & Preisgekrönt*

Boucq
**STARR IN DER MANEGE DER LEIDEN-SCHAFTEN**

72 Seiten, Farbe, Hardcover, DM 29,80

▌ Wundersame Geschichten um die Einsamkeit rüsselloser Elefanten, eine Werbeaktion zur Rettung unternährter Schlümpfe, den Schwierigkeiten eines Sonntagsmalers mit der Perspektive (hinzu kommt, daß ihm seine Muse wildgewordene Bauern und Doppeldecker auf den Hals hetzt), bewegende Erkenntnisse über die wahre Liebe zum Motor und vieles andere mehr... ▌

Boucq
**DIE PIONIERE DES MENSCHLICHEN ABENTEUERS**

64 Seiten, Farbe, DM 19,80

▌ Ein preisgekröntes Album (Max-und-Moritz-Preis, Erlangen) des begnadeten Zeichners mit absurden, fantastischen Kurzgeschichten. Abgedrehter Humor und drastische Grausamkeiten mischen sich zu einem Potpourri surrealer Situationen, die für den Leser neben vielem anderen den längsten, extremsten und wahrhaft beindruckendsten Kuß der Comic-Geschichte bereithalten. ▌

Boucq/Jodorowski
**MONDGESICHT**
Die unsichtbare Kathedrale

2 Bände, je 110 Seiten, Farbe, Hardcover, á DM 34,-

▌ Während Oskar, der Kondukator die Stadt mit seinen Elitetruppen brutal unterdrückt, rast eine gewaltige, alles verschlingende Flutwelle auf die Stadt zu. Ein Geschenk der Hölle für den Diktator, wird sie doch die verhaßten Slums ebenso wegfegen wie die Rebellen. Doch das stumme Mondgesicht hat die Kraft die Fluten zu beherrschen... ▌

Boucq
**HORST KATZMEIER IN DER FÜNFTEN DIMENSION**

80 Seiten, Farbe, Hardcover, DM 29,80

▌ Die erste lange Story, die Boucq nicht nur in seinem unvergleichlichen Stil gezeichnet sondern auch geschrieben hat, vereint eine Reihe seiner bekanntesten Charaktere: Horst Katzmeier, der Held des Großstadtdschungels; seine Familie; Leonardo, das Genie und sein tuntiger „Assistent". Als ein gewaltiger Hai aus der Küchenwand kommt, Katzmeiers jüngsten Sprößling verschluckt und auf demselben Wege wieder verschwindet, nimmt der unerschrockene Kämpfer mit einem von Leonardo konstruierten künstlichen Hai die Verfolgung quer durch Zeiten, Dimensionen und stark frequentierte Räume auf. ▌

Boucq/Charyn
**DIE FRAU DES MAGIERS**

2 Bände, je 48 Seiten, Farbe, á DM 14,80

▌ Edmond ist ein erfolgreicher Magier. Ausgestattet mit der Grausamkeit der Jugend verführt er Ritas Mutter und erreicht so, daß das Mädchen seine Assistentin und schließlich seine Geliebte wird. Doch als die Mutter – gedemütigt – schließlich stirbt, verläßt ihn Rita. Doch auch ohne Edmond wird sie von ihren unheimlichen, mitunter mörderischen Kräften beherrscht. Und Edmond muß feststellen, daß er ohne Rita nur noch billige Taschenspielertricks auf Lager hat. Erst als er ganz unten ist, begegnen sich die beiden wieder... Mit Recht wurden diese Alben in Angouleme „als bester Comic des Jahres" ausgezeichnet. ▌

Boucq/Charyn
**TEUFELSMAUL**

126 Seiten, Farbe, Hardcover, DM 34,-

▌ Väterchen Stalin und die Genossen vom KGB: Ihnen hat er alles zu verdanken, fast alles, wäre da nicht Genosse Grigori gewesen und die verbotenen Ikonen einer vergessenen Zeit... In New York wechselt er die Seiten. Seitdem verfolgen ihn die Killer vom KBG gnadenlos.
Ein alter Indianer wird sein bester Verbündeter, als es in der gigantischen Kathedrale zum Höhepunkt der Auseinandersetzungen kommt... RRAAH-Kritiker-Preis: Bestes Album des Jahres. ▌

## Edition Kunst der Comics/Alpha Comic Verlag

Pöppelsdorfer Straße 197 a, D-96515 Sonneberg, Tel (03675) 40900; Fax (03675) 409020, e-mail: comics@t-online.de

*rororo sachbuch*

James Monaco
**Film verstehen**
*Kunst, Technik, Sprache, Geschichte und Theorie
des Films und der Medien.
Mit einer Einführung in Multimedia.
Überarbeitete und erweiterte Neuausgabe*
rororo sachbuch 6514